거시경제학

MACRO ECONOMICS

정석균 지음

자유아카데미

머리말

십수 년 동안 경제학을 가르치면서 받은 느낌 중 하나는 학생들이 미시경제학보다 거시경제학을 흥미로워하지만, 동시에 더 어려워한다는 것이다. 그 이유가 무엇일까 궁금했다. 나름대로 추측건대 거시경제학의 짧은 역사 때문이 아닌가 하는 생각이 들었다.

경제학은 애덤 스미스의 『국부론』 출간(1776년) 이후 오랜 역사를 지니고 있다. 그러나 현대 거시경제학은 케인즈(J. M. Keynes)의 『고용, 이자율 및 통화에 관한 일반이론(The General Theory of Employment, Interest, and Money)』의 출간(1936년)과 더불어 시작되었다. 그 이전의 경제학은 대부분이 미시경제학적 지식이다. 미시경제학이 오랜 역사와 함께 이론이 잘 확립된(well established) 것과는 대조적으로, 거시경제학은 아직 역사가 짧고(a young science), 새로운 이론이 끊임없이 등장하며 발전하고 있다. 따라서 매우 흥미롭기도 하지만, 서로 상충된 듯 보이는 다양한 이론과 논쟁의 숲속에서 학생들이 길을 잃고 헤맬 수도 있겠구나, 하는 생각을 지울 수가 없었다.

이는 본서를 집필하게 된 이유의 하나가 되었다. 집필 과정에서 거시경제학의 다양한 이론을 처음부터 끝까지 일관된 흐름과 체계 속에서, 공통된 실과 패턴으로 연결하여, 간결하고 통합적으로 엮어 내는 데 역점을 두었다. 자연스럽게 경제 전체의 큰 그림(Big Picture)이 두드러지도록 노력하였다.

이를 위해 주요 거시경제이론을 핵심 거시경제변수(key macro variables)를 중심으로 시간대(time horizon)에 따라 구성하였다. 먼저, 가격변수가 신축적인 장기(long-run)를 기준점(a reference point)으로 삼아 경제가 어떻게 움직이는지를 살펴보고, 가격이 경직적인 단기(short-run)에서는 이 기준점을 중심으로 어떻게 변동하는지를 분석하였다. 또한, 최장기(very long-run)에서는 기준점 자체가 어떻게 성장해 나가는지를 고찰하였다.

거시경제이론은 실용 학문으로, 거시정책이나 수요와 공급의 충격 등 경제 여건의 변화가 경제성과에 미치는 효과의 분석을 중시한다. 이에 따라 본서는 모든 경제모형에서 정책 변화와 경제 여건 등 외생 변수의 변화가 총생산(성장률), 실업률, 물가(인플레이션율) 등 주요 내생 변수에 미치는 영향을 심층적으로 다룬다.

그리고 최근 거시경제이론의 흐름을 반영하여 현실 적합성을 제고하려고 노력하였다. 기본 $IS-LM$모형에 기대효과, 개방경제의 환율효과, 최근의 재정 및 금융 이슈 등을 반영하여 확장하였다. 특히, 경제학자나 정책 담당자들은 주요 거시변수의 절대적 수준보다는 변화율에 더 관심이 많다. 따라서 총생산과 물가의 절대적 수준의 상호작용에 초점을 둔 $AD-AS$모형에서 더 나아가 총생산의 변화율인 총생산갭과 물가수준의 변화율인 인플레이션율의 상호작용에 초점을 둔 $AAD-AAS$모형을 구축하여 발전시켜 나갔다.

이 책은 총 9부 26장으로 구성되어 있다. 제1부는 거시경제의 주요 변수와 방법론을, 제2부는 가격변수가 신축적인 장기의 경제를 고전학파이론을 중심으로 살펴보고, 제3부는 가격변수가 경직적인 단기의 경제를 케인즈이론을 중심으로 고찰한다. 제4부는 가격변수가 서서히 조정되는 경우 경제가 단기균형에서 장기균형으로 어떻게 조정되어 가는지를 총수요와 총공급의 일반균형모형을 중심으로 분석한다. 제5부는 최장기의 경제성장을 살펴본다. 그리고 제6부는 기대를 도입하고, 제7부는 개방경제로 모형을 확장하여 분석한다. 제8부는 거시경제정책에 대한 논의를 살펴보고, 마지막으로 제9부는 거시경제학의 미시적 기초인 소비, 투자, 총공급곡선 및 필립스곡선 등에 대해서 상세히 살펴본다.

이 책의 출간에 도움을 주신 자유아카데미의 김지영 대표님과 편집부 직원분들의 노고에 깊이 감사드린다. 그리고 이 책의 집필을 묵묵히 응원해 준 내 가족에게 감사의 마음을 전한다.

2025년 2월

정 석 균

CONTENTS

제8부 거시경제정책 논의

제 1 부

서론

제1장 거시경제학은 무엇인가?

제2장 거시경제의 순환구조 및 주요 거시경제변수

제1부
서론

거시경제학은 국가 전체차원에서 경제의 움직임(how an economy works as a whole)에 대한 학문이다. 총생산 및 성장률, 물가 및 인플레이션율, 실업률 등 주요 거시경제변수가 어떻게 결정되고, 상호작용하며, 시간대에 따라 움직이는지 **경제의 큰 그림**(big picture)에 초점을 두어 연구한다.

제1부에서는 거시경제학이 무엇인지와 그 방법론을 소개하고 시간대의 개념과 주요 거시경제변수에 대해서 살펴본다.

제1장 거시경제학은 무엇인가?

제1장은 미시경제학과 거시경제학을 구분하고 거시경제학의 방법론과 시간대(time horizon)에 대하여 살펴본다. 그리고 이 책의 구성을 소개한다.

1. 미시경제학과 거시경제학

경제학은 우리의 일상 생활에 필요한 재화나 서비스를 어떻게 생산하고 분배하며 소비하는지 **생산-분배-소비 등 일련의 경제활동**을 연구하는 학문이다. 수많은 사람과 기업이 다양한 경제활동에 참여하여 소득을 얻고 이를 기반으로 경제적 생활을 이어간다.

각 경제주체는 한정된 자원을 가지고 최대한의 경제적 후생(economic wellbeing)을 누리고자 최선을 다한다. (1) 주어진 자원으로 무엇을 얼마만큼 어떻게 생산할 것인지? (2) 생산물은 어떻게 분배할 것인지? (3) 주어진 소득으로 무엇을 얼마만큼 소비할 것인지? 등 다양한 경제문제에 직면하여 각자 주어진 여건하에서 최적의 의사결정(optimal choices)을 추구한다. 이러한 개인의 의사결정은 시장에서 수요와 공급으로 집약되어 나타나고 두 힘의 상호작용으로 시장은 균형에 이른다. 그리고 경제에 충격이 있거나 정책이 변할 때 경제주체들은 이에 반응하며 경제는 새로운 균형으로 이동한다.

경제학은 기본적으로 의사결정에 관한 학문으로 **제약조건하의 최적화원칙**(constrained optimization principle), **수요와 공급의 균형적 접근**(equilibrium approach), 경제의 충격과 정책의 변화에 따른 전후 균형(old & new equilibrium) 간 **비교정학 또는 동학적 분석**(comparative statics or dynamics) 등에 기초하고 있다.

경제가 어떻게 움직이는지를 분석하고, 성과를 측정하며, 문제를 어떻게 예방하고 또 치유해 나갈 것인지 등에 대해서 다양한 접근이 이루어지고 있다. 그 접근방식에 따라 경제학은 크게 미시경제학(microeconomics)과 거시경제학(macroeconomics)으로 나누어진다.

미시경제학은 **개별(individual) 단위**에 초점을 두어, 개별 재화가 거래되는 개별 시장을 중심으로 개별 경제주체의 행위 등 세부적인 사항에 중점을 둔다. 개별 경제주체의 생산-분배-소비 관련 의사결정이 어떠한 원리에 따라 이루어지며, 이러한 의사결정은 개별 시장에서 어떠한 결과로 종합되어 나타나고 균형을 이루는지를 분석한다. 개별 시장에서 균형 가격 및 수량이 어떻게 결정되는지, 수요와 공급의 충격에 따라 어떻게 달라지는지, 효율적으로 자원배분이 이루어지고 있는지, 만약 시장이 제 기능을 다하지 못하고 실패할 때는 어떻게 치유할 것인지 등을 연구한다.

반면에 **거시경제학**은 국가의 경제 전체의 관점에서 **총량(aggregate) 단위**에 초점을 두어 총생산, 실업률 및 인플레이션율 등 경제의 큰 흐름에 중점을 둔다. 모든 재화의 총생산과 그 증가율(성장률)은 어떻게 결정되는지, 모든 재화에 대한 총수요는 어떻게 결정되는지, 모든 재화의 가격을 종합한 전반적인 물가수준과 그 증가율(인플레이션율)은 어떻게 결정되는지, 그리고 전체 인구 중에서 일할 능력과 의사가 있는 사람 중 일자리를 찾지 못한 사람의 비율인 실업률은 어떻게 되는지, 무엇이 한 나라의 국제수지를 결정하는지 등 국가 전체차원에서 자원의 활용수준 및 총생산량 등 총량변수(aggregate variables)를 분석한다.

따라서 국가 경제 전체적으로 (1) 왜 경기가 과열되는 호황과 냉각되는 불황이 초래되는지와 이러한 경기변동을 어떻게 하면 완화할 수 있는지(단기적인 경제안정) (2) 왜 어떤 나라는 가난하고 어떤 나라는 부자인지와 왜 어느 나라는 빠르게 성장하고 어느 나라는 가난의 늪에 빠져 있는지 그리고 어떻게 하면 빠른 경제성장을 달성할 수 있는지(장기적인 경제성장) (3) 왜 정부의 재정적자와 무역수지적자는 증가하는지, 왜 물가가 빠르게 상승하는 인플레이션이 발생하는지 등은 거시경제의 주요 이슈가 된다.

개별 경제주체나 시장의 움직임이 모여 경제 전체의 큰 흐름을 형성한다는 측면에서 거시경제현상은 기본적으로 미시경제현상의 총합이다. 많은 거시경제연구가 미시경제분석을 기초로 하여 발전하고 있다.

그런데도 거시경제학이라는 분야가 별도로 존재하는 이유는 무엇일까? 국가 경제 전체의 큰 그림을 매의 눈으로 한눈에 보고 분석하는 것이 필요하고, 때로는 **경제 전체의 모습이 단순히 부분을 합한 것과는 다를 수도 있기 때문**이다. 그 예로 경제에 불황이 닥치면 개인은 저축을 늘려서 어려운 살림을 이겨 나가고자 한다. 이러한 개인의 결정은 미시적 차원에서 최적(optimal)이라 할 수 있으나 거시적 차원에서는 오류일 수가 있다. 개인들이 저축을 많이 하고 소비를 줄이면 총수요가 감소하여 불황이 더욱 심화될 수 있기 때문이다. 이를 **절약의 역설**(paradox of thrift)이라 한다.

거시경제분석과 미시경제분석은 서로 보완적이며 연결되어 있다. 경제를 온전하게 이해하기 위해서는 미시경제학적 접근방법과 함께 거시경제학적 접근이 병행되어야 한다고 하겠다.

2. 거시경제학의 방법론

거시경제학은 국가 경제 전체의 큰 움직임과 성과에 초점을 두는 학문이다. 하나의 경제는 수많은 사람과 기업으로 구성되고 다양하고 복잡한 경제활동이 이루어진다. 경제 전체를 종합적으로 조망하여 큰 그림(big picture)을 보고 큰 흐름을 파악하는 것은 쉬운 일이 아니다. 복잡한 경제현상을 단순화하고 핵심 사항을 부각하여 초점을 맞추어 분석할 수 있는 틀(framework)이 절실히 필요하게 된다. 이것이 **경제모형**(economic models)이다.

좋은 경제모형이 되기 위해서는 (1) 현실적인 가정에 기초하고, (2) 간결하여 이해하기 쉬우며, (3) 현실 경제에 대한 명쾌한 설명력과 미래에 대한 탁월한 예측력이 있고, (4) 문제해결을 위한 정책적 처방을 내리는 데 유용해야 한다.

- **좋은 모형**의 조건들: **현실성, 간결성, 설명력, 예측력, 정책처방 시의 유용성**

거시경제학은 수많은 경제주체를 크게 민간부문의 소비주체인 가계와 생산주체인 기업, 공공부문의 정부, 해외부문의 해외국가 등으로 분류한다. 시장도 노동과 자본 등 생산요소시장, 재화나 서비스 등 생산물시장, 저축(대여)과 차입이 이루어지는 금융시장 등으로 대별 한다.

그리고 총생산 및 성장률, 물가와 인플레이션율, 실업률 등과 같은 주요 거시경제변수의 변화를 추적하여 경제의 큰 움직임을 파악한다. 거시경제모형은 이들 거시경제변수의 관계를 수식이나 그래프 등으로 표현하고 그 상호작용을 분석하여 경제 현상을 진단하고, 이슈를 분석하여 설명하며, 경제성과를 평가하고, 미래 경제 모습을 예측하는 데 활용하는 수단이자 틀이다.

외생변수와 내생변수

경제모형은 경제 변수들 사이의 관계를 함수식이나 그래프 등을 이용하여 표현한다. 경제모형에는 두 종류의 변수가 있다. 하나는 모형 밖에서 값이 주어지는 **외생변수**(exogenous variables)이고, 다른 하나는 모형이 작동하여 모형안에서 값이 결정되는 **내생변수**(endogenous variables)다.

거시경제학은 실용 학문이다. 수요와 공급의 충격(shocks)이나 경제정책이 총생산 및 물가 등 경제성과에 미치는 영향을 분석하는 것이 주요 과제의 하나이다. 이 경우 수요와 공급의 충격이나 경제정책은 외생변수가 되고 총생산 및 물가 등은 내생변수가 된다. 경제모형의 핵심 역할은 **외생변수의 변화가 내생변수에 어떠한 영향을 미치는지**를 보여주는 것이다.

- 외생변수: 모형 밖에서 결정되는 변수
- 내생변수: 모형이 작동하여 모형안에서 값이 결정되는 변수
- 경제모형: 외생변수의 변화가 내생변수에 어떠한 영향을 미치는지 보여준다.

경제모형 수립

경제모형을 좀 더 구체적으로 이해하기 위해 하나의 모형을 수립하여 보자. 한 경제의 **총생산(Y)과 물가수준(P)이 어떻게 상호작용하여 결정**되는지를 분석하고자 한다. 이 이슈는 거시경제의 핵심 내용으로 추후 상세히 고찰할 과제이지만, 여기서는 경제모형의 기본구조를 이해하는 수준에서 간단히 살펴본다.

균형 총생산과 물가수준은 총수요(AD, aggregate demand)와 총공급(AS, aggregate supply)의 상호작용으로 결정된다. 먼저, **수요측면**에서 총수요는 물가수준(P), 정부지출(G) 및 조세(T)와 통화량(M) 등 정부수요를 결정하는 정책 변수, 그리고 민간수요를 결정하는 수요충격 변수(z_d) 등에 의존한다고 가정하자. 이러한 관계는 다음과 같이 함수식으로 표현할 수 있다.

$$Y = Y(P, G, T, M, z_d)$$
$$(-,+,-,+,+)$$

여기서 $Y(\cdots)$는 함수로 총수요(Y)가 다양한 요인 (P, G, T, M, z_d)에 의존함을 보여준다. 각 변수 밑의 (+) 또는 (-)표시는 두 변수 사이의 관계 즉 한 변수가 다른 변수에 어떻게 영향을 미치는지 그 방향을 보여준다.

- **질적**분석(qualitative analysis): 영향을 미치는 **방향(direction)**을 분석
- **양적**분석(quantitative analysis): 영향을 미치는 **크기(strength)**를 분석

P 밑의 (−) 표시는 물가수준(P)이 상승하면 총수요(Y)를 감소시키는 방향으로 영향을 미쳐 두 변수가 음(−)의 관계임을 보여준다. 즉 두 변수가 서로 반대방향으로 움직임을 의미한다. 정부지출(G), 통화량(M), 수요충격 변수(z_d) 등이 증가하면 총수요가 증가하므로 같은 방향으로 영향을 미쳐 양(+)의 관계로 표시된다. 조세(T)가 증가하면 총수요가 감소하므로 음(−)의 관계로 표시된다.

다음은 **공급측면**에서, 물가수준은 총생산의 규모와 생산비를 결정하는 공급충격 변수(z_s)에 의존한다고 가정하자. 이 관계는 다음과 같이 함수로 표현할 수 있다.

$$\underset{(+,\ +)}{P = P(Y, z_s)}$$

총생산(Y)이 증가하면 노동자와 원자재 확보가 어려워지고 임금 및 가격상승을 압박하여 물가가 상승한다. 따라서 총생산과 물가는 같은 방향으로 움직이며 양(+)의 관계를 보인다. 기타 생산비를 증가시키는 공급충격이 발생하면(z_s값이 증가) 물가수준이 상승함으로 두 변수는 같은 방향으로 움직이며 양(+)의 관계를 보인다.

이상의 수요측면과 공급측면의 상호작용을 그림으로 종합하면 다음과 같다. 균형에서 총생산과 총수요는 일치하므로 **Y는 총생산이자 총수요**가 된다.

그림 1-1 총생산(Y)과 물가(P)의 상호작용모형

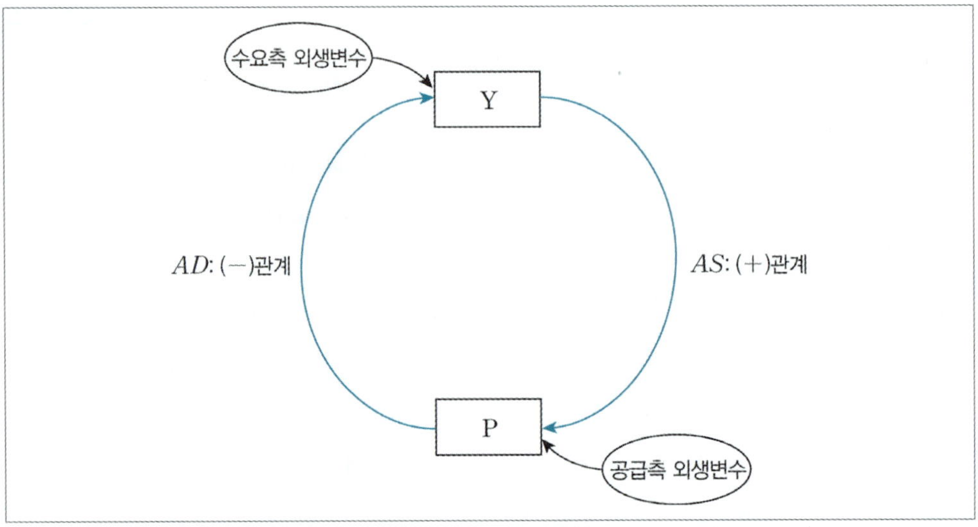

좌측면은 수요측면이며 G, T, M, z_d는 수요측면의 외생변수다. 우측면은 공급측면이고 z_s는 공급측면의 외생변수다. 외생변수가 변할 때 모형의 작동으로 내생변수인 균형 총생산(Y)와 물가(P)가 결정된다.

그림 1-1의 모형에서 외생변수와 내생변수를 구분해 보자. 좌측의 수요측면에서 총수요에 영향을 주는 변수 중 G, T, M**은 정책변수**로 정부에 의해 외생적으로 결정되며, z_d**는 수요충격**으로 외부에서 정해진다. 이 4개의 변수가 **수요측면의 외생변수**다.

공급측면에서 물가에 영향을 주는 변수 중 z_s**는 공급충격**으로 외부에서 정해진다. 이 변수가 **공급측면의 외생변수**다.

그리고 모형의 작동으로 균형 총생산(총수요)인 Y와 물가수준인 P가 결정되므로 **내생변수는** Y**와** P가 된다.

이 모형의 총수요와 총공급식은 총수요(AD)곡선과 총공급(AS)곡선으로 표현할 수 있다. 총수요와 총공급곡선의 식에서 AD곡선과 AS곡선을 도출하여 보자.

먼저 그림 1-1의 좌측면 즉 수요측면을 대변하는 AD식에서 AD곡선을 도출하여 보자. AD식은 다음과 같다.

$$AD:\ = Y(P; G, T, M, z_d)$$
$$(-, +, -, +, +)$$

그림 1-2 우하향하는 총수요곡선과 그 이동

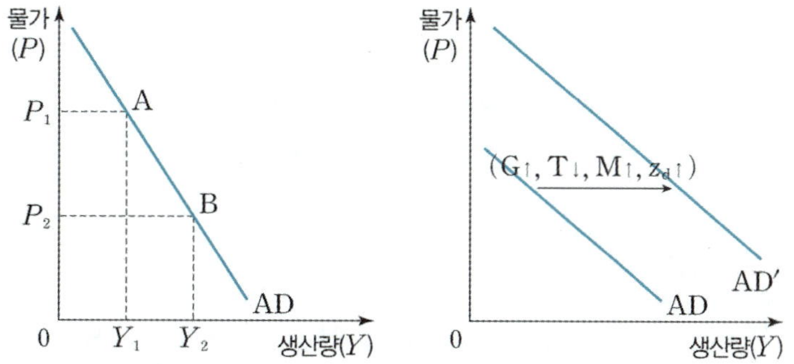

(a) 총수요곡선은 우상향　　(b) 총수요곡선의 이동

(a) 총수요(AD)곡선은 수요측 외생변수(G, T, M, z_d)의 값이 일정하다고 가정하고, 물가수준이 총수요에 미치는 영향을 그래프로 표시한 곡선이다. 물가가 하락($P_1 \rightarrow P_2$)하면 총수요 규모가 증가($Y_1 \rightarrow Y_2$)하여 두 변수가 반대방향으로 움직이는 음(-)의 관계로 우하향한다.

(b) 그리고 외생변수의 값이 변하면 주어진 물가에서 총수요가 변하는 것이므로 AD곡선 자체가 좌측 또는 우측으로 움직인다. 예를 들어 정부지출 증가, 세금 감소, 통화량 증가, 기타 수요를 증가시키는 충격이 있는 경우 AD곡선은 우측으로 이동한다.

AD곡선은 AD식의 수요측 외생변수(G, T, M, z_d)의 값이 일정하다고 가정하고, **물가수준이 총수요의 규모에 미치는 영향**을 그래프로 표시한 곡선이다. 물가가 하락($P_1 \rightarrow P_2$)하면 총수요의 규모가 증가($Y_1 \rightarrow Y_2$)하여 두 변수가 서로 반대방향으로 움직이는 음(−)의 관계를 보인다. 따라서 AD곡선은 **우하향**하는 형태를 띤다.

- AD곡선은 우하향: 주어진 수요측 외생변수(G, T, M, z_d)의 값 하에서, $P\downarrow \rightarrow Y\uparrow$

그리고 **수요측 외생변수의 값이 변하면** 주어진 물가에서 총수요가 바뀌게 된다. 이는 그림 1-2에서 보듯이 **AD곡선 자체가 좌우(leftward or rightward)로 이동**함을 의미한다. 예를 들어 정부구매지출이 증가하면 동일한 물가수준에서 총수요가 증가하므로 AD곡선 자체가 우측으로 이동한다.

- AD곡선의 좌우 이동: 수요측 외생변수(G, T, M, z_d) 값의 변화

다음은 그림 1-1의 우측면 즉 공급측면의 AS식에서 AS곡선을 도출하여 보자. AS식은 다음과 같다.

$$AS: \ P = P(Y; z_s)$$
$$(+, +)$$

그림 1-3 우상향하는 총공급곡선과 그 이동

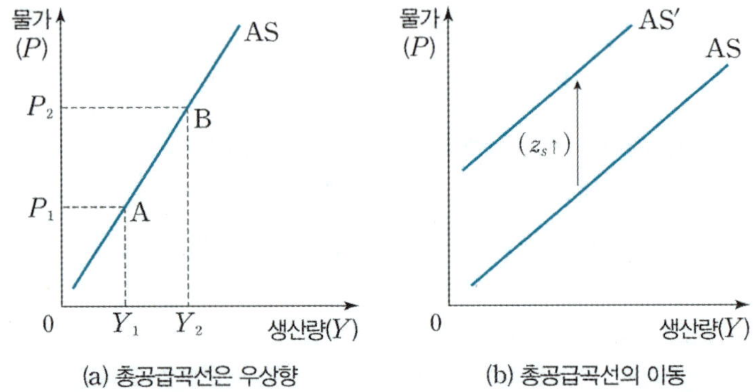

(a) 총공급(AS)곡선은 공급측 외생변수(z_s)의 값이 일정하다고 가정하고, 총생산이 물가에 미치는 영향을 그래프로 표시한 곡선이다. 총생산이 증가($Y_1 \rightarrow Y_2$)하면 임금 및 가격의 상승요인으로 작용하여 물가가 상승($P_1 \rightarrow P_2$)하므로 두 변수가 같은 방향으로 움직이는 양(+)의 관계를 보인다. 따라서 총공급곡선은 우상향한다.

(b) 그리고 외생변수의 값이 변하면 주어진 총생산에서 물가가 변하는 것이므로 AS곡선 자체가 상방 또는 하방으로 움직인다. 예를 들어 생산비 증가 등 물가를 상승시키는 공급충격이 있으면, AS곡선은 상방으로 이동한다.

AS**곡선**은 공급측 외생변수 (z_s)의 값이 일정하다고 가정하고, **총생산 규모가 물가 수준에 미치는 영향**을 그래프로 표시한 곡선이다. 총생산의 규모가 증가($Y_1 \rightarrow Y_2$)하면 노동자와 원자재 확보가 어렵게 되고 임금 및 가격의 상승요인으로 작용하여 물가상승($P_1 \rightarrow P_2$)으로 이어진다. 총생산과 물가의 움직임은 양(+)의 관계를 보인다. 따라서 AS곡선은 **우상향**하는 형태를 띤다.

- AS곡선은 우상향: 주어진 공급측 외생변수(z_s)의 값 하에서, $Y\uparrow \ \rightarrow \ P\uparrow$

그리고 일정하다고 가정한 **공급측 외생변수(z_s)의 값이 변하면,** 주어진 총생산에서 물가가 바뀌게 된다. 이는 ***AS*곡선 자체가 상하(upward or downward)로 이동**함을 의미한다. 예를 들어, 유가 상승 등의 공급충격으로 물가가 상승하면, 동일한 생산량에서 물가가 증가하므로 *AS*곡선 자체가 위쪽으로 이동한다.

- *AS*곡선의 상하 이동: 공급측 외생변수(z_s)값의 변화.

그림 1-4 경제의 균형 및 정부지출 증가의 효과 분석

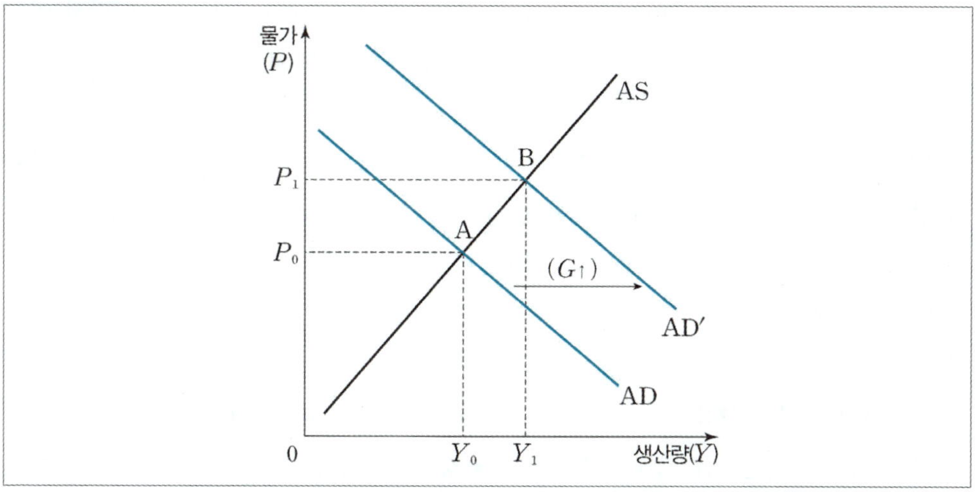

경제의 균형은 *AD*와 *AS*곡선이 교차하는 A에서 이루어진다. 정부지출이 증가하면, *AD*곡선이 우측으로 이동하여 경제의 균형이 A에서 B로 이동한다. 총생산이 증가하고 물가가 상승한다.

경제의 균형은 그림 1-4에서 보는 것처럼 ***AD*곡선과 *AS*곡선이 교차하는 점**에서 이루어지며 균형 총생산과 물가수준이 결정된다. 그리고 경제정책의 변화나 총수요 또는 총공급의 충격이 발생하면, 이에 반응하여 경제의 균형이 이동하게 된다.

*AD−AS*모형을 통해 총수요와 총공급측 **외생변수의 변화가** 총생산 및 물가수준 등 **내생변수에 어떻게 영향을 미치는지** 분석할 수 있다.

그 예로 정부지출 증가의 효과를 살펴보자. 정부지출의 증가는 *AD*에 포함된 외생변수로 주어진 물가에서 총수요를 증가시킨다. 그림 1-4에서 보는 것처럼 정부지출 증가로 *AD*곡선이 우측으로 이동한다. 경제의 균형은 A에서 B로 이동한다. 균형 총생산은 Y_0에서 Y_1로 증가하고, 균형 물가는 P_0에서 P_1로 증가한다.

- 외생변수의 변화가 내생변수에 미치는 효과 분석
  - 외생변수 변화 시, 어느 곡선이 어느 방향으로 이동하는지를 점검.
  - 최초 균형과 새로운 균형을 비교분석(before and after analysis)

시간대와 경제모형

하나의 모형으로 모든 거시경제현상을 설명할 수 있으면 최선일 것이다. 그러나 **경제는 시간대에 따라 다른 모습**으로 움직인다. 하나의 모형으로 모든 경제현상을 설명할 수 없다(A single model can't address all the issues we care about). 따라서 이슈별로 적절한 가정에 근거하여 상황에 맞는 모형을 구축하여 활용해야 한다.

기본적으로 경제는 환경이 변하거나 정책이 바뀌면 가격변수의 조정을 통해 균형을 찾아간다. 그러나 **가격변수가 조정되는 데는 시간이 소요**된다. 경제주체들이 경제상황의 변화를 정확히 감지하는 데 시간이 걸리기도 하고(정보의 불완전성 및 지연성), 가격을 바꾸는 데 비용(메뉴비용, menu cost)이 들기도 하며, 장기계약 등으로 일정 기간 임금이나 가격을 바꿀 수 없는 경우도 있다. 아울러 기업마다 임금 및 가격을 설정하는 시기가 다르기도 하다(staggering wages and prices). 따라서 가격변수는 천천히 움직이게 되며, 경제는 시간대의 장단에 따라 완전히 다른 행태로 움직이게 된다.

경제학자들은 시간대를 크게 **단기-장기-최장기 3단계**로 구분하여 분석한다. **단기**는 가격변수가 신축적으로 움직일 수 없는 짧은 시간을 말하며, **장기**는 가격변수가 완전히 신축적으로 움직일 수 있는 충분히 긴 시간을 말한다. 그리고 **최장기**는 가격변수가 신축적으로 움직일 수 있을 뿐만 아니라, 노동과 자본 등 생산요소의 양이나 기술수준까지도 변화할 수 있는 아주 긴 시간을 말한다.

- 단기: 가격이 경직적. 생산요소의 양 및 기술수준 일정.
- 장기: 가격이 신축적. 생산요소의 양 및 기술수준 일정.
- 최장기: 가격이 신축적. 생산요소의 양 및 기술수준의 변화까지도 가능한 매우 긴 시간

따라서 단기의 경제 움직임을 분석할 때는 가격변수가 경직적이라는 가정에 기초한 경제모형이 유용하며, 장기의 경제 움직임을 분석할 때는 가격변수가 신축적이라고 가정한 경제모형이 유용하다. 그리고 최장기의 경제 흐름을 분석할 때는 생산요소와 기술수준의 변화까지를 고려한 경제모형이 유용하다.

경제는 가격이 신축적인 장기에는 완전고용이 이루어져 생산잠재력(production capacity)이 과부족 없이 제대로 발휘된다. 생산량은 자연생산량(완전고용생산량)과 일치한다. 가격시스템을 통해 모든 문제가 스스로 해결(self-correction)된다.

단기에는 가격이 경직적인 만큼 소비와 투자심리 등 총수요의 변화나 공급충격 등 경제상황에 따라 경제가 생산잠재력(자연생산량)에서 이탈하여 출렁이는 모습을 보이게 된다. 따라서 단기에는 경기변동이 주된 모습으로 부각되며 경제안정화를 위한 정책이 주요 관심사가 된다.

그리고 최장기에는 자본축적이나 기술진보 등으로 생산잠재력(자연생산량) 자체가 증가하는 모습이 주된 모습으로 부각되며 경제성장을 위한 정책이 주요 관심사가 된다.

- **단기**: 생산량은 자연생산량을 중심으로 총수요 등에 따라 출렁임. **경제안정**이 주요 이슈.
- **장기**: 생산량은 생산잠재력에 의해 결정. 자연생산량(완전고용생산량)과 일치.
- **최장기**: 생산잠재력 즉 자연생산량 자체가 증가. **경제성장**이 주 이슈.

3. 이 책의 구성

이 책은 **9부**로 구성되어 있으며, 각 부 주요 내용은 아래와 같다.

제1부는 서론으로 제1장과 제2장으로 구성된다. 제1장은 **거시경제학과 미시경제학**을 구분하고 거시경제학의 주요 특징을 살펴본다. 그리고 거시경제학의 **방법론**을 다룬다. 제2장은 **거시경제학의 핵심변수**인 GDP(성장률), 물가(인플레이션율), 실업률 등을 중심으로 경제의 큰 그림을 살펴본다.

제2부에서 제5부까지는 거시경제의 핵심모형으로 단기-장기-최장기의 시간대에 따라 경제가 어떻게 움직이는지를 살펴본다. 장기는 가격이 신축적으로 움직일 수 있는 충분한 시간대로 경제분석의 기준점(a reference point)이 된다. 단기에는 경제가 이 기준점을 중심으로 출렁이며, 최장기에는 이 기준점 자체가 이동한다. 따라서 장기의 거시이론을 먼저 살펴보고, 단기와 최장기의 거시경제이론을 차례로 살펴본다.

제2부는 **고전파이론**(classical theory)에 기초하여 **장기의 경제** 모습을 살펴본다. 모든 가격이 신축적인 장기에 거시경제의 주요 변수 즉 총생산, 물가와 인플레이션율, 실업률 등이 어떻게 결정되고 서로 연관되는지를 고찰한다. 고전학파 이론에서 실질변수는 명목변수와 분리된다. 제3장은 총생산 및 실업률 등 **실질변수**가 어떻게 결정되는지

를 살펴본다. 제4장은 **명목변수**의 결정에 대하여 분석한다. 통화가 물가, 인플레이션율, 명목이자율 등 명목변수에 어떠한 영향을 미치는지를 살펴본다. 고전학파이론은 단기의 조정과정을 마치고 경제가 종국에 어디로 귀착되는지 그리고 정책의 장기적 효과를 분석하는데 유용하다.

제3부는 **케인즈이론**(Keynesian theory)에 기초하여 **단기의 경제** 모습 즉 경기변동을 살펴본다. 가격이 경직적인 단기에 총수요가 어떻게 총생산을 결정하는지를 분석한다. 제5장은 **재화시장**의 균형에서 총생산이 어떻게 결정되는지를 살펴보고, 제6장은 **화폐시장**의 균형에서 명목이자율이 어떻게 결정되는지를 살펴본다. 제7장은 **재화시장과 화폐시장**을 함께 분석하여 케인즈이론의 핵심 분석틀인 $IS-LM$**모형**을 구성하고 균형 총생산과 이자율이 동시에 어떻게 결정되는지를 살펴본다. 그리고 이 모형을 활용하여 경기변동을 살펴보고 재정정책과 통화정책의 효과를 분석한다.

제4부는 경제가 **단기에서 장기로** 어떻게 이동하는지를 살펴본다. 단기의 케인즈이론과 장기의 고전학파이론을 모두 포용하면서 단기에서 장기로의 조정과정까지 보여줄 수 있는 총수요와 총공급의 일반균형모형($AD-AS$모형)을 구성한다. 케인즈이론은 수요측면을, 고전학파이론은 공급측면을 중시한 모형이다. $AD-AS$**모형**은 총수요와 총공급의 일반균형모형이다. 제8장에서 $AD-AS$모형을 살펴본다. 제9장은 $AD-AS$모형의 발전된 형태인 $AAD-AAS$**모형**을 살펴본다. $AD-AS$모형이 총생산과 물가의 상호작용에 초점을 두지만, $AAD-AAS$모형은 총생산과 물가의 변화율인 총생산갭과 인플레이션율의 상호작용에 초점을 둔다.

제5부는 **최장기의 거시경제** 모습, 즉 **경제성장**을 살펴본다. 신축적인 가격은 물론 생산요소인 노동과 자본 및 기술수준까지 변할 수 있는 최장기에 경제가 어떻게 움직이는지를 솔로우(Robert Solow)의 경제성장모형(growth theory)을 중심으로 살펴본다. 제10장은 **경제성장의 원천**에 관한 것이다. 경제성장의 원천은 크게 자본축적과 기술진보로 구분된다. 제11장은 경제성장에 있어서 **자본축적의 역할**을 분석한다. 제12장은 경제성장에 있어서 **기술진보의 역할**을 분석한다. 기술진보는 지속적인 성장의 원천이 된다. 제13장은 기술진보 없이도 지속적인 성장이 가능한지, 기술진보는 어떻게 결정되는지 등 **내생적 경제성장모형**(endogenous growth models)을 살펴본다.

제6부 이후는 거시경제의 확장모형이다. 제6-7부는 거시경제의 핵심모형인 $IS-LM$모형에 기대를 반영하고 개방경제까지 확장하여 분석한다.

먼저, 제6부는 **기대(expectation)**에 관해서 살펴본다. 미래에 대한 기대는 경제주체의 의사결정에 매우 큰 영향을 미친다. 제14장은 **기대형성방식**을 소개한다. 제15장은 기대가 채권과 주식 등 금융자산가격과 소비 및 투자 등 민간지출에 미치는 영향을 고찰한다. 그리고 **기대를 도입하여 기본 *IS*−*LM*모형을 확장**하고 기대가 재정정책과 금융정책의 효과에 미치는 영향을 분석한다.

제7부는 **개방경제에**서 경제의 움직임을 분석한다. 기본 *IS*−*LM*모형에 해외부문과 외환시장을 추가하여 개방형으로 확장하고 이자율, 환율 및 총생산 등 주요 거시경제변수의 상호작용을 분석한다. 제15장은 **국제수지**를 살펴본다. 제16장은 **환율**의 개념 및 결정원리를 살펴본다. 제17장은 **개방경제형 *IS*−*LM*모형**을 구성하여 개방경제에서 재정정책과 통화정책의 효과를 분석한다. 제18장은 환율과 총생산의 상호작용에 초점을 둔 ***DD*−*AA*모형**을 구성하고 재정정책과 통화정책의 효과를 분석한다.

제8부는 **거시경제정책의 논의**에 관한 것이다. 거시경제학은 실용학문으로 현실 경제에 대한 진단과 함께 정책적 처방을 중시한다. 먼저 정부의 역할 등 경제정책 관련 이슈를 살펴보고 **거시경제이론의 큰 흐름**을 요약한다. 제20장은 **경제안정화**를 위해 **정부**가 적극적인 역할을 해야 하는지 아니면 소극적인 역할을 하는 데 그쳐야 하는지, 정책이 일정한 준칙(rules)에 따라 추진되어야 하는지 아니면 정책당국이 재량(discretion)을 갖고 상황에 따라 유연하게 대처해야 하는지 등의 논쟁을 살펴본다. 제21장은 **정부부채와 재정정책**을 그리고 제22장은 **금융위기와 통화정책**을 살펴본다. 제23장은 **거시경제이론의 큰 흐름**을 소개한다.

제9부는 거시경제학의 **미시적 기초**이다. 거시경제 현상은 미시적 경제행위의 총합이라고 할 수 있다. 그리고 최근에 거시분석에 있어서 미시적 기초를 강화하는 것이 추세다. 총수요의 가장 중요한 구성요소인 소비와 투자 그리고 공급측면의 총공급곡선 및 필립스곡선에 대해 살펴본다. 제24장은 **소비에 관한 다양한 이론**을 소개한다. 제25장은 **투자이론**을 살펴본다. 투자의 세 가지 형태 즉 설비투자, 주택투자, 재고투자 등이 어떻게 결정되는지를 분석한다. 제26장은 **총공급곡선과 필립스곡선**을 도출한다. 단기에 총공급곡선이 우상향하게 되는 이유를 설명하는 다양한 이론들을 살펴보고 총공급곡선(식)을 활용하여 필립스곡선(식)을 도출한 후 정책적 시사점을 고찰한다.

요약

1 거시경제학은 국가 경제 전체차원에서 경제가 어떻게 움직이는지를 분석한다. 총생산 및 성장률, 물가 및 인플레이션율, 실업률 등 주요 거시변수가 어떻게 결정되며, 상호작용하고, 시간에 따라 변하는지 등을 분석한다.

2 거시경제학자는 경제모형을 활용하여 경제현상을 분석하고, 설명하며, 예측하고, 정책적 처방을 내린다. 좋은 모형은 현실성이 있고, 간결하며, 설명력과 예측력이 탁월하고, 정책 처방 시 유용해야 한다.

3 경제모형에는 두 종류의 변수 즉 내생변수(endogenous variables)와 외생변수(exogenous variables)가 있다. 외생변수는 모형 밖에서 주어지는 변수이며, 내생변수는 모형 안에서 그 값이 결정되는 변수다. 경제모형은 외생변수의 변화가 내생변수에 어떻게 영향을 미치는지를 보여준다.

4 경제는 시간에 따라 다르게 움직인다. 경제학자들은 시간대를 크게 단기-장기-최장기로 나눈다. 단기는 가격이 신축적으로 움직일 수 없는 짧은 시간이고, 장기는 가격이 신축적으로 움직일 수 있는 충분히 긴 시간이며, 최장기는 가격이 신축적일 뿐만 아니라 생산요소나 기술수준의 변화까지도 가능한 아주 긴 시간이다.

5 경제학자들은 분석하고자 하는 경제이슈에 맞는 경제모형을 선택하여 사용한다. 단기의 경제를 분석하는 데는 가격변수가 경직적이라고 가정한 케인즈모형이 유용하고, 장기의 경제를 분석하는 데는 가격변수가 신축적이라고 가정한 고전학파모형이 유용하다. 그리고 최장기의 경제를 분석하는 데는 가격변수가 신축적임을 물론 생산요소의 양과 기술수준의 변화까지 허용한 경제성장모형이 유용하다.

연습문제

1 미시경제학과 거시경제학의 차이점은 무엇인가? 대표적인 이슈와 정책을 설명하라.

2 단기와 장기 그리고 최장기를 구분하라.

3 가격이 경제상황에 따라 즉각적으로 변하지 못하는 이유는 무엇인가?

4 좋은 경제모형의 조건은 무엇인가? 경제학자가 다양한 모형을 사용하는 이유를 설명하라.

5 모형의 외생변수와 내생변수의 차이점을 설명하라.

6 완전경쟁시장에서 어느 재화의 균형가격과 거래되는 균형수량을 분석하고자 한다. 이 분석을 위한 모형을 구성하라. 모형에서 외생변수와 내생변수를 구별하고, 외생변수의 변화가 내생변수에 미치는 영향을 분석하라.

제2장 거시경제의 순환구조 및 주요 거시경제변수

제2장에서는 거시경제의 주요 변수(key macro variables)인 총생산 및 성장률, 물가와 인플레이션율, 실업률 등 주요 거시경제변수의 개념을 정의한 후 이들 변수 간 기본적인 상호관계를 살펴본다. 경제의 **큰 그림(big picture)**에 대한 기본적인 아이디어를 형성하기 위한 전초 과정이다.

---

1. 거시경제의 순환구조
2. 주요 거시경제변수
   국내총생산(GDP, Y)
   물가(P, 물가지수, Price Index)
   실업률
3. 거시경제변수의 관계
   총생산(Y), 실업률(u) 및 물가(P)의 관계
   총생산변화율(g_Y), 실업률(u)의 변화, 인플레이션율(π)의 관계

---

1. 거시경제의 순환구조

경제의 큰 흐름을 살펴보자. 경제주체는 민간부문의 가계와 기업, 공공부문의 정부, 그리고 해외부문의 외국으로 크게 분류한다. 여기서는 폐쇄경제를 가정하고 해외부문을 제외한다. 해외부문은 제7부의 개방경제에서 논의한다. 시장은 노동과 자본 등 생산요소시장, 재화와 서비스의 생산물시장, 그리고 금융시장으로 구분한다.

그림 2-1 국가 경제 전체의 구조와 큰 흐름

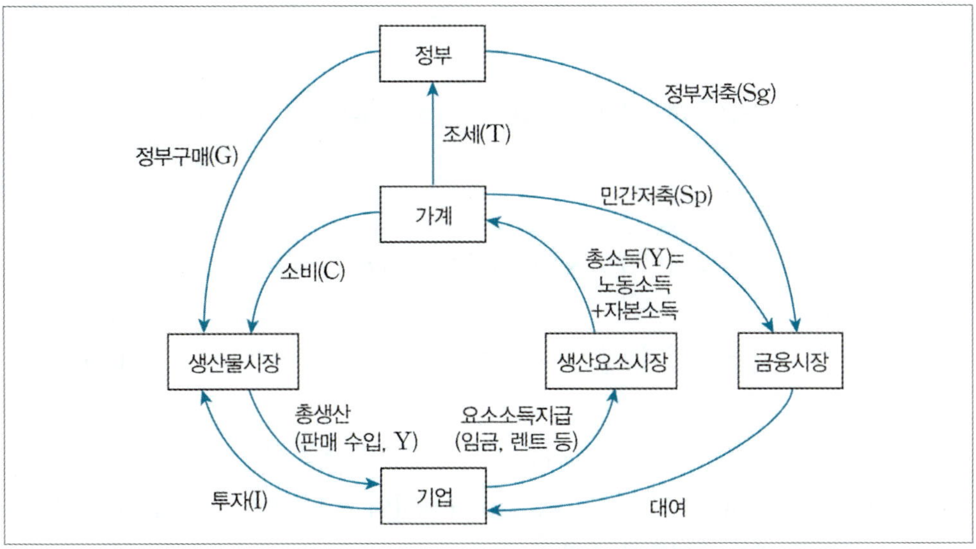

화살표는 각 경제주체 간 자금이 여러 시장을 통해서 어떻게 흐르는지를 보여준다.

그림 2-1은 국가 경제 전체의 구조와 큰 흐름을 보여준다. 먼저, 경제주체의 관점에서 **경제활동과 자금의 흐름**을 살펴보자.

기업은 생산의 주체로 가계가 제공한 생산요소를 고용하여 재화를 생산한다. 재화를 판매하여 얻은 수입(Y)으로 생산요소 제공자에게 임금과 렌트(rent) 등 대가를 지불한다. 투자에 필요한 재원은 금융시장에서 차입한다.

가계는 노동과 자본 등 생산요소의 소유자로 이를 기업에 제공하고 그 대가로 소득(Y)을 얻는다. 소득이 발생하면 먼저 세금(T)을 납부한다. 그리고 재화(서비스 포함)의 구입 등 소비지출(C)에 사용하며 남은 부분은 저축($S_P = Y - T - C$)한다.

정부는 조세수입(T)을 기반으로 재화나 서비스를 구매(G)한다. 조세수입이 정부지출을 초과하면 재정이 흑자가 되어 정부저축($S_g = T - G$)이 양수의 값이 된다. 반대로 조세수입이 정부지출보다 적으면 적자가 되어 정부저축이 음수의 값이 되고, 금융시장에서 차입한다.

다음은 재화의 생산-분배-사용의 관점에서 **경제활동의 총규모**를 살펴보자. 먼저, 생산측면에서 보면 기업이 생산하고 판매하여 얻은 재화의 시장가치는 **총생산**(Y)이 된다.

$$Y = F(L, K)$$

둘째, 분배측면에서 보면 총생산 즉 모든 재화의 판매수입은 생산요소 제공자에게 그 기여도(한계생산)에 따라 노동소득(임금)과 자본소득(렌트) 등으로 배분되어 **총소득**이 된다.

분배된 소득은 세금(T)을 납부하고 난 후 소비(C)에 쓰이고 나머지는 저축(S_P)이 된다.

$$\text{총소득}=\text{노동소득}(MPL\times L)+\text{자본소득}(MPL\times K)=C+S_P+T$$

여기서 MPL은 노동의 한계생산, MPK는 자본의 한계생산이며, S_P 는 민간저축이다.

셋째, 재화의 사용측면에서 보면, 생산된 재화는 가계가 소비하고(소비지출, C), 기업이 투자에 활용하며(투자지출, I), 정부가 구매하여 사용(정부구매지출, G)하므로, 총생산은 재화에 대한 **총지출**이 된다.

$$\text{총지출}=C+I+G$$

여기서 투자지출에는 의도하지 않는 재고지출까지 모두 포함한다. 그러나 추후 제5장에서 살펴볼 계획된 지출(planned expenditure) 즉 총수요에는 의도하지 않은 재고가 포함되지 않는다. 따라서 총생산과 총수요는 단기에 일치하지 않을 수 있다. 이 문제는 제5장에서 상세히 논의된다.

한 경제의 총생산, 총소득 및 총지출은 동일한 경제활동의 규모를 서로 다른 각도에 본 것으로 항상 같게 된다. 이를 **3면등가의 법칙**이라 한다.

$$\begin{gathered}\text{총생산}(Y)\\ =\text{총소득}[\text{노동소득}(MPL\times L)+\text{자본소득}(MPK\times K)]=C+S_P+T\\ =\text{재화에 대한 총지출}(C+I+G)\end{gathered}$$

이제 저축을 투자로 연결해 주는 금융시장 즉 가상의 **대부자금시장**(a hypothetical loanable funds market)을 살펴보자. 저축은 대부자금의 공급이고 투자는 대부자금의 수요이다. **총저축(S)**은 **민간저축(S_p)**과 **정부저축(S_g)**의 합으로 다음과 같다.

$$\text{총저축}(S)=\text{민간저축}(S_p)+\text{정부저축}(S_g)=(Y-T-C)+(T-G)=Y-C-G$$

폐쇄경제 하에서 저축만큼 투자가 이루어진다(savings and investment spending identity).

$$총저축(S)=투자(I)$$

대부분의 나라에서 정부저축은 음수(−)로 정부가 저축하기보다는 차입하는 상황이다. 따라서 민간저축이 정부의 재정적자를 메우고 기업의 **투자**재원으로 활용된다고 볼 수 있다.

2. 주요 거시경제변수

경제학자들은 주요 거시경제변수의 자료를 수집하고 이에 기초하여 경제 상황을 진단하며 성과를 평가한다.

거시경제에서 가장 중요한 변수는 총생산이다. **총생산(총소득)**은 경제규모의 척도이다. 총생산이 증가하면 경제가 팽창하고 있다는 것을 의미하며, 총생산이 감소하면 경제가 수축되어 침체되고 있음을 의미한다. 국가 간 총생산 자료를 비교하여 각국의 경제규모를 가늠한다. 1인당 생산(소득)은 경제적 후생과 직결된다. 국가간 1인당 소득을 비교하여 선진국, 중진국, 저개발국 등 각국의 경제발전 정도를 규정한다. 경제성장률은 총생산 또는 1인당 총생산의 변화율로 측정하며 경제의 성장속도를 측정한다.

다음으로 중요한 변수는 전반적인 **물가수준**과 그 변화율인 **인플레이션율**이다. 오늘날 대부분의 경제는 화폐경제로 모든 가격이 화폐단위로 측정된다. 이들 가격의 전반적인 수준인 물가의 상승률이 인플레이션율이다. 높은 인플레이션율은 자원배분의 왜곡을 초래할 뿐만 아니라 경제의 불확실성을 증가시키는 등 많은 경제적 비용을 초래한다. 이에 따라 대부분 국가에서 안정적이고 낮은 인플레이션을 유지하는 것이 경제정책의 주요 목표의 하나가 되고 있다.

그리고 중요한 변수가 **실업률**이다. 실업률이 높다는 것은 경제 전체적으로 노동력을 효율적으로 활용하지 못하고 있음을 의미한다. 개별 실업자 차원에서도 실업은 심리적인 상실감 등 스트레스, 소득의 손실과 능력발전 기회의 상실 등 그 비용이 엄청나다. 완전고용수준에서 크게 벗어나지 않는 낮은 실업률을 유지하는 것이 경제정책의 주요 관심사가 된다.

이러한 이유로 경제학자들은 실업률(u)과 인플레이션율(π)의 비용에 기초하여 **경제적후생손실(L, misery index)**을 측정하기도 한다. 실업률이 높을수록 그리고 인플레이션율이 높을수록 경제적후생손실은 커진다.

$$L = L(u, \pi)$$
$$\quad\quad (+,\ +)$$

모든 거시경제 분석과 정책적 처방이 주요 거시경제변수의 자료에 기초하여 이루어진다. 경제이론의 타당성과 유용성 여부도 주요 거시경제변수의 경험적 자료를 활용하여 검증 작업이 이루어진다.

사실 **거시경제학**을 공부한다는 것은 (1) 이러한 **주요 거시경제변수가 어떻게 결정**되고, (2) **상호작용**하며, (3) 시간이 흐르면서 **어떻게 변하는지** 등을 고찰하는 것과 같다고 할 수 있다. 거시경제학을 본격적으로 공부하는 출발선상에서 주요 거시경제변수의 정확한 개념부터 살펴보도록 하자.

국내총생산(GDP, Y)

1) 국내총생산의 개념

하나의 경제는 매 기간 다양한 재화(서비스 포함)를 생산한다. **생산된 재화의 가치를 하나의 숫자로 종합**하는 것이 필요하다. 이 숫자가 국내총생산이다.

국내총생산(GDP, gross domestic product)은 "일정 기간 한 나라의 국경 안에서 새로이 생산된 모든 최종생산물의 시장가치"다.

(1) **일정 기간**의 시간 단위로 측정하는 점에서 **유량**변수(flow variable)다. 참고로 저량(stock)은 유량과 달리 특정 시점에 측정되는 양을 의미한다.

(2) **국경을 기준**으로 한다. 따라서 국내 외국 근로자의 경제활동은 우리의 GDP에 반영되며 외국에 거주하는 우리 국민의 경제활동은 우리 GDP에 반영되지 않는다. 반면에, 국민총생산(GNP, Gross National Product)은 국적을 기준으로 한다. GNP는 GDP에 우리 국민이 해외로부터 취득한 순요소소득을 더하여 계산한다.

(3) **신제품**만 반영하고 중고품은 제외한다. 중고품은 이전 GDP에 이미 반영되었기 때문이다. 다시 반영하는 경우 중복계산의 문제가 발생한다.

(4) 중간재의 가치는 **최종재**의 가치에 모두 포함되어 있으므로 최종재의 가치만 반영한다. 중간재를 반영하는 경우 중복계산의 문제가 발생한다. 최종재의 가치는 모든 생산단계에서 발생한 부가가치[산출물가치(value of output) − 원자재비용(cost of inputs)]의 합과 일치한다. 따라서 GDP는 모든 생산단계에서 창출한 부가가치 합으로 계산할 수도 있다.

(5) 재화는 서로 중요도가 다르므로 각 재화의 **가치(시장가격)**를 반영하여 계산한다. 자가주택의 서비스가치(임대료)와 시장가격이 형성되지 않는 공공서비스 등은 귀속가치(imputed value)를 활용하여 측정한다. 지하경제에서 거래되는 재화는 포함되지 않는다.

GDP는 지하경제 등에서 거래되는 재화 등이 누락되고, 시장가격이 없는 재화나 서비스의 가치가 정확하게 반영되지 못하는 등 일부 한계가 있지만, 한 국가의 경제활동 총규모를 가장 잘 보여주는 매우 유용한 지표이다. **총생산**은 실물기준의 **총소득**이므로 서로 구별하지 않고 혼용하여 사용한다.

1인당 GDP 역시 여가활동, 소득분배 및 환경오염 상황 등을 반영하지 못하는 일부 한계가 있지만 한 나라의 경제적 후생수준을 가장 잘 대변하는 매우 중요한 지표다.

2) 명목GDP($\$ Y$)와 실질GDP($Y$)

GDP가 구체적으로 어떻게 계산되는지를 살펴보자. 한 경제가 t년도에 n개의 최종재를 새로이 생산하고 그 시장가격과 수량은 각각 다음과 같다고 하자.

가격 벡터(price vector): $P^t = (P_1^t, P_2^t, \cdots, P_n^t)$, P_i^t는 i재화의 t년도 가격

수량 벡터(quantity vector): $Q^t = (Q_1^t, Q_2^t, \cdots, Q_n^t)$, Q_i^t는 i재화의 t년도 수량

이 경우 t연도의 **명목GDP**(Nominal GDP, N.GDP, $\$ Y_t$)는 다음과 같다.

$$\$ Y_t = N.GDP_t = P^t Q^t = \sum_{i=1}^{n} P_i^t Q_i^t$$

여기서 $\$$ 표시는 명목숫자를 의미한다. 명목GDP는 생산량이 동일해도 가격이 오르면 부풀려지는 문제가 발생한다. 모든 재화의 생산량이 동일하여도 모든 가격이 2배가 되면 명목GDP가 2배가 된다. 실제 경제규모가 커진 것으로 오판할 수 있다.

따라서 GDP 계산 시, 이 가격효과를 제거할 필요성이 제기된다. 이를 위해 도입된 개념이 실질GDP이다. **실질GDP**는 당해 연도의 가격(경상가격, current prices, P^t)이 아닌 **기준연도의 가격**(**불변가격**, constant base year prices, P^b)으로 측정한다. 기준연도(base year)로 설정된 연도의 가격벡터를 P^b라고 하자. t연도의 실질GDP는 다음과 같다.

$$Y_t = R.GDP_t(Y_t) = P^b Q^t = \sum_{i=1}^{n} P_i^b Q_i^t$$

단, $P^b = (P_1^b, P_2^b, \cdots, P_n^b)$

P_i^b는 i재화의 기준년도 가격

이 실질GDP는 오직 생산량이 변화할 때 그 숫자가 달라지며 가격 변화에는 영향을 받지 않는다. 생산규모의 변화 즉 경제적 성과를 측정하는 데 적절한 지표가 된다. 따라서 **경제성장률은 실질GDP를 이용**하여 계산한다.

$$경제성장률(g_y) = \frac{Y - Y_{-1}}{Y_{-1}} \times 100 = (\ln Y - \ln Y_{-1}) \times 100$$

여기서 Y_{-1}은 전기의 실질GDP이다. 앞으로 명목 또는 실질이라고 특별하게 언급하지 않은 총생산 또는 총소득(Y)은 모두 실질GDP를 의미한다.

> **참고** *자연로그(natural log)값의 차이는 변화율이다.*
>
> $\ln Y - \ln Y_{-1} = \frac{Y - Y_{-1}}{Y_{-1}}$. *여기에 100을 곱하면 %숫자가 된다.*
>
> $\ln Y - \ln Y_{-1} = \frac{Y - Y_{-1}}{Y_{-1}} = 0.05 = 5\%$

GDP디플레이터(deflator)는 실질GDP 대비 명목GDP의 비율이다.

$$\text{GDP디플레이터} = \frac{명목GDP}{실질GDP} \times 100 = \frac{P^t Q^t}{P^b Q^t} \times 100$$

- 명목GDP: 당해 연도의 가격(경상가격, P^t)으로 측정. $\$Y_t = P^t Q^t$
- 실질GDP: 기준 연도의 가격(불변가격, P^b)으로 측정. $Y_t = P^b Q^t$

기준연도는 명목GDP와 실질GDP가 동일하여 GDP디플레이터는 100이 된다. 모든 지수는 기준연도의 값을 100으로 환산(normalize)한다. 그리고 기준연도에 대비하여 비교 연도의 숫자를 상대적 수준(relative level)으로 측정한다.

GDP디플레이터가 100보다 큰 경우는 실질GDP 대비 명목GDP가 더 큰 것이므로 기준연도에 대비해서 비교 연도의 물가가 상승했음을 의미한다.

물가(P, 물가지수, Price Index)

하나의 경제는 수많은 재화와 서비스를 생산하는 만큼 수많은 가격이 존재한다. 어떤 재화의 가격은 오르고 다른 재화의 가격은 하락하였을 때 전반적인 물가수준이 어떻게 되었는지 판단하기가 쉽지 않다. 따라서 **재화의 모든 가격을 하나의 숫자로 종합**하여 나타내는 것이 필요하며 이것이 **물가지수**(price index)다.

이제 물가지수를 도출하여 보자. 기준연도의 생산량(Q^b)과 가격(P^b)은 각각 다음과 같다.

$$\text{가격 벡터: } P^b = (P_1^b, P_2^b, \cdots, P_n^b),\ P_i^b\text{는 } i\text{재화의 기준연도 가격}$$

$$\text{수량 벡터: } Q^b = (Q_1^b, Q_2^b, \cdots, Q_n^b),\ Q_i^b\text{는 } i\text{재화의 기준연도 수량}$$

한편, 비교 연도(t)의 생산량(Q^t)과 가격(P^t)은 각각 다음과 같다.

$$\text{가격 벡터: } P^t = (P_1^t, P_2^t, \cdots, P_n^t),\ P_i^t\text{는 } i\text{재화의 } t\text{년도 가격}$$

$$\text{수량 벡터: } Q^t = (Q_1^t, Q_2^t, \cdots, Q_n^t),\ Q_i^t\text{는 } i\text{재화의 } t\text{년도 수량}$$

기준연도와 비교 연도의 물가수준을 어떻게 비교할 것인지 살펴보자.

먼저 각 연도의 수많은 가격을 수량으로 가중 평균하여 총가격(AP, aggregate price)을 산출해야 한다.

$$AP^t = PQ = \sum_{i=1}^{n} P_i Q_i$$

문제는 가중치로 어느 연도의 수량을 사용할 것인지다. 어느 가중치를 사용하는가에 따라서 라스파이레스(Laspeyres)식과 파셰(Paasche)식으로 나뉜다.

라스파이레스식은 **기준연도의 고정된 바스켓**(fixed basket)**의 수량**(Q^b)을 가중치로 사용하여 총가격을 산출한다. 따라서 가중치가 변하지 않는다.

$$\text{라스파이레스식:}\ AP^t = P^t Q^b = \sum_{i=1}^{n} P_i^t Q_i^b$$

파셰식은 해마다 바뀌는 **비교 연도의 바스켓**(changing basket)**의 수량**(Q^t)을 가중치로 사용하여 총가격을 산출한다. 따라서 가중치가 매년 변하게 된다.

$$\text{파셰식:}\ AP^t = P^t Q^t = \sum_{i=1}^{n} P_i^t Q_i^t$$

다음으로는 기준연도의 총가격을 100으로 전환(normalize)한다. 그리고 비교 연도의 총가격을 기준연도와 대비하여 **상대적 수준으로 측정**한다. 이렇게 산출된 값이 물가지수(price index)다.

$$\text{라스파이레스 물가지수:}\ LP_t = \frac{P^t Q^b}{P^b Q^b} \times 100$$

$$\text{파셰 물가지수:}\ PP_t = \frac{P^t Q^t}{P^b Q^t} \times 100$$

기준연도의 물가지수는 100으로 전환되었으므로, 비교 연도의 물가지수를 보면 바로 기준연도 대비 물가상승률을 계산할 수 있게 된다. 즉 비교 연도의 물가지수가 110이라면 기준연도에 비해 물가가 10% 상승했음을 의미한다.

1) GDP디플레이터(deflator)

GDP디플레이터는 이미 살펴본 바와 같이 실질GDP 대비 명목GDP의 상대적 비율이다.

$$\text{GDP디플레이터:}\ = \frac{\text{명목}\,GDP}{\text{실질}\,GDP} \times 100 = \frac{P^t Q^t}{P^b Q^t} \times 100$$

물가 측면에서 보면 **실질GDP는 기준연도의 총가격**(기준연도의 가격을 비교 연도의 수량으로 가중하여 측정)이고, **명목GDP는 비교 연도의 총가격**(비교 연도의 기격을 비교 연도의 수량으로 가중하여 측정)과 같다. 총가격을 계산할 때 **비교 연도의 수량을 가중치로 사용**한 점에서 파셰 가격지수에 해당한다.

2) 소비자물가지수(CPI, consumer price index)

소비자물가지수는 전형적인 도시 가계가 소비하는 재화(서비스 포함)의 물가가 어떻게 변하는지를 측정한다. 소비자가 **기준연도에 고정한 소비재화의 바스켓**(fixed base year consumption basket)을 계속 구매한다고 가정한다.

고정된 소비재화의 바스켓을 구매하기 위해 기준연도에 지출한 금액에 대비하여 비교 연도에 지출한 금액의 상대적 수준으로 측정한다.

$$소비자물가지수(CPI): \frac{\text{비교 연도 지출액}}{\text{기준 연도 지출액}} \times 100 = \frac{P^t Q^b}{P^b Q^b} \times 100$$

기준연도의 수량 (Q^b)을 가중치로 사용하여 총가격을 산출하므로 **라스파이레스** 가격지수에 해당한다.

CPI가 100보다 크다는 것은 소비자가 고정된 소비자바스켓을 구매하는 데 기준연도에 비하여 비교 연도에 더 많이 지출한 것을 의미하며 이는 물가가 상승했음을 말해준다.

소비자물가지수(CPI)는 소비자의 생계비 변화에 대해 매우 유용한 정보를 제공하지만, 일부 **문제점**이 있다. 우선, 소비자물가지수는 고정된 소비상품바스켓을 사용하기 때문에 상대가격 변화에 따른 **대체효과를 반영하지 못한다**. 소비자는 상대적으로 싸진 제품을 더 소비하고 비싸진 제품을 덜 소비함으로써 동일한 효용을 유지하는데 드는 생활비를 줄일 수 있기 때문이다.

둘째, **신상품의 효과를 반영하지 못한다.** 신상품이 시장에 나오면 소비자는 선택폭이 넓어져 동일한 비용으로 후생을 증가시킬 수 있게 된다.

셋째, 재화의 **질(quality) 향상을 반영하지 못한다**. 동종의 상품이라도 품질 개선이 있는 경우 소비자의 효용은 증가한다. 이러한 이유로 소비자물가지수는 동일한 효용을 누리는데 드는 생활비의 변화를 일부 과대평가하게 된다.

매년 연금 및 임금 인상률 등이 생계비의 변화 등을 반영하여 조정된다(COLA제도, cost of living allowances). 소비자물가지수는 생계비 변화를 측정하는 중요한 지표이다. 따라서 소비자물가지수가 실제 생계비 변화 등을 과다 평가하는 경우 연금 및 임금 인상 등이 과도하게 책정되는 문제를 초래하게 된다.

이제 물가의 상승률 즉 인플레이션율(π)을 살펴보자. **인플레이션율**은 GDP디플레이터나 소비자물가지수를 이용하여 다음과 같이 측정한다.

$$인플레이션율(\pi) = \frac{P - P_{-1}}{P_{-1}} \times 100 = (lnP - lnP_{-1}) \times 100$$

여기서 P는 금기의 물가수준, P_{-1}는 전기의 물가수준이다. 물가수준(P)은 GDP디플레이터 또는 소비자물가지수(CPI) 등을 활용하여 측정하게 된다.

다행스럽게도 어느 지수를 사용하든 인플레이션율 값은 큰 차이가 없다. 인플레이션율 값이 마이너스가 되는 경우는 디플레이션이라 하며 물가가 하락하였음을 의미한다.

- GDP디플레이터: 매년 생산된 재화바스켓(changing current production basket) 기준, 파셰가격지수.
- CPI: 기준연도의 고정된 소비재화바스켓(fixed base year consumption basket) 기준, 라스파이레스가격지수.

실업률(unemployment rate, u)

1) 실업률의 정의

노동력은 중요한 생산요소 중 하나다. 노동력의 이용 상황을 통해 경제의 상황과 성과를 가늠할 수 있다. 실업률이 높다는 것은 경제활동수준이 낮아 고용이 완전고용에 못 미치고 있다는 것을 의미한다. 이에 따라 총생산은 완전고용생산량인 자연생산량에 비해 적게 된다.

실업은 **일할 능력이 있고 일할 의사가 있어 구직활동을 하였음에도** 불구하고 **일자리를 찾지 못하는 상태**를 의미한다. 구체적으로 실업률 등 노동통계가 어떻게 작성되는지 알아보기 위해 인구구성을 살펴보자.

그림 2-2 인구구성도

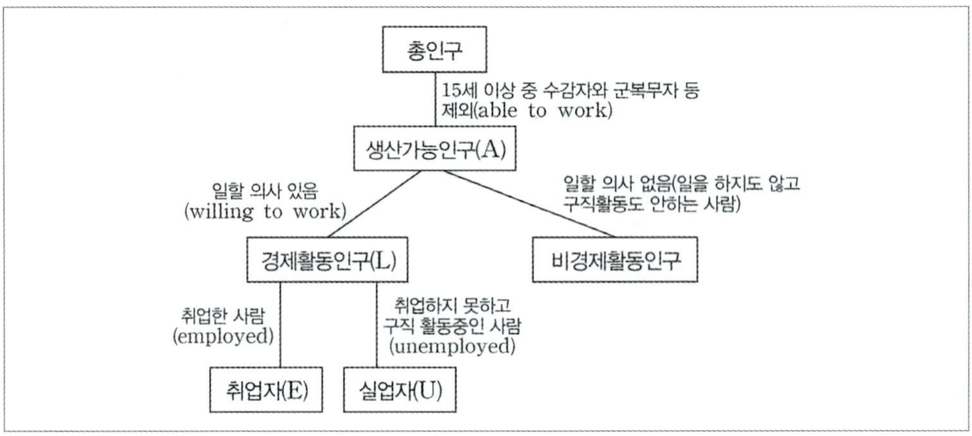

그림 2-2에서 보는 것처럼 법적으로 취업이 가능한 15세 이상의 인구 중 교도소 수감자와 군 복무자 등을 제외하고 경제활동이 가능한 사람을 **생산가능인구**(A)라 한다. 생산가능인구는 다시 일할 의사가 있어 취업하였거나 구직활동 중인 **경제활동인구**(L, labor force)와 일을 하지도 않고 구직활동도 않는 비경제활동인구로 나뉜다. 경제활동참가율은 생산가능인구 대비 경제활동인구의 비중으로 측정한다.

$$\text{경제활동참가율} = \frac{\text{경제활동인구}(L)}{\text{생산가능인구}(A)} \times 100$$

경제활동인구는 **취업자**(E, employed)와 취업하지 못하고 구직활동 중인 **실업자**(U, unemployed)로 나뉘며, 실업률은 경제활동인구(L) 대비 실업자(U)의 비중을 말한다. 즉 실업자란 일을 할 수 있고 일할 의지도 있어 구직활동을 하였음에도 불구하고 일자리를 찾지 못한 경우이다. 따라서 실업률은 취업하기가 얼마나 어려운지를 보여준다.

$$\text{실업률}(u) = \frac{\text{실업자}(U)}{\text{경제활동인구}(L = E + U)} \times 100$$

모든 경제지표가 그렇듯 실업률지표 역시 완벽할 수는 없고 **한계**가 있다. 첫째, 취업자의 경우 **정규직과 비정규직, 상시고용과 부분고용을 구분하지 않고** 동일하게 취업자로 간주하므로 고용의 질적 측면을 반영하지 못한다. 둘째, 열심히 직장을 구하기 위해 노력하였지만 실패하여 **구직을 단념하면(실망실업자, discouraged workers) 실업률 계산의 모집단에서 제외**된다. 실망실업자의 상당수가 구직활동을 포기했지만, 일할 기회가 주어진다면 취업할 잠재적 의사가 있는 점에서 실망실업자를 제외한 실업률은 실제 실업상황을 과소평가하는 문제가 있다. 이러한 일부 한계점이 있지만 실업률은 노동시장의 고용 상황 및 일자리 찾기의 어려움 등을 잘 보여주는 매우 유용한 지표다.

2) 실업의 종류

실업은 그 원인에 따라 마찰적실업(frictional unemployment), 구조적실업(structural unemployment), 경기적실업(cyclical unemployment)으로 나뉜다. 먼저, **마찰적실업**은 **구인-구직의 매칭 과정(matching process)에서 시간과 노력이 필요**하여 발생한다. 구인과 구직에 대한 정보의 불완전성, 직업이 요구하는 기술과 구직자가 보유한 기술의 불일치, 경제 환경 및 경제구조의 변화에 따른 근로자의 부문 간 이동(sectoral shifts) 등에 따라 발생하는 실업으로 모든 경제에 항상 존재하는 실업이다. 구인–구직 인프라가 확충되어 매칭 과정이 원활해지는 경우 마찰적실업은 감소한다. 반면에 실업보험제도 등으로 실직자가 누릴 수 있는 혜택이 늘어나면 구직 유인이 약화되어 마찰적실업이 증가한다.

그림 2-3 실질임금의 경직성과 구조적실업

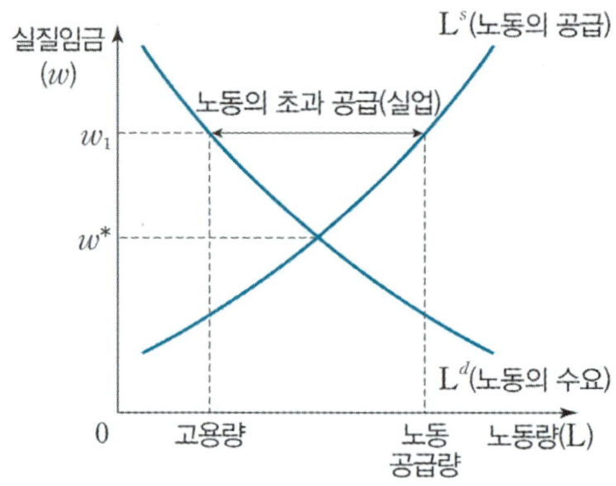

실질임금이 시장균형임금(w^*)보다 높은 수준(w_1)에서 고정되면 구조적실업이 발생한다.

구조적실업은 그림 2–3에서 보는 것처럼 **실질임금이 시장균형임금(w^*)보다 높은 수준(w_1)에서 책정되어 고정됨**(real wage rigidity)에 따라 발생하는 실업이다. 실질임금이 시장균형임금보다 높게 책정되는 이유는 최저임금법, 노조, 효율임금(efficiency wages) 등 다양한 원인이 있다.

최저임금법은 노동자의 보호차원에서 일정 이상의 임금을 지급하도록 하고 있으며, 이 최저임금이 시장균형임금수준을 초과하여 실업을 초래한다. **노조** 등 내부노동자(insiders)는 높은 실업률에도 불구하고 높은 임금을 요구하기도 하고, 구직 중인 외부노동자(outsiders)는 낮은 임금에도 일할 용의가 있지만 임금협상에 참여할 기회가 없어 반영되지 못하여 임금은 높은 수준에서 결정되며 실업이 발생한다.

효율임금은 기업이 자발적(voluntarily)으로 시장균형임금보다 높은 임금을 지급하는 것이다. 임금이 높을수록 노동자의 효율(efficiency, E) 즉 생산성이 높아진다는 이론에 기초하고 있다.

$$E = \underset{(+)}{E(w)}$$

기업은 높은 임금을 지급함으로써 여러 면에서 노동자의 생산성 향상을 유도할 수 있다.

첫째, 근로자가 높은 임금을 받으면 영양분을 잘 섭취할 수 있어 건강해지고 생산성이 높아진다(nutrition theory). 임금수준이 전반적으로 매우 낮은 저개발국가에서 특히 그렇다.

둘째, 임금이 높아지는 경우 직장을 옮길 유인이 줄어든다. 높은 임금으로 **이직률(turnover rate)을 낮출 수 있어** 새로운 인력 채용 및 훈련비용 등을 절감할 수 있다.

셋째, 높은 임금을 지급함으로써 **역선택(adverse selection)의 문제를 피할 수 있다.** 역선택은 숨겨진 속성에 대한 경제주체 간 정보의 비대칭(asymmetric information about hidden characteristics)에서 초래된다. 고용주는 종업원이나 채용 지원자의 자격과 능력에 대해 제대로 파악하기 힘들다. 임금이 낮은 경우 다른 곳에서 일자리를 찾을 수 있는 능력 있는 직원은 떠나고 능력 없는 직원만 남게 되며, 신규 채용 시에도 낮은 임금에 관심이 있는 자격과 능력이 매우 떨어지는 사람만 응모하게 되어 역선택 문제가 발생한다. 높은 임금을 제시하여 역선택 문제를 극복하고 유능하고 생산성 높은 인재를 끌어들여 보유할 수 있게 된다.

넷째, **도덕적해이(moral hazard) 문제를 피할 수 있다.** 도덕적해이는 숨겨진 행동에 대한 경제주체 간 정보의 비대칭(asymmetric information about hidden actions)에서 초래된다. 고용주는 노동자가 얼마나 열심히 일하는지 노동자만큼 알지 못하고 관리 감독하는 데도 한계가 있다. 높은 임금을 지급하여 근로자가 직장에 대해 더욱 애착심을 갖게 하고 충성심을 유발하여 책임감 있게 일하도록 유도할 수 있다.

이러한 이유로 기업은 임금을 시장균형임금보다 더 많이 자발적으로 지급하여 채용 및 훈련경비를 절감하고 생산성 향상을 도모하려고 한다.

지금까지 설명한 마찰적실업과 구조적실업을 합하여 자연적실업이라 부른다. 자연적 실업은 불황이나 호황 등 경제상황과 관계없이 모든 경제에 항상 존재하는 자연적인 실업이다. 따라서 **자연적실업만 존재하는 경우를 완전고용**이라고 한다.

자연실업률은 불황 또는 호황 등 경기상황에 대한 신호가 아니며 노동시장의 유연성, 근로자의 노조가입률 및 노조의 협상력, 구인-구직의 인프라 등 노동시장과 경제구조의 특성에 따라 결정된다. 서유럽국가의 경우 노조가입률이 높고 근로자의 권익을 강하게 보호하여 미국 등 다른 나라에 비해서 상대적으로 자연실업률이 높은 편이다.

경기적실업(u_c)은 경기변동과 관련된 실업이다. 경기가 불황일 때 생산감소로 노동에 대한 수요가 감소하여 경기적실업이 증가한다. 경기적실업은 거시경제의 주요 관심 대상이 되는 실업으로 팽창적 재정정책이나 통화정책 등 경기부양책으로 줄일 수 있는 실업이다.

- **완전고용**은 실업이 전혀 없는 상태를 의미하는 것이 아니라 **자연적 실업만 존재하고 경기적실업이 없는 것**을 의미한다. $u_c = 0$

이상에서 실업률은 다음과 같이 요약할 수 있다.

- 실업률 = 자연실업률 + 경기적실업률 = (마찰적실업률 + 구조적실업률) + 경기적실업률
$$u = u_n + u_c = (u_f + u_s) + u_c$$

단기에 총생산(Y)은 경제 상황에 따라 자연생산량(Y_n)을 중심으로 출렁이며, 이에 상응하여 **실업률**(u)**도 자연실업률**(u_n)**을 중심으로 출렁**인다. 총생산이 자연생산량과 일치하는 경우 실업률은 자연실업률과 일치하고 완전고용이 된다. 총생산이 자연생산량을 밑도는 경우 실업률은 자연실업률을 초과하여 경기적실업이 양수가 되어 과소고용 상태가 된다. 반대로 총생산이 자연생산량을 초과하는 경우 실업률은 자연실업률보다 적어 경기적실업이 음수가 되며 노동력을 과도하게 활용하는 상태가 된다.

- $Y = Y_n \leftrightarrow u = u_n,\ u_c = 0$. 완전고용
- $Y < Y_n \leftrightarrow u > u_n,\ u_c > 0$. 노동력 과소 사용
- $Y > Y_n \leftrightarrow u < u_n,\ u_c < 0$. 노동력의 과다 사용

3. 거시경제변수의 관계

이상에서 주요 거시경제 변수를 살펴보았다. 대부분 거시경제이론이 이들 주요 거시경제변수를 중심으로 전개된다고 해도 과언이 아니다. **이들 변수가 어떻게 결정되고, 상호작용을 하며, 시간대에 따라 어떻게 움직이는지, 그리고 정책의 변화나 수요와 공급의 충격은 이들 거시경제변수에 어떻게 영향을 미치는지**에 관한 것이다. 이 장은 도입부분인만큼 이들 변수 사이의 기본적인 관계만을 개략적으로 살펴본다.

먼저 경제 변수들은 시간대에 따라 다르게 움직인다. 가격변수가 완전 신축적인 **장기**에는 총생산, 실업률 등 **실질변수**가 물가, 인플레이션율 등 **명목변수로부터 완전히 분리**된다. 이를 고전적 이분성(classical dichotomy)이라 한다. 총생산 등 실질변수는 생산요소의 양이나 기술수준 등 실질변수에 의해 결정되며, 명목변수에 영향을 받지 않는

다. 통화량의 변화는 명목변수에 온전히 반영되며, 실질변수에는 영향을 미치지 못한다. 이를 통화의 중립성(money neutrality)이라 한다.

※ 장기에 거시경제변수의 움직임은 제3장과 제4장에서 상세히 다룬다.

가격변수가 경직적인 **단기**에는 **실질변수와 명목변수가 서로 혼합**되어 매우 흥미롭고 복잡한 관계가 나타난다. 단기에 주요 거시경제변수 사이의 관계를 살펴보자.

총생산(Y), 실업률(u) 및 물가(P)의 관계

그림 2-4 주요 거시변수인 총생산(Y), 실업률(u) 및 물가(P)의 관계

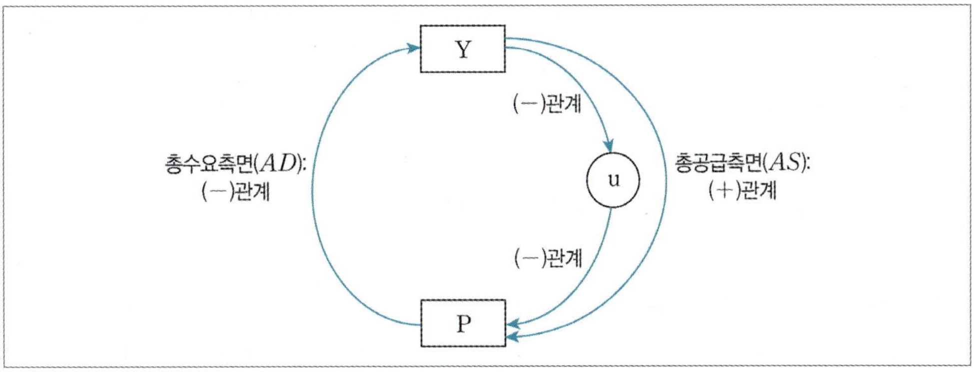

그림의 좌측면은 수요측면을 보여주며 우측면은 공급측면을 보여준다.

생산, 실업률 및 물가 등 주요 변수들의 관계를 수요와 공급의 두 측면에서 살펴보자.

1) 공급측면

그림 2-4의 우측면은 공급측면을 보여준다. 먼저, **총생산(Y)과 실업률(u)** 사이의 관계를 살펴보자. 총생산과 실업률은 마치 같은 동전의 양면과 같다. 총생산의 증가는 고용 증가, 실업률 감소로 이어진다. 반대로 총생산 감소는 고용감소, 실업률 증가로 이어진다. 총생산과 실업률은 서로 반대방향으로 움직이며 두 변수 간, **음(−)의 관계**를 보인다.

- Y와 u는 음(-)의 관계: $Y\uparrow \rightarrow u\downarrow$ 또는 $Y\downarrow \rightarrow u\uparrow$

총생산(Y)이 자연생산량(Y_n) 수준에 있으면 실업률(u)도 이에 상응하여 자연실업률(u_n)에 있게 된다. 총생산이 자연생산량보다 많으면 실업률은 하락하여 자연실업률보다 낮게 되며, 총생산이 자연생산량보다 적으면 실업률은 자연실업률보다 높게 된다.

- $Y = Y_n \leftrightarrow u = u_n$
- $Y > Y_n \leftrightarrow u < u_n$
- $Y < Y_n \leftrightarrow u > u_n$

둘째, **실업률(u)과 물가수준(P)** 사이의 관계이다. 실업률이 매우 낮으면 일할 사람을 구하기가 쉽지 않고, 이는 임금(W) 및 생산비 상승으로 이어져 물가(P)가 상승하게 된다. 반대로 실업률이 매우 높으면 일자리 찾기가 쉽지 않아 임금 하락 및 생산비 하락으로 이어져 낮은 물가수준으로 연계된다. 따라서 공급측면에서 실업률과 물가가 서로 반대방향으로 움직여 두 변수 사이에 **음(−)의 관계**가 존재한다.

- u와 P는 음(-)의 관계: $u\downarrow \rightarrow W\uparrow \rightarrow P\uparrow$ 또는 $u\uparrow \rightarrow W\downarrow \rightarrow P\downarrow$

셋째, 위에서 살펴본 첫째와 둘째의 관계를 결합하여 단기의 **생산량(Y)과 물가(P)**의 관계를 살펴볼 수 있다. 공급측면에서 총생산의 증가는 실업률 감소로 이어지고, 이는 임금상승 및 물가상승으로 이어진다. 반대로 총생산의 감소는 실업률 증가로 이어지고, 이는 임금하락 및 물가하락으로 이어진다. 따라서 생산량과 물가가 서로 같은 방향으로 움직이는 **양(+)의 관계**를 보인다.

- Y와 P는 양(+)의 관계: $Y\uparrow \rightarrow u\downarrow \rightarrow W\uparrow \rightarrow P\uparrow$

2) 수요측면

경제의 수요측면에서 **물가수준(P)과 총수요(Y)**의 관계를 살펴보자. 물가 상승 시 주어진 통화량(M)에서 실질통화잔고(M/P)가 하락하고 이자율의 상승으로 이어진다. 이자율 상승에 따라 투자가 감소하여 총수요가 감소한다. 반대로 물가하락 시 실질통화잔고가 증가하고 이자율이 하락하여 투자가 늘어나 총수요가 증가한다. 따라서 물가와 총수요가 서로 반대방향으로 움직이는 **음(−)의 관계**를 보인다.

• P와 Y는 음(-)의 관계: $P\uparrow$ → 실질통화잔고(M/P) 하락, 이자율 증가 → 투자 감소 → $Y\downarrow$

※ 단기에 Y, u, P의 상호관계는 제8장의 $AS-AD$모형에서 상세히 다룬다.

총생산변화율(g_Y), 실업률(u)의 변화, 인플레이션율(π)의 관계

그림 2-5 주요 거시변수인 총생산변화율(g_Y), 실업률(u)의 변화, 인플레이션율(π)의 관계

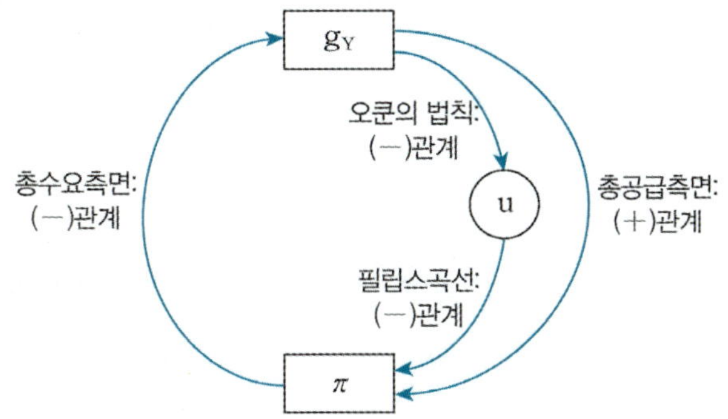

그림의 좌측면은 수요측면을 보여주며 우측면은 공급측면을 보여준다.

이제 주요 거시변수의 절대적인 수준보다 **변화율**에 초점을 두어 그 관계를 살펴보자.

1) 공급측면

그림 2-5의 우측면은 공급측면이다. **총생산의 변화율(g_Y)이 인플레이션율(π)에 미치는 영향**을 보여준다.

먼저, 총생산변화율(정확히 말하면 경제성장률에서 자연생산량의 성장률을 제외한 단기의 경기변동에 초점을 둔 변화율, $g_Y - g_n$)과 실업률(u) 사이의 관계이다. 총생산변화율과 실업률(u) 사이의 관계는 오쿤(Arthur Okun)에 의해 처음으로 발견되어 **오쿤의 법칙**(Okun's Law)으로 불린다.

$$\text{오쿤의 법칙: } u - u_{-1} = -\alpha(g_Y - g_n)$$
$$= -\alpha[(lnY - lnY_{-1}) - (lnY_n - lnY_{n,-1})]$$
$$= -\alpha[(lnY - lnY_n) - (lnY_{-1} - lnY_{n,-1})]$$
$$\text{단, } \alpha > 0$$

여기서 g_n은 정상적인 성장률(normal growth rate of output)로 실업률을 일정하게 유지하는 성장률이다. 총생산증가율(g_Y)이 정상적인 성장률(g_n)보다 높은 경우는 실업률이 감소한다.

단기에 총생산변화율은 총생산이 자연생산량 수준을 초과하는 정도를 %로 측정한 값($lnY-lnY_n$) 즉 공급측면의 총생산갭(output gap)으로 파악한다. 공급측면에서 총생산갭이 증가하면 경기가 호황으로 실업률이 감소한다(물론 실업률의 감소 시 총생산증가율이 높아진다는 반대방향으로의 해석도 가능하다).

따라서 총생산변화율과 실업률은 **서로 반대방향**으로 움직이는 **음(−)의 관계**를 보인다.

- $g_Y > g_n \rightarrow \Delta u < 0$, 즉 실업률이 감소한다.
- $g_Y < g_n \rightarrow \Delta u > 0$, 즉 실업률이 증가한다.

다음으로, 실업률(u)과 인플레이션율(π) 사이의 관계는 필립스(Alban William Phillips)에 의해 처음으로 발견되어 **필립스식**(Phillips relation) 또는 **필립스곡선**(Phillips curve)으로 불린다. 실업률과 인플레이션율의 두 변수가 주어진 기대인플레이션율 하에서 **서로 반대 방향**으로 움직이는 **음(−)의 관계**를 보인다.

$$\pi = \pi^e - \beta(u - u_n)$$

여기서 π^e는 기대인플레이션율이다. 주어진 기대인플레이션율 하에서 실업률이 자연실업률보다 높으면 인플레이션율이 하락한다. 이는 경제활동이 부진하여 실업률이 자연실업률보다 높으면 임금 및 가격하락을 압박하여 인플레이션율이 하락하기 때문이다. 반대로, 경제활동수준이 높아져 실업률이 자연실업률 이하로 낮아지면 임금 및 가격상승을 압박하여 인플레이션율 상승으로 이어진다.

- 주어진 기대인플레이션율(π^e)하에서, 만약 $u > u_n \rightarrow \pi\downarrow$, 만약 $u < u_n \rightarrow \pi\uparrow$

셋째, 위에서 살펴본 첫째와 둘째의 관계를 결합하여 총생산변화율(g_Y)과 인플레이션율(π)의 관계를 살펴볼 수 있다. 공급측면에서 총생산증가율이 높을수록 실업률은 감소하고 인플레이션율의 상승으로 이어진다. 반대로 총생산증가율이 낮을수록 실업률은 증가하고 인플레이션율의 감소로 이어진다. 따라서 공급측면에서 **총생산변화율(g_Y)과 인플레이션율(π)** 두 변수가 서로 같은 방향으로 움직이는 **양(+)의 관계**를 보인다.

• g_Y와 π는 양(+)의 관계: $g_Y \uparrow \ \rightarrow u \downarrow \ \rightarrow \pi \uparrow$

2) 수요측면

그림 2-5의 좌측면은 수요측면이다. **인플레이션율(π)이 총수요의 변화율(g_Y)에 미치는 영향**을 보여준다. 단기에 총수요의 변화율은 총수요가 자연생산량 수준을 초과하는 정도를 %로 측정한 값($lnY - lnY_n$) 즉 수요측면의 총생산갭(gap)으로 파악한다. 이 관계는 중앙은행의 통화정책 준칙(rule)에서 비롯된다. 경기가 과열되고 인플레이션율이 목표치 이상으로 증가하는 경우 통화당국이 인플레이션율의 안정을 위해 긴축적 통화정책을 실시하고 이에 따라 총생산갭은 감소한다. 반대로 경기가 위축되고 인플레이션율이 목표치 이하로 하락하는 경우 통화당국이 경기진작을 위해 확장적 통화정책을 실시하고 총생산갭은 증가한다. 따라서 수요측면에서 인플레이션율과 총생산갭은 **서로 반대방향**으로 움직이는 **음(−)의 관계**를 보인다.

• π와 g_Y는 음(−)의 관계: $\pi \uparrow$ → 중앙은행이 긴축적 통화정책으로 대응(이자율 상승) → $g_y \downarrow$

※ 단기에 g_Y, u, π의 상호관계는 제9장의 AAS-AAD모형에서 상세히 다룬다.

이상의 변수들 사이의 관계는 **거시경제의 핵심내용**으로 현 단계에서 모든 내용을 제대로 이해하기는 쉽지 않을 것이다. 앞으로 주요 거시경제이론을 공부하면서 구체적으로 분석하고 살펴볼 과제이며, 현 단계에서는 주요 거시경제변수의 관계에 대한 기본적인 아이디어를 얻는 것으로 만족해도 충분할 것이다.

⇒ 다음 주제는?

지금까지 주요 거시경제변수에 대해 살펴보았다. 이어지는 제2부에서 제5부까지는 거시경제의 핵심모형으로 단기-장기-최장기의 시간대에 따라 경제가 어떻게 움직이는지를 살펴본다. 먼저 제2부에서 모든 경제분석의 기준점(a reference point)이 되는 가격이 신축적인 장기의 경제를 살펴본다. 그리고 제3부와 4부에서는 가격이 경직적인 단기에는 경제가 이 기준점을 중심으로 수요와 공급의 충격 및 정책변화에 따라 어떻게 출렁이는지를 살펴본다. 그리고 제5부에서는 최장기에 경제의 기준점(자연생산량 등) 자체가 어떻게 성장해 나가는지를 살펴본다.

요약

1 국내총생산(GDP)은 일정 기간 한 나라의 국경안에서 새로이 생산된 최종생산물의 시장가치이다. 명목GDP는 당해연도 경상가격으로 계산한다. 실질GDP는 기준연도의 불변가격으로 계산한다. 경제성장률은 실질GDP를 활용하여 계산한다.

2 물가지수로 GDP디플레이터와 소비자 물가지수(CPI) 등이 있다. GDP디플레이터는 실질GDP 대비 명목GDP의 비율이다. 매년 생산한 재화와 서비스의 바스켓(changing current production basket)을 대상으로 한다. 파셰 물가지수다.

3 소비자물가지수(CPI)는 전형적 도시가계가 구매하여 소비하는 재화와 서비스의 묶음으로 기준연도에 고정한 소비재화바스켓(fixed base year consumption basket)을 대상으로 한다. 라스파이레스 물가지수다.

4 인플레이션율은 물가지수의 변화율이다. 인플레이션율이 양수의 값이면 전기에 비해 물가가 상승하였음을 의미하며, 음수의 값이면 디플레이션으로 물가가 하락하였음을 의미한다.

5 경제활동참여율은 생산가능인구 대비 경제활동인구(취업자+실업자)의 비중을 의미한다. 실업률은 경제활동인구 대비 실업자의 비중, 즉 일할 능력과 의사가 있는 사람 중에서 아직 일자리를 구하지 못한 사람의 비율로 일자리 찾기가 얼마나 어려운가를 보여준다.

6 자연실업률은 마찰적실업률과 구조적실업률로 구성된다. 마찰적실업률은 구인, 구직 등의 과정에서 생기는 실업률이며, 구조적실업률은 최저임금, 효율임금, 노조 등으로 실질임금이 시장균형임금보다 높게 설정되어 나타나는 실업이다. 모든 경제에 자연적 실업률은 존재하며 노동시장의 유연성, 경제구조 등에 따라 나라마다 시기별로 차이가 있다.

7 경기적실업률은 불황 및 호황 등 경기변동과 관련된 실업률이다. 경기적실업률이 없고 자연실업률만 존재하는 경우를 완전고용이라 한다.

8 가격변수가 신축적인 장기에 실질변수는 명목변수로부터 분리된다. 총생산, 실업률 등 실질변수는 실질요인에 의해 결정되며, 명목변수는 실질변수에 영향을 주지 못한다(고전적 이분성). 통화량 등이 변하는 경우 명목변수에 완전히 반영되며 실질변수에는 영향을 주지 못한다(통화의 중립성).

9 가격변수가 경직적인 단기에는 실질변수와 명목변수가 서로 섞이게 된다. 수요측면에서 물가의 상승은 총수요를 감소시켜 음(-)의 관계를 보인다.

10 공급측면에서 경제활동이 활발하여 총생산이 증가하면 임금, 가격의 상승을 압박하여 물가 상승으로 이어져 총생산과 물가는 양(+)의 관계를 보인다.

11 오쿤의 법칙은 총생산변화율(경제성장률)과 실업률 사이의 음(-)의 관계를 보여준다. 필립스곡선은 실업률과 인플레이션율 사이의 음(-)의 관계를 보여준다. 두 관계를 결합하여 공급측면 전체를 보면 총생산변화율과 인플레이션율 사이의 양(+)의 관계가 나타난다. 이는 호황 등 높은 경제활동은 물가상승을 압박하여 높은 인플레이션율로 이어지기 때문이다.

12 수요측면에서 인플레이션율과 총생산변화율(총생산갭, 총수요가 자연생산량 수준을 초과하는 정도를 %로 측정한 값) 사이에는 음(-)의 관계를 보인다. 이는 중앙은행이 높은 인플레이션율에 대응하여 긴축적 통화정책을 추진하기 때문이다.

연습문제

1 다음 문장의 진위를 판단하고 그 이유를 설명하라.

(1) GDP 계산 시 중고시장에서 거래된 차량을 포함한다.

(2) CPI 계산 시 농부가 사용하는 수입 농기구를 포함한다.

(3) 완전고용이란 실업률이 0을 의미한다.

(4) 구직활동을 하다가 포기하는 사람이 늘어나면 실업률은 증가한다.

(5) 제조업 중심에서 서비스업 중심으로 경제구조가 변천하면서 구조적실업이 발생한다.

(6) 실업급여 혜택이 증가하면 경기적실업이 증가한다.

(7) 고용주가 종업원이 얼마나 열심히 일하는지 제대로 알 수 없으므로 역선택(adverse selection)의 문제가 발생한다.

(8) 재정정책과 통화정책 등으로 자연실업률을 낮출 수 있다.

2 가장 중요하다고 생각되는 거시경제변수 하나를 선정하라. 선정 이유는 무엇인가?

3 국가경제순환모형을 구성하여 실물과 자금의 흐름을 설명하라.

4 CPI와 GDP디플레이터의 주요 차이점은 무엇인가?

5 CPI가 생계비 변화를 정확히 반영하지 못하는 이유를 설명하라.

TEST

6 다음의 자료를 활용하여 경제활동참가율과 실업률을 구하라.

전체 인구 12,000명 중 15세 이상의 일할 수 있는 사람은 10,000명이다. 이 중 현재 직업이 있어 일하고 있는 사람은 6,000명이며, 2,000명은 직업이 없지만 일자리를 찾고 있다. 나머지는 직업이 없고 일자리를 찾고 있지도 않다.

7 유럽국가의 자연실업률이 미국의 자연실업률보다 높은 편이다. 그 이유를 설명하라.

8 기업이 자발적으로 시장균형임금보다 더 높은 실질임금을 지급하는 이유는 무엇인가?

9 공급측면에서 총생산의 증가가 물가의 상승으로 이어지는 이유는 무엇인가?

10 경제의 공급측면에서 오쿤의 법칙과 필립스식을 활용하여 단기적인 경기 호황이 인플레이션율에 미치는 영향을 설명하라.

11 중앙은행이 인플레이션율이 상승하는 경우 명목이자율을 크게 높여 실질이자율을 높이는 방식으로 대응한다고 가정하자. 인플레이션율 증가가 총수요갭에 미치는 영향을 설명하라.

12 어느 경제가 X재와 Y재를 생산하며 Y재와 Z재를 소비한다고 가정하자. 각 재화의 수량과 가격은 다음과 같다. 기준연도는 2020년이다.

	2020년		2021년	
X재	수량	가격	수량	가격
X재	100	30	120	40
Y재	200	20	300	30
Z재	300	10	300	10

(1) 2020년과 2021년 사이의 경제성장률을 구하라.

(2) 소비자물가지수를 활용하여 2020년과 2021년 사이의 인플레이션율을 구하라.

(3) GDP디플레이터를 활용하여 2020년과 2021년 사이의 인플레이션율을 구하라.

제 2 부

장기의 경제: 고전학파이론을 중심으로

제2부

장기의 경제: 고전학파이론을 중심으로

가격이 신축적이며 생산역량이 총생산을 결정하는 공급중시이론이다.

제2부에서는 고전학파이론을 중심으로 **모든 가격변수가 완전 신축적일 때 경제**가 어떻게 움직이는지를 살펴본다.

이러한 경제모형은 **장기의 경제분석에 유용**하다. 장기는 가격변수가 신축적으로 움직일 수 있는 충분한 시간이 있기 때문이다. 이 모형을 통해 경제가 단기의 모든 조정과정을 마치고 나서 궁극적으로, 어디로 귀착되는지 알 수 있다. 경제정책이 변하거나 총수요와 총공급의 충격이 발생하는 경우 경제에 미치는 **장기적 효과를 분석하는데 유용**하다.

가격이 신축적인 장기에는 실질변수가 명목변수로부터 분리된다. 이를 **고전적 이분성**(classical dichotomy)이라 한다. 실질변수를 분석할 때 명목변수를 고려할 필요가 없게 되어 간단하고 편리하다. 화폐는 물가와 인플레이션율 등 명목변수에만 영향을 미치고 실질변수에는 영향을 주지 않아 **화폐의 중립성**(money neutrality)이 성립한다.

실물부문과 화폐부문을 차례로 살펴본다. 제3장은 **실질변수의 결정**에 관한 것이다. 무엇이 총생산을 결정하고, 생산물은 어떻게 분배되며 또 사용되는지를 살펴본다. 아울러 생산요소시장, 재화(생산물)시장 및 대부자금시장은 어떻게 균형을 이루는지를 분석한다.

제4장은 **명목변수의 결정**에 관한 것이다. 화폐공급량(통화량)의 변화가 물가, 인플레이션율 등 명목변수에 어떠한 영향을 미치는지를 살펴본다.

제3장 실물부문: 총생산, 고용 등 실질변수

제4장 화폐부문: 통화량, 물가, 인플레이션율

제3장 실물부문: 총생산, 고용 등 실질변수

제3장은 가격변수가 완전히 신축적인 장기의 경우, 경제의 실물부문이 어떻게 움직이는지를 살펴본다. 먼저, 거시경제의 가장 중요한 변수인 총생산(총소득)이 어떻게 결정되고, 생산물은 노동자와 자본의 소유자에게 어떻게 분배되며, 어떻게 사용되는지, 생산물과 생산요소에 대한 수요와 공급은 어떻게 균형을 이루는지, 실질이자율은 대부자금시장에서 어떻게 결정되는지 등을 살펴본다.

1. 장기 경제모형의 주요 가정
2. 재화시장(생산물시장)
   재화의 총생산: 무엇이 재화의 총생산을 결정하는가?
   재화의 총수요: 생산된 산출물은 어떻게 사용되는가?
   재화시장의 균형: 무엇이 재화의 공급과 수요를 일치시키는가?
3. 대부자금시장: 저축과 투자
   대부자금의 공급: 저축
   대부자금의 수요: 투자
   대부자금시장의 균형
   재화시장과 대부자금시장의 연결: 두 시장은 같은 동전의 양면과 같다.
4. 생산요소시장: 생산량(소득)의 분배
   생산요소의 공급
   생산요소에 대한 수요
   생산요소시장의 균형
   생산량(소득)의 분배
5. 정부지출 증가의 효과 분석

1. 장기 경제모형의 주요 가정

제2부의 주 관심사는 장기에 경제가 어떻게 움직이는가이다. **고전학파이론**에 기초하여 경제를 단순화한다. 먼저, **노동과 자본 등 생산요소와 기술수준은 일정**하다고 가정한다. 경제의 생산역량(잠재력)은 정해져 있다. 생산요소의 양과 기술수준의 변화는 최장기 경제의 움직임을 논하는 제5부의 경제성장이론에서 상세하게 살펴볼 것이다.

둘째, 모든 시장은 **완전경쟁시장**이고 **가격변수는 완전 신축적**으로 움직인다고 가정한다. 이는 모든 시장이 즉각적으로 균형을 이루며, 노동과 자본 등 생산요소의 완전고용이 이루어짐을 의미한다. 경제의 생산역량이 제대로 발휘되며, 총생산은 자연생산량(완전고용생산량, 잠재생산량)과 일치하게 된다.

셋째, **화폐적 환상**(money illusion)**은 없다**. 통화량의 변화는 명목임금, 물가 등 명목변수에 온전히 반영되며, 총생산 및 고용 등 실질변수에는 영향을 주지 않는다.

- 실질변수: 산출물(실질구매력) 단위로 측정되는 변수이다. 생산량, 실질소득, 실질임금, 실질이자율, 상대가격 등

  ※ 상대가격은 한 재화의 가격을 다른 재화의 양으로 표시한 것으로 실질변수이다.

(예) $\frac{P_x}{P_y} = 2$ x재 가격은 y재 가격의 두 배로 x재 1단위의 가격은 y재 2단위와 같다.

- 명목변수: 화폐 단위로 측정되는 변수이다. 명목소득, 명목임금, 명목이자율 등

이제 경제는 크게 단순화된다. **실물부문은 화폐부문으로부터 완전히 분리**된다. 실질변수를 분석할 때 화폐부문을 고려할 필요가 없다. 마치 화폐가 없는 **물물경제**(barter economy)처럼 분석이 가능하다.

실물부문을 좀 더 단순화하여 보자. 현실에서는 다양한 생산요소를 가지고 다양한 재화(서비스 포함)를 생산한다. 생산요소는 **노동과 자본**으로 대별 하고, 여러 재화는 산출물(output)이라는 하나의 재화로 통일한다. 마치 산출물이라는 **1개의 재화를 생산**하는 것처럼 간주하며, 모든 변수는 이 **산출물 단위로 측정**하여 실질변수가 된다.

이상적인 경제이다. 장기는 가격변수가 신축적으로 움직일 수 있는 충분한 시간을 의미한다. 이러한 경제모형은 **장기의 경제**를 설명하고, 거시정책이 변하거나 수요와 공급의 충격이 발생할 때 **장기적 효과**를 분석하는데 유용하다.

2. 재화시장(생산물시장)

국가경제순환모형을 통해 경제의 큰 흐름 즉 생산요소와 생산물의 흐름 그리고 자금의 흐름을 살펴보자.

그림 3-1 생산요소와 생산물(재화 및 서비스)의 흐름

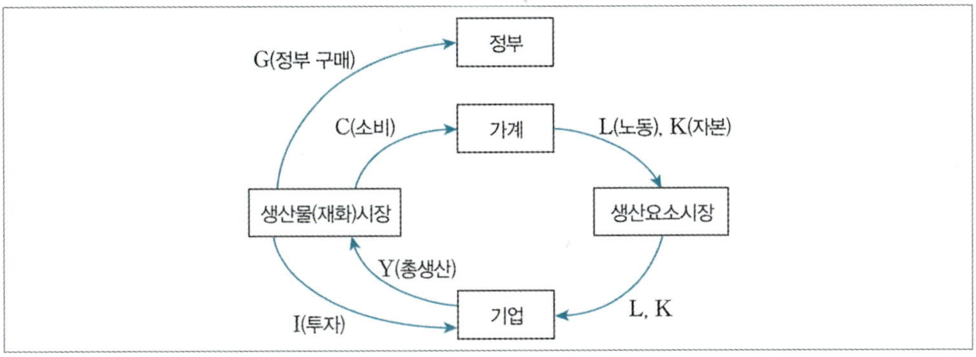

먼저, 그림 3-1은 **생산요소와 생산물 등 실물의 큰 흐름**을 보여준다. 가계는 생산요소인 노동(L)과 자본(K)을 기업에 제공하고 기업은 이를 활용하여 재화(서비스 포함)를 생산(Y)한다. 생산된 재화는 민간부문(가계, 기업), 공공부문(정부), 해외부문(외국)에 의해 사용된다. 즉 가계가 소비(C)하고, 기업이 미래 생산을 위한 투자로 활용하며(I), 정부가 공공목적을 위해 사용한다(G). 분석의 편의를 위해 폐쇄경제를 가정하여 해외부문은 제외한다. 해외부문은 제7부 개방경제에서 자세히 살펴볼 것이다.

그림 3-2 경제주체간 자금의 흐름

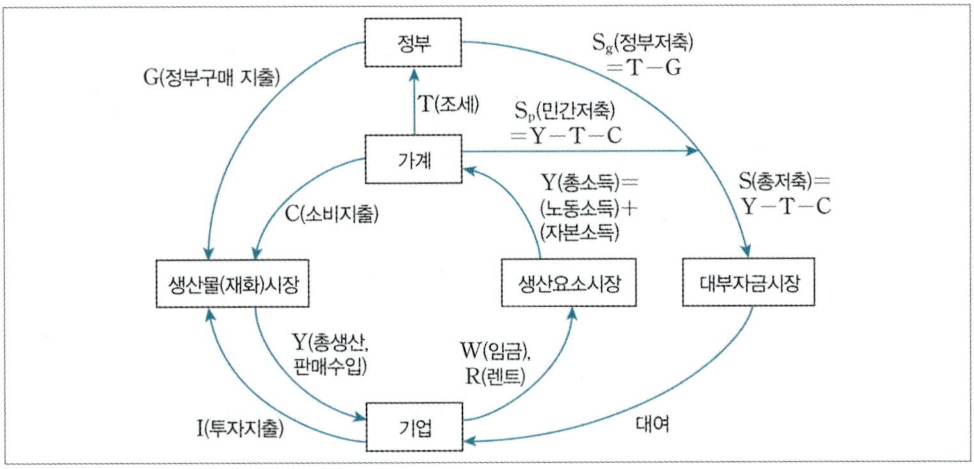

그림 3-2는 경제주체 간 **자금의 큰 흐름**을 보여준다. 먼저 기업은 총생산에서 얻은 수입(Y)으로 노동과 자본에 대해 각각 임금(W) 및 임대료(렌트, rent, R)를 지급한다. 이는 가계의 노동소득과 자본소득이 된다. 가계는 이 소득(Y)을 기초로 세금(T)을 납부하고 소비지출(C)에 사용한 후 남는 부분은 저축(민간저축, $S_P = Y - T - C$)한다. 정부는 조세수입(T)을 기초로 정부지출을 하고 남는 부분은 저축(정부저축, $S_g = T - G$)하며, 부족한 경우 차입한다. 민간저축과 정부저축을 합한 총저축(S)은 기업에 대여되어 투자(I)의 재원으로 활용된다.

$$S = S_P + S_g = (Y - T - C) + (T - G) = Y - C - G$$
$$S = I$$

시장별로 경제의 움직임을 좀 더 자세히 살펴보자. 먼저 **재화시장**이다.

재화의 총생산: 무엇이 재화의 총생산을 결정하는가?

한 경제의 생산량 즉 GDP(국내총생산, 총소득, Y)는 기본적으로 생산요소인 노동(L)과 자본(K)의 양 그리고 생산요소를 산출물로 전환하는 능력 즉 기술수준에 의해 결정된다. 이를 함수식으로 표현하면 다음과 같다.

- 총생산함수(aggregate production function): $Y = F(L, K)$

여기서 생산함수(F)는 기술수준을 의미하며, 노동의 양과 자본의 양 외에 생산량에 영향을 주는 모든 요인을 포괄하는 변수(a catch-all variable)다.

재화의 가격은 물론 생산요소의 가격에 이르기까지 모든 가격변수가 신축적으로 움직이므로 주어진 노동과 자본의 완전고용이 이루어진다. 총생산(생산량)은 **완전고용생산량**(full employment output, Y_f)과 일치한다.

$$Y = F(\overline{L}, \overline{K}) = Y_f = Y_n = Y_p$$

완전고용은 경기적 실업률(u_c)이 없고 오직 자연실업률(u_n)만 존재하는 상태이므로 완전고용생산량은 **자연생산량**(natural level of output, Y_n)으로 불린다. 또 생산잠재력이 완전히 발휘되는 점에서 잠재생산량(potential output, Y_p)으로도 불린다. 따라서 완전고용생산량, 자연생산량, 잠재생산량은 같은 개념으로 서로 구분 없이 사용한다.

- **장기에 생산량은 생산역량 즉 생산요소의 양과 기술수준에 따라 결정된다.**

재화에 대한 총수요: 생산된 산출물은 어떻게 사용되는가?

이제는 생산된 재화가 어떻게 사용되는지를 살펴보자. 그림 3-1에서 살펴보았듯이 생산된 재화는 민간부문(가계, 기업), 공공부문(정부)에 의해 사용된다.

가계는 소비재를 구매하여 사용하고, 기업은 기계, 건물 등 자본재를 구매하여 미래의 생산을 위한 투자로 사용하며, 정부도 공공목적을 위해 소비재와 자본재를 구입하여 사용한다. 따라서 생산물에 대한 수요는 크게 **가계의 소비수요(C), 기업의 투자수요(I), 정부구매수요(G)**로 나누어 볼 수 있다.

$$Y = C + I + G$$

1) 소비수요(C)

소비는 수요의 가장 큰 비중을 차지하는 항목이다. 소비는 주로 가계의 구매력과 실질이자율에 의존한다. 자세한 소비이론은 제24장에서 논의한다. 가계의 구매력을 나타내는 대표적인 변수가 가처분소득($Y_d = Y - T$)이다. 가처분소득은 소득(Y)에 세금(T)을 뺀 소득으로 소비에 지출할 수 있는 가용재원이 된다.

이자율은 현재와 미래를 연결해 주는 변수다. 실질이자율이 높을수록 저축에 대한 보상이 크다. 따라서 실질이자율이 상승하면 가계는 저축을 늘리고 소비를 줄인다.

이상의 논의를 기초로 하여 소비수요(C)는 가처분소득(Y_d)과 실질이자율(r)의 함수로 다음과 같이 표현할 수 있다.

$$C = C(\underset{(+)}{Y_d}, \underset{(-)}{r})$$

고전학파에서는 소비를 결정하는 데 있어서 현재소비와 미래소비(즉 저축)의 기간간 선택(intertemporal choice)에 초점을 두고 있다. 소비함수에 가처분소득을 포함한 것은 케인즈의 소비함수 이후다. 따라서 여기서는 고전학파이론에 기초하여 **소비를 실질 이자율의 함수**로 보고 다음과 같이 단순화한다.

$$C = \underset{(-)}{C(r)}$$

추후 제3부에서 케인즈의 단기 경제이론을 논의할 때부터 소비함수에 가처분소득을 다시 포함하여 논의한다.

2) 투자수요(I)

투자는 기업이 기계, 공장 등 자본재를 구매하는 것을 의미한다(참고로 가계 지출 중 신규주택의 구입은 투자로 계상된다). 투자의 핵심 결정요인은 이윤가능성(profitability)이다. 투자수익이 투자비용보다 큰 경우에 투자가 이루어진다. 자세한 투자이론은 제25장에서 논의한다.

실질이자율의 상승은 투자재원을 조달하는 차입비용의 증가를 의미하므로 다른 조건이 일정할 때 투자 감소로 이어진다. 따라서 **투자는 실질이자율과 반대로 움직이며** 다음과 같이 함수로 표시할 수 있다.

$$I = \underset{(-)}{I(r)}$$

3) 정부구매수요(G)

정부수요는 정책변수로 정부 당국에 의해 결정된다. 정부수요는 정부가 재화와 서비스 등 재화를 구매하기 위해 지출한 것을 의미하며, 저소득층에 대한 복지혜택 등 단순 이전지출은 포함되지 않는다. 정부지출(G)은 조세수입(T)을 기반으로 이루어지며, 두 변수 모두 정부 당국에 의해 **외생적으로 결정**된다.

이상에서 재화에 대한 수요를 종합하면 **총수요**는 다음과 같이 표시된다.

$$\text{총수요: } C(r) + I(r) + G$$

- **총수요는 소비, 투자와 정부구매(지출)로 구성된다.**

재화시장의 균형: 무엇이 재화의 공급과 수요를 일치시키는가?

지금까지 재화의 생산이 어떻게 결정되는지(재화의 총공급)와 재화가 어떻게 사용되는지(총수요)를 살펴보았다.

$$\text{재화의 총생산(총공급)}:\ Y_n = F(\overline{L}, \overline{K})$$
$$\text{재화에 대한 총수요}:\ C(r) + I(r) + G$$

이제 재화시장에서 총공급과 총수요가 어떻게 균형을 이루는지를 살펴보자. 재화시장의 **균형조건은 총생산과 총수요의 일치**로 다음과 같다.

$$Y_n = C(r) + I(r) + G$$

위 균형식에서 총생산(Y_n)은 경제의 생산능력에 의해 결정되고, G는 정부에 의해 외생적으로 결정된다. 따라서 재화시장의 균형을 달성하기 위해 조정될 수 있는 유일한 변수는 **실질이자율**(r) 뿐이다. 정해진 총생산하에서 실질이자율의 조정을 통해 소비지출과 투자지출 등 총수요가 조절되어 균형에 이른다.

그림 3-3 재화시장의 균형

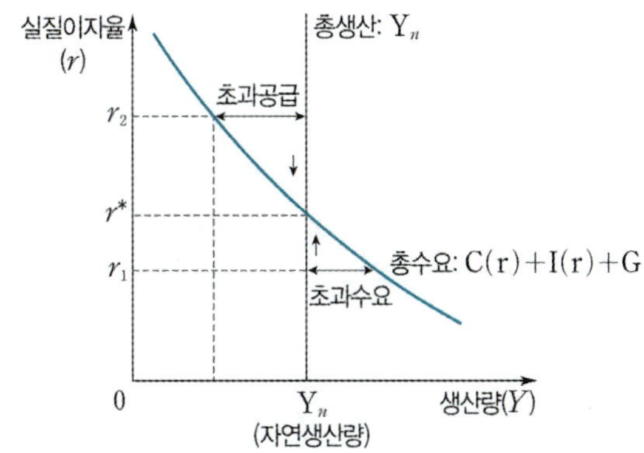

총생산은 생산역량에 의해 결정되며, 완전고용생산량(자연생산량)과 일치한다. 재화의 공급곡선은 Y_n에서 수직이다. 총수요는 실질이자율과 반대방향으로 움직이므로 총수요곡선은 우하향한다. 주어진 총생산하에서 실질이자율의 조정을 통해 총수요가 조절되어 재화시장이 균형을 이룬다.

그림 3-3은 재화시장에서 총생산과 총수요의 균형을 보여준다. **총생산**은 생산요소의 양과 기술수준에 의해 결정되며 자연생산량과 일치하고 실질이자율과 무관하다. 따라서 공급곡선은 **자연생산량(Y_n)에서 수직**이다.

재화에 대한 **총수요**의 규모는 실질이자율과 반대방향으로 움직인다. 실질이자율이 상승하면 저축이 증가하여 소비가 감소한다. 또 실질이자율의 상승으로 투자비용이 증가하여 투자가 감소한다. 따라서 총수요곡선은 **우하향**하는 형태가 된다.

재화시장의 균형은 두 곡선이 교차하는 점에서 이루어진다.

주어진 실질이자율에서 재화에 대한 총수요가 총생산을 초과하면 실질이자율이 상승하고 소비수요와 투자수요가 감소하여 균형에 도달한다. 반대로 주어진 실질이자율에서 재화에 대한 총수요가 총생산보다 적으면 실질이자율이 하락하고, 소비수요와 투자수요가 증가하여 균형에 도달한다.

공급이 수요를 창출한다(supply creates its own demand)는 **세이의 법칙**(Say's Law)이 성립한다. 주어진 총공급에서 실질이자율을 통한 총수요의 조절로 재화시장은 균형을 이룬다.

- **재화시장은 정해진 총생산에서 실질이자율을 통한 총수요의 조절로 균형을 이룬다.**

3. 대부자금시장(Loanable funds market): 저축과 투자

지금까지 재화시장이 주어진 총공급에서 **실질이자율의 조정**을 통한 총수요의 조절로 균형을 이루는 것을 살펴보았다. 그렇다면 실질이자율은 어떻게 결정되는 것일까? 이 질문에 대한 해답을 얻기 위해서 자금시장을 살펴보자.

현실의 자금시장에서 우리가 접하는 이자율은 화폐단위로 표시된 명목이자율이다. 실질이자율은 명목이자율을 구매력 차원에서 다시 환산한 것이다. 따라서 실질이자율은 현실에서 직접 관찰할 수 있는 것이 아니다(unobservable).

이론적으로 실질이자율이 어떻게 결정되는지를 분석하려면 가상의 자금시장을 상정해야 한다. 이것이 **대부자금시장**(a hypothetical loanable funds market)이다. 이 시장에서는 마치 재화를 대여하고 차입하는 것처럼 여긴다. 재화를 일정 기간 대여한 것에 대한 보상 또는 차입한 것에 대한 비용은 재화로 측정되어 실질이자율이 된다.

경제주체들이 자금의 임대차 시 중요하게 여기는 것은 실질 구매력의 증감이므로 저축과 투자의 결정은 실질이자율에 의존한다.

대부자금의 공급: 저축

이제 가상의 대부자금시장에서 공급과 수요를 살펴보자. 먼저, **대부자금(loanable funds, LF)의 공급**은 **저축**이다. 저축은 민간저축과 정부저축으로 구성된다. **민간저축**(S_p)은 총생산(총소득)에서 세금을 납부하고 소비한 후 남는 부분이다.

$$S_p = Y_n - T - C$$

여기서 S_p는 민간저축, Y_n은 총생산(총소득), T는 조세, C는 소비이다.

정부저축(S_g)은 정부수입(조세수입, T)에서 정부지출(G)을 차감한 것이다.

$$S_g = T - G$$

조세수입이 정부지출보다 크면 정부저축은 양수가 되고, 조세수입이 정부지출보다 적으면 정부저축은 음수가 된다. 정부저축이 음수의 값이라는 것은 정부차입을 의미한다.

민간저축과 정부저축을 합한 **총저축** 즉 대부자금의 공급은 다음과 같다.

$$S = S_p + S_g = [Y_n - T - C(r)] + (T - G) = Y_n - C(r) - G$$

$$\text{대부자금 공급}(LF^s):\ S = Y_n - C(r) - G$$

총생산 중 소비수요와 정부수요를 충족하고 남은 양이 총저축으로 대부자금의 공급원이 된다.

대부자금의 수요: 투자

기업은 투자하기 위해 자금을 빌리며 실질이자율은 차입비용이 된다. 투자는 **대부자금의 수요처**가 되며 실질이자율의 감소함수다.

$$\text{대부자금 수요}(LF^d):\ I = \underset{(-)}{I(r)}$$

대부자금시장의 균형

지금까지 대부자금의 공급인 저축과 수요인 투자에 대해 살펴보았다.

이제 대부자금시장의 균형을 살펴보자. **균형조건**은 **대부자금의 공급인 저축과 대부자금의 수요인 투자가 일치**하는 것이며 다음과 같다.

$$S(r) = I(r)$$

그림 3-4 대부자금시장의 균형

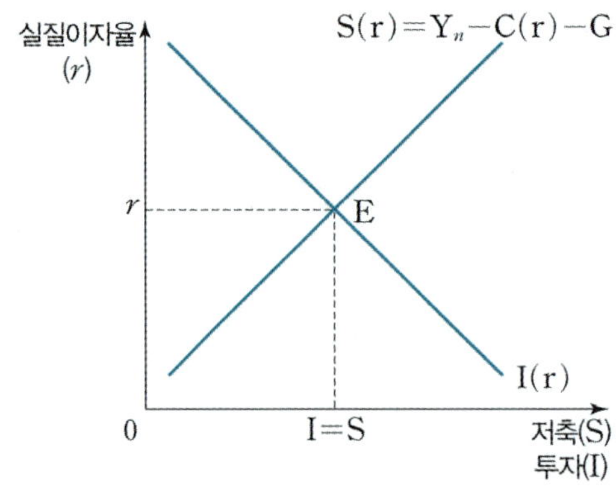

대부자금의 공급은 저축이다. 실질이자율이 상승하면, 저축의 규모가 증가하여 대부자금 공급곡선은 우상향한다. 대부자금의 수요는 투자다. 실질이자율이 상승하면, 투자 규모가 감소하므로 대부자금 수요곡선은 우하향한다. 대부자금의 수요곡선과 공급곡선이 교차하는 점에서 대부자금시장이 균형을 이룬다.

그림 3-4는 대부자금시장의 균형을 보여준다. 실질이자율이 상승할수록 저축에 대한 보상이 커져 저축의 규모가 증가한다. 따라서 **대부자금 공급곡선 즉 저축곡선은 우상향**한다. 한편, 실질이자율이 상승할수록 투자재원의 차입비용이 증가하여 투자의 규모가 감소한다. 따라서 **대부자금의 수요곡선 즉 투자곡선은 우하향**한다.

대부자금의 수요곡선과 공급곡선이 교차하는 점에서 균형 실질이자율과 대부자금거래규모가 결정된다. 대부자금의 수요(투자)가 공급(저축)을 초과하면 이자율이 상승하고, 반대로 대부자금 수요가 공급에 못 미치면 이자율이 하락한다. **실질이자율**의 조정으로 대부자금시장은 균형에 도달한다.

- **대부자금시장은 실질이자율의 조정으로 저축과 투자가 일치하는 균형에 이른다.**

재화시장과 대부자금시장의 연결: 두 시장은 같은 동전의 양면과 같다.

재화시장과 대부자금시장은 서로 연결되어 있다. 먼저, 재화시장의 균형식은 다음과 같다.

$$Y_n = C(r) + I(r) + G$$

이 균형식 우변의 소비와 정부지출을 좌변으로 이동하여 정리하면 다음과 같다.

$$Y_n - C(r) - G = I(r)$$

이 식의 좌변은 저축이므로 아래와 같이 다시 쓸 수 있다.

$$S(r) = I(r)$$

재화시장의 균형은 대부자금시장의 균형을 의미하고, 역으로 대부자금시장의 균형은 재화시장의 균형을 의미한다. 두 시장은 마치 같은 동전의 양면(two sides of the same coin)과 같다.

그림 3-5 재화시장과 대부자금시장

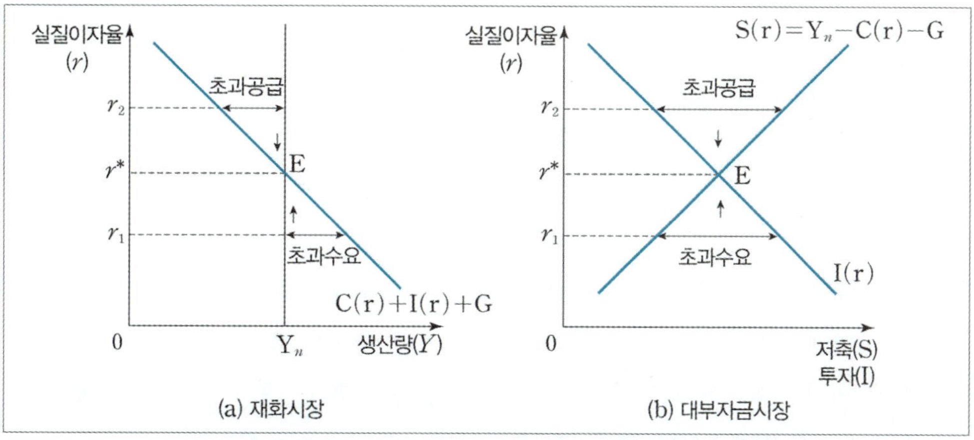

재화시장에서 총수요가 총생산을 초과하는 것은 대부자금시장에서 투자(대부자금수요)가 저축(대부자금 공급)을 초과하는 것을 의미하여 이자율 상승으로 이어진다. 반대로 재화시장에서 총수요가 총생산에 못 미치는 것은 대부자금시장에서 투자(대부자금 수요)가 저축(대부자금 공급)에 못 미치는 것을 의미하며 이자율 하락으로 이어진다. 두 시장은 실질이자율의 조정으로 균형을 이룬다.

그림 3-5는 재화시장과 대부자금시장이 **실질이자율**의 조정으로 균형을 이루는 것을 보여준다. 재화시장에서 총수요가 총공급을 초과하는 것은 대부자금시장에서 수요(투자)가 공급(저축)을 초과하는 것을 의미하여 실질이자율이 상승한다. 반대로 재화시장에서 총수요가 총생산에 못 미치는 것은 대부자금시장에서 수요(투자)가 공급(저축)에 못 미치는 것을 의미하며 실질이자율이 하락한다. 두 시장은 실질이자율의 조정으로 균형을 이룬다.

4. 생산요소시장: 생산량(소득)의 분배

생산된 산출물 즉 재화를 누가 갖게 되는가? 총생산의 분배는 **생산요소의 고용량과 가격에 의해 결정**된다. 이제 생산요소시장에서 노동과 자본의 고용량과 요소가격 즉 임금과 임대료가 어떻게 결정되는지를 살펴보자.

생산요소의 공급

노동과 자본 두 생산요소의 공급량은 일정하다고 가정한다.

$$L = \overline{L},\ \ K = \overline{K}$$

생산요소에 대한 수요

기업은 생산요소의 수요자이다. 완전경쟁시장에서 생산물가격 및 생산요소의 가격은 시장에서 주어진다.

기업은 생산요소의 고용에 따른 한계수입과 한계비용을 비교하여 얼마나 고용할지를 결정한다. 한계수입이 한계비용을 초과하여 이윤이 발생하는 한 계속 고용을 늘려 나가며, 한계수입과 한계비용이 일치하는 점에서 고용을 멈춘다. 즉 이윤극대화를 위한 생산요소의 고용은 **한계수입**과 **한계비용**이 일치하는 점에서 이루어진다.

- 노동의 한계수입=노동의 한계비용
- 자본의 한계수입=자본의 한계비용

먼저 기업이 생산요소를 고용할 때 발생하는 한계비용을 살펴보자. 완전경쟁시장인 생산요소시장에서 생산요소 1단위를 고용하는 데 드는 비용은 그 요소의 가격과 같다. 노동 1단위의 가격은 명목임금(W)이고, 자본 1단위의 가격(임대료)은 명목임대료(R)이다.

완전경쟁시장인 재화시장에서 재화 1단위 가격을 P라 하자. 명목임금과 명목임대료를 실질로 전환하면 실질임금은 W/P이고 실질임대료는 R/P가 된다.

다음은 기업이 생산요소를 고용하여 얻게 되는 한계수입을 살펴보자. 노동 1단위를 추가로 고용할 때 생산량의 증가분은 **노동의 한계생산**(MPL, marginal product of labor)이며 이는 노동 1단위 고용의 실질한계수입이 된다. 자본을 1단위를 추가로 고용할 때 생산량의 증가분은 **자본의 한계생산**(MPK, marginal product of capital)이며, 이는 자본 1단위 고용의 실질한계수입이 된다.

따라서 이윤극대화를 위한 각 생산요소의 고용조건은 다음과 같다.

- 노동의 실질한계수입(MPL) = 노동의 실질한계비용(W/P)
- 자본의 실질한계수입(MPK) = 자본의 실질한계비용(R/P).

위 관계식은 수학적으로 완전경쟁기업의 이윤극대화조건에서 바로 도출할 수 있다. 기업의 이윤(π)은 다음과 같다.

$$\text{이윤}(\pi) = \text{총수입}(TR) - \text{총비용}(TC) = PY - (WL + RK)$$

이윤극대화의 필요조건(1차조건)은 이윤을 각 생산요소로 미분한 값이 0이다.

$$\frac{\Delta\pi}{\Delta L} = P\frac{\Delta Y}{\Delta L} - W = 0 \rightarrow MPL = \frac{W}{P}$$
$$\frac{\Delta\pi}{\Delta K} = P\frac{\Delta Y}{\Delta K} - R = 0 \rightarrow MPK = \frac{R}{P}$$

기업은 각 생산요소의 실질가격(실질한계비용)이 한계생산과 같은 점까지 생산요소를 고용하므로 생산요소의 한계생산곡선이 수요곡선이 된다. 즉 **노동의 한계생산곡선이 노동의 수요곡선**이 되며, **자본의 한계생산곡선이 자본에 대한 수요곡선**이 된다.

그림 3-6 노동과 자본의 수요곡선

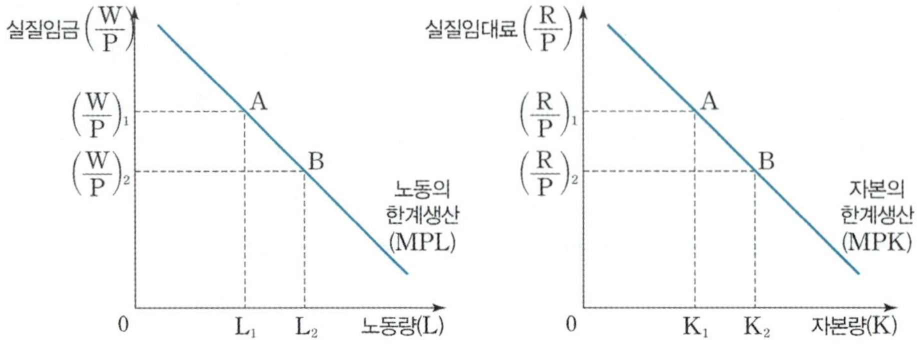

(a) 노동의 수요곡선 (b) 자본의 수요곡선

기업은 주어진 실질임금(W/P)과 노동의 한계생산(MPL)이 일치하는 점까지 노동을 고용한다. 즉 실질임금이 $\left(\frac{W}{P}\right)_1$ 이면 노동고용량은 L_1이고, $\left(\frac{W}{P}\right)_2$ 이면 노동고용량은 L_2이다. 따라서 노동의 한계생산곡선(MPL)이 노동에 대한 수요곡선이 된다. 노동의 고용이 증가하면서 노동의 한계생산이 감소하기 때문에 노동의 수요곡선은 우하향한다. 같은 논리로 자본의 한계생산곡선(MPK)이 자본에 대한 수요곡선이 되며 우하향한다.

노동의 한계생산(MPL)은 다른 조건을 일정하게 유지한 채 노동만 1단위 증가할 때 총생산의 증가분이다.

$$MPL = \frac{\Delta Y}{\Delta L}$$

자본 등 다른 조건을 일정하게 유지한 채 노동만 증가하면, 총생산은 증가하지만 ($MPL > 0$), 그 증가분은 점점 작아진다($\frac{\Delta MPL}{\Delta L} < 0$). 왜냐하면 자본이 고정된 채 노동만 증가하는 경우 각 노동자가 더 적은 자본량을 가지고 일하게 되기 때문이다. 노동의 고용량이 증가하면서 노동의 한계생산(MPL)이 감소하므로 노동의 수요곡선은 그림 3-6에서 보는 것처럼 우하향한다.

같은 논리로 자본의 한계생산(MPK)은 자본이 증가하면서 감소한다. 자본의 수요곡선은 우하향한다.

- 기업은 생산요소의 실질가격과 한계생산이 일치하는 점에서 생산요소의 고용을 결정한다.
  → 각 생산요소의 **한계생산곡선이 수요곡선**이 된다. 즉 노동에 대한 수요곡선은 노동의 한계생산곡선이고, 자본에 대한 수요곡선은 자본의 한계생산곡선이다.

생산요소시장의 균형

그림 3-7 노동시장과 자본시장의 균형

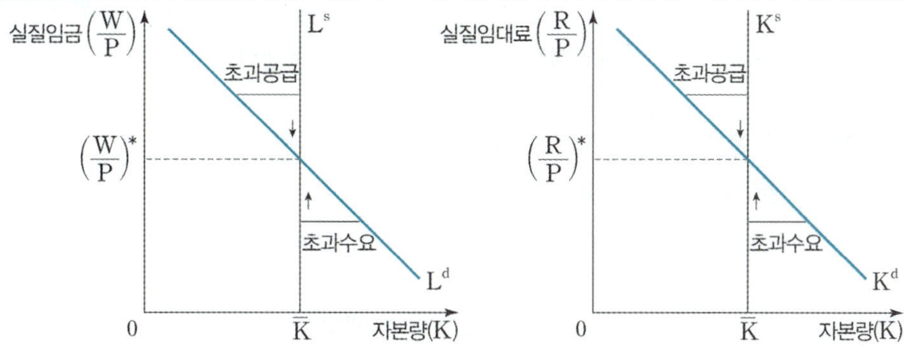

(a) 노동시장 (b) 자본시장

> 노동의 균형 실질임금($\frac{W}{P}$)은 노동의 수요(L^d)와 공급(L^s)이 일치하는 점에서 결정된다.
>
> 노동의 수요가 노동의 공급을 초과하면 실질임금이 상승하고, 노동의 수요가 노동의 공급에 못 미치면 실질임금이 하락하여 노동시장은 균형을 이룬다. 신축적인 실질임금의 조정에 의해 노동의 완전고용이 실현된다. 마찬가지로 자본시장의 균형은 실질임대료의 신축적인 조정에 의해 자본의 완전고용이 실현된다.

이제 생산요소시장 즉 노동시장과 자본시장의 균형을 살펴보자. 먼저 **노동시장**이다. 그림 3-7(a)에서 보는 것처럼 노동시장의 균형은 수요곡선(L^d)과 공급곡선(L^s)이 일치하는 점에서 이루어지고 균형 실질임금이 결정된다. **실질임금(W/P)이 신축적**이므로 주어진 노동공급에서 노동수요가 조절되어 균형을 달성한다. 노동에 대한 수요가 공급을 초과하는 경우 실질임금은 상승하고, 수요가 공급에 못 미치는 경우 실질임금은 하락하여 균형에 이르고 완전고용이 달성된다.

자본시장의 균형도 노동시장과 같이 분석할 수 있다. 그림 3-7(b)에서 보는 것처럼 자본의 수요와 공급으로 균형 실질임대료가 결정된다. 자본의 **실질임대료(R/P)가 신축적**이므로 주어진 자본의 공급에서 자본에 대한 수요가 조절되어 균형을 이룬다. 자본에 대한 수요가 공급을 초과하는 경우 자본의 실질임대료가 상승하고, 자본에 대한 수요가 공급에 못 미치면 실질임대료가 하락하여 자본시장은 균형에 이르고 자본의 완전고용이 달성된다.

- 생산요소시장은 주어진 공급에서 생산요소가격(실질임금, 실질임대료)의 신축적인 조정으로 수요가 조정되어 균형이 달성되며, 생산요소의 완전고용이 이루어진다.

생산량(소득)의 분배

한 경제의 총생산은 그 자체가 총소득(산출물 단위로 측정)이다. 각 생산요소는 **생산에 이바지한 만큼(한계생산) 보상**을 받는다. 노동자의 실질임금은 노동의 한계생산과 같고 자본 소유자가 받는 실질임대료(가격)는 자본의 한계생산과 같다.

- 총생산은 각 생산요소의 **한계생산**에 따라 생산요소의 소유자에게 분배된다.
  - 노동 1단위의 실질임금(W/P)=노동의 한계생산(MPL)
  - 자본 1단위의 실질임대료(R/P)=자본의 한계생산(MPK)

따라서 노동자가 받는 총 **노동소득은 노동의 한계생산에 노동량을 곱한 것**과 같고 ($MPL\times L$), 자본 소유자가 받는 총 **자본소득은 자본의 한계생산에 자본량을 곱한 것**과 같다($MPK\times K$). 총생산(Y)은 노동소득과 자본소득의 합으로 이루어진다.

$$총생산(Y)=노동소득(MPL\times L)+자본소득(MPK\times K)$$

완전경쟁시장이고 생산함수가 규모에 대한 불변의 속성을 갖는 경우, 총생산은 노동소득과 자본소득으로 모두 분배되는 것을 **오일러의 정리**(Euler's theorem)라 한다.

지금까지 논의 내용을 콥-더글라스 생산함수(Cobb-Douglas production function)를 이용하게 구체적으로 살펴보자.

$$Y=F(L,K)=AK^{\alpha}L^{1-\alpha}$$

여기서 A는 기술수준 등을 의미하며 0보다 크다. α는 총생산 중 자본소득의 비중으로 0보다 크고 1보다 작다. 자연스럽게 ($1-\alpha$)는 총생산 중 노동소득의 비중이 된다.

먼저, 이 생산함수가 **규모에 대한 보수불변의** 속성을 가졌는지를 살펴보자. 생산요소의 투입량이 변할 때 산출량이 어떻게 변하는지에 따라 규모에 대한 보수(수익) 불변, 감소, 증가로 나뉜다.

- 규모에 대한 보수 불변(CRS, constant returns to scale): 모든 생산요소가 λ배 증가하면 산출물도 λ배 증가한다.
- 규모에 대한 보수 감소(DRS, decreasing returns to scale): 모든 생산요소가 λ배 증가하면 산출물은 λ배 보다 더 작게 증가한다.

• 규모에 대한 보수 증가(IRS, increasing returns to scale): 모든 생산요소가 λ배 증가하면 산출물은 λ배보다 더 크게 증가한다.

위 콥-더글라스 생산함수는 노동과 자본을 각각 λ배 증가시키면 생산량도 정확히 λ배 증가한다. 규모에 대한 보수 불변을 보여준다.

$$F(\lambda L, \lambda K) = A(\lambda K)^{\alpha}(\lambda L)^{1-\alpha} = \lambda AK^{\alpha}L^{1-\alpha} = \lambda Y$$

다음으로 노동과 자본의 **한계생산**을 살펴보자. 노동과 자본의 한계생산물은 다음과 같다.

$$\text{노동의 한계생산: } MPL = \frac{\Delta Y}{\Delta L} = (1-\alpha)AK^{\alpha}L^{-\alpha} = (1-a)A(\frac{K}{L})^{a}$$

$$\text{자본의 한계생산: } MPK = \frac{\Delta Y}{\Delta K} = \alpha AK^{\alpha-1}L^{1-\alpha} = aA(\frac{L}{K})^{1-a}$$

α는 0보다 크고 1보다 작으므로 노동이 증가하면서 MPL은 감소하고, 자본이 증가하면서 MPK도 감소함을 알 수 있다. 각 생산요소는 그 양이 증가하면서 한계생산이 감소하는 것을 보여준다. **한계생산 체감의 법칙**이 성립한다.

다음으로 **오일러의 정리**가 성립하는지를 살펴보자. 노동소득과 자본소득은 다음과 같다.

$$\text{노동소득: } MPL \times L = (1-\alpha)AK^{\alpha}L^{-\alpha} \times L = (1-\alpha)Y$$

$$\text{자본소득: } MPK \times K = \alpha AK^{\alpha-1}L^{1-\alpha} \times K = \alpha Y$$

총생산 중 노동소득은 $(1-\alpha)Y$이고, 자본소득은 αY로 두 소득을 합하면 정확하게 총생산과 일치하여 오일러의 정리가 성립한다.

총소득의 활용 측면을 살펴보자. 생산에서 얻은 소득(Y)은 먼저 세금(T)을 내고 소비(C)에 사용하며 나머지는 저축(S_p, 민간저축)이 된다.

$$Y = MPL \times L + MPK \times K = C + S_p + T$$

5. 정부지출 증가의 효과 분석

이제부터는 지금까지 살펴본 모형을 이용하여 **정부지출 증가**가 총생산과 실질이자율에 미치는 영향을 분석하여 보자.

그림 3-8 정부지출 증가의 효과

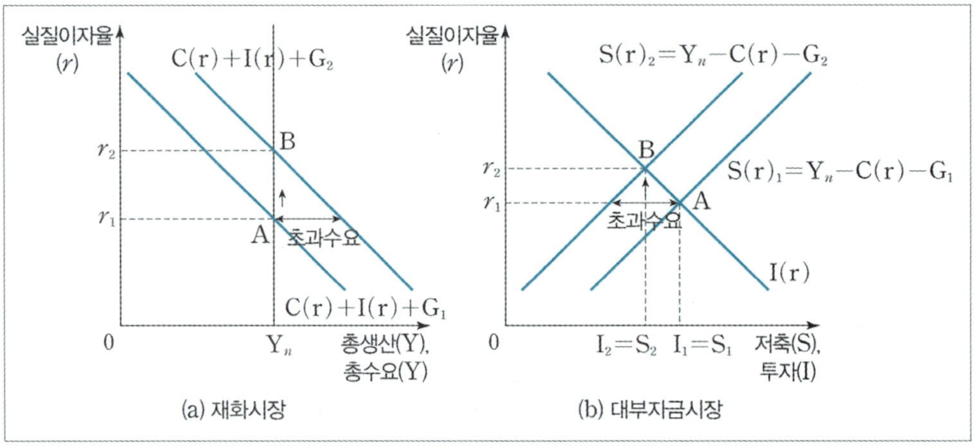

정부지출이 G_1에서 G_2로 증가하면 주어진 총생산에서 총수요가 증가하여 초과수요가 발생하고 실질이자율이 상승한다. 이자율 상승으로 소비와 투자가 감소하여 정부지출의 증가를 완전히 구축(crowding out) 한다. 총수요는 변화가 없고 총생산도 변하지 않으며 총수요 구성비만 바뀐다.
대부자금시장에서 정부지출 증가로 총저축이 감소하여 기존 실질이자율에서 초과수요가 발생한다. 이는 실질이자율 상승으로 이어져 민간저축이 증가하고 투자가 감소하여 새로운 균형에 이른다.

초기에 경제가 균형상태인 A에 있다고 가정하자. 생산량은 Y_n이고 이자율은 r_1이며 저축과 투자는 각각 S_1과 I_1이다. 정부가 재화나 서비스의 구매(G)를 늘리면 경제에 어떠한 영향을 미치는지를 살펴보자.

먼저 그림 3-8(a)의 재화시장을 살펴본다. 정부지출이 G_1에서 G_2로 증가하면 총수요곡선이 우측으로 이동하여, 원래의 실질이자율(r_1)에서 총수요가 총공급을 초과한다. 이에 따라 실질이자율은 r_1에서 r_2로 상승하고 소비와 투자가 감소하여 경제는 A에서 B로 이동하고 다시 균형에 이른다.

이와 같은 결과는 그림 3-8(b)의 대부자금시장을 통해서도 알 수 있다. 정부지출이 증가하면 총저축($S=Y-C-G$)이 감소하여 대부자금 공급곡선이 $S(r)_1$로부터

$S(r)_2$로 좌측으로 이동한다. 원래의 실질이자율(r_1)에서 대부자금의 초과수요가 발생하고 실질이자율이 상승한다. 실질이자율이 상승하면서 민간저축이 증가하고, 투자가 감소하여 새로운 균형에 이른다. 경제는 A에서 B로 이동하며 총생산은 변화가 없고, 실질이자율만 r_1에서 r_2로 상승한다.

결론적으로 정부지출 증가는 **실질이자율 상승**을 초래하여 민간의 소비 및 투자지출의 감소를 초래하여 완전히 상쇄된다. 이처럼 정부지출의 증가가 민간지출을 감소시키는 효과를 **구축효과**(crowding-out effect)라 한다. 총수요는 변화가 없고 **총생산도 변하지 않으며 총수요 구성비만 바뀐다.**

요약

1 장기의 경제모형은 노동과 자본 등 생산요소와 기술수준이 일정하게 고정되어 있고, 모든 가격변수는 신축적으로 움직이며 완전경쟁시장을 가정한다.

2 총생산은 노동과 자본 등 생산요소의 양과 기술수준에 의해 결정된다. 모든 가격변수가 신축적이므로 생산요소의 완전고용이 이루어진다. 생산량은 완전고용생산량과 일치하며, 자연생산량, 잠재생산량 등으로 불린다.

3 이윤극대화를 추구하는 완전경쟁기업은 주어진 생산물과 생산요소의 가격하에서 생산요소의 한계생산과 실질가격이 일치하는 점까지 생산요소를 고용한다.
$MPL = W/P,\ MPK = R/P$

4 각 생산요소는 한계생산에 따라 보상을 받는다. 완전경쟁시장과 규모의 불변인 생산함수를 가정하면 총생산은 노동소득과 자본소득으로 정확히 분배된다. 이를 오일러의 정리라 한다.

5 생산요소 제공자인 가계는 소득(Y)에서 먼저 세금(T)을 납부하고, 소비지출(C)에 사용한 후 남은 소득은 저축(S_p)을 한다. $S_p = Y - T - C$

6 폐쇄 경제하에서 생산된 재화는 민간부문의 가계와 기업, 공공부문의 정부에 의해 활용된다. 총수요는 민간의 소비지출과 투자지출, 정부지출(정부구매)로 구성된다.
$Y = C + I + G$

7 재화시장의 균형과 대부자금시장의 균형은 서로 같은 의미이며, 실질이자율의 조정을 통해 이루어진다.

8 정부지출의 변화는 총생산에 영향을 주지 못한다. 정부지출이 증가하면 대부자금시장에서 총저축이 감소하여 실질이자율이 상승한다. 따라서 민간 소비 및 투자지출이 감소하게 되어 정부지출 증가를 완전히 상쇄한다. 정부지출의 증가가 민간지출을 감소시키는 효과를 구축효과(crowding-out effect)라 한다.

연습문제

1 실질변수와 명목변수를 설명하고 대표적인 예를 제시하라.

2 3면등가의 법칙에 따라 총생산(총소득)은 총지출과 항상 일치한다고 한다. 그런데 단기에 총생산과 총수요가 일치하지 않는 이유는 무엇인가?

3 완전경쟁시장에서 이윤극대화를 추구하는 기업이 노동과 자본에 대한 수요를 어떻게 결정하는지 설명하라.

4 고전학파의 세계에서 다음 문장의 진위를 판단하고 그 이유를 설명하라.

(1) 총생산은 총수요에 영향을 받는다.

(2) 재화시장은 물가의 조정을 통해 균형이 달성된다.

(3) 대부자금시장은 명목이자율의 조정을 통해 균형이 달성된다.

(4) 생산활동에 참여한 각 생산요소는 평균생산성에 따라 보상을 받는다.

(5) 정부지출이 증가하는 경우 소비는 일정하다.

(6) 상대가격은 명목변수다.

5 한 경제의 생산함수가 다음과 같이 주어져 있다. $Y = L^{\frac{2}{3}} K^{\frac{1}{3}}$

(1) 이 생산함수가 규모의 보수 불변인지 여부를 판단하라.

(2) 자본의 한계생산을 도출하고 체감 여부를 판단하라.

(3) 총소득 중 자본소득의 몫을 구하라.

(4) 오일러의 정리 성립 여부를 판단하라.

연습문제

6 가격변수가 신축적이고 완전고용이 이루어지는 경제를 가정하자.

생산함수: $Y=L^{\frac{1}{2}}K^{\frac{1}{2}}$, 소비함수: $C=90-100r$, 투자함수: $I=30-100r$,
정부지출: $G=0$, $T=0$, 생산요소: $L=100$, $K=100$

(1) 총생산과 균형이자율을 구하라.

(2) 정부지출이 0에서 20으로 증가하였다. 총생산, 소비, 투자, 이자율에 미치는 영향을 분석하라.

(3) (2)번 답을 활용하여 구축효과를 설명하라.

7 고전학파 학자들이 자유방임정책을 주장하는 논거는?

제4장 화폐부문: 통화량, 물가 및 인플레이션율

제4장에서는 화폐가 무엇인지 살펴보고, 화폐공급의 변화가 경제에 미치는 영향을 분석한다. 화폐의 거래수단 즉 교환의 매개기능에 초점을 둔 고전학파의 화폐수량설을 중심으로 살펴본다. 가격변수가 신축적인 장기에는 화폐공급의 변화가 물가와 인플레이션율 등 명목변수에 완전히 반영되며, 총생산과 고용 등 실질변수에는 영향을 주지 못한다. 이를 **화폐의 중립성**(money neutrality)이라 한다.

1. 화폐의 공급
2. 화폐의 수요
3. 화폐시장의 균형과 물가수준의 결정
4. 화폐수량설
5. 피셔방정식: 인플레이션과 명목이자율
6. 인플레이션의 원인과 사회적 비용
7. 고전적 이분성과 정책적 및 시사점

1. 화폐의 공급

화폐란 무엇인가?

화폐는 거래의 지불수단으로 널리 통용되는 자산이다.

- 실물자산(real assets): 금, 부동산 등
- 금융자산(financial assets): 현금, 요구불예금, 정기예금, 주식, 채권 등

하나의 자산이 다른 자산으로 가치의 큰 손실 없이 쉽게 바뀔 수 있는 정도를 **유동성 (liquidity)** 또는 환금성(convertibility)이라 한다. 화폐는 어떤 재화나 자산으로도 교환되니 유동성이 100%인 셈이다.

화폐는 세 가지 중요한 기능을 수행한다. 첫째, **가치측정단위**로서 기능이다(unit of account). 모든 가격 및 가치는 화폐단위로 측정된다.

둘째, **교환의 매개**기능이다(medium of exchange). 화폐가 없는 물물경제(barter economy)에서는 서로 원하는 재화를 원하는 시간과 장소에서 만나 교환해야 한다. 필요의 이중적 일치(double coincidence of wants)가 요구되며, 많은 거래비용이 발생한다.

셋째, **가치의 저장** 수단으로서 기능이다(store of value). 화폐를 보유함으로써 현재의 구매력을 미래로 이전할 수 있다. 하지만 화폐의 가치저장기능은 불완전하다. 부(wealth)를 화폐로 보유하는 경우 이자가 지급되지 않고 물가가 상승할 때 화폐의 가치 즉 구매력이 하락하기 때문이다.

1) 화폐(통화)의 범위

화폐하면 현금만을 생각하기 쉽다. 그러나 다른 금융자산도 거래에 사용될 수 있어서 현금보다 그 범위가 넓다. 현금 외 어느 금융자산까지 화폐에 포함할지에 따라 협의 화폐($M1$), 광의 화폐($M2$), 최광의 화폐(광의의 유동성, L) 등으로 다양하게 정의한다.

여기서는 협의의 화폐($M1$) 개념을 사용한다. 협의 즉 좁은 의미의 **화폐로 현금 외 요구불예금(demand deposits)을 포함**한다. 요구불예금은 그 잔고를 바탕으로 직불카드를 사용하거나 개인수표를 발행하여 거래에 사용할 수 있기 때문이다. 따라서 경제에 유통되는 현금(민간보유현금)과 요구불예금 잔액의 합계로 화폐공급량(통화량)을 측정한다.

2) 화폐 공급량(통화량)의 결정

지금부터는 누가 화폐의 공급량을 결정하는지를 살펴보자. 중앙은행(central bank), 시중은행(commercial banks) 그리고 일반대중(the public, 개인과 기업 등) 3 경제주체가 관여한다.

먼저, **중앙은행**은 지폐와 동전 등 현금을 발행한다. 중앙은행이 발행한 현금을 본원통화(monetary base, H)라 부른다.

다음으로 **시중은행**은 예금(demand deposits, D, 편의상 요구불예금만 존재한다고 가정)을 받아 일부는 인출에 대비하여 현금으로 보유하고 나머지는 대출한다. 시중은행이 보유한 현금을 지급준비금(bank reserves, R) 또는 시재금이라 한다. 중앙은행은 시중은행이 예금의 일정 비율을 지급준비금으로 보유하도록 규정하고 있으며, 이를 법정지급준비금(required reserves, RR)이라 한다. 시중은행은 법정지급준비금 외 추가로 얼마나 더 현금을 보유할 것인지 즉 초과지급준비금(excess reserves, ER)의 규모를 결정한다. 총지급준비금(R)은 법정지급준비금(RR)과 초과지급준비금(ER)의 합이다. 요구불예금 대비 지급준비금의 비율은 다음과 같다.

$$\text{지급준비율}(\theta_r) = \frac{\text{지급준비금}(R)}{\text{요구불예금}(D)} = \frac{\text{법정지급준비금}(RR)}{\text{요구불예금}(D)} + \frac{\text{초과지급준비금}(ER)}{\text{요구불예금}(D)}$$
$$= \text{법정지급준비율}(\theta_{rr}) + \text{초과지급준비율}(\theta_{er})$$

마지막으로 **일반대중**은 화폐를 현금이나 요구불예금의 형태로 보유할 수 있고, 그 비율을 결정한다.

$$\text{요구불예금 대비 현금의 비율}(\theta_c) = \frac{\text{현금}(C)}{\text{요구불예금}(D)}$$

중앙은행이 발행한 지폐와 동전 등 현금 즉 본원통화량(H)과 경제에 유통되는 통화량(M)은 다르다. 이 둘의 관계를 살펴보자. 중앙은행이 본원통화를 발행하면 종국에는 민간이 보유하거나(C) 아니면 은행의 금고에 지급준비금(R)으로 남는다.

$$\text{본원통화량: } H = C + R$$

통화량은 민간이 보유한 현금(C)과 요구불예금(D)의 합계이다. 은행이 보유한 현금은 예금 인출에 대비한 지급준비금으로 재화의 구매에 사용하기 위해 유통되는 것이 아니므로 통화량에 포함되지 않는다.

$$\text{통화량: } M = C + D$$

위 본원통화량식과 통화량식을 지급준비율과 현금보유비율을 이용하여 다시 쓰면 다음과 같다.

$$H = C + R = \theta_c D + \theta_r D = (\theta_c + \theta_r) D$$
$$M = C + D = \theta_c D + D = (\theta_c + 1) D$$

위 두 번째 식을 첫 번째 식으로 나누어 본원통화량 대비 통화량의 비율을 구하면 다음과 같다.

$$\frac{M}{H} = \frac{\theta_c + 1}{\theta_c + \theta_r}$$

통화량은 다음과 같이 **통화승수**(money multiplier, m)와 **본원통화량**(H)의 곱으로 표현된다.

$$M = \frac{\theta_c + 1}{\theta_c + \theta_r} H = \frac{\theta_c + 1}{\theta_c + \theta_{rr} + \theta_{er}} H = mH$$
$$\text{단, } m = \frac{\theta_c + 1}{\theta_c + \theta_{rr} + \theta_{er}}$$

여기서 m은 통화승수로 1보다 크다. 왜냐하면 $\theta_c, \theta_{rr}, \theta_{er}$은 모두 0보다 크고, 1보다 작기 때문이다. 통화승수는 민간의 현금보유비율이 낮을수록(θ_c가 작을수록), 은행의 지급준비율이 낮을수록(θ_{rr}와 θ_{er}가 작을수록) 더 커진다.

위 통화량식에서 알 수 있듯이 중앙은행, 시중은행, 일반대중이 모두 통화량 결정에 관여한다. 첫째, **중앙은행**은 본원통화량(H)을 결정한다. 통화승수(m)가 1보다 크기 때문에 본원통화량이 변하면 통화량은 더 크게 변한다. 이런 이유로 본원통화는 고성능통화(high powered money)로 불리기도 한다. 또한 중앙은행은 법정지급준비율(θ_{rr})을 결정한다. 법정지급준비율이 증가하는 경우 통화승수는 작게 되어 통화량은 감소한다. 아울러 위 식에는 나타나 있지 않지만, 중앙은행은 재할인율을 정한다. 재할인율은 은행이 지급준비금이 부족 시 중앙은행으로부터 차입할 때 적용되는 이자율이다. 재할인율이 증가하는 경우 시중은행이 중앙으로부터 차입하는 자금은 줄고 대출 여력이 감소하여 통화량은 감소한다.

둘째, **시중은행**은 초과지급준비율(θ_{er})을 결정한다. 초과지급준비율이 높아지면 통화승수가 작아져서 통화량이 감소하는 효과가 있다.

셋째, **일반대중**은 요구불예금 대비 현금의 보유비율(θ_c)을 결정한다. 현금보유비율이 높아지면 통화승수가 작아져서 통화량이 감소한다.

세 경제주체가 모두 통화량 결정에 관여하지만, **중앙은행이 핵심적인 역할**을 한다. 시중은행과 일반대중은 통화승수에 영향을 주는 정도의 간접적인 역할만을 한다. 따라서 간단하게 **중앙은행이 통화량을 결정**한다고 말할 수 있다.

중앙은행은 공개시장조작정책, 지급준비율정책, 재할인율정책 등을 통해 통화량을 조절할 수 있다. 이 중 대표적인 정책은 **공개시장조작**이다. 중앙은행이 채권을 매입하면, 현금(본원통화)이 시중에 공급되므로 통화량이 증가하고, 채권을 매각하면, 현금(본원통화)이 시장으로부터 회수되어 중앙은행으로 귀속되므로 통화량이 감소한다.

2. 화폐의 수요

화폐는 그 자체가 유동성이므로 화폐의 수요를 유동성선호(liquidity preference)라 한다. 화폐의 수요는 화폐의 기능으로부터 도출된다. 먼저, 화폐는 **교환의 매개기능이 탁월**하다(superior). 거래수단으로 화폐가 필요하고, 거래규모가 클수록 화폐수요는 증가한다. 거래규모는 소득과 물가수준에 의존하며 소득이 증가할수록, 물가가 높을수록 커진다.

- 소득(Y) 증가 → 거래규모 증가 → 화폐수요 증가
- 물가(P) 증가 → 동일한 양의 재화를 사는데 더 많은 화폐가 필요 → 화폐수요 증가

화폐는 **가치저장 수단으로서 기능은 열등**하다(inferior). 부(wealth)를 채권 등의 형태로 보유하면 이자를 받을 수 있지만, 화폐로 보유하면 이자를 기대할 수 없기 때문이다. 화폐를 보유하면 이자소득을 포기한 것과 같으니, 명목이자율(채권 등 다른 금융자산의 수익률)이 화폐보유의 기회비용이 된다. 명목이자율이 증가할수록 화폐수요가 감소한다.

- 명목이자율(i) 상승 → 화폐보유의 기회비용 증가 → 화폐수요 감소

위 내용을 종합하면 화폐수요(M^d)는 다음과 같은 함수로 표시할 수 있다.

$$M^d = L(P,\ Y, i)$$
$$(+, +, -)$$

고전학파이론은 화폐의 기능 중 거래수단 즉 **교환의 매개기능에 초점**을 둔다. 따라서 화폐수요는 다음과 같이 거래규모에 비례하는 것으로 단순화하고, 이자율 변수는 제외한다.

$$M^d = kPY \text{ 단, } k > 0$$

추후 제3부에서 단기의 경제를 논할 때 화폐수요에 이자율변수를 포함하여 확장한다.

3. 화폐시장의 균형과 물가수준의 결정

1절 화폐의 공급에서 통화량이 결정되는 복잡한 과정을 살펴보았다. 중앙은행이 통화량 결정에 핵심적 역할을 하므로 분석의 편의를 위해 중앙은행이 통화량을 결정한다고 가정한다. 이 경우 화폐공급식은 다음과 같다.

$$M^s = M$$

2절 화폐의 수요에서 화폐의 수요는 거래규모에 비례하는 것으로 단순화하였다.

$$M^d = kPY \text{ (단, } k\text{는 상수} > 0)$$

그림 4-1 화폐시장의 균형 및 물가수준의 결정

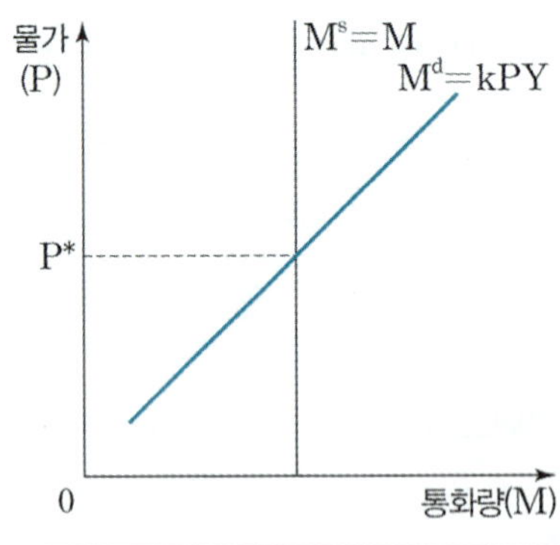

화폐시장에서 화폐수요와 공급의 상호작용으로 물가수준이 결정된다.

이제 화폐시장의 균형을 살펴보자. 그림 4-1은 화폐시장의 균형을 보여준다. 화폐의 공급 규모 즉 통화량은 중앙은행이 외생적으로 결정하므로 물가와 관계없이 수직선이

다. 화폐수요의 규모는 물가가 증가하는 경우 비례해서 증가하므로 우상향하는 곡선이 된다. 화폐시장의 균형은 화폐의 공급곡선과 수요곡선이 교차하는 점에서 이루어지며 이 점에서 **균형 물가가 결정**된다.

그림 4-2 통화량 증가의 효과

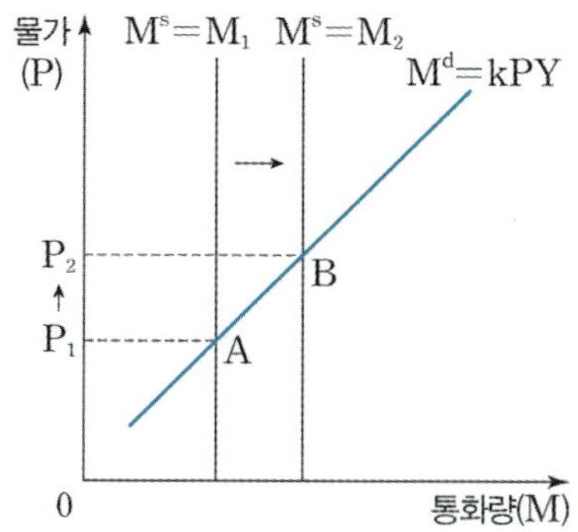

화폐의 공급량(통화량)이 M_1에서 M_2로 증가하면 물가가 P_1에서 P_2로 상승한다.

통화량이 증가하는 경우 화폐시장의 균형은 어떻게 변할까? 그림 4-2에서 보는 것처럼 통화량이 M_1에서 M_2로 증가하는 경우 화폐공급곡선이 우측으로 이동하고, 물가가 P_1에서 P_2로 상승한다.

4. 화폐수량설(Quantity Theory of Money)

화폐수량설은 **통화량과 물가의 장기적 관계**를 고찰한 고전학파의 대표적 이론이다. 모든 거래는 화폐를 통해 이루어지기 때문에 총거래금액과 총화폐사용량은 일치한다. 이를 식으로 표현하면 다음과 같다.

$$총화폐사용량(MV)=총거래금액(PY)$$

여기서 M은 통화량, V는 화폐의 유통속도, P는 물가수준, Y는 생산량(거래량)이다. 위 식의 우변은 총거래금액을 보여준다. 일정 기간 재화의 거래량은 재화의 생산량(Y)과 비슷하다고 가정하며, 재화 1단위 가격(물가)은 P이다. 따라서 PY는 총거래금액이다. 좌변은 총화폐사용량이다. M은 통화량이고, V는 **화폐의 유통속도**(transactions velocity of money)로 일정 기간 화폐가 평균적으로 몇 회 사용되었는지를 말한다. 따라서 좌변의 MV는 총화폐사용량이다.

(예) 유통속도(V): 일정 기간 생산되어 거래된 재화의 양(Y)이 500개이고, 재화 가격(P)이 100$이라고 하자. 총거래금액은 50,000$가 된다. 통화량이 5,000$라면 화폐의 유통속도($V$)는 어떻게 될까? $V=\frac{PY}{M}$. 화폐의 유통속도는 총거래금액을 통화량으로 나눈 값으로 10이 된다. 즉, 각 $가 평균적으로 10회 사용되었다는 의미가 된다.

위 화폐수량설 방정식에서 생산량(Y)과 화폐의 유통속도(V)는 통화량과 관계없이 안정적이라고 본다. 장기에 생산량(Y)은 생산요소의 양과 기술수준 등 생산역량에 의해 결정되며 통화량과 무관하다. 통화의 유통속도(V)는 거래관행, 금융제도의 발전 등 의해 결정되며 안정적이라고 가정할 수 있다.

생산량(Y)이 실물부문에서 결정되고 화폐의 유통속도(V)가 안정적인 경우, 화폐수량설은 통화량이 변하면 물가가 비례해서 변한다는 것을 보여준다. 즉 **통화량이 물가수준을 결정**한다.

- $MV=PY$. 주어진 총생산(Y)과 통화의 유통속도(V)하에서 통화량(M)이 증가하면 물가(P)가 비례해서 증가한다.

이제 통화량과 물가의 관계에서 더 나아가 통화량의 변화율(통화량 증가율, $\frac{\Delta M}{M}$)과 물가의 변화율 즉 인플레이션율($\pi=\frac{\Delta P}{P}$) 사이의 관계를 살펴보자. 이를 위해 위 화폐수량설 방정식을 변화율로 다시 쓰자.

먼저 화폐수량설 방정식의 양변에 자연로그를 취하는 경우 다음과 같다.

$$lnMV=lnPY$$
$$lnM+lnV=lnP+lnY$$

양변에 변화 값을 취하는 경우 다음과 같다.

$$\Delta lnM+\Delta lnV=\Delta lnP+\Delta lnY$$
$$\frac{\Delta M}{M}+\frac{\Delta V}{V}=\frac{\Delta P}{P}+\frac{\Delta Y}{Y}$$

참고 변수의 변화율을 계산할 때 로그(log)변수의 다음 특성을 활용하면 유용하다.

(1) 어떤 값 x (아주 작은 값)에 1을 더한 자연로그 값은 x와 근사적으로 일치한다.

$ln(1+x) \cong x$

(2) 로그변수의 승수(power)는 승수에 로그변수를 곱한 것과 같다.

$lnx^n = nlnx$

(3) 로그변수의 차이는 변화율이다. $\Delta lnx = \frac{\Delta x}{x}$.

(4) 로그에서 곱하기는 각 로그변수의 합이다. $lnxy = lnx + lny$

(5) 로그에서 비율은 각 로그변수의 차이다. $ln\frac{x}{y} = lnx - lny$

위 식에서 첫째, 유통속도(V)가 일정하다고 가정하였으므로 유통속도의 변화율($\frac{\Delta V}{V}$)은 0이다. 둘째, 총생산(Y)의 변화율, 즉 성장률은 생산요소의 증가와 기술진보 등에 의해 결정되므로 여기서는 일정하게 주어진 것으로 본다. 결국 위 식은 통화량 증가율($\frac{\Delta M}{M}$)이 변하면 물가상승률(인플레이션율, $\pi = \frac{\Delta P}{P}$)이 비례하여 변한다는 것을 보여준다. 즉 **통화량 증가율이 인플레이션율을 결정**한다.

- $\frac{\Delta M}{M} = \frac{\Delta P}{P} + \frac{\Delta Y}{Y}$, 주어진 생산량증가율($\frac{\Delta Y}{Y}$)하에서, 통화량 증가율($\frac{\Delta M}{M}$)의 상승하면 인플레이션율($\pi = \frac{\Delta P}{P}$)이 비례하여 상승한다.
- 적정 통화증가율: 통화량 증가율을 생산량증가율로 유지하는 경우 인플레이션율이 안정된다.

이처럼 화폐의 공급량(통화량)이 장기에는 물가와 인플레이션율 등 명목변수에만 영향을 미치며, 생산량과 고용 등 실질변수에는 영향을 주지 못하는 것을 **화폐의 중립성**(money neutrality)이라 한다.

5. 피셔방정식(Fisher equation): 인플레이션과 명목이자율

명목이자율은 이자율을 화폐단위로 표시한 것이다. 차입자 관점에서 명목이자율은 화폐 1단위를 빌린 후 일정 기간 후에 원금 외 추가로 얼마나 더 지불해야 하는지를 보여준다. 현실에서 우리가 신문이나 TV 뉴스 등에 접하는 이자율은 명목이자율이다.

실질이자율은 이자율을 산출물단위로 표시한 것이다. 차입자 관점에서 재화 1단위를 빌렸다고 가정할 때 일정 기간 후에 이자로 얼마나 더 재화를 지불해야 하는가를 보여준다.

피셔방정식은 명목이자율(i)과 인플레이션율(π)의 관계를 보여주는 식으로 다음과 같다.

$$i = r + \pi$$

실질이자율은 제3장에서 살펴본 것처럼 대부자금시장에서 대부자금의 공급(저축)과 수요(투자)에 의해 결정된다. 인플레이션율은 통화량증가율에 의해 결정된다. 장기의 명목이자율은 실질이자율에 단순히 인플레이션율을 더한 것과 개략적으로 같다. 이 인플레이션율과 명목이자율 사이의 1:1의 대응관계를 **피셔효과**(Fisher effect)라 한다. 즉 인플레이션율이 1%P 상승(예: 5%에서 6%로 상승)하면 명목이자율도 1%P 상승한다.

장기에 실질변수와 명목변수의 움직임은 다음과 같이 요약할 수 있다.

- 먼저 실질변수가 실물부문에서 결정된다.
- 명목변수는 실질변수를 기초로 화폐적 효과 즉 물가와 인플레이션율이 반영되어 결정된다.

주의할 점은 경제가 **단기에는 장기와 다르게 움직인다**는 것이다. 단기에는 명목이자율이 화폐시장에서 유동성선호이론(theory of liquidity preference)에 의해 먼저 결정되면 사전적 의미(ex-ante)의 실질이자율은 인플레이션율 기대치를 활용하여 추산한다. 단기에 인플레이션율의 기대치와 실적치가 일치한다는 보장이 없다. 따라서 위 피셔방정식도 다음과 같이 수정된다.

$$r = i - \pi^e$$

자세한 내용은 제6장 유동성선호이론과 제13장 명목이자율과 실질이자율의 관계에서 상세히 논의된다.

6. 인플레이션의 원인과 사회적 비용

1) 인플레이션의 원인 및 인플레이션조세

인플레이션은 물가수준의 지속적인 상승 현상을 말한다. 화폐수량설에서 알 수 있듯이 높은 인플레이션율의 원인은 기본적으로 높은 통화량 증가율이다. 프리드먼(Milton Friedman)은 **인플레이션은 언제 어디서나 통화적 현상**(Inflation is always and everywhere a monetary phenomenon)임을 강조하였다.

초인플레이션(hyperinflation)은 정부가 화폐발행을 통해 재정적자를 메우는 과정에서 발생한다. 과도한 통화 발행이 초인플레이션의 원인이다. 초인플레이션율을 잡기 위해서는 긴축 통화정책과 함께 통화발행의 근본 원인을 제거하는 재정개혁(fiscal reform)이 필요한 이유다.

정부가 추가 화폐발행을 통해 얻는 수입을 화폐발행차익(시뇨리지, seigniorage)이라 한다. 인쇄비 등 화폐발행비용은 상대적으로 적은 숫자이므로 무시하는 경우 화폐발행차익은 화폐발행액과 같다. 화폐발행차익의 구매력인 **실질화폐발행차익**(real seigniorage)은 다음과 같다.

$$\frac{\Delta H}{P}=\frac{\Delta H}{H}\frac{H}{P}=\pi\frac{H}{P}$$

그러면 정부의 화폐발행차익은 누가 부담하는 것일까? 화폐 발행으로 인플레이션이 발생하면 화폐의 가치 즉 구매력이 하락한다. 따라서 화폐 보유자(H/P)가 인플레이션율에 상응하는 세율(π)의 세금을 납부하는 것과 같다. 이런 이유로 화폐발행차익은 **인플레이션조세**(inflation tax)로 불린다.

2) 인플레이션의 사회적 비용

인플레이션율이 높으면 왜 문제일까? 지금까지의 논의는 인플레이션은 화폐적 현상에 불과하며 명목변수만 부풀리는 것처럼 보인다. 생산량 등 실질변수는 인플레이션율과 무관하게 실물부문에서 결정되기 때문이다. 따라서 인플레이션이 왜 문제인가 하는 의문을 품게 된다. 인플레이션의 사회적 비용을 살펴보자.

첫째, **자원배분의 왜곡**을 초래한다. 인플레이션이 발생하는 경우 모든 가격(명목 가격)이 같은 비율로 변한다면 화폐단위만 바뀔 뿐 상대가격이 동일하게 유지되어 큰 문제가 아닐 수 있다. 그러나 인플레이션이 발생하는 동안 생산요소마다 또 재화마다 가격상승의 정도가 다르다. 따라서 상대가격이 변하게 되고 자원배분의 왜곡이 초래된다.

둘째, **구두창비용**(shoe leather cost)이 발생한다. 인플레이션율이 높은 경우 현금의 구매력이 빠르게 하락한다. 현금 보유를 줄이기 위해 부지런히 뛰어야 한다. 불필요하게 시간과 자원을 낭비하게 되며 이 비용을 은유적으로 구두창비용이라 한다.

셋째, **메뉴비용**(menu cost)이 발생한다. 인플레이션율이 높은 경우 가격표와 가격목록 등을 수시로 교체해야 한다. 가격 변경(update)에 수반되는 모든 비용을 은유적으로 메뉴비용(menu cost)이라 한다.

넷째, 자본이득 등을 과대평가하여 **조세부담의 왜곡**을 초래한다. 인플레이션율과 자본이득이 같은 비율로 증가하면 실질자본이득에 변화가 없어 세금이 증가할 이유가 없다. 그러나 세금은 화폐단위로 측정된 명목자본이득에 부과되므로 세금이 증가한다. 마찬가지로 근로소득이 인플레이션율과 같은 비율로 증가하면 실질 근로소득에 변화가 없으므로 세율이 증가할 이유가 없다. 그러나 과세표준은 인플레이션율에 따라 자동 연동되지 않는다. 높은 인플레이션율로 근로소득이 높은 과세표준대로 진입하는 경우 세율이 증가하여 세금이 증가한다.

다섯째, 예상하지 못한 인플레이션(unexpected inflation)은 **자의적으로 부를 재분배**한다. 대부분의 금융거래는 명목이자율에 기초하여 이루어진다. 실제 인플레이션율이 기대치보다 높게 나타나면 실질이자율은 기대했던 것보다 낮아진다.

$$r = i - \pi^e,\ \text{만약}\ \pi > \pi^e\ \text{이면}\ r < r^e\ \text{가 된다.}$$

예상했던 것에 비해 채무자는 이득을 보고 채권자는 손해를 본다. 반대로 실제 인플레이션율이 기대치보다 낮게 되면 실질이자율은 기대했던 것보다 높게 된다. 채무자가 손해를 보고 채권자가 이득을 본다. 인플레이션율에 따라 자의적인 부의 재분배가 이루어진다. 채권자와 채무자 모두 이 **불확실성(uncertainty)**의 위험을 회피하고자 하므로 금융거래가 위축된다.

요약하면 인플레이션은 **자원배분과 조세부담을 왜곡**하고, **혼란과 불편**을 초래하며, **불확실성을 증가시키**는 등 사회적 비용을 초래한다고 할 수 있다. 이러한 사회적 비용은 인플레이션율이 낮은 경우에는 큰 문제가 되지 않지만, 인플레이션율이 높아지면서 매우 빠른 속도로 증가한다.

그렇다면 인플레이션 없는 완전한 물가안정의 경제를 추구해야 할까? 비용과 편익의 상대적 크기 문제로 귀결된다. 낮은 인플레이션율을 0까지 낮추는 경우 얻는 편익은 크지 않지만,

그 비용은 상대적으로 많이 든다. 따라서 굳이 인플레이션율을 0까지 낮출 필요가 없다.

아울러 인플레이션이 일부 좋은 점이 있다. 인플레이션이 **노동시장의 원활한 조정**(greasing the wheels of the labor market)을 촉진하는 효과가 있다. 대부분 노동자는 높은 실업률 하에서도 명목임금의 삭감을 받아들이려 하지 않는다. 이 경우 인플레이션은 명목임금을 내리지 않고도 실질임금을 낮출 수 있게 해준다. 또한 인플레이션율이 높은 경우는 명목이자율($i = r + \pi$)이 0이 될 확률이 낮아 경제가 **유동성 함정**(liquidity trap)**에 빠지는 문제를 피할 수 있게** 해준다.

따라서 대부분 국가가 0의 인플레이션율을 추구하기보다는 2~4% 정도의 낮은 수준에서 안정된 인플레이션율을 유지하는 것을 목표로 하고 있다.

한편, 인플레이션이 각종 사회적 비용을 발생하니까 디플레이션은 좋을 것이라는 생각을 할 수도 있다. 그렇지 않다. 디플레이션은 인플레이션에 비해 발생빈도가 낮지만, 그 폐해는 인플레이션 못지않다. 생산기술 향상 등 기술진보로 인플레이션율이 하락 안정되는 것은 좋을 수 있다. 하지만, 총수요 감소로 인한 디플레이션은 자원배분의 왜곡 및 혼란 등 인플레이션과 유사한 비용을 초래하는 것 외에 실질이자율 증가로 총수요를 더욱 위축시켜 기업의 도산 등 경제에 큰 후유증을 남긴다. 일본에서 1990년대 초반에 발생하여 10년 이상 지속된 "디플레이션 및 경기침체의 잃어버린 10년"이 대표적인 예이다.

7. 고전적 이분성(classical dichotomy)과 정책적 시사점

지금까지 모든 가격변수가 신축적으로 움직이며 화폐적 환상이 없는 경제모형을 살펴보았다. 큰 특징 중 하나는 실물부문이 화폐부문으로부터 분리되는 **고전적 이분성**이다.

1) 고전적 이분성

생산량, 고용 등 실질변수는 실물부문에서 결정되고 화폐의 영향을 받지 않는다. 통화공급의 변화는 물가와 인플레이션 등 명목변수에 온전히 반영되며, 실질변수에 아무런 영향을 주지 못한다. 이러한 모형은 실질변수를 분석할 때 명목변수를 고려할 필요가 없어 매우 간단하며 편리한 장점이 있다.

장기에 통화공급이 실질변수에 영향을 주지 못하는 것을 **화폐의 중립성**(neutrality of money)이라 한다. 통화량이 증가하는 경우 물가가 비례해서 상승하고, 통화량 증가율이 상승하는 경우 인플레이션율 및 명목이자율이 비례하여 상승할 뿐이다.

2) 정책적 시사점

고전학파의 경제모형은 **가격이 신축적**이어서 모든 문제가 스스로 해결되는 이상적인 **자정경제**(ideal self-correcting economy)다. 정부지출 증가는 실질이자율 상승으로 이어져 민간 소비와 투자를 감소시켜 그 효과가 완전히 상쇄된다. 따라서 총수요와 총생산에 아무런 영향을 미치지 못한다. 재정정책이 생산량에 미치는 **장기적 효과가 없다**는 것을 보여준다. 최장기적으로 자본축적을 저해하여 경제성장에 악영향을 끼칠 뿐이다.

통화공급을 변화시키는 통화정책 역시 생산량에는 아무런 영향을 미치지 못한다. 통화량이 증가하는 경우 물가가 비례적으로 상승하고, 통화량 증가율이 증가하는 경우 인플레이션율과 명목이자율이 비례적으로 상승할 뿐이다. 통화정책이 생산량에 미치는 **장기적 효과가 없다**는 것을 보여준다.

고전학파 경제학자들은 시장에서 가격변수라는 **보이지 않는 손**(invisible hands)에 의해 모든 문제가 해결되고 효율적인 자원배분이 이루어진다고 믿었다. 그리고 정부의 간섭을 배제하는 **자유방임정책**(laissez faire doctrine)을 주장하였다.

3) 모형의 유용성과 한계

지금까지 살펴본 장기 경제모형의 유용성은 무엇일까? 우선, 경제의 **실질변수들이 궁극적으로 무엇에 의해 결정**되는지를 보여준다. 아울러 경제에 충격이 발생하거나 정책이 변화할 때 단기의 조정과정을 모두 마치고 난 후 **최종적으로, 어디로 귀착**되는지 그리고 **장기적 효과**는 어떻게 되는지를 분석할 수 있게 해준다.

하지만 이 경제모형으로 현실의 경제를 완전히 설명할 수는 없다. 호황과 불황 등 단기의 경기변동을 설명하거나, 최장기의 경제성장을 설명하는 데는 한계가 있다. 따라서 고전파이론의 가정에서 벗어나 단기와 최장기의 시간대에 적절한 가정(appropriate assumptions)에 기초하여 새로운 경제모형을 수립하여 사용하는 것이 필요하다.

제3부에서는 가격이 경직적인 **단기**에 경제가 어떻게 움직이는지 즉 **경기변동론**을 살펴보며, 제4부에서는 가격이 천천히 조정되는 경우 경제가 어떻게 단기균형에서 장기균형으로 이동하는지를 살펴본다. 그리고 제5부에서는 생산요소와 기술수준까지도 변할 수 있는 **최장기**의 경제 모습 즉 **경제성장**에 대해 살펴본다.

요약

1 화폐는 거래의 지불수단으로 널리 사용되는 자산이다. 교환의 매개, 가치 측정 단위, 가치저장기능을 수행한다.

2 협의의 통화량은 민간보유현금과 요구불예금의 합으로 측정한다.

3 중앙은행은 주로 공개시장조작정책을 통해 통화량을 조절한다. 중앙은행이 채권을 매입하는 경우 본원통화(현금)가 시중에 공급되므로 통화량이 증가하고, 채권을 매각하는 경우 본원통화(현금)를 시중에서 회수하므로 통화량이 감소한다.

4 화폐수량설에 따르면 통화량(M)이 증가하면 물가(P)가 비례해서 증가하고, 통화량 증가율($\frac{\Delta M}{M}$)이 증가하면 인플레이션율($\pi = \frac{\Delta P}{P}$)이 비례해서 증가한다.

5 피셔효과에 의하면 명목이자율(i)은 실질이자율(r)에 인플레이션율(π)을 더한 것이다. $i = r + \pi$

6 화폐발행은 화폐의 가치 즉 구매력의 하락으로 이어져 화폐보유자가 인플레이션 세금을 내게 된다.

7 인플레이션은 자원배분의 왜곡 및 불확실성 등의 비용을 초래한다. 예상치 못한 인플레이션은 채권자와 채무자 간 자의적으로 부를 재분배하는 문제를 야기한다. 실제 인플레이션율이 기대치보다 높게 되면 실질이자율은 기대했던 것보다 낮게 되어 채권자가 손해를 보고 채무자가 이득을 보게 된다.

8 초인플레이션은 정부가 화폐발행으로 재정수입을 충당하는 과정에서 초래되며, 이를 근본적으로 해결하기 위해서는 재정개혁이 필요하다.

9 실업률이 높고 명목임금이 하방경직적인 상황에서 인플레이션은 실질임금의 하락을 유도하여 노동시장의 원활한 조정에 도움이 된다. 아울러 인플레이션율이 높은 경우 명목이자율이 0이 될 확률이 낮아 경제가 유동성함정에 빠지는 위험을 피할 수 있다.

10 장기에 화폐는 중립적이다. 통화량의 변화는 물가 등 명목변수에만 영향을 줄 뿐 산출량, 고용 등 실질변수에 영향을 미치지 못한다.

연습문제

1 신용카드는 화폐인가? 그 이유를 설명하라.

2 고전학파의 세상을 가정하자. 다음 문장의 진위를 판단하고 그 이유를 설명하라.
(1) 재화시장은 물가에 의해 균형에 도달한다.
(2) 생산요소시장은 실질이자율의 조정에 의해 균형에 도달한다.
(3) 화폐시장은 이자율의 조정에 의해 균형에 도달한다.
(4) 중앙은행이 통화량을 증가시키고자 하는 경우 공개시장에서 채권을 매각한다.

3 누가 화폐공급량을 결정하는가?

4 중앙은행이 본원통화를 조절하는 핵심 수단은 무엇인가?

5 화폐수량설을 이용하여 통화량 증가율과 인플레이션율의 관계를 설명하라.

6 피셔효과를 이용하여 통화량 증가율, 인플레이션율, 명목이자율의 관계를 설명하라.

7 인플레이션의 사회적 비용은 무엇인가? 인플레이션의 좋은 점은 없는가?

8 다음 문장의 진위를 판단하고 그 이유를 설명하라.
(1) 은행이 보유하고 있는 현금은 통화량에 포함된다.
(2) 장기에 화폐시장의 균형은 명목이자율의 조정을 통해 이루어진다.
(3) 장기에 통화량이 증가하면 명목이자율이 상승한다.
(4) 장기에 실질이자율이 상승해도 명목이자율은 변하지 않는다.
(5) 인플레이션율이 증가하면서 사회적비용이 비례해서 증가한다.

9 화폐발행차익은 누가 납부하는가? 그 이유는?

10 인플레이션율이 예상했던 것보다 높은 경우 누가 손해를 보고 누가 이득을 보는가?

11 고전학파의 경제에서 화폐수요함수가 다음과 같다고 가정하자.

$$M^d = \frac{1}{2}PY$$

(1) 화폐의 유통속도는 얼마인가?

(2) 실질이자율과 생산량증가율이 각각 3%이다. 통화량 증가율이 5%인 경우 인플레이션율과 명목이자율은 얼마인가?

(3) 통화량 증가율이 5%에서 7%로 2%P 상승 시 실질이자율, 인플레이션율, 명목이자율은 어떻게 되는가?

12 어느 경제의 본원통화 공급량은 10,000$이다. 사람들은 현금과 요구불예금을 동일한 규모로 보유한다. 은행의 요구불예금 대비 지급준비금의 보유비율은 20%이다.

(1) 통화승수와 통화공급량을 구하라.

(2) 중앙은행이 통화량공급량을 10% 증가시키고자 한다. 본원통화량을 얼마나 증가해야 하는가?

제 3 부

단기의 경제: 케인즈이론의 IS-LM모형을 중심으로

제3부

단기의 경제: 케인즈이론의 IS-LM모형을 중심으로

가격이 경직적이며 총수요가 총생산을 결정하는 총수요중시이론이다.

제2부에서는 가격변수가 신축적인 장기에 경제가 어떻게 움직이는지를 살펴보았다. 총생산은 공급측면에서 생산요소의 양과 기술수준에 의해 결정되었다. 완전고용이 이루어지고 총생산은 자연생산량과 일치하였다. 명목변수가 실질변수에 영향을 주지 못했다.

가격변수가 경직적인 단기에는 경제가 어떻게 움직일까(how an economy works in the short run when prices are fixed)? 장기와 완전히 다른 모습으로 경제가 움직이게 된다. 총생산이 자연생산량을 중심으로 출렁이는 **경기변동**(business cycles) **현상**이 나타난다. 명목변수가 실질변수에 영향을 주게 되며, **총수요가 총생산을 결정하는 핵심 역할**을 하게 된다.

제3부에서는 케인즈(J.M.Keynes)이론을 중심으로 단기에 **총수요가 어떻게 결정되는지**를 살펴본다. 가계의 소비심리 및 기업의 투자심리와 재정 및 통화정책 등 다양한 요인이 총수요에 영향을 미친다. 이러한 총수요의 변화는 총생산의 변화로 이어진다.

제5장은 재화시장의 균형과 총생산의 결정을 살펴본다. 제6장은 화폐시장의 균형과 이자율의 결정을 살펴본다. 제7장에서는 **재화시장과 화폐시장의 상호작용**을 살펴본다. 두 시장의 동시 균형조건에서 케인즈이론의 핵심 분석 틀인 $IS-LM$**모형**을 도출한다. 이 모형을 통해 총생산이 어떻게 결정되는지를 살펴보고 재정정책과 통화정책의 효과를 분석한다.

제5장 재화시장: 케인지언 크로스(Keynesian Cross)

제6장 화폐시장: 유동성선호이론(Liquidity Preference Theory)

제7장 재화시장과 화폐시장의 동시균형: $IS-LM$모형

제5장 재화시장: 케인지언 크로스(Keynesian Cross)

가격변수가 경직적인 단기에 기업은 제품에 대한 수요에 따라 생산량을 조절한다. 수요가 적어 생산한 제품이 다 팔리지 않으면 재고가 쌓이게 되고 기업은 생산량을 줄인다. 수요가 생산량을 초과하여 재고가 감소하면 기업은 이를 메우기 위해 생산량을 늘린다. 수요에 따라 기업의 생산량이 결정된다.

이를 경제 전체적으로 보면 총생산이 총수요에 따라 결정되는 셈이다. 이 장은 재화시장에서 총수요가 어떻게 결정되고 총생산으로 이어지는지를 살펴본다.

---

1. 총수요의 구성
2. 총수요가 총생산을 결정: 케인지언 크로스(Keynesian cross)
3. 독립적 지출의 승수효과

   정부지출승수($\frac{\Delta Y}{\Delta G}$)

   조세승수($\frac{\Delta Y}{\Delta T}$)
4. 경기변동 및 재정정책

---

1. 총수요의 구성

한 국가 내에서 생산된 재화에 대한 총수요를 살펴보자. 총수요의 의미로 케인즈(J.M. Keynes)는 재화에 대한 **계획된 지출**(planned expenditure)이란 용어를 사용하였다. 총수요는 현대적 용어이다. 누가 총수요를 결정하는 것일까? 경제주체의 관점에서 재화의 사용을 살펴보자.

경제주체는 크게 민간부문의 가계와 기업, 공공부문의 정부, 그리고 해외부문의 외국 국가로 나누어진다. 여기서는 폐쇄경제를 가정하여 해외 부문을 제외한다. 해외 부문은 제7부 개방경제에서 자세히 다룬다.

민간부문의 가계는 주로 소비재를 구매하여 소비하며 신규아파트 구입 등 일부 자본재를 구매한다. 기업은 자본재를 구매하여 미래의 생산을 위한 투자로 활용한다. 공공부문의 정부는 소비재와 자본재를 모두 구매한다. 따라서 **총수요**(AD, aggregate demand)는 민간의 소비수요(C)와 투자수요(I) 그리고 정부의 구매수요(G)로 구성된다.

$$\text{총수요의 구성: } AD = C + I + G$$

1) 소비(C)

소비는 총수요의 가장 큰 비중(65~75% 수준)을 차지한다. 케인즈는 소비의 결정요인으로 **가처분소득**(disposable income, $Y_d = Y - T$)을 중시하였다. 소비의 결정요인으로 실질이자율을 중시한 고전학파와 차이가 있다. 가처분소득은 소득(Y)에서 세금(T)을 공제한 것으로 소비를 위해 쓸 수 있는 가용재원이 된다. 케인즈의 소비함수는 다음과 같다.

$$C = C(Y_d) = c_0 + c_1 Y_d$$
$$\text{단, } Y_d = Y - T,\ c_0 > 0,\ 0 < c_1 < 1$$

위 식에서 c_0는 독립적 소비지출이다. 생존을 위해 꼭 필요한 기본적인 소비지출이나 소비심리 등에 따라 결정되는 소득과 무관한 지출이 여기에 포함된다.

c_1은 소득의 한계소비성향(MPC, marginal propensity to consume)으로 가처분소득이 1단위 증가할 때 소비지출이 얼마나 증가하는지를 보여준다.

$$MPC = \frac{\Delta C}{\Delta Y_d} = c_1$$
$$\text{단, } 0 < c_1 < 1$$

가처분소득이 증가하면 소비지출이 증가하는 것이 일반적이므로 MPC는 0보다 크다. 하지만 가처분소득의 증가분이 모두 소비에 지출되지 않고, 일부는 저축이 되기 때문에 MPC는 1보다는 작다. 소비함수의 $c_1 Y_d$항목은 소득과 연계된 소비지출이다.

그림 5-1 케인즈의 소비함수

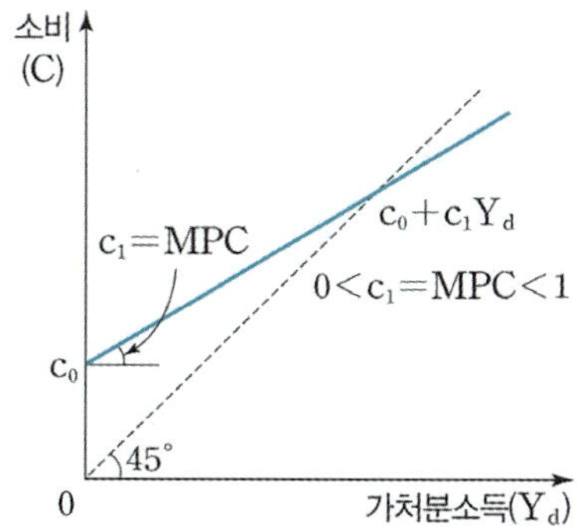

소비함수의 절편 c_0는 독립적 소비지출이며, 기울기 c_1은 한계소비성향이다. 한계소비성향은 0보다 크고 1보다 작아서 소비함수곡선은 45도 선보다 완만하다.

그림 5-1은 케인즈의 소비함수를 보여준다. 종축은 소비지출을 그리고 횡축은 가처분소득을 나타낸다. 소비함수의 절편(c_0)은 독립적 소비지출이며, 기울기(c_1)는 가처분소득이 1단위 증가하는 경우 소비지출이 얼마나 증가하는가를 보여주는 한계소비성향으로 0보다 크지만 1보다 작다. 즉 가처분소득이 증가하면서 소비가 증가하지만, 가처분소득의 증가규모보다 소비의 증가규모가 작다.

한편, 평균소비성향($APC=\frac{C}{Y}$, average propensity of consumption)은 가처분소득이 증가하면서 감소하고, 한계소비성향보다 크다.

$$APC=\frac{C}{Y_d}=\frac{c_0}{Y_d}+c_1$$

2) 투자(I)

투자는 가계와 기업이 자본재를 구매하는 행위를 말한다. 기업이 공장을 설립하고 기계를 구매하거나 가계가 신축 주택을 구매하는 행위 등이 투자에 해당된다. 주식이나 채권 매입 등 금융자산을 취득하는 행위는 금융투자(financial investment)로 여기에서 말하는 실물투자(real investment)에 해당되지 않는다. 이 투자지출은 **계획된 투자지출**(planned investment expenditure)이며 의도하지 않는 재고의 증감(unplanned inventory investment)은 포함되지 않는다.

투자는 기본적으로 실질이자율 등 여러 요인에 의존한다. 케인즈는 투자의 결정요인으로 기업가의 “동물적인 감각(animal spirits)”을 중요시했다. 기업가들이 현 경제상황 및 미래 전망(기대) 등에 대한 직관적 판단으로 투자를 결정한다고 보았다.

분석의 편의상 투자가 **외생적으로 결정**된다는 단순한 가정에서부터 출발한다.

$$I = I_0$$

추후에 이 가정을 완화하고 투자함수에 이자율 등을 도입하여 분석을 심화한다.

3) 정부구매(정부지출, G)

정부지출은 정부가 재화를 구매하기 위한 지출 행위이다. 재화의 구매와 관련 없이 저소득층에게 단순히 소득을 이전해 주는 것은 포함되지 않는다. 정부지출은 정책적으로 결정된다. 정부의 수입원인 조세 규모 역시 **정책적으로 결정**된다.

4) 총수요(AD)

이상의 소비지출수요, 투자지출수요, 정부구매(정부지출)수요 등을 모두 합하면 총수요(AD)가 된다.

$$\begin{aligned} AD &= C + I + G \\ &= c_0 + c_1(Y - T) + I_0 + G \\ &= (c_0 + I_0 + G - c_1 T) + c_1 Y \\ &= A + c_1 Y \\ \text{단, } A &= (c_0 + I_0 + G - c_1 T) \end{aligned}$$

총수요는 소득과 무관하게 외생적으로 결정되는 **독립적지출 항목**(autonomous spending, A)과 **소득에 연계되어 결정되는 소비지출 항목**($c_1 Y$)으로 구분된다. 독립적지출은 기초소비지출(c_0), 투자지출(I_0), 정부지출(G) 및 조세(T) 등으로 구성된다.

2. 총수요가 총생산을 결정: 케인지언 크로스(Keynesian cross)

그림 5-2 재화시장의 균형

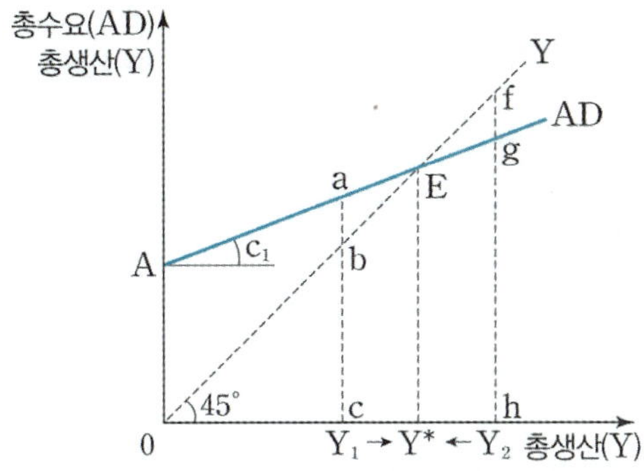

재화시장에서 총생산곡선과 총수요곡선이 교차(Keynesian cross)하는 점(E)에서 균형 총생산이 결정된다.

이제 그래프를 활용하여 재화시장의 균형을 살펴보자. 그림 5-2는 재화시장에서 총수요와 총생산을 보여주는 곡선을 보여준다. 총수요곡선(AD)의 절편은 독립적지출(A)이고 기울기는 한계소비성향($0 < MPC = c_1 < 1$)이다. 총생산은 그 자체가 총소득이므로 서로 구분하지 않고 사용하며, 총생산(총소득)의 곡선은 45도 선이다.

균형생산량은 총수요와 총생산이 일치하는 점 즉 **총수요곡선과 총생산곡선의 교차**(**케인지언 크로스**, Keynesian cross)로 결정된다. 균형 총생산은 Y^*이다. 생산량이 Y_1으로 Y^*보다 적으면 총수요(ac)가 총생산(bc)을 초과하여 재고가 원하지 않게 줄게 되고 기업은 재고의 감소를 메우기 위해 생산을 늘린다. 반대로 생산량이 Y_2로 Y^*보다 많으면 총수요(gh)가 총생산(fg) 보다 적어 재고가 원하지 않게 늘게 되고 기업은 생산을 줄인다. 총생산이 총수요에 따라 결정된다.

- **단기에 총수요는 총생산을 결정**한다.

균형 총생산은 수식을 이용하여서도 도출할 수 있다. 재화시장의 균형조건은 총생산(Y)과 총수요(AD)가 일치하는 것이다.

$$Y = AD = A + c_1 Y$$

위 식을 Y에 대해서 풀면 균형 총생산은 다음과 같다.

$$Y = \frac{1}{1-c_1}A$$

$$\text{단, } A = [c_0 - c_1 T + I_0 + G]$$

균형 총생산은 A와 $\frac{1}{1-c_1}$ 두 항목에 의해 결정된다. 첫째, A는 **독립적 지출**이다. 소득과 무관하게 외생적으로 결정되는 지출항목이다. 독립적 소비지출, 독립적 투자지출, 정책적으로 결정되는 조세와 정부지출 등이 여기에 포함된다.

둘째, $\frac{1}{1-c_1}$은 **승수(multiplier)**이다. 독립적 지출(A)의 증가 시 총수요와 총생산이 얼마나 더 많이 증가하는지를 보여준다. 한계소비성향($MPC = c_1$)은 0보다 크고 1보다 작아서 승수($\frac{1}{1-c_1}$)는 1보다 크게 된다. 예를 들어 $c_1 = 0.5 = 50\%$이면 승수는 2배가 된다. 즉 가처분소득 증가분의 50%를 소비하여 한계소비성향((c_1))이 0.5인 경우, 독립적 소비지출이 1단위 증가하면 총수요와 총생산은 2단위가 증가하게 된다.

그림 5-3 독립적 지출의 증가가 총생산에 미치는 영향

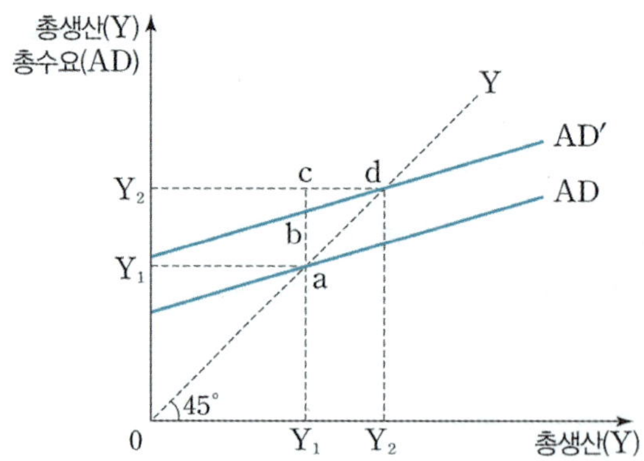

독립적 지출이 1단위 증가 시 총생산은 더 크게 증가한다.
독립적 지출이 ab만큼 증가하면 총생산은 $ac = cd$ 만큼 증가한다.

그림 5-3은 독립적 지출이 증가(ab)하는 경우 총생산이 승수효과로 인해 더 많이 증가($ac = cd$)함을 보여준다. 이 승수효과에 대해 자세히 살펴보자.

3. 독립적 지출의 승수효과

독립적 지출이 증가할 때 승수효과가 발생하는 이유는 무엇일까? 승수효과는 총생산(총소득, Y)과 총수요(AD)간 **연쇄작용**(chain reaction)에서 기인한다. 독립적 지출(A)이 증가하면 총수요가 증가하고 총생산의 증가로 이어진다. 총생산의 증가는 총소득의 증가이다. 총소득의 증가는 소비의 증가로 이어져 다시 총수요가 증가하고 총생산이 증가한다. 이러한 연쇄작용은 무한히 계속된다.

- 독립적지출(A) 증가 → AD 증가 → Y 증가 → C 증가 → AD 증가 → Y 증가 → ⋯

이 연쇄작용의 크기인 승수효과는 총생산(총소득)이 소비에 미치는 **피드백효과**(feedback effect)의 크기 즉 소비의 한계소비성향에 의해 좌우된다. 한계소비성향이 클수록 총생산(총소득)이 소비에 미치는 피드백효과는 커지고 승수도 커지게 된다.

정부지출승수($\frac{\Delta Y}{\Delta G}$)

정부지출이 ΔG 만큼 증가하였을 경우, 총수요와 총생산(총소득)이 얼마나 증가하는지 살펴보자.

(1단계) 초기 정부지출의 증가(ΔG)는 바로 동일한 양의 총수요와 총생산(총소득)의 증가로 이어진다.

$$\Delta Y^1 = \Delta G$$

(2단계) 1단계의 총생산(총소득) 증가($\Delta Y^1 = \Delta G$)는 2단계의 소비증가($\Delta C^2 = MPC\Delta Y^1 = MPC\Delta G$)로 이어져 동일한 양의 총수요와 총생산(총소득) 증가로 이어진다.

$$\Delta Y^2 = MPC\Delta Y^1 = MPC\Delta G$$

(3단계) 2단계의 총생산(총소득) 증가($\Delta Y^2 = MPC\Delta G$)는 3단계의 소비증가($\Delta C^3 = MPC\Delta Y^2 = MPC^2\Delta G$)로 이어져 동일한 양의 총수요와 총생산(총소득) 증가로 이어진다.

$$\Delta Y^3 = MPC\Delta Y^2 = MPC^2\Delta G$$

(4단계) 3단계의 총생산(총소득) 증가($\Delta Y^3 = MPC^2\Delta G$)는 4단계의 소비증가($\Delta C^4 = MPC\Delta Y^3 = MPC^3\Delta G$)로 이어져 동일한 양의 총수요와 총생산(총소득) 증가로 이어진다.

$$\Delta Y^4 = MPC\Delta Y^3 = MPC^3\Delta G$$

이러한 과정은 무한히 계속된다. 따라서 정부지출 증가가 총수요와 총생산(총소득)에 미치는 총파급효과는 다음과 같다.

$$\begin{aligned}\Delta Y &= \Delta Y^1 + \Delta Y^2 + \Delta Y^3 + \Delta Y^4 + \cdots. \\ &= (1 + MPC + MPC^2 + MPC^3 + \cdots)\Delta G\end{aligned}$$

이 무한기하급수의 합을 구하면 다음과 같다.

$$\Delta Y = \frac{1}{1-MPC}\Delta G$$

참고 *무한 기하급수의 합을 구하는 방식이다.*

$$S = 1 + x + x^2 + x^3 + x^4 + \cdots$$

위 식의 양변에 x를 곱하면 다음과 같다.

$$xS = x + x^2 + x^3 + x^4 + \cdots$$

첫 번째 식에서 두 번째 식을 빼면 다음과 같다.

$$(1-x)S = 1$$

따라서 무한기하급수의 합 S는 다음과 같다.

$$S = \frac{1}{1-x}$$

정부지출이 한 단위 증가할 때 총수요와 총생산(총소득)이 얼마나 증가하는지를 보여주는 **정부지출승수**(government spending multiplier)는 다음과 같다.

$$\frac{\Delta Y}{\Delta G}=\frac{1}{1-MPC}$$

정부지출 증가의 경우처럼 소비심리가 개선되어 독립적인 소비지출(c_0)이 1단위 증가하거나, 기업의 투자심리가 개선되어 독립적인 투자지출(I_o)이 1단위 증가할 때도 총수요와 총생산은 $\frac{1}{1-MPC}$만큼 증가한다.

$$\frac{\Delta Y}{\Delta c_0}=\frac{\Delta Y}{\Delta I_0}=\frac{1}{1-MPC}$$

조세승수($\frac{\Delta Y}{\Delta T}$)

이제 세금(T)이 변하는 경우를 살펴보자. 세금은 독립적 지출의 다른 항목과 차이가 있다. 다른 항목(c_0, G, I_0)이 변하는 경우 첫 단계에서 독립적 지출이 동일한 규모로 변화하지만, 세금이 변할 때는 첫 단계에서 독립적 지출이 ($-MPC\times\Delta T$)만큼 변한다. 이는 세금이 **가처분소득을 통해서 간접적으로 소비지출에 영향**을 주기 때문이다. 이제 세금이 증가할 때 총수요와 총생산(총소득)에 미치는 총 파급효과를 살펴보자.

(1단계) 초기 세금의 증가(ΔT)는 소비를 $MPC\Delta T$만큼 감소시키고 총수요와 총생산(총소득)도 동일한 양만큼 감소한다.

$$\Delta Y^1=-MPC\Delta T$$

(2단계) 1단계의 소득 감소($\Delta Y^1=-MPC\Delta T$)는 2단계 소비감소($\Delta C^2=MPC\Delta Y^1=-MPC^2\Delta T$)로 이어져 동일한 양의 총수요와 총생산(총소득)의 감소로 이어진다.

$$\Delta Y^2=MPC\Delta Y^1=-MPC^2\Delta T$$

(3단계) 2단계의 소득 감소($\Delta Y^2=-MPC^2\Delta T$)는 3단계 소비감소($\Delta C^3=MPC\Delta Y^2=-MPC^3\Delta T$)로 이어져 동일한 양의 총수요와 총생산(총소득)의 감소로 이어진다.

$$\Delta Y^3=MPC\Delta Y^2=-MPC^3\Delta T$$

이러한 과정은 무한히 계속된다. 따라서 조세 증가가 총수요와 총생산(총소득)에 미치는 총파급효과는 다음과 같다.

$$\Delta Y = \Delta Y^1 + \Delta Y^2 + \Delta Y^3 + \cdots .$$
$$= -(MPC + MPC^2 + MPC^3 + \cdots)\Delta T$$

이 무한기하급수의 합을 구하면 다음과 같다.

$$\Delta Y = -\frac{MPC}{1-MPC}\Delta T$$

세금이 한 단위 증가할 때 총수요와 총생산이 얼마나 감소하는지를 보여주는 **조세승수**(tax multiplier)는 다음과 같다.

$$\frac{\Delta Y}{\Delta T} = -\frac{MPC}{1-MPC}$$

지금까지 정부지출승수와 조세승수 등에 대해서 살펴보았다.

주의할 점은 승수의 원리를 이해하지 않고 단순히 공식을 암기해서는 안 된다는 것이다. 승수는 **소비함수, 투자함수, 조세함수의 형태에 따라 달라지기 때문**이다. 지금까지의 단순한 기본모형에서는 소비만 소득에 의존하고, 투자 및 조세는 소득에 의존하지 않았다.

투자와 조세가 소득에 의존하는 경우 피드백효과의 경로가 추가되고 승수효과도 달라진다. 예를 들어 투자함수가 소득에 의존하여 다음과 같다고, 가정하자.

$$\text{투자함수: } I = I_0 + b_1 Y$$

이제 소득이 총수요에 미치는 피드백효과는 소비경로에 투자경로가 추가된다. 독립적지출이 증가하여 총생산(소득)이 증가하면 소비뿐만 아니라 투자도 증가하여 피드백효과가 더욱 커진다. 이 경우 승수가 어떻게 되는지 살펴보자.

재화시장의 균형조건은 다음과 같다.

$$Y = AD = C + I + G = c_0 + c_1(Y - T) + I_0 + b_1 Y + G$$

$$Y = \frac{1}{1-(c_1+b_1)}(c_0 - c_1 T + I_0 + G)$$

이 균형식에서 정부지출승수와 조세승수는 각각 다음과 같다.

$$\frac{\Delta Y}{\Delta G} = \frac{1}{1-[c_1+b_1]}, \quad \frac{\Delta Y}{\Delta T} = -\frac{c_1}{1-[c_1+b_1]}$$

기본모형에 비해 정부지출승수와 조세승수(절댓값)가 더욱 커진다.

조세까지 소득에 의존하는 경우의 승수는 연습문제 5번을 통해 추가로 확인하길 바란다.

4. 경기변동 및 재정정책

지금까지 독립적인 지출(A)의 변화는 연쇄작용으로 총수요와 총생산에 크게 영향을 미치는 승수효과가 있다는 것을 살펴보았다. 이는 경제주체의 소비심리나 투자심리의 변화 등에 따라 **독립적 지출이 증가하거나 감소하면 총수요와 총생산이 크게 출렁일 수 있음**을 시사한다.

케인즈는 민간의 독립적 지출의 변화에 따른 총수요의 변화가 단기적인 경기변동의 주요 원인이라고 생각했다. 따라서 민간의 독립적 지출(c_0, I_0 등)의 변화를 정부지출(G) 또는 조세(T)의 변화로 보정하여 경기변동을 최소화할 것을 주장했다. 민간수요의 위축으로 경기가 침체될 경우 정부지출(G)을 늘리거나 조세(T)를 줄이는 확장적 **재정정책을 통해 경기를 회복시킬 것을 역설**했다.

정부지출과 조세의 변화는 필연적으로 재정수지($T-G$)의 변화를 초래한다. 정부가 재정수지의 균형을 유지하면서 총수요를 부양하는 방법은 없을까? 지금까지 살펴본 단순한 기본모형에서 정부지출승수와 조세승수를 합한 **균형재정승수**는 1이다.

$$\frac{\Delta Y}{\Delta G} + \frac{\Delta Y}{\Delta T} = \frac{1}{1-MPC} - \frac{MPC}{1-MPC} = 1$$

정부가 세금과 정부지출을 동일 규모로 늘리는 경우 재정수지는 변함이 없지만 총수요와 총생산은 동일 규모로 증가하게 된다.

요약

1 가격이 경직적인 단기에는 총수요가 총생산을 결정한다.

2 총수요는 소비지출수요, 투자지출수요, 정부구매수요(정부지출)로 구성된다. 소비는 수요의 가장 큰 비중을 차지하며 가처분소득의 함수이다. 소비의 한계성향(MPC)은 가처분소득이 증가할 때 소비가 얼마나 증가하는지를 보여주며 0보다 크고 1보다 작다.

3 재화시장의 균형조건은 총수요와 총생산이 일치하는 것이다.

4 총수요는 총생산(총소득)을 결정하고 총생산(총소득)은 다시 소비를 통해 총수요에 영향을 미치는 연쇄작용이 진행된다. 따라서 독립적 지출의 증가는 총수요와 총생산(총소득)을 더 크게 증가시키는 승수효과가 있다.

5 간단한 기본모형에서 정부지출승수는 $\frac{\Delta Y}{\Delta G} = \frac{1}{1-MPC}$이고, 조세승수는 $\frac{\Delta Y}{\Delta T} = -\frac{MPC}{1-MPC}$.이다. 균형재정승수는 1이 된다.

6 소비심리와 투자심리 변화로 독립적지출이 변하는 경우 총수요와 총생산은 승수효과로 크게 출렁인다. 케인즈는 정부가 정부지출과 조세 등 재정정책을 활용하여 경기변동을 완화할 것을 주장했다.

연습문제

1 다음 문장의 진위를 판단하고 그 이유를 설명하라.

(1) 균형재정승수는 항상 1이다.

(2) 소비는 물론 투자까지 소득에 의존하는 경우 정부지출승수는 작아진다.

(3) 케인즈는 소비가 소득보다는 실질이자율에 의존하는 것으로 보았다.

(4) 케인즈는 경제가 장기에 자연생산량으로 복귀한다는 데 동의하지 않았다. 그리고 적극적인 정부의 경기안정화정책을 주장했다.

2 단기와 장기의 차이를 설명하라.

3 단기에 가격이 경직적일 수 있는 이유를 설명하라.

4 소비함수, 투자함수, 조세와 정부지출은 다음과 같이 주어졌다고 가정하자.

$$\text{소비함수: } C = c_0 + c_1(Y - T), 0 < c_1 < 1$$
$$\text{투자: } I = I_0,\ \text{조세: } T = T_0,\ \text{정부지출: } G = G_0$$

(1) 소득의 한계소비성향은 얼마인가?

(2) 균형 총생산은 얼마인가?

(3) 정부지출승수, 조세승수, 균형재정승수를 구하라.

(4) 독립적 지출은 왜 승수효과를 갖는지 그 이유를 설명하라.

연습문제

5 이제 소비함수는 물론 투자함수와 조세함수가 소득에 의존하며 다음과 같이 주어졌다고 가정하자.

$$소비함수:\ C = c_0 + c_1(Y - T),\ 0 < c_1 < 1$$

$$투자함수:\ I = I_0 + b_1 Y,\ 0 < b_1 < 1$$

$$0 < c_1 + b_1 < 1$$

$$조세함수:\ T = T_0 + tY,\ 0 < t < 1,\ 정부지출:\ G$$

(1) 정부지출승수를 구하라.

(2) 조세의 세율(t)은 그대로 유지한 채 기본 세액(T_0)을 증가시키는 경우 조세승수를 구하라.

(3) 정부지출과 조세의 기본 세액(T_0)이 각각 1단위씩 증가할 때 균형재정승수를 구하라.

제6장 화폐시장: 유동성선호이론(Liquidity Preference Theory)

제5장은 재화시장만 분리(the goods market in isolation)해서 균형 총생산이 어떻게 결정되는지를 살펴보았다. 이를 위해 투자는 이자율과 관계없이 기업가의 동물적 감각(animal spirits) 등에 의해 외생적으로 결정된다고 가정하였다. 현실에서 투자는 많은 요인에 의존하며 특히, 이자율은 투자재원의 차입비용을 결정하기 때문에 매우 중요한 변수이다.

케인즈는 단기에 명목이자율이 화폐공급과 화폐수요 즉 유동성선호에 의해 결정된다고 보았다. 이 장에서는 **유동성선호이론**을 중심으로 단기에 명목이자율이 화폐시장에서 어떻게 결정되는지를 자세히 살펴본다. 아울러 소득과 통화정책이 균형 명목이자율에 미치는 영향을 분석한다.

그리고 다음 제7장에서는 재화시장과 화폐시장을 함께 고려하여 균형 생산량과 이자율이 어떻게 상호작용하여 동시에 결정되는지를 살펴본다.

1. 유동성선호이론(Liquidity Preference Theory)이란?

우리는 제3장과 제4장에서 장기에 이자율이 어떻게 결정되는지를 살펴보았다. 실질이자율(r)은 실물 대부자금시장에서 저축과 투자의 상호작용으로 결정되었다. 그리고 명목이자율(i)은 피셔효과(Fisher effect)에 의해 실질이자율과 인플레이션율(π)의 합으로 결정되었다.

- 장기: 실질이자율(r)은 대부자금시장에서 저축과 투자에 의해 결정.
  → 명목이자율(i)은 피셔효과에 의해 결정. $i = r + \pi$

단기에는 이자율이 어떻게 결정될까? 케인즈 **유동성선호이론**에 따르면 명목이자율(i)은 화폐의 수요와 공급으로 결정된다. 화폐는 유동성이 가장 큰 자산이므로 유동성 선호는 화폐수요를 의미한다. 명목이자율이 결정되면 사전적 의미(ex-ante)의 실질이자율은 명목이자율(i)에서 기대인플레이션(π^e)을 차감하여 추산한다.

- 단기: 명목이자율(i)은 유동성선호이론에 의해 화폐시장에서 결정
  → 실질이자율(r)은 기대인플레이션율(π^e)을 이용하여 추산. $r = i - \pi^e$

단기에 물가가 고정된 경우, 인플레이션이 없고 따라서 기대인플레이션율은 0이 된다. 이 경우 명목이자율과 실질이자율이 일치하여 서로 구분 없이 사용할 수 있게 되며, 단순하게 이자율이라는 용어를 사용할 수 있다.

2. 화폐시장의 균형 및 명목이자율의 결정

화폐의 공급

화폐의 공급에 대해서는 제4장에서 이미 살펴보았다. 아래는 통화공급식이다.

$$M = \frac{\theta_c + 1}{\theta_c + \theta_{rr} + \theta_{er}} H = mH$$

$$\text{단, } m = \frac{\theta_c + 1}{\theta_c + \theta_{rr} + \theta_{er}} > 1$$

화폐의 공급규모 즉 통화량은 본원통화(H)와 통화승수(m)에 의해 결정된다.

중앙은행(central bank)은 본원통화(H)와 법정지급준비율(θ_{rr}) 등을 결정하여 통화량 결정의 핵심 역할을 한다. 시중은행은 초과지급준비율(θ_{er})을 결정하고, 일반 대중은 요구불예금 대비 현금보유비율(θ_c)을 결정하므로 통화승수에 영향을 미쳐 간접적으로 통화량 결정에 참여한다.

이제부터는 논의를 간단히 하기 위해 중앙은행이 통화량을 결정한다고 가정한다.

$$M^s = M$$

통화량을 산출물(구매력) 단위로 측정한 **실질통화량**(실질통화잔고, real money balances)은 다음과 같다.

$$\frac{M^s}{P} = \frac{M}{P}$$

중앙은행이 통화량을 조절하는 주된 정책수단은 **공개시장조작**(open market operations)이다. 채권시장에서 중앙은행이 채권을 매입하면 본원통화(현금)를 지급하므로 통화량이 증가하고, 반대로 채권을 매각하면 그 대가로 본원통화(현금)를 회수하므로 통화량은 감소하게 된다.

화폐의 수요

화폐의 수요에 대해서는 제4장에서 이미 살펴보았으며 화폐의 기능으로부터 화폐수요함수를 도출하였다. 화폐는 **교환의 매개기능이 탁월**하다(superior). 거래수단으로 화폐가 필요하고, 거래 규모가 클수록 화폐수요는 증가한다.

- 소득(Y) 증가 → 거래 규모 증가 → 화폐수요 증가
- 물가(P) 증가 → 동일한 양의 재화를 사는데 더 많은 화폐가 필요 → 화폐수요 증가. 물가에 비례하여 1대 1로 화폐수요가 증가.

그러나 화폐는 **가치저장 수단으로서는 열등**하다(inferior). 채권 등을 보유하면 이자소득을 얻는데 화폐는 이자소득을 기대할 수 없다. 화폐를 보유하면 이자소득을 포기한

것과 같으니, 명목이자율(채권 등 다른 금융자산의 수익률)이 화폐 보유의 기회비용이다. 따라서 명목이자율이 증가할수록 화폐수요가 감소한다.

- 명목이자율(i) 상승 → 화폐수요 감소

이상의 내용을 종합하면 화폐수요(M^d)는 다음과 같은 함수로 표시할 수 있다.

$$M^d = L(P,\ Y, i) = PL(i,\ Y)$$
$$(-, +)$$

즉 화폐수요는 물가수준과 소득이 높을수록 증가하고, 이자율이 높을수록 감소한다. 이 화폐수요함수를 구매력기준의 **실질화폐수요**로 다시 쓰면 다음과 같다.

$$\frac{M^d}{P} = L(i,\ Y)$$
$$(-, +)$$

그림 6-1 화폐수요곡선과 그 이동

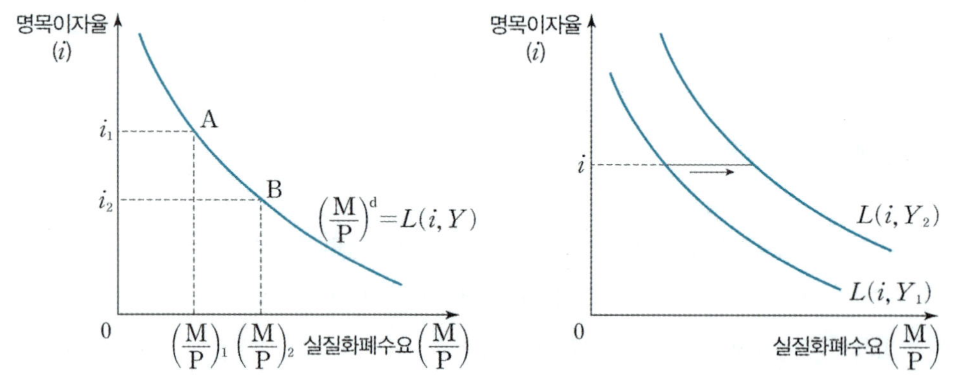

(a) 화폐수요곡선

(b) 화폐수요곡선의 이동

주어진 소득에서 명목이자율이 하락하면 화폐수요의 규모가 증가하므로 화폐수요곡선은 우하향한다.
소득이 증가($Y_1 \rightarrow Y_2$)하는 경우 주어진 명목이자율에서 화폐수요가 증가하여 화폐수요곡선 자체가 우측으로 이동한다.

그림 6-1(a)에서 보는 것처럼 소득이 일정할 때 **명목이자율이 하락하면 실질화폐수요의 규모는 증가**하고, 이자율이 상승하면 실질화폐수요의 규모는 감소하여 **음(−)**의 관계를 보인다. 따라서 실질화폐수요곡선은 **우하향**한다.

그리고 그림 6-1(b)에서 보는 것처럼 **소득**이 **증가**($Y_1 \rightarrow Y_2$)하면 주어진 명목이자율에서 실질화폐수요가 증가하므로 실질 **화폐수요곡선** 자체가 $L(i, Y_1)$에서 $L(i, Y_2)$로 **우측으로 이동**한다.

화폐시장의 균형 및 명목이자율의 결정

화폐시장의 균형조건은 (실질)화폐공급과 (실질)화폐수요의 일치로 다음과 같다.

$$\text{화폐공급=화폐수요}, \quad M = PL(i, Y)$$

또는

$$\text{실질화폐공급=실질화폐수요}, \quad \frac{M}{P} = L(i, Y)$$

그림 6-2 명목이자율의 결정

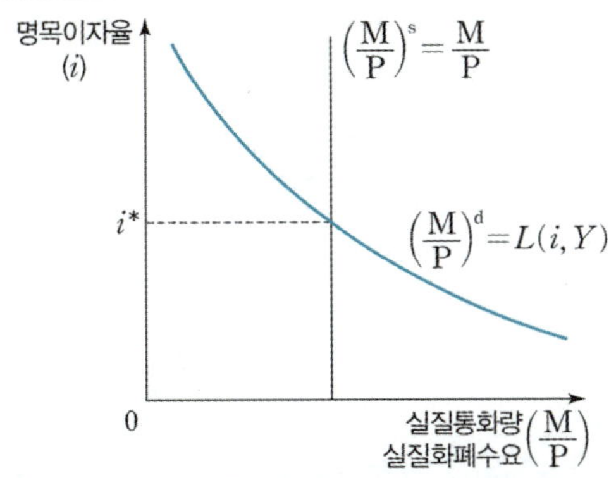

화폐시장에서 실질화폐공급과 실질화폐수요가 일치하는 점에서 균형 명목이자율(i^*)이 결정된다.

그림 6-2에서 보는 것처럼 **실질화폐공급곡선은 수직**이다. 실질화폐공급량은 명목이자율과 관계가 없다. 물가(P)는 고정되어 있고 통화량(M)은 중앙은행이 외생적으로 결정한다. **실질화폐수요곡선**은 명목이자율이 감소하면 실질화폐수요의 규모가 증가하므로 **우하향**한다. 화폐시장의 균형은 두 곡선이 교차하는 점에서 이루어지며, 이 점에서 **균형 명목이자율**이 결정된다.

$$\frac{M}{P} = L(i, Y)$$

$$\rightarrow i = i(\frac{M}{P}, Y)$$

$$(-, +)$$

이 균형 명목이자율은 실질화폐공급량과 총소득(총생산)에 의존한다. 다른 조건이 일정할 때, 실질화폐공급량이 증가하면 균형이자율이 하락하고, 총소득이 증가하면 균형이자율이 상승한다. 이를 차례차례 살펴보자.

3. 통화량과 균형 명목이자율

통화정책

그림 6-3 통화량 증가가 명목이자율에 미치는 영향

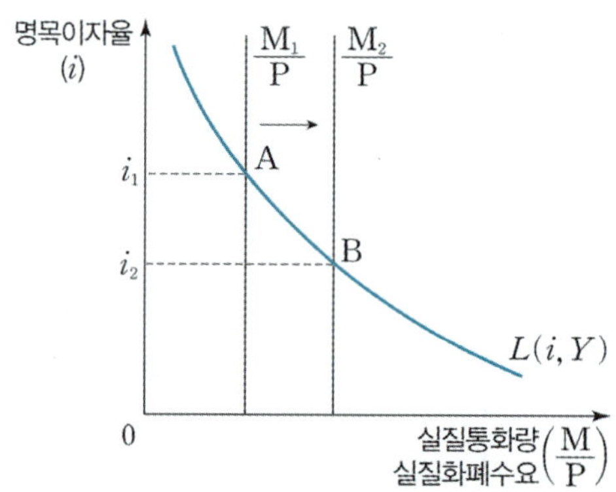

통화량이 M_1에서 M_2로 증가하는 경우 명목이자율이 i_1에서 i_2로 하락한다.

그림 6-3은 통화량이 균형 명목이자율에 미치는 영향을 보여준다. 중앙은행이 **공개시장에서 채권을 매입**하여 **통화량**을 M_1에서 M_2로 **증가**시켰다고 가정하자. 단기에 물가는 고정되어 있으므로 실질화폐공급곡선은 $\frac{M_1}{P}$에서 $\frac{M_2}{P}$로 이동한다. 그리고 화폐시장의 균형점은 A에서 B로 이동하고 균형 명목이자율은 i_1에서 i_2로 하락한다.

통화량이 증가하면 원래의 명목이자율에서 화폐의 초과공급이 발생하여 명목이자율은 하락하고, 명목이자율이 하락하면서 화폐수요의 규모가 증가하여 화폐시장은 균형을 회복한다.

유동성 함정(Liquidity trap)

중앙은행이 통화량을 증가시켜 명목이자율을 하락시킬 수 있지만, 항상 가능한 것은 아니다. 화폐와 채권 두 가지만 존재하는 단순한 금융시장을 고려하자. 화폐는 거래 시 지불수단으로 사용할 수 있지만 이자가 지급되지 않고, 채권은 이자가 지급되지만 거래 시 지불수단으로써 사용할 수 없다. 즉 사람들은 화폐와 채권의 자산구성(portfolio) 시 지불수단으로서 편리성과 이자소득 사이의 상충관계(trade-off)에 직면하게 된다.

그림 6-4 유동성 함정과 명목이자율

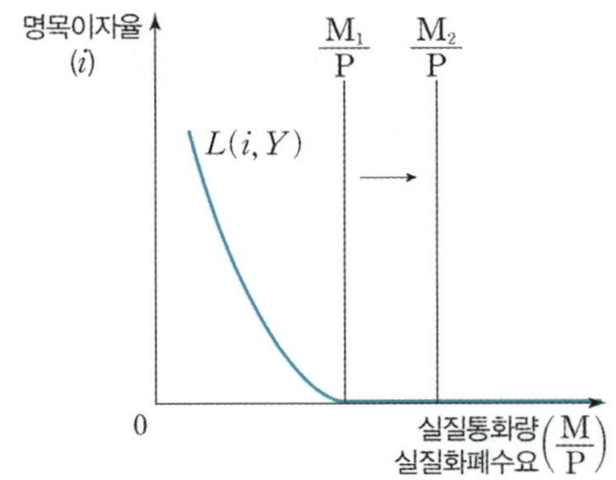

명목이자율이 0이 되면 채권보유의 이점이 사라져 화폐수요가 무한히 증대하여 화폐수요 곡선이 수평이 된다. 이때 통화량을 공급하여도 명목이자율은 0 밑으로 하락하지 않는다.

만약 명목이자율이 0이 되면 무슨 일이 일어날까? 채권이 화폐에 비해서 유리한 이점이 사라진다. 따라서 사람들은 채권을 보유할 이유가 없게 되고, 화폐에 대한 수요가 무한대로 늘어난다. 이에 따라 **화폐수요곡선은** 그림 6-4에서 보는 것처럼 우하향에서 **수평**으로 바뀐다.

이 경우 통화량이 증가하여도 화폐수요 증가로 모두 흡수되고, 명목이자율은 0밑으로 떨어지지 않는다. 이 경우 경제가 **유동성 함정**(liquidity trap)에 빠져 있다고 한다.

채권가격과 명목이자율

채권 가격과 명목이자율의 관계를 살펴보자. 1년 후 일정 금액(F)을 약속하는 1년 만기 할인채권(discount bond)이 있다. 이 채권의 현재 가격은 P_b이다. 이 채권을 구입하여 1년간 보유하는 경우 명목이자율(채권수익률)은 다음과 같다.

$$i = \frac{F - P_b}{P_b}$$

즉 **채권가격과 명목이자율**은 서로 **역(−)의 관계**에 있다. 채권 가격이 상승하면 명목이자율(채권수익률)은 감소하고, 채권 가격이 하락하면 명목이자율이 상승한다.

우리는 중앙은행이 공개 채권시장(open markets for bonds)에서 채권을 구입하면 본원통화(현금)를 지급하므로 화폐의 초과공급이 발생하여 명목이자율이 하락하는 것을 살펴보았다.

이를 채권 가격과 명목이자율의 관계를 이용하여 설명하면 다음과 같다. 중앙은행이 채권을 매입하면 채권에 대한 초과수요가 발생하여 채권 가격이 상승하고 명목이자율(채권수익률)이 하락한다. 반대로 중앙은행이 채권을 매각하면 채권에 대한 초과공급이 발생하여 채권 가격이 하락하고 명목이자율은 상승한다.

4. 총소득과 균형 명목이자율

그림 6-5 소득이 명목이자율에 미치는 영향

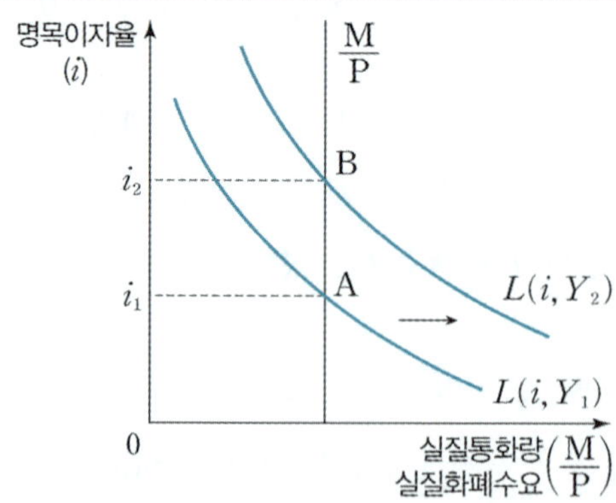

소득의 증가는 화폐수요를 증가시켜 명목이자율을 상승시킨다.

지금까지 통화량이 균형 명목이자율에 미치는 영향을 살펴보았다. 이제 소득이 증가하여 화폐수요가 증가하는 경우 균형 명목이자율이 어떻게 변하는지 살펴보자. 그림 6-5에서 소득이 증가($Y_1 \rightarrow Y_2$)하면 주어진 이자율에서 화폐수요가 증가하여 화폐수요곡선이 $L(i,\ Y_1)$에서 $L(i,\ Y_2)$로 우측으로 이동한다. 이에 따라 화폐시장의 균형점은 A에서 B로 이동하여 균형 명목이자율은 i_1에서 i_2로 상승한다.

주어진 통화량 하에서 **소득의 증가**로 화폐수요가 증가하면 원래 명목이자율에서 화폐의 초과수요가 발생하여 **명목이자율이 상승**한다. 자산구성(portfolio) 차원에서 보면 소득 증가로 늘어난 화폐수요를 충족하기 위해 채권을 매각하여 화폐를 늘려야 한다. 채권시장에서 채권의 초과공급으로 채권 가격은 하락하고 명목이자율은 상승하여 화폐시장은 균형을 회복한다.

요약

1 케인즈의 유동성선호이론은 단기에 명목이자율이 화폐의 수요와 공급으로 결정된다는 이론이다.

2 화폐수요는 거래 규모를 결정하는 물가 및 소득과 양(+)의 관계가 있으며, 화폐보유의 기회비용인 명목이자율과 음(−)의 관계가 있다.

3 중앙은행이 공개시장에서 채권을 매입하면 채권 가격은 상승하고 명목이자율은 하락한다.

4 명목이자율이 0에 이르러 경제가 유동성 함정에 빠져 있는 경우, 중앙은행이 통화량을 공급하여도 명목이자율은 0 밑으로 하락하지 않는다.

5 주어진 통화량 하에서 총소득(총생산)이 증가하면 화폐수요가 증가하여 명목이자율이 상승한다.

연습문제

1 다음 문장의 진위여부를 판단하고 그 이유를 설명하라.

(1) 단기에 명목이자율은 피셔효과에 의해 결정된다.

(2) 채권가격이 상승하면 명목이자율이 상승하게 된다.

(3) 통화량은 중앙은행이 전적으로 결정하며 다른 경제주체는 관여하지 않는다.

(4) 중앙은행이 공개시장에서 채권을 매입하면 통화량이 감소한다.

(5) 소득이 증가하면 화폐수요가 증가하여 명목이자율은 감소한다.

(6) 중앙은행은 통화량을 공급하여 명목이자율을 0 밑으로 낮출 수 있다.

2 편의상 물가수준은 1이라 하자. 즉 P=1. 이 경제의 화폐공급량이 \$1,000이고 총생산(총소득)이 \$100이다. 그리고 화폐수요함수가 다음과 같이 주어졌다.

$$M^d = 810 + 2Y - 100i$$

(1) 명목이자율-통화량의 평면에 화폐공급곡선과 수요곡선을 그려라.

(2) 균형 명목이자율은 얼마인가?

(3) 통화량이 \$1,000에서 \$1,010으로 증가하면 균형이자율은 어떻게 되는가?

(4) 통화량은 \$1,000으로 그대로 유지되는 상황에서 총생산(총소득)이 \$100에서 \$110로 상승하는 경우 균형이자율은 어떻게 되는가?

제7장 재화시장과 화폐시장의 동시균형: *IS*-*LM*모형

지금까지는 재화시장과 화폐시장을 각각 분리해서 살펴보았다. 제5장의 재화시장에서 총생산이 어떻게 결정되는지를 살펴보았고, 제6장의 화폐시장에서 명목이자율이 어떻게 결정되는지를 살펴보았다.

제7장에서는 **재화시장과 화폐시장**을 함께 살펴본다. 두 시장의 상호작용으로 총생산과 명목이자율이 동시에 어떻게 결정되는지를 살펴본다. 케인즈이론의 핵심 분석틀인 ***IS*-*LM*모형**을 도출하여 재화시장과 화폐시장의 동시균형을 살펴보고 재정정책과 통화정책의 효과를 분석한다.

1. 재화시장의 균형과 IS곡선

재화시장의 균형

1) 이자율을 포함한 투자함수

제5장에서는 재화시장만을 분리해서 살펴보기 위해 투자가 이자율과 무관하게 외생적으로 결정된다고 가정하였다. 현실에서 **투자**는 투자의 비용을 결정하는 **실질이자율과 음(−)의 관계**를 보인다. 실질이자율이 상승하면 투자비용이 상승하기 때문에 다른 조건이 일정하다면 투자가 감소한다.

$$I = \underset{(-)}{I(r)}$$

이 투자함수를 구체적인 형태로 다시 쓰면 다음과 같다.

$$I = I_0 - b_1 r$$
$$\text{단, } b_0 > 0, b_1 > 0$$

여기서 I_0은 이자율과 관계없는 독립적 투자지출이며, b_1은 투자가 실질이자율에 얼마나 민감하게 반응하는지를 보여주는 매개변수(parameter)로 투자의 실질이자율탄력성이다.

$$\frac{\Delta I}{\Delta r} = -b_1$$

단기에 물가가 고정되어 있다고 가정하므로 인플레이션이 없고 기대인플레이션도 0이 된다.

$$\pi = \pi^e = 0$$

이 경우 실질이자율과 명목이자율은 동일하게 되어 서로 구분 없이 사용할 수 있게 된다.

$$r = i - \pi^e = i$$

따라서 이제부터는 실질이자율이나 명목이자율에 대한 언급 없이 이자율이라는 용어를 사용하며, 위 투자함수식의 실질이자율은 명목이자율로 대체하여 다음과 같이 다시 쓴다.

$$I = I(r) \rightarrow I = I(i)$$
$$I = I_0 - b_1 r \rightarrow I = I_0 - b_1 i$$

2) 재화시장의 균형

이자율이 포함된 투자함수를 이용하여 재화시장의 총수요(AD)를 도출하면 다음과 같다.

$$\begin{aligned} AD &= C(Y-T) + I(i) + G \\ &= c_0 + c_1(Y-T) + I_0 - b_1 i + G \\ &= (c_0 + I_0 + G - c_1 T) - b_1 i + c_1 Y \\ &= A - b_1 i + c_1 Y, \end{aligned}$$
$$\text{단, } A = c_0 + I_0 + G - c_1 T$$

이제 총수요는 **독립적 지출(A)**, **이자율에 의존하는 투자지출($-b_1 i$)**, 그리고 **총생산(총소득)에 의존하는 소비지출($c_1 Y$)**로 구성된다.

재화시장의 균형조건은 총수요와 총생산의 일치이다.

$$Y = AD = A - b_1 i + c_1 Y$$

위 균형조건에서 **균형총생산**은 다음과 같다.

$$Y = \frac{1}{1-c_1}A - \frac{b_1}{1-c_1}i$$
$$\text{단, } A = c_0 + I_0 + G - c_1 T$$

균형총생산은 주어진 매개변수(parameters)의 값(b_1, c_1)에서 이자율(i)과 독립적지출(A)에 의존하며, 독립적지출(A)은 c_0, I_0, G, T 등의 외생변수에 의해 결정된다. 균형 총생산식은 다음과 같은 함수로 표현된다.

$$Y = Y(i; A) = Y(i; G, T, c_0, I_0)$$
$$(-,+,-,+,+)$$

여기서 이자율, 정부지출, 조세 외 총수요에 영향을 미치는 모든 요인(c_0, I_0 등)을 포괄하는 변수(a catch-all variable)로 재화시장의 충격변수(z_g)를 이용하여 일반화하면 다음과 같이 표현된다.

$$Y = Y(i; A) = Y(i; G, T, z_g)$$
$$(-, +, -, +)$$

*IS*곡선의 도출

재화시장의 균형조건은 총생산과 총수요가 일치하는 것이며 이는 저축(S)과 투자(I)가 일치하는 것과 동일하다.

$$Y = C + I + G \rightarrow Y - C - G = I \rightarrow S = I$$

따라서 재화시장의 균형을 보여주는 곡선을 *IS*곡선이라 한다. ***IS*곡선**은 재화시장이 균형을 이루는 이자율(i)과 총생산(Y)의 다양한 조합을 나타내는 곡선이다. 주어진 외생변수((G, T, z_g)의 값 하에서, **이자율이 총생산에 미치는 영향**을 보여준다.

그림 7-1 *IS*곡선의 도출

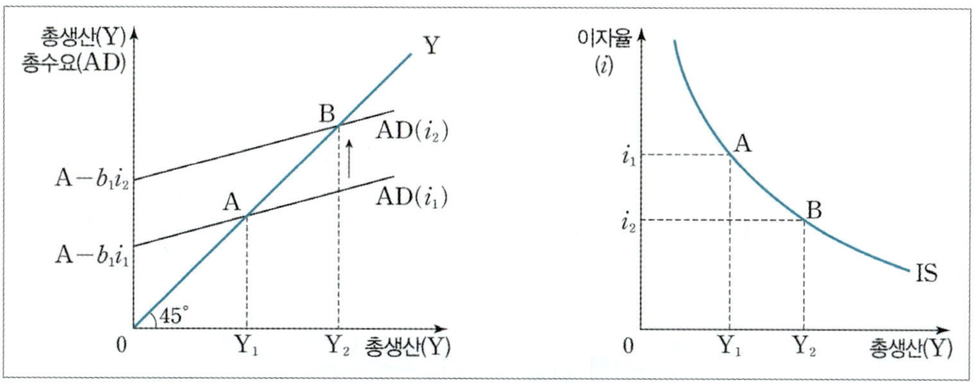

최초의 재화시장의 균형점은 $A(i_1, Y_1)$이다. 이자율이 i_1에서 i_2로 감소하는 경우 주어진 총생산에서 투자가 증가하여 총수요가 증가한다. 총수요곡선이 $AD(i_1)$에서 $AD(i_2)$로 위쪽으로 이동하고 균형 총생산은 Y_1에서 Y_2로 증가한다. 재화시장의 균형은 B로 이동한다. 두 조합 $A(i_1, Y_1)$와 $B(i_2, Y_2)$을 연결하면 우하향하는 *IS*곡선이 도출된다.

그림을 이용하여 IS곡선을 도출하여 보자. 그림 7-1에서 AD는 총수요를 나타내는 곡선이며 45도 선은 총생산을 나타내는 곡선이다. 재화시장의 균형은 두 곡선이 교차하는 점에서 이루어진다. 이자율이 i_1이면 재화시장의 균형을 이루는 총생산은 Y_1이다.

이자율이 i_1에서 i_2로 감소하였다고 가정하자. 이자율의 감소로 투자가 증가하여 주어진 소득에서 총수요가 증가하여 총수요곡선이 $AD(i_1)$에서 $AD(i_2)$로 상향 이동한다. 재화시장이 균형을 이루는 총생산은 Y_1에서 Y_2로 증가한다. B(i_2, Y_2)는 재화시장이 균형을 이루는 또 다른 이자율과 총생산의 조합이다. 이 두 조합점 $A(i_1, Y_1)$와 $B(i_2, Y_2)$를 연결하면 IS곡선이 도출된다.

***IS*곡선은 재화시장이 균형**을 이루는 다양한 이자율과 총생산의 조합점을 연결한 곡선이다. IS곡선상의 모든 점에서 재화시장은 균형을 이룬다. 외생변수(G, T, zg)의 값이 일정할 때, **이자율의 감소**는 투자의 증가로 이어져 **총수요와 총생산이 증가**한다. 이자율과 총생산 두 변수는 **음(−)의 관계**를 보이며, 따라서 ***IS*곡선은 우하향**하는 형태를 띤다.

- IS곡선은 우하향: 주어진 외생변수(G, T, z_g)의 값, $i\downarrow \ \rightarrow \ I\uparrow \ \rightarrow \ AD\uparrow \ \rightarrow \ Y\uparrow$

IS곡선의 기울기

재화시장에서 균형조건식은 다음과 같다.

$$Y = \frac{1}{1-c_1}A - \frac{b_1}{1-c_1}i$$

$$\text{단, } A = c_0 + I_0 + G - c_1 T$$

IS곡선은 이자율–총생산의 평면에 그려지며, 종축이 이자율이고 횡축이 총생산(소득)이다. 따라서 IS곡선의 기울기는 위 식 $[-\frac{b_1}{1-c_1}]$의 역수인 $[-\frac{1-c_1}{b_1}]$이 된다.

$$IS\text{곡선의 기울기: } \frac{\Delta i}{\Delta Y} = -\frac{1-c_1}{b_1}$$

IS곡선의 기울기는 **투자의 이자율탄력성(b_1)과 소비의 한계소비성향(c_1)에 의존한다. 투자의 이자율탄력성(b_1)이 크고 소비의 한계소비성향(c_1)이 클수록** 기울기의 절댓값이 작아져 IS곡선은 **완만**해진다.

먼저 투자의 이자율 탄력성(b_1)이 크다는 것은 이자율 변화할 때 투자가 민감하게 반응한다는 것을 의미한다. 다음으로 소비의 한계소비성향이 크다는 것은 투자 증가 시 승수효과가 커서 총생산이 크게 증가한다는 것을 의미한다. 이 경우 이자율의 변화는 총생산에 크게 영향을 미치게 된다.

- 투자의 이자율탄력성(b_1)이 크고 한계소비성향(c_1)이 클수록 *IS*곡선은 완만하다.

$$\underset{(-b_1)}{i\downarrow \rightarrow I\uparrow} \rightarrow \underset{(c_1)}{Y\uparrow \rightarrow C\uparrow} \rightarrow Y\uparrow$$

*IS*곡선의 이동: 좌우로 이동

*IS*곡선은 이자율이 총생산에 미치는 관계를 보여주는 곡선이다. 독립적지출(A)을 결정하는 외생변수(G, T, z_g)의 값이 일정하다는 전제하에 도출되었다. **외생변수(G, T, z_g)의 값이 변하게 되면** 주어진 이자율하에서 총수요, 총생산이 변하게 되어 ***IS* 곡선** 자체가 **좌우(leftward or rightward)로 이동**한다.

- 독립적 지출 즉 외생변수(G, T, z_g) 값의 변화 → *IS*곡선 자체가 이동

그림 7-2 독립적 지출 증가와 *IS*곡선의 우측이동

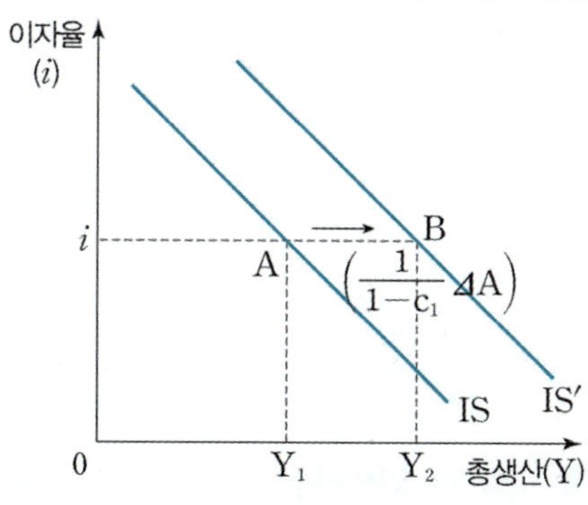

독립적 지출이 1단위 증가하면 주어진 이자율하에서 총수요(총생산)가 독립지출승수만큼 증가하므로 *IS*곡선 자체가 동일한 규모로 우측으로 이동한다.

그림 7-2에서 보듯이 **정부지출이 1단위 증가**하면 동일한 이자율하에서 총수요가 정부지출승수만큼 증가하고 총생산도 같은 규모로 증가한다. 따라서 정부지출의 1단위 증가는 *IS*곡선을 정부지출승수(기본모형의 경우, $\frac{1}{1-c_1}$)만큼 우측으로 이동시킨다. 독립적 소비지출 또는 투자지출이 1단위 증가할 때도 정부지출의 경우처럼 *IS*곡선은 $\frac{1}{1-c_1}$**만큼 우측 이동**한다.

$$\frac{\Delta Y}{\Delta G}=\frac{\Delta Y}{\Delta c_0}=\frac{\Delta Y}{\Delta I_0}=\frac{1}{1-c_1}$$

그림 7-3 세금 인상과 *IS*곡선의 좌측이동

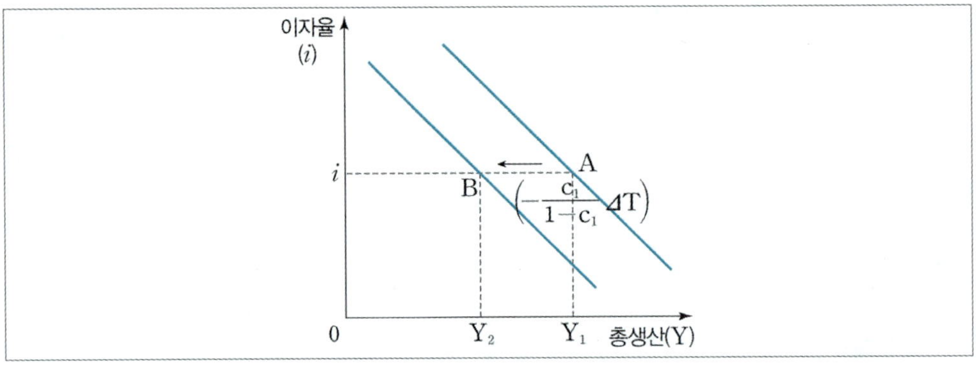

세금이 1단위 증가하면 주어진 이자율하에서 총수요(총생산)가 조세승수의 절댓값 만큼 감소하므로 *IS*곡선 자체가 동일한 규모로 좌측으로 이동한다.

그림 7-3에서 보듯이 **조세가 1단위 증가**하면 동일한 이자율에서 **조세승수(기본모형의 경우,** $-\frac{c_1}{1-c_1}$**)의 절댓값**만큼 총수요(총생산)가 감소하므로 *IS*곡선은 동일한 규모로 **좌측 이동**하게 된다.

$$\frac{\Delta Y}{\Delta T}=-\frac{c_1}{1-c_1}$$

- ***IS*곡선의 이동:** 독립적 지출 즉 **외생변수(**G, T, z_g**)의 변화**
  - $G, z_g(c_0, I_0$ 등)가 1단위 증가 시 *IS*곡선은 $\frac{1}{1-c_1}$만큼 우측으로 이동한다.
  - T가 1단위 증가 시 *IS*곡선은 $\frac{c_1}{1-c_1}$만큼 좌측으로 이동한다.

요약

1 IS곡선은 재화시장의 균형을 보장하는 다양한 이자율과 총생산의 조합이다. 따라서 재화시장은 IS곡선상의 모든 점에서 균형이다.

2 독립적 지출이 일정할 때, 이자율이 하락하면 투자가 증가하여 균형 총생산이 증가한다. 따라서 이자율과 균형 총생산은 음(-)의 관계를 보인다. IS곡선은 우하향한다.

3 IS곡선의 기울기는 이자율이 총생산에 얼마나 민감하게 영향을 주는지를 보여준다. 투자가 이자율에 민감하면(투자의 이자율탄력성이 크다) 이자율이 하락 시 투자가 크게 증가하고, 또 소비의 한계소비성향이 크면 투자 증가 시 승수효과가 커서 총생산이 크게 증가한다. 따라서 투자의 이자율탄력성(b_1)이 크고 소비의 한계소비성향(c_1)이 크면 IS곡선은 완만하게 된다.

4 독립적 지출이 증가하면 주어진 이자율에서 총수요(총생산)가 늘어나게 되어 IS곡선은 우측으로 이동한다. 정부지출이 1단위 증가하면 정부지출승수만큼 우측으로 이동하고, 조세가 1단위 증가하면 조세승수의 절댓값만큼 좌측으로 이동한다.

연습문제

1 IS곡선이 무엇인가? 왜 IS곡선이 이자율-생산량 평면에서 우하향하는지 설명하라.

2 다음 문장의 진위를 판단하고 그 이유를 설명하라.

(1) 투자가 이자율에 민감하게 반응하고 한계소비성향이 크면 IS곡선은 가파르게 된다.

(2) 독립적지출이 증가하면 IS곡선은 독립적지출과 동일한 규모로 우측 이동한다.

3 정부지출 1단위 증가가 조세 1단위 감소보다 총수요, 총생산에 더 큰 영향을 미치는 이유를 설명하라.

4 아래와 같은 경제를 가정하자.

$$C = c_0 + c_1 Y, \quad I = I_0 + b_1 Y$$

정부지출(G)과 조세(T)는 정부에 의해 외생적으로 결정된다.

(1) 재화시장의 균형조건 즉 케인지언 크로스(Keynesian Cross)를 이용하여 IS곡선을 도출하라.

(2) 재화시장의 균형조건을 이용하여 IS식을 도출하라.

(3) IS곡선의 기울기를 도출하라. IS곡선의 기울기를 결정하는 요인을 설명하라.

(4) 독립적 지출의 구성항목은 무엇인가? 각 독립적지출 항목이 IS곡선에 미치는 영향을 설명하라.

2. 화폐시장의 균형과 LM곡선

화폐시장의 균형

화폐시장의 균형조건은 제6장에서 살펴본 것처럼 실질화폐공급과 실질화폐수요의 일치로 다음과 같다.

$$\left(\frac{M}{P}\right)^s = \left(\frac{M}{P}\right)^d$$

화폐의 공급은 중앙은행에 의해 외생적으로 결정된다.

$$\left(\frac{M}{P}\right)^s = \frac{M}{P}$$

화폐의 수요는 이자율과 총생산(총소득)의 함수로 다음과 같다.

$$\left(\frac{M}{P}\right)^d = \underset{(+,-)}{L(Y, i)} = d_1 Y - d_2 i,$$

여기서 d_1은 화폐수요의 소득탄력성이며, d_2는 화폐수요의 이자율탄력성이다.

$$\frac{\Delta \left(\frac{M}{P}\right)^d}{\Delta Y} = d_1, \quad \frac{\Delta \left(\frac{M}{P}\right)^d}{\Delta i} = - d_2$$

균형이자율은 다음의 화폐시장 균형조건에 의해 결정된다.

$$\frac{M}{P} = d_1 Y - d_2 i$$

위 식을 **균형이자율**에 대하여 풀면 다음과 같다.

$$i = - \frac{M}{P d_2} + \frac{d_1}{d_2} Y$$

이 균형이자율은 함수식으로 다음과 같이 표현된다.

$$i = i\left(Y; \frac{M}{P}, z_m\right)$$
$$(+, \ -, \ +)$$

여기서 z_m는 총생산(소득), 실질통화공급량 외 이자율에 영향을 미치는 모든 요인을 포괄하는 변수로 화폐시장의 충격으로 불린다. 균형이자율은 주어진 매개변수의 값 (d_1, d_2)하에서 총생산(Y)과 2개의 외생변수($\frac{M}{P}, z_m$)에 의해 결정된다. 균형이자율은 총생산(소득)이 증가할수록 상승하고, 실질화폐공급이 증가할수록 하락하며, 기타 이자율을 상승시키는 화폐시장의 충격이 발생하는 경우 상승한다.

*LM*곡선의 도출

*LM*곡선은 화폐시장의 균형을 나타내는 곡선으로 화폐수요인 유동성선호(liquidity preference, *L*)와 화폐공급(money supply, *M*)이 일치한다는 의미이다. ***LM*곡선**은 화폐시장이 균형을 이루는 총생산과 이자율의 다양한 조합을 나타내는 곡선이다. 주어진 외생변수($\frac{M}{P}, z_m$)의 값에서, **총생산이 이자율에 미치는 영향**을 보여준다.

그림 7-4 *LM*곡선의 도출

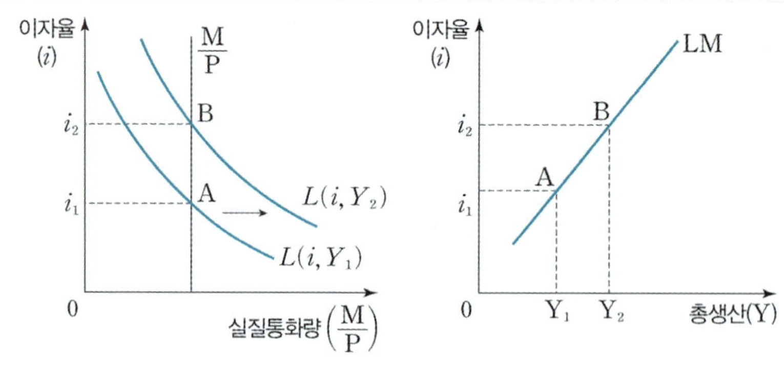

총생산(소득)이 Y_1에서 Y_2로 증가하는 경우 주어진 이자율에서 화폐수요가 증가한다. 따라서 화폐수요곡선이 $L(i, Y_1)$에서 $L(i, Y_2)$로 우측 이동하고, 균형이자율은 i_1에서 i_2로 상승한다. 두 조합 $A(Y_1, i_1)$와 $B(Y_2, i_2)$를 연결하면 우상향하는 *LM*곡선이 도출된다.

이제 그림을 이용하여 LM곡선을 도출하여 보자. 그림 7-4에서 A는 화폐시장의 최초 균형점이다. 총생산이 Y_1이면 균형이자율은 i_1이다. 이제 총생산이 Y_1에서 Y_2로 증가한다고 가정하자. 총생산의 증가로 주어진 이자율에서 화폐수요가 증가하여 화폐수요곡선이 $L(i,\, Y_1)$에서 $L(i,\, Y_2)$로 우측 이동하고 균형점은 A에서 B로 이동한다. 따라서 균형 이자율은 i_2가 된다. $B(Y_2, i_2)$는 화폐시장이 균형을 이루는 총생산과 이자율의 또 다른 조합이다. $A(Y_1, i_1)$와 $B(Y_2, i_2)$을 연결하면 LM곡선이 도출된다.

LM곡선은 **화폐시장의 균형**을 보장하는 총생산과 이자율의 다양한 조합을 나타내는 연결한 곡선이다. LM곡선상의 모든 점에서 화폐시장은 균형이다.

외생변수$(\frac{M}{P}, z_m)$의 일정한 값에서 **총생산의 증가**하는 경우 **화폐수요의 규모가 증가하여 이자율이 상승**한다. 총생산과 이자율은 양(+)의 관계를 보이므로 **LM곡선은 우상향**하는 형태를 띤다.

- LM곡선은 우상향: 주어진 외생변수$(\frac{M}{P}, z_m)$의 값 하에서, $Y\uparrow \rightarrow L(i,\, Y)\uparrow \rightarrow i\uparrow$

그림 7-5 중앙은행이 이자율 목표치를 설정하는 경우 LM곡선

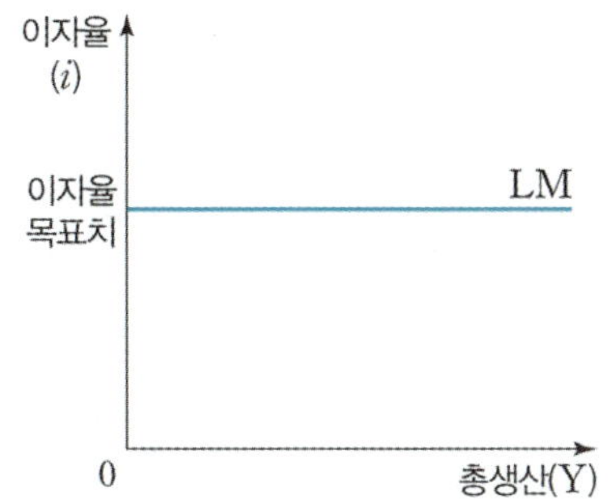

만약에 중앙은행이 통화정책의 수단으로 명목이자율의 목표치를 직접 설정하고 이의 달성에 필요한 통화량을 공급하는 경우 LM곡선은 명목이자율의 목표치에서 수평이 된다. 뉴케인지언(New Keynesian) 학자의 경우 중앙은행이 명목이자율의 목표치를 직접 설정하는 통화정책의 현실을 반영하여 수평적인 LM곡선을 사용하여 경제를 분석하기도 한다. 분석의 결과는 차이가 없다.

참고 *우상향하는 LM 곡선은 전통적인 접근방식에 따라 중앙은행이 통화정책수단으로 통화량을 사용하고 이자율은 화폐수요와 공급으로 결정된다는 가정하에 도출된 것이다.*

LM곡선의 기울기

LM곡선의 기울기는 총생산이 이자율에 얼마나 민감하게 영향을 미치는지를 보여준다. 위 LM관계식에서 알 수 있듯이 **LM곡선의 기울기**는 다음과 같다.

$$\frac{\Delta i}{\Delta Y} = \frac{d_1}{d_2}$$

이 기울기 값이 작을수록 LM곡선은 완만하게 되어, 총생산의 변화가 이자율에 큰 영향을 미치지 않는다.

총생산이 이자율에 큰 영향을 미치지 않기 위해서는 첫째, 총생산(총소득) 증가 시 화폐수요가 작게 증가하여야 한다. 화폐수요의 **소득탄력성이(d_1)이 작아서** 화폐수요가 총생산(총소득)의 변화에 민감하게 반응하지 않아야 한다. 둘째, 이자율이 상승할 때 화폐수요가 많이 감소해야 한다. 즉 **화폐수요의 이자율탄력성(d_2)이 커야** 한다. 이 경우 소득 증가로 화폐수요가 증가해도 이자율이 조금만 상승하면 화폐수요가 크게 줄어 화폐시장이 바로 균형을 회복할 수 있기 때문이다.

결론적으로 화폐수요의 소득탄력성이 작고 화폐수요의 이자율탄력성은 클수록 소득 증가 시 이자율은 작게 상승하여 LM곡선은 완만하게 된다. 총생산(총소득)의 변화가 이자율에 작게 영향을 미치게 된다.

$$\underset{}{Y\uparrow} \;\rightarrow\; \underset{(d_1)}{L(i,Y)\uparrow} \;\rightarrow\; \underset{(1/d_2)}{i\uparrow}$$

- 화폐수요의 소득탄력성이(d_1)이 작을수록, 화폐수요의 이자율탄력성(d_2)이 클수록 LM곡선은 완만하게 된다. 총생산 증가 때 이자율은 작게 상승한다.

LM곡선의 이동: 상하로 이동

LM곡선은 총생산이 이자율에 미치는 영향을 보여주는 곡선이다. 외생변수($\frac{M}{P}, z_m$)의 값이 일정하다는 전제하에 도출된 곡선이다. **외생변수($\frac{M}{P}, z_m$)의 값이 변하게 되면** 주어진 총생산에서 균형이자율이 변하게 되므로 **LM곡선** 자체가 **상하(upward or downward)로 이동**한다.

- **외생변수($\frac{M}{P}, z_m$)의 값의 변화 → LM곡선 자체가 이동**

그림 7-6 통화량의 증가와 LM곡선의 하방 이동

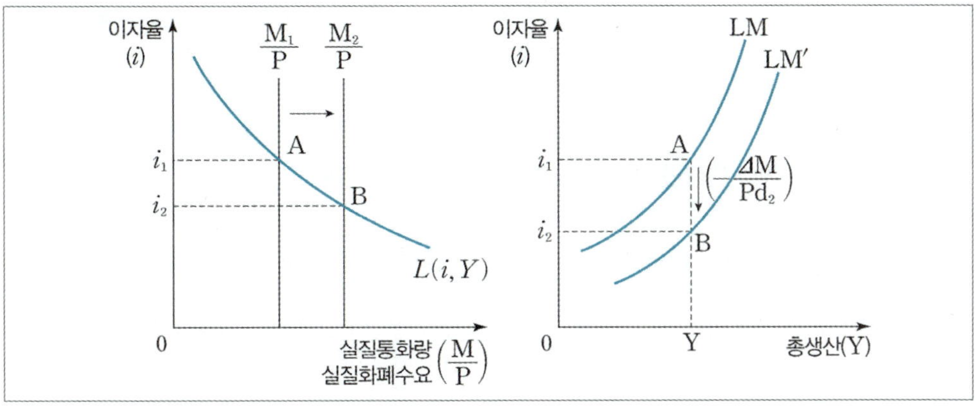

통화량이 증가($M_1 \rightarrow M_2$)하면, 주어진 생산량에서 이자율이 감소($i_1 \rightarrow i_2$)하므로 LM곡선 자체가 하방으로 이동한다.

그림 7-6에서 보듯이 통화량이 증가($M_1 \rightarrow M_2$)하면 주어진 총생산(Y)에서 화폐시장의 균형을 보장하는 명목이자율이 감소($i_1 \rightarrow i_2$)하므로 LM곡선 자체가 아래로 이동한다. 균형이자율식에서 **통화량이 1단위 증가**하면 주어진 총생산에서 균형이자율은 $\frac{1}{Pd_2}$만큼 감소하므로, 통화량 증가($\triangle M$)시 LM곡선은 $\frac{1}{Pd_2}\triangle M$ **만큼 아래로 이동**한다.

$$i = -\frac{M}{Pd_2} + \frac{d_1}{d_2}Y \rightarrow \text{주어진 } Y\text{에서, } \frac{\Delta i}{\Delta M} = -\frac{1}{Pd_2}$$

그림 7-7 화폐수요의 외생적 충격과 LM곡선의 이동

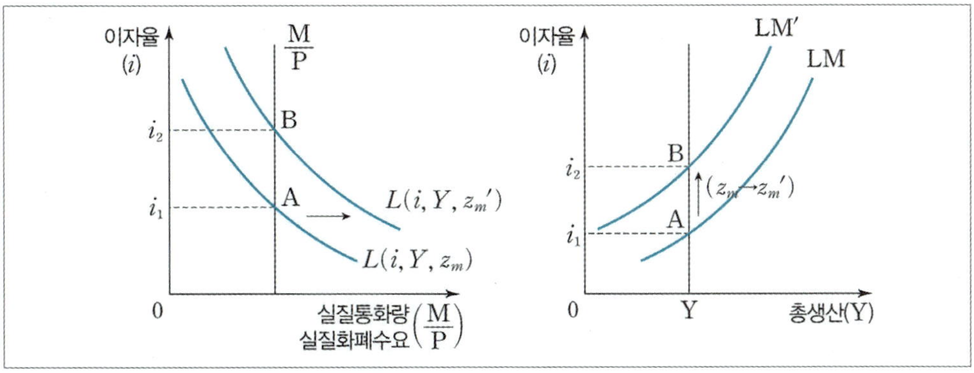

화폐수요가 외생적으로 증가($z_m \uparrow$)하면 주어진 총생산에서 이자율이 증가하므로 LM곡선 자체가 상방으로 이동한다.

그림 7-7에서 보는 것처럼 기타 주어진 총생산에서 신용카드사용 위험 증가 등으로 화폐수요가 외생적으로 증가하는 경우 이자율이 상승하므로 LM곡선이 위쪽으로 상방 이동한다.

- **LM곡선의 이동: 외생변수($\frac{M}{P}, z_m$)의 값이 변하는 경우**
  - 실질통화량($\frac{M}{P}$)이 증가하면 LM곡선은 아래로 이동한다.
  - 화폐수요의 외생적 충격(z_m)이 있어 이자율이 상승하는 경우 LM곡선은 위쪽으로 이동한다.

요약

1 LM곡선은 화폐시장의 균형을 보장하는 총생산과 이자율의 조합을 보여주는 곡선이다. 따라서 화폐시장은 LM곡선상 모든 점에서 균형이다.

2 통화량 등 다른 외생변수의 값이 일정할 때, 총생산이 증가하면 화폐수요의 규모가 증가하여 균형이자율이 상승한다. 따라서 LM곡선은 우상향한다.

3 LM곡선의 기울기는 총생산이 균형이자율에 얼마나 민감하게 영향을 주는지를 보여준다. 화폐수요의 소득탄력성(d_1)이 작고 화폐수요의 이자율탄력성(d_2)이 클 때 LM곡선은 완만하게 된다.

4 주어진 총생산에서 통화량이 증가하여 이자율이 하락하면 LM곡선은 아래로 이동한다.

5 주어진 총생산에서 화폐수요에 대한 외생적 충격으로 이자율이 상승하는 경우 LM곡선은 위쪽으로 이동한다.

연습문제

1 LM곡선이 무엇인가? 왜 LM곡선이 이자율-생산량 평면에서 우상향하는지를 설명하라.

2 다음 문장의 진위여부를 판단하고 그 이유를 설명하라.

(1) 투자와 화폐수요가 이자율에 민감하면 LM곡선은 가파르게 된다.

(2) 다른 조건이 일정할 때, 통화량이 증가하면 LM곡선은 왼쪽으로 이동한다.

(3) 다른 조건이 일정할 때, 총생산(총소득)이 증가하면 화폐수요가 증가하여 LM곡선은 오른쪽으로 이동한다.

3 아래와 같이 화폐수요함수가 주어져 있다.

$$\left(\frac{M}{P}\right)^d = L(Y, i) = d_1 Y - d_2 i,$$

여기서 d_1은 화폐수요의 소득탄력성이며, d_2는 화폐수요의 이자율탄력성이다.

(1) 화폐시장의 균형조건 및 그래프를 활용하여 LM곡선을 도출하라.

(2) 화폐시장의 균형조건을 이용하여 LM식을 도출하라.

(3) LM곡선의 기울기를 도출하고, LM곡선의 기울기를 결정하는 요인을 설명하라.

4 통화량 1단위 증가하는 경우 LM곡선이 어느 쪽으로 얼마만큼 이동하는가? 화폐수요의 이자율탄력성이 큰 경우 통화량 증가 시 이자율의 하락에 어떻게 영향을 미치며 그 이유는 무엇인가?

3. 재화시장 및 화폐시장의 동시균형: *IS*−*LM*모형

지금까지 재화시장의 균형조건에서 *IS*곡선을 도출하고, 화폐시장의 균형조건에서 *LM*곡선을 도출하였다. 이제 IS와 *LM*관계식을 합쳐서 *IS*−*LM*모형을 완성하여 보자. *IS*−*LM*모형은 케인즈이론을 이해하는 핵심 분석틀이다.

그림 7-8 재화시장과 화폐시장의 상호작용

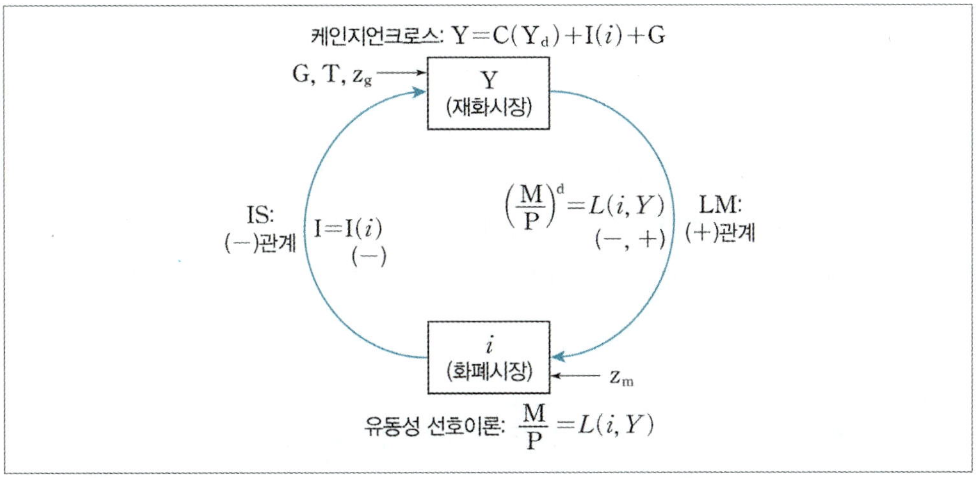

좌측면은 *IS*관계로 이자율이 투자를 통해 총생산에 미치는 관계를 보여준다. 우측면은 *LM*관계로 총생산이 화폐수요를 통해 이자율에 미치는 관계를 보여준다.
재화시장과 화폐시장의 상호작용으로 균형 총생산과 이자율이 동시에 결정된다. 이 모형에서 재정정책(G, T), 재화시장충격(z_g), 통화정책(M), 화폐시장충격(z_m) 등이 외생변수며, 총생산(Y)과 이자율(i)은 내생변수이다.

그림 7-8의 *IS*−*LM*모형은 **총생산과 이자율**의 상호작용에 초점을 둔다.

먼저, 좌측면은 재화시장의 균형을 의미하는 ***IS*관계**로 **이자율이 총생산에 미치는 영향**을 포착한다. 재화시장에서 이자율이 하락하는 경우 투자가 증가하여 총수요가 증가하고 총생산이 증가하게 된다. 따라서 이자율과 총생산 사이에는 **음(−) 관계**가 존재하고 *IS*곡선은 **우하향**한다.

우측면은 화폐시장의 균형을 의미하는 ***LM*관계**로 **총생산이 이자율에 미치는 영향**을 포착한다. 화폐시장에서 총생산이 증가하면 화폐수요가 증가하여 주어진 통화량에서 이자율이 상승한다. 따라서 총생산과 이자율 사이에는 **양(+) 관계**가 존재하고 *LM*곡선은 **우상향**한다.

재화시장에서 이자율은 투자를 통해 총수요와 총생산에 영향을 미치고, 화폐시장에서 총생산은 화폐수요를 통해 이자율에 영향을 미친다. 따라서 균형 총생산과 이자율은 **재화시장과 화폐시장의 상호작용으로** 동시에 결정된다. 그리고 재화시장과 화폐시장의 충격이나 정책의 변화 등 외생변수가 변화할 때는 이 두 변수가 반응하여 새로운 균형을 찾아가게 된다.

재화시장의 균형을 나타내는 IS식과 화폐시장의 균형을 나타내는 LM식을 요약하면 다음과 같다. 먼저 재화시장의 균형과 IS**곡선**(식)이다.

$$IS\text{식}:\ Y = Y(i; G, T, z_g)$$

- 균형총생산은 이자율(i), 정부지출(G) 및 조세(T) 등 정책변수, 그리고 독립적 소비지출 및 투자지출 등 재화시장의 충격(z_g)에 의해 결정된다.
- 외생변수(G, T, z_g)의 일정한 값 하에서 이자율이 하락하면, 투자가 증가하여 총수요와 총생산의 규모가 증가한다. 이자율과 총생산은 음(-)의 관계를 보이며 IS곡선은 우하향한다.
- 외생변수(G, T, z_g)의 값이 변하면 주어진 이자율에서 총수요와 총생산이 변하므로 IS곡선 자체가 좌우로 이동한다.

다음은 화폐시장의 균형과 LM**곡선**(식)이다.

$$LM\text{식}:\ i = i(Y; \frac{M}{P}, z_m)$$

- 균형이자율은 소득(Y), 실질통화량(M/P) 그리고 기타 이자율에 영향을 미치는 요인을 포괄하여 대변하는 화폐시장의 충격(z_m)에 의해 결정된다.
- 외생변수($M/P, z_m$)의 일정한 값 하에서 총생산(소득)이 증가하면 화폐수요가 증가하고 이자율이 상승한다. 총생산(소득)과 이자율은 양(+)의 관계를 보이며, LM곡선은 우상향한다.
- 외생변수($M/P, z_m$)의 값이 변하면 주어진 총생산에서 이자율이 변하므로 LM곡선 자체가 상하로 이동한다.

그림 7-9 재화시장과 화폐시장의 동시균형

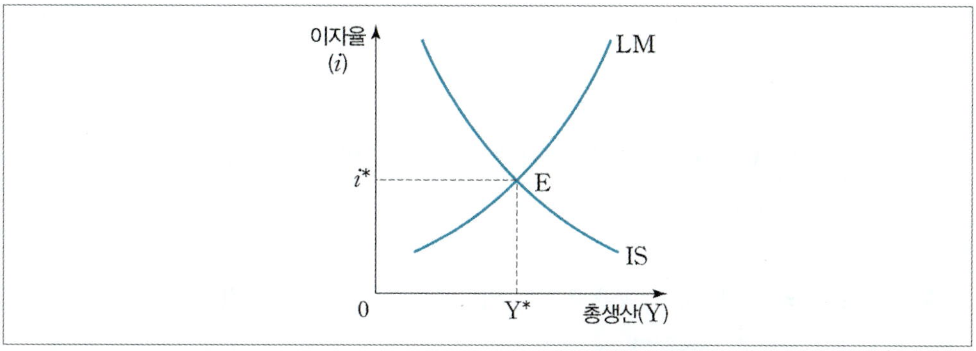

*IS*곡선을 따라서 재화시장이 균형이다. 이자율 하락은 총생산 증가로 이어진다. *LM*곡선을 따라서 화폐시장이 균형이다. 총생산의 증가는 이자율 상승으로 이어진다. 두 곡선이 교차하는 E점에서 재화시장과 화폐시장은 동시에 균형에 도달한다.

그림 7-9에서 ***IS*곡선은 재화시장의 균형**을 보여주는 다양한 이자율과 총생산의 조합을 보여준다. 이자율의 하락 시 투자가 증가하여 균형 총생산의 규모가 증가한다. *IS* 곡선은 **우하향**한다.

***LM*곡선은 화폐시장의 균형**을 보여주는 총생산과 이자율의 조합이다. 총생산이 증가하는 경우 화폐수요가 증가하여 균형이자율은 상승한다. *LM*곡선은 **우상향**한다.

두 시장의 동시 균형은 ***IS*곡선과 *LM*곡선이 교차하는 *E*점**에서 이루어지며 균형 총생산과 이자율이 결정된다. 재화시장과 화폐시장이 동시에 균형을 이루는 총생산과 이자율은 주어진 물가(P)에서 정책변수(G, T, M), 재화시장 및 화폐시장의 충격(z_m, z_g) 등에 의해 결정된다.

요약

1 이자율 외 총수요에 영향을 미치는 외생변수(G, T, z_g)의 값이 변하는 경우 IS곡선 자체가 좌우로 이동한다.

2 총생산(소득) 외 이자율에 영향을 미치는 외생변수(M/P, z_m)의 값이 변하는 경우 LM곡선 자체가 상하로 이동한다.

3 IS-LM모형의 내생변수는 총생산(Y)과 이자율(i)이다. 외생변수는 IS곡선에 영향을 주는 재정정책변수(G, T)와 재화시장의 충격(z_g)이 있고, LM곡선에 영향을 주는 통화정책변수(M/P)와 화폐시장의 충격(z_m)이 있다.

4 재화시장과 화폐시장의 동시균형은 IS곡선과 LM곡선이 교차하는 점에서 이루어진다.

연습문제

1 $IS-LM$모형에서 내생변수와 외생변수는 무엇인가?

2 IS곡선상에서 이동과 IS곡선 자체의 이동을 구분하여 설명하라. IS곡선을 우측으로 이동시키는 요인을 열거하라.

3 LM곡선상에서의 이동과 LM곡선 자체의 이동을 구분하여 설명하라. LM곡선을 하방으로 이동시키는 요인을 열거하라.

4 경제가 IS곡선의 오른쪽과 LM곡선의 위쪽에 자리잡고 있다. 재화시장과 화폐시장의 상태는 어떤 상태인가? 그 이유를 설명하라.

5 다음의 경제를 가정하자. 균형 총생산과 이자율을 구하라.

$$C = C_0 + C_1(Y - T),\ \ I = I_0 - b_1 i$$

$$(M/P)^s = \frac{M}{P},\ \ (M/P)^d = d_1 Y - d_2 i$$

G와 T는 정부에 의해 외생적으로 결정된다.

4. 거시정책과 경제충격의 효과 분석

지금까지 $IS-LM$모형의 두 구성요소인 IS관계식과 LM관계식을 살펴보았다.

$$IS\text{식: } Y = Y(i; G, T, z_g)$$
$$LM\text{식: } i = i(Y; M/P, z_m)$$

이제 $IS-LM$모형을 활용하여 정책의 변화나 경제의 다양한 충격이 균형 총생산과 이자율에 미치는 영향을 분석하여 보자. 이 분석에서 **외생변수**는 재정정책변수(G, T), 통화정책변수(M), 재화시장의 충격(z_g) 그리고 화폐시장의 충격(z_m)이며, **내생변수**는 총생산(Y)과 이자율(i)이다.

$$\text{외생변수: } G, T, \frac{M}{P}, z_g, z_m$$
$$\text{내생변수: } Y, i$$

재정정책과 통화정책의 효과

1) 재정정책(G, T)

정부지출 또는 조세 등 재정정책의 변화가 단기에 경제에 미치는 영향을 분석해 보자. 재정정책 관련 변수(G, T)는 IS식에 포함되어 있으므로, 재정정책의 변화는 IS곡선을 이동시킨다. 정부지출이 증가하거나 조세가 감소하면 주어진 이자율에서 총수요(총생산)가 증가하므로 IS곡선이 우측으로 이동하고, 반면에 정부지출이 감소하거나 조세가 증가하면 IS곡선은 좌측으로 이동한다.

그림 7-10 정부지출 증가와 *IS*곡선의 우측이동

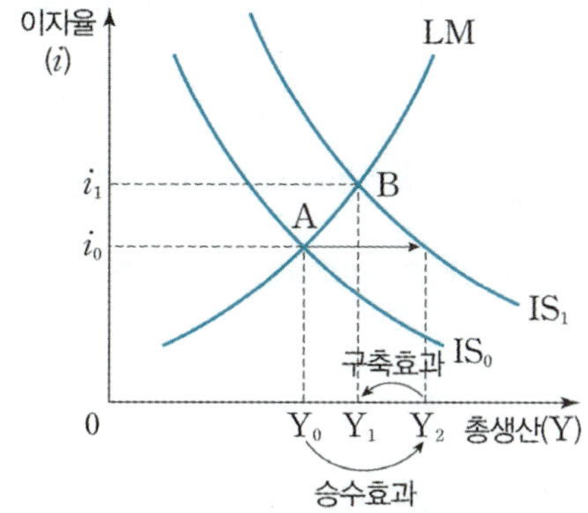

정부지출이 증가하면 *IS*곡선이 우측으로 이동하여 이자율은 상승하고 총생산은 증가한다.

[정부지출 증가]

그림 7-10은 정부지출 증가의 효과를 보여준다. 정부지출이 증가하면 ***IS*곡선**이 IS_0에서 IS_1로 **우측으로 이동**한다. 이에 따라 경제의 균형점은 A에서 B로 이동하고 총생산은 Y_0에서 Y_2로 증가하며 이자율은 i_0에서 i_1로 상승한다.

구체적으로 정부지출 증가가 경제에 미치는 효과의 전달경로(transmission mechanism)를 살펴보자. 먼저, 정부지출이 ΔG만큼 증가하면 재화시장에서 주어진 이자율하에서 총생산은 정부지출 증가에 **승수**를 곱한 만큼 증가하므로, *IS*곡선이 $\frac{1}{1-MPC}\Delta G$(기본모형의 경우)만큼 우측으로 이동한다. 주어진 이자율(i_0)에서 총생산이 Y_0에서 Y_2로 증가한다.

재화시장에서 총생산(총소득)의 증가는 화폐시장에 영향을 미친다. 주어진 통화량에서 총생산(총소득) 증가로 인한 화폐수요의 증가로 이자율이 상승한다. 이자율 상승은 다시 재화시장에 영향을 주어 투자의 감소를 초래한다. 정부지출 증가로 인한 총생산의 증가는 투자감소로 일부 상쇄된다($Y_2 \rightarrow Y_1$). 이처럼 정부지출의 증가가 이자율을 상승시켜 투자를 감소시키는 것을 **구축효과**(crowding-out effect)라 한다.

- 주어진 이자율에서 정부지출 증가 → 총수요 증가 → 총생산 증가: $Y_0 \rightarrow Y_2$**(승수효과)**
- 이자율 상승 → 투자 감소 → 총생산 증가의 일부를 상쇄: $Y_2 \rightarrow Y_1$**(구축효과)**

[조세의 감소]

정부지출은 총수요에 직접 영향을 미치지만, 조세는 **가처분소득의 변화를 통해 간접적으로 소비에 영향**을 미친다. 따라서 조세감소의 효과는 같은 크기의 정부지출 증가보다 적다. 조세가 ΔT만큼 감소하면 총수요가 $\frac{c_1}{1-c_1}\Delta T$만큼 증가한다. IS곡선이 $\frac{c_1}{1-c_1}\Delta T$(기본모형의 경우)만큼 우측으로 이동하여 총생산은 증가하고 이자율은 상승한다.

2) 통화정책(M)

그림 7-11 통화량 증가와 LM곡선의 하방 이동

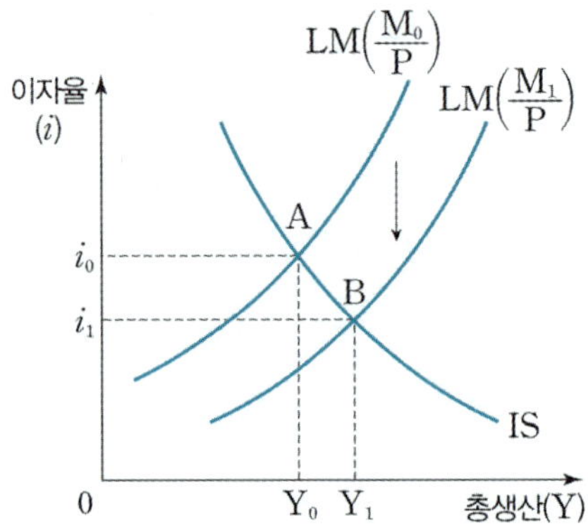

통화량이 증가($M_0 \rightarrow M_1$)하면 LM곡선이 아래쪽으로 이동한다. 균형이자율이 하락($i_0 \rightarrow i_1$)하고 총생산량은 증가($Y_0 \rightarrow Y_1$)한다.

그림 7-11은 통화정책의 효과를 보여준다. 통화정책 관련 변수(M)은 LM식에 포함되어 있으므로, 통화정책의 변화는 LM곡선을 이동시킨다. 화폐시장에서 통화량 증가는 실질통화량의 증가로 이어져 이자율이 하락한다. 주어진 총생산에서 이자율이 하락하므로 **LM곡선이 하방으로 이동**한다. 경제의 균형점은 A에서 B로 이동하고 이자율은 i_0에서 i_1로 감소하고 총생산은 Y_0에서 Y_1로 증가한다.

구체적으로 통화량의 증가가 경제에 미치는 효과의 전달경로를 살펴보자. 먼저, 화폐시장에서 실질통화량의 증가로 주어진 총생산에서 이자율이 하락한다. 화폐시장에서 이자율하락은 재화시장에 파급효과를 미친다. 재화시장에서 투자가 증가하고 총수요가 증가하여 총생산이 증가한다.

- 통화량의 증가 → 이자율 하락 → 투자 증가 → 총수요 증가 → 총생산 증가

재화시장 및 화폐시장 충격의 효과

1) 재화시장의 충격

그림 7-12 재화시장의 충격과 *IS*곡선의 이동

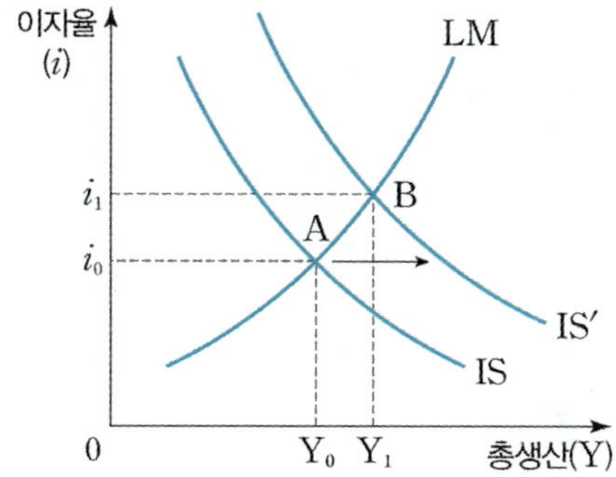

소비심리나 투자심리 호전 등으로 독립적 지출이 증가하면, 재화시장에서 주어진 이자율에서 총수요(총생산)가 증가한다. *IS*곡선이 우측으로 이동한다. 경제의 균형은 A에서 B로 이동하고 균형 총생산이 증가하고 이자율이 상승한다.

그림 7-12은 재화시장에서 독립적지출 증가의 효과를 보여준다. 소비심리의 호전이나 기업의 미래 경기에 대한 낙관 등으로 독립적 지출이 증가하는 경우 주어진 이자율에서 총생산이 증가하므로 ***IS*곡선이 우측으로 이동**한다. 경제의 균형점은 A에서 B로 이동하여 균형 총생산은 증가하고 이자율이 상승한다.

2) 화폐시장의 충격

그림 7-13 화폐시장의 충격과 *LM*곡선의 이동

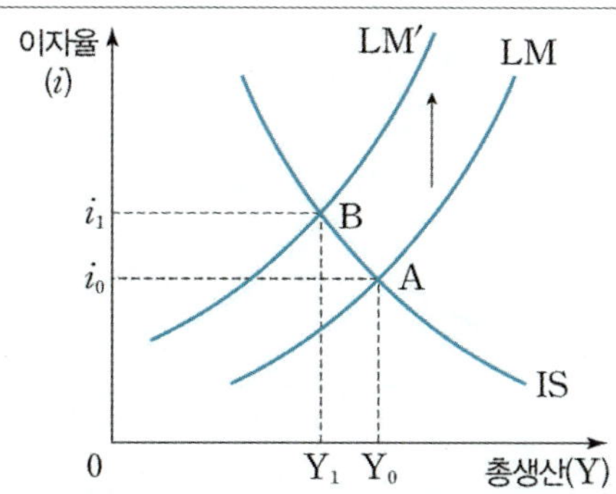

신용카드 사기의 만연 등으로 화폐수요가 증가하면, 화폐시장에서 주어진 총생산량(총소득)에서 이자율이 상승한다. *LM*곡선이 상방으로 이동한다. 균형 총생산이 감소하고 이자율이 상승한다.

그림 7-13은 화폐시장 충격의 효과를 보여준다. 화폐시장에서 통화승수에 영향을 주는 화폐공급의 충격이나 화폐수요의 충격 등 다양한 충격이 있을 수 있다. 예를 들어 신용카드 사기가 만연하여 사람들이 현금을 더 사용하여 화폐수요가 증가한 경우이다. 이 경우 화폐시장에서 이자율이 상승하므로 ***LM*곡선은 위로 이동**한다. 그 결과 경제의 균형은 A에서 B로 이동하여 균형 총생산은 감소하고 이자율이 상승한다.

(정책변화, *IS* 또는 *LM* 충격의 효과)

	*IS*곡선	*LM*곡선	총생산	이자율
정부지출 증가	우측이동	불변	증가	증가
세금 증가	좌측이동	불변	감소	감소
통화량 증가	불변	하방이동	증가	감소
총수요 증가시키는 *IS*충격	우측이동	불변	증가	증가
이자율 상승시키는 *LM*충격	불변	상방이동	감소	증가

재정정책과 통화정책의 상대적 유효성

1) 총수요와 경기변동

단기에는 총수요가 총생산을 결정한다. 총수요에 따라 경제는 자연생산량에서 이탈하여 출렁이게 된다. 케인즈는 단기의 경기변동요인으로 총수요의 변화를 중시하였다. 기업가의 투자는 동물적 감각(animal spirits) 즉 기대의 변화로 결정된다고 생각하였다. 기업가가 미래의 경기를 비관적으로 전망하면 **독립적 투자지출은 감소**하게 된다.

그림 7-14 기업의 독립적 투자지출 감소의 효과

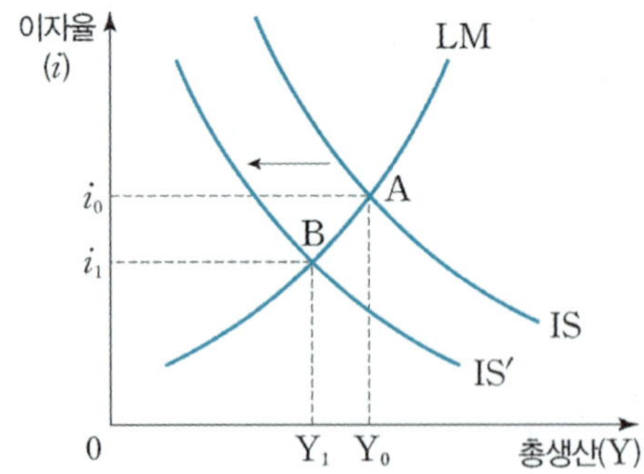

기업의 투자지출 감소($z_g\downarrow$)로 *IS*곡선이 좌측으로 이동하여 총생산이 감소($Y_0 \to Y_1$)하고 이자율($i_0 \to i_1$)이 하락한다.

그림 7-14는 기업의 투자심리 악화로 투자지출이 감소($Z_g \downarrow$)하는 경우 효과를 보여준다. 총생산이 감소하여 불황을 겪게 된다. 케인즈는 민간부문의 총수요 감소로 인한 불황을 극복하기 위해서는 정부가 거시정책을 통해 총수요를 보완해 주어야 한다고 주장한다. 특히, 투자가 이자율에 민감하게 반응하지 않은 상황에서 통화정책보다는 재정정책이 더 효과적이라고 주장하였다.

재정정책과 통화정책의 상대적 유효성을 둘러싼 많은 논쟁이 있었다. 두 정책이 총생산에 미치는 효과의 전달경로를 살펴보고 두 **정책의 상대적 효과**를 결정하는 변수들을 살펴보자.

2) 재정정책이 효과적으로 되기 위한 조건

재정정책이 총생산에 미치는 효과의 **전달경로**를 살펴보자. 정부지출이 증가하였다고 가정하자.

$$(\text{재화시장})\, G\uparrow \rightarrow Y\uparrow \rightarrow (\text{화폐시장})\, L(i, Y)\uparrow \rightarrow i\uparrow \rightarrow (\text{재화시장})\, I\downarrow \rightarrow Y\downarrow \,.....$$

(1단계) 먼저, 재화시장에서 이자율의 변화가 없다면 총수요와 총생산은 정부지출에 정부지출 승수를 곱한 만큼 증가한다. 이는 *IS-LM*모형에서 *IS*곡선이 $\frac{1}{1-c_1}\Delta G$만큼 우측으로 이동하는 것으로 나타난다.

(2단계) 재화시장에서 총생산의 증가는 화폐시장에서 화폐수요의 증가로 이어져 주어진 통화량 하에서 이자율의 상승을 초래한다.

(3단계) 이는 재화시장의 투자 감소로 이어져 총수요와 총생산이 감소한다.

사실, 이후에도 총생산(총소득)의 감소는 화폐수요 감소로 이어지고 이자율이 하락하여 다시 투자가 증가하고 총생산이 증가하는 등 재화시장과 화폐시장의 상호작용은 새로운 균형에 이르기까지 무한히 지속되지만, 편의상 크게 3단계로 구분하여 분석한다.

그림 7-15 정부지출 증가의 효과

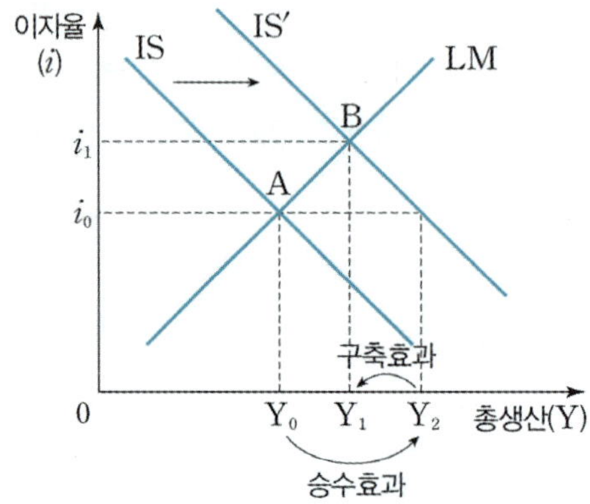

정부지출의 증가($G\uparrow$)로 IS곡선이 $\frac{1}{1-c_1}\Delta G$ 만큼 우측으로 이동하여 주어진 이자율에서 승수효과로 총생산이 Y_0에서 Y_2로 증가한다(승수효과). 이자율 상승에 따른 투자감소로 총생산이 Y_2에서 Y_1로 감소한다(구축효과). 따라서 정부지출이 총생산에 미치는 순효과는 Y_0에서 Y_1로의 증가다.

그림 7-15에서 정부지출 증가로 인한 총생산의 증가(**승수효과**, $Y_0 \rightarrow Y_2$)는 이자율 상승에 따른 투자 감소로 일부 상쇄된다(**구축효과**, $Y_2 \rightarrow Y_1$). 재정정책이 더욱 효과적으로 되기 위해서는 승수효과가 크고 구축효과가 작아야 한다.

첫째, 승수효과가 크기 위해서는 정부지출 증가 때 IS곡선이 우측으로 크게 이동해야 한다. 이를 위해서는 **한계소비성향(MPC)이 커서** 총생산 증가가 소비를 증가시키는 피드백 효과가 커야 한다.

$$\text{주어진 이자율에서, } G\uparrow \rightarrow Y\uparrow, \ \frac{\Delta Y}{\Delta G} = -\frac{1}{1-c_1}$$

둘째, **구축효과가 작아야** 한다. 구축효과는 두 요인에 의해 결정된다. 즉 (1) 총생산이 증가하는 경우 이자율이 얼마나 상승하는지 (2) 이자율이 상승하는 경우 투자가 얼마나 감소하는지에 의존한다.

구축효과를 결정하는 첫 번째 요인 즉, 총생산이 증가하는 경우 주어진 통화량에서 이자율이 얼마나 상승하는지는 화폐수요의 소득탄력성(d_1)과 이자율탄력성(d_2)에 의해 결정된다.

$$\frac{\Delta i}{\Delta Y} = \frac{d_1}{d_2}$$

$$\underset{(d_1)}{Y\uparrow \rightarrow} L(i, Y)\uparrow \underset{(1/d_2)}{\rightarrow} i\uparrow$$

> **참고** $\frac{\Delta i}{\Delta Y} = \frac{d_1}{d_2}$ *의 도출*
>
> *화폐시장의 균형식은 7.2절에서 살펴본 것처럼 다음과 같다.*
>
> $$\frac{M}{P} = d_1 Y - d_2 i$$
>
> *양변의 변화 값을 취하면 다음과 같이 된다.*
>
> $$\frac{\Delta M}{P} = d_1 \Delta Y - d_2 \Delta i$$
>
> *주어진 통화량 하에서 소득의 변화가 이자율에 미치는 영향을 분석하는 것이므로 통화량은 변화가 없어 ΔM은 0이다. 따라서 위 식을 정리하면 다음과 같다.*
>
> $$\frac{\Delta i}{\Delta Y} = \frac{d_1}{d_2}$$

구축효과가 적기 위해서는 총생산이 증가하는 경우 화폐수요가 조금만 증가해야 한다. 따라서 화폐수요의 소득탄력성(d_1)은 작아야 한다. 화폐수요가 증가할 때도 이자율이 조금만 상승해야 한다. 이를 위해서는 **화폐수요의 이자율탄력성(d_2)이 커야** 한다. 이 경우 이자율이 조금만 상승해도 화폐수요가 민감하게 줄어 이자율이 크게 상승하지 않고 화폐시장이 바로 균형을 회복할 수 있기 때문이다.

LM곡선의 기울기는 7.2절에서 살펴보았듯이 $\frac{d_1}{d_2}$이다. 화폐수요의 소득탄력성(d_1)이 작고 이자율탄력성(d_2)이 크다는 것은 LM곡선의 기울기가 완만하다는 것을 의미한다.

구축효과를 결정하는 두 번째 요인, 이자율이 상승하는 경우 투자가 얼마나 감소하는지는 투자의 이자율탄력성(b_1)에 의해 결정된다. 이자율이 상승해도 투자감소가 작아야 한다. 따라서 **투자의 이자율 탄력성(b_1)은 적어야** 한다.

$$i\uparrow \underset{(-b_1)}{\rightarrow} I\downarrow$$

그림 7-16 *LM*곡선의 기울기와 확장적 재정정책의 효과

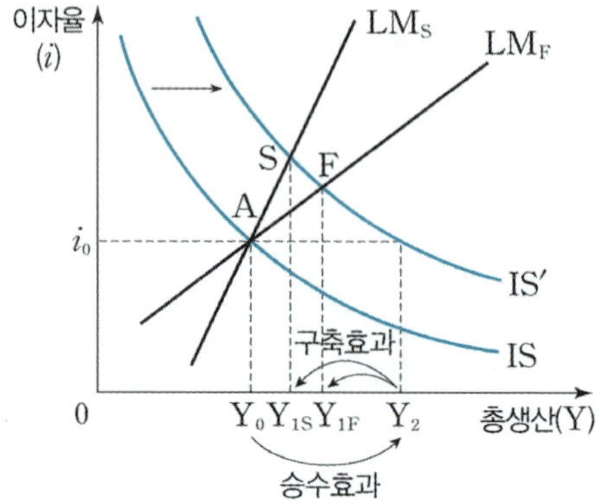

동일한 크기의 *IS* 이동 시 *LM*곡선의 기울기가 완만한 경우의 구축효과($Y_2 - Y_{1F}$)가 가파른 경우의 구축효과($Y_2 - Y_{1S}$)보다 작다. 따라서 *LM*곡선이 완만할수록 재정정책이 효과적이다.

그림 7-16은 동일한 크기의 *IS*곡선의 우측이동 시 그 효과가 *LM*곡선의 기울기에 따라 달라짐을 보여준다. ***LM*곡선이 완만**해질수록 구축효과가 적어져 재정정책이 더 효과적이다.

- 재정정책이 효과적으로 되기 위한 조건
  - 승수효과가 크다: *MPC*가 크다 → *IS*곡선이 우측으로 크게 이동한다.
  - 구축효과가 작다:
    - 화폐수요의 소득탄력성(d_1)이 작고 이자율탄력성(d_2)이 크다.
      → *LM*곡선이 완만하다.
    - 투자의 이자율탄력성(b_1)이 작다.

3) 통화정책이 효과적으로 되기 위한 조건

재정정책은 총수요를 직접적으로 변화시키는 정책이다. 반면에 통화정책은 **이자율의 변화를 통해 투자**를 거쳐 총수요를 간접적으로 변화시키는 정책이다. 통화정책이 총생산에 미치는 효과의 **전달경로**는 다음과 같다.

- 통화량 증가 → 이자율 하락 → 투자 증가 → 총수요 및 총생산 증가 → …

통화정책이 효과적으로 되기 위한 조건은 다음과 같다. 첫째, 통화량 증가 시 LM곡선이 하방으로 크게 이동하여 이자율이 크게 하락해야 한다. 이를 위해서는 **화폐수요의 이자율탄력성(d_2)이 작아야** 한다. 왜냐하면 통화량의 증가 시 화폐의 초과공급으로 이자율이 하락하는데 화폐수요가 민감하게 증가하면 이자율이 크게 하락하지 못하고 바로 화폐시장이 바로 균형을 회복하기 때문이다.

둘째, 이자율의 하락 시 투자가 많이 증가해야 한다. 즉 **투자의 이자율탄력성(b_1)이 커야** 한다. 기타 사항은 재정정책과 동일하다.

그림 7-17 통화량 증가의 효과

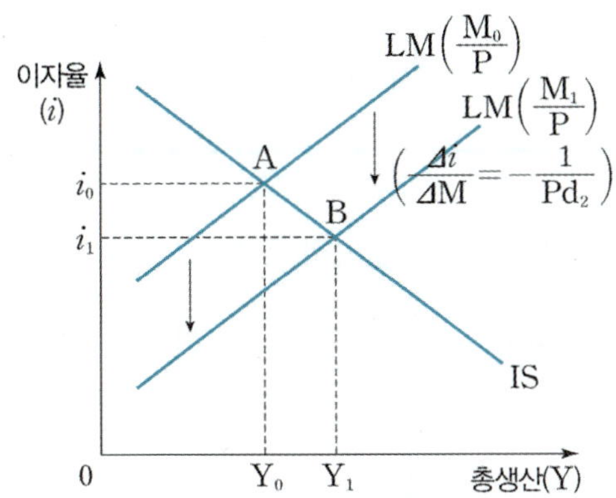

통화량의 증가로 LM곡선이 $\frac{\Delta M}{Pd_2}$만큼 아래쪽으로 이동하여 이자율이 하락($i_0 \to i_1$)하고 총생산이 증가($Y_0 \to Y_1$)한다.

그림 7-17은 통화량 증가의 효과를 보여준다. 첫 번째 조건, 즉 **화폐수요의 이자율탄력성(d_2)이 작다**는 것은 통화량 증가 시 주어진 총생산에서 이자율이 크게 하락하여 LM곡선이 아래로 크게 이동하는 것을 의미한다. LM식에서 알 수 있듯이 통화량이 1단위 증가하는 경우 LM곡선이 $\frac{1}{Pd_2}$만큼 아래로 이동한다. 화폐수요의 이자율탄력성(d_2)이 작으면 LM곡선은 더 크게 아래로 이동한다.

$$\frac{\Delta i}{\Delta M}=-\frac{1}{Pd_2}$$

참고 $\frac{\Delta i}{\Delta M}=-\frac{1}{Pd_2}$ *의 도출*

화폐시장의 균형식은 7.2절에서 살펴본 것처럼 다음과 같다.

$$\frac{M}{P}=d_1Y-d_2i$$

양변의 변화 값을 취하면 다음과 같다.

$$\frac{\Delta M}{P}=d_1\Delta Y-d_2\Delta i$$

주어진 총생산(총소득)에서 통화량변화가 이자율에 미치는 영향을 분석하는 것이므로 ΔY*은 0이다. 따라서 위 식을 정리하면 다음과 같다.*

$$\frac{\Delta i}{\Delta M}=-\frac{1}{Pd_2}$$

그림 7-18 *IS*곡선의 기울기와 통화량 증가의 효과

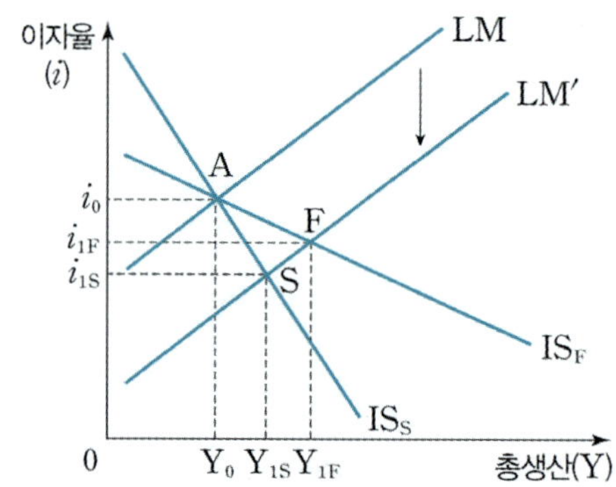

통화량 증가로 *LM*곡선이 아래쪽으로 이동할 때, *IS*곡선의 기울기가 완만한 경우 총생산 증가($Y_0 \to Y_{1F}$)는 가파른 경우 ($Y_0 \to Y_{1S}$) 보다 더 크다.

두 번째 조건, 투자의 이자율 탄력성은 *IS*곡선의 기울기에 관한 것이다. **투자의 이자율탄력성(b_1)이 클수록** 주어진 한계소비성향(c_1)에서 ***IS*곡선은 완만**하게 된다.

$$IS\text{곡선의 기울기: } \frac{\Delta i}{\Delta Y}=-\frac{1-c_1}{b_1}$$

그림 7-18에서 알 수 있듯이 동일한 LM곡선의 하방 이동 시 IS곡선이 완만하면 총생산이 크게 증가($Y_0 \rightarrow Y_{1F}$)하지만, IS이 가파른 경우 총생산은 작게 증가($Y_0 \rightarrow Y_{1S}$) 한다.

- 확장적 통화정책이 효과적으로 되기 위한 조건
  - 화폐수요의 이자율 탄력성(d_2)이 작다. → LM곡선이 아래로 크게 이동한다.
  - 투자의 이자율탄력성(b_1)이 크다. → IS곡선이 완만하다.

재정정책과 통화정책의 조합(Policy mix)

지금까지 재정정책과 통화정책의 상대적 유효성을 결정하는 조건들에 대해 살펴보았다. 두 정책의 상대적 유효성을 결정하는 핵심 매개변수(parameters)는 **화폐수요의 이자율탄력성**(d_2)과 **투자의 이자율탄력성**(b_1)이다.

- 재정정책이 효과적: 화폐수요의 이자율탄력성(d_2)이 크고, 투자의 이자율탄력성(b_1)이 작다.
- 통화정책이 효과적: 화폐수요의 이자율탄력성(d_2)이 작고, 투자의 이자율탄력성(b_1)이 크다.

경제가 유동성 함정에 빠져 있어 **화폐수요의 이자율탄력성이 크고 투자는 이자율에 둔감**하다면 통화정책은 효과는 거의 없고, **재정정책**을 통해 직접 총수요를 늘리는 것이 유효하다. 반대로, **화폐수요의 이자율탄력성이 적고 투자가 이자율에 민감**하게 반응한다면 **통화정책**이 효과적일 것이다. 오늘날 대부분 경제학자가 두 정책이 경제 여건에 따라 차이가 있긴 하지만 경기변동을 완화하는 데 유효한 정책 수단이라는 점에는 이견이 없다.

재정정책과 통화정책은 총수요를 관리하는 유효한 정책수단이지만 총수요에 영향을 주는 경로와 이자율에 미치는 영향이 다르다. 확장적 재정정책은 총수요를 직접 증가시키며 이자율의 상승을 초래하여 민간투자를 위축시키는 구축효과를 야기한다. 반면에 확장적 통화정책은 이자율 하락을 통해 투자를 증가시킴으로써 간접적으로 총수요를 증가시킨다.

따라서 정책목표에 따라 다양한 형태의 재정정책과 통화정책의 조합이 추진된다.

그림 7-19 확장적 재정정책과 확장적 통화정책의 조합

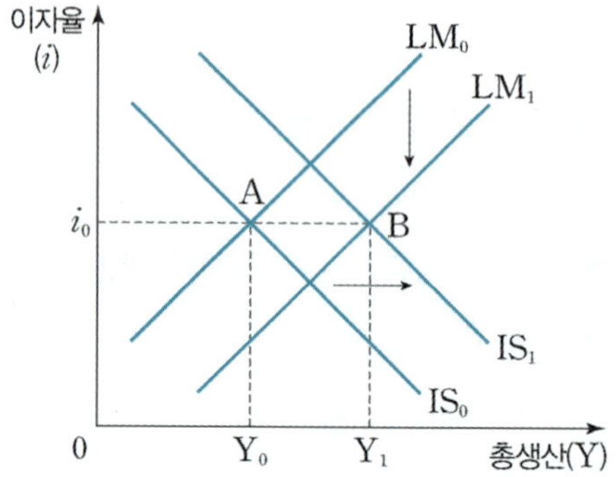

확장적 재정정책으로 *IS*곡선이 우측으로 이동하고 확장적 통화정책으로 *LM*곡선이 아래쪽으로 이동하면, 이자율은 변화 없이 총생산이 크게 증가한다.

예를 들어 총수요를 부양하면서 이자율을 일정하게 유지하고자 하는 경우 그림 7-19처럼 **확장적 재정정책**과 **확장적 통화정책**을 함께 실시할 수 있다. 이 경우 확장적 재정정책에 따른 이자율 상승을 확장적 통화정책으로 상쇄하여 민간투자가 감소하는 구축효과를 방지함으로써 총수요와 총생산을 크게 늘릴 수 있다.

그림 7-20 긴축적 재정정책과 확장적 통화정책의 조합

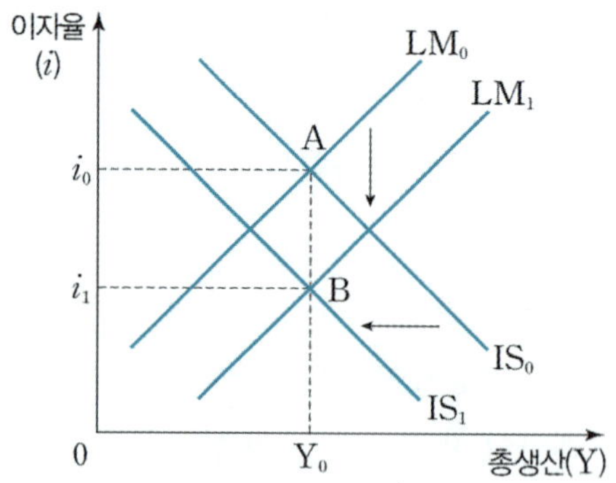

긴축적 재정정책으로 *IS*곡선이 좌측으로 이동($IS_0 \rightarrow IS_1$)하고 확장적 통화정책으로 *LM*곡선이 아래쪽으로 이동($LM \rightarrow LM_1$)하면, 총생산이 일정하게 유지된다. 정부지출 감소가 이자율 하락($i_0 \rightarrow i_1$)으로 인한 투자 증가로 상쇄된다.

그림 7-20은 **긴축적 재정정책**과 **확장적 통화정책**의 효과를 보여준다. 정부가 재정적자를 줄이기 위해 긴축정책을 시행하면(*IS*곡선이 좌측 이동), 총생산이 감소하여 경

기가 위축될 우려가 있다. 이 경우 중앙은행이 확장적 통화정책으로 대응하면(LM곡선이 하방 이동) 총생산은 일정하게 유지하면서 재정적자를 줄일 수 있게 된다. 정부지출의 감소가 이자율 하락으로 인한 투자 증가로 완전히 상쇄된다.

지금까지 살펴본 대로라면 정부가 재정정책과 통화정책을 통해 경제를 마음대로 조절할 수 있는 것처럼 보인다. 그러나 현실에서 하나의 정책이 성공하기 위해서는 많은 조건을 충족해야 한다. 정확한 경제상황 분석, 제대로 된 처방책, 적절한 시기 포착, 정치적 왜곡 방지, 국민의 정책에 대한 신뢰 및 우호적인 기대형성 등등.

그리고 재정정책과 통화정책의 효과는 단기적이며 장기적인 효과는 없다. 확장적 재정정책의 경우 민간투자를 저해하여 최장기의 경제성장에 악영향을 끼치는 등 부작용(side effects)을 초래할 수 있다.

아울러 경제가 유동성 함정에 빠져 있는 경우에는 통화량 증가로 명목이자율을 추가로 하락시킬 수 없고, 정부부채가 과도한 상황에서는 확장적 재정정책을 추진하는 데 한계가 있다.

따라서 정부정책은 **제약요건이 많고 효과도 불확실하여 신중하게 추진**되어야 할 사안이다. 제8부 거시경제정책 관련 논의에서 자세하게 다루어진다.

》 다음 주제는?

지금까지 경직된 가격하에서 "기업은 수요가 있는 만큼 생산한다"라고 가정하고 단기의 경제 움직임을 $IS-LM$모형을 중심으로 살펴보았다. 재화시장과 화폐시장의 동시균형에서 총수요가 결정되고, 이는 총생산으로 이어졌다. 총수요가 총생산을 결정하는 총수요중시이론이다.

현실에서 가격은 단기에도 조금씩 변하고 특히 공급측면의 총생산 수준이 임금 등 생산비에 영향을 미쳐 가격 및 물가의 변화로 이어진다. 따라서 다음 장에서는 **물가가 천천히 변하는 현실**을 반영하고 총수요측면과 총공급측면을 함께 고려하여 **총수요와 총공급의 일반모형인 $AD-AS$모형**을 구성한다.

재화시장과 화폐시장의 균형인 $IS-LM$모형에서 물가의 변화를 허용하여 총수요(AD)곡선을 도출하고 생산요소시장인 노동시장의 균형조건에서 총공급곡선(AS)을 도출하여 $AD-AS$모형을 구축한다.

그림 7-21 $AD-AS$모형의 도출

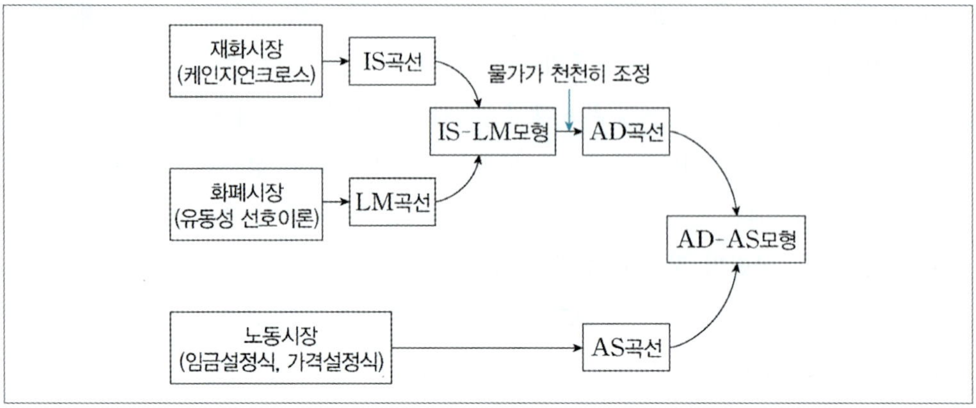

이 모형을 이용하여 **공급중시의 고전학파 장기이론**과 **수요중시의 케인즈 단기이론**을 **조화롭게 융합**하여 경제가 단기균형에서 장기균형으로 어떻게 이동하는지를 설명한다.

요약

1 $IS-LM$모형을 이용하여 재정 및 통화정책의 변화와 재화시장 및 화폐시장의 충격이 단기에 총수요(총생산)에 어떠한 영향을 미치는지를 분석한다.

2 확장적 재정정책을 실시하는 경우 IS곡선이 우측으로 이동하여 총생산이 증가하고 이자율이 상승한다.

3 확장적 통화정책을 실시하는 경우 LM곡선이 아래쪽으로 이동하여 이자율은 하락하고 총생산은 증가한다.

4 재정정책과 통화정책의 상대적 유효성은 투자의 이자율 탄력성과 화폐수요의 이자율탄력성에 의하여 결정된다. 투자가 이자율에 비탄력적이고 화폐수요가 이자율에 탄력적이면 재정정책이 더 유효하게 된다. 반면에 투자가 이자율에 탄력적이고 화폐수요가 이자율에 비탄력적이면 통화정책이 더 유효하게 된다.

5 정부는 재정정책과 통화정책을 조합하여 사용할 수 있다. 확장적 재정정책과 확장적 통화정책의 조합을 실시하는 경우 민간투자를 위축시키지 않고 총생산을 늘릴 수 있다. 긴축적 재정정책과 확장적 통화정책의 조합으로 경기를 위축시키지 않으면서 재정적자를 줄일 수 있다.

연습문제

1 다음 문장의 진위를 판단하고 그 이유를 설명하라.

(1) 기업의 투자심리가 호전되는 경우 IS곡선이 우측으로 이동하고, 통화승수가 감소하는 경우 LM곡선이 하방으로 이동한다.

(2) 화폐수요의 이자율탄력성이 큰 경우 LM곡선은 가파르게 되고, 투자의 이자율탄력성이 큰 경우 IS곡선은 가파르게 된다.

2 정부지출이 1단위 증가 시 IS곡선이 어디로 얼마만큼 이동하는가? $IS-LM$모형을 활용하여 정부지출 증가의 승수효과와 구축효과를 구분하여 분석하라. 승수효과와 구축효과의 크기를 결정하는 요인은 무엇인지 그 이유를 설명하라.

3 통화량이 1단위 증가 시 LM곡선이 어디로 얼마만큼 이동하는가? $IS-LM$모형을 활용하여 통화량 증가가 균형 총생산과 이자율에 어떻게 영향을 미치는지를 분석하라.

4 다음의 경제를 가정하자.

$$C = C_0 + C_1(Y - T),\ \ I = I_o - b_1 i$$
$$\left(\frac{M}{P}\right)^s = \frac{M}{P},\ \left(\frac{M}{P}\right)^d = d_1 Y - d_2 i$$

G와 T는 정부에 의해 외생적으로 결정

(1) IS식과 LM식을 도출하라

(2) 위 IS식과 LM식을 이용하여 균형 총생산과 이자율을 구하라.

(3) 정부지출이 1단위 증가하는 경우 균형총생산은 얼마나 증가하는가?

(4) 재정정책이 더 효과적으로 되기 위한 조건은 무엇인가? 그 이유를 설명하라.

(5) 통화량이 1단위 증가하는 경우 균형총생산은 얼마나 증가하는가?

(6) 통화정책이 더 효과적으로 되기 위한 조건은 무엇인가? 그 이유를 설명하라.

(7) 이제 투자함수가 다음과 같다고 가정하자. $I = I_0 - b_1 i + b_2 Y$. 균형 총생산과 이자율을 구하라.

제 4 부

단기에서 장기로의 경제 (가격이 천천히 변화): AD-AS모형

제4부

단기에서 장기로의 경제 (가격이 천천히 변화): AD-AS모형

제2부에서 고전학파이론에 기초하여 가격이 신축적인 장기에는 총생산이 공급측면의 생산역량에 의해 결정되는 것을 살펴보았다. 제3부에서는 케인즈이론에 기초하여 가격이 경직적인 단기에는 총생산이 총수요에 의해 결정되는 것을 살펴보았다.

이제는 이 두 단기와 장기의 이론을 포용하면서 단기에서 장기로의 조정과정까지 보여줄 수 있는 모형을 살펴볼 시점이다. 제4부는 **가격이 천천히 조정**되는 현실적인 가정하에 총수요측면과 총공급측면을 함께 고려한 **총수요와 총공급의 일반균형모형**($AD-AS$**모형**)을 살펴본다. 재화시장과 화폐시장의 균형조건에서 총수요(AD)곡선을 도출하고, 생산요소시장인 노동시장의 균형조건에서 총공급곡선(AS)을 도출하여 $AD-AS$모형(Aggregate Demand and Aggregate Supply Model)을 구축한다.

$AD-AS$모형은 총생산과 물가수준의 상호작용에 초점을 두고 있다.

경제학자들은 총생산과 물가의 절대적인 수준보다 이들 변수의 **변화율에** 더 관심이 많다. 총생산의 변화율(총생산갭)과 물가수준의 변화율(인플레이션율)에 초점을 두어 기본 $AD-AS$모형을 발전시킨 $AAD-AAS$**모형**(Advanced Aggregate Demand and Aggregate Supply Model)을 추가로 살펴본다.

제8장 총수요와 총공급의 모형($AD-AS$모형)

제9장 총수요 및 총공급의 발전된 모형($AAD-AAS$모형)

제8장 총수요와 총공급의 모형($AD-AS$모형)

제8장은 **물가가 천천히 변하는 경우** 경제가 어떤 모습으로 움직이는지를 살펴본다. 총생산과 물가의 상호작용에 초점을 둔다. 물가가 총수요에 영향을 미치는 수요측면과 총생산이 물가에 영향을 미치는 공급측면을 함께 고려한다.

재화시장과 화폐시장의 균형인 $IS-LM$모형에서 물가의 변화를 허용하여 물가가 총수요에 미치는 영향을 보여주는 **총수요(AD)곡선**을 도출한다.

생산요소시장인 **노동시장의 균형**조건에서 총생산이 물가에 미치는 영향을 보여주는 **총공급곡선(AS)**을 도출한다.

그리고 총수요곡선과 총공급곡선을 결합하여 **총수요-총공급모형($AD-AS$모형,** Aggregate Demand and Aggregate Supply Model)을 구성한다.

이 모형을 이용하여 거시정책의 변화나 총수요 및 총공급의 외생적 충격이 경제에 미치는 효과를 분석한다. 경제가 정책 변화나 충격 직후의 단기균형에서 장기균형으로 어떻게 이동하는지를 고찰한다.

---

1. 총생산과 물가의 상호작용
2. 총수요(AD, Aggregate Demand)
   총수요식(곡선)의 도출
   총수요곡선의 이동
3. 총공급(AS, Aggregate Supply)
   장기와 단기의 총공급곡선
   노동시장의 균형
   총공급(AS)곡선의 도출
   총공급(AS)곡선의 이동
4. 총수요와 총공급의 균형($AD-AS$모형)
5. 거시정책 및 경제적 충격의 효과 분석
   재정정책(G, T)
   통화정책(M)
   수요측면의 충격(z_d, demand shocks)
   공급측면의 충격(z_s, supply shocks)

---

1. 총생산과 물가의 상호작용

그림 8-1 *AD-AS*모형의 기본구조

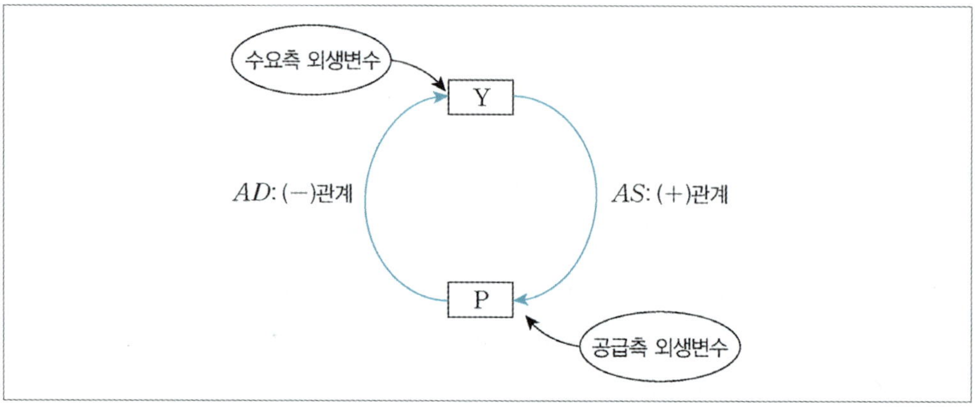

좌측면은 총수요측면으로 물가(P)가 총수요(Y)에 미치는 영향을 보여주며, 우측면은 총공급측면으로 총생산(Y)이 물가(P)에 미치는 영향을 보여준다. 이 모형에서 재정정책(G, T), 통화정책(M), 수요충격(z_d), 공급충격(z_s) 등이 외생변수이고 총생산(Y)과 물가(P)가 내생변수이다.

그림 8-1은 $AD-AS$모형의 기본 구조 즉 총생산과 물가의 상호작용을 보여주고 있다.

먼저, 좌측면은 **총수요측면**이다. **물가(P)가 총수요(Y)에 미치는 영향**을 보여준다. 물가가 하락하면 실질통화잔고($\frac{M}{P}$)가 증가하여 이자율이 하락하고 투자가 촉진되어 총수요가 증가한다. 따라서 물가와 총수요는 **음(−) 관계**를 보인다. 이 관계는 8.2절에서 상세히 살펴본다.

우측면은 **총공급측면**이다. **총생산이 물가에 미치는 영향**을 보여준다. 총생산이 증가하면 경제활동수준이 높아져 실업률이 감소하고 일할 사람을 찾기가 쉽지 않아 임금 등 생산비와 가격상승을 압박하고 물가 상승으로 이어진다. 따라서 총생산과 물가는 **양(+) 관계**를 보인다. 이 관계는 3절 총공급에서 상세히 살펴본다.

이 총수요와 총공급의 상호작용으로 경제의 균형 즉 균형 총생산과 물가가 결정된다. 그리고 외생변수인 정책이 변하거나 총수요와 총공급의 충격 등이 발생하면, **내생변수인 총생산과 물가**가 이에 반응하여 경제는 새로운 균형으로 이동한다.

2. 총수요(AD, Aggregate Demand)

총수요식(곡선)의 도출

제7장의 $IS-LM$모형에서 살펴보았듯이 총수요는 **재화시장과 화폐시장의 동시균형**에 의해 결정된다. 재화시장과 화폐시장의 균형조건은 제7장에서 살펴본 것처럼 다음과 같다.

$$IS\text{식}:\ Y = Y(i; G, T, z_g)$$

$$LM\text{식}:\ i = i(Y; \frac{M}{P}, z_m)$$

$$\textbf{총수요식}:\ Y = Y(P; M, G, T, z_g, z_m)$$

$$(-,\ +,\ +,\ -,\ +,\ -)$$

여기서 Y는 총수요, P는 물가, M은 통화량, G는 정부지출, T는 조세, z_g는 재화시장의 충격, z_m는 화폐시장의 충격이다. 총수요는 위 식에서 알 수 있듯이 물가(P)와 5개의 외생변수(M, G, T, z_g, z_m)에 의존한다.

총수요곡선은 재화시장과 화폐시장이 동시 균형을 이루는 물가와 총수요의 다양한 조합을 나타내는 곡선이다. 5개의 외생변수의 값이 일정하다는 전제하에, **물가가 총수요의 규모에 미치는 영향**을 보여주는 곡선이다. 물가가 고정된 기존 $IS-LM$모형에서 물가의 변화를 허용하고 총수요의 규모에 미치는 영향을 파악하여 총수요곡선을 도출한다.

그림 8-2 수요곡선의 도출

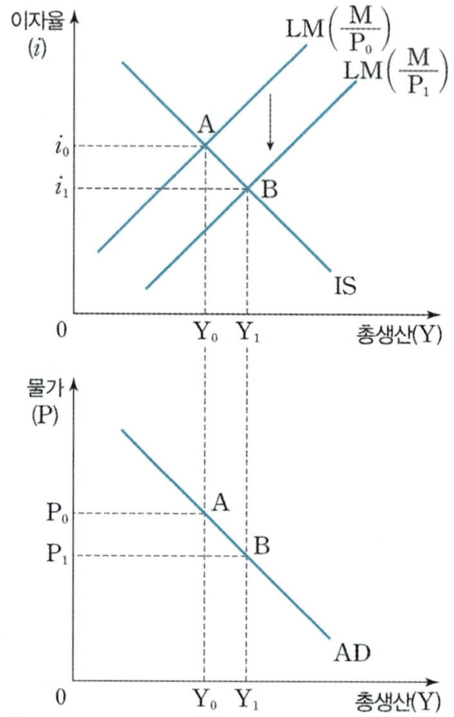

물가가 P_0이면 재화시장과 화폐시장이 균형을 이루는 총수요는 Y_0이다. 물가가 P_0에서 P_1로 하락하면 실질화폐공급이 증가하여 LM곡선이 아래쪽으로 이동하고 재화시장과 화폐시장의 균형을 이루는 총수요는 Y_0에서 Y_1로 증가한다. A점(P_0, Y_0)과 B점(P_1, Y_1)을 연결하면 우하향하는 총수요곡선이 도출된다.

그림 8-2에서 A는 초기의 균형점으로 물가가 P_0일 때 재화시장과 화폐시장이 동시 균형을 이루는 총수요 규모는 Y_0이다. 물가가 P_0에서 P_1로 하락하였다고 가정하자. 물가하락으로 화폐시장에서 실질통화잔고가 $(\frac{M}{P_0})$에서 $(\frac{M}{P_1})$로 증가하여 주어진 총생산에서 이자율이 하락하므로, LM곡선이 $LM(\frac{M}{P_0})$에서 $LM(\frac{M}{P_1})$로 하향 이동한다. 이자율의 하락으로 투자가 촉진되어 총수요는 Y_0에서 Y_1로 증가한다. 이에 따라 균형점은 A에서 B로 이동한다. A와 B를 연결하면 우하향하는 총수요곡선이 도출된다.

- 주어진 외생변수의 값, $P\downarrow \rightarrow \frac{M}{P}\uparrow \rightarrow i\downarrow \rightarrow I\uparrow \rightarrow Y$(총수요 규모)$\uparrow$

총수요곡선이 우하향하는 이유로 **이자율효과**(interest rate effect)에 초점을 두고 있다.

사실 물가가 총수요에 영향을 미치는 경로는 이자율효과 외 다른 경로가 더 있다. 물가하락은 화폐자산(monetary assets)의 실질구매력을 증가시켜 소비(C)를 증가시키는 효과가 있다(**부의 효과**, wealth effect).

- $P\downarrow$ → 부(화폐자산)의 구매력↑ → 소비↑ → Y(총수요 규모)↑

그리고 개방경제에서 국내 이자율이 하락하면 자본유출이 일어나고 외국통화의 가치가 상승(국내통화의 가치가 하락)하여 환율(ε) 상승으로 이어진다. 이에 따라 국산 제품 대비 외국산 제품의 상대가격이 상승하여 순수출이 증가하는 효과가 발생한다(**환율효과**, exchange rate effect). 자세한 내용은 제7부의 개방경제에서 논의한다.

- $P\downarrow \rightarrow \dfrac{M}{P}\uparrow$ → 환율상승↑ → 순수출↑ → Y(총수요 규모)↑

물가의 하락 시 이자율효과, 부의 효과 및 환율효과는 모두 총수요를 증가시키는 방향으로 작용한다. 따라서 **AD곡선은 우하향**한다.

총수요곡선의 이동

총수요곡선(AD곡선)은 물가가 총수요에 미치는 관계를 보여주는 곡선이다. 수요측 외생변수(M, G, T, z_g, z_m)의 값이 일정하다는 전제하에 도출되었다. **외생변수(M, G, T, z_g, z_m)의 값이 변하게 되면** 주어진 물가에서 총수요가 변하게 되어 **AD곡선** 자체가 좌측 또는 우측(leftward or rightward)으로 **이동**한다. 즉 재정정책의 변화나 재화시장의 충격으로 IS곡선이 이동하거나, 통화정책의 변화나 화폐시장의 충격으로 LM곡선 이동하는 경우 AD곡선이 이동한다.

- IS 관련 외생변수(G, T, z_g)의 변화 → IS곡선의 이동 → AD곡선의 이동
- LM 관련 외생변수(M, z_m)의 변화 → LM곡선의 이동 → AD곡선의 이동

따라서 주어진 물가에서 총수요를 증가시키는 요인(IS곡선의 우측이동 또는 LM곡선의 하방이동)이 발생하면 AD곡선이 우측으로 이동하고, 총수요를 감소시키는 요인(IS곡선의 좌측이동 또는 LM곡선의 상방이동)이 발생하면 AD곡선이 좌측으로 이동한다.

1) 재정정책(G, T)의 변화

그림 8-3 정부지출의 증가와 AD곡선의 우측 이동

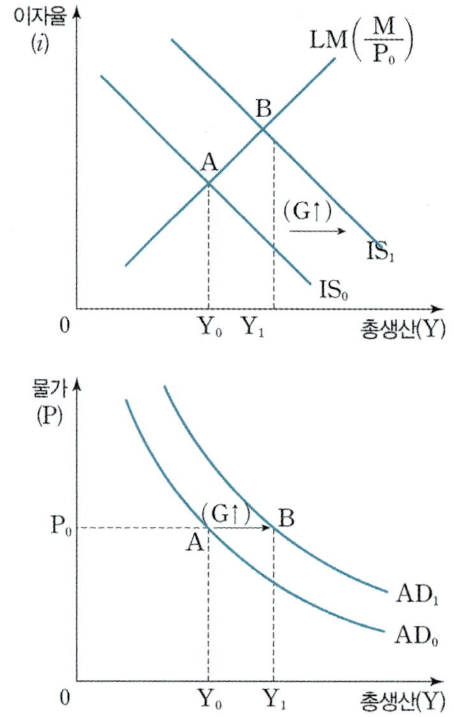

정부지출 증가($G\uparrow$)시 주어진 물가에서 총수요가 증가하므로 AD곡선이 우측으로 이동한다.

그림 8-3은 **정부지출 증가**가 AD곡선에 미치는 효과를 보여준다. 경제는 최초에 장기균형인 A에 있었다. 상단의 그림에서 정부지출이 증가하면, 재화시장에서 주어진 이자율 값에서 총수요가 증가한다. 이에 따라 IS곡선이 IS_0에서 IS_1로 우측 이동한다. 경제의 균형점은 A에서 B로 이동하여 총수요가 Y_0에서 Y_1로 증가한다. 하단의 그림에서 주어진 물가(P_0)에서 총수요가 Y_0에서 Y_1로 증가하는 것이므로 AD곡선이 AD_0에서 AD_1로 **우측 이동**한다.

반대로 정부지출의 감소 또는 조세의 증가 등 긴축적 재정정책이 실시되면, AD곡선이 좌측으로 이동한다.

2) 재화시장의 충격(z_g, IS shocks)

그림 8-4 재화시장의 충격과 AD곡선의 이동

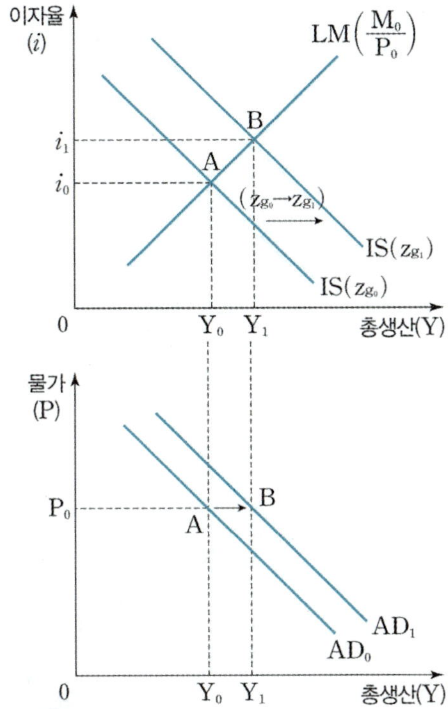

독립적 소비지출 또는 투자지출 증가($z_{g0} \rightarrow z_{g1}$) 시 주어진 물가에서 총수요가 증가하므로 AD곡선이 우측으로 이동한다.

그림 8-4는 **독립적 소비지출 또는 투자지출 증가(z_g의 증가)**가 AD곡선에 미치는 효과를 보여준다. 주식시장의 붐(boom)으로 소비심리가 호전되어 독립적 소비지출이 증가하면, 주어진 이자율에서 총수요가 늘어나 IS곡선이 $IS(z_{g_0})$에서 $IS(z_{g_1})$로 우측으로 이동한다. 경제의 균형이 A에서 B로 이동하고 총수요가 Y_0에서 Y_1로 증가한다. 그림 하단에서 주어진 물가(P_0)에서 총수요가 Y_0에서 Y_1로 증가하는 것이므로 AD곡선이 AD_0에서 AD_1로 **우측 이동**한다. 마찬가지로 기업가의 미래 경기에 대한 낙관(optimism)으로 독립적 투자지출이 증가할 때도 총수요곡선은 우측으로 이동한다.

반대로 민간의 독립적 소비지출이나 독립적 투자지출이 감소하면 IS곡선이 좌측으로 이동하고 AD곡선이 좌측으로 이동한다.

3) 통화정책(M)의 변화

그림 8-5 통화량의 증가와 AD곡선의 우측 이동

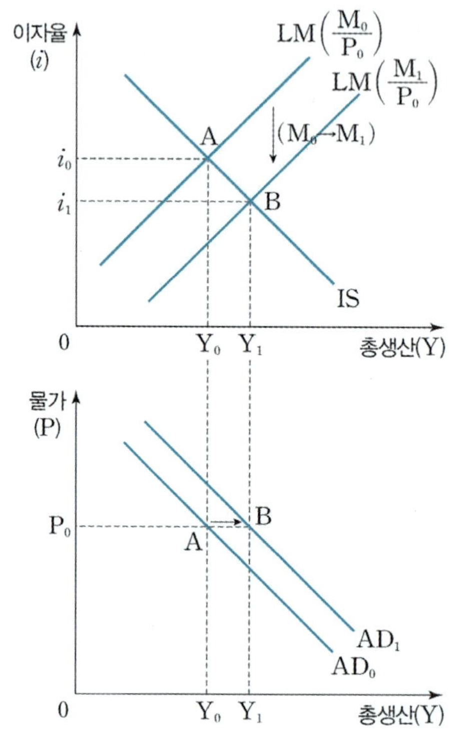

통화량의 증가($M_0 \rightarrow M_1$)시 주어진 물가에서 총수요가 증가하므로 AD곡선이 우측으로 이동한다.

그림 8-5는 **통화량 증가**($M_0 \rightarrow M_1$)가 AD곡선에 미치는 영향을 보여준다. 경제는 최초에 장기균형인 A에 있었다. 상단의 그림에서 중앙은행이 통화량을 증가시키는 경우 화폐시장에서 주어진 총생산(총소득)에서 이자율이 하락한다. 이에 따라 LM곡선이 $LM(\frac{M_0}{P_0})$에서 $LM(\frac{M_1}{P_0})$로 하향 이동하여 경제의 균형이 A에서 B로 이동한다. 이자율이 하락하고 투자가 증가하여 총수요가 Y_0에서 Y_1로 증가한다. 하단의 그림에서 주어진 물가(P_0)에서 총수요가 Y_0에서 Y_1로 증가하므로 총수요곡선이 AD_0에서 AD_1로 **우측 이동**한다.

반대로 중앙은행이 긴축적 통화정책을 실시하면 AD곡선은 좌측으로 이동한다.

4) 화폐시장의 충격(z_m, LM shocks)

그림 8-6 화폐시장의 충격과 AD곡선의 이동

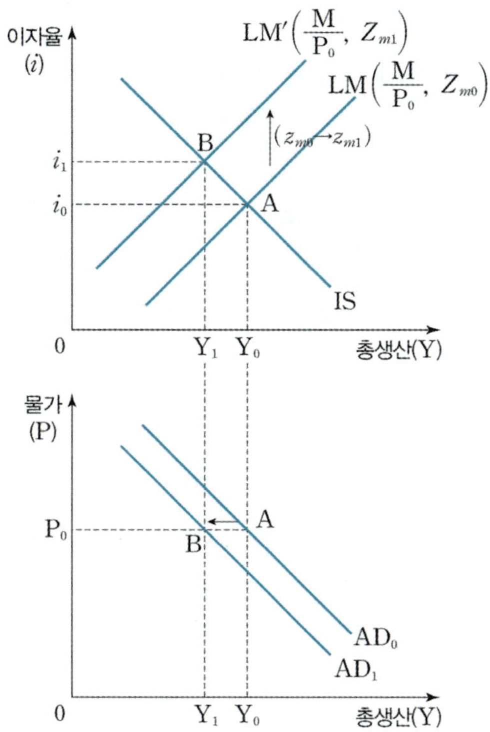

화폐수요의 증가($z_{m0} \to z_{m1}$) 시 이자율이 상승하고 투자가 감소한다. 주어진 물가에서 총수요가 감소하므로 AD곡선이 좌측으로 이동한다.

그림 8-6은 **화폐시장의 충격**이 AD곡선에 미치는 영향을 보여준다. 경제는 최초에 장기균형점 A에 있었다. 상단의 그림에서 신용카드 사기 등이 만연하여 신용카드 사용이 줄고 화폐에 대한 수요가 증가하면 화폐시장에서 주어진 소득하에서 화폐수요가 증가하여 **이자율이 상승**한다. LM곡선이 위쪽으로 이동하고 경제의 균형이 A에서 B로 이동한다. 이자율이 상승하고 투자가 감소하여 총수요가 Y_0에서 Y_1로 감소한다. 하단의 그림에서 주어진 물가((P_0)에서 총수요가 Y_0에서 Y_1로 감소하므로 총수요곡선이 AD_0에서 AD_1 로 **좌측으로 이동**한다.

반대로 금융결재시스템의 발달 등으로 화폐수요가 감소하는 경우 LM곡선은 아래쪽으로 이동한다. 주어진 물가에서 총수요가 증가하고 총수요곡선은 우측으로 이동한다.

요약

1 총수요는 IS-LM모형에서 재화시장과 화폐시장의 동시균형으로 결정된다. 총수요는 물가와 여러 외생변수(M, G, T, z_g, z_m)에 의존한다.

2 총수요곡선은 재화시장과 화폐시장이 동시균형을 이루는 물가와 총수요의 다양한 조합을 나타내는 곡선이다. 수요측 외생변수(M, G, T, z_g, z_m)의 값이 일정하다는 전제하에서 물가가 총수요에 미치는 영향을 보여준다. 물가가 하락하면 실질통화잔고가 증가하여 이자율이 하락하고 투자가 촉진되어 총수요의 규모가 증가한다. 따라서 AD곡선은 우하향하는 형태를 띤다.

3 물가 외 수요측 외생변수(M, G, T, z_g, z_m)의 값이 변하면, 총수요곡선 자체가 이동한다. IS곡선을 이동시키는 재정정책의 변화나 재화시장의 충격, LM곡선을 이동시키는 통화정책의 변화나 화폐시장의 충격 등은 AD곡선을 이동시킨다. 총수요를 증가시키는 경우는 AD곡선이 우측으로 반대로, 총수요를 감소시키는 경우는 좌측으로 이동한다.

연습문제

1 총수요곡선은 물가-생산량 평면에서 우하향한다. 그 이유를 설명하라.

2 총수요곡선상의 이동과 총수요곡선 자체 이동의 차이점을 설명하라.

3 $IS-LM$모형에서 그래프를 활용하여 총수요곡선을 도출하라.

4 정부지출의 증가가 IS, LM, AD곡선에 미치는 영향을 분석하라.

5 통화량의 증가가 IS, LM, AD곡선에 미치는 영향을 분석하라.

3. 총공급(AS, Aggregate Supply)

총공급곡선은 **총생산이 물가에 어떠한 영향을 미치는지**를 보여준다. 총공급곡선은 생산요소시장인 **노동시장의 균형조건**에서 도출된다.

장기와 단기의 총공급곡선

그림 8-7 총공급곡선의 다양한 형태

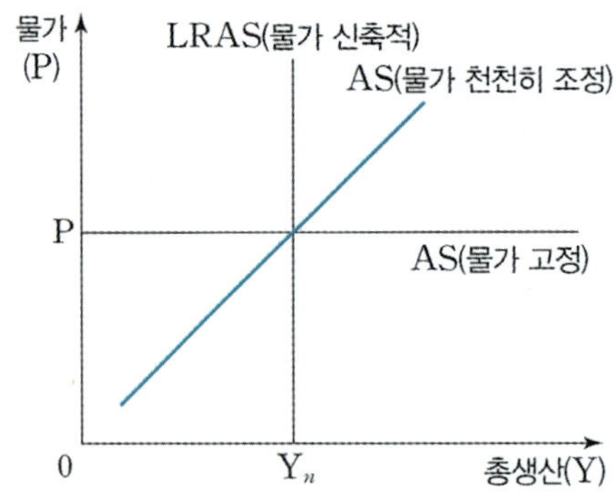

물가가 신축적인 장기의 총공급곡선은 수직이다. 물가가 고정된 단기의 총공급곡선은 수평이다. 물가가 천천히 조정되면 총공급곡선은 우상향한다.

그림 8-7에서 보는 것처럼 총공급곡선은 총생산과 물가의 관계에 따라 다양한 형태를 보이게 된다. **가격변수가 신축적인 장기**의 경우 총생산은 생산요소의 양과 기술수준 등에 의해 결정되며, 물가는 화폐부문에서 통화량에 의해 결정된다. 실물변수인 총생산과 명목변수인 물가가 서로 분리된다. 따라서 장기의 총공급곡선(LRAS)은 완전고용생산량인 **자연생산량에서 수직**이다.

한편, **가격변수가 경직적인 단기**의 경우 기업이 가격을 그대로 유지한 채 재화에 대한 수요에 따라 생산하여 공급한다. 이 경우 총공급곡선은 **수평**의 형태를 띤다.

그림 8-8 총공급곡선의 형태에 따른 총생산의 결정

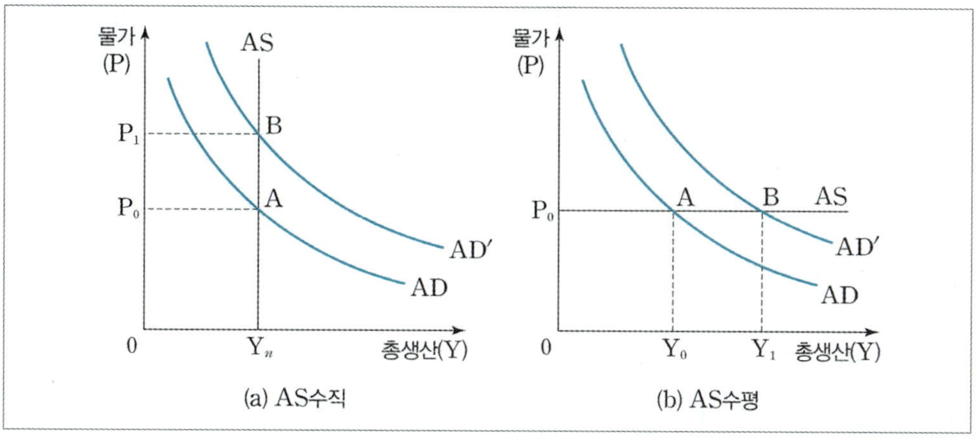

총공급곡선이 수직인 경우 총생산은 총수요와 관계없이 공급측면에 의해 결정되고, 총공급곡선이 수평인 경우 총생산은 총수요에 의해 결정된다.

그림 8-8(a)에서 보는 것처럼 장기에 총공급곡선이 수직이라면 총생산은 총수요와 관계없이 공급측면에 의해 결정되고, 그림 8-8(b)에서 보는 것처럼 단기에 총공급곡선이 수평이라면 총생산은 총수요에 의해 결정된다.

이제 가격변수가 고정되어 있지 않고 **천천히 움직이는 단기**의 경우 총공급곡선이 어떠한 형태를 보일지 도출해 보도록 하자. 그리고 이 경우 총생산이 어떻게 결정되는지를 분석해 보자.

노동시장의 균형

총공급곡선은 노동시장의 균형조건에서 도출된다. 먼저 노동시장의 균형을 살펴보자. 총생산이 증가하면 고용이 증가하여 실업률이 감소하고, 이는 임금상승으로 이어진다. 임금상승은 생산비 상승과 제품의 가격상승으로 이어져 물가상승을 초래한다. 이러한 연쇄작용의 중심에 노동시장이 있다.

노동시장의 균형은 두 측면에서 접근할 수 있다. 먼저, 왈라스(Walras)의 접근방식에 따라 실질임금의 조정에 의해 노동의 수요량과 공급량이 일치하는 것이다. 다음으로 **마샬(Marshall)의 접근방식**에 따라 노동량의 조절에 의한 **수요자가격과 공급자가격이 일치**하는 것이다. 여기서는 마샬의 접근방식에 따른다.

노동의 수요자가격은 기업이 지불할 용의(willing to pay)가 있는 실질임금이다. 기업은 노동의 실질한계비용(실질임금)과 실질한계수입(노동의 한계생산)이 일치하는 점까지 고용한다. 따라서 노동의 수요곡선은 노동의 한계생산곡선이며, 이는 기업이 지불할 용의가 있는 실질임금을 나타낸다.

노동의 공급자가격은 근로자가 수용할 용의(willing to accept)가 있는 실질임금이다. 근로자는 실질한계수입(실질임금)이 노동 제공의 실질한계비용과 일치하는 점까지 노동을 제공한다. 따라서 노동의 공급곡선은 노동의 실질한계비용곡선이 되며, 이는 노동자가 수용할 용의가 있는 실질임금을 나타낸다.

노동시장은 기업이 지불할 용의가 있는 실질임금과 근로자가 수용할 용의가 있는 실질임금이 일치하는 점에서 균형을 이룬다.

현실에서 대부분 시장이 **불완전경쟁시장**에 가깝다. 노동시장에서 근로자와 기업간 협상으로 임금이 결정되고, 기업은 임금 등 생산비에 일정한 마크업(mark-up)을 추가해서 가격을 결정한다. 이제 임금과 가격 설정에 대해 구체적으로 살펴보자. 임금협상은 기대 물가(expected price level)에 기초하여 설정되며 가격은 실제 생산비(actual production costs)에 기초하여 설정되는 **비대칭정보모형**(asymmetric information model)을 중심으로 살펴본다.

1) 명목임금 설정(WS, Wage Setting)

먼저, 명목임금이 어떻게 설정되는지를 살펴보자. 기업과 근로자가 명목임금을 협상할 때 중요하게 고려하는 변수들은 다음과 같다. 우선, **기대 물가수준**(P^e)이다. 기업과 근로자 모두 명목임금 자체보다는 명목임금의 구매력, 즉 실질임금에 관심을 둔다. 기본적으로 구매력 관점에서 물가가 오른 만큼 명목임금을 올리는데 의견을 같이한다. 그러나 명목임금이 지불되는 미래에 물가가 얼마가 될지 알 수가 없다. 따라서 기대 물가에 기초하여 명목임금을 설정하며, 기대 물가가 높을수록 명목임금은 높게 설정되고, 기대물가가 낮을수록 명목임금은 낮게 설정된다. 기대물가는 명목임금에 정(+)의 방향으로 영향을 미친다.

다음으로 근로자와 기업의 **협상력**을 결정하는 노동시장의 상황 즉, 실업률(u) 등이다. 실업률이 높을수록 근로자는 일자리 찾기가 쉽지 않아 협상력이 떨어지고, 기업은 필요한 인력을 쉽게 찾을 수 있어 협상력이 높아진다. 실업률이 높을수록 명목임금은 낮게 설정된다. 반대로 실업률이 낮아지면 기업이 일할 사람 찾기가 쉽지 않아 근로자의 협상력이 상대적으로 높아지고 명목임금은 높게 설정된다.

기타 최저임금, 실업수당, 근로자의 노조가입률 등 협상력에 영향을 미치는 다양한 요인을 노동시장의 충격(z_l)으로 포괄하여 포착한다.

이상의 논의에 기초해서 **임금설정식**(WS, wage setting equation)을 다음과 같이 표현할 수 있다.

$$W = W(P^e, u, z_l)$$
$$(+,\ -,\ +)$$

여기서 W는 명목임금, P^e는 기대 물가, u는 실업률, z_l는 기대 물가와 실업률 외에 임금협상에 영향을 미치는 모든 변수를 포괄하는 변수(a catch all variable)로 노동시장의 충격이라 한다.

- 기대 물가가 상승하면 비례해서 명목임금이 상승한다.
- 실업률이 상승하면 근로자의 협상력이 약해져 명목임금이 하락한다.
- 기타 임금협상 시 근로자의 협상력을 강화하는 요인이 발생하는 경우 명목임금은 상승한다.
  예) 노동자에 대한 보호 강화, 실업수당의 상승 등

명목임금은 기대 물가에 1대1로 비례해서 움직인다는 전제하에 위 임금설정식은 다음과 같이 다시 쓸 수 있다.

$$W = P^e W(u, z_l)$$
$$(-,\ +)$$

위 **임금설정식이 의미하는 실질임금** 즉 근로자가 수용할 용의가 있는 실질임금은 다음과 같다.

$$\textbf{WS식이 의미하는 실질임금: } \frac{W}{P} = \frac{P^e}{P} W(u, z_l)$$
$$(-,+)$$

2) 가격 설정(PS, Price Setting)

이제 기업이 어떻게 가격을 설정하지를 살펴보자. 기업은 **생산비에 기초**하여 가격을 설정한다. 생산비는 명목임금 등 인건비와 원자재 등 기타 생산비(비인건비)로 구성된다.

기업은 시장지배력에 따라 생산비를 초과하는 **일정률의 마크업**(mark-up rate, m)을 가격에 추가로 반영할 수 있다. 예로 생산단가가 1,000원인 경우 생산비의 10%를 초과하는 마크업을 반영하여 1,100원을 가격으로 설정하는 것이다. 완전경쟁시장의 기업이라면 m은 0이 되며 기업의 시장지배력이 커질수록 m은 증가한다.

명목임금 외에 기타 생산비(비인건비)와 기업의 시장지배력 등 가격설정에 영향을 주는 모든 요인은 묶어서 기타 가격충격변수(z_n)로 포괄하여 포착하자. 이 가격충격변수는 실업률과는 무관한 것으로 가정한다.

이 경우 기업의 **가격설정식**(PS, price setting equation)은 다음과 같이 표현할 수 있다.

$$P = W\underset{(+)}{F(z_n)}$$

여기서 P는 가격, W는 명목임금, z_n는 명목임금 외 비인건비와 마크업 등 가격에 영향을 미치는 요인을 모두 포괄하는 기타 가격충격변수이다.

- 명목임금이 상승하면 가격은 비례해서 상승한다.
- 명목임금 외 비용상승 요인이 발생하거나 기업의 시장지배력이 커져 마크업이 증가하면 가격은 상승한다.

위 **가격설정식이 의미하는 실질임금** 즉 기업이 지불할 용의가 있는 실질임금은 다음과 같다.

$$\text{PS식이 의미하는 실질임금: } \frac{W}{P} = \frac{1}{F(z_n)}$$

3) 노동시장의 균형

노동시장의 균형은 임금설정식이 의미하는 실질임금(근로자가 수용할 수 있는 실질임금)과 가격설정식이 의미하는 실질임금(기업이 지불할 용의가 있는 실질임금)이 일치할 때 이루어진다. 노동시장 균형조건에서 균형 실업률이 결정된다.

임금설정식이 의미하는 실질임금 = 가격설정식이 의미하는 실질임금

$$\frac{P^e}{P}W(u, z_l) = \frac{1}{F(z_n)}$$

$$\downarrow$$

$$u = u(\frac{P^e}{P}, z_l, z_n)$$

$$(+,\ +,\ +)$$

단기의 균형실업률은 기대 물가와 실제 물가의 비율($\frac{P^e}{P}$)과 기타 외생적 충격요인 즉 노동시장의 충격(z_l) 및 기타 가격충격(z_n)에 의존한다.

그림 8-9 단기의 실업률의 결정

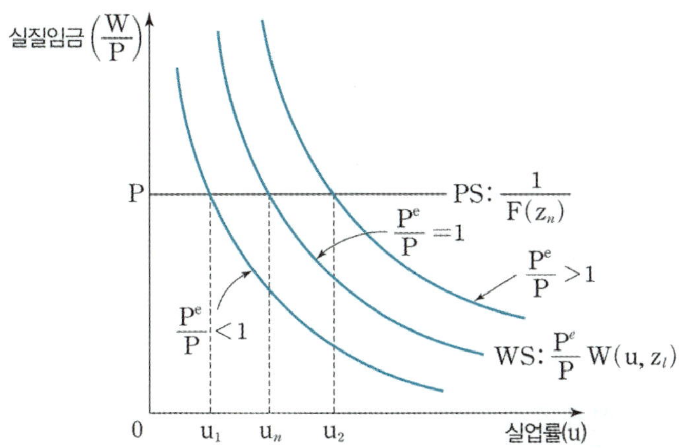

임금설정곡선(WS)과 가격설정곡선(PS)이 교차하는 점에서 단기 균형실업률이 결정된다.

그림 8-9에서 임금설정식이 의미하는 실질임금은 실업률이 증가할수록 감소한다. 따라서 임금설정곡선은 실질임금-실업률 평면에서 우하향한다. 반면에 가격설정식이 의미하는 실질임금은 실업률과 무관하여 가격설정곡선은 수평이 된다. 균형 실업률은 **임금설정곡선과 가격설정곡선이 교차하는 점**에서 결정된다.

경제가 장기균형에 도달하면 실제 물가는 기대 물가와 같다. 따라서 상기의 노동시장 균형조건에 **기대 물가와 실제 물가가 같다는 가정**($P = P^e$)을 추가하여 결정된 균형실업률은 **자연실업률**(u_n)이 된다.

$$u_n = u_n(z_l, z_n)$$
$$(+,\ +)$$

자연실업률은 노동시장의 충격변수(z_l)와 비인건비 및 기업의 마크업 등을 포괄하는 기타 가격충격 변수(z_n)에 의존한다. 따라서 자연실업률을 줄이기 위해서는 노동시장의 유연성을 높여주고 경쟁을 촉진하는 정책 등이 요청된다.

단기에는 기대 물가와 실제 물가가 일치한다는 보장이 없다. 기대 물가가 실제 물가보다 낮으면(즉, $\frac{P^e}{P} < 1$) 실업률이 자연실업률보다 낮고($u < u_n$), 반대로 기대 물가가 실제 물가보다 높으면(즉, $\frac{P^e}{P} > 1$) 실업률이 자연실업률보다 높다($u > u_n$). 그리고 실업률과 총생산은 서로 음(−)의 관계가 있으므로 다음의 관계가 성립한다.

- $\frac{P^e}{P} > 1 \leftrightarrow u > u_n,\ Y < Y_n$
- $\frac{P^e}{P} < 1 \leftrightarrow u < u_n,\ Y > Y_n$
- $\frac{P^e}{P} = 1 \leftrightarrow u = u_n,\ Y = Y_n$

총공급(AS)곡선의 도출

기술수준과 자본이 일정하다고 가정할 때 총생산의 증가는 필연적으로 노동의 고용 증가로 이어지며 실업률이 감소한다. 실업률 감소는 임금협상 시 기업에 대한 근로자의 상대적 협상력 강화로 이어져 임금 상승을 압박하고 생산비 상승 및 재화의 가격상승으로 이어져 물가가 상승한다. 따라서 총생산과 물가수준은 같은 방향으로 움직이며 총공급곡선은 **우상향**하게 된다.

1) 총공급곡선에 대한 다양한 이론

AS곡선이 우상향하는 형태를 보이는 이유에 대해서 다양한 이론이 존재한다(거시경제학에서 가장 이견이 많은 부분 중 하나임). 이들 이론은 **명목임금의 경직성, 가격의 경직성, 불완전한 정보** 등에 기초하여 총생산이 증가하는 경우 물가가 상승하는 현상(또는 물가가

상승하는 경우 총생산이 증가하는 현상)을 설명한다. 자세한 내용은 제26장을 참고하길 바란다.

여기서는 노동시장에서 임금설정식과 가격설정식에 의해 균형 실업률이 결정되는 모형에 기초하여 총공급곡선을 도출한다.

2) 총공급곡선의 도출

임금설정식과 가격설정식을 활용하여 물가가 어떻게 결정되는지를 살펴보자. 이미 도출한 **가격설정식**은 다음과 같다.

$$P = WF(z_n)$$
$$(+)$$

이 가격설정식의 **명목임금(W)을 임금설정식으로 대체**하면 다음과 같다.

$$P = P^e W(u, z_l)F(z_n) = P(u, P^e, z_l, z_n)$$
$$(-,\ +,\ +\ ,+)$$

즉 물가수준이 실업률, 기대물가, 노동시장의 충격, 기타 가격충격 등 다양한 요인에 의해 결정됨을 알 수 있다. 우리가 도출하고자 하는 것은 총생산과 물가수준의 관계이다. 위 물가를 결정하는 식에는 총생산 변수가 없다. 그러나 우리는 총생산과 실업률은 서로 반대방향으로 밀접하게 움직인다는 것을 알고 있다. 따라서 위 식의 **실업률 변수를 총생산 변수로 대체**할 수 있으며 방향을 나타내는 사인만 (−)로 수정하면 된다.

$$P = P(Y; P^e, z_l, z_n)$$
$$(+,\ +,\ +,\ +)$$

물가(P)는 총생산(Y), 기대 물가(P^e) 및 기타 공급측 외생변수(z_l, z_n)에 의존한다.

그림 8-10 총공급곡선은 우상향

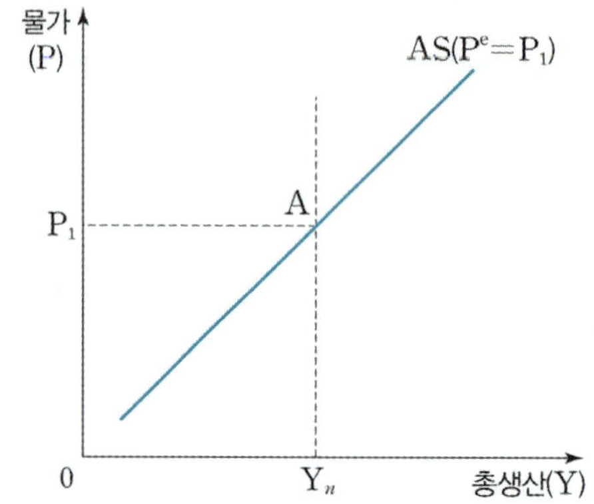

주어진 기대 물가(P^e)와 기타 공급측 외생변수(z_l, z_n) 하에서 총생산이 증가하면 실업률이 감소하고 명목임금 및 가격이 상승하여 물가가 상승한다. 총생산과 물가는 양(+)의 관계를 보이며 총공급곡선은 우상향한다. 총생산이 자연생산량과 일치($Y=Y_n$)하면 실제 물가와 기대 물가가 일치($P^e=P=P_1$)한다. 따라서 총공급곡선은 A점을 통과한다.

총공급(AS)곡선은 **총생산이 물가에 미치는 영향**을 보여주는 곡선이다. 기대물가(P^e)와 기타 공급측 외생변수(z_l, z_n)의 값이 일정한 경우, 총생산이 증가하면 실업률이 감소하고 임금협상 과정에서 근로자의 협상력이 강해져 명목임금이 상승한다. 명목임금의 상승은 생산비 상승으로 이어져 기업은 높은 가격을 설정하고 물가상승으로 이어진다. 따라서 총공급곡선은 총생산과 물가는 양(+)의 관계를 보이며, 그림 8-10에서 보는 것처럼 **우상향**하는 형태를 띤다. 이는 경제활동수준이 높아질수록 명목임금 및 가격에 대한 상승압력이 높아져 물가가 높아지는 것을 의미한다.

- 기대 물가(P^e)와 공급측 외생변수(z_l, z_n) 값이 일정: $Y\uparrow \rightarrow u\downarrow \rightarrow W\uparrow \rightarrow P\uparrow$ → AS곡선은 우상향한다.

총공급(AS)곡선의 이동

총공급곡선은 총생산 외에 물가에 영향을 미치는 기대 물가(P^e)와 공급측 외생변수(z_l, z_n)의 값은 일정하다는 전제하에 도출되었다. 따라서 **기대 물가와 공급측 외생변수**의 값이 변하게 되면 주어진 총생산에서 물가가 변하며, **AS곡선** 자체가 위쪽 또는 아래쪽(upward or downward)으로 **이동**한다.

• AS곡선의 이동: 총생산 외 기대 물가(P^e) 또는 공급측 외생변수(z_l, z_n)의 값이 변하면 AS곡선 자체가 상하로 이동한다.

그림 8-11 총공급곡선의 이동

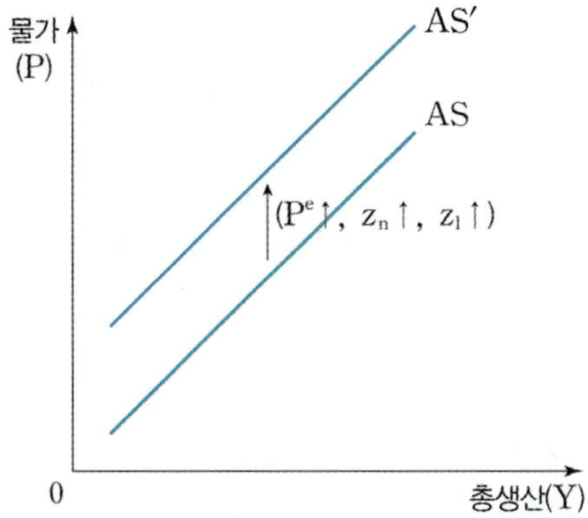

기대 물가가 상승($P^e\uparrow$)하거나 물가를 상승시키는 공급측 충격이 있는 경우($Z_n\uparrow, Z_l\uparrow$) 주어진 총생산에서 물가가 상승하므로 총공급곡선 자체가 위쪽으로 이동한다.

1) 기대 물가(P^e)의 변화

그림 8-12 기대 물가가 상승하는 경우 AS곡선이 상방으로 이동

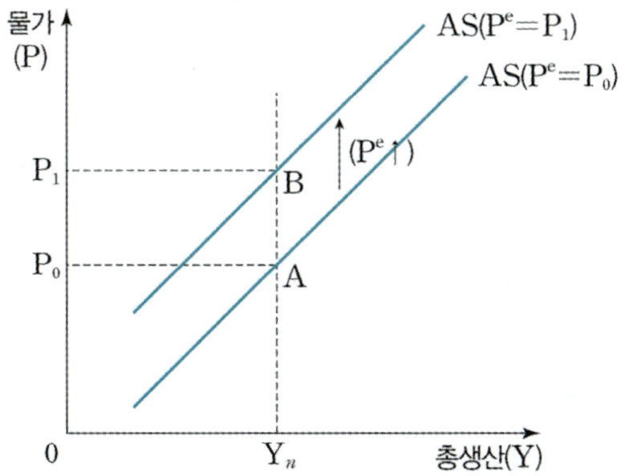

총생산이 자연생산량과 일치($Y=Y_n$)하는 경우 기대 물가와 실제 물가가 일치($P=P^e$)한다. 기대 물가(P^e)가 P_0에서 P_1로 상승하는 경우 AS곡선이 상방으로 이동한다.

그림 8-12의 점 A에서 총생산은 자연생산량과 일치($Y=Y_n$)하고 실제 물가는 P_0이다. 따라서 A점을 통과하는 AS곡선의 기대물가는 실제 물가인 P_0와 같다

$(P^e = P = P_0)$. 같은 논리로 B점을 통과하는 AS곡선의 기대물가는 P_1과 같다.

기대 물가가 P_0에서 P_1으로 **상승**하면 AS곡선이 **위쪽으로 이동**한다는 것을 알 수 있다. 이는 주어진 총생산에서 기대물가가 상승하면 임금협상 시 반영되어 명목임금이 상승하고 생산비 상승으로 이어져 물가가 상승하는 기대의 자기실현적(self-fulfilling) 속성 때문이다.

2) 공급측면의 충격(z_l, z_n)

기업은 생산비에 기초하여 가격을 설정한다. **노동시장의 충격(z_l)으로 인건비가 상승**하는 경우 가격 설정 시 반영되어 가격상승 및 물가상승으로 이어진다. 주어진 총생산에서 물가가 상승하는 것이므로 AS곡선 자체가 **위쪽으로 이동**한다.

비인건비성 경비 및 마크업 등(z_n)이 변화하는 경우 AS곡선 자체가 이동한다. 원유가격의 상승으로 생산비가 **상승**하는 경우 기업은 가격을 올린다. 또한 기업의 시장지배력이 증가하여 마크업이 높아지면 더 높은 가격을 설정한다. 주어진 총생산에서 물가가 상승하게 되므로 AS곡선 자체가 **위쪽으로 이동**한다.

일시적인 공급충격은 자연생산량에 영향을 미치지 않는다. 그러나 **항구적인 공급충격**이 발생하면 생산역량에 영향을 미치고 자연생산량이 변한다. 항구적인 공급충격이 **자연실업률과 자연생산량에 미치는 영향**을 살펴보자.

그림 8-13 공급충격과 자연실업률의 변화

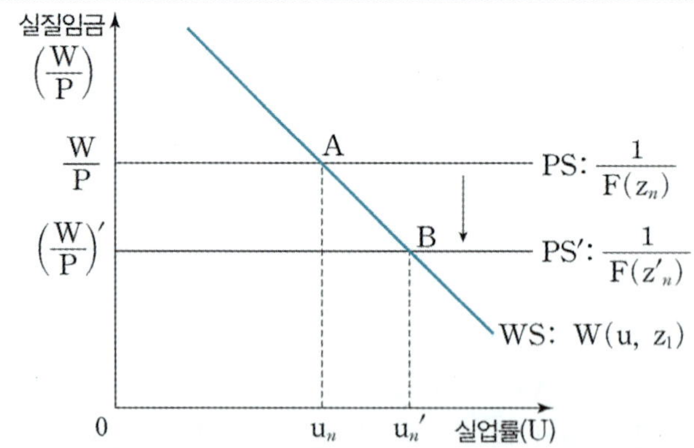

항구적인 공급충격(예:가격설정식에서 z_n이 $z_n{}'$로 상승)으로 생산비가 증가하여 기업은 더 높은 가격을 설정하게 된다. 주어진 명목임금에서 가격설정식이 제시하는 실질임금이 하락하고 PS곡선이 아래쪽으로 이동한다. 자연실업률이 u_n에서 $u_n{}'$로 증가한다.

그림 8-13에서 최초의 노동시장의 장기균형점은 A이며 자연실업률은 u_n(이에 상응하는 자연생산량 Y_n)이다. 원유 매장량의 고갈 등으로 유가가 항구적으로 상승한 경우를 가정하자. 유가 상승(가격설정식에서 z_n의 상승)은 생산비 증가를 의미하므로 기업은 주어진 명목임금(W)에서 더 높은 가격을 설정한다. 이는 가격설정식이 제시하는 실질임금의 하락으로 이어지며 PS곡선이 아래쪽으로 이동한다. 노동시장의 장기균형은 A에서 B로 이동하여 자연실업률이 u_n에서 u_n'로 증가한다.

그림 8-14 항구적인 공급충격과 총공급곡선의 상방 이동

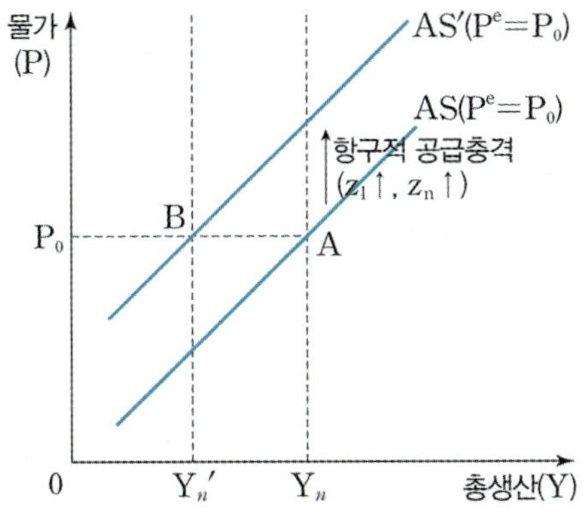

물가상승을 초래하는 항구적인 공급충격(permanent supply shock, $z_l, z_n\uparrow$)으로 AS곡선이 상방으로 이동하고 자연생산량이 Y_n에서 Y_n'로 감소한다.

자연실업률이 u_n에서 u_n'로 증가함에 따라 이에 상응하여 자연생산량이 Y_n에서 Y_n'로 감소하게 된다. 그림 8-14에서 보는 것처럼 물가상승을 초래하는 **항구적인 공급충격($z_l\uparrow$ 또는$z_n\uparrow$)으로 자연생산량이 감소하고 물가가 상승하여** AS곡선은 상방으로 이동($AS \rightarrow AS'$)한다.

요약

1 AS곡선은 주어진 총공급측 외생변수의 값에서, 총생산이 물가에 어떠한 영향을 미치는지를 보여주는 곡선이다.

2 불완전경쟁시장에서 명목임금은 기업과 근로자의 협상으로 결정되며 기대 물가, 실업률 등 노동시장의 상황 등에 의존한다.

3 불완전경쟁시장에서 기업은 명목임금 등 생산비에 일정한 마크업을 추가하여 가격을 결정한다.

4 노동시장이 균형을 이루는 실업률은 임금설정식에 의한 실질임금과 가격설정식에 의한 실질 임금이 일치하는 점에서 결정된다.

5 자연실업률은 장기균형실업률로 실제 물가와 기대 물가가 일치하는 균형실업률이다.

6 물가는 총생산, 기대 물가, 기타 생산비와 기업의 시장지배력에 영향을 주는 공급측 외생변수(공급충격) 등에 의존한다.

7 총공급곡선은 기대 물가 및 공급측 외생변수의 주어진 값에서 총생산이 물가에 미치는 영향을 보여준다. 총생산이 증가하면 임금 등 생산비와 가격상승의 압력이 발생하고 물가의 상승으로 이어진다. 따라서 총공급곡선은 우상향하는 형태를 띤다.

8 기대 물가와 공급측 외생변수의 값이 변하면, 주어진 총생산에서 물가가 변하므로 총공급곡선 자체가 이동한다.

9 주어진 총생산에서 기대 물가가 상승하거나 생산비의 증가를 초래하는 공급충격이 발생하면 총공급곡선은 위쪽으로 이동한다. 반대로 주어진 총생산에서 물가를 인하하는 공급충격이 발생하면 AS곡선은 아래쪽으로 이동한다.

연습문제

1 총공급곡선은 물가-생산량 평면에서 우상향한다. 그 이유를 설명하라.

2 총공급곡선을 상방으로 이동시키는 요인을 열거하라.

3 임금설정식과 가격설정식을 활용하여 총공급곡선식을 도출하라.

4 최저임금 증가가 자연실업률에 어떠한 영향을 미치는지를 임금설정곡선과 가격설정곡선을 활용하여 설명하라.

5 임금설정식과 가격설정식을 활용하여 실제 물가가 기대 물가보다 높은 경우 단기의 균형 실업률은 자연실업률에 비해서 어떤 수준에 있게 되는지를 설명하라.

4. 총수요 및 총공급의 균형($AD-AS$모형)

지금까지 재화시장과 화폐시장의 동시균형을 보여주는 총수요식(곡선)과 노동시장 균형을 보여주는 총공급식(곡선)을 살펴보았다. 이제 **재화시장, 화폐시장, 노동시장 등 모든 시장의 동시균형**에 대해 살펴보자.

$$AD: Y = Y(P; M, G, T, z_g, z_m) = Y(P; M, G, T, z_d)$$

$$AS: P = P(Y; P^e, z_l, z_n) = P(Y; P^e, z_s)$$

여기서 z_d는 수요충격으로 재화시장의 충격(z_g)과 화폐시장의 충격(z_m)을 대변한다. z_s는 노동시장의 충격(z_l)과 비인건비 상승 및 마크업 상승 요인 등 기타 가격충격(z_n)을 대변하는 공급충격이다.

AD식은 **재화시장과 금융시장의 동시 균형조건**으로부터 도출되었다. $IS-LM$모형에 물가의 변화를 허용하여 도출하였다. 총수요에 영향을 주는 **외생변수**(M, G, T, z_d)의 값은 일정하다는 전제하에서 물가(P)가 하락하는 경우 총수요의 규모는 증가하여 총수요곡선은 **우하향**하는 모습을 보였다. 그리고 물가 외 총수요측 외생변수가 변화하는 경우 AD곡선 자체가 이동하였다.

- AD곡선: 수요측 외생변수(M, G, T, z_d)의 값이 일정할 때, 물가가 증가하면 총수요가 감소하여 우하향한다. 외생변수(M, G, T, z_d)의 값이 변하면 주어진 물가에서 총수요가 변하므로 총수요곡선 자체가 좌우로 이동한다.

AS식은 **노동시장의 균형조건**으로 임금설정식과 가격설정식을 이용하여 도출하였다. 총공급에 영향을 주는 **기대 물가(P^e)와 외생변수(z_s)**의 값은 일정하다는 전제하에서 총생산이 증가하면 임금 및 가격상승을 압박하여 물가상승으로 이어져서 총공급곡선은 **우상향**하는 모습을 보였다. 그리고 총생산 외에 물가수준에 영향을 주는 기대 물가와 공급측 외생변수가 변하는 경우 AS곡선 자체가 이동하였다.

- AS곡선: 기대 물가(P^e)와 공급측 외생변수(z_s)의 값이 일정할 때, 총생산이 증가하면 물가가 상승하여 우상향한다. 기대 물가(P^e)와 공급측 외생변수(z_s)의 값이 변하면 주어진 총생산에서 물가가 변하므로 AS곡선 자체가 상하로 이동한다.

1) 장기균형

그림 8-15 경제의 장기균형

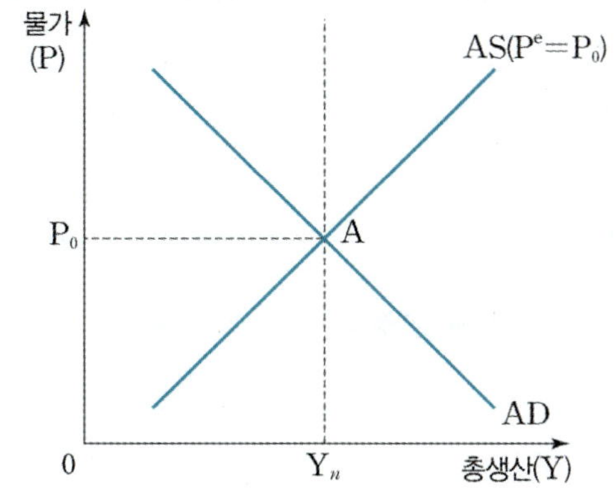

A점은 경제의 장기균형이다. 총생산은 자연생산량과 일치($Y = Y_n$)하며, 물가가 안정되어 기대 물가와 실제 물가가 일치($P = P^e$)하고, 수요와 공급 측의 충격이 없다($z_d = 0, z_s = 0$).

이제 총수요식(곡선)과 총공급식(곡선)을 이용하여 경제의 균형에 대해 살펴보자. 먼저 그림 8-11에서 A점은 **장기균형**이다. 총생산이 자연생산량과 일치하고, 물가가 P_0에서 안정되어 기대 물가와 실제 물가가 일치하며, 수요와 공급측면의 충격이 없는 상태이다.

- 총생산이 자연생산량과 일치: $Y = Y_n$
- 물가의 안정: $P^e = P = P_0$
- 충격이 없음: $z_d = z_s = 0$

2) 단기균형

경제의 단기균형은 총수요식(곡선)과 총공급식(곡선)의 상호작용으로 결정된다.

$$AD: Y = Y(P; M, G, T, z_d)$$

$$AS: P = P(Y; P^e, z_s)$$

$$\rightarrow \text{균형 총생산}(Y),\ \text{물가}(P)$$

위 식에서 **내생변수**는 총생산(Y)과 물가수준(P)이며, **수요측 외생변수**는 통화정책변수(M), 재정정책변수(G, T) 및 수요충격(z_d)이고, **공급측 외생변수**는 공급충격(z_s)이며, 기대 물가는 적응적 기대로 결정($P^e = P_{-1}$)되는 **선결변수**(predetermined variable)이다.

• 단순한 적응적 기대($P^e = P_{-1}$): 금기의 물가가 전기의 물가와 같을 것으로 기대.

단기에, 균형 총생산 및 물가수준의 값은 5개의 외생변수(M, G, T, z_d, z_s)와 1개의 선결변수의 값($P^e = P_{-1}$)에 의해 결정되며, 장기균형과 일치한다는 보장이 없다.

그림 8-16 단기균형

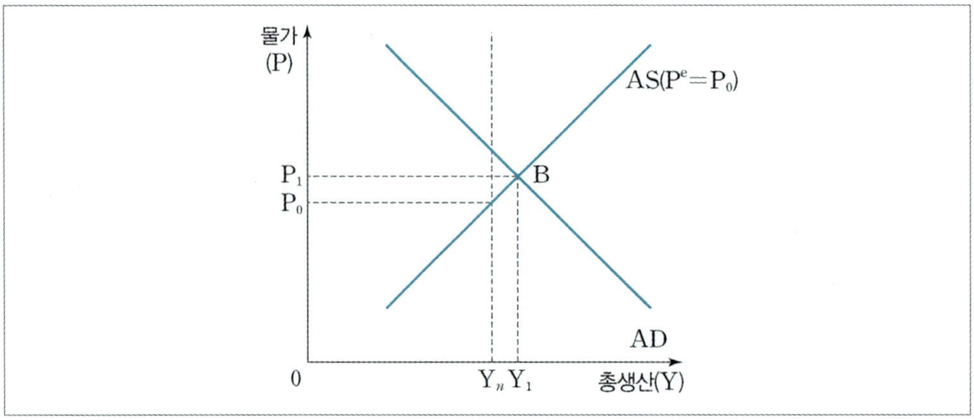

총수요곡선과 총공급곡선이 교차하는 B점에서 단기균형이 이루어진다. 총생산은 자연생산량을 초과($Y_1 > Y_n$)하고 있고, 실제 물가가 기대 물가보다 높다.($P = P_1 > P^e = P_0$)

단기균형은 **총수요곡선과 총공급곡선이 만나는 점**에서 결정된다. 그림 8-16에서 단기에 총수요곡선(AD곡선)을 따라서 재화시장과 금융시장이 균형상태에 있고, 총공급곡선(AS곡선)을 따라서 노동시장이 균형상태에 있다. 따라서 AD곡선과 AS곡선이 만나는 점에서 재화시장, 화폐시장, 노동시장 모두가 단기에 균형상태에 있게 된다. 그림에서 **B점은 단기균형**이다. 총생산은 자연생산량을 초과($Y_1 > Y_n$)하고 있고 실제 물가(P_1)가 기대 물가(P_0)보다 높다.

3) 단기균형에서 장기균형으로 이동

그림 8-17 단기균형에서 장기균형으로 이동

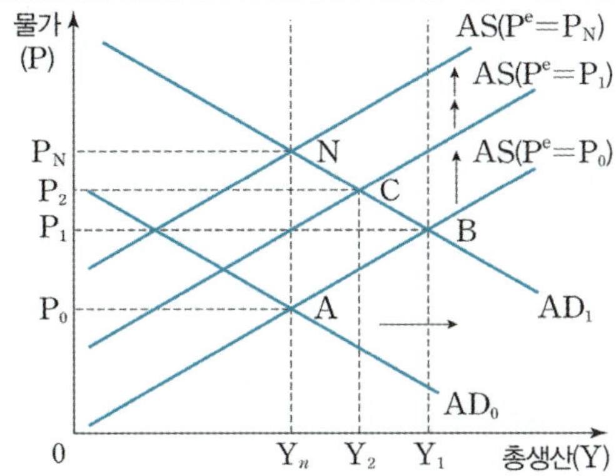

초기에 장기균형(A)에 있던 경제가 독립적 지출의 증가로 인해 B로 이동한다. B는 독립적 지출 증가 직후의 단기균형이다. 총생산이 증가($Y_n \to Y_1$)하고 물가가 상승($P_0 \to P_1$)한다. 물가상승은 기대 물가상승으로 이어져 AS곡선이 상향 이동[$AS(P^e = P_0) \to AS(P^e = P_1)$]한다. 총생산이 자연생산량을 초과하는 한 물가상승은 지속되고 기대 물가가 상승으로 이어져 AS곡선은 계속 상승하여 장기균형인 N점에 도달하게 된다.

이제 경제가 거시정책의 변화나 수요와 공급의 충격 직후의 단기균형에서 최종 종착점인 장기균형으로 어떻게 이동하는지 그 과정을 살펴보자.

그림 8-17에서 경제가 초기에 장기균형인 A에 있었다. 독립적 지출의 증가라는 수요충격으로 AD곡선이 AD_0에서 AD_1로 우측으로 이동하여 경제가 단기균형점 B로 이동한다. 총생산은 Y_n에서 Y_1로 증가하고 물가는 P_0에서 P_1로 상승한다. 물가가 상승하면서 적응적기대로 기대 물가도 상승($P^e : P_0 \to P_1$)하게 된다. 기대 물가의 상승으로 총공급곡선이 $AS(P^e = P_0)$에서 $AS(P^e = P_1)$로 상향 이동하여 새로운 단기균형점(장기균형에 이르기까지는 계속 단기균형임)인 C로 이동한다.

점 C에서 총생산은 여전히 자연생산량을 초과($Y_2 > Y_n$)한다. 물가가 계속 상승하고 **기대 물가가 상승하면서 총공급곡선이 상승**하는 조정과정이 지속되어 결국 장기균형인 N점에 도달한다.

N점에서 **총생산은 자연생산량과 일치**($Y = Y_n$)하고 물가는 안정되며 **기대 물가와 실제 물가가 일치**($P^e = P = P_N$)하여 조정과정이 종료된다. 즉 경제가 **장기균형**에 도달한다.

조정 과정을 좀 더 부연 설명하면 다음과 같다. 총생산이 자연생산량을 초과하면 물가가 상승하고 적응적 기대에 따라 경제 주체들이 기대 물가를 상향 조정한다. 기대물가 상승으로 임금이 상승하고 가격이 상승하며 다시 물가가 상승하게 된다. 물가가 상승하면서 실질통화잔고가 줄어 이자율이 상승하고 투자가 감소하여 총생산이 줄어든다. 총생산 감소로 물가 상승 압박이 조금씩 해소되지만, 총생산이 자연생산량을 초과하는 한 조정과정이 계속된다. 총생산이 자연생산량에 접근하면 물가 상승 압박요인은 사라지고 물가가 안정되며 기대물가와 실제물가가 일치하고 조정과정이 끝난다.

5. 거시정책과 경제적 충격의 효과 분석

이제는 $AD-AS$모형을 이용하여 거시경제정책의 변화나 수요와 공급의 충격 등 **외생변수의 변화**가 경제의 내생변수인 총생산 및 물가에 미치는 영향을 분석해 보자. 분석의 편의를 위해 경제는 초기에 장기균형에 있다고 가정한다. 외생변수의 변화에 따라 경제의 즉각적인 단기균형이 어디서 이루어지고 어떠한 조정과정을 거쳐 장기균형으로 이동하는지 그 경로를 살펴본다.

$$AD:\ Y = Y(P; M, G, T, z_d)$$
$$AS:\ P = P(Y; P^e, z_s)$$

위 AD식에서 **총수요측 외생변수**(M, G, T, z_d)가 변하면 AD곡선이 이동하고, AS식에서 **총공급측 외생변수**(z_s)**와 선결변수**(P^e)가 변하면 AS곡선이 이동한다. 이에 따라 내생변수인 총생산(Y)과 물가(P)가 반응하고 경제는 새로운 균형으로 이동한다.

재정정책(G, T)

그림 8-18 정부지출 증가의 단기와 장기효과

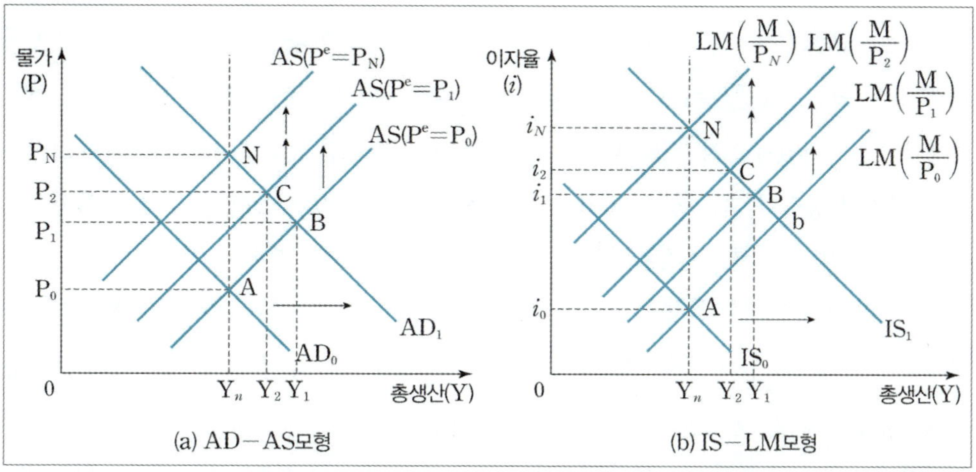

정부지출 증가로 그림(a)에서 AD곡선이 우측으로 이동($AD_0 \to AD_1$)한다. 경제의 균형점은 A에서 B로 이동하며 총생산은 증가($Y_n \to Y_1$)하고 물가는 상승($P_0 \to P_1$)한다. 물가의 상승은 기대 물가의 상승으로 이어져 AS곡선이 위쪽으로 이동[$AS(P^e=P_0) \to AS(P^e=P_1)$]한다. 이러한 조정과정이 지속되어 장기균형인 N점에 이른다.

그림(b)에서 정부지출이 증가로 IS곡선이 우측으로 이동($IS_0 \to IS_1$)한다. 물가가 천천히 상승하면서 실질통화잔고가 감소함에 따라 LM곡선이 상향 이동[$LM(\frac{M}{P_0}) \to LM(\frac{M}{P_1})$]한다. 균형점은 A에서 B로 이동한다. 총생산이 자연생산량을 초과하는 한 물가가 상승하고 기대 물가의 상승으로 이어지며, 다시 물가가 상승하는 상황이 계속된다. LM곡선이 계속 위쪽으로 이동하고 종국에는 장기균형인 N점에 도달한다.

정부가 정부지출을 증가시켜 계속 유지하면, 경제가 어떻게 반응하는지 살펴보자. 그림 8-18(a)에서 당초에 경제가 장기균형인 A에 있다고 가정한다. 총생산은 자연생산량과 일치($Y=Y_n$)하고 기대 물가와 실제 물가가 일치($P=P^e=P_0$)한다.

정부지출이 증가하면, 주어진 물가에서 총수요가 증가하므로 AD곡선은 AD_0에서 AD_1로 **우측 이동**한다.

- 주어진 P에서 $G\uparrow, Y\uparrow \rightarrow AD$곡선이 우측으로 이동

경제의 균형점은 A에서 B로 이동하며 총생산은 Y_n에서 Y_1으로 증가하고 물가는 P_0에서 P_1으로 상승한다.

물가의 상승($P_0 \rightarrow P_1$)은 적응적 기대에 따라 기대 물가의 상승($P^e : P_0 \rightarrow P_1$)으로 이어져 AS곡선이 $AS(P^e = P_0)$에서 $AS(P^e = P_1)$로 위쪽으로 이동한다. 경제의 균형점은 B에서 C로 이동하여 총생산은 Y_1에서 Y_2로 소폭 감소하며 물가는 P_1에서 P_2로 상승한다. 총생산이 감소하였지만 자연생산량을 초과($Y_2 > Y_n$)하여 임금 및 가격상승을 계속 압박하여 물가가 상승한다. 물가상승은 **기대 물가 상승으로 이어져 AS곡선은 계속 위쪽으로 이동**하게 되며, 이러한 조정과정은 장기균형인 N점에 이를 때까지 계속된다.

경제가 N점에 이르면 총생산은 자연생산량과 일치($Y = Y_n$)하고 물가가 안정되어 기대 물가와 실제 물가가 일치($P = P^e = P_N$)하여 조정과정은 막을 내린다. 장기균형에 도달한다.

정부지출 증가가 총생산에 미치는 효과는 정부지출 증가 직후에 가장 크게 나타나며 시간이 흐르면서 그 효과가 약해져 장기에는 모두 사라진다. 즉 정부지출의 증가는 **단기적인 효과만 있을 뿐**이며 **장기 효과는 없다.** 장기에 총생산은 자연생산량 수준으로 복귀한다.

지금까지 $AD-AS$모델을 이용하여 정부지출 증가가 총생산과 물가에 미치는 영향을 살펴보았다. 총생산과 물가의 변화뿐만 아니라 이자율의 변화까지 살펴보고자 하는 경우 AD곡선의 배후에 있는 $IS-LM$모형에서 경제의 변화를 살펴보면 된다.

그림 8-18(b)에서 $IS-LM$모형의 초기 균형점 A는 $AD-AS$모형의 균형점 A에 상응한다. 정부지출의 증가로 IS곡선이 IS_0에서 IS_1로 우측으로 이동한다. 물가가 고정되어 있다면 경제는 A에서 b로 이동할 것이다. 그러나 **물가가 천천히 상승**($P_0 \rightarrow P_1$)하여 실질통화잔고가 감소함에 따라 LM이 $LM(\frac{M}{P_0})$에서 $LM(\frac{M}{P_1})$로 **상방이동** 하여 균형점은 B로 이동한다. 이에 따라 총생산은 Y_n에서 Y_1로 증가하고 이자율은 i_0에서 i_1 로 상승한다.

총생산이 자연생산량을 초과하는 한 물가가 상승하고 기대 물가의 상승으로 이어지며 다시 물가가 상승하는 조정이 계속된다. 물가상승으로 실질통화잔고가 하락하여 LM곡선이 계속 위쪽으로 이동하고 종국에는 장기균형인 N에 도달한다. 총생산은 자연생산량으로 복귀하고 이자율만 상승한다.

정부지출 증가는 **단기에 총생산을 늘리는 효과**가 있지만 **장기에는 효과가 없고** 이자율만 상승시켜 민간 투자지출 등을 감소시키는 구축효과를 초래할 뿐이다. 이러한 투자 감소는 최장기적으로는 자본축적에 부정적인 영향을 끼쳐 **경제성장을 저해**하는 부작용을 낳는다.

통화정책(M)

그림 8-19 통화정책의 단기와 장기효과

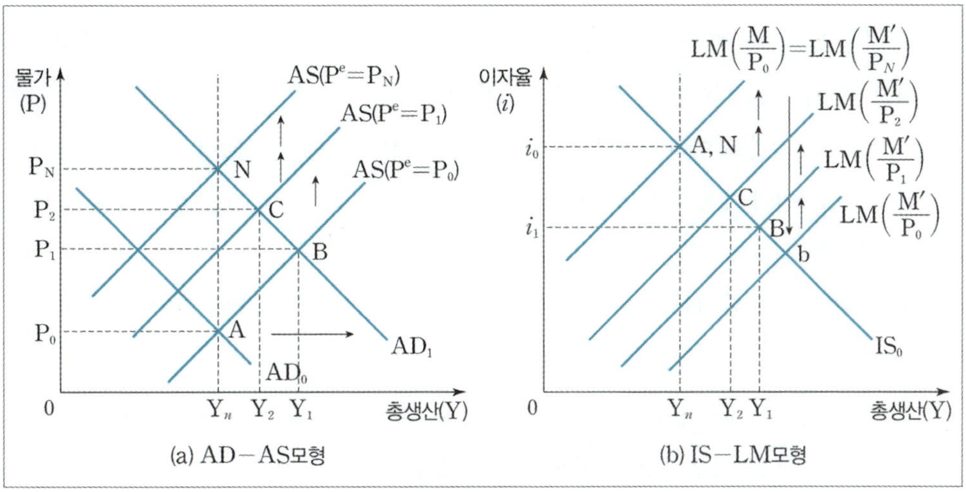

통화량 증가로 그림 (a)에서 AD곡선이 우측으로 이동($AD_0 \to AD_1$)한다. 경제의 균형점은 A에서 B로 이동하며 총생산은 증가($Y_n \to Y_1$)하고 물가는 상승($P_0 \to P_1$)한다. 물가상승은 기대 물가의 상승($P^e: P_0 \to P_1$)으로 이어져 AS곡선이 위쪽으로 이동한다. 이러한 조정과정이 지속되어 장기균형인 N점에 이른다.

그림(b)에서 통화량 증가로 LM곡선이 $LM(\frac{M}{P_0})$에서 $LM(\frac{M'}{P_0})$로 아래쪽으로 이동한다. 물가가 변하지 않으면 경제는 A에서 b로 이동할 것이다. 그러나 물가가 상승($P_0 \to P_1$)하면서 실질통화잔고가 감소하므로 LM곡선이 $LM(\frac{M'}{P_0})$에서 $LM(\frac{M'}{P_1})$로 이동하고, 균형점은 B로 이동한다. 총생산이 자연생산량을 초과하는 한 물가가 상승하고 기대 물가의 상승으로 이어지며 다시 물가가 상승하는 조정이 계속된다. LM곡선이 계속 위쪽으로 이동하고 종국에는 최초 장기균형인 A점으로 복귀한다.

그림 8-19는 통화정책의 효과를 보여준다. 장기균형점 A에서 출발한다. 중앙은행이 **통화량을 증가**시켜 계속 유지하면, 경제에 어떠한 영향을 미치는지 그 단기적 효과와 장기적 효과를 분석해 보자. 통화정책 변수(M)는 AD식에 포함된 외생변수다. 주어진 물가에서 통화량의 증가는 실질통화잔고의 증가로 이어져 이자율이 하락하고 투자가 증가한다. 주어진 물가에서 총수요가 증가하여 AD곡선이 AD_0에서 AD_1로 **우측 이동**한다.

- 주어진 P에서 $M\uparrow, M/P\uparrow, i\downarrow, I\uparrow, Y\uparrow \ \to\ AD$우측으로 이동

단기균형점은 A에서 B로 이동하여 총생산은 Y_n에서 Y_1로 증가하고 물가는 P_0에서 P_1로 상승한다.

물가가 상승하면서 적응적 기대에 따라 기대 물가가 상승하고 AS곡선은 $AS(P^e = P_0)$에서 $AS(P^e = P_1)$로 위쪽으로 이동한다. 경제의 균형은 B에서 C로 이동하여 총생산은 감소하고 물가는 상승한다. 총생산이 감소하였으나 여전히 자연생산량을 초과($Y_2 > Y_n$)하여 임금 및 가격상승의 압박은 지속되고 물가가 상승한다. **물가가 상승하면서 기대 물가가 상승하고 AS곡선이 계속 위쪽으로 이동**한다. 이러한 조정과정은 장기균형인 N점에 도달할 때까지 계속된다.

N점에 도달하면 총생산은 자연생산량과 일치($Y = Y_n$)하고 물가는 안정되며 기대 물가와 실제 물가가 일치($P = P^e = P_N$)하여 조정과정은 끝난다.

통화량 증가가 총생산에 미치는 **효과는 통화량 증가 직후에 가장 크고** 시간이 흐르면서 약해져 **장기에는 아무런 효과가 없다.** 즉 통화량의 증가는 장기적으로는 물가만 상승시킬 뿐이며 총생산은 자연생산량으로 복귀한다. 장기에는 실질변수가 명목변수로부터 분리되는 고전적 이분성과 화폐가 실질변수에 영향을 주지 않고 명목변수에만 영향을 미치는 화폐의 중립성이 성립함을 보여준다.

통화량의 증가($M \rightarrow M'$)가 이자율에 미치는 영향을 보고자 하는 경우 $AD-AS$모형의 배후에 있는 $IS-LM$모형에서 경제의 움직임을 살펴보면 된다. 그림 8-19(b)에서 통화량의 증가로 LM곡선이 $LM(\frac{M}{P_0})$에서 $LM(\frac{M'}{P_0})$로 아래쪽으로 이동한다. 물가가 변하지 않으면 경제는 A에서 b로 이동할 것이다. 그러나 물가가 상승($P_0 \rightarrow P_1$)하면서 실질통화잔고가 감소하므로 LM곡선이 $LM(\frac{M'}{P_0})$에서 $LM(\frac{M'}{P_1})$로 상방 이동하고 균형점은 B로 이동한다. 이에 따라 총생산은 Y_n에서 Y_1로 증가하고 이자율은 i_0에서 i_1로 하락한다.

총생산이 자연생산량을 초과하는 한 물가가 상승하고 기대 물가가 상승하며 다시 물가 상승으로 이어지는 과정이 지속된다. **물가가 상승**하면서 실질통화잔고가 감소하고 LM 곡선은 계속 위쪽으로 이동하여 최초 장기균형점인 A점으로 복귀한다. 생산량은 자연생산량으로 복귀하고 이자율도 원래 수준으로 복귀한다. 장기에는 통화량 증가에 비례하여 물가만 상승할 뿐이다. 실질통화잔고에 변화가 없으니, 이자율도 변할 이유가 없다.

수요측면의 충격(z_d, demand shocks)

그림 8-20 수요측 외생적 충격의 효과

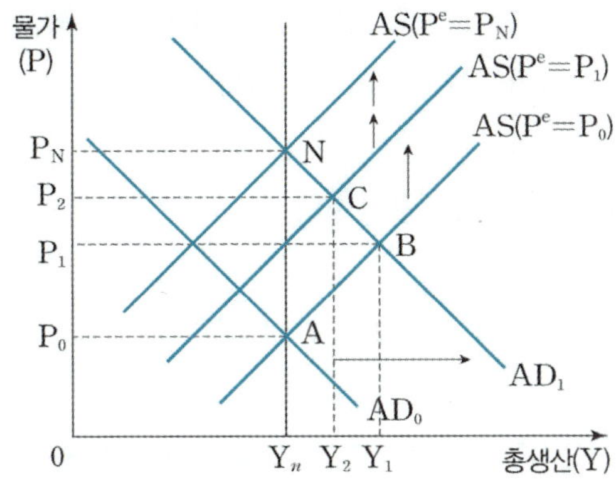

독립적 지출의 증가로 AD곡선이 AD_0에서 AD_1로 우측으로 이동한다. 수요충격 직후 경제의 균형점은 A에서 B로 이동한다. 총생산은 Y_n에서 Y_1로 증가하고 물가가 P_0에서 P_1로 상승한다. 물가 상승은 기대 물가 상승으로 이어져 AS곡선이 위쪽으로 이동한다. 총생산이 자연생산량을 초과하는 한 물가상승 및 기대 물가 상승은 지속되어 AS곡선이 계속 위로 이동하여 장기균형점인 N점에 이르게 된다.

$$AD: Y = Y(P; M, G, T, z_d)$$

위 총수요식에서 **수요의 충격(z_d)**은 수요측면에서 P, G, T, M 외 총수요에 영향을 주는 모든 요인을 포괄하는 변수이다. 소비심리나 투자심리 등의 호전으로 독립적 소비지출과 투자지출이 외생적으로 **증가**하여 계속 유지되면, 그림 8-20에서 보는 것처럼 총수요곡선은 AD_0에서 AD_1으로 **우측 이동하여 그 위치에 계속 머무르게 된다.** 수요충격 직후의 균형점은 A에서 B로 이동한다. 총생산은 Y_n에서 Y_1로 증가하고 물가도 P_0에서 P_1로 상승한다.

물가가 상승하면서 적응적 기대에 따라 기대 물가가 상승하고 AS곡선이 $AS(P^e = P_0)$에서 $AS(P^e = P_1)$로 위로 이동한다. 균형점은 B에서 C로 이동하고 총생산은 Y_1에서 Y_2로 감소하며 물가는 P_1에서 P_2로 상승한다. 총생산이 감소하였으나 여전히 자연생산량을 초과($Y_2 > Y_n$)하여 임금 및 가격상승의 압박은 지속되고 물가가 상승한다. **물가가 상승하면 기대 물가가 상승하고 AS곡선이 다시 위로 이동**한다. 이러한 조정과정이 지속되어 장기균형점인 N점에 이른다.

N점에서는 총생산은 자연생산량과 일치($Y = Y_n$)하며 물가는 안정되어 기대 물가가 실제 물가가 일치($P = P^e = P_N$)하고 조정과정은 멈춘다.

결론적으로 긍정적인 수요충격이 발생하여 유지되는 경우, 단기에 총생산이 증가하나 장기에는 자연생산량으로 복귀하고 물가만 상승한다. 총수요의 충격은 총생산에 단기적으로 영향을 미칠 뿐이며 장기적 효과는 없다.

공급측면의 충격(z_s, supply shocks)

$$AS: P = P(Y; P^e, z_s)$$

위 총공급식에서 물가는 총생산과 기대 물가 그리고 공급충격에 의존한다. 공급충격(z_s)은 총생산과 기대물가 외 공급측에서 생산비와 가격의 변화를 초래하는 모든 요인을 포괄하는 변수다. 유가의 상승은 재화의 생산비용 및 가격을 상승시켜 물가를 상승시키는 대표적인 공급충격의 사례이다.

그림 8-21 일시적인 공급충격(z_s)의 효과

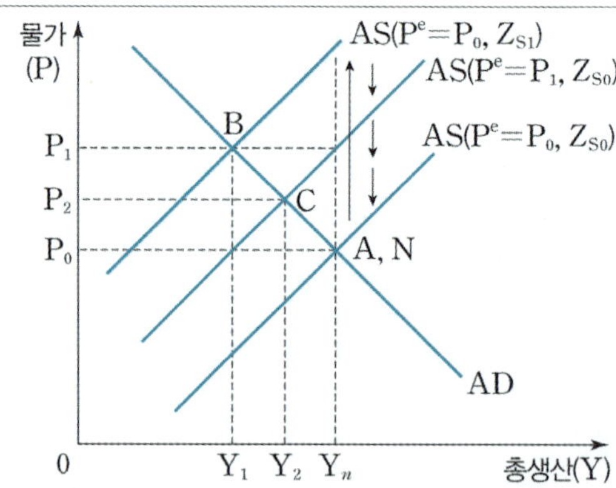

1회성 유가상승의 충격($z_{s0} \rightarrow z_{s1}$)으로 AS곡선은 $AS(P^e = P_0, Z_{s0})$에서 $AS(P^e = P_0, Z_{s1})$로 위쪽으로 이동한다. 경제의 균형은 A에서 B로 이동한다. 총생산은 하락($Y_n \rightarrow Y_1$)하고 물가가 상승($P_0 \rightarrow P_1$)한다. 물가상승은 기대 물가 상승($P^e: P_0 \rightarrow P_1$)으로 이어져 공급충격이 사라진 후에도 AS곡선은 원래의 위치로 돌아가지 못하고 아래쪽으로 이동하되 높아진 기대 물가만큼 높은 위치로 이동한다. 경제는 B에서 C로 이동한다. 총생산이 증가($Y_1 \rightarrow Y_2$)하지만 여전히 자연생산량을 밑돌고($Y_2 < Y_n$) 물가가 하락하여 기대 물가 하락으로 이어진다. AS곡선이 아래쪽으로 이동하는 조정과정이 지속되어 최초의 장기균형인 A점으로 다시 복귀한다.

1) 일시적인 공급충격

이제 **유가의 1회성 상승**의 부정적 공급충격이 경제에 미치는 효과를 분석해 보자. 그림 8-21에서 초기의 경제는 장기균형점인 A에 있다. 유가상승의 충격으로 AS곡선은 $AS(P^e = P_0, z_{s0})$에서 $AS(P^e = P_0, z_{s1})$로 **위쪽으로 이동**한다. 경제의 균형은 A에서 B로 이동한다. 총생산은 Y_n에서 Y_1로 하락하고 물가가 P_0에서 P_1로 상승하는 스태그플레이션이 초래된다.

이어서 물가상승은 기대 물가 상승($P^e : P_0 \rightarrow P_1$)으로 이어진다. 기대 물가가 상승함에 따라 유가충격이 사라진 후에도 AS곡선은 원래의 위치로 돌아가지 못하고 아래쪽으로 이동하되 높아진 기대 물가만큼 높은 위치에 있게 된다. 즉 $AS(P^e = P_0, z_{s1})$에서 $AS(P^e = P_1, z_{s0})$로 이동한다. 이에 따라 경제는 B에서 C로 이동한다. 총생산이 증가하지만 여전히 자연생산량을 밑돌아($Y_2 < Y_n$) 물가하락을 압박하게 된다. **물가가 하락하면서 기대 물가가 하락하여 AS곡선은 계속 아래쪽으로 이동**한다. 이러한 조정과정은 계속되어 최초의 장기균형인 A점으로 다시 복귀한다.

일시적으로 물가를 상승시키는 공급충격은 단기에 총생산 감소와 물가상승의 스태그플레이션을 초래하지만, 공급충격이 사라지고 물가는 점차 안정되며 총생산은 점차 증가하여 장기에는 최초 장기균형으로 복귀한다.

2) 항구적인 공급충격

공급의 충격이 일시적이면 자연생산량에는 영향을 미치지 않지만, 만약 **항구적**이라면 생산역량에 영향을 미치게 된다. 항구적인 공급충격이 **자연생산량에 어떻게 영향**을 미치는지를 살펴보자. 자연생산량은 자연실업률 상태의 생산량이므로 항구적인 공급충격이 자연실업률에 어떻게 영향을 미치는지를 살펴보아야 한다.

자연실업률은 3절 총공급에서 살펴보았듯이 노동시장의 균형조건에 장기균형을 의미하는 조건, 즉 **기대 물가와 실제 물가가 일치**($P = P^e$)한다는 조건을 추가하여 발견할 수 있다. 기대 물가와 실제 물가가 일치한다고 가정하면 임금설정식과 가격설정식이 의미하는 실질임금은 다음과 같다.

- 임금설정식이 의미하는 실질임금: $\frac{W}{P} = W(u, z_l)$

• 가격결정식이 의미하는 실질임금: $\frac{W}{P}=\frac{1}{F(z_n)}$

그림 8-22 항구적인 공급충격과 자연실업률

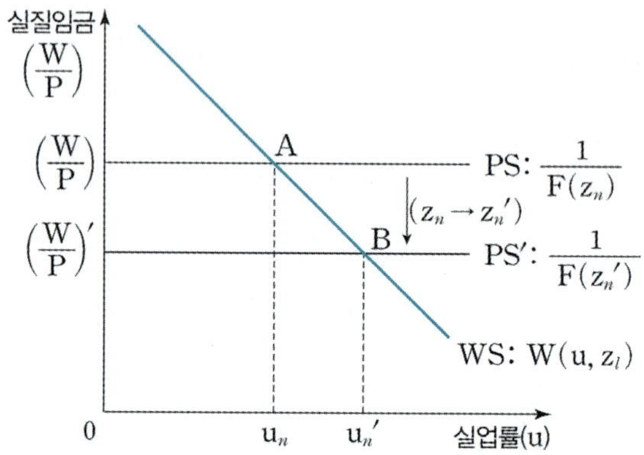

항구적인 유가 상승은 생산비 증가를 의미하므로 기업은 주어진 명목임금 하에서 더 높은 가격을 설정하게 된다. 이에 따라 가격설정식이 의미하는 실질임금이 하락하고 *PS*곡선이 아래쪽으로 이동한다. 노동시장의 장기균형이 A에서 B로 이동하여 자연실업률이 u_n에서 u_n'로 증가하게 된다.

그림 8-22에서 최초 노동시장의 장기균형은 A점이며 자연실업률은 u_n(이에 상응하는 자연생산량 Y_n)이다. 원유 매장량의 고갈 등으로 유가가 항구적으로 상승한 경우를 가정하자. 유가 상승(가격설정식에서 z_n의 상승)은 생산비 증가를 의미하므로 기업은 주어진 명목임금 하에서 더 높은 가격을 설정한다. 이는 가격설정식이 제시하는 실질임금의 하락으로 이어지며 PS곡선이 $\frac{1}{F(Z_n)}$에서 $\frac{1}{F(Z'_n)}$로 아래쪽으로 이동한다. 노동시장의 장기균형은 A에서 B로 이동하여 **자연실업률**이 u_n에서 u_n'로 **증가**한다. 자연실업률이 증가함에 따라 이에 상응하여 **자연생산량이** Y_n에서 Y_n'로 **감소**한다.

그림 8-23 항구적 유가상승의 공급충격 효과

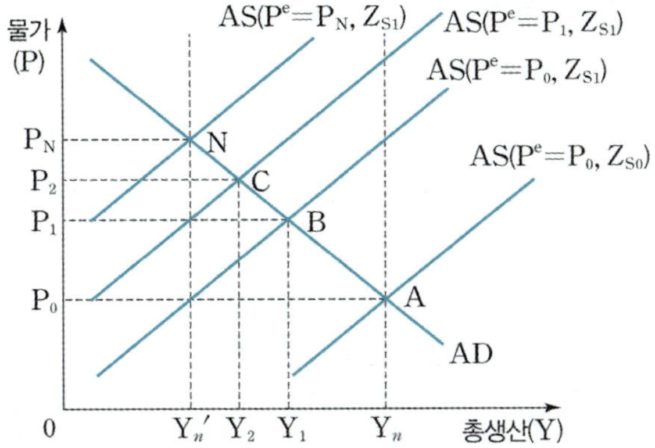

항구적인 유가상승의 충격으로 AS곡선은 위쪽으로 이동하고 $[AS(P^e=P_0, Z_{s0}) \rightarrow AS(P^e=P_0, Z_{s1})]$ 자연생산량이 Y_n에서 Y_n'로 하락한다. 경제는 A에서 B로 이동하여 총생산은 하락하고 인플레이션율이 상승하는 스태그플레이션이 초래된다. 총생산이 감소였으나 새로이 감소된 자연생산량(Y_n')을 초과하여 물가상승의 압박은 지속된다. 물가가 상승하면서 기대인플레이션율이 상승하여 AS곡선은 계속 위쪽으로 이동하여 장기균형인 N점에 이른다.

이제 $AD-AD$모형을 활용하여 항구적인 유가 상승의 부정적 공급충격이 경제에 미치는 효과를 분석해 보자. 그림 8-23에서 초기에 경제는 장기균형점인 A에 위치하였다. 항구적인 **유가상승의 충격**으로 생산역량이 훼손되어 **자연생산량**이 Y_n에서 Y_n'로 **하락**하고, AS**곡선**은 $AS(P^e=P_0, z_{s0})$에서 $AS(P^e=P_0, z_{s1})$로 **위쪽으로 이동**한다. 경제의 균형은 A에서 B로 이동한다. 총생산은 Y_n에서 Y_1로 하락하고 물가가 P_0에서 P_1로 상승하는 스태그플레이션이 초래된다.

총생산이 감소였으나 새로이 감소된 자연생산량을 초과($Y_1 > Y_n'$)하여 물가상승의 압박은 지속된다. 물가가 상승하면서 기대인플레이션율이 상승($P^e: P_0 \rightarrow P_1$)하여 AS곡선은 $AS(P^e=P_0, z_{s1})$에서 $AS(P^e=P_1, z_{s1})$로 위쪽으로 이동한다. 경제는 B에서 C로 이동한다. 이에 따라 총생산이 감소하지만 여전히 자연생산량을 초과($Y_2 > Y_n'$)하고 물가가 상승한다. **물가가 상승하면서 기대 물가 상승으로 이어져 AS곡선이 계속 상승**한다. 이러한 조정과정은 지속되어 장기균형인 N점에 이른다.

N점에서 총생산은 자연생산량과 일치($Y = Y_n'$)하고 물가는 안정되어 기대 물가와

실제 물가가 일치($P=P^e=P_N$)하고 조정과정은 끝난다. 중요한 점은 경제가 기존의 자연생산량이 아닌 **새로운 낮은 자연생산량($Y_u{}'$)으로 복귀**한다는 것이다.

항구적인 부정적 공급충격은 생산역량을 감소시켜(자연생산량의 감소), 단기적으로 총생산 감소 및 인플레이션율 상승의 스태그플레이션을 초래할 뿐만 아니라, 장기적으로는 총생산이 더욱 감소하고 인플레이션율이 더욱 상승한다. 경제가 수축되어 더 낮은 새로운 자연생산량(Y'_n) 수준으로 귀착된다.

(정책변화 및 충격의 효과 요약)

	직후 단기			장기		
	이자율	총생산	물가	이자율	총생산	물가
정부지출증가	상승	상승	상승	상승	불변	상승
통화량증가	하락	상승	상승	불변	불변	상승
수요 증가 충격	상승	상승	상승	상승	불변	상승
생산비 증가 공급충격(일시적)	상승	하락	상승	불변	불변	불변
생산비 증가 공급충격(항구적)	상승	하락	상승	상승	하락	상승

요약

1 팽창적 재정정책을 실시하는 경우 단기에 총수요 증가로 총생산이 증가하고 물가는 상승한다. 장기에는 총생산은 변화가 없고 물가와 이자율이 상승한다. 이자율 상승으로 민간 투자지출이 감소한다.

2 팽창적 통화정책을 실시하는 경우 단기에 이자율 하락으로 투자가 증가하여 총생산은 증가하고 물가가 상승한다. 장기에는 총생산은 변화가 없고 물가만 상승한다. 통화량 증가에 비례하여 물가가 상승하여 실질통화잔고량에 변화가 없고 이자율도 원래 수준으로 복귀한다.

3 독립적 지출을 증가시키는 수요충격이 발생하여 계속 유지되는 경우 단기에 총생산은 증가하고 물가는 상승한다. 장기에는 경제가 원래 위치로 복귀하여 총생산은 변화가 없고 물가만 상승한다.

4 생산비를 증가시키는 일회성 공급충격이 있는 경우 단기에 총생산은 감소하고 물가가 상승하는 스태그플레이션이 발생한다. 장기에는 경제가 원래 위치로 복귀하여 총생산 변화가 없고 물가도 변화가 없다.

5 생산비를 영구적으로 증가시키는 공급충격이 있는 경우 자연생산량이 감소한다. 단기에 총생산은 감소하고 물가가 상승하며, 장기에는 총생산이 더 감소하고 물가가 더 상승한다. 경제는 새로운 낮은 자연생산량으로 복귀한다.

연습문제

1 중앙은행이 통화량(M)을 증가시켰다고 가정하자.

(1) 단기와 장기에 총생산 및 물가에 어떻게 영향을 미칠까?

(2) 단기와 장기에 명목이자율 및 실질이자율에 어떻게 영향을 미칠까?

2 중앙은행이 통화량증가율($\frac{\Delta M}{M}$)을 증가시켰다고 가정하자.

(1) 단기와 장기에 총생산 및 물가에 어떻게 영향을 미칠까?

(2) 단기와 장기에 명목이자율 및 실질이자율에 어떻게 영향을 미칠까?

3 중앙은행이 공급측 충격과 수요측 충격 중 어느 충격에 대응하기 쉬운가? 그 이유는 무엇인가?

4 임금설정식과 가격설정식을 활용하여 자연실업률이 어떻게 결정되는지 설명하라. 자연실업률을 줄일 수 있는 정책은 무엇인가?

5 왜 총수요곡선은 물가-생산량 평면에서 우하향하는가? 그래프를 활용하여 총수요곡선을 도출하라.

6 경제가 당초 장기균형에 있었다. 세금을 영구히 감소시킨다고 가정하자. 아래의 질문에 답하라. 분석의 편의상 기대효과는 무시한다.

(1) 세금 감소 직후에 AD, AS, IS, LM곡선이 어떻게 이동하는가?

(2) 세금 감소 직후의 단기균형에서 장기균형으로 어떻게 이동하는지를 설명하라.

(3) 세금 감소가 소비와 투자에 미치는 장기적 영향은 어떻게 되는가?

7 경제가 당초 장기균형에 있었다. 실업자에 대한 혜택을 영구히 증가시키는 정책을 실시한다고 가정하자. 분석의 편의상 기대효과는 무시한다.

(1) 자연실업률에 어떻게 영향을 미치는가?

(2) 정책실시 직후에 AD, AS, IS, LM 곡선이 어떻게 이동하는가?

(3) 정책실시 직후의 단기균형에서 장기균형으로 어떻게 이동하는지를 설명하라.

제9장 총수요 및 총공급의 발전된 모형($AAD-AAS$모형)

$AD-AS$모형은 총생산과 물가수준에 초점을 두고 경제의 단기균형과 장기균형으로의 이동을 분석하였다. 총수요와 총공급의 충격이나 거시경제정책의 변화 등 외생변수의 변화에 대하여 총생산과 물가수준 등 내생변수가 단기와 장기에 어떻게 반응하는지를 고찰하였다.

경제학자들은 총생산과 물가의 절대적인 수준보다 이들 변수의 **변화율**에 더 관심이 많다. 정책적으로도 경제변수의 변화율이 더 많은 시사점을 던져준다. 따라서 이제부터는 동태적확률일반균형모형(DSGE, dynamic stochastic general equilibrium model)에 기초하여 **총생산의 변화율(총생산갭)과 물가수준의 변화율(인플레이션율)에 초점**을 둔 **총수요 및 총공급의 발전된 모형($AAD-AAS$모형,** Advanced Aggregate Demand and Aggregate Supply Model)을 구축하여 살펴보고자 한다.

$AAD-AAS$모형은 이전의 $AS-AD$모형과는 유사하지만, 다른 측면이 있으며 주요 특징은 다음과 같다. 우선, **모든 변수를 %로 측정**한다. 둘째, 총생산이 자연생산량으로부터 얼마나 이탈하였는지를 보여주는 **총생산갭**과 물가수준의 변화율인 **인플레이션율**에 집중한다. 셋째, 통화정책의 현실을 반영한다. 지금까지는 중앙은행이 통화량을 결정하고 화폐의 수요와 공급으로 명목이자율이 내생적으로 정해진다고 가정하였다. 하지만, 현실에서 대다수 국가의 중앙은행은 명목이자율에 대한 정책적 목표치를 설정하고 이를 달성하는 데 필요한 통화량이 공급되도록 한다. 이 현실을 반영하여 **중앙은행이 이자율 목표치를 직접 설정한다고 가정**한다. 넷째, 경제의 **동태적 측면을 강화**하기 위해 경제변수들에 시간(t)을 명시적으로 표시하여 시간의 흐름에 따라 이동경로를 추적한다. 지금까지 살펴본 $AD-AS$모형에서 진일보한 모형이라 할 수 있다.

3. 발전된 형태의 총공급곡선(AAS곡선)
   AAS곡선의 도출
   AAS곡선의 이동

4. 발전된 형태의 총수요와 총공급의 균형($AAD-AAS$모형)
   장기균형
   단기균형

5. 정책의 변화 및 외생적 충격의 효과 분석
   통화정책(인플레이션율 목표치)의 변화
   총수요의 충격(재정정책의 변화 포함)
   공급측면의 충격

6. 인플레이션율 안정 vs. 총생산 안정

1. 총생산갭과 인플레이션율의 상호작용

$AD-AS$모형은 총생산과 물가수준의 상호작용에 초점을 두고 있지만 $AAD-AAS$모형은 총생산의 변화율과 물가수준의 변화율 사이의 상호작용에 초점을 두고 있다. 먼저, 총생산의 변화율인 총생산갭(GDP gap)과 물가수준의 변화율인 인플레이션율에 대해 살펴보자.

총생산갭은 **총생산이 자연생산량을 초과한 정도를 %로 측정**한 것이다. 최장기에 자연생산량이 증가하는 경제성장률과는 차이가 있다. 총생산갭은 총생산과 자연생산량을 자연로그(natural log) 값으로 측정한 후 그 차이를 측정하면 알 수 있다.

$$t\text{기의 총생산갭}(G_{Yt})=\text{총생산}(ln\,Y_t)-\text{자연생산량}(ln\,Y_{nt})=\frac{Y_t - Y_{nt}}{Y_{nt}}$$

상기 값에 100을 곱하면 %숫자가 된다.

경제가 호황으로 총생산이 자연생산량을 초과하면 총생산갭은 양수(+)의 값이 된다. 반대로, 경기침체로 총생산이 자연생산량을 밑도는 경우 총생산갭은 음수(−)의 값이 된다. 경제활동수준이 높아지면 총생산갭(절댓값이 아닌 수치 값 자체)이 증가하고 경제활동수준이 낮아지면 총생산갭이 감소한다. 총생산갭은 수요측면에서 보면 총수요갭이고 공급측면에서 보면 총공급갭이 된다.

다음으로 **인플레이션율**은 물가수준의 변화율로 다음과 같다.

$$t\text{기의 인플레이션율}(\pi_t) = t\text{기의 물가수준}(\ln P_t) - (t-1)\text{기의 물가수준}(\ln P_{t-1}) = \frac{P_t - P_{t-1}}{P_{t-1}}$$

상기 값에 100을 곱하면 %숫자가 된다.

그림 9-1 $AAD-AAS$ 모형 기본구조

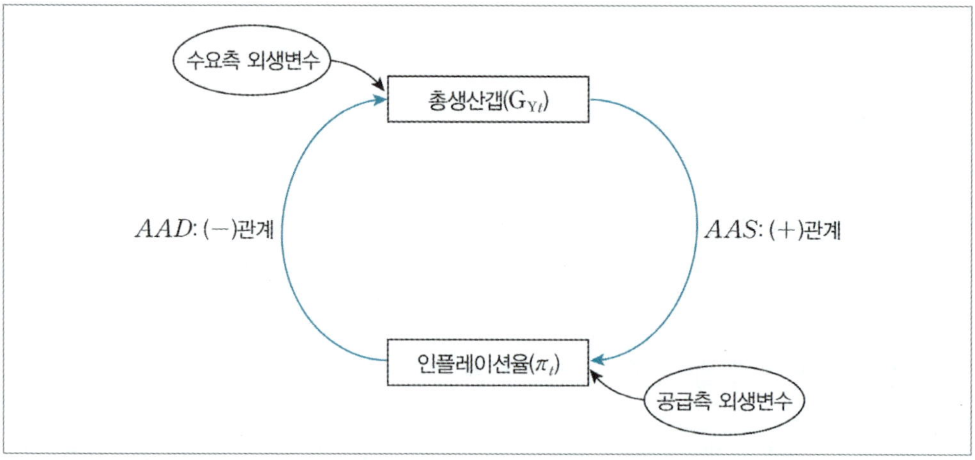

좌측면은 총수요측면으로 인플레이션율이 총생산갭에 미치는 영향을 보여준다. 우측면은 총공급측면으로 총생산갭이 인플레이션율에 미치는 영향을 보여준다. 이 모형에서 총생산갭과 인플레이션율이 내생변수이며, 통화정책과 재정정책의 변화 및 수요충격 등은 수요측 외생변수이고 공급충격은 공급측 외생변수다.

$AAD-AAS$모형은 총생산갭과 인플레이션율의 상호작용에 초점을 두며 수요와 공급측 외생변수의 변화에 대해 이 두 내생변수가 어떻게 반응하는지를 분석한다.

먼저, 그림 9-1의 좌측면은 **총수요측면**이다. 주어진 수요측 외생변수의 값에서 **인플레이션율(π_t)이 총생산갭(총수요갭, G_{Yt})에 미치는 영향**을 포착한다. 이 관계는 이어지는 2절에서 상세히 살펴볼 중앙은행의 통화정책 준칙에서 비롯된다. 인플레이션율이 상승하는 경우 중앙은행은 이에 대응하여 명목이자율과 실질이자율을 높이는 긴축적 통화정책을 실시한다. 민간의 투자지출 등이 감소하고 총수요의 규모가 감소하여 총생산갭이 감소한다. 반대로 인플레이션율이 하락하면, 중앙은행은 명목이자율과 실질이자율을 낮추어 총수요의 규모는 증가하고 총생산갭의 값이 커진다. 따라서 인플레이션율과 총생산갭 사이에 **음(−) 관계**가 존재한다.

그림 9-1의 우측면은 **총공급측면**이다. 주어진 공급측 외생변수의 값에서 **총생산갭(총공급갭, G_{Yt})이 인플레이션율(π_t)에 미치는 영향**을 포착한다. 총생산갭의 값이 증가하는 것은 경제활동수준이 높아지는 것을 의미한다. 이는 임금 및 물가의 상승 압박 요인으로 작용하여 인플레이션율 상승(또는 디플레이션율의 감소)로 이어진다. 반대로 총공급 갭의 값이 하락하는 것은 경제활동수준이 낮아지는 것을 의미하며 인플레이션율 하락(또는 디플레이션율의 증가)으로 이어진다. 따라서 총생산갭과 인플레이션율과 사이에 **양(+) 관계**를 보여준다.

이 총수요와 총공급의 상호작용으로 경제의 균형이 결정된다. 그리고 총수요와 총공급의 충격이나 정책의 변화 등 **외생변수가 변화할 때는** 경제가 이에 반응하여 **내생변수**인 **총생산갭** 및 **인플레이션율**이 조정되고 새로운 균형을 찾아가게 된다.

2. 발전된 형태의 총수요곡선(AAD곡선)

AAD곡선의 도출

1) 총생산갭

$AD-AS$모형에서 재화에 대한 총수요는 통화정책 및 재정정책 변수와 수요충격 등에 의해 결정되었다. 통화정책은 통화량의 변화를 통해 명목이자율과 실질이자율을 변화시켜 총수요에 영향을 주었다.

$AAD-AAS$모형에서 **총생산갭(총수요갭)**도 유사한 논리에 기초하여 정책변수와 수요충격 등에 의존하며 다음과 같이 표현할 수 있다.

$$t\text{기의 총생산갭: } G_{Yt} = -\alpha(r_t - r_n) + \varepsilon_t$$

여기서 G_{Yt}는 총생산갭이고 r_t는 통화정책에 영향을 받는 실질이자율이다. r_n은 자연이자율로 모든 기에 걸쳐 일정하다고 가정한다. ε_t는 실질이자율 외 총생산갭에 영향을 주는 모든 수요측 외생변수를 포괄하는 변수(a catch-all variable)다. 이 항목은 재정정책의 변화 및 수요충격 등을 포함한다. α는 매개변수(parameter)로 0보다 크다.

각 항목을 구체적으로 살펴보자. 수요측면에서 **총생산갭(총수요갭)**은 총수요가 자연생산량을 초과한 정도를 %로 측정한 것이다.

$$\text{수요측면에서 } t\text{기의 총생산갭}(G_{Yt})\text{=총수요}(ln\,Y_t)\text{−자연생산량}(ln\,Y_{nt})= \frac{Y_t - Y_{nt}}{Y_{nt}}$$

상기 값에 100을 곱하면 %숫자가 된다.

총생산갭의 값이 양수이면 총수요가 자연생산량을 초과함을 의미하며, 음수이면 총수요가 자연생산량에 못 미친다는 것을 뜻한다. 주어진 자연생산량에서 총수요의 증가는 총생산갭의 값 증가로 나타난다.

총생산갭과 실질이자율 사이에는 음(−)의 관계가 존재한다. 실질이자율이 증가하면 민간 투자지출 등이 감소(개방경제에서는 환율하락으로 순수출도 감소)하므로 주어진 자연이자율에서 총생산갭의 값은 감소한다. 반대로 실질이자율이 감소하면 민간 투자지출 등이 증가하므로 총생산갭의 값은 증가한다.

자연이자율은 경제가 장기균형에 있을 때의 실질이자율이다. 즉 총생산이 자연생산량과 일치할 때의 실질이자율이다. 따라서 수요의 외생적 충격이 없는 경우에 실질이자율이 자연이자율보다 높게 되면 총수요는 자연생산량보다 적게 되고 총생산갭은 음수의 값이 된다. 반대로 실질이자율이 자연이자율 수준보다 낮게 되면 총수요는 자연생산량보다 많게 되어 총생산갭은 양수의 값이 된다.

α는 총생산갭이 실질이자율에 얼마나 민감하게 반응하는지를 보여주는 매개변수(parameter)이다. α는 양수이며 그 값이 커질수록 총생산갭이 실질이자율의 변화에 더 민감하게 반응한다는 것을 의미한다.

이제 실질이자율 외 총생산갭에 영향을 주는 요인을 모두 포착하는 항목 ε_t를 살펴보자. 이 항목은 **정부지출 및 조세 등 재정정책의 변화**와 **여타 총수요에 영향을 주는 수요충격** 등을 모두 포괄하는 변수다. 무작위적 수요충격을 의미하는 확률변수(random variable)로 %로 측정되며 평균적으로는 0이며 기간에 따라 양수도 되고 음수도 된다. ε_t는 경제가 장기균형에 있을 때 그 값이 0이다. 미래 경제에 대한 낙관심리가 확산되어 독립적 소비 또는 투자지출이 외생적으로 증가하거나 정부가 확장적 재정정책을 실시하는 경우 ε_t의 값은 양수가 된다. 반대로, 미래 경제에 대한 불안심리가 확산되어 독립적 소비 또는 투자지출 등이 외생적으로 감소하거나 정부가 긴축적 재정정책을 실시하는 경우 ε_t의 값은 음수가 된다.

2) 실질이자율의 결정

총수요에 영향을 미치는 이자율은 실질이자율이다. 중앙은행이 결정하는 이자율은 명목이자율이다. 기대인플레이션율이 0인 경우 명목이자율과 실질이자율은 일치하여 구분 없이 사용할 수 있다. 기대인플레이션율이 0이라는 가정을 완화하여 실질이자율과 명목이자율을 구분한다.

피셔방정식(Fisher equation)에 따르면 단기에 **실질이자율과 명목이자율의 관계**를 다음과 같다.

$$r_t = i_t - \pi_{t+1}{}^e$$

경제주체들은 실질이자율에 기초하여 자금을 대여하거나 차입 여부에 대한 의사결정을 한다. t기에 자금을 대여하거나 차입할 때 명목이자율(i_t)은 알 수 있지만, 실질이자율(r_t)이 얼마가 될지 알 수 없다. 이 사전적 의미의 실질이자율(ex-ante real interest rate)은 향후 나타날 인플레이션율에 의존한다. 향후 나타날 인플레이션율은 알 수 없으므로 기대인플레이션율을 이용한다. 기대인플레이션율의 실제 값은 다음 기($t+1$)에야 알려진다. 명목이자율과 기대인플레이션율을 이용하여 실질이자율을 추산한다.

3) 중앙은행의 명목이자율 설정식

이제는 실질이자율 추산에 필요한 명목이자율과 기대인플레이션율이 어떻게 결정되는지를 차례차례 알아보자.

먼저 명목이자율의 결정이다. 중앙은행이 **테일러 준칙**(Taylor's principle)에 기초하여 총생산갭과 인플레이션갭 등 경제상황을 반영하여 명목이자율의 목표치를 설정한다고 가정한다. 총생산갭은 총생산이 자연생산량을 얼마나 초과하였는지를 나타내며 인플레이션갭은 인플레이션율이 인플레이션율 목표치를 얼마나 초과하였는지를 말한다. 초과 정도는 %로 측정한다.

중앙은행의 **명목이자율 목표치 설정식**은 다음과 같이 표현할 수 있다.

$$\begin{aligned} i_t &= r_n + \pi_t^* + (1+\theta_\pi)(\pi_t - \pi_t^*) + \theta_Y(\ln Y_t - \ln Y_{nt}) \\ &= r_n + \pi_t^* + (1+\theta_\pi)(\pi_t - \pi_t^*) + \theta_Y G_{Yt} \end{aligned}$$

여기서 i_t는 명목이자율, r_n은 자연이자율, π_t^*는 인플레이션율 목표치, π_t는 인플레이션율, lnY_t는 총생산의 자연로그 값, lnY_{nt}는 자연생산량의 자연로그 값, G_{Yt}는 총생산갭, θ_π와 θ_π는 매개변수(parameters)로 모두 양수이다.

θ_π(인플레이션율갭의 반영도)와 θ_Y(총생산갭의 반영도)는 중앙은행이 명목이자율 목표치 설정 시 총생산갭($G_{Yt} = lnY_t - lnY_{nt}$)과 인플레이션갭($\pi_t - \pi_t^*$)을 얼마나 중시하는지를 보여준다. 중앙은행이 **인플레이션율 안정을 중시**하여 이에 강하게 대응할수록 **θ_π의 값이 증가**하고, **총생산의 안정을 중시**하여 이에 강하게 대응할수록 **θ_Y의 값이 증가**한다. 중앙은행은 인플레이션율 안정과 총생산의 안정이라는 두 상충된 목표에 직면하여 θ_π와 θ_Y의 값을 결정한다.

위 이자율설정식은 인플레이션율이 목표치를 초과하거나 총생산이 자연생산량을 초과하는 경우 중앙은행이 명목이자율 목표치를 상향 조정하여 대응한다는 것을 보여준다. 특히, 인플레이션율이 $1\%P$ 상승하는 경우 명목이자율을 $(1+\theta_\pi)\%$P만큼 인상하여 대응한다는 것을 알 수 있다. **인플레이션율 상승보다도 명목이자율을 더 많이 인상**하는 것이며, 이는 **실질이자율의 인상**을 의미한다. 총수요는 명목이자율이 아닌 실질이자율에 의존하며, 인플레이션율 상승에 대응하여 투자지출 등 총수요를 줄이기 위해서는 실질이자율을 인상하는 것이 필요하기 때문이다.

4) 적응적 기대 형성

명목이자율과 실질이자율의 관계는 다음과 같다.

$$r_t = i_t - {\pi_{t+1}}^e$$

$$\text{단, } \pi_{t+1}^e = E_t\pi_{t+1}$$

여기서 ${\pi_{t+1}}^e$은 t시점에서 형성된 향후 인플레이션율에 대한 기댓값으로 $(t+1)$ 시점에 도달하면 그 실제값이 나타나 알 수 있게 된다.

중앙은행이 명목이자율을 설정하면 기대인플레이션율을 활용하여 실질이자율을 추산한다. 따라서 이 사전적 의미의 실질이자율은 미래 인플레이션율에 대한 기대가 어떻게 형성되는지에 따라 달라진다.

합리적 기대형성의 경우 실증적 타당성에 대한 논란 외에도 분석의 난도(degree of difficulty)가 높다. 적응적 기대의 형성은 경제분석의 통찰력을 크게 잃지 않으면서 모형을 단순화하는 이점이 있다. 따라서 여기서는 단순한 **적응적 기대 형성**을 가정한다. 즉 전기의 실제 인플레이션율이 금번 기에도 지속되고 금번 기의 실제 인플레이션율은 다음 기에도 지속될 것으로 기대한다. 이를 수식으로 표현하면 다음과 같다.

$$\pi_t^e = \pi_{t-1},\ \ {\pi_{t+1}}^e = \pi_t,\ \cdots$$

5) 발전된 형태의 총수요식(곡선, AAD)의 도출

이상의 논의에 기초하여 발전된 형태의 총수요식을 도출하여 보자.

- 총생산갭: $G_{Yt} = -\alpha(r_t - r_n) + \varepsilon_t$
- 피셔방정식: $r_t = i_t - {\pi_{t+1}}^e$
- 통화정책의 준칙: $i_t = r_n + \pi_t^* + (1+\theta_\pi)(\pi_t - \pi_t^*) + \theta_Y(lnY_t - lnY_{nt})$

$$= r_n + \pi_t^* + (1+\theta_\pi)(\pi_t - \pi_t^*) + \theta_Y G_{Yt}$$

- 적응적 기대: ${\pi_{t+1}}^e = \pi_t$

먼저 첫 방정식인 총생산갭에서 출발한다.

$$G_{Yt} = -\alpha(r_t - r_n) + \varepsilon_t$$

위 식의 실질이자율(r_t)은 피셔방정식에 따라 다음과 같다.

$$r_t = i_t - {\pi_{t+1}}^e$$

위 식에서 명목이자율(i_t)는 통화정책의 준칙식으로 대체하고, 기대인플레이션율(${\pi_{t+1}}^e$)는 적응적 기대식을 이용하여 대체하면 실질이자율(r_t)은 다음과 같다.

$$\begin{aligned} r_t &= i_t - {\pi_{t+1}}^e \\ &= r_n + \pi_t^* + (1+\theta_\pi)(\pi_t - \pi_t^*) + \theta_Y G_{Yt} - \pi_t \\ &= r_n + \theta_\pi(\pi_t - \pi_t^*) + \theta_Y G_{Yt} \end{aligned}$$

이제 이 실질이자율식을 총생산갭식에 대입하면 다음과 같다.

$$G_{Yt} = -\alpha(r_t - r_n) + \varepsilon_t$$
$$= -\alpha[r_n + \theta_\pi(\pi_t - \pi_t^*) + \theta_Y G_{Yt} - r_n] + \varepsilon_t$$
$$= -\alpha[\theta_\pi(\pi_t - \pi_t^*) + \theta_Y G_{Yt}] + \varepsilon_t$$

이 식을 G_{Yt}에 대해 풀면 다음과 같이 **총수요(AAD)식**이 도출된다.

$$AAD:\ G_{Yt} = -\left[\frac{\alpha\theta_\pi}{1+\alpha\theta_Y}\right](\pi_t - \pi_t^*) + \left[\frac{1}{1+\alpha\theta_Y}\right]\varepsilon_t$$
$$G_{Yt} = -A(\pi_t - \pi_t^*) + B\varepsilon_t$$
$$\text{단, } A = \frac{\alpha\theta_\pi}{1+\alpha\theta_Y} > 0,\ B = \frac{1}{1+\alpha\theta_Y} > 0$$

총생산갭(G_{Yt})은 인플레이션율(π_t)과 두 개의 외생변수(π_t^*, ε_t)에 의존한다.

$$G_{Yt} = G_{Yt}(\pi_t; \pi_t^*, \varepsilon_t)$$
$$(-, +, +)$$

그림 9-2 총수요곡선(AAD)

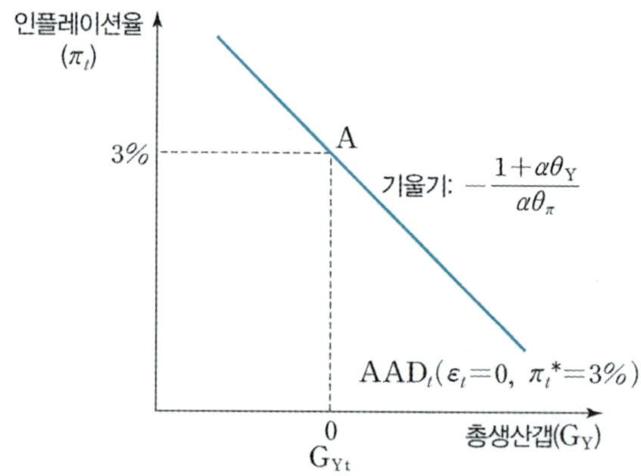

AAD곡선은 수요측 외생변수(π_t^*, ε_t)의 값이 일정하다는 전제하에서 인플레이션율이 총생산갭에 미치는 영향을 보여주는 곡선이다. 인플레이션율이 상승하면 중앙은행이 이에 대응하여 명목이자율과 실질이자율을 인상하므로 총수요가 줄어 총생산갭의 값은 감소한다. 따라서 AAD곡선은 우하향의 형태를 띤다.

인플레이션율이 인플레이션율 목표치에서 안정되고($\pi_t = \pi_t^* = 3\%$) 총수요충격이 없는 경우($\varepsilon_t = 0$) 총생산갭(G_{Yt})은 0이므로 AAD곡선은 A점을 통과하게 된다.

그림 9-2의 **총수요(AAD)곡선**은 수요측 외생변수(π_t^*, ε_t)의 값이 일정하다는 전제 하에 **인플레이션율**(π_t)**이 총생산갭**(G_{Yt})**에 어떠한 영향**을 미치는지 그 관계를 보여주는 곡선이다. 인플레이션율이 상승하는 경우 중앙은행이 이에 대응하여 명목이자율과 실질이자율을 인상하고 투자지출 등 총수요가 감소하여 총생산갭의 값이 감소한다. 따라서 인플레이션율(π_t)과 총생산갭((G_{Yt})은 음(−)의 관계를 보이며, AAD곡선은 **우하향**하는 형태를 띤다.

- 주어진 수요측 외생변수$\left(\pi_t^*, \epsilon_t\right)$의 값에서 인플레이션율이 증가하면 총생산갭의 값은 감소한다.
  → AAD**곡선**은 인플레이션율-총생산갭의 평면에서 **우하향**한다.

6) AAD곡선의 기울기

AAD곡선의 기울기는 위 AAD식에서 알 수 있다. 인플레이션율이 종축의 변수이고 총생산갭이 횡축의 변수이다. 따라서 기울기는 AAD식에서 $-\left[\dfrac{\alpha\theta_\pi}{1+\alpha\theta_Y}\right]$의 역수인 $-\left[\dfrac{1+\alpha\theta_Y}{\alpha\theta_\pi}\right]$가 된다.

θ_π가 커질수록 그리고 θ_Y가 작을수록 기울기의 절댓값이 작아져 곡선이 완만하게 된다. θ_π가 크다는 것은 중앙은행이 인플레이션율 안정을 위해 강하게 대응하는 것을 의미하며 θ_Y가 작다는 것은 총생산의 안정을 위해서는 약하게 대응하는 것을 의미한다. 중앙은행이 **인플레이션율 안정을 총생산의 안정보다 더 중시**할수록 AAD곡선은 더 **완만**하게 된다.

AAD곡선의 이동

이제 AAD곡선의 이동에 대해 살펴보자. AAD곡선은 인플레이션율(π_t) 외 수요측 외생변수(π_t^*, ε_t)의 값은 일정하다는 전제하에 인플레이션율(π_t)이 총생산갭(G_{Yt})에 미치는 영향을 보여주는 곡선이다. 따라서 **외생변수(π_t^*, ε_t)의 값이 변하게 되면** 주어진 인플레이션율 하에서 총생산갭이 변하게 되며 AAD**곡선** 자체가 **좌우(leftward or rightward)**로 **이동**한다.

그림 9-3 *AAD* 곡선의 이동

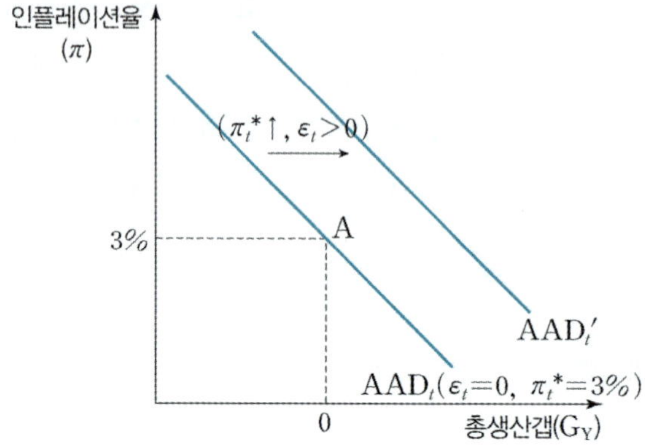

주어진 인플레이션율 하에서 총생산갭의 값을 증가시키는 요인이 발생하면, *AAD*곡선은 우측으로 이동한다. 팽창적 통화정책(인플레이션율 목표치 상향조정, π_t^* 증가), 팽창적 재정정책 또는 독립적 지출 증가의 수요충격은($\varepsilon_t > 0$) *AAD*곡선을 우측으로 이동시킨다.

그림 9-3은 주어진 인플레이션율에서 총생산갭의 값을 증가시키는 **외생적 요인**이 발생하면, *AAD*곡선은 우측으로 이동함을 보여준다.

먼저 **통화정책**이다. **인플레이션율 목표치**(π_t^*)는 *AAD*식에 포함되어 있다. 인플레이션율 목표치가 변하면 총수요곡선이 영향을 받는다. 인플레이션율 목표치가 증가하면, 통화정책 준칙에 따라 명목이자율이 낮게 설정되고, 실질이자율이 하락하여 총수요가 증가한다. 주어진 인플레이션율에서 총수요가 증가하여 총생산갭의 값이 증가하므로 *AAD*곡선은 오른쪽으로 이동한다. 반대로 인플레이션율 목표치가 낮아지는 경우 *AAD*곡선은 왼쪽으로 이동한다.

다음은 **재정정책**이다. ε_t가 이를 포착한다. 주어진 인플레이션율 하에서, **정부지출 및 조세의 변화**는 총수요에 영향을 미쳐 *AAD*곡선이 이동한다. 정부지출 증가 또는 조세 감소 등 확장적 재정정책으로 총수요가 증가하여 ε_t가 양수의 값이 되면 총생산갭의 값이 증가하므로 *AAD*곡선은 우측으로 이동한다. 반대로 정부지출 감소 또는 조세 증가로 주어진 인플레이션율하에서 총수요가 감소하여 ε_t가 음수의 값이 되면 총생산갭의 값이 감소하여 *AAD*곡선은 좌측으로 이동한다.

마지막으로 **민간의 독립적 지출 등 수요측면의 충격**이다. 이 충격 역시 ε_t를 통해 포착된다. 주어진 인플레이션율 하에서 민간의 독립적 지출 변화는 총수요에 영향을 주어 총생산갭의 값 변화로 이어지므로 *AAD*곡선을 이동시킨다. 장래의 경제상황에 대한 낙관적 기대(optimism)가 확산되어 민간 소비심리와 투자심리가 호전되고 총수요가 증가하면 ε_t의 값은 양수가 되며 총생산갭의 값은 증가하여 AAD곡선은 우측이동 한다. 반대로 미래 경제상황에 대한 비관적 기대(pessimism)가 확산되어 총수요가 위축되는 경우 ε_t의 값은 음수가 되어 총생산갭의 값은 감소하고 AAD곡선은 좌측으로 이동한다.

- 인플레이션율 외 총생산갭의 값에 영향을 주는 **수요측 외생변수(π_t^*, ε_t)가 변하면** AAD **곡선 자체가 이동**한다.
  - 인플레이션율 목표치가 상승(팽창적 통화정책 실시)하면 AAD가 우측으로 이동한다.
  - 팽창적 재정정책을 실시하거나 민간부문의 독립적 지출의 증가를 가져오는 수요충격이 발생 시 AAD곡선은 우측으로 이동한다.

3. 발전된 형태의 총공급곡선(AAS곡선)

AAS곡선의 도출

총공급(AAS)곡선은 **필립스식**(Phillips relation)에서 도출된다. 필립스식은 인플레이션율과 실업률 사이의 관계식으로 다음과 같다.

$$\pi_t = \pi_t^e - \beta(u_t - u_{tn}), \text{ 단, } \beta > 0$$

우리의 관심사는 실업률갭이 인플레이션율에 어떻게 영향을 미치는지가 아닌 총생산갭의 값이 인플레이션율에 어떠한 영향을 미치는지다. 필립스식에서 실업률갭을 총생산갭으로 대체하는 것이 필요하다. **오쿤의 법칙**(Okun's Law)은 총생산갭과 실업률갭 사이의 안정적인 음(−)의 관계를 보여준다. 오쿤의 법칙을 이용하여 위 식의 $(u_t - u_{tn})$을 $(lnY_t - lnY_{tn})$으로 대체할 수 있으며 이 경우 방향이 (−)에서 (+)로 바뀐다.

$$\pi_t = {\pi_t}^e + \phi(lnY_t - lnY_{nt}), \text{ 단, } \phi > 0$$

여기에 공급측면의 충격(v_t)을 추가하여 총공급(AAS)식을 일반화하면 다음과 같다.

$$\pi_t = \pi_t{}^e + \phi(lnY_t - lnY_{tn}) + v_t$$
$$단,\ \phi > 0$$

여기서 ν_t는 무작위적 공급충격을 의미하는 확률변수로 %로 측정되며 평균적으로 0이며 기간에 따라 양수와 음수의 값을 갖게 된다.

마지막으로 적응적 기대 형성에 따라 t기에 대한 기대인플레이션율($\pi_t{}^e$)을 $(t-1)$기의 실제 인플레이션율(π_{t-1})로 대체하고, $(lnY_t - lnY_{tn})$은 공급측면의 총생산갭이므로 G_{yt}를 사용하면 다음과 같이 **총공급(AAS식)**이 도출된다.

$$AAS\text{:}\ \pi_t = \pi_{t-1} + \phi G_{yt} + v_t$$
$$단,\ \phi > 0$$

인플레이션율은 총생산갭, 기대인플레이션율(단순한 적응적 기대로 전기의 실제 인플레이션율), 외생적인 공급충격에 의존한다.

$$\pi_t = \pi_t(G_{Yt}; \pi_{t-1}, v_t)$$
$$(+,\ +,\ +)$$

그림 9-4 총공급곡선(AAS)

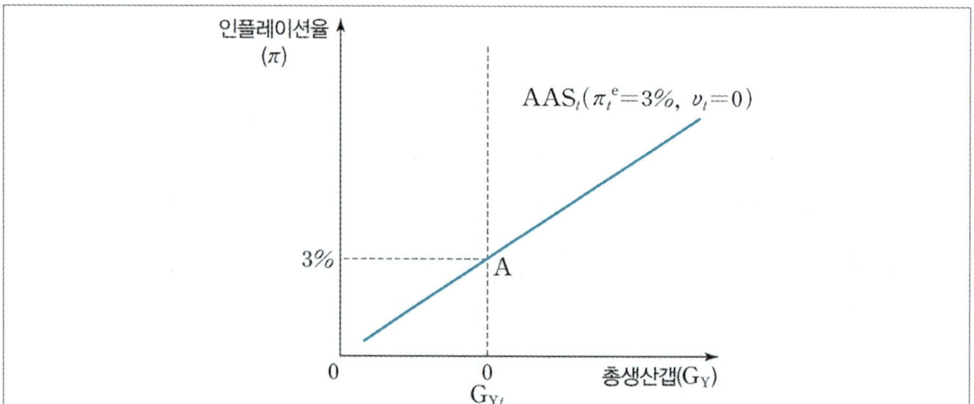

주어진 기대인플레이션율과 공급측 외생변수의 값에서 총생산갭의 값이 증가하면, 임금 및 가격의 상승을 압박하여 인플레이션율 증가로 이어진다. 따라서 총생산갭(G_Y)과 인플레이션율(π)는 같은 방향으로 움직이며 AAS곡선은 우상향의 형태를 띤다.
인플레이션율이 3%에서 안정화되어 있고($\pi_t^e(=\pi_{t-1}) = \pi_t = 3\%$), 공급충격이 없으면, 총생산 갭은 0이 되므로 AAS곡선은 A점을 통과하게 된다.

AAS**곡선**은 기대인플레이션율(전기의 실제 인플레이션율, π_{t-1})과 외생변수인 공급충격 (ε_t)이 일정하다는 전제하에, **총생산갭**(G_{Yt})**이 인플레이션율**(π_t)**에 어떻게 영향을 미치는지** 그 관계를 보여주는 곡선이다. 총생산갭의 값이 증가할수록 인플레이션율이 증가한다. 따라서 그림 9-4에서 보는 것처럼 AAS곡선은 **우상향**하는 형태를 띤다. 이는 경제활동수준이 높아질수록 명목임금 및 물가에 대한 상승압력이 높아져 인플레이션율이 높아지는 것을 의미한다.

- 주어진 기대인플레이션율(전기의 실제 인플레이션율)과 공급측 외생변수의 값에서, 총생산갭의 값이 증가하면 인플레이션율은 상승한다.
  → AAS**곡선**은 인플레이션율-총생산갭의 평면에서 **우상향**한다.

AAS곡선의 기울기

AAS곡선의 기울기는 위 AAS식에서 알 수 있듯이 ϕ이며 양수의 값을 갖는다. ϕ가 클수록 총생산의 변화가 인플레이션율에 빠르게 반영된다는 것을 의미하며 AAS곡선의 기울기는 가파르게 된다. 반면에 ϕ가 작을수록 총생산의 변화가 인플레이션율에 느리게 반영되는 것을 의미하며 AAS곡선의 기울기는 완만하게 된다.

AAS곡선의 이동

이제 AAS곡선의 이동에 대해 살펴보자. AAS곡선은 선결변수($\pi_t^e = \pi_{t-1}$)와 외생변수(ν_t)의 값은 일정하다는 전제하에 총생산갭(G_{Yt})이 인플레이션율(π_t)에 미치는 영향을 보여주는 곡선이다. 따라서 **선결변수와 외생변수의 값이 변하게 되면** 주어진 총생산갭에서 인플레이션율이 변하게 되며 AAS**곡선** 자체가 **상하(upward or downward)로 이동**하게 된다.

그림 9-5 AAS곡선의 이동

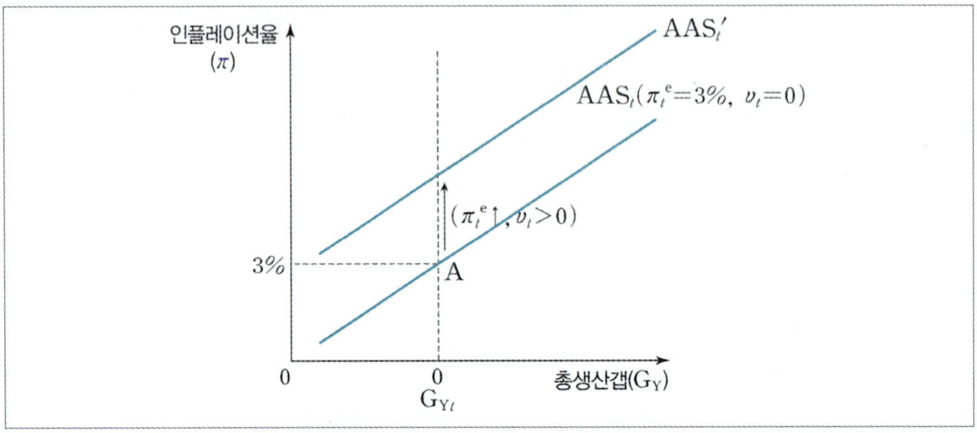

주어진 총생산갭에서 인플레이션율을 변화시키는 외생적 요인이 발생하면, AAS곡선은 상하로 이동한다. 기대인플레이션율(π_t^e)이 상승하거나 생산비 상승 요인 등 인플레이션율을 상승시키는 공급충격(v_t)이 발생하면, AAS곡선은 위쪽으로 이동한다.

그림 9-5는 총생산갭 외에 인플레이션율을 상승시키는 요인이 발생하는 경우 AAS**곡선**이 상하로 **이동**하는 것을 보여준다. 먼저 **기대인플레이션율($\pi_t{}^e$)**이다. t기의 기대인플레이션율은 적응적 기대에 따라 $(t-1)$기의 실제 인플레이션율과 같다($\pi_t{}^e = \pi_{t-1}$). 전기의 인플레이션율이 변하면 금번 기의 기대인플레이션율이 변하여 인플레이션율에 영향을 주게 된다. 이는 경제주체들이 기대인플레이션율에 기초하여 명목임금 및 가격을 책정하므로 기대인플레이션율이 실제 인플레이션율로 이어지기 때문이다. 주어진 총생산갭 하에서 인플레이션율이 변하는 것이므로 AAS곡선 자체가 이동한다. 예를 들어 **전기에 인플레이션율이 높아지면** 경제주체들은 금번 기에도 인플레이션율이 높을 것으로 기대하기 때문에 주어진 총생산갭 하에서 인플레이션율은 높아지고 AAS**곡선은 위쪽으로 이동**하게 된다.

다음은 **공급측면의 충격**(v_t)이다. 생산비와 가격에 영향을 주는 공급충격이 발생한 경우는 물가상승으로 이어져 인플레이션율에 영향을 주게 된다. 주어진 총생산갭 하에서 인플레이션율이 변하는 것이므로 AAS곡선이 자체가 이동한다. 예를 들어 **원유가격 상승**으로 인플레이션율의 상승 요인이 발생한 경우 AAS**곡선은 위쪽으로 이동**한다. 특히 공급충격이 **항구적**이어서 생산역량에 영향을 미치게 되는 경우는 **자연생산량이 변한다**.

- 총생산갭 외에 인플레이션율에 영향을 주는 **선결변수($\pi_t^e = \pi_{t-1}$)나 외생변수(ν_t)**가 변하면 AAS**곡선** 자체가 **이동**한다.

- 전기의 인플레이션율이 상승하면 금번 기의 기대인플레이션율 상승으로 이어져 AAS 곡선이 위로 이동한다.
- 생산비와 가격상승을 초래하는 외생적인 공급충격이 있는 경우 AAS곡선이 위쪽으로 이동한다.

4. 발전된 형태의 총수요와 총공급의 균형($AAD-AAS$모형)

이제 발전된 형태의 총수요식(곡선)과 총공급식(곡선)을 이용하여 경제의 균형에 대해 살펴보자. AAD식과 AAS식은 다음과 같다.

$$AAD:\ G_{Yt} = -A(\pi_t - \pi_t^*) + B\varepsilon_t = G_{Yt}(\pi_t; \pi_t^*, \varepsilon_t)$$
$$(-,+,+)$$
$$\text{단, } A = \frac{\alpha\theta_\pi}{1+\alpha\theta_\pi} > 0,\ B = \frac{1}{1+\alpha\theta_Y} > 0$$
$$AAS:\ \pi_t = \pi_{t-1} + \phi G_{yt} + v_t = \pi_t(G_{Yt}; \pi_{t-1}, v_t)$$
$$(+,\ +,\ +)$$
$$\text{단, } \phi > 0$$

위 두 식에서 **내생변수**는 총생산갭(G_{Yt})과 인플레이션율(π_t) 이며, **외생변수**는 수요측의 인플레이션율 목표치(π_t^*)와 수요충격(ε_t) 그리고 공급측의 공급충격(v_t) 이고, **선결변수**(predetermined variable)는 전기의 인플레이션율(π_{t-1})이다.

t기의 균형 총생산갭과 인플레이션율의 값은 세 개의 외생변수($\pi_t^*, \varepsilon_t, v_t$)와 한 개의 선결변수($\pi_t^e = \pi_{t-1}$)의 값에 의해 결정된다.

장기균형

그림 9-6 상기균형

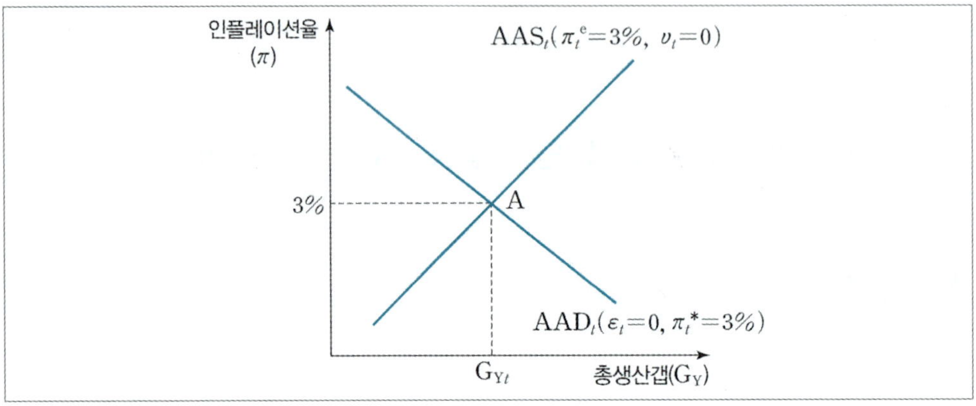

그림 9-6의 A점은 장기균형이다. 경제가 장기균형에 있다는 것은 경제가 경기변동의 기준점인 정상상태에 있어 총생산갭이 없고, 인플레이션율이 목표치에서 안정되어 있으며, 수요와 공급측의 충격이 없다는 것을 의미한다.

- 총생산갭이 없음: $G_{Yt} = lnY_t - lnY_{nt} = 0$
- 인플레이션율의 안정: $\pi_t = \pi_t{}^e(= \pi_{t-1}) = \pi_t^*(= 3\%)$
- 충격이 없음: $\varepsilon_t = v_t = 0$

총생산이 자연생산량과 일치하고, 실질이자율은 자연이자율과 일치하며, 인플레이션율이 안정되어 실제와 기대인플레이션율이 모두 **인플레이션율 목표치와 일치**하고, 명목이자율은 자연이자율에 인플레이션율 목표치를 더한 것과 같다.

$$G_{Yt} = lnY_t - lnY_{nt} = 0$$

$$r_t = r_n$$

$$\pi_t = \pi_t{}^e(= \pi_{t-1}) = \pi_t^*$$

$$i_t = r_n + \pi_t^*$$

장기균형은 고전적 이분성(classical dichotomy)이 성립하여 실질변수가 명목변수로부터 분리되고, 화폐의 중립성(money neutrality)이 성립되어 통화정책 즉 인플레이션율 목표치는 명목이자율과 인플레이션율 등 명목변수에만 영향을 줄 뿐 총생산, 실질이자율 등 실질변수에는 영향을 미치지 못한다.

단기균형

그림 9-7 단기균형

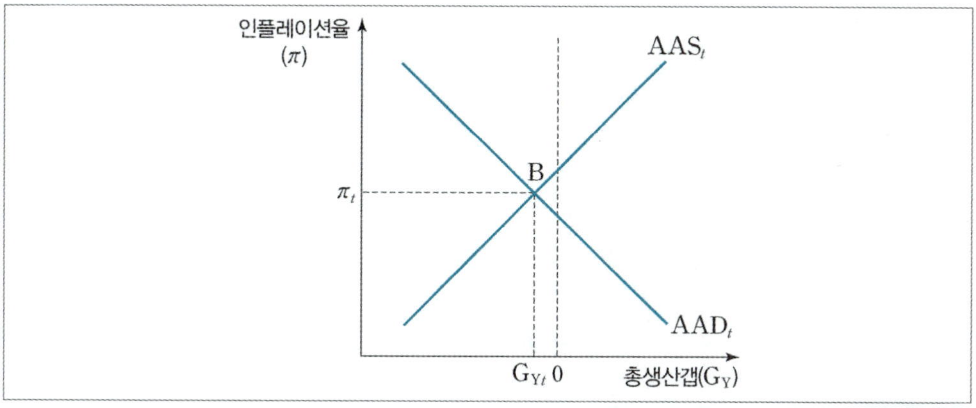

t기의 단기균형은 AAD_t와 AAS_t가 교차하는 점 B에서 이루어진다. 총생산갭의 값은 음수 $(G_{Yt}) < 0$로 총생산은 자연생산량보다 적다. $(Y_t < Y_{nt})$

그림 9-7은 한 경제의 단기균형을 보여준다. 단기균형은 **AAD곡선과 AAS곡선이 교차하는 B점**에서 이루어진다. 단기균형이 장기균형과 일치한다는 보장이 없다. 이 경제의 총생산갭의 값은 음수($G_{Yt} < 0$)로 총생산이 자연생산량보다 적다.

5. 정책의 변화 및 외생적 충격의 효과 분석

이제 거시경제정책의 변화, 수요충격, 공급충격 등 **외생변수의 변화**가 경제의 내생변수인 총생산갭과 인플레이션율에 미치는 영향을 분석해 보자.

지금까지 도출한 AAD식과 AAS식은 다음과 같다.

$$AAD:\ G_{Yt} = -A(\pi_t - \pi_t^*) + B\varepsilon_t = G_{Yt}(\pi_t; \pi_t^*, \varepsilon_t)$$

$$AAS:\ \pi_t = \pi_{t-1} + \phi G_{yt} + v_t = \pi_t(G_{Yt}; \pi_{t-1}, v_t)$$

위 AAD식에서 총수요측 외생변수(π_t^*, ϵ_t)가 변하면 AAD곡선이 이동하고, AAS식에서 총공급측 외생변수(v_t)와 선결변수인 기대인플레이션율($\pi_t^e = \pi_{t-1}$)이 변하면 AAS곡선이 이동한다. 이에 따라 내생변수인 총생산갭(G_{Yt})과 인플레이션율(π_t)이 반응하고 경제는 새로운 균형으로 이동한다.

분석의 편의를 위해 경제는 **초기에 장기균형**에 있다고 가정한다. 아울러 모든 기에 걸쳐 자연생산량은 일정한 것으로 가정한다.

$$Y_{nt,t+1,t+2,} \cdots = Y_n$$

이제 외생변수의 변화에 따라 경제의 즉각적인 단기균형이 어디서 이루어지고 어떠한 조정과정을 거쳐 장기균형으로 이동하는지 그 경로를 살펴보자.

통화정책(인플레이션율 목표치)의 변화

1) 항구적인 인플레이션율 목표치 하락

그림 9-8 항구적인 인플레이션율 목표치의 하락

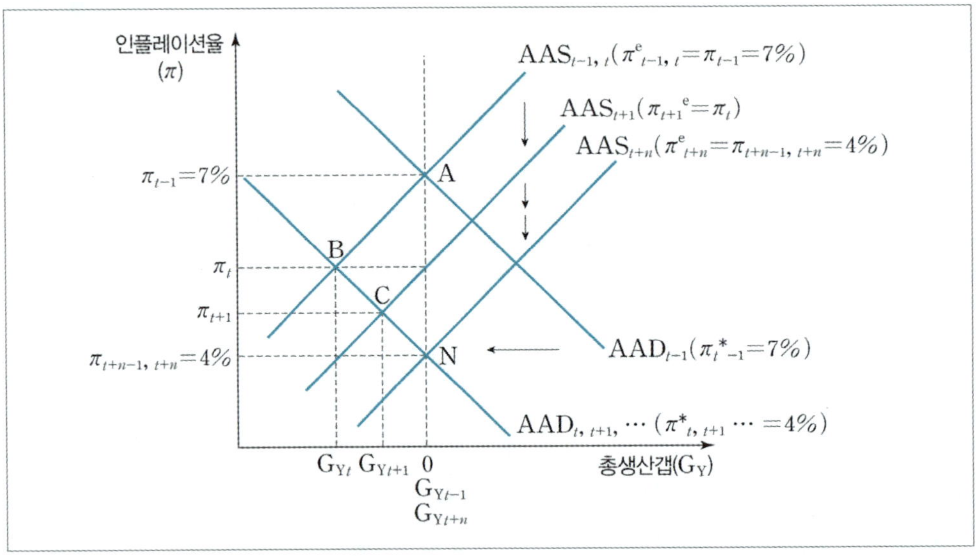

중앙은행이 인플레이션율 목표치를 항구적으로 낮추어(예:7%→4%) 명목이자율과 실질이자율을 높이는 긴축적 통화정책을 실시한다고 가상하자. 이 경우 AAD곡선이 좌측으로 이동하여 경제의 균형점이 A에서 B로 이동한다. 총생산갭의 값이 음수($G_{Yt} < 0$)가 되고 인플레이션율이 하락($\pi_{t-1} \rightarrow \pi_t$)한다. 인플레이션율 하락은 기대인플레이션율 하락으로 이어져 AAS곡선이 AAS_t에서 AAS_{t+1}로 하방으로 이동한다. 경제의 균형점은 B에서 C로 이동한다. 총생산갭의 값이 음수인 한 인플레이션율 하락압박은 지속되어 인플레이션율 하락, 기대인플레이션율 하락, AAS곡선 하방 이동의 조정과정이 지속된다. 장기균형인 N점에 이르면 총생산갭이 사라지고, 인플레이션율은 낮은 목표치 수준(4%)에서 안정된다. 기대인플레이션율과 실제 인플레이션율이 일치하고 조정과정은 끝난다.

중앙은행이 t기초에 **인플레이션 목표치를 항구적으로 낮추는 경우**(7%→4%) 경제가 어떻게 반응하는지를 살펴보자. 그림 9-8에서 보는 것처럼 $(t-1)$기에 경제가 장기균형상태인 A에 있었다. 총생산갭은 0이며, 기대인플레이션율(π^e_{t-1})과 실제 인플레이션율(π_{t-1})은 인플레이션목표치(7%)에서 안정되어 있고, 총수요와 총공급의 충격은 없다.

$$G_{Yt-1} = 0$$
$$\pi^e_{t-1} = \pi_{t-1} = \pi^*_{t-1} = 7\%$$
$$\varepsilon_{t-1} = v_{t-1} = 0$$

[t**기**] 이제 t기초에 중앙은행이 항구적으로 인플레이션 목표치를 7%에서 4%로 낮추는 정책을 추진한다고 가정하자.

$$\pi^*_{t-1} = 7\% \rightarrow \pi^*_{t,t+1,\cdots} = 4\%$$

인플레이션 목표치는 AAD식에 포함된 외생변수다. 중앙은행이 이 목표를 달성하기 위해 명목이자율과 실질이자율을 인상하는 긴축적 통화정책을 실시하고, 이에 따라 총수요가 감소한다. 주어진 인플레이션율 하에서 총생산갭이 감소하여 AAD**곡선**이 AAD_{t-1}에서 $AAD_{t,t+1,\cdots}$로 항구적으로 좌측 이동한다. AAS곡선은 불변이다. 경제는 최초의 균형점 경제의 균형점은 A에서 B로 이동하여 총생산갭의 값은 음수($G_{Yt} < 0$)가 되고 인플레이션율이 π_{t-1}에서 π_t로 감소한다.

[$(t+1)$**기**] 적응적 기대에 따라 t기의 인플레이션율의 하락은 $(t+1)$의 기대인플레이션 하락($\pi^e_t = \pi_{t-1} \rightarrow \pi^e_{t+1} = \pi_t$)으로 이어진다. $(t+1)$기의 **기대인플레이션율이 전기에 비해 하락**함에 따라 AAS곡선이 AAS_t에서 AAS_{t+1}로 **하향 이동**하고 균형점은 B에서 C로 이동한다. 총생산갭의 값은 증가하였지만 여전히 음수($G_{Yt+1} < 0$)이고 인플레이션율은 π_t에서 π_{t+1}로 하락한다.

[$(t+2)$~] 이러한 조정과정은 계속된다. 총생산갭의 값이 음수인 한 **인플레이션율 하락압박**은 지속되어 인플레이션율 하락, **기대인플레이션율 하락**으로 이어지고 AAS**곡선이 하방으로 이동**하는 조정과정이 지속된다. 그림 9-8에서 장기균형인 N점에 이르

면 총생산갭이 사라지고($G_{Yt+n}=0$), 인플레이션율은 낮은 목표치 수준(4%)에서 안정된다. 기대인플레이션율과 실제 인플레이션율이 낮은 인플레이션율 목표치에서 일치($\pi^e_{t+n}=\pi_{t+n-1,t+n}=4\%$)하고 조정 과정은 끝난다.

부연하면 중앙은행이 인플레이션율 목표치를 낮추어 명목이자율과 실질이자율 상승시켜 대응하면, 그 직후에 총생산은 하락하고 인플레이션율이 하락하게 된다. 인플레이션율의 하락은 적응적 기대에 따라 기대인플레이션율 하락으로 이어져 인플레이션율의 하락이 지속되고, 명목이자율과 실질이자율도 통화준칙에 따라 하락하게 되며, 총생산은 점차 높아져 자연생산량 수준으로 회복된다. 인플레이션율의 하향 안정을 위해 단기의 경기침체라는 대가를 치르게 된다.

지금까지 분석은 적응적 기대를 전제로 진행되었다. 이제 **합리적 기대형성 하에**서 중앙은행이 인플레이션율 목표치를 항구적으로 낮추는 정책의 효과를 살펴보자.

그림 9-9 합리적 기대하의 항구적인 인플레이션율 목표치의 하락

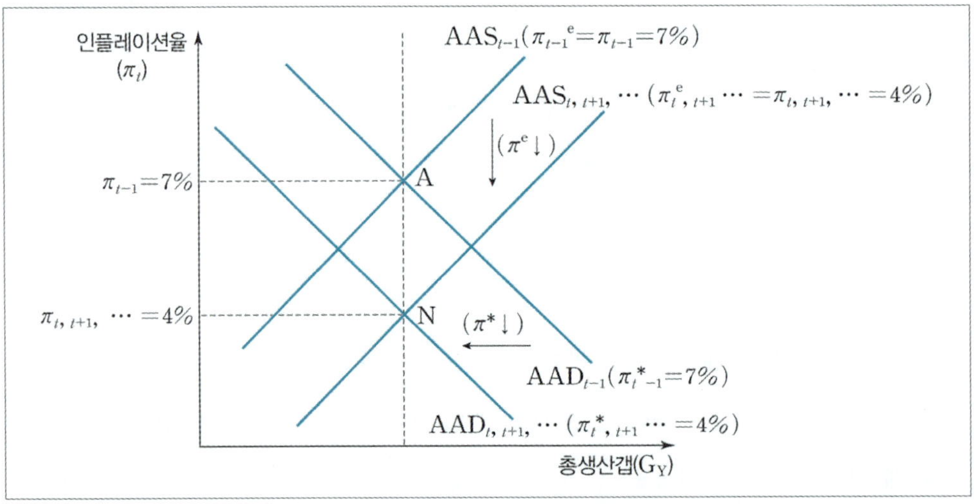

중앙은행이 인플레이션율 목표치를 항구적으로 낮추어(예:7%→4%) 긴축적 통화정책을 실시하는 경우 *AAD*곡선이 좌측으로 이동한다. 동시에 경제주체가 중앙은행의 정책을 신뢰하여 인플레이션율 기대치를 낮추는 경우 *AAS*곡선이 아래쪽으로 이동한다. 경제의 균형은 A에서 장기균형점인 N으로 바로 이동한다.

중앙은행이 t기초에 인플레이션 목표치를 항구적으로 낮추는 정책을 발표($\pi^*_{t-1}=7\%\rightarrow\pi^*_{t,t+1},\cdots=4\%$)하고 사람들이 중앙은행의 정책을 신뢰하여 인플레이

션 기대치를 바로 낮춘($\pi^e_{t-1} = 7\% \rightarrow \pi^e_{t,t+1,\cdots} = 4\%$)다고 가정하자. 그림 9-9에서 AAD**곡선**이 AAD_{t-1}에서 $AAD_{t,t+1,\cdots}$로 왼쪽으로 이동하는 동시에 AAS곡선이 AAS_{t-1}에서 $AAS_{t,t+1,\cdots}$로 아래쪽으로 이동한다. 경제의 균형은 A점에서 장기균형인 N점으로 바로 이동할 수 있게 된다.

적응적 기대를 가정하는 경우와 달리, 합리적 기대에 따라 기대가 신속히 조정되면 장기균형에 도달하기 전까지 일정 기간 총생산갭 값이 음수(−)가 되어 **총생산이 자연생산량 이하로 감소하는 손실을 피할 수 있게 된다.** 정책에 대한 신뢰와 우호적인 기대형성이 정책의 성과에 큰 영향을 미친다는 것을 알 수 있다.

2) 항구적인 인플레이션 목표치의 상승

그림 9-10 항구적인 인플레이션율 목표치의 상승

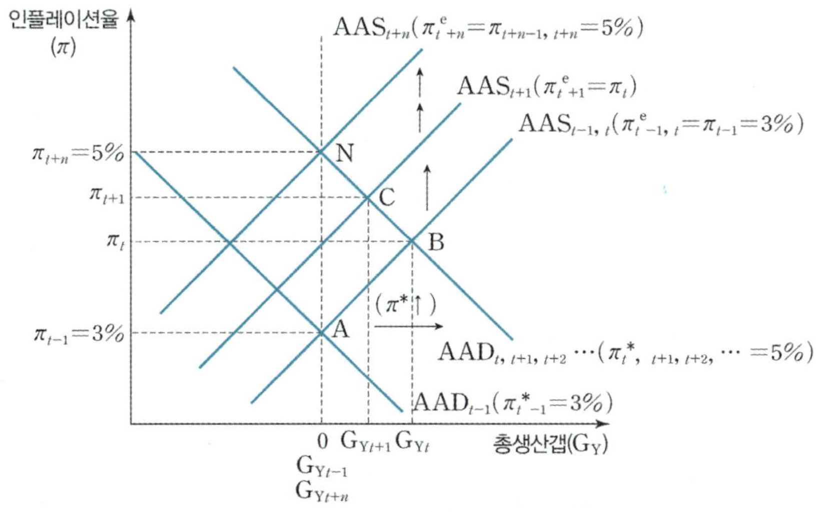

중앙은행이 인플레이션율 목표치를 항구적으로 높여(3%→5%) 명목이자율과 실질이자율을 낮추는 팽창적 통화정책을 추진한다고 하자. AAD곡선이 우측으로 이동하여 경제의 균형점이 A에서 B로 이동한다. 총생산갭이 양수가 되고 인플레이션율이 상승한다. 인플레이션율 상승은 기대인플레이션율 상승으로 이어져 AAS곡선이 상방으로 이동한다. 경제의 균형점이 B에서 C로 이동하여 총생산갭이 감소하고 인플레이션율이 상승한다. 총생산갭이 감소하였지만 양수인 한 인플레이션율 상승압력은 지속되어 인플레이션율 상승, 기대인플레이션 상승, AAS곡선의 상방이동의 조정과정이 지속된다. 장기균형인 N점에 이르면 총생산 갭이 사라지고, 인플레이션율은 높은 목표치 수준(5%)에서 안정된다. 기대인플레이션율과 실제 인플레이션율이 일치하고 조정과정은 끝난다.

이제는 반대로 t기초에 중앙은행이 **인플레이션율 목표치를 인상하여 계속 유지**($\pi^*_{t-1} = 3\% \rightarrow \pi^*_{t,t+1,\cdots} = 5\%$)한다고 가정하자. 이에 대해 경제가 어떻게 반응하는지를 살펴보자.

[t**기**] 인플레이션율 목표치는 AAD식에 포함된 외생변수다. 인플레이션율 목표치를 항구적으로 높여(3%→5%) 명목이자율과 실질이자율을 낮추는 팽창적 통화정책을 추진하는 경우 그림 9-10에서 보는 것처럼 AAD**곡선**이 AAD_{t-1}에서 $AAD_{t,t+1,\cdots}$로 항구적으로 **우측 이동**한다. AAS곡선은 불변이다. 이에 따라 균형점은 A에서 B로 이동한다. 총생산갭은 양수($G_{Yt} > 0$)가 되고 인플레이션율은 π_{t-1}에서 π_t로 상승한다.

[$(t+1)$**기**] t기의 높아진 인플레이션율이 $(t+1)$기의 기대인플레이션율이 된다($\pi^e_{t+1} = \pi_t$). 기대인플레이션율이 높아짐에 따라 AAS**곡선**이 AAS_t에서 AAS_{t+1}로 **위쪽으로 이동**하고 경제의 균형점은 B에서 C로 이동한다. 총생산갭이 감소하였으나 여전히 양수$G_{Yt+1} > 0$이고 인플레이션율은 π_t에서 π_{t+1}로 상승한다.

[$(t+2)$**기~**] 총생산갭이 양수인 한 **인플레이션율 상승, 기대인플레이션율 상승, AAS 곡선의 상방 이동**의 조정과정이 지속된다. 장기균형인 N점에 이르면 총생산갭이 사라지고($G_{Yt+n} = 0$), 인플레이션율은 높은 목표치 수준에서 안정된다. 기대인플레이션율과 실제 인플레이션율이 일치($\pi^e_{t+n} = \pi_{t+n-1,t+n} = \pi^*_{t},_{t+1},\cdots = 5\%$)하고 조정과정은 끝난다.

총수요의 충격(재정정책의 변화 포함)

1) 일시적인 총수요 충격

t기초에 총수요를 증가시키는 일시적인 긍정적인 수요충격이 발생했다고 가정하자. 그 사유는 일시적인 소비심리 호전 또는 일시적인 정부지출 증가 등이 될 수 있다. 이 수요충격은 1기간만 지속되고 그 이후에는 사라진다고 가정한다.

$$\varepsilon_t > 0, \quad \varepsilon_{t+1,t+2,\cdots} = 0$$

그림 9-11 일시적인 총수요 충격

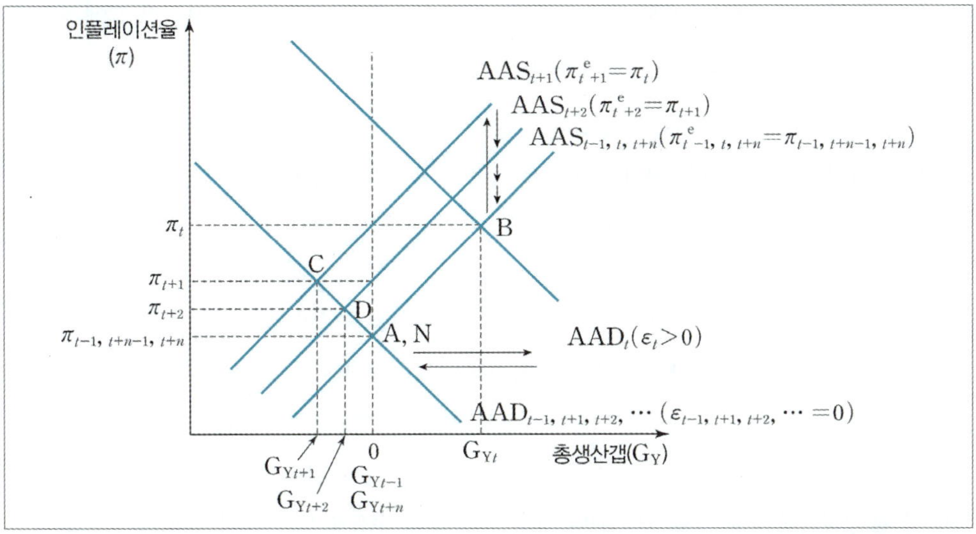

t기초에 총수요를 1기 동안 증가시키는 수요충격이 발생한 경우 AAD곡선이 우측으로 이동하여 경제의 균형이 A에서 B로 이동한다. 총생산갭이 양수가 되고 인플레이션율이 상승한다. $(t+1)$기에 총수요충격이 사라져 AAD곡선은 원상태로 복귀하지만 기대인플레이션율 상승으로 AAS곡선이 상방으로 이동하여 경제의 균형은 B에서 C로 이동한다. 총생산갭의 값이 음수가 되고 인플레이션율이 하락한다. 인플레이션율 하락은 기대인플레이션율 하락으로 이어져 AAS곡선이 하방으로 이동한다. 총생산갭이 음수인 한 인플레이션율 하락압력은 지속되어 인플레이션율 하락, 기대인플레이션율 하락, AAS곡선의 하방 이동의 조정과정이 지속되어 최초의 장기균형점 A로 복귀한다.

그림 9-11는 **일시적 수요충격**의 결과를 보여준다.

[t기] t기 초 긍정적 수요충격($\varepsilon_t > 0$)으로 AAD곡선이 AAD_{t-1}에서 AAD_t로 수요충격 크기 만큼 **우측 이동**한다. AAS곡선은 불변이다. 경제의 균형점은 A에서 B로 이동하여 총생산갭은 양수($G_{Yt} > 0$)가 되고 인플레이션율이 π_{t-1}에서 π_t로 상승한다.

[$(t+1)$기] 총수요 충격은 지속되지 않고 사라지기($\varepsilon_{t+1,t+2,\cdots} = 0$) 때문에 **$AAD$곡선**은 AAD_t에서 $AAD_{t+1,t+2,\cdots}$로 **좌측 이동**한다. t기의 높아진 인플레이션이 $(t+1)$기의 **높은 기대인플레이션율**($\pi^e_{t+1} = \pi_t$)로 이어져 **AAS곡선**이 AAS_t에서 AAS_{t+1}로 **위쪽으로 이동**한다. 균형점은 B에서 C로 이동한다. 이에 따라 총생산갭의 값이 음수($G_{Yt+1} < 0$)가 되고 인플레이션율이 π_t에서 π_{t+1}로 하락한다.

[$(t+2)$**기~**] $(t+1)$기의 낮아진 인플레이션이 $(t+2)$기의 **낮은 기대인플레이션율**로 이어져 AAS**곡선**이 AAS_{t+1}에서 AAS_{t+2}로 **아래쪽으로 이동**한다. 균형점은 C에서 D로 이동한다. 이에 따라 총생산이 증가하나 총생산갭의 값이 여전히 음수($G_{Yt+2} < 0$)가 되고 인플레이션율이 하락한다. 총생산갭의 값이 음수인 한 인플레이션율 하방압력은 지속되어 **인플레이션율 하락, 기대인플레이션 하락,** AAS**곡선의 하방 이동**의 조정과정이 지속되어 최초의 장기균형점 A로 복귀한다.

부연하면 1회성 긍정적 수요충격으로 충격 직후에 총생산이 증가하고 인플레이션율이 상승하며 통화준칙에 따라 명목 및 실질이자율이 상승하면서 긍정적 수요충격의 팽창적 효과가 일부 상쇄된다. 수요 충격이 사라지면서 인플레이션율이 하락하고 기대인플레이션율 하락으로 이어지며, 명목이자율과 실질이자율도 통화준칙에 따라 하락하여, 총생산은 점차 높아져 자연생산량 수준으로 회복된다. 1회성 긍정적 수요충격이 총생산에 미치는 효과는 단기에 그치며 장기에는 자연생산량으로 회복되어 총생산갭은 사라진다.

2) 항구적인 총수요 충격

다음은 수요의 충격이 영구히 지속되는 경우를 살펴보자. t기초에 총수요를 항구적으로 증가시키는 긍정적인 수요충격이 있었다고 가정하자.

$$\varepsilon_{t,\,t+1,\,t+2,\,\cdots} > 0$$

그림 9-12 항구적인 총수요 충격

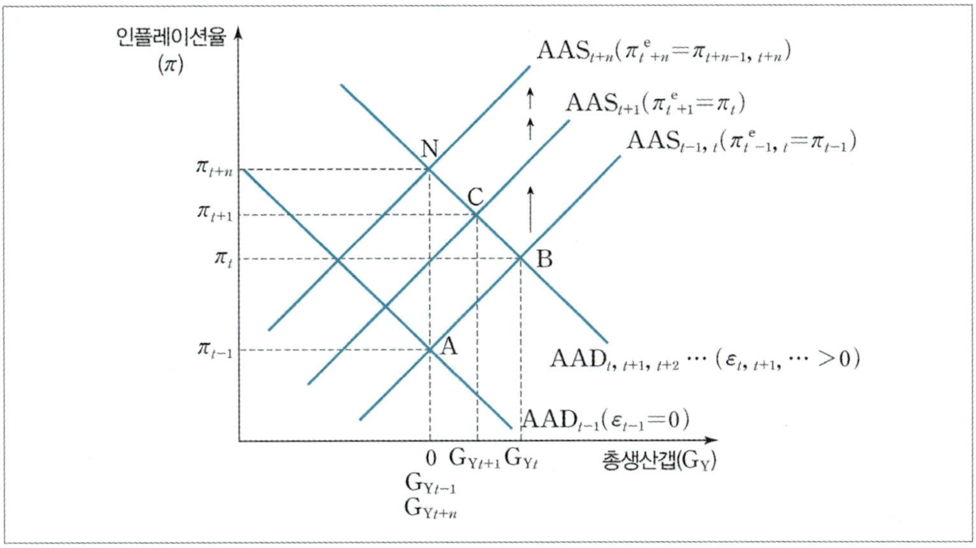

t기 초에 총수요를 항구적으로 증가시키는 수요충격이 있는 경우 *AAD*곡선이 우측으로 이동하여 계속 그 자리에 머물게 된다. 경제의 균형점이 A에서 B로 이동한다. 총생산갭의 값이 양수가 되고 인플레이션율이 상승한다. 인플레이션율 상승은 기대인플레이션율 상승으로 이어져 *AAS*곡선이 상방으로 이동한다. 경제의 균형점이 B에서 C로 이동한다. 총생산갭이 양수인 한 인플레이션율 상승압력은 지속되어 인플레이션율 상승, 기대인플레이션율 상승, *AAS*곡선의 상방 이동의 조정과정이 지속된다. 장기균형인 N점에 이르면 총생산 갭이 사라지고, 인플레이션율은 높은 수준에서 안정된다. 기대인플레이션율과 실제 인플레이션율이 일치하고 조정과정은 끝난다.

그림 9-12은 이 **항구적인 수요충격**의 결과를 보여준다.

[t**기**] t기초에 항구적인 긍정적 수요충격($\epsilon_{t,t+1,\ldots} > 0$)으로 AAD**곡선**이 AAD_{t-1}에서 $AAD_{t,t+1,\ldots}$로 항구적으로 **우측 이동**한다. AAS곡선은 불변이다. 균형점은 A에서 B로 이동하고 총생산갭은 양수($G_{Yt} > 0$)가 되며 인플레이션율이 π_{t-1}에서 π_t로 상승한다.

[$(t+1)$**기**] 총수요 충격은 항구적이기 때문에 AAD곡선은 계속 같은 자리에 머물게 된다. t기의 높아진 인플레이션율이 $(t+1)$기의 **높은 기대인플레이션율**($\pi^e_{t+1} = \pi_t$)로 이어져 AAS**곡선**이 AAS_t에서 AAS_{t+1}로 **위쪽으로 이동**한다. 균형점은 B에서 C로 이동한다. 이에 따라 총생산갭이 감소하였으나 여전히 양수($G_{Yt+1} > 0$)이며 인플레이션율이 π_t에서 π_{t+1}로 상승한다.

[$(t+2)$기~] 이후에도 총생산갭이 양수인 한 인플레이션율 상승압력은 지속되고 **인플레이션율 상승, 기대인플레이션 상승, AAS곡선의 상방 이동**의 조정과정이 지속된다. 장기균형인 N점에 이르면 총생산갭이 사라지고($G_{Yt+n}=0$), 인플레이션율은 높은 수준에서 안정된다. 기대인플레이션율과 실제 인플레이션율이 일치($\pi^e_{t+n}=\pi_{t+n-1,t+n}$)하고 조정과정은 끝난다.

부연하여 설명하면, 항구적 긍정적 수요충격으로 그 직후에 총생산이 증가하고 인플레이션율이 상승한다. 인플레이션율의 상승은 기대인플레이션율 상승으로 이어지며, 명목이자율과 실질이자율이 통화준칙에 따라 상승하게 되며, 총생산은 점차 낮아져 자연생산량 수준으로 회복되어 총생산갭은 사라진다. 항구적 수요 증가의 충격이 총생산에 미치는 효과는 단기에 그치며 장기적인 효과는 없고 인플레이션율만 상승시킬 뿐이다.

공급측면의 충격

1) 일시적인 총공급 충격

총공급 충격이 경제에 미치는 영향을 살펴보자. 총공급 충격이 얼마나 지속되는지가 중요하다. 총공급 충격이 일시적이라면 자연생산량에는 영향을 미치지 않는다. 예로 중동의 전쟁 위험 등으로 일정 기간만 유가가 상승하여 생산비가 상승한 경우이다. 그러나 **총공급 충격이 항구적**이라면 생산역량에 영향을 미치고 **자연생산량이 변한다**. 예를 들어 지진 등으로 생산시설의 일부가 훼손된 경우이다. 먼저, 일시적 총공급 충격의 효과를 살펴보자.

그림 9-13 일시적인 총공급충격

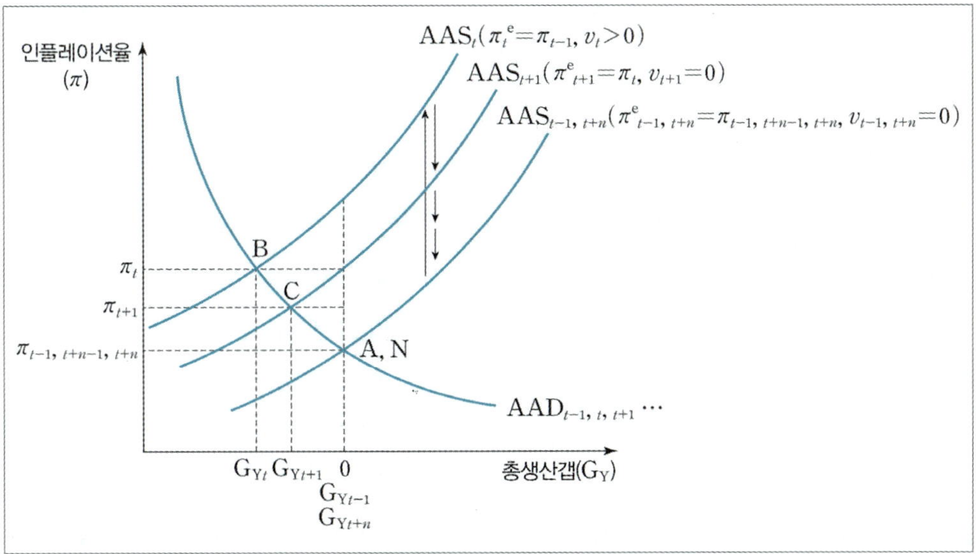

t기 초에 인플레이션율을 한 기 동안만 높이는 공급충격이 발생하면, *AAS*곡선이 상방으로 이동하여 경제의 균형점이 A에서 B로 이동한다. 총생산갭의 값이 음수가 되고 인플레이션율이 상승한다. $t+1$기에 총공급 충격이 사라졌으나 높아진 기대인플레이션율 때문에 *AAS*곡선이 원래의 위치로 돌아가지 못하고 높아진 기대인플레이션율만큼 높은 위치로 하방 이동한다. 경제의 균형점이 B에서 C로 이동한다. 총생산갭의 값이 음수가 되고 인플레이션율은 하락한다. 인플레이션율 하락은 기대인플레이션율 하락으로 이어져 *AAS*곡선이 하방으로 이동한다. 총생산갭의 값이 음수인 한 인플레이션율 하락, 기대인플레이션 하락, *AAS*곡선의 하방 이동의 조정과정이 지속되어 최초의 장기균형으로 복귀한다.

그림 9-13은 **일시적인 공급충격**의 결과를 보여준다. 경제가 $(t-1)$기까지 장기균형인 A에 있었다.

$$G_{Yt-1}=0,\ \ \pi^e_{t-1}(=\pi_{t-2})=\pi_{t-1},\ \nu_{t-1}=0$$

[t**기**] t기초에 인플레이션율을 한 기간 동안 높이는 공급충격($v_t>0$)이 발생하였다고 가정하자.

$$v_t>0,\ \ v_{t+1,t+2,\cdots}=0$$

이 경우 ***AAS*곡선**은 AAS_{t-1}에서 AAS_t로 위쪽으로 공급충격의 크기만큼 **상향**

이동한다. AAD곡선은 불변이다. 이에 따라 균형점은 A에서 B로 이동하여 총생산갭의 값은 음수($G_{Yt} < 0$)가 되고 인플레이션율이 π_{t-1}에서 π_t로 상승한다. 스태그플레이션이 발생한다.

[($t+1$)기] ($t+1$)에는 공급충격은 사라지지만($v_{t+1, t+2, \cdots} = 0$), t기에 인플레이션율이 상승하여 적응적 기대에 따라 ($t+1$)기의 기대인플레이션율이 상승한다($\pi_t{}^e = \pi_{t-1}$). 따라서 AAS곡선은 원래의 위치로 돌아가지 못하고 아래쪽으로 이동하되 높아진 기대인플레이션율만큼 높은 위치로 이동한다. 즉 AAS_t에서 AAS_{t+1}로 이동한다. 이에 따라 경제의 균형점은 B에서 C로 이동한다. 총생산갭의 값이 증가하였지만 여전히 음수($G_{Yt+1} < 0$)이며 인플레이션율이 π_t에서 π_{t+1}로 하락한다.

[($t+2$)~] ($t+1$)기의 인플레이션율이 감소하면서 ($t+2$)기의 기대인플레이션율이 낮아서 AAS곡선은 아래쪽으로 이동한다. 총생산갭의 값이 음수인 한 인플레이션율 하방압력은 지속되어 **인플레이션율 하락, 기대인플레이션 하락, AAS곡선의 하방 이동**의 조정과정이 지속되어 최초의 장기균형인 A로 복귀한다.

부연하여 설명하면, 인플레이션율을 높이는 1회성 공급충격으로 충격 직후에 총생산이 감소하고 인플레이션율이 상승하는 스태그플레이션이 발생하며 통화정책의 준칙에 따라 명목이자율과 실질이자율이 상승하여 총공급 충격의 효과가 일부 상쇄된다. 공급충격이 사라지면서 인플레이션율이 점차 하락하고 기대인플레이션율 하락으로 이어지며, 명목이자율과 실질이자율도 통화준칙에 따라 하락하고, 총생산은 점차 높아져 자연생산량 수준으로 회복되어 총생산갭은 사라진다. 장기적으로 인플레이션율과 총생산갭은 당초 수준으로 회복된다.

2) 항구적인 총공급충격

다음은 t기초에 인플레이션율을 **항구적**으로 증가시키는 **공급충격**이 있다고 가정하자.

$$v_{t,\, t+1,\, t+2,\, \cdots} > 0$$

그림 9-14 항구적인 총공급충격의 효과

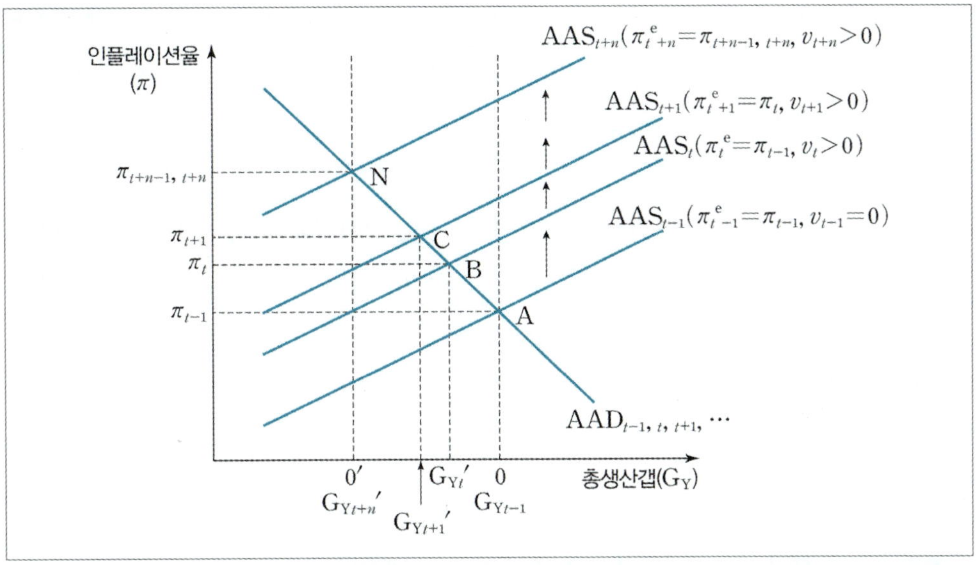

t기 초에 인플레이션율을 항구적으로 높이는 부정적인 공급충격이 발생하였다. AAS곡선이 상방으로 이동한다. 항구적인 부정적 공급충격으로 자연생산량이 감소($lnY_n \to lnY_n'$)하여 총생산갭이 0이 되는 지점이 $O(G_Y=lnY-lnY_n=0)$에서 $O'(G_Y'=lnY-lnY_n'=0)$로 이동한다. 경제의 균형점은 A에서 B로 이동한다.
총생산이 감소하지만 새로이 감소된 자연생산량 보다 많기 때문에 총생산갭은 양수가 되고 인플레이션율은 상승한다. 인플레이션율 상승은 기대인플레이션율 상승으로 이어져 AAS곡선이 상방으로 이동한다. 총생산갭이 양수인 한 인플레이션율 상승, 기대인플레이션율 상승, AAS곡선의 상방 이동의 조정과정이 지속된다. 장기균형인 N점에 이르면 총생산갭이 사라지고 인플레이션율은 높은 수준에서 안정된다.

그림 9-14는 항구적인 공급충격의 결과를 보여준다.

[t기] t기초 항구적인 공급충격($\nu_{t,t+1,\cdots}>0$)으로 AAS곡선은 AAS_{t-1}에서 AAS_t로 **상방 이동**하고 **자연생산량**은 Y_n서 Y_n'로 **감소**하여 기준점이 $O(G_Y=lnY-lnY_n=0)$에서 $O'(G_Y'=lnY-lnYn')$로 좌측으로 이동한다. DDA곡선은 불변이다. 경제의 균형은 A에서 B로 이동한다. 총생산이 감소하지만 새로운 자연생산량을 초과하여 총생산갭이 양수($G_{Yt}'=\ln Y_t-\ln Y_{nt}'>0$)가 되며 인플레이션율은 π_{t-1}에서 π_t로 상승한다. 스태그플레이션이 발생한다.

[$(t+1)$기] t기의 인플레이션율이 증가하면서 $(t+1)$기의 **기대인플레이션율이 높아져** AAS곡선은 AAS_t에서 AAS_{t+1}로 **위쪽으로 이동**하고 경제의 균형은 B에서 C로 이동한다. 이에 따라 총생산갭이 감소하지만 여전히 양수($G_{Yt+1}{}' > 0$)가 되고 인플레이션율은 π_t에서 π_{t+1}로 상승한다.

[$(t+2)$기~] 이후에도 총생산갭이 양수인 한 **인플레이션율 상승, 기대인플레이션율 상승, AAS곡선 상방 이동**의 조정과정은 계속되어 장기균형인 N점에 이르게 된다. N점에서는 총생산은 새로운 자연생산량과 일치하여 총생산갭은 사라지고 ($G_{Yt+n}{}' = 0$) 인플레이션율은 안정된다. 기대인플레이션율과 실제 인플레이션율이 일치 ($\pi^e_{t+n} = \pi_{t+n-1,t+n}$)하게 되고 조정과정을 마친다. 중요한 점은 경제가 기존의 자연생산량 기준의 장기균형($G_Y = lnY - lnYn = 0$)이 아닌 새로운 자연생산량 기준의 장기균형($G_Y' = lnY - lnY_n' = 0$)으로 귀착한다는 것이다.

종합하면 인플레이션율을 높이는 항구적 공급충격으로 생산잠재력이 훼손되어 자연생산량이 감소한다. 공급 충격 직후에 총생산이 감소하고 인플레이션율이 상승하며 통화준칙에 의해 명목 및 실질이자율이 상승하면서 공급충격의 효과를 일부 상쇄한다. 인플레이션율 상승은 적응적 기대에 따라 기대인플레이션율 상승으로 이어지며, 명목이자율과 실질이자율도 통화준칙에 따라 상승한다. 총생산은 점차 낮아져 감소된 새로운 낮은 자연생산량 수준으로 접근하게 되고 인플레이션율은 높은 수준에서 안정된다. 장기에 인플레이션율은 더욱 높아지고 총생산은 더욱 감소하여 경제가 수축되는 결과를 초래한다.

정책변화 및 충격의 효과 요약

	직후 단기		장기	
	총생산	인플레이션율	총생산	인플레이션율
인플레이션율 목표치 증가(항구적)	상승	상승	불변	상승
인플레이션율 목표치 감소(항구적)	하락	하락	불변	하락
총수요 증가 충격(일시적)	상승	상승	불변	불변
총수요 증가 충격(항구적)	상승	상승	불변	상승
생산비 증가 공급충격(일시적)	하락	상승	불변	불변
생산비 증가 공급충격(항구적)	하락	상승	하락	상승

6. 인플레이션율 안정 vs. 총생산 안정

중앙은행의 통화정책 준칙은 다음과 같다.

$$i_t = r_n + \pi_t^* + (1+\theta_\pi)(\pi_t - \pi_t^*) + \theta_Y(lnY_t - lnY_{nt})$$

여기서 두 매개변수(parameters) θ_π와 θ_Y는 양수이다. 만약 $\theta_\pi < 0$이면 인플레이션율이 목표치를 초과하여 상승할 때, 중앙은행이 명목이자율을 인플레이션율 상승치보다 더 적게 올린다는 것이 된다. 이 경우 실질이자율이 감소하여 총생산갭의 증가하고 인플레이션율이 더욱 상승하게 된다. 경제를 안정화하는 것이 아니고 **불안정을 가속화**하는 결과를 초래한다.

위 통화준칙식의 두 모수(parameters) θ_π와 θ_Y의 값은 중앙은행이 인플레이션율갭과 총생산갭 중 어느 것을 더 중요시하는지에 따라 결정된다. θ_π가 커질수록 중앙은행이 **인플레이션율 안정을 위해 더 강하게 대응**한다는 것을 의미하며, θ_Y **클수록 총생산의 안정을 위해서 더 강하게 대응**한다는 것을 의미한다.

그림 9-15 *AAD*곡선의 기울기와 공급충격의 결과

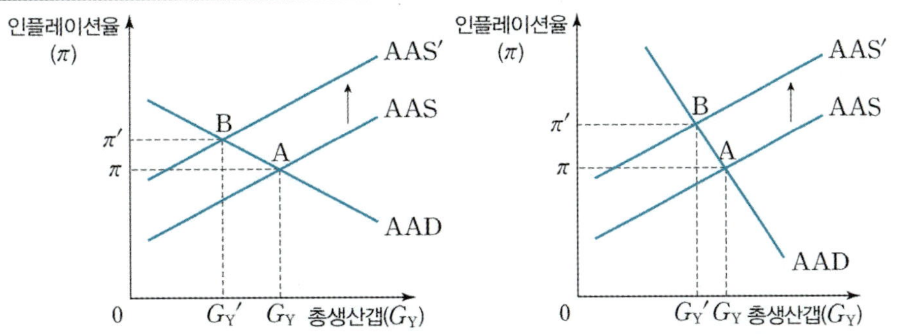

(a) AAD곡선이 완만하다　　(b) AAD곡선이 가파르다

그림(a)처럼 중앙은행이 총생산의 안정보다 인플레이션율 안정에 더 역점을 두면 *AAD*곡선이 완만하게 되며 공급충격으로 *AAS*곡선이 상향 이동 시 인플레이션율은 조금 상승하고 총생산갭은 크게 변화한다. 반면에 그림(b)처럼 중앙은행이 인플레이션율 안정보다 총생산 안정에 더 역점을 두면 *AAD*곡선이 가파르게 되고 *AAS*곡선 상향 이동시 인플레이션율이 크게 상승하고 총생산갭은 적게 변화한다.

θ_π와 θ_Y의 값은 AAD곡선의 기울기($-\left[\dfrac{1+\alpha\theta_y}{\alpha\theta_\pi}\right]$)를 결정한다. θ_π가 커질수록, θ_Y가 작아질수록 AAD곡선의 기울기는 완만하게 된다.

그림 9-15(a)에서 보는 것처럼 중앙은행이 총생산안정보다 인플레이션율 안정에 더 역점을 두어(θ_π가 크고 θ_Y가 작다) **AAD곡선**의 기울기가 **완만**하면 공급충격으로 AAS곡선이 상방으로 이동할 때 **인플레이션율은 적게 상승**하고 **총생산갭이 크게 변화**한다. 이는 중앙은행이 인플레이션율의 안정을 총생산의 안정보다 더 중시하여 대응하는데 따른 당연한 결과이다. 반대로 그림 9-15(b)처럼 중앙은행이 인플레이션율 안정보다 총생산 안정에 더 역점을 두어(θ_π가 θ_Y가 크다) AAD곡선의 기울기가 가파르면 AAS곡선이 상방으로 이동할 때 총생산갭은 작게 변화하고 인플레이션율은 크게 상승한다.

요약

1 총수요 및 총공급의 발전된 모형인 $AAD-AAS$모형은 경제주체들이 적응적 기대를 형성하고 중앙은행이 테일러 원칙에 기초하여 명목이자율을 설정한다고 가정한다.

2 AAD곡선은 인플레이션율-총생산갭의 평면에서 우하향한다. 다른 조건이 일정할 때 인플레이션율이 증가하면 중앙은행이 통화정책 준칙에 따라 명목이자율과 실질이자율을 증가시키기 때문에 총생산갭이 감소한다.

3 중앙은행의 인플레이션 목표치(통화정책)의 변화, 재정정책의 변화 또는 기타 수요의 외생적 충격이 발생하면 AAD곡선 자체가 이동한다.

4 AAS곡선은 인플레이션율-총생산갭의 평면에서 우상향한다. 다른 조건이 일정할 때 총생산갭이 증가하면 임금 및 가격의 상승을 압박하여 인플레이션율이 상승하기 때문이다. 인플레이션율 기대치(단순한 적응적기대 하에서 전기의 실제인플레이션율)가 변화하거나 공급측면에서 생산비용의 변화를 불러오는 공급충격이 있는 경우에 AAS곡선 자체가 이동한다.

5 장기균형상태에서 고전학파이론이 제시하는 것처럼 통화는 중립적이다. 중앙은행의 인플레이션율 목표치의 변경 등 통화정책을 실시하는 경우 실질변수에 영향을 주지 못한다. 총생산은 자연생산량 수준에 있고, 실질이자율은 자연이자율과 일치한다. 통화정책은 인플레이션율, 기대인플레이션, 명목이자율 등 명목변수에만 영향을 줄 뿐이다.

6 $AAD-AAS$ 모형을 활용하여 거시경제정책 및 경제환경의 외생적 변화가 경제에 미치는 즉각적인 영향을 분석할 수 있으며 시간이 흐름에 따라 장기균형으로 이동하는 경로를 추적해 나갈 수 있다.

7 항구적 공급충격의 경우 자연생산량이 변하게 된다. 따라서 경제는 장기에 새로운 자연생산량 기준의 장기균형으로 귀착된다.

요약

8 중앙은행이 이자율 목표치를 설정할 때 인플레이션율의 안정성과 총생산의 안정성 중 어디에 더 중점을 두는지에 따라 AAD곡선의 기울기가 결정된다. 인플레이션율 안정성을 더욱 중요시하는 경우 AAD곡선은 완만한 형태를 띠게 되며, 총공급의 충격으로 AAS곡선이 이동할 때 인플레이션율의 변화는 적게 되고 총생산갭의 변화는 크게 된다. 반대로 총생산의 안정성을 더 중요시하는 경우 AAD곡선은 가파른 형태를 띠게 되며, AAS곡선이 이동할 때 총생산갭의 변화는 작게 되고 인플레이션율의 변화는 크게 된다. 중앙은행은 인플레이션율의 안정성과 총생산의 안정성 사이의 상충관계(trade off)에 직면해 있다.

9 $AAD-AAS$모형은 테일러준칙이 성립한다고 가정한다. 중앙은행은 인플레이션율의 상승보다 명목이자율을 더 크게 인상하여 실질이자율이 증가하도록 대응한다. 그렇지 않을 경우 인플레이션율의 상승이 가속화되는 불안정한 상태가 된다.

연습문제

1 다음 문장의 진위여부를 판단하고 그 이유를 설명하라.

(1) 테일러준칙에 따르는 경우 인플레이션율갭이 증가하면 명목이자율도 일대일로 대응해서 상승해야 한다.

(2) 중앙은행이 총생산갭의 해소보다 인플레이션율 안정에 더 역점을 두는 경우 총공급곡선은 완만하게 된다.

(3) 인플레이션율에 따른 임금 및 가격의 자동조정이 광범위하게 이루어지는 경우 총수요측 충격이 있을 때 총생산갭은 더 크게 변한다.

(4) 경제에 항구적인 공급충격이 발생 시 장기에 경제는 당초 자연생산량으로 복귀하여 총생산갭이 사라진다.

2 경제가 당초 장기균형에 있었다. t기초에 항구적인 수요충격으로 인플레이션율이 3%P 상승(예:($2\%\rightarrow5\%$)하였다. 중앙은행이 명목이자율을 $2\%P$ 증가시킬 때 경제는 어떻게 되는지 설명하라.

3 인플레이션율-총생산갭 평면에서 총수요곡선이 우하향하는 이유를 설명하라. 총수요곡선을 우측으로 이동시키는 요인은 무엇인가?

4 인플레이션율-총생산갭 평면에서 총공급곡선이 우상향하는 이유를 설명하라. 총공급곡선을 상방으로 이동시키는 요인은 무엇인가?

5 경제가 당초 장기균형에 있었다. t기초에 총수요를 $1\%P$ 증가시키는 긍정적 충격이 있었고, 이 충격은 2기간 동안 지속된다고 가정하자.

$$\varepsilon_{t,t+1}=1\%,\ \varepsilon_{t+2,t+3,\cdots}=0$$

수요충격 직후의 단기균형과 장기균형의 이동과정을 분석하고 설명하라.

연습문제

6 경제가 당초 장기균형에 있었다. t기초에 인플레이션율 목표치를 3%에서 4%로 항구적으로 1%P 상향하는 정책을 선언하여 추진한다고 가정하자. 정책 변화 직후의 단기균형과 장기균형의 이동과정을 분석하고 설명하라.

7 경제가 당초 장기균형에 있었다. t기초에 인플레이션율을 $1\%P$ 항구적으로 높이는 공급충격이 발생하였다고 하자. 즉 $v_{t,t+1,t+1,\cdots} = 1\%$. 공급충격 직후의 단기균형과 장기균형의 이동 과정을 분석하고 설명하라.

제 5 부

최장기의 거시경제: 경제성장

제5부

최장기의 거시경제: 경제성장

제2부에서는 장기에 경제의 총생산은 생산요소의 양과 기술수준 등 생산역량에 의해서 결정되며 자연생산량과 일치하는 것을 살펴보았다. 그리고 제3-4부에서 단기에 경제가 총수요의 충격 등에 따라 자연생산량을 중심으로 출렁이는 경기변동을 살펴보았다.

제5부에서는 **최장기** 경제의 움직임을 살펴본다. 최장기는 생산요소의 양과 기술수준까지도 변화할 수 있는 긴 시간을 말한다. **자연생산량이 증가하는 경제성장**이 주된 모습으로 부상한다. 솔로우(Robert Solow)의 경제성장모형을 중심으로 "무엇이 경제성장을 결정하는가?"를 살펴보고 내생적 모형으로 확장한 후 정책 이슈를 분석한다.

제10장은 경제성장의 원천에 관한 사항이다. 제11장은 경제성장에 있어서 **자본축적의 역할**을 살펴본다. 저축과 투자를 통한 자본축적만으로 높은 생산량(소득) 수준을 달성할 수 있지만 지속적인 경제성장은 불가능하게 된다. 자본의 한계생산이 체감하기 때문이다. 제12장은 경제성장에 있어서 **기술진보의 역할**을 살펴본다. 기술진보는 지속적인 경제성장의 원천이 된다. 제13장은 기술진보 없이 지속적 성장이 가능한지를 살펴본다. 또 기술진보가 어떻게 결정되는지를 분석한다. 이러한 이론들을 포괄적으로 **내생적 성장이론**(endogenous growth theory)이라 한다.

제10장 경제성장의 원천

제10장은 경제의 총생산함수를 활용하여 경제성장의 개념과 원천에 대해 살펴본다. 경제성장률의 원천을 총요소생산성증가율(기술진보)과 생산요소증가율의 기여도로 구분한다.

1. 경제성장이란?
2. 총생산함수
3. 총생산 증가율의 원천
4. 1인당 생산량 증가율의 원천

1. 경제성장이란?

경제성장은 최장기에 걸쳐 경제의 **잠재적 생산역량** 즉 **자연생산량이 증가**하는 것을 말한다. 단기에 총생산이 자연생산량을 중심으로 출렁이는 경기변동과는 차이가 있다. 한 경제의 성장률은 총생산량(총소득, 실질GDP) 또는 1인당 생산량(1인당 소득, 1인당 실질GDP)의 증가율로 측정된다. 총생산량이 증가하는 것은 경제규모가 커지는 것을 의미하며, 1인당 생산량이 증가하는 것은 생활수준이 향상되는 것을 의미한다.

세계 경제는 20세기 이후 다양한 경제성장을 경험하였다. 가난한 나라가 빠르게 성장하여 부자 나라가 되기도 하고(예: 한국, 홍콩, 싱가포르, 대만 등), 부자였던 나라가 지금은 조금 실망스러운 경제성적표를 보이기도 하며(예: 남미의 아르헨티나 등), 과거에 가난했던 나라가 아직도 가난한 상황을 벗어나지 못하고 있는 경우도 있다(예: 사하라사막 이남 아프리카 국가 등).

가난한 국가가 빠르게 성장하여 부자 나라를 따라잡고(catch-up) 그 격차를 줄이는 수렴현상은 전세계의 보편적 현상이 아니며, 일부 경제 여건이 유사한 국가들 사이에서만 제한적으로 나타나고 있다(conditional convergence).

경제성장률은 그 누적효과(compounding effect)로 인하여 시간이 흐르면서 큰 차이를 가져온다. **70법칙**(Rule of 70)은 경제규모가 2배로 증가하는 데 걸리는 시간(t)을 말해준다.

$$\text{경제규모가 2배 되는 데 소요되는 연수}(t) = \frac{70}{\text{연간경제성장률}(\%)}$$

어느 경제가 매년 10%씩 성장을 한다면 7년 후에는 그 규모가 2배가 된다는 것을 의미한다.

참고 *70법칙의 도출*

현재 소득을 Y라하고 연간 경제성장률을 g_Y라 하자. 현재 소득은 t년 후에 2배가 된다면 다음의 관계가 성립한다.

$$Y(1+g_Y)^t = 2Y$$

양변에 자연로그를 취하자.

$$lnY(1+g_Y)^t = ln2Y$$

위 식은 로그의 특성(4.4절 중 로그변수의 특성 관련 내용을 참조)에 따라 다음과 같다.

$$lnY + lnY(1+g_Y)^t = ln2 + lnY$$

$$lnY + tln(1+g_Y) = ln2 + lnY$$

$$tln(1+g_Y) = ln2$$

$$tg_Y = ln2$$

$$t = \frac{ln2}{g_Y}$$

$ln2 \cong 0.7$ *이므로 경제성장률(g_Y)이 10%=0.1이면 7년 후 이 경제의 소득은 2배가 된다.*

그렇다면 무엇이 경제성장을 결정하는 것일까? 이는 최장기의 경제를 연구하는 데 있어서 가장 중요한 질문이다. 경제성장의 원천을, 총생산함수를 이용하여 분석하여 보자.

2. 총생산함수

총생산함수(이하 생산함수라 한다)는 총생산량과 생산요소의 양 사이의 관계를 말해주는 식으로 다음과 같이 표시할 수 있다.

$$Y = F(K, L)$$

여기서 Y는 총생산량(이하 생산량이라 한다), K는 자본량, L은 노동량이다. F는 일정한 자본과 노동의 양으로 생산할 수 있는 최대 생산량을 말해주는 함수로써 기술수준을 나타낸다. 넓은 의미로는 자본과 노동 이외에 생산량에 미치는 모든 요인을 포괄하는 변수라 할 수 있다.

솔로우 성장모형은 생산함수가 다음 두 가지 속성을 지닌 것으로 가정한다. 첫째, **규모에 대한 보수불변**(CRS, constant returns to scale)이다. 모든 생산요소 즉 노동량과 자본량을 각각 λ배하면, 생산량도 λ배 증가한다. 이를 식으로 표현하면 다음과 같다.

$$\lambda Y = F(\lambda K, \lambda L),\ \text{단},\ \lambda > 0$$

생산함수는 노동자 1인당(이하 1인당이라 한다) 생산함수로 표현할 수 있다. 위 식에서 λ 대신에 $1/L$을 대입하면 다음과 같다.

$$\frac{Y}{L} = F\left(\frac{K}{L}, 1\right)$$

$$y = f(k)$$

$$\text{단},\ y = \frac{Y}{L},\ k = \frac{K}{L}$$

여기서 y는 1인당 생산량이고, k는 1인당 자본량이다. 즉 1인당 생산량은 1인당 자본량의 함수이다.

둘째, 각 생산요소의 **한계생산은 체감**한다. 다른 생산요소는 일정하게 유지한 채 오직 자본량(K)만 증가하는 경우 생산량은 증가하지만, 그 증가 규모가 점차 작아진다. 즉 자본량이 증가할수록 자본의 한계생산(MPK)은 감소한다. 노동(L)의 경우도 마찬가지이다. 오직 노동량(L)만이 증가하는 경우 생산량은 증가하지만, 그 증가규모가 점차 감소한다. 즉 노동량이 증가할수록 노동의 한계생산(MPL)은 감소한다.

$$Y = F(K, L)$$

$$MPK = F_K = \frac{\Delta Y}{\Delta K} > 0,\ F_{KK} = \frac{\Delta F_K}{\Delta K} < 0$$

$$MPL = F_L = \frac{\Delta Y}{\Delta L} > 0,\ F_{LL} = \frac{\Delta F_L}{\Delta L} < 0$$

그림 10-1 1인당 생산함수

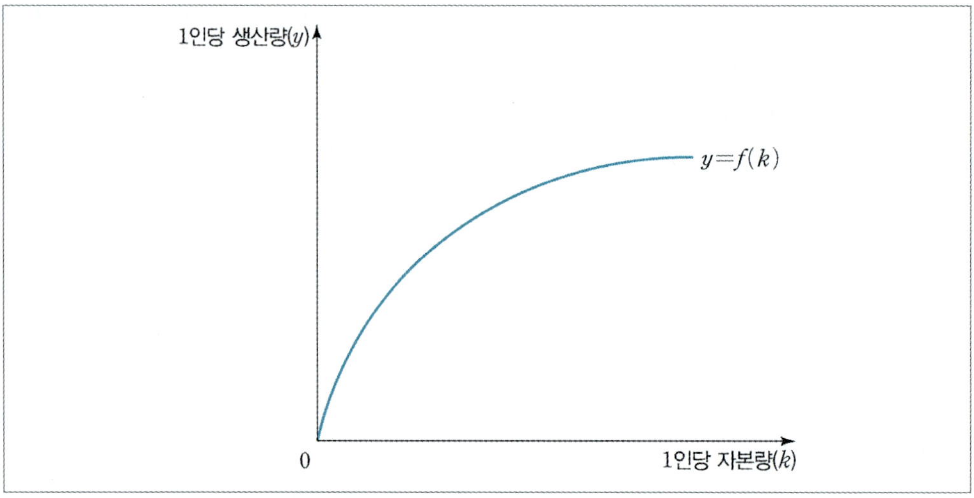

1인당 자본량이 증가하면서 1인당 생산량은 증가하나 그 증가규모(한계생산)는 점점 작아진다. 즉 자본의 한계생산은 체감한다. 1인당 생산함수의 기울기는 완만해진다.

이러한 속성은 1인당 생산함수에도 그대로 적용된다. 그림 10-1은 1인당 생산함수를 보여준다. 1인당 자본량이 증가할수록 1인당 생산량은 증가하나 그 증가의 크기는 작아진다. 즉 1인당 자본의 한계생산은 체감하고, 1인당 생산함수의 기울기는 완만해진다.

$$y = f(k)$$

$$MPk = f_k = \frac{\Delta y}{\Delta k} > 0,\ f_{kk} = \frac{\Delta f_k}{\Delta k} < 0$$

3. 총생산 증가율의 원천

이제부터는 구체적 형태의 생산함수를 활용하여 경제성장의 원천을 찾아보자. 이를 위해 다음의 콥-더글라스(Cobb-Douglas)의 생산함수를 이용한다.

$$Y = F(K, L) = AK^{\alpha}L^{1-\alpha}$$
$$\text{단, } 0 < \alpha < 1$$

여기서 Y는 생산량, K는 자본량, L은 노동량, A는 총요소생산성으로 기술수준을 나타내며, α는 총생산(총소득) 중 자본소득의 몫이고, $(1-\alpha)$는 총생산 중 노동소득의 몫을 보여주는 상수이다. α는 0보다 크고 1보다 적다.

이 생산함수가 규모에 대한 보수 불변과 생산요소의 한계생산 체감이라는 두 속성을 충족하는지 살펴보자. 먼저, 규모에 대한 보수 불변의 속성이다. 자본량과 노동량을 각각 λ배 하면 생산량도 정확히 λ배가 된다. 이 생산함수는 규모의 불변이다.

$$F(\lambda K, \lambda L) = A(\lambda K)^{\alpha}(\lambda L)^{1-\alpha} = \lambda AK^{a}L^{1-a} = \lambda Y$$

다음으로 각 생산요소의 한계생산이 체감하는지 살펴보자. 먼저, 자본의 한계생산성은 다음과 같다.

$$MPK = \frac{\Delta Y}{\Delta K} = \alpha AK^{\alpha-1}L^{1-\alpha} = \alpha A\left(\frac{L}{K}\right)^{1-\alpha}$$

A는 0보다 크고 α는 0보다 크고 1보다 작다. 자본량이 증가하면 자본 1단위당 노동량이 감소하여(분자는 그대로인데 분모가 커져) 자본의 한계생산은 감소한다.

다음으로 노동의 한계생산성은 다음과 같다.

$$MPL = \frac{\Delta Y}{\Delta L} = (\alpha-1)AK^{\alpha}L^{-\alpha} = (1-\alpha)A\left(\frac{K}{L}\right)^{\alpha}$$

노동량이 증가하면 1인당 자본량이 감소하여(분자는 그대로인데 분모가 커져) 노동의 한계생산은 감소한다.

이제 경제성장률 즉 생산량 증가율의 원천을 살펴보자. 위 콥-더글라스 생산함수식을 변화율로 표현하면 다음과 같다.

$$\frac{\Delta Y}{Y} = \frac{\Delta A}{A} + \alpha\frac{\Delta K}{K} + (1-\alpha)\frac{\Delta L}{L}$$

생산량 증가율 = 기술진보율 + 생산요소증가율 기여도
= 기술진보율 + 자본증가율 기여도 + 노동증가율 기여도

생산량 증가율의 원천은 **기술진보율**과 **생산요소증가율**로 나누어진다. 생산요소증가율은 자본증가율과 노동증가율로 나뉘며 자본과 노동의 상대적 중요도 즉 총생산에서 차지하는 몫을 반영하여 가중치를 부여한다. 자본의 몫은 α이며, 노동의 몫은 $(1-\alpha)$이다.

기술진보율은 **총요소생산성 증가율**(growth rate of total factor productivity)로 불리며 생산요소의 증가율 외 생산량 증가율에 기여하는 모든 요인을 포괄한다. 생산량 증가율에서 생산요소의 증가율 분을 차감하여 간접적으로 계산한다. 따라서 좁은 의미의 순수한 기술진보율보다 더 넓은 개념이다. 이 개념을 처음 도입한 경제학자가 솔로우로 그의 이름을 따서 **솔로우 잔차**(Solow residual)라 한다.

$$\text{기술진보율(솔로우 잔차):}\ \frac{\Delta A}{A} = \frac{\Delta Y}{Y} - \left[\alpha\frac{\Delta K}{K} + (1-\alpha)\frac{\Delta L}{L}\right]$$

4. 1인당 생산량 증가율의 원천

국민 삶의 질과 직접 관련이 있는 것은 총생산량(실질 GDP)이 아니라 1인당 생산량(1인당 실질 GDP)이다. 따라서 1인당 생산량증가율의 원천을 살펴보자. 위 콥-더글라스 생산함수는 규모의 불변이므로 다음과 같이 1인당 생산함수로 표시할 수 있다.

$$y = Ak^{\alpha}$$

여기서 $y(=\frac{Y}{L})$는 1인당 생산량이며 $k(=\frac{K}{L})$는 1인당 자본량이다. 이 1인당 생산함수를 변화율로 표현하면 다음과 같다.

$$\frac{\Delta y}{y} = \frac{\Delta A}{A} + \alpha\frac{\Delta k}{k}$$

1인당 생산량의 증가율은 그 원천에 따라 **기술진보율**(생산성증가율)과 **1인당 자본의 증가율**로 구분한다. 경제성장을 위해서는 기술진보나 1인당 자본의 축적이 필요함을 말하여 준다.

그림 10-2 기술진보와 1인당 생산함수의 상향이동

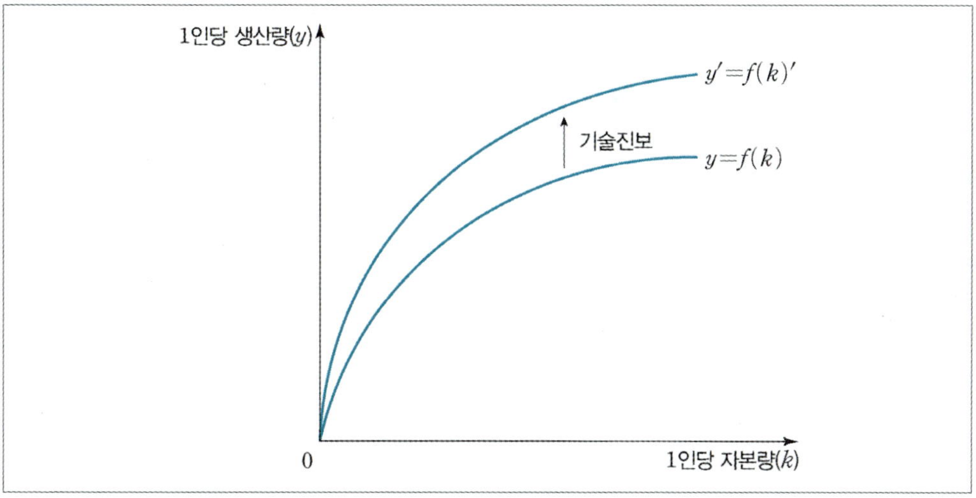

기술진보가 이루어지는 경우 생산함수 자체가 상향 이동하여 주어진 1인당 자본량에서 1인당 생산량이 증가한다.

이 두 성장의 원천은 솔로우(Robert Solow)의 경제성장모형에서 서로 다른 역할을 하게 된다. 먼저 **자본축적**을 통해서 더 높은 생산량(소득)에 도달할 수 있지만 지속적인 경제성장을 이루는 것은 불가능하다. 왜냐하면 1인당 자본의 한계생산이 체감하기 때문이다. 따라서 **기술진보**를 통해서만 지속적인 경제성장이 가능하게 된다. 그림 10-2에서 보는 것처럼 기술진보는 생산함수 자체의 상향 이동을 의미한다.

이어지는 제12장과 제13장에서 자본축적과 기술진보가 각각 경제성장에서 어떠한 역할을 하는지를 구체적으로 살펴본다.

요약

1 경제성장은 최장기에 걸쳐 경제의 **잠재적 생산역량** 즉 **자연생산량이 증가**하는 것을 말한다. 단기에 총생산이 자연생산량을 중심으로 출렁이는 경기변동과는 차이가 있다.

2 총생산증가율의 원천은 기술진보율(총요소생산성 증가율)과 생산요소증가율로 나누어진다. 생산요소증가율은 자본증가율과 노동증가율로 나뉘며 자본과 노동의 상대적 중요도(총생산에서 차지하는 몫)를 반영하여 가중치를 부여한다.

3 1인당 생산증가율의 원천은 기술진보율(총요소생산성 증가율)과 1인당 자본축적증가율로 나누어진다.

4 자본이 축적됨에 따라 자본의 한계생산이 체감하는 경우 자본의 축적만으로는 지속적인 경제성장이 어렵게 된다. 지속성장을 위해서는 기술진보가 필요하다.

연습문제

1 어느 경제의 1인당 소득이 연 7%로 성장한다고 가정하자. 1인당 소득이 2배가 되는 데 몇 년이 소요될까?

2 어느 경제의 총생산함수가 다음과 같다.

$$Y = AL^{\frac{2}{3}}K^{\frac{1}{3}}$$

(1) 총생산함수가 규모의 증가, 불변, 아니면 감소인지 여부를 판단하라.

(2) 총소득 중 자본소득의 몫은 얼마인가?

(3) 총요소생산성증가율 즉 솔로우(Solow)의 잔차를 도출하라.

(4) 노동증가율이 10%, 자본증가율이 10%, 총요소생산성증가율이 10%라 하자. 경제성장률은 어떻게 되는가?

(5) 1인당 생산함수를 도출하라. 1인당 자본의 한계생산 체감여부를 판단하라.

(6) 총요소생산성증가율이 10%, 1인당 자본증가율이 9%라 하자. 1인당 소득증가율은 얼마인가?

(7) 이 경제의 총요소생산성증가율이 0이라 하자. 1인당 자본축적을 통해 1인당 생산량(소득)의 지속적인 성장이 가능한가? 그 이유를 설명하라.

제11장 자본축적과 경제성장: 기술진보 없는 솔로우 경제성장모형

제11장에서는 기본 솔로우모형(basic Solow growth model)을 통해 경제성장에서 **자본축적의 역할**을 살펴본다. 생산함수는 제10장에서 살펴본 생산함수를 사용한다. 생산량이 자본과 노동의 양에 의존한다. 생산함수는 **규모에 대한 보수 불변**이고, 각 생산요소의 **한계생산은 체감**한다.

$$\text{총생산함수: } Y = F(K, L)$$
$$F_k > 0, F_{KK} < 0. \ F_L > 0, \ F_{LL} < 0$$

$$\text{1인당 생산함수: } y = f(k)$$
$$f_k > 0, \ f_{kk} < 0$$

경제성장에서 자본축적의 역할에 초점을 두고 있는 만큼 노동량(L)과 기술수준(A)은 일정하다고 가정한다. 즉 노동량의 증가율(g_L)과 기술진보율(g_A)은 0이다.

$$g_L = \frac{\Delta L}{L} = 0, \ g_A = \frac{\Delta A}{A} = 0$$

1. 자본축적식
2. 균제상태(Steady state)로의 수렴
3. 저축률(s)과 균제상태의 수준
4. 황금률 수준의 자본축적
5. 황금률 수준의 저축률 및 자본량 찾기
6. 정책적 시사점

1. 자본축적식

그림 11-1 생산-저축-투자-자본축적-생산의 일련의 과정

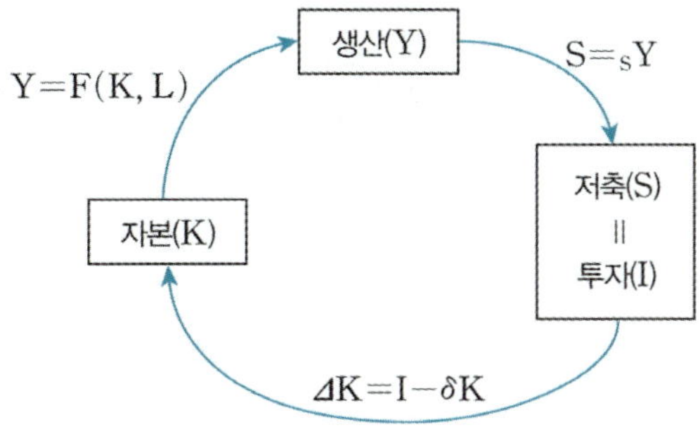

그림 11-1에서 보는 것처럼 자본의 축적은 **생산-저축-투자-자본축적-생산**의 일련의 과정에서 이루어진다. 경제의 총생산량(총소득) 중 일부가 저축되고 투자로 이어져 자본축적이 되고 다시 생산량 증가로 이어진다.

먼저, 생산과 저축의 관계를 살펴보자. 저축률(s)은 총생산량 대비 저축의 비율이다. 따라서 총저축은 다음과 같이 표시된다.

$$S = sY = sF(K, L) \text{ 단, } 0 < s = \frac{S}{Y} < 1$$

다음은, 저축과 투자의 관계를 살펴보자. 폐쇄경제를 가정하면 저축만큼 투자가 이루어지므로 다음과 같다.

$$I = sY = sF(K, L)$$

투자는 저축과 같고 생산량에 비례한다. 생산량이 증가할수록 저축과 투자가 증가한다. 이제 이 생산-저축-투자의 관계를 이용하여 시간이 흐르면서 자본이 어떻게 축적되는지 그 동학(dynamics)을 살펴보자. 매 기간 동안 **자본의 증감요인**은 다음과 같다. 자본은 신규 투자가 이루어지는 만큼 증가하고 마모되어 감각상각 되는 만큼 감소한다.

- 증가요인: **투자**는 자본을 증가시킨다. 투자는 저축과 일치한다. $I = sF(K, L)$
- 감소요인: 기존 자본은 시간이 흐르면서 **감가상각**(감가상각률, δ)된다. δK

이상에서 자본은 다음의 식에 따라 축적된다.

$$\text{자본량 변화} = \text{투자(저축)} - \text{감가상각}$$
$$\Delta K = I - \delta K = sF(L, K) - \delta K$$

위 자본축적식을 1인당 자본축적식으로 전환하여 보자. 1인당 자본량은 총자본량을 노동자수로 나눈 값이다.

$$k = \frac{K}{L}$$

이 1인당 자본량을 변화율로 표현하면 다음과 같다.

$$\frac{\Delta k}{k} = \frac{\Delta K}{K} - \frac{\Delta L}{L}$$

여기서 총자본증가율($\frac{\Delta K}{K}$)는 자본축적식을 이용하여 다시 쓰면 다음과 같다.

$$\frac{\Delta K}{K} = \frac{sF(L, K) - \delta K}{K}$$
$$= \frac{\frac{sF(L, K)}{L}}{\frac{K}{L}} - \delta$$
$$= \frac{sf(k)}{k} - \delta$$

한편, 노동증가율($\frac{\Delta L}{L}$)은 가정에 의해 0이다. 따라서 1인당 자본량의 증가율은 다음과 같다.

$$\frac{\Delta k}{k} = \frac{\Delta K}{K} - \frac{\Delta L}{L} = \frac{sf(k)}{k} - \delta$$

위 식의 양변에 k를 곱하면 다음과 같은 **1인당 자본축적식**이 도출된다.

$$\Delta k = sf(k) - \delta k$$

1인당 자본량의 변화는 두 가지 요인 즉 1인당 투자와 감가상각에 의해 결정된다. 1인당 투자가 감가상각보다 많으면 1인당 자본량이 증가하고, 1인당 투자가 감가상각보다 적으면 1인당 자본량은 감소한다.

- 만약, $sf(k) > \delta k$이면, k가 증가한다.
- 만약, $sf(k) < \delta k$이면, k가 감소한다.
- 만약, $sf(k) = \delta k$이면, k가 일정하다.

2. 균제상태(Steady state)로의 수렴

이제 시간의 흐름에 따라 경제가 어떻게 변화하는지 그 동학을 살펴보자.

그림 11-2 자본축적의 동학 및 균제상태로 수렴

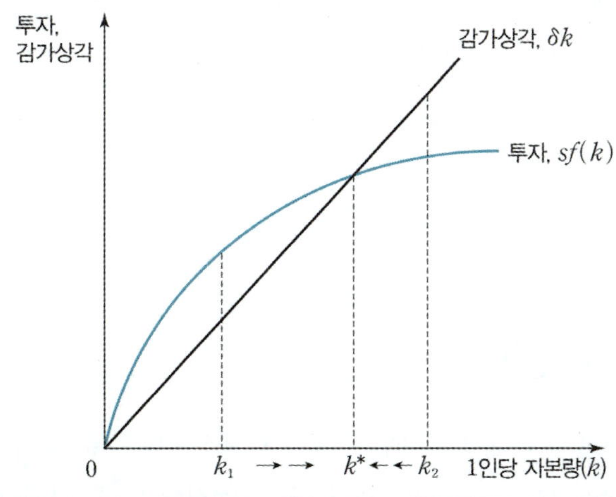

1인당자본이 k^*이면 투자와 감가상각이 일치하여 k는 변화가 없다. 만약 $k_1 < k^*$이면, 투자가 감가상각 보다 크게 되어 k는 증가한다. 반면에 $k_2 > k^*$이면, 투자가 감가상각 보다 적게 되어 k는 감소한다. 결국 1인당 자본량은 k^*로 수렴하게 된다.

그림 11-2은 **자본축적의 동학**(dynamics)을 보여준다. 1인당 자본량이 k^*이면 투자와 감가상각이 일치하여 자본량은 변화가 없게 된다. 만약 1인당 자본량이 k_1으로 k^*보

다 적으면($k_1 < k^*$), 투자가 감가상각보다 크게 되어 k는 증가한다. 반면에 1인당 자본량이 k_2으로 k^*보다 크면($k_2 > k^*$), 투자가 감가상각보다 작게 되어 k는 감소한다. 결국 1인당 자본량은 k^*로 수렴하게 된다.

경제의 1인당 자본량이 k^*에 도달하면 1인당 자본량은 일정하게 유지되고 1인당 생산량(y)도 일정하게 유지된다.

$$y = f(k)$$
$$k = k^* \rightarrow \Delta k = 0, \ \Delta y = 0$$

이처럼 1인당 자본량과 생산량이 더 이상 변하지 않고 일정하게 유지되는 상태를 **균제상태(steady state)**라 한다. 균제상태에서는 1인당 자본량증가율과 생산량증가율은 0이 되며 경제성장은 멈추게 된다.

$$g_k = 0, \ g_y = 0$$

자본축적만을 통해서는 지속적인 성장을 달성할 수 없게 된다. 그 이유는 **자본의 한계생산이 체감**하기 때문이다. 1인당 자본량이 증가하면 1인당 생산량과 저축–투자가 증가하지만, 자본의 한계생산이 체감하는 속성상 그 증가규모는 점점 작아지게 된다. 반면에, 자본증가 시 감각상각분은 일정한 비율로 증가한다. 따라서 저축–투자가 감가상각분보다 큰 상황은 지속될 수 없다. 결국에는 자본축적이 멈추게 되고 경제성장도 멈추게 된다.

3. 저축률(s)과 균제상태의 수준

경제가 균제상태로 수렴하게 된다면 무엇이 균제상태의 수준 즉 1인당 자본량과 생산량을 결정하는 것일까? 그 해답은 1인당 자본축적식에 있다. 균제상태에서 1인당 자본은 일정하여 변화량이 0이다.

$$\Delta k = sf(k) - \delta k = 0$$
$$\rightarrow \text{균제상태의 1인당 자본량: } k^* = k^*(s, \delta)$$
$$(+, \ -)$$

균제상태의 1인당 자본량(k^*)은 주어진 감가상각률(δ) 하에서 저축률(s)에 의존한다. 솔로우모형에서 저축률(s)은 균제상태의 1인당 자본량(k^*)과 생산량(y^*)을 결정하는 핵심 변수가 된다.

그림 11-3 저축률 증가의 효과

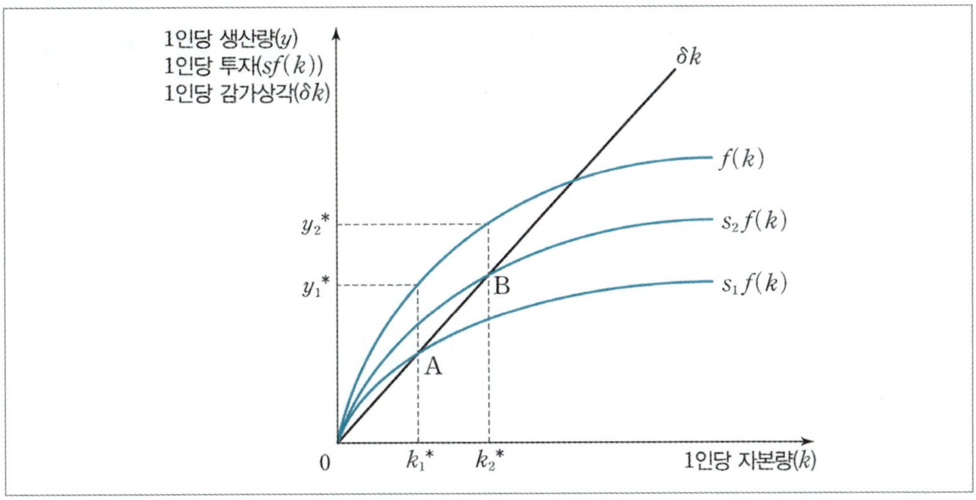

저축률이 s_1에서 s_2로 상승하면 투자곡선은 $s_1f(k)$에서 $s_2f(k)$로 상향 이동한다. 균제상태의 1인당 자본량은 k_1^*에서 k_2^*로 증가하고, 1인당 생산량은 y_1^*에서 y_2^*로 증가한다.

그림 11-3에서 저축률이 s_1에서 s_2로 상승하면 투자곡선은 $s_1f(k)$에서 $s_2f(k)$로 상향 이동한다. 이에 따라 균제상태의 1인당 자본량은 k_1^*에서 k_2^*로 증가하고, 1인당 생산량은 y_1^*에서 y_2^*로 증가한다. 저축률의 상승은 **균제상태의 수준을 높여주는 효과(level effect)**가 있다. 다른 조건이 일정한 경우 저축률이 높은 국가의 1인당 자본량과 생산량(소득)이 높게 된다.

그러나 경제가 새로운 균제상태에 도달하면 1인당 자본량 및 생산량은 일정하게 유지되고 경제성장은 멈춘다. 저축률 증가가 경제성장률을 높이는 것은 새로운 균제상태에 도달할 때까지 일시적으로만 가능하다. 따라서 저축률 증가를 통한 자본축적만으로는 지속적인 경제성장을 달성하는 것은 불가능하다. **균제상태에서 저축률의 성장효과는 없다**(no persistent growth effect in the steady state).

4. 황금률 수준의 자본축적

지금까지 한 경제의 저축률이 어떻게 균제상태를 결정하는지를 살펴보았다. 저축률이 높을수록 높은 균제상태에 도달하여 1인당 자본량과 생산량(소득)이 높아진다. 따라서 저축률이 높을수록 좋을 것이라는 생각을 갖게 된다.

하지만 생산량(소득)을 모두 저축하고 소비를 하지 않는다면 과연 경제적 후생이 높을 수 있을까? 우리는 종종 1인당 생산량(소득)이 경제적 후생을 결정한다고 말한다. 이는 대체로 높은 소득이 높은 소비로 이어지기 때문이다.

보다 정확하게 말하면 경제적 후생은 1인당 소비에 의존한다. 아무리 소득이 높아도 대부분을 저축하고 거의 소비하지 않는다면 경제적 후생은 낮을 수밖에 없다. 무조건 저축과 투자를 높이는 것이 능사가 아니다. **1인당 소비를 극대화**하는 저축률을 유지하여 자본을 축적하는 것이 중요하다.

이제 저축률과 균제상태에서 1인당 소비의 관계를 살펴보자. 먼저 극단적인 경우를 살펴보자. 저축률이 0인 경우 균제상태에서 1인당 자본은 0이 되고 1인당 생산량이 0이 되며 1인당 소비도 0이 된다. 다음은 또 다른 극단적인 경우를 살펴보자. 저축률이 1로 생산량 전체를 저축하는 경우이다. 1인당 자본량과 1인당 생산량은 매우 크게 된다. 그러나 생산량을 전부 저축하므로 1인당 소비는 0이 된다.

그림 11-4 저축률과 1인당 소비에 관한 래퍼곡선(Laffer Curve)

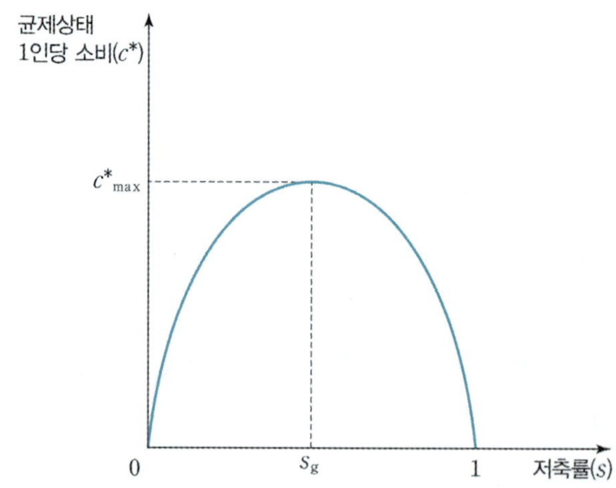

그림 11-4에서 보듯이 이 두 극단 사이 어딘가에 1인당 소비를 극대화하는 **황금률수준의 저축률**(s_g)이 존재한다. 균제상태에서 1인당 소비를 극대화하는 저축률을 찾아야 한다. 이 저축률은 다음의 두 가지 조건에 찾을 수 있다. 첫째는 **균제상태**의 조건이고, 둘째는 **1인당 소비를 극대화**하는 조건이다.

먼저, 균제상태의 조건은 다음과 같다.

$$\Delta k = sf(k) - \delta k = 0$$

다음으로 균제상태에서 1인당 소비를 극대화하는 조건은 다음과 같다.

$$\max\ c^* = f(k^*) - \delta k^*$$

그림 11-5 균제상태에서 1인당 소비(c^*)

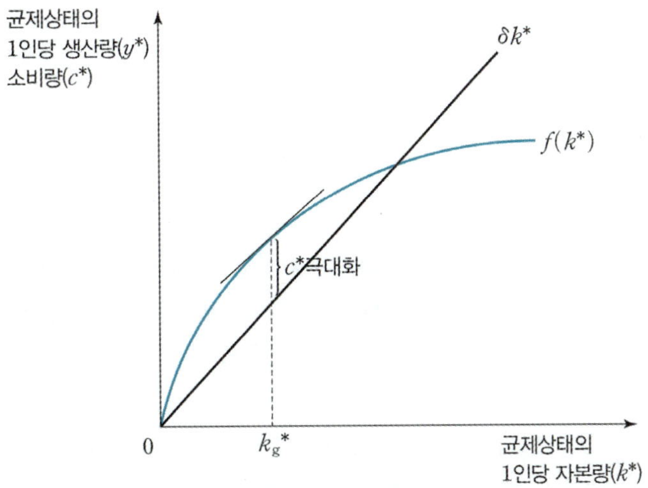

균제상태에서 투자와 감가상각이 일치한다. 따라서 균제상태의 1인당 소비는 생산량과 감가상각의 차이다. 이 차이는 생산함수곡선의 기울기와 감각상각곡선의 기울기가 같은 점에서 극대화되며, 이 때의 1인당 자본량을 황금률수준의 자본량(k_g^*)이라 한다.

균제상태에서 1인당 저축은 감가상각과 일치하므로 소비는 생산량에서 감가상각을 차감한 것이 된다. 그림 11-5에서 1인당 소비(c^*)는 생산함수곡선과 감가상각곡선의 차이가 되며, 이 차이는 생산함수곡선의 기울기(자본의 한계생산, MPk)와 감가상각곡선의 기울기(감가상각률, δ)가 같은 점에서 극대화된다.

$$MPk = \delta \rightarrow k_g^*$$

이 1인당 자본량을 **황금률수준의 자본량**(k_g^*)이라 하며, 이를 보장하는 저축률이 황금률수준의 저축률(s_g)이 된다.

그림 11-6 저축률과 1인당 소비의 관계

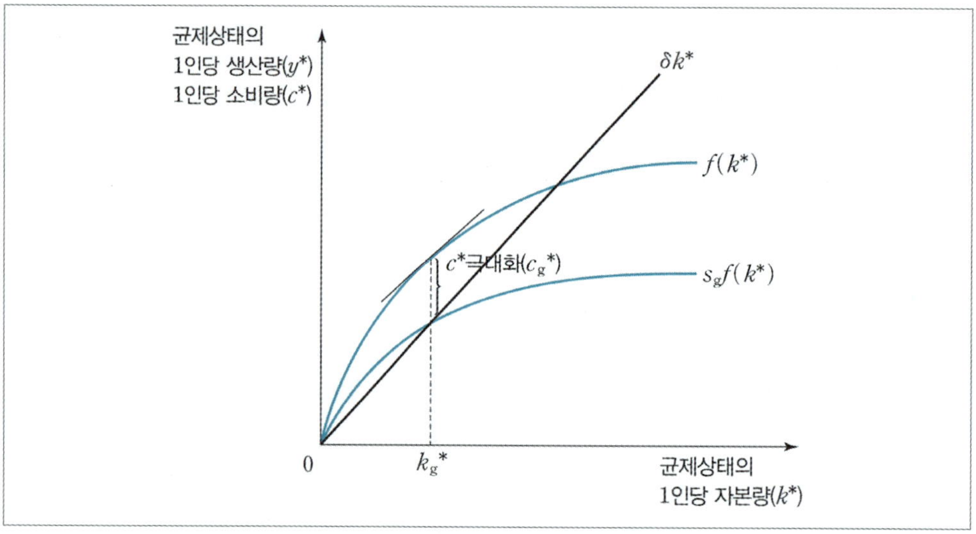

저축률이 황금률수준(s_g)보다 낮은 경우 과소자본상태로 자본의 한계생산이 감가상각률보다 커서($MPk-\delta>0$) 저축률 증가 시 균제상태의 1인당 소비가 증가한다. 반대로, 저축률이 황금률수준(s_g)보다 높은 경우 과다자본상태로 자본의 한계생산이 감가상각률보다 작아서($MPk-\delta<0$) 저축률 증가 시 균제상태의 1인당 소비가 감소한다.

그림 11-6은 저축률 변화에 따른 균제상태의 1인당 자본량의 변화와 1인당 소비의 변화를 보여준다. 저축률 증가로 균제상태의 1인당 자본량 1단위가 증가하는 경우 1인당 소비는 자본의 한계생산과 감가상각의 차이($MPk-\delta$)만큼 증가한다.

1인당 자본량이 증가함에 따라 한계생산은 감소하는데 감가상각률은 일정하다. 저축률이 황금률 수준(s_g)을 밑돌면, 균제상태에서 1인당 자본량이 황금률 수준(k_g^*)에 못 미친다. 자본의 한계생산(생산함수의 기울기, MPk)이 감가상각률(감가상각곡선의 기울기, δ)보다 크고, 자본이 증가하면서 1인당 소비가 증가한다.

반대로 저축률이 황금률 수준(s_g)을 초과하면, 균제상태에서 1인당 자본량이 황금률 수준(k_g^*)을 초과한다. 자본의 한계생산이 감가상각률보다 작고, 자본이 증가하면서 오히려 1인당 소비가 감소한다.

즉 1인당 소비는 **황금률 수준의 저축률**(s_g)과 이에 상응하는 균제상태의 **황금률 자본량**(k_g^*)에서 극대화된다.

- 저축률 과소($s < s_g$), 과소자본($k^* < k_g^*$), $MPk > \delta$. 자본이 증가하면 1인당 소비가 증가한다.
- 저축률 과다($s > s_g$), 과대자본($k^* > k_g^*$), $MPk < \delta$. 자본이 증가하면 1인당 소비가 감소한다.
- 황금률수준 저축률(s_g), 황금률수준 자본량(k_g^*). $MPk = \delta$. 1인당 소비가 극대화된다.

5. 황금률 수준의 저축률 및 자본량 찾기

1인당 생산함수는 다음과 같다고 가정하자.

$$y = k^{\frac{1}{2}}$$

이 경우 (1) 균제상태의 조건과 (2) 1인당 소비를 극대화하는 조건을 활용하여 **황금률 수준의 저축률과 자본량**을 찾아보자.

[첫 번째 방법]

- 균제상태의 조건에서 1인당 자본량을 저축률의 함수로 표시한다.

$$\Delta k = sf(k) - \delta k = sk^{\frac{1}{2}} - \delta k = 0, \ \rightarrow \ k^* = (\frac{s}{\delta})^2$$

- 이 균제상태의 자본량을 소비함수에 대입한 후 1인당 소비를 극대화하는 저축률을 찾는다.

$$\max_{s} \ c^* = f(k^*) - sf(k^*) = \frac{s}{\delta} - s\frac{s}{\delta} = \frac{s - s^2}{\delta}$$

$$\frac{\Delta c^*}{\Delta s} = \frac{1}{\delta}(1 - 2s) = 0 \ \rightarrow \ s_g = \frac{1}{2}$$

• 이 황금률 수준의 저축률을 이용하여 황금률 수준의 1인당 자본량, 생산량, 소비량 등을 구한다.

$$k_g^* = \frac{1}{4\delta^2},\ y_g^* = \frac{1}{2\delta},\ c_g^* = \frac{1}{4\delta}$$

[두 번째 방법]

• 균제상태의 조건에서 1인당 자본량을 구한다.

$$\Delta k = sf(k) - \delta k = sk^{\frac{1}{2}} - \delta k = 0 \ \rightarrow \ k^* = (\frac{s}{\delta})^2$$

• 균제상태의 1인당 소비극대화조건에서 황금률 수준의 1인당 자본량을 구한다.

$$\underset{k^*}{Max}\ c^* = f(k^*) - \delta k^* = k^{*\frac{1}{2}} - \delta k^*$$

$$\frac{\Delta c^*}{\Delta k} = \frac{1}{2}k^{*-\frac{1}{2}} - \delta = 0 \ \rightarrow \ k_g^* = \frac{1}{4\delta^2}$$

• 균제상태의 1인당 자본량(k^*)과 황금률수준의 1인당 자본량(k_g^*)을 비교하여 황금률 수준의 저축률을 찾는다.

$$(\frac{1}{\delta})^2 = \frac{1}{4\delta^2} \ \rightarrow \ s_g = \frac{1}{2}$$

• 황금률 수준의 저축률을 이용하여 황금률수준의 1인당 자본량, 생산량, 소비량 등을 구한다.

$$s_g = \frac{1}{2},\ y_g^* = \frac{1}{2\delta},\ c_g^* = \frac{1}{4\delta}$$

6. 정책적 시사점

그림 11-7 과소자본 및 과다자본의 저축률 조정

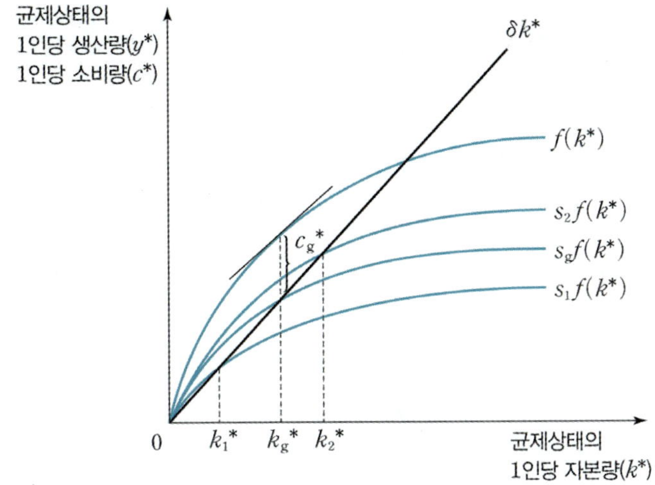

저축률이 s_1인 경우 1인당 자본량(k_1^*)은 황금률 수준(k_g^*)보다 작다. 균제상태의 1인당 소비를 증가시키기 위해서 저축률을 증가시켜야 한다. 저축률이 s_2인 경우 균제상태의 1인당 자본량(k_2^*)은 황금률 수준(k_g^*)보다 많다. 1인당 소비를 증가시키기 위해서는 저축률을 하락시켜야 한다.

현실 경제에서 황금률수준의 자본량이 자연스럽게 보장되는 것은 아니다. 그림 11-7에서 보는 것처럼 저축률(s_1)이 황금률 수준의 저축률(s_g)에 못 미치면, 균제상태의 1인당 자본량(k_1^*)은 황금률 수준의 자본량(k_g^*)에 못 미쳐 **과소자본상태**가 된다. 자본량이 과소하여 자본의 한계생산이 감가상각률보다 크다($MPk > \delta$). 균제상태에서 1인당 소비를 극대화하기 위해서는 **저축률 증가**시켜야 한다.

그림 11-8 과소자본을 가진 경제의 저축률 증가($s_1 \rightarrow s_g$) 효과

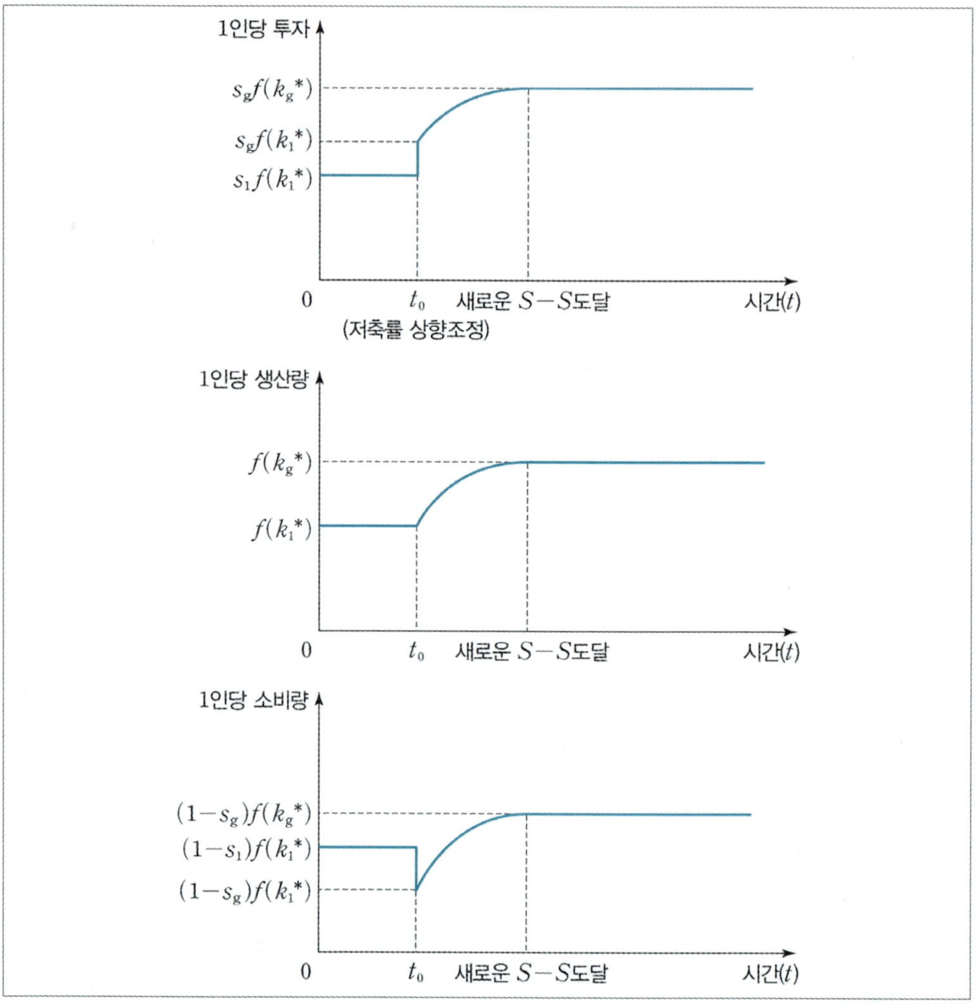

그림은 과소자본을 가진 균제상태의 경제가 저축률을 황금률 수준으로 상향조정($s_1 \rightarrow s_g$)하는 경우 1인당 투자, 생산량 및 소비에 미치는 영향을 보여준다. 저축률이 증가한 직후에 소비는 감소하고 투자가 증가한다. 그리고 시간이 지나면서 투자, 생산량, 소비가 점차 증가하여 황금률 수준의 균제상태에 도달한다. 새로운 균제상태에 도달하면 이전 균제상태에 비해 1인당 소비는 증가한다.

그림 11-8에서 보는 것처럼 저축률을 s_1에서 황금률 수준 s_g으로 높이면, 그 직후에 1인당 소비는 감소하고 투자는 증가한다. 그리고 시간이 지나면서 1인당 투자 증가로 자본이 축적됨에 따라 생산량과 소비가 점진적으로 증가하여 더 높은 균제상태에 도달한다. 균제상태에 도달하면 1인당 투자, 생산량, 소비는 일정하게 유지된다. 저축률을 높이는 정책은 현재의 소비를 희생하여 미래의 소비를 늘리는 것이므로 세대 간 이해관

계의 충돌 이슈가 수반되어 쉽지 않은 선택이 된다.

반대로, 저축률(s_2)이 황금률 수준의 저축률(s_g)을 초과하면, 균제상태의 1인당 자본량(k_2^*)은 황금률 수준의 자본량(k_g^*)을 초과하여 **과다자본상태**가 된다. 자본량이 과다하므로 자본의 한계생산이 감가상각률보다 작다($MPk < \delta$). 1인당 소비를 극대화하기 위해서는 **저축률 감소**시켜야 한다.

그림 11-9 과다자본을 가진 경제의 저축률 감소($s_2 \rightarrow s_g$)의 효과

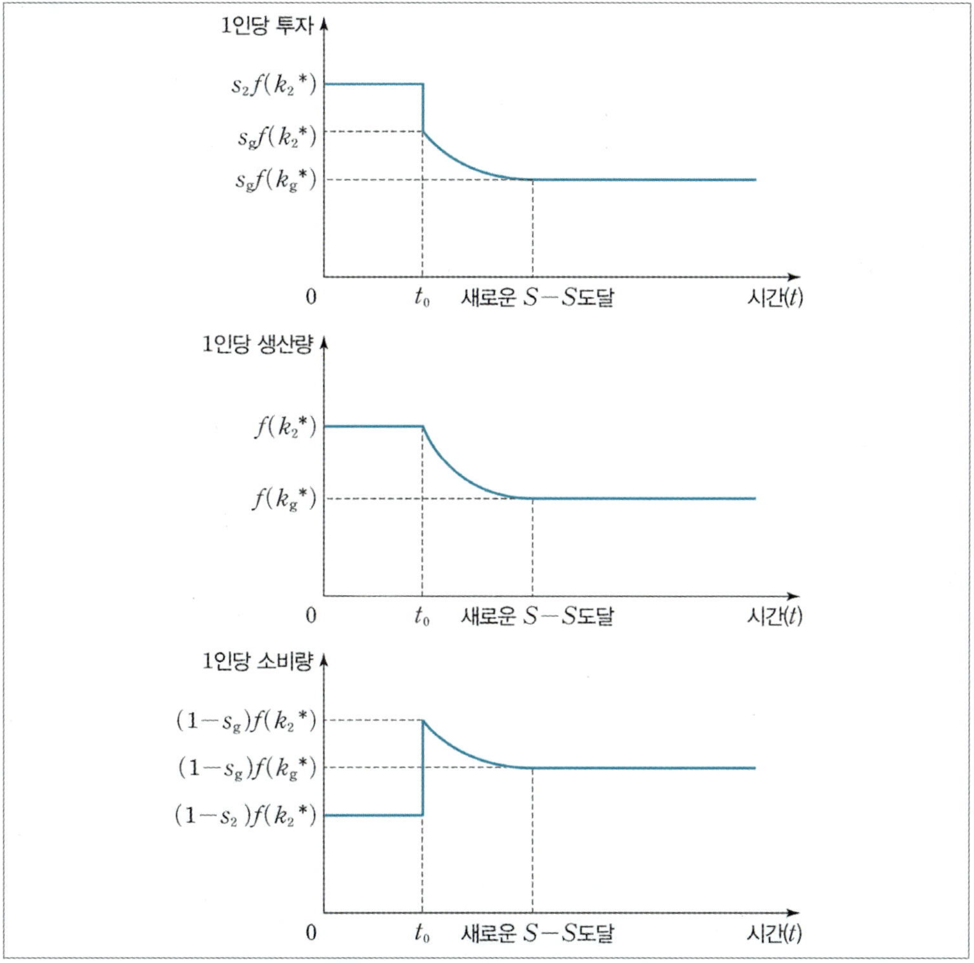

그림은 과다자본을 가진 균제상태의 경제가 저축률을 황금률 수준으로 하향조정($s_2 \rightarrow s_g$)하는 경우 투자, 생산량 및 소비에 미치는 영향을 보여준다. 저축률 감소 직후에 투자가 감소하고 소비는 증가한다. 그리고 시간이 지나면서 투자, 생산량, 소비가 점진적으로 감소하여 황금률 수준의 균제상태에 도달한다. 새로운 균제상태의 1인당 소비는 이전 균제상태의 1인당 소비보다 크다.

그림 11-9에서 보는 것처럼 저축률을 황금률 수준으로 낮추면($s_2 \rightarrow s_g$), 그 직후에 1인당 소비는 증가하고 1인당 투자는 감소한다. 그리고 시간이 지나면서 1인당 투자 감소로 자본량이 줄어들면서 생산량과 소비가 점진적으로 감소하여 황금률 수준의 균제상태에 도달한다. 새로운 균제상태에 도달하면 1인당 투자, 생산, 소비가 일정하게 유지된다. 이 새로운 균제상태에서 1인당 소비는 이전 균제상태의 경우보다 크다. 저축률 감소로 현재소비와 미래소비를 동시에 증가시킬 수 있어 아무런 저항 없이 정책이 추진될 수 있다.

요약

1 솔로우모형의 생산함수는 규모의 불변이며 각 생산요소의 한계생산은 체감하는 속성을 보인다.

2 솔로우모형에서 경제성장의 원천은 생산요소의 증가율과 기술진보율로 나누어진다.

3 1인당 자본량이 증가하면서 자본의 한계생산이 체감하여 경제는 균제상태로 수렴하게 된다.

4 솔로우모형에서 균제상태의 수준은 저축률에 의존한다. 저축률이 증가 시 높은 균제상태에 도달하여 1인당 자본량과 1인당 생산량(소득)은 증가한다.

5 균제상태에 도달하면 1인당 자본량과 1인당 생산량은 변화가 없다. 경제성장이 멈춘다. 저축률 증가를 통한 자본축적으로 균제상태에서 지속적인 성장은 불가능하다.

6 균제상태의 1인당 소비를 극대화하는 자본량을 황금률 수준의 자본량이라 한다. 황금률 수준의 자본량에서 1인당 자본의 한계생산과 감가상각률이 일치한다.

7 1인당 자본의 한계생산이 감각상각률보다 크다는 것은 자본의 한계생산이 체감하는 속성상 자본량이 지나치게 과소한 상태라는 것을 의미한다. 저축률을 올려 자본을 축적함으로써 균제상태의 1인당 소비를 증가시킬 수 있다. 현재의 소비를 줄이고 미래의 소비를 높이는 문제로 정책 추진 시 세대간 갈등의 문제에 직면한다.

8 1인당 자본의 한계생산이 감각상각률보다 작은 경우는 자본량이 지나치게 과다한 상태이다. 저축률을 낮추어 자본량을 줄임으로써 균제상태의 1인당 소비를 증가시킬 수 있다. 현재 소비와 미래 소비를 모두 높일 수 있어 세대간 갈등 없이 추진할 수 있다.

연습문제

1 기술진보 없는 솔로우 경제성장모형에서 경제가 균제상태로 수렴하는 이유는 무엇인가?

2 저축률이 증가하는 경우 균제상태의 1인당 자본량과 생산량은 어떻게 되는가?

3 솔로우 경제성장모형에서 저축률은 균제상태의 1인당 생산량(소득)의 성장률에 어떻게 영향을 미치는가?

4 1인당 자본량이 증가할수록 1인당 생산량(소득)도 증가한다. 왜 황금률수준의 자본량을 선택해야 하는가?

5 기술진보가 없고 노동증가율이 0인 경제이다. 이 경제는 균제상태에서 자본의 한계생산이 감가상각률보다 높다. 저축률과 1인당 자본량은 황금률 수준에 비해 어떠한 상황인가? 장기적으로 1인당 소비를 극대화하기 위해서는 어떠한 정책을 추진해야 하는가? 정책추진 시 어려움은 무엇인가?

6 기술진보가 없고 노동증가율도 없는 경제를 가정하자. 이 경제의 생산함수는 다음과 같다. 연간 감가상각률은 10%라 하자.

$$Y- AL^{\frac{2}{3}}K^{\frac{1}{3}}$$

(1) 1인당 생산함수는 어떻게 되는가?

(2) 1인당 자본축척식을 도출하라.

(3) 이 경제가 균제상태에 도달했을 때 1인당 자본량과 생산량은 어떻게 되는가? 1인당 자본량의 성장률과 생산량의 성장률은 얼마인가?

(4) 1인당 소비를 극대화할 수 있는 황금률 수준의 저축률은 무엇인가? 이 때 1인당 자본량과 생산량은 어떻게 되는가?

제12장 기술진보와 경제성장

지금까지 살펴본 기본 솔로우모형(Basic Solow Model)은 기술수준이 일정하다(기술진보는 없다)고 가정하였다. 경제가 균제상태(steady state)에 도달하면 1인당 자본량과 생산량은 일정하게 유지되고, 지속적인 성장은 불가능했다.

$$\text{균제상태: } k^* = k^*(s, \delta), y^* = f(k^*), \Delta k = 0, \Delta y = 0$$
$$g_k = 0, g_y = 0$$

그러나 현실에서 기술진보는 계속 일어나고 있고, 경제는 성장해 나간다. 지금부터는 솔로우 기본모형에 **기술진보**를 도입하여 지속적인 경제성장이 어떻게 이루어지는지를 살펴보도록 하자.

1. 기술진보와 생산함수

기술진보는 주어진 노동량과 자본량으로 더 많은 양의 산출물을 생산할 수 있게 한다. 노동과 자본의 효율(efficiency)이 향상된 셈이다. 여기서는 기술진보가 노동의 효율을 증가시키는 **노동증대형 기술진보**(labor augmenting technological progress)를 가정한다.

지금까지는 생산함수로 $Y = F(K, L)$를 사용하였다. 이제부터는 기술수준(A)을 생산함수에 명시적으로 표시한다.

$$Y = F(K, L, A)$$

기술수준(A)은 노동의 효율을 증가시킴으로 노동자의 수를 증가시키는 것과 같은 효과가 있다. **유효노동자수**는 노동자수와 노동자의 효율을 곱한 숫자이다. 노동자의 수가 L이고 노동자의 효율이 A라면 유효노동자(effective workers)의 수는 AL이 된다.

위 생산함수를 유효노동자로 단순화하여 표현하면 다음과 같다.

$$Y = F(K, AL)$$

이제 생산함수의 모든 변수를 유효노동자 1인당으로 표현하자. 위 생산함수는 규모에 대한 보수 불변이므로 다음과 같이 표현할 수 있다.

$$\frac{Y}{AL} = F(\frac{Y}{AL}, 1)$$
$$y_e = f(k_e)$$

여기서 y_e는 유효노동자 1인당 생산량, k_2는 유효노동자 1인당 자본량이다.

$$y_e = \frac{Y}{AL}, k_e = \frac{K}{AL}$$

그림 12-1 유효노동자 1인당 생산함수

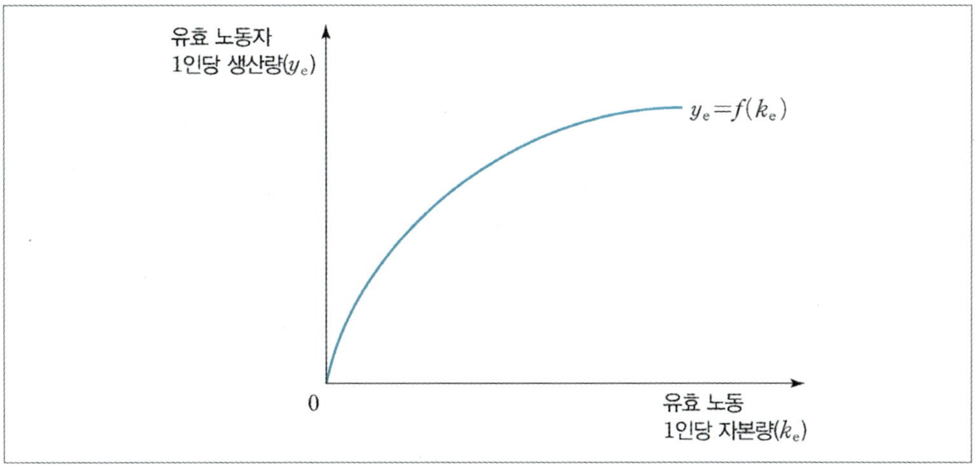

유효노동자 1인당 생산함수의 기울기는 유효노동자 1인당 자본의 한계생산을 보여주며 그 크기는 유효노동자 1인당 자본량이 증가하면서 작아진다.

그림 12-1은 **유효노동자 1인당 생산함수**를 보여준다. 유효노동자 1인당 자본량이 증가할수록 유효노동자 1인당 생산량은 증가하나 그 증가의 크기는 작아진다. 즉 유효노동자 1인당 자본의 한계생산은 체감한다.

$$y_e = f(k_e)$$

$$f_{k_e} = \frac{\Delta y_e}{\Delta k_e} > 0,\ f_{k_e k_e} = \frac{\Delta f_{k_e}}{\Delta k_e} < 0$$

2. 유효노동자 1인당 자본축적식

먼저 저축과 투자를 유효노동자 1인당으로 다시 쓰면 다음과 같다.

- 유효노동자 1인당 투자(i_e): $i_e = \frac{1}{AL}$
- 유효노동자 1인당 저축(s_e): $s_e = \frac{sY}{AL} = sy_e = sf(k_e)$

이제 시간이 흐르면서 유효노동자 1인당 자본이 어떻게 축적되는지 그 동학을 살펴보자. 매 기간 동안 **유효노동자 1인당 자본의 증감 요인**은 다음과 같다.

- 증가 요인: 유효노동자 1인당 자본은 투자만큼 증가한다. $i_e = sf(k_e)$
- 감소 요인
  - 기존 자본은 시간이 흐르면서 감가상각(감가상각률, δ) 되어 감소한다: δk_e
  - 유효노동자수가 증가하면 유효노동자 1인당 자본의 몫은 감소한다. 유효노동자수의 증가율은 노동자수의 인구증가율(g_L)과 기술진보율(g_A)의 합이다. 즉 유효노동자 1인당 자본은 $(g_A + g_L)k_e$ 만큼 감소한다.

이상에서 **유효노동자 1인당 자본축적식**은 다음과 같다.

$$\Delta k_e = sf(k_e) - (g_A + g_L + \delta)k_e$$

유효노동자 1인당 자본을 일정하게 유지하는 데 필요한 투자는 $(g_A + g_L + \delta)k_e$이며, 이를 **필요투자**(break-even investment)라고 부른다. 이는 감가상각되는 자본을 대체하고 인구증가와 기술진보로 늘어난 유효노동자에게 자본을 제공하기 위해, 필요한 투자이다.

유효노동자 1인당 투자[$sf(k_e)$]가 필요투자[$(g_A + g_L + \delta)ke$]를 초과하면 자본이 증가하고, 유효노동자 1인당 투자가 필요투자에 못 미치면 자본은 감소한다.

- 만약 $sf(k_e) > (g_A + g_L + \delta)k_e$이면, k_e가 증가한다.
- 만약 $sf(k_e) < (g_A + g_L + \delta)k_e$이면, k_e가 감소한다.
- 만약 $sf(k_e) = (g_A + g_L + \delta)k_e$이면, k_e가 일정하다.

유효노동자 1인당 자본축적식 도출

지금까지 살펴본 유효노동자 1인당 자본축적식을 수식으로 도출하여 보자. 아래의 유효노동자 1인당 자본의 정의에서 출발한다.

$$k_e = \frac{K}{AL}$$

유효노동자 1인당 자본을 변화율로 표현하면 다음과 같다.

$$\frac{\Delta k_e}{k_e} = \frac{\Delta K}{K} - \left(\frac{\Delta A}{A} + \frac{\Delta L}{L}\right)$$

여기서 총자본증가율($\frac{\Delta K}{K}$)은 자본축적식을 이용하여 다시 쓰면 다음과 같다.

$$\frac{\Delta K}{K} = \frac{sY - \delta K}{K} = \frac{sY}{K} - \delta = \frac{sY/AL}{K/AL} - \delta = \frac{sf(k_e)}{k_e} - \delta$$

기술진보율과 노동증가율은 각각 다음과 같다.

$$g_A = \frac{\Delta A}{A}, \; g_L = \frac{\Delta L}{L}$$

이를 활용하여 위 유효노동자 1인당 자본축적식을 다시 쓰면 다음과 같다.

$$\begin{aligned} \frac{\Delta k_e}{k_e} &= \frac{\Delta K}{K} - \left(\frac{\Delta A}{A} + \frac{\Delta L}{L}\right) \\ &= \frac{sf(k_e)}{k_e} - \delta - (g_A + g_L) \end{aligned}$$

위 식의 양변에 k_e를 곱하면 다음과 같은 유효노동 1인당 자본축적식이 도출된다.

$$\Delta k_e = sf(k_e) - (g_A + g_L + \delta)k_e$$

3. 균제상태(Steady state)로의 수렴과 지속 성장

이제 유효노동자 1인당 자본의 축적 등 경제가 어떻게 움직이는지 살펴보자.

그림 12-2 균제상태로의 수렴

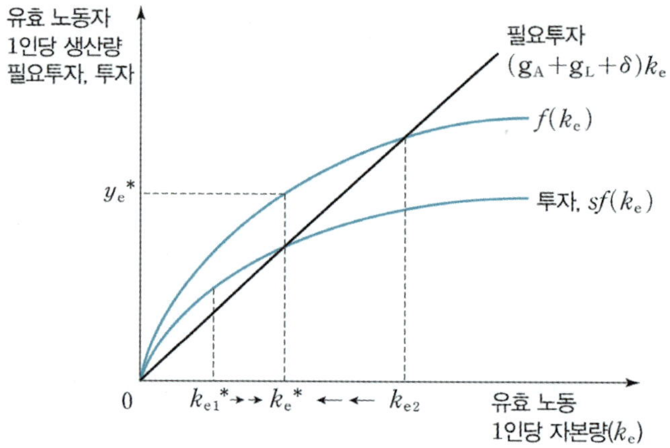

만약 $k_{e1} < k_e^*$이면, 유효노동자 1인당 투자가 필요투자 보다 크게 되어 k_e는 증가한다. 반면에 $k_{e2} > k_e^*$이면, 투자가 필요투자보다 적게 되어 k_e는 감소한다. 결국 유효노동자 1인당 자본량은 k_e^*로 수렴하여 균제상태(steady state)에 도달한다. 균제상태에 도달하면 유효노동자 1인당 자본량과 생산량은 변화가 없다.

그림 12-2에서 유효노동자 1인당 자본축적이 k_e^*이면 투자와 필요투자가 일치하여 유효노동자 1인당 자본량의 변화는 없게 된다. 만약 유효노동자 1인당 자본량이 k_{e1}로 k_e^*에 못 미치면, 유효노동자 1인당 투자가 필요투자보다 크게 되어 k_e는 증가한다. 반면에 유효노동자 1인당 자본량이 k_{e2}로 k_e^*를 초과하면, 투자가 필요투자보다 작게 되어 k_e는 감소한다. 결국 유효노동자 1인당 자본은 k_e^***로 수렴하여 균제상태**에 도달한다.

균제상태에 도달하면 유효노동자 1인당 자본량과 생산량은 일정하게 유지된다. 따라서 유효노동자 1인당 자본량증가율과 생산량증가율은 0이 된다.

$$\Delta k_e = sf(k_e) - (\delta + g_L + g_A)k_e = 0$$

$$g_{ke} = 0,\ \ g_{ye} = 0$$

경제적 후생을 결정하는 것은 유효노동자 1인당 생산량(y_e)이 아니고, 노동자 1인당 생산량(y)이다. 총자본량(K), 노동자 1인당 자본량($k = \frac{K}{L}$), 유효노동자 1인당 자본량($k_e = \frac{K}{AL}$)의 관계를 살펴보면 다음과 같다.

$$k_e = \frac{k}{A} = \frac{K}{AL}$$

이를 변화율로 표현하면 다음과 같다.

$$\frac{\Delta k_e}{k_e} = \frac{\Delta k}{k} - \frac{\Delta A}{A} = \frac{\Delta K}{K} - (\frac{\Delta A}{A} + \frac{\Delta L}{L})$$
$$g_{ke} = g_k - g_A = g_K - (g_A + g_L)$$

같은 방식으로 유효노동자 1인당 생산량($y_e = \frac{y}{A} = \frac{Y}{AL}$)의 성장률은 다음과 같다.

$$g_{ye} = g_y - g_A = g_Y - (g_A + g_L)$$

따라서 경제가 **균제상태(steady state)**에 도달하여 유효노동자 1인당 자본량과 생산량이 성장을 멈출 때($g_{ke} = g_{ye} = 0$), 노동자 1인당 자본량과 생산량은 기술진보율로 성장($g_k = g_y = g_A$)하고, 총자본량과 총생산량은 기술진보율과 노동증가율의 합으로 성장($g_K = g_Y = g_L + g_A$)하게 된다.

- 유효노동 1인당 자본량과 생산량의 성장률: $g_{ke} = g_{ye} = 0$
- 노동 1인당 자본량과 생산량의 성장률: $g_k = g_y = g_A$
- 총자본량과 총생산량의 성장률: $g_K = g_Y = g_L + g_A$

4. 저축률과 균제상태의 수준

균제상태의 수준은 저축률, 감가상각률, 노동증가율, 기술진보율 등에 의존한다.

$$\Delta k_e = sf(k_e) - (\delta + g_L + g_A)k_e = 0$$

$$k_e^* = k_e^*(s, g_A, g_L, \delta)$$

$$(+,\ -,\ -,\ -)$$

- 저축률(s) 증가: 균세상태의 유효노동 1인당 자본량 및 생산량 증가
- 기술진보율(g_A) 증가: 균세상태의 유효노동 1인당 자본량 및 생산량 감소
- 노동자수 증가율(g_L) 증가: 균세상태의 유효노동 1인당 자본량 및 생산량 감소
- 감가상각률(δ) 증가: 균세상태의 유효노동 1인당 자본량 및 생산량 감소

그림 12-3 저축률 증가와 균제상태

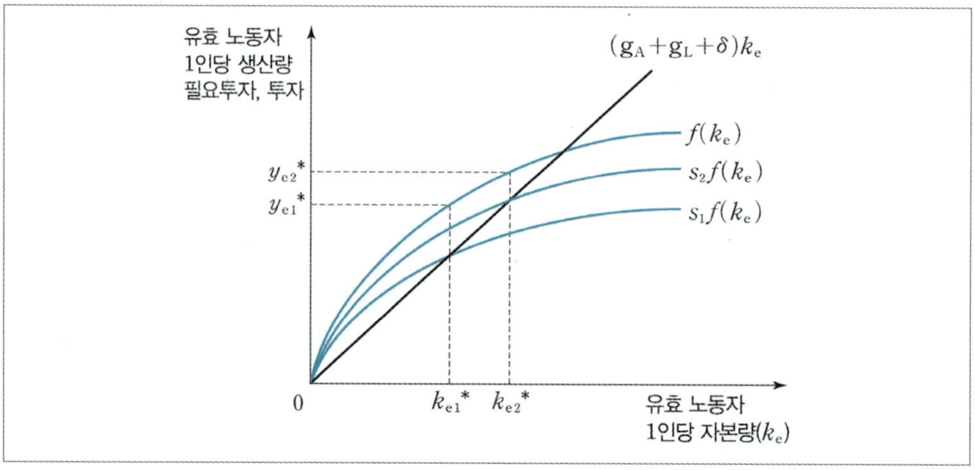

저축률이 상승하면 더 높은 균제상태로 이동하여 유효노동자 1인당 자본량과 생산량이 증가한다.

저축률 증가가 균제상태 및 성장률에 미치는 효과를 분석하여 보자. 그림 12-3에서 저축률이 s_1에서 s_2로 상승하면 경제는 더 높은 균제상태로 이동한다. 유효노동자 1인당 자본량은 k_{e1}^*에서 k_{e2}^*로 증가하고 1인당 생산량은 y_{e1}^*에서 y_{e2}^*로 증가한다.

그러나 균제상태에 도달하면 유효노동자 1인당 자본량과 생산량은 변함이 없어 증가율은 0이 된다. 저축률 증가로 새로운 균제상태에 도달할 때까지 일시적으로 높은 성장

을 유지할 수 있으나 균제상태에 도달하면 **유효노동자 1인당 생산량이 성장을 멈춘다.** $g_{ke} = g_{ye} = 0$

유효노동자 1인당 자본량과 생산량의 성장률이 0이라는 것은 **노동자 1인당 자본량과 생산량은 기술진보율로 성장**($g_k = g_y = g_A$)함을 의미한다. 즉 균제상태에서 경제는 기술진보율(g_A)로 지속 성장을 하게 된다.

5. 황금률 자본축적

이제 유효노동자 1인당 소비를 극대화하는 황금률수준의 자본량(k_{eg}^*)을 도출하고 이를 달성하기 위한 황금률 수준의 저축률(s_g)을 찾아보자.

황금률수준의 자본량(golden rule level of capital, k_{eg}^*)은 다음의 두 가지 조건을 충족한다.

- 균제상태의 조건: $\Delta k_e = sf(k_e) - (g_A + g_L + \delta)k_e = 0$
- 유효노동자 1인당 소비 극대화: $max\ c_e^* = f(k_e^*) - (g_A + g_L + \delta)k_e^*$

균제상태에서 유효노동자 1인당 소비는 생산량과 필요투자(저축)의 차이다. 이 차이는 유효노동자 1인당 생산함수와 필요투자곡선의 기울기가 같은 점에서 극대화된다.

$$MPk_e = g_A + g_L + \delta$$

즉, **황금률수준의 유효노동자 1인당 자본량**(k_g^*)은 자본의 한계생산성이 기술진보율, 노동증가율, 감가상각율의 합과 같은 점에서 결정된다. 이 황금률수준의 자본량(k_g^*)을 달성하는 데 필요한 저축률이 황금률수준의 저축률(s_g)이 된다.

6. 황금률 수준의 저축률 및 자본량 찾기

유효노동자 1인당 생산함수는 다음과 같다고 가정하자.

$$y_e = k_e^{\frac{1}{2}}$$

균제상태의 조건과 **유효노동자 1인당 소비의 극대화**조건을 활용하여 유효노동자 1인당 황금률 수준의 저축률과 자본량을 찾아보자.

[첫 번째 방법]

- 균제상태의 조건에서 유효노동자 1인당 자본량을 저축률의 함수로 표시한다.

$$\Delta k_e = sf(k_e) - (g_A + g_L + \delta)k_e = sk_e^{\frac{1}{2}} - (g_A + g_L + \delta)k_e = 0$$

$$k_e^* = (\frac{s}{g_A + g_L + \delta})^2$$

- 균제상태의 유효노동자 1인당 자본량을 유효노동자 1인당 소비함수에 대입한 후 소비를 극대화하는 저축률을 찾는다.

$$\underset{k^*}{Max}\ c_e^* = f(k_e^*) - sf(k_e^*) = (1-s)f(k_e^*) = \frac{(1-s)s}{g_A + g_L + \delta}$$

$$\frac{\Delta c_e^*}{\Delta s} = \frac{1-2s}{g_A + g_L + \delta} = 0 \rightarrow s_g = \frac{1}{2}$$

- 이 황금률 수준의 저축률을 이용하여 유효노동자 1인당 자본량, 생산량, 소비량 등을 구한다.

$$k_{eg}^* = \frac{1}{4(g_A + g_L + \delta)^2},\ y_{eg}^* = \frac{1}{2(g_A + g_L + \delta)},\ c_{eg}^* = \frac{1}{4(g_A + g_L + \delta)}$$

[두 번째 방법]

- 균제상태의 유효노동자 1인당 자본량을 찾는다.

$$\Delta k_e = sf(k_e) - (g_A + g_L + \delta)k_e = sk_e^{\frac{1}{2}} - (g_A + g_L + \delta)k_e = 0$$

$$k_e^* = (\frac{s}{g_A + g_L + \delta})^2$$

- 균제상태에서 유효노동자 1인당 소비를 극대화하는 황금률수준의 자본량을 찾는다.

$$\max_{k_e^*} c_e^* = k_e^{*\frac{1}{2}} - (g_A + g_L + \delta)k_e^*$$

$$\frac{\Delta c_e^*}{\Delta k_e^*} = \frac{1}{2}k_e^{*-\frac{1}{2}} - (g_A + g_L + \delta) = 0 \rightarrow k_{eg}^* = \frac{1}{4(g_A + g_L + \delta)^2}$$

- 균제상태의 유효노동자 1인당 자본(k_e^*)과 유효노동자 1인당 황금률수준의 자본량(k_{eg}^*)을 비교하여 황금률수준의 저축률을 찾는다.

$$(\frac{s}{g_A + g_L + \delta})^2 = \frac{1}{4(g_A + g_L + \delta)^2} \rightarrow s_g = \frac{1}{2}$$

- 이 황금률 수준의 저축률을 이용하여 유효노동자 1인당 자본량, 생산량, 소비량 등을 구한다.

$$k_{eg}^* = \frac{1}{4(g_A + g_L + \delta)^2},\ y_{eg}^* = \frac{1}{2(g_A + g_L + \delta)},\ c_{eg}^* = \frac{1}{4(g_A + g_L + \delta)}$$

요약

1 노동의 효율성(efficiency)을 증가시키는 기술진보를 노동증대형 기술진보라 한다. 유효노동자수는 노동자수(L)에 노동의 효율성(A)을 곱한 값(AL)으로 측정한다.

2 저축률이 증가하는 경우 경제는 보다 높은 수준의 균제상태로 이동한다.

3 경제가 균제상태에 이르면 유효노동자 1인당 자본량과 생산량의 성장률은 0이다. 노동자 1인당 자본량과 생산량의 성장률은 기술진보율과 일치한다.

4 솔로우모형에서는 기술진보가 유일한 경제성장의 원천이며, 외생적으로 결정된다.

5 황금률 수준의 자본량(k_g^*)은 유효노동자 1인당 자본의 한계생산이 감가상각률, 노동증가율, 기술진보율의 합과 같은 점에서 결정된다.

$$MPk_e = \delta + g_L + g_A$$

이 자본의 달성을 보장하는 저축률이 황금률 수준의 저축률(s_g)이 된다.

6 만약 $MPk_e > (g_A + g_L + \delta)$이면, 자본의 한계생산이 체감하는 속성상 자본량이 황금률 수준에 비해 과소한 상태라는 것을 알 수 있다. 1인당 소비를 극대화하기 위해서는 저축률을 높여야 한다.

연습문제

1 노동증대형 기술진보란 무엇을 의미하는가?

2 기술진보형 솔로우 성장모형에서 균제상태의 수준을 결정하는 요인은 무엇인가?

3 기술진보형 솔로우 성장모형에서 저축률 증가는 균제상태에서 1인당 소득의 성장률에 어떠한 영향을 미치는가?

4 솔로우 모형에서 기술진보율은 어떻게 결정되는가?

5 균제상태에서 유효노동자 1인당 자본의 한계생산이 감가상각률, 노동증가율, 기술진보율의 합보다 크다.

$$MPk_e > \delta + g_L + g_A$$

이 경제의 저축률과 자본량은 황금률 수준에 비해 어떠한 상태인가? 바람직한 정책을 제시하라.

6 다음과 같은 생산함수를 지닌 경제를 가정하자.

$$Y = K^{\frac{1}{4}}(AL)^{\frac{3}{4}}$$

인구증가율, 기술진보율, 감가상각률은 각각 g_L, g_A, δ이다.

(1) 유효노동자 1인당 생산함수를 도출하라. 유효노동자 1인당 자본이 증가하면서 한계생산은 증가, 불변, 아니면 감소하는가?

(2) 유효노동자 1인당 자본축적식을 도출하라.

(3) 균제상태에서 유효노동자 1인당 자본량 및 생산량을 구하라.

연습문제

(4) 균제상태에서 유효노동자 1인당 자본량의 증가율 및 생산량의 증가율을 구하라.

(5) 균제상태에서 노동자 1인당 자본량의 증가율 및 생산량의 증가율을 구하라.

(6) 균제상태에서 자본량의 증가율 및 생산량의 증가율을 구하라.

(7) 황금률 수준의 저축률을 구하라. 유효노동자 1인당 황금률 수준의 자본량과 소비량을 구하라.

제13장 내생적 성장이론

솔로우(Robert Solow)의 경제성장모형은 자본축적만으로는 지속적인 경제성장이 불가능하고 기술진보를 통해서만 가능하다고 말한다. 그리고 기술진보가 어떻게 결정되는지에 대한 설명은 없이 외생적으로 결정된다고 가정한다.

이에 따라 **기술진보 없이도 지속 성장이 가능**한지, 또 **기술진보가 어떻게 결정**되는지 등에 대한 다양한 연구가 시도된다. 이러한 연구를 포괄적으로 내생적 성장이론(endogenous growth theory)이라 부른다. 주요 내생적 성장이론을 살펴보자.

---

1. AK 모형(자본의 한계생산성이 일정한 모형)
2. 자본축적의 외부효과모형
3. 물적자본과 인적자본의 결합축적모형
4. 제조업과 연구개발의 2부문 모형
5. 경제성장이론의 발전사
6. 경제성장에 관한 여러 이슈들
   경제성장을 촉진하는 정책
   경제성장과 고용 및 분배

---

1. AK 모형(자본의 한계생산성이 일정한 모형)

솔로우 경제성장모형의 생산함수에서 자본의 한계생산성은 체감한다. 자본이 증가하면 생산량은 증가하지만, 그 증가의 규모 즉 한계생산은 점점 작아진다. 따라서 저축을 통한 자본축적만으로는 경제성장이 종국에는 한계에 다다를 수밖에 없게 된다.

그러나 만약 **자본의 한계생산이 일정**하다면 어떻게 될까? 자본축적만으로 지속적인 경제성장이 가능하지 않을까? 이에 관한 이론이 AK이론이다.

1) 기본 가정 및 생산함수

먼저 AK이론은 다음과 같은 가정에서 출발한다.

- 인구(노동)증가율은 없고, 기술진보도 없다고 가정하여 자본축적에 초점을 맞춘다. 노동자수를 일정하다고 보고 1로 간주하면 총생산량과 1인당 생산량, 총자본량과 1인당 자본량을 구분하지 않고 분석할 수 있게 된다.
- 생산량은 자본량에 의존하며, 자본의 한계생산은 일정하다고 가정한다. 이 가정이 솔로우모형과 핵심적인 차이이다.

이상의 가정에 기초하여 생산함수는 다음과 같이 표시할 수 있다.

$$Y = AK,\ \text{단}\ A > 0$$

여기서 Y는 생산량, K는 자본량, A는 자본의 한계생산을 나타내며 0보다 큰 상수로 일정하다.

그림 13-1 AK 생산함수

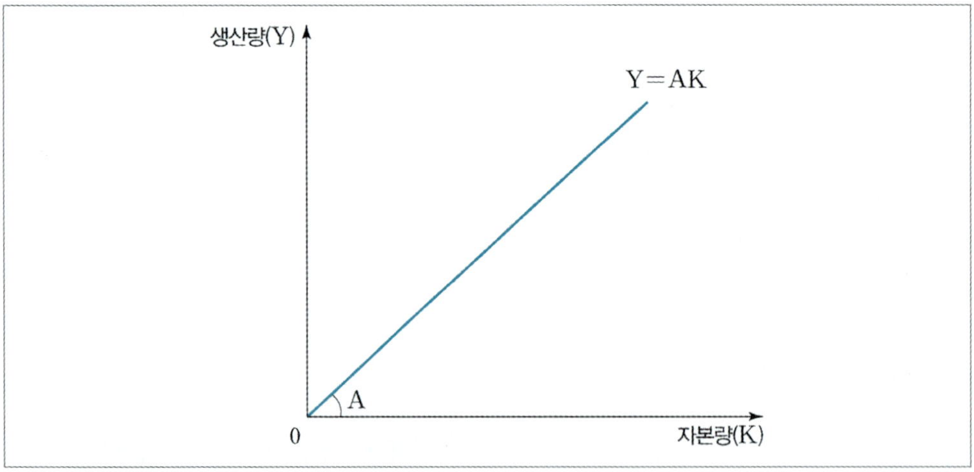

생산함수가 직선으로 자본의 한계생산이 일정하며 평균생산과 같다.

그림 13-1은 AK생산함수를 보여준다. 자본의 한계생산은 생산함수 그래프의 기울기 A로 일정하며, 평균생산과 일치한다.

$$\frac{\Delta Y}{\Delta K} = \frac{Y}{K} = A$$

이제 이 생산함수가 경제성장에 대해서 무엇을 의미하는지를 살펴보자.

2) 자본축적식

자본은 신규 투자가 이루어진 만큼 증가하고 감가상각분(감가상각률, δ)만큼 감소한다.

- 자본의 증가: 저축하는 만큼 투자되어 자본이 증가한다. $I = sY = sAK$.
- 자본의 감소: 기존 자본은 시간이 흐르면서 마모되어 감가상각 된다. δK.

따라서 자본의 변화량을 보여주는 **자본축적식**은 다음과 같다.

$$\Delta K = sAK - \delta K$$

$$\text{단, } s(\text{저축률}) = \frac{S}{Y}, \ \delta\text{는 감가상각률}$$

위 식의 양변을 K로 나누면 **자본증가율**(g_K)은 다음과 같다.

$$g_K = \frac{\Delta K}{K} = sA - \delta$$

3) 경제성장률

위 생산함수식 $Y = AK$를 변화율로 표현하면 다음과 같다.

$$\frac{\Delta Y}{Y} = \frac{\Delta A}{A} + \frac{\Delta K}{K}$$

A는 상수이므로 $\frac{\Delta A}{A} = 0$이다. 따라서 경제성장률($g_Y = \frac{\Delta Y}{Y}$)은 자본증가율 ($g_K = \frac{\Delta K}{K}$)과 같고 다음과 같다.

$$g_Y = g_K = sA - \delta$$

주어진 기술수준(A)과 감가상각률(δ)하에서 경제성장률은 **저축률(s)**에 의해 결정된다. 만약, 저축률이 높아서 투자가 감가상각보다 큰 경우 즉 $sA-\delta>0$이면 지속적인 경제성장을 하게 된다. 반면에 저축률이 낮아서 투자가 감가상각보다 작은 경우 즉 $sA-\delta<0$이면 지속적인 경제 수축을 겪게 된다.

그림 13-2 AK 모형에서 저축률과 경제성장

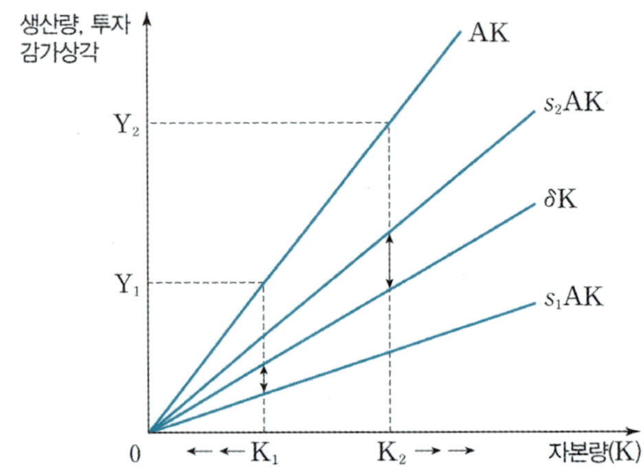

만약 저축률이 높아 $s_2A-\delta>0$이면 지속적인 경제성장을 하게 된다. 반대로 저축률이 낮아 $s_1A-\delta<0$이면 지속적인 경제수축을 겪게 된다.

그림 13-2는 저축률이 경제성장에 미치는 효과를 보여준다. 어느 경제의 저축률은 s_2고 현재 자본량이 K_2라 하자. 이 경우 저축률이 높아 투자가 감가상각보다 커서 ($s_2A-\delta>0$) 지속적인 자본축적 및 경제성장을 하게 된다. 반대로 저축률이 s_1으로 낮고 현재 자본량이 K_1인 경우는 투자가 감가상각보다 작아($s_1A-\delta<0$) 지속적인 자본감소 및 경제 수축을 겪게 된다. 솔로우모형과는 달리 **저축률**이 경제성장률을 결정하는 핵심 변수가 되며, 저축률이 충분하게 높으면 **자본축적만으로 지속적인 경제성장**이 가능하게 된다.

솔로우모형에서는 저축률이 증가하는 경우 더 높은 수준의 균제상태로 이동할 뿐이고 새로운 균제상태에 도달하면 경제성장은 멈췄다. 새로운 균제상태에 도달할 때까지 일시적인 경제성장만 가능했고 균제상태에서 지속적인 경제성장은 불가능하였다. 따라서 저축률은 균제상태에 도달하기 전까지 일시적으로 경제성장에 영향을 미칠 뿐 균제상태에 도달하면 경제성장률에는 더 이상 영향을 미치지 못했다.

단순히 생산함수에 대한 가정 하나를 수정했을 뿐인데 경제성장에 관해 완전히 다른 결론에 도달하게 된다. 이제 저축률은 생산량과 자본량의 수준(level effects)을 결정할 뿐만 아니라 성장률까지도 결정(growth effect)한다. 저축률을 늘리는 것이 지속적인 경제성장의 핵심 열쇠(key)가 된다. 솔로우모형이 저축을 통한 자본축적의 역할을 과소평가한 결과가 된다. 국가 간 소득격차도 솔로우모형과는 달리 시간이 흐르면서 더 확대될 수 있다.

4) 과연 자본의 한계생산성은 일정할까?

자본의 한계생산이 일정하다는 가정이 현실적이고 합리적일까? 경제학자들은 다양한 질문을 던지고 다양한 논리를 제시한다.

먼저, 자본축적이 생산성 또는 기술진보와 서로 무관한지에 의문을 제기한다. 만약, **자본축적이 생산성(기술진보)에 긍정적인 영향**을 미치는 **외부효과**를 발생하는 경우 이를 반영하면 자본의 한계생산성이 감소하지 않을 수 있다.

다음으로 자본의 개념에 **물적자본**(physical capital)**은 물론 인적자본**(human capital) **까지 광범위하게 포함**하여 해석하면 자본의 한계생산이 감소하지 않을 수 있다. 예를 들어, 물적자본의 한계생산이 체감하여도 지식 등 인적자본의 한계생산이 체증한다면 자본의 한계생산은 감소하지 않을 수 있다. 또한 물적자본과 인적자본 모두 한계생산이 체감한다고 하더라도 서로 결합하여 **상승작용(synergy effect)**을 일으킨다면 자본의 한계생산은 일정할 수 있다.

2. 자본축적의 외부효과모형

먼저, 자본축적이 생산성에 긍정적 영향을 미치는 **외부효과**에 초점을 둔 성장모형을 살펴보자.

1) 기본가정 및 생산함수

전형적인 콥-더글라스(Cobb-Douglas) 생산함수를 가정하고 출발한다.

$$Y = AK^{\alpha}L^{1-\alpha},\ 0 < \alpha < 1$$

자본축적의 역할에 집중하기 위해 노동은 일정하다고 보고 1단위로 간주한다($L=1$). 위 생산함수식은 다음과 같이 표시된다.

$$Y = AK^{\alpha},\ 0 < \alpha < 1$$

이 생산함수의 자본의 한계생산(MPK)은 다음과 같다.

$$MPK = \frac{\Delta Y}{\Delta K} = \alpha A K^{\alpha - 1} = \alpha A \frac{1}{K^{1-\alpha}}$$
$$0 < \alpha(\text{자본소득의 몫}) < 1$$

솔로우모형처럼 생산성(기수수준, A)이 일정하다면, 자본이 증가하면서 자본의 한계생산(MPK)을 체감한다.

2) 자본의 긍정적 외부효과(Positive Externality)

이제 자본축적과 기술진보는 서로 독립된 별개의 사항이 아니라 연결된 경우를 살펴보자. 자본축적이 생산성(기술수준)에 긍정적인 영향을 미치는 **외부효과**(positive externality)를 발생시킨다. 이를 반영하여 기술수준(A)을 자본의 내생함수로 표시하면 다음과 같다.

$$A = A(K) = \gamma K^{\beta}\ \text{단},\ \gamma > 0,\ \beta > 0$$

즉 생산성은 자본이 축적되면서 증가한다.

이 생산성(기술수순, A)식을 위 생산함수식에 대입하면 다음과 같다.

$$Y = AK^{\alpha} = \gamma K^{\beta} K^{\alpha} = \gamma K^{\alpha + \beta}$$

이제 생산함수 자본의 승수는 $(\alpha + \beta)$이며 자본의 한계생산은 다음과 같다.

$$MPK = \frac{\Delta Y}{\Delta K} = \gamma(\alpha + \beta) A K^{\alpha + \beta - 1}$$

자본의 한계생산이 $(\alpha + \beta)$의 값에 따라 감소, 불변, 증가 여부가 결정된다.

- 만약 $\alpha+\beta<1$, 자본의 한계생산은 감소
- 만약 $\alpha+\beta=1$, 자본의 한계생산은 일정
- 만약 $\alpha+\beta>1$, 자본의 한계생산은 체증

그림 13-3 자본의 한계생산

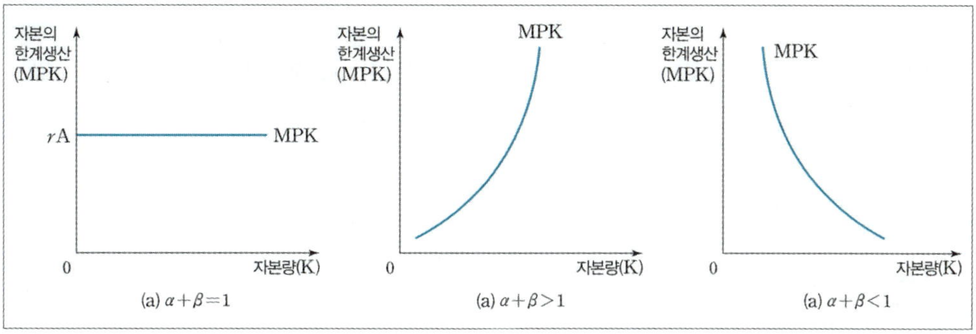

그림 13-3은 $(\alpha+\beta)$의 값의 변화에 따른 자본의 한계생산을 보여준다. 만약 $(\alpha+\beta)$값이 1이면 자본의 한계생산은 일정하여 1절의 AK 모형에서 살펴본 AK 모형과 같게 된다.

3) 자본축적과 경제성장

이제 자본량과 생산량의 성장률을 구해보자. **자본축적식**은 다음과 같이 표현된다.

$$\Delta K = sY - \delta K = s\gamma K^{\alpha+\beta} - \delta K$$

위 식의 양변을 K로 나누어 **자본의 축적률**을 구하면 다음과 같다.

$$g_K = \frac{\Delta K}{K} = s\gamma K^{\alpha+\beta-1} - \delta$$

한편, 생산함수식 $Y=\gamma K^{\alpha+\beta}$을 변화율로 표현하면 다음과 같다.

$$\frac{\Delta Y}{Y} = \frac{\Delta\gamma}{\gamma} + (\alpha+\beta)\frac{\Delta K}{K}$$

여기서 γ는 상수이므로 $\frac{\Delta\gamma}{\gamma}$는 0이다. 따라서 **생산량의 증가율**은 다음과 같다.

$$\frac{\Delta Y}{Y} = (\alpha+\beta)\frac{\Delta K}{K}$$

$$g_Y = (\alpha+\beta)g_K$$

만약, $(\alpha+\beta)$값이 1이면 AK 모형처럼 경제성장률(g_Y)과 자본축적률(g_K)은 같게 된다.

$$g_Y = g_K$$

자본축적식에서 $(\alpha+\beta)$값이 1이면 자본축적률(g_K)은 $(s\gamma-\delta)$이다. 따라서 경제성장률(g_Y)은 다음과 같이 된다.

$$g_Y = g_K = s\gamma - \delta$$

이 경우 저축률은 경제성장률을 결정하는 핵심 변수가 되고, 저축률이 충분하게 높아 $(s\gamma-\delta) > 0$이면 지속적인 성장이 가능하게 된다.

결론적으로 자본이 긍정적 외부효과를 창출하여 생산성 향상에 기여하면, 자본의 한계생산은 체감하지 않을 수 있고, 자본축적만으로 지속적인 경제성장이 가능해진다. 저축률이 성장률을 좌우하게 된다.

3. 물적자본과 인적자본의 결합축적모형

이제 **물적자본과 인적자본의 동시적 축적**(joint accumulation of human capital and physical capital)과 그 시너지효과에 초점을 둔 모형을 살펴보자. 물적자본과 인적자본이 생산에 있어서 동등한 역할을 한다고 가정하자. 노동은 일정하다고 보고 1로 단순화한다. 이 경우 생산함수는 다음과 같이 표현할 수 있다.

$$Y = F(K, H) = K^{\frac{1}{2}}H^{\frac{1}{2}}$$

물적자본과 인적자본의 한계생산은 각각 다음과 같으며 모두 체감하는 속성을 보인다.

$$MPK = \frac{\Delta Y}{\Delta K} = \frac{1}{2} K^{-\frac{1}{2}} H^{\frac{1}{2}} = \frac{1}{2} (\frac{H}{K})^{\frac{1}{2}}$$

$$MPH = \frac{\Delta Y}{\Delta H} = \frac{1}{2} K^{\frac{1}{2}} H^{-\frac{1}{2}} = \frac{1}{2} (\frac{K}{H})^{\frac{1}{2}}$$

다른 조건이 일정할 때 물적자본(K)이 증가하면 물적자본의 한계생산(MPK)이 감소하고, 인적자본(H)이 증가하면 인적자본의 한계생산(MPH)이 감소한다. 즉 물적자본과 인적자본의 한계생산은 모두 체감한다.

이 경제는 생산량의 일정 부분을 저축하여 물적자본과 인적자본에 투자한다. 생산량 중 물적자본에 투자하는 비율은 $s(=\frac{K}{Y})$이며, 인적자본에 투자하는 비율은 $q(=\frac{H}{Y})$이다. 따라서 생산량에서 물적자본과 인적자본에 투자한 총비율 즉 저축률은 $(s+q)$이다.

$$0 < s = \frac{K}{Y} < 1,\ 0 < q = \frac{H}{Y} < 1,\ 0 < s + q < 1$$

분석의 편의를 위해 물적자본과 인적자본의 감가상각은 없는 것으로 가정하여 단순화한다. 이 경우 물적자본과 인적자본은 각각 투자한 만큼 증가하며 다음과 같다.

- 물적자본 축적: $\Delta K = sY = sK^{\frac{1}{2}} H^{\frac{1}{2}}$
- 인적자본 축적: $\Delta H = qY = qK^{\frac{1}{2}} H^{\frac{1}{2}}$

따라서 물적자본과 인적자본의 축적률은 다음과 같다.

- 물적자본의 축적률: $g_K = \frac{\Delta K}{K} = \frac{sK^{\frac{1}{2}} H^{\frac{1}{2}}}{K} = sK^{-\frac{1}{2}} H^{\frac{1}{2}} = s\left(\frac{H}{K}\right)^{\frac{1}{2}}$
- 인적자본의 축적률: $g_H = \frac{\Delta H}{H} = \frac{qK^{\frac{1}{2}} H^{\frac{1}{2}}}{H} = qK^{\frac{1}{2}} H^{-\frac{1}{2}} = q\left(\frac{K}{H}\right)^{\frac{1}{2}}$

이 경제가 물적자본과 인적자본을 동시에 같은 증가율로 축적(joint accumulation of physical capital and human capital)하면 인적자본과 물적자본의 비율($\frac{H}{K}$)은 ($\frac{q}{s}$)가 된다.

$$g_K = g_H$$
$$\rightarrow s\left(\frac{H}{K}\right)^{\frac{1}{2}} = q\left(\frac{K}{H}\right)^{\frac{1}{2}}$$
$$\rightarrow \frac{H}{K} = \frac{q}{s}$$

인적자본과 물적자본의 비율($\frac{H}{K}$)을 ($\frac{q}{s}$)로 유지하면서 자본을 축적하면 물적자본의 축적률과 인적자본의 축적률은 각각 다음과 같다.

$$g_K = g_H = (qs)^{\frac{1}{2}}$$

이제 생산함수를 이용하여 경제성장률을 구해보자. 생산함수를 변화율로 표현하면 다음과 같다.

$$Y = K^{\frac{1}{2}} H^{\frac{1}{2}}$$
$$\frac{\Delta Y}{Y} = \frac{1}{2}\frac{\Delta K}{K} + \frac{1}{2}\frac{\Delta H}{H}$$

경제성장률은 인적자본성장률과 물적자본성장률을 더한 값으로 다음과 같다.

$$g_Y = \frac{1}{2}g_H + \frac{1}{2}g_K = (qs)^{\frac{1}{2}}$$

인적자본과 물적자본을 같은 비율로 증가시키면 총생산량도 같은 비율로 성장하게 된다.

$$g_Y = g_K = g_H = (qs)^{\frac{1}{2}}$$

즉 물적자본과 인적자본을 같은 비율로 축적하면 경제도 동일한 비율로 성장하게 된다. **경제성장률**은 물적자본의 투자율(s)과 인적자본의 투자율(q)에 의존한다. 총생산에서 얼마나 저축하여 물적자본과 인적자본에 투자하느냐 즉 **저축률($s+q$)이** 경제성장률을 결정하며, 솔로우모형과는 달리 **저축률이 성장률효과**(growth effect)가 있다.

4. 제조업과 연구개발의 2부문 모형

이제는 기술진보가 어떻게 내생적으로 결정되는지를 설명하는 모형을 살펴보자. 이 모형은 경제가 재화를 생산하는 **제조업부문**과 지식을 생산하는 **연구부문(대학)**으로 구성된 2부문 모형(two sector model)이다.

이 경제는 노동력(L)을 제조업부문과 연구부문에 배분하여 활용한다. 솔로우모형이 노동력을 모두 생산부문에 사용하는 것과는 차이가 있다. 노동력(L) 중에서 연구부분에 사용하는 노동력의 비중을 u라 하자. u는 0보다 크고 1보다 작다. 따라서 연구분야에 사용된 노동력은 uL이고 제조업분야에 사용한 노동력은 $(1-u)L$이 된다.

지식의 증가는 기존에 축적된 지식(E)과 전체 노동력 중 **연구부분에 활용된 노동력 비중**(u)에 의해 결정된다. 기존에 축적된 지식(E)이 많고 전체 노동력 중 연구분야 노동력의 비중이 높아 지식 증가율[g(u)]이 높을수록 지식 증가(기술진보)는 커지게 된다. 이를 수식으로 표현하면 다음과 같다.

$$\text{기술진보:}\ \Delta E = g(u)E$$

$$\frac{\Delta g(u)}{\Delta u} > 0$$

제조업부분의 생산함수는 솔로우의 노동증대형 기술진보를 고려한 생산함수와 유사하다. 생산은 자본과 유효노동력에 의해 결정된다. 유효노동력은 제조업에 사용된 노동력$[(1-u)L]$에 효율성을 보여주는 지식수준(E)을 곱한 $EL(1-u)$와 같다. 따라서 제조업부문의 콥-더글라스 생산함수는 다음과 같다.

$$\text{생산함수:}\ Y = F[K, EL(1-u)] = K^{\alpha}[EL(1-u)]^{1-\alpha}$$

자본은 저축하여 신규 투자하는 만큼 증가하고 마모되어 감가상각되는 만큼 감소한다. 따라서 **자본축적식**은 다음과 같다.

$$\text{자본축적식:}\ \Delta K = sY - \delta K$$

이제 기술진보가 있는 솔로우모형처럼 모든 변수를 유효노동력 단위로 정의하자.

- 유효노동 1단위당 자본: $k_e = \frac{K}{EL}$
- 유효노동 1단위당 생신: $y_e = \frac{Y}{EL}$

유효노동 1단위당 생산함수와 자본축적식은 다음과 같다.

$$y_e = k_e{}^{\alpha}[(1-u)]^{1-\alpha} = \beta k_e{}^{\alpha},\ \text{단},\ \beta = [(1-u)]^{1-\alpha}\text{는 상수}$$
$$\Delta k_e = sf(k_e) - (g_E + g_L + \delta)k_e$$

이 경제에서 유효노동 1인당 자본의 한계생산은 체감하므로 균제상태에 이르게 되며, 솔로우 기술진보형 성장모형과 동일한 결론에 도달하게 된다. 이런 이유로 솔로우 기술진보형 성장모형의 사촌 모형(A cousin of the Solow growth model with technological progress)으로 불리기도 한다.

- $g_{ke} = 0$, $g_{ye} = 0$
- $g_k = g_E$, $g_y = g_E$
- $g_K = g_E + g_L$, $g_Y = g_E + g_L$

솔로의 모형처럼 저축률(s)은 균제상태의 수준에만 영향을 미치고 균제상태의 성장률에는 영향을 미치지 못한다. 1인당 경제성장률은 기술진보율(g_E)에 의해 결정된다. 차이점은 솔로우모형은 기술진보율이 외생적으로 결정된다고 가정하지만, 이 2부문 모형은 **기술진보율이 연구부문에 활용된 노동력의 비중**(u)에 의해 **내생적으로 결정**된다는 것이다.

$$g_E = g(u),\ \frac{\Delta g(u)}{\Delta(u)} > 0$$

5. 경제성장이론의 발전사

지금까지 다양한 경제성장모형을 살펴보았다. 세계 2차대전 이후 많은 국가가 빠른 경제성장을 경험하게 되고 경제성장 이슈가 주목받았다. 1950년대 중반에 솔로우(Robert Solow)는 경제성장모형을 개발하고 성장의 원천으로 자본축적과 기술진보를 제시하였다. 이후 경제성장에서 자본축적과 기술진보의 역할에 관한 많은 연구가 이어졌다.

1960년에 활발한 연구가 진행되었던 경제성장이론은 1980년대 후반에 뉴 성장이론이라는 이름으로 다양한 이론이 등장한다. 루카스(Robert Lucas)와 로머(Paul Romer)는 기술진보를 결정하는 요인과 규모의 경제의 역할을 분석하였다. 루카스는 **인적자본**의 중요성을 중시하였고 로머는 자본의 **외부효과**를 강조하였다.

아기온(Philippe Aghion)과 호잇(Peter Howitt)은 슘페터(Joseph Schumpeter)의 창조적 파괴의 **혁신**(creative destruction)에 초점을 두어 기업의 탄생을 지연시키거나 기업의 해고비용을 높게 만드는 것들이 기술진보를 더디게 하여 성장을 위축시킨다고 분석하였다.

아세모글루(Daron Acemoglu)는 제도와 경제성장의 관계에 관한 연구를 통해 장기적이고 지속적인 경제성장을 위해서는 **포용적 정치제도**(민주주의 성숙도)와 **포용적 경제제도**가 중요함을 강조하였다.

6. 경제성장에 관한 여러 이슈

자본의 한계생산은 체감하고 신기술을 개발하는 것은 기존 기술을 모방하는 것보다 어렵다(Innovation is more difficult than imitation). 고소득 국가는 이미 많은 자본량과 높은 기술수준을 가지고 있다. 자본의 추가 시 한계생산이 낮고 기술진보를 위해서는 신기술을 개발해야 한다. 반면에 저소득국가는 자본량이 적고 기술수준도 낮다. 자본 추가 시 한계생산이 크고 단순히 선진국의 기술을 모방하고 응용하여 기술진보를 이룰 수 있다.

이론적으로 저소득 국가가 고소득 국가를 추격(catch up)하고 격차가 줄일 수 있는 것처럼 보인다. 그러나 1인당 소득(생산량)의 **수렴현상**이 전 세계적으로 나타나고 있지는 않다. 일부 동아시아국가와 OECD국가 등의 그룹에서 **제한적**으로 나타날 뿐이다.

솔로우 경제성장모형의 예측이 틀린 것일까? 솔로우 기술진보형 성장모형에서 균제상태로의 수렴은 저축률, 인구성장률, 기술진보율, 감가상각률 등에 의해 결정된다.

$$k_e^* = k_e^*(s, g_A, g_L, \delta)$$
$$(+, -, -, -)$$

이러한 요인들이 동일한 경제는 초기의 소득수준과 관계없이 동일한 균제상태로 수렴하지만, 상이한 경제는 상이한 균제상태로 수렴한다. **조건부 수렴**(conditional convergence)이다.

1인당 소득의 수렴 여부에 대한 실증적 분석의 연구결과들은 균제상태를 결정하는 요인(저축률, 인구증가율, 기술진보율 등의 차이)의 효과를 보정하고 나면 저소득국가의 성장률이 고소득국가의 성장률보다 상대적으로 높아 조건부 수렴설이 성립함을 뒷받침해 주고 있다. 솔로우모형의 예측과 어느 정도 부합하고 있다.

경제성장을 촉진하는 정책

솔로우모형은 경제성장의 원천으로 자본축적과 기술진보(생산성 향상)를 제시한다. 더 많은 자본의 축적을 위해서는 저축률의 증가가 필요하며, 기술진보(순순한 기술진보보다 광의의 개념으로 생산성 향상)를 위해서는 인력개발, 연구개발 및 좋은 제도 구축 등에 대한 투자를 확대해야 한다.

1) 저축률 증대

저축률은 지속적인 경제성장을 보장하지 않는다 하더라도 균제상태의 수준 즉 1인당 자본량과 생산량(소득)을 결정하는 매우 중요한 변수이다. 황금률 수준의 자본량을 기준으로 현재의 자본량이 과소 또는 과다한지 판단할 수 있다.

대부분의 국가에서 유효노동자 1인당 자본의 한계생산이 기술진보율-노동증가율-감가상각률의 합보다 큰 상태에 있다.

$$MPk_e > (g_A + g_L + \delta)$$

이는 자본의 한계생산이 체감하는 특성을 고려할 때 과소자본 상태를 의미하며 저축률의 증가가 요청된다.

총저축(S)은 민간저축(S_p)과 정부저축(S_g)의 합이다.

$$S = S_p + S_g = (Y - T - C) + (T - G) = Y - C - G$$

대부분 국가의 정부저축은 음수(-)의 값으로 재정적자 상황이다. 재정적자는 이자율 상승으로 이어져 투자를 감소시킨다. 따라서 재정적자를 줄이는 것이 총저축을 증가시키고 자본축적을 촉진하는 한 방법이 된다.

아울러 민간저축과 투자를 촉진하기 위한 세제혜택의 확대를 고려할 수 있다. 자본이득세의 감소, 소득세 비중을 줄이고 소비세 비중을 늘리는 방향으로 조세구조의 전환, 퇴직 저축 등에 대한 세제 혜택 확대 등 저축에 대한 유인책(인센티브)을 강화하여 저축률을 늘리는 방안을 검토할 수 있다.

2) 투자재원의 효율적인 배분

투자재원을 확보하는 것 못지않게 중요한 것은 확보한 재원을 잘 활용하여 효과성을 높이는 것이다. 자본은 민간 공장시설에서 사회간접시설 및 인적자본에 이르기까지 다양한 형태가 존재한다. 어느 형태의 자본을 우선하여 축적할 것인가? 기본 원칙은 **한계생산이 큰 유형의 자본에 우선**적으로 재원을 배분해야 한다는 것이다. 하지만 자본의 유형별로 성격이 다르고 외부효과가 창출되는 경우도 있어 한계생산을 정확히 측정하는 것이 쉽지 않은 일이다.

외부효과가 큰 자본은 시장에서 과소 투자되기 십상이다. 시장의 의사결정은 사적한계비용과 사적한계편익이 일치하는 점에서 이루어진다. 그러나 사회 전체적으로는 외부효과를 반영한 사회적한계비용과 사회적한계편익이 같은 점에서 결정되어야 한다.

사회적한계편익(SMB) = 사적한계편익(PMB) + 긍정적 외부효과(EMB)
사회적한계비용(SMC) = 사적한계비용(PMC) + 부정적 외부효과(EMC)

외부효과가 없는 경우(EMB=EMC=0) 사회적한계편익과 사적한계편익이 일치하고 사회적한계비용과 사적한계비용이 일치하여 시장균형(market equilibrium)이 사회적으로 최적(social optimum)이 된다. 시장에서 사회적으로 바람직한 양이 공급된다. 그러나 외부효과가 존재하는 경우 시장실패가 초래된다. 긍정적 외부효과를 창출하는 것은 과소하게 되고(good things too little), 부정적 외부효과를 창출하는 것은 너무 많게 된다(bad things too much).

그림 13-4 외부효과가 큰 자본의 과소 축적

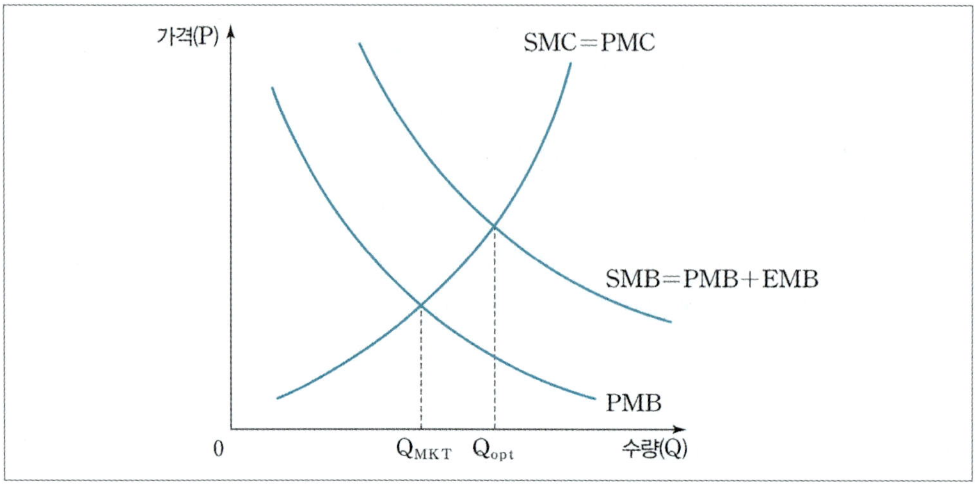

외부효과가 큰 자본은 시장에서 축적되는 양(Q_{mkt})이 사회적으로 바람직한 양(Q_{opt})보다 적게 된다.

그림 13-4에서 보는 것처럼 **긍정적 외부효과**가 있는 자본은 시장에서 축적되는 양(Q_{mkt})이 사회적으로 바람직한 양(Q_{opt})보다 적게 된다. 따라서 **정부지원**이 요구된다.

하지만 정부개입이 시장실패(market failure)의 보완이 아닌 정부실패(government failure)로 이어질 수 있어 주의가 필요하다. 긍정적 외부효과는 시장에서 잡히지 않는 편익(hidden benefits)이다. 그 크기와 가치를 정확히 파악하기 어렵고 정확한 지원수준을 결정하기가 쉽지 않다. 특히, 정치적 이해관계에 따라 긍정적 외부효과가 과대하게 계상되어 중복투자의 문제가 초래될 소지도 있다. 정부는 민간의 자본축적을 보완하고 조장하여야 한다. 따라서 민간 자본축적과 불필요한 경쟁이나 방해 또는 정치적 왜곡 등의 부작용을 피할 수 있는 세심한 정책이 필요하다.

3) 기술개발, R&D 및 인적자본에 대한 투자

많은 나라가 기술개발 및 R&D 투자에 대해서는 각종 세제상 혜택을 부여하고 특허권 보장 등으로 최초 개발자가 일정 기간 독점적 이익을 누릴 수 있는 인센티브를 제공하고 있다. 응용 기술과 지식이 아닌 기초 기술과 지식의 경우에는 민간부문에서 이윤동기에 의해 수행되는 데 한계가 있어 공공부문이나 대학 등에서 수행하기도 한다.

기술개발 및 R&D 활동은 인적자본의 축적과 밀접한 관련이 있다. 저개발국가의 경우 기술발전 초기에는 선진 해외 기술을 흡수하고 모방하여 활용하는 것이 중요하며 이를 수행할 우수 인력이 필요하게 된다. **인적자본 개발**을 위한 질 좋은 교육시스템 구축 및 교육투자의 확대가 필요하며, 기타 해외 기업을 적극 유치하여 선진 기술을 전수받는 기회를 확대해야 한다.

4) 산업정책 및 무역정책

수출주도형 개방정책을 추진한 한국, 홍콩, 타이완, 싱가포르 등 동아시아국가는 놀라운 경제성장에 성공했다.

반면에 수입대체정책을 추진한 브라질, 멕시코, 인도 등은 경제발전에 실패하였고 1980년대 이후에는 개방정책으로 전환했다. 그러나 브라질, 멕시코의 경우 대외개방 이후에도 동아시아 4개국에 상응한 경제성장을 이루지는 못하고 있다. 인도의 경우 최근 빠르게 성장하고 있지만, 빠른 성장이 대외개방 정책에서 기인한 것인지 아니면 정보기술산업 육성 등 다른 개혁정책의 결과인지 확실하지 않다.

무엇이 동아시아 4개국의 높은 경제성장을 이끌었을까? 크루그먼(Paul Krugman)과 영(Alwyn Young)은 생산성 향상보다는 생산요소의 축적으로 이루어졌다고 주장하였다. 경제성장이 자본축적 및 선진기술의 모방단계를 거쳐 자체 기술개발 등 생산성 향상의 단계로 진행되는 경향을 보이는 점에서 자연스러운 결과인지도 모른다.

일부 학자들은 높은 경제성장을 이끈 동력으로 수출주도형 개방정책과 산업정책 등을 제기하기도 한다. 그러나 홍콩은 자유방임, 싱가포르는 국가주도, 한국은 대기업 위주, 타이완은 중소기업 위주 등 서로 상이한 정책을 추진하였고 정부가 개입하는 정도도 차이가 있기 때문에 산업과 무역정책만으로 모든 것을 설명하는 데는 한계가 있다.

대부분 경제학자는 높은 **교육열과 저축을 통한 인적자본과 물적자본의 축적**이 이들 국가의 경제성장을 견인하였다는데 이견이 없다.

대외개방이 경제성장에 기여하는 정도는 선진국보다는 개발도상국에서 더 크게 나타난다. 수출기업(exporters)과 국내기업(non-exporters)을 비교하면 수출기업이 규모도 크고 생산성도 더 높은 것으로 나타난다.

대외 개방은 더 넓은 시장과 치열한 경쟁을 의미한다. 개방은 경쟁력 있는 기업엔 희소식이며 경쟁력이 없는 기업에는 나쁜 소식(good news for good firms but bad news for bad firms)이다. 국내 작은 시장의 한계를 극복하고 규모의 경제(economies of scale)의 이점을 살릴 수 있으며, 경쟁의 촉진으로 효율성이 증가한다. 다양한 사람, 문화 및 재화에 노출되면서 선진기술과 지식을 습득할 기회가 확대된다(knowledge spillover & learning-by-trading effects).

5) 좋은 제도(Institutions)의 구축

대부분 경제학자는 가난한 국가의 가장 큰 문제점으로 부실한 제도(poor institutions)를 꼽는다. 제도는 공동체 생활에서 사람들의 의사결정과 행동을 규율하는 준칙의 역할을 한다. 정치, 경제, 사회 등 제반 제도는 경제행위의 유인체계와 비용 등을 결정하고 효율적인 자원배분 및 경제성과에 직접적인 영향을 미치게 된다.

경제가 효율적으로 운영되고 성장을 이루기 위해서는 자유로운 경제행위의 보장, 공정한 경쟁질서의 확립, 분쟁의 신속하고 공평한 해결, 사유재산권의 보장 등이 필수적으로 요청된다. 사유재산권 보장, 계약의 이행 및 분쟁의 신속하고 효율적인 해결을 위한 사법제도, 저축과 투자를 효율적으로 연결하는 자본시장, 부패 없는 깨끗한 정부, 혁신을 가능하게 하는 포용적 제도, 성숙한 민주주의, 높은 시민의식 등 정치, 경제, 사회 전반의 **양질 제도가 경제발전에 필수적**이다.

양질의 제도가 경제발전에 필수 조건이지만 역으로 양질의 제도를 구축하여 운영하기 위해서는 많은 재원이 소요된다. 따라서 제도가 부실하여 가난하고, 가난하여서 양질의 제도를 구축하지 못하는 악순환 고리(vicious circle)에 빠지게 된다. 좋은 제도와 높은 소득의 선순환 고리(virtuous circle)를 출발시켜 정착하는 것이 필요하지만 쉽지 않은 과제이다.

경제성장과 고용 및 분배

기술진보 등 경제성장은 슘페터(Joseph Schumpeter)의 말처럼 창조적인 파괴(creative destruction)의 과정 즉 구조적 변화의 과정을 겪게 된다. 기존 제품이 새로운 제품으로 대체되고, 기존 일자리가 새로운 일자리로 대체된다. 경제성장은 생산요소의 고용과 가격에 영향을 준다. 경제성장으로 국가사회 전체적으로는 더 잘살게 되지만(better off as a whole) 승자와 패자(winners and losers)가 발생하는 **소득재분배의 효과**가 나타난다.

1) 경제성장과 고용(실업)

먼저 생산성과 고용의 관계를 살펴보자. 생산성이 향상되면 동일한 양의 제품을 더 적은 노동력으로 생산할 수 있게 되어 고용 없는 성장(jobless growth)이 나타날 수 있고, 경제성장으로 고용이 감소하고 실업률이 높아질 수 있다는 우려가 제기된다.

하지만 생산성 향상이 고용감소와 실업률 증가로 이어진다는 확실한 이론적 논거나 경험적 증거는 없다.

단기에 이론적으로 생산량 증가가 생산성 향상보다 더 크면 고용이 증가하고 생산량 증가가 생산성 향상보다 더 작으면 고용이 감소한다. 따라서 생산성 향상이 고용을 증가시킬 수도 있고 감소시킬 수도 있다.

$$\text{생산성}(A) = \frac{\text{생산량}(Y)}{\text{고용자수}(L)} \rightarrow \text{고용자수}(L) = \frac{\text{생산량}(Y)}{\text{생산성}(A)}$$

단기의 경험적 자료를 보면 생산량 증가 시 고용은 더디게 증가하고 이미 고용된 노동자가 더 많이 일하는 현상 즉 노동 강도가 증가하여 생산성이 증가한 것으로 나타난다. 아울러 불황 시에는 생산량 감소보다는 적게 노동자의 해고가 이루어져 여분의 노동자를 보유(labor hoarding)하게 되고 노동 강도가 약화되어 생산성이 감소하는 것으로 나타난다. 즉 생산성과 고용이 같은 방향으로 움직이고, 그 인과관계(causality)도 생산성이 고용에 영향을 미치는 것이 아니라 고용 수준에 따라 생산성이 결정되고 있다. 생산성 향상이 고용을 감소시키고 실업률을 증가시킨다는 경험적 증거를 찾기 힘들다.

장기에 실업률은 자연실업률이다. 제8장에서 살펴본 임금설정식과 가격설정식은 비대칭정보(asymmetric information)에 근거하고 있다. 임금은 기대물가에 기초해서 설정되고 가격은 실제 생산비에 기초하여 설정된다. 여기에 생산성 변수(A)를 반영하는 경우 다음과 같이 수정된다.

$$\text{임금설정식: } W = P^e A^e W(u, z_l)$$
$$\text{가격설정식: } P = A\,W(z_n)$$

임금설정식과 가격설정식이 의미하는 실질임금을 도출하면 다음과 같다.

$$\text{임금설정식이 의미하는 실질임금: } \frac{W}{P} = \frac{P^e}{P} A^e W(u, z_l)$$
$$\text{가격설정식이 의미하는 실질임금: } \frac{W}{P} = \frac{A}{F(z_n)}$$

그림 13-5 생산성 향상과 자연실업률(생산성에 대한 기대가 실제 생산성과 일치하는 경우, $A = A^e$)

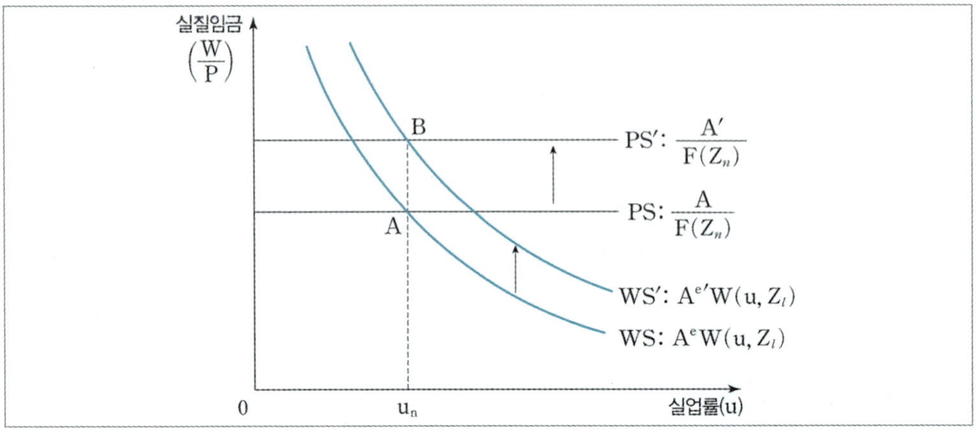

장기에 실제물가와 기대물가가 일치($P=P^e$)하고, 실제생산성과 기대생산성이 일치($A=A^e$)하는 경우 생산성 향상 시 가격설정식과 임금설정식이 동일한 규모로 상향 이동하여 자연실업률에 변화가 없다.

장기균형에서 기대물가와 실제물가가 일치($P = P^e$)한다. 실제생산성과 기대생산성까지 일치($A = A^e$)한 경우를 살펴보자. 그림 13-5에서 보는 것처럼 생산성 향상에 따라 임금설정곡선과 가격설정곡선이 동일한 규모로, 상방으로 이동하여 자연실업률에는 변화가 없게 된다.

그림 13-6 생산성 향상과 자연실업률(생산성에 대한 기대가 실제 생산성과 불일치하는 경우, $A \neq A^e$)

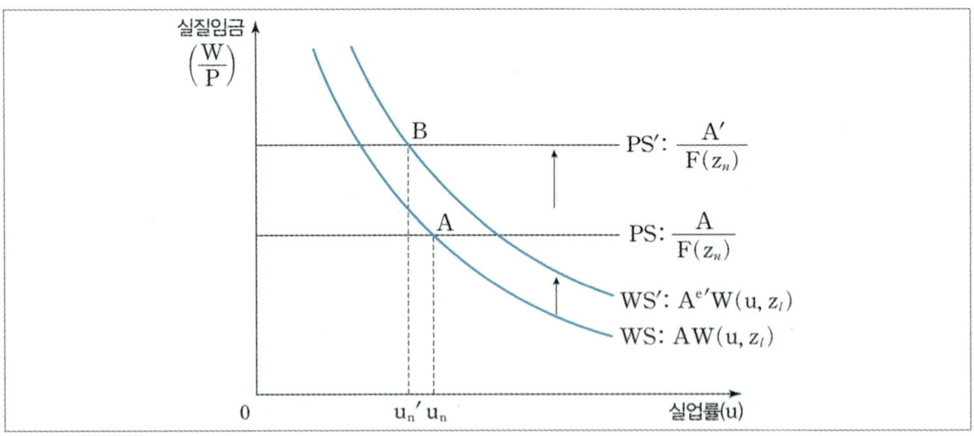

장기에 실제생산성 향상이 기대했던 것보다 더 크면($\Delta A > \Delta A^e$) 가격설정식이 임금설정식보다 더 크게 상향 이동하여 자연실업률이 u_n에서 u_n'로 감소한다.

이제 장기에서 기대물가와 실제물가는 일치($P = P^e$)하지만 기대 생산성 변화가 실제 생산성 변화를 따라가지 못하는 경우를 살펴보자. 실제 생산성 증가가 기대보다 큰 경우($\Delta A > \Delta A^e$) 그림 13-6에서 보는 것과 같이 가격설정식이 임금설정식보다 더 크게 상향 이동하고 자연실업률이 u_n에서 u_n'로 감소한다. 반대로 생산성 증가가 기대보다 작은 경우($\Delta A < \Delta A^e$)는 자연실업률이 증가하게 된다. 따라서 이론적으로는 빠른 생산성 증가가 자연실업률을 오히려 줄이게 된다.

장기에 경험적 자료를 살펴보면 생산성 향상과 자연실업률의 관계는 매우 약하지만 높은 생산성 향상이 자연실업률을 낮추는 것으로 나타난다.

2) 경제성장과 소득불평등

결론적으로 단기나 장기나 **높은 생산성 향상이 실업률을 증가시키고 고용을 감소시킨다는 확실한 증거는 이론적으로나 경험적 자료로 찾기 힘들다.**

이제 경제성장이 소득불평등에 미치는 영향을 살펴보자. 경제성장은 생산요소에 대한 상대적 수요를 변화시킨다. **자본편향적인 기술진보**(capital biased technological progress)는 노동에 대한 자본의 상대적 수요를 증가시켜 자본소득의 몫을 증가시키고 노동소득의 몫을 감소시키는 요인으로 작용한다.

고기술에 편향적인 기술진보(high skill biased technological progress)는 저기술 노동력 대한 고기술 노동력의 상대적 수요를 증가시켜 고기술 노동자의 소득을 증가시키는 반면 저기술 노동자의 소득을 감소시켜 불평등을 심화시키는 요인으로 작용한다.

최근 미국에서 고학력자와 저학력자의 임금격차 심화는 **기술진보, 무역**에 따른 고기술 집약적 산업의 특화 및 저기술 집약적 산업의 해외 이전, **이민**으로 저기술 노동력의 유입 확대 등 여러 요인이 복합적으로 작용하여 고학력자에 대한 상대적 수요가 증가했지만, 저학력자의 상대적 공급은 증가한 결과로 분석된다.

장기적으로는 시장의 자정기능(self-correction forces)이 작동하게 된다. 상대적으로 높은 고기술 노동력의 임금이 고기술 노동력의 상대적 공급 확대를 유인하고, 향후 기술발전은 저기술 노동자에게 친화적인 방향으로 진행되어 저기술 노동력에 대한 상대적 수요가 확대될 것이다. 따라서 고기술과 저기술 노동력 간 임금격차는 점차 줄어들 것이 예상된다.

요약

1 기술진보 없이 자본축적만으로 지속적인 성장이 가능한지와 기술진보는 어떻게 내생적으로 결정되는지 등을 연구하는 여러 이론을 포괄적으로 내생적 성장이론이라 한다.

2 자본을 물적자본 외 인적자본까지 포함하는 광의의 개념으로 보거나, 자본축적이 생산성에 미치는 외부효과를 고려 시 자본의 한계생산성은 일정하게 유지될 수 있다.

3 2부문 모형에서 기술진보율은 총노동력 중 연구개발분야에 종사하는 노동력의 비중에 의존한다. 연구개발 분야에 종사하는 노동력의 비중이 증가할수록 기술진보율은 높아진다.

4 경제성장은 좋은 제도, 깨끗한 정부, 적절한 정책, 인력개발, 연구개발, 무역 등 다양한 요인에 의존하며 그 상대적 중요성은 분명하지 않다.

5 경제성장은 순탄한 과정이 아니라 구조적 전환의 과정이 될 수 있고, 소득분배가 악화될 수 있다. 경제성장으로, 전체적으로는 더 잘살게 되지만 상대적으로 수요가 감소한 생산요소 소유자의 소득 몫이 작아질 수 있다.

연습문제

1 다음의 생산함수를 가진 경제를 가정하자.

$$\text{생산함수: } Y = AK$$

저축률은 s이고 감가상각률은 δ, 생산성을 나타내는 A는 일정하고, 노동자수는 1로 고정되어 있다.

(1) 자본의 한계생산은 불변 아니면 체감하는가?

(2) 경제성장률을 구하라. 기술진보 없이도 지속 성장이 가능한가? 저축률이 경제성장에 미치는 효과를 설명하라.

(3) 저축률, 감가상각률이 같지만, 초기 자본량이 다른 두 국가 간 소득격차는 수렴하는가?

2 자본의 한계생산이 일정하게 되는 경우를 예로 들어 설명하라.

3 어느 경제의 생산함수가 다음과 같다.

$$Y = AK^{\alpha}$$

자본량이 기술수준(생산성)에 영향을 미치는 외부효과 발생 시 자본의 한계생산이 불변일 수 있음을 보여라.

4 솔로우 경제성장모형에서 지속적인 경제성장의 원천은 기술진보이다. 기술진보에 영향을 미치는 다양한 요인을 설명하라.

5 물적자본과 인적자본 모두 한계생산을 체감한다. 두 형태의 자본이 생산에 동일하게 중요하다고 가정하자. 두 형태의 자본을 동시에 축적하여 지속 성장이 가능함을 보여라.

연습문제

6 기술진보로 고기술 노동자(high-skill workers)와 저기술 노동자(low-skill workers)의 임금격차가 증대하고 있다. 그 이유를 설명하라.

7 외부효과를 창출하는 형태의 자본축적을 위해 정부가 지원해야 하는 논리는 무엇인가?

8 내생적 성장이론의 장단점은 무엇이라고 생각하는가?

9 기술진보가 소득불평등을 심화시키고 실업률을 증가시킨다는 주장에 대해서 논하라.

제 6 부

미래에 대한 기대 (경제변수의 미랫값에 대한 기대)

제6부

미래에 대한 기대 (경제변수의 미랫값에 대한 기대)

제1부에서 제5부까지 거시경제의 **핵심모형**을 살펴보았다. 이제부터는 **기대**(expectations)를 명시적으로 도입하고 해외경제와의 상호작용을 반영하여 **개방경제**로 확장한다.

먼저, 제6부에서는 미래에 대한 기대를 도입하여 기본 $IS-LM$ 모형을 확장한다. 기본 $IS-LM$모형은 인플레이션이 없는 경제를 가정하였다. 미래 기대인플레이션율이 0으로 명목이자율과 실질이자율을 구분하지 않고 사용하였다. 아울러 소비와 투자 등 현재 변수는 현재 변수의 현재 값에 의해 결정되었고 미래 변수의 기댓값을 반영하지 않았다.

그러나 현실에서 경제주체들은 현재 상황뿐만 아니라 미래에 일어날 상황을 내다보고(forward-looking) 전망하여 경제적 의사결정을 내린다. 따라서 미래에 대한 기대는 현재의 의사결정에 큰 영향을 미치며 정책의 효과나 성과를 결정하는 데 중요한 역할을 한다.

그동안 기대가 중요한데도 불구하고 간헐적으로만 언급되었을 뿐이며 그 역할에 대하여 충분히 살펴보지 못했다. 이제 미래에 대한 기대를 명시적으로 도입한다.

기대인플레이션율을 활용하여 **명목이자율과 실질이자율을 구분**하고 그 관계를 살펴본다. 그리고 미래에 대한 **기대가 채권과 주식 등 금융자산의 가격, 소비와 투자 등 민간지출, 총생산 등에 어떠한 영향**을 미치는지를 살펴본다.

제14장 기대형성 및 명목이자율과 실질이자율이 다른 $IS-LM$모형

제15장 기대를 반영한 $IS-LM$모형(New $IS-LM$ Model)

제14장 기대형성 및 명목이자율과 실질이자율이 다른 *IS-LM*모형

제14장은 경제주체들이 미래에 대한 기대를 어떻게 형성하는지를 살펴보고 **기대인플레이션율을 도입**하여 명목이자율과 실질이자율의 관계를 도출한다. **명목이자율과 실질이자율이 다른 *IS*−*LM*모형**을 구성하여 기대인플레이션율이 정책의 효과에 미치는 영향을 분석한다.

---

1. 미래에 대한 기대형성
   동물적 본능
   적응적기대
   합리적기대
2. 기대인플레이션율, 명목이자율과 실질이자율
3. 기대인플레이션율을 도입한 *IS*−*LM*모형
4. 기대인플레이션율과 통화정책 효과 분석
   통화정책 시 *LM*곡선은 물론 *IS*곡선도 이동
   유동성함정 상황에서도 통화정책이 유효

---

1. 미래에 대한 기대형성

기대이론의 발전은 현대 거시경제학의 발전에 크게 기여하였다. 지난 50년은 **합리적 기대의 혁명**(rational expectations revolution)**시대**로 종종 불린다. 경제주체들이 주요 경제변수의 미랫값에 대한 기대를 어떻게 형성하는지? 기대의 형성 방식에 대한 주요 이론들을 살펴보자.

앞으로 미래의 인플레이션율에 대한 기대와 관련하여 다음의 표기법을 사용한다.

$$E_{t-1}\pi_t = \pi_t^e$$

$E_{t-1}\pi_t$는 (t−1) 시점에서 향후 인플레이션율에 대한 기대가 형성되며 그 실제 값은 t시점에 나타난다는 것을 의미한다.

동물적 본능

케인즈는 그의 「고용, 이자율 및 화폐에 관한 일반이론(General Theory of Employment, Interest, and Money, 1936)」에서 투자를 결정하는 요인으로 기업가의 **동물적 감각**(animal spirits)을 강조하였다. 비록 "기대(expectation)"라는 현대적 용어를 사용하지는 않았지만, 미래에 벌어질 경제상황과 투자의 성공가능성 등에 대한 감각적인 직관(촉) 즉 기대가 중요함을 적시한 것이다. 아쉽게도 케인즈는 기대의 중요성을 강조하면서도 기대가 구체적으로 어떻게 형성되는지에 대한 자세한 설명을 내놓지는 않았다.

적응적 기대(Adaptive expectation)

과거는 현재로 이어지고 현재는 미래로 이어진다. 과거처럼 현재가 전개되고 현재처럼 미래가 전개될 것이라고 기대(expectation)하는 것은 자연스럽다. 추후에 실제상황이 기대했던 것과는 다르게 나타나면 그 오차를 반영하여 기대를 수정하면서 적응해 나간다.

적응적 기대이론은 기본적으로 **과거 회고적**(backward looking)이다. 이 이론에서 사람들은 과거로부터 현재까지의 경험 즉 실현된 정보를 토대로 미래에 대한 기대를 형성한다. 예를 들어 인플레이션율의 경우, 과거부터 지금까지 실현된 인플레이션율 값 즉 **과거 실제 인플레이션율 값을 이용**하여 미래 인플레이션율에 대한 기댓값을 예측한다. 그리고 추후에 실제 값이 예측했던 기댓값과 다르게 나타나면, 그 **기대오차**를 향후의 기대 형성 시 반영하여 **조정하면서 적응**해 나간다.

이 관계를 대표적인 적응적 기대형성인 **코익변환**(Koyck transformation)을 통해 좀 더 구체적으로 살펴보자. $(t-1)$기에 (t)기의 인플레이션율이 π_t^e로 나타날 것으로 기대하였다. 그러나 (t)기의 실제 인플레이션율은 π_t로 나타났다. 따라서 $(\pi_t - \pi_t^e)$만큼의 기대오차가 발생하였다. 이 기대오차를 $(t+1)$기의 인플레이션율을 예측(π_{t+1}^e)할 때 반영하여 기대치를 조정해 나간다. 이를 식으로 표현하면 다음과 같다.

$$\pi^e_{t+1} = \pi^e_t + \lambda(\pi_t - \pi^e_t) = \lambda\pi_t + (1-\lambda)\pi^e_t$$

단, $0 < \lambda < 1$

$\lambda = 0$은 기대오차 반영 안 함, $\lambda = 1$은 기대오차 전부 반영.

위 식의 관계를 좀 더 먼 과거로 거슬러 올라가면서 반복하여 적용하면 다음과 같다.

$$\pi^e_t = \lambda\pi_{t-1} + (1-\lambda)\pi^e_{t-1}$$
$$\pi^e_{t-1} = \lambda\pi_{t-2} + (1-\lambda)\pi^e_{t-2}$$
$$\pi^e_{t-2} = \lambda\pi_{t-3} + (1-\lambda)\pi^e_{t-3}$$
$$\cdots \; \cdots.$$

따라서 다음 기의 기대인플레이션율은 과거부터 이번 기까지의 인플레이션율 실적치를 가중 평균한 값이 되며 다음과 같이 표현된다.

$$\pi^e_{t+1} = \lambda\pi_t + \lambda(1-\lambda)\pi_{t-1} + \lambda(1-\lambda)^2\pi_{t-2} + \lambda(1-\lambda)^3\pi_{t-3} + \cdots$$

여기서 λ는 0보다 크고 1보다 작으므로 각 기의 인플레이션율 실적치는 더 먼 과거로 거슬러 올라갈수록 그 가중치가 감소한다.

적응적 기대 형성 시에는 실제치와 기대치의 **예측오차가 점진적으로 반영**되며 상당 기간 체계적 오류(피할 수 있는 오차)가 존재하게 된다.

합리적 기대(Rational expectation)

적응적 기대에서 체계적인 오차(오류)가 발생하는 이유는 두 가지다. 첫째, 이용할 수 있는 모든 정보를 이용하지 않기 때문이다. 예를 들어 중앙은행이 다음 기의 인플레이션율을 5%로 선언했을 때, 이는 미래에 발생할 사안에 대한 정보이지만 현재 이용이 가능한 정보다. 그러나 적응적 기대형성에 의하면 이 정보는 반영되지 않는다. 둘째, 이용할 수 있는 모든 정보를 최적으로 이용하지 않기 때문이다.

이러한 체계적 오류를 피하는 최선의 방안은 통계학의 **조건부기댓값원리**(conditional expectation)를 활용하는 것이다. 합리적 기대의 형성은 미래를 예측하는 데 있어서 과거의 경험 자료는 물론 **이용가능한 모든 정보를 최적으로 활용**하여 조건부 기댓값을 구하는 것을 말한다. 예를 들어 합리적 기대에 따라 현 시점(t)에서 다음 기($t+1$)에 나타날 인플레이션율을 예측(π_{t+1}^e)한다면 다음식과 같이 표현된다.

$$\pi_{t+1}^e = E(\pi_{t+1}/\Omega_t)$$

여기서 Ω_t는 기대를 형성하는 현시점(t)에서 이용할 수 있는 모든 정보의 집합(information set)이다. 이 정보는 과거의 인플레이션 자료는 물론 미래 인플레이션에 대한 정보도 포함하며, 인플레이션 관련 자료 외에 정부의 정책 방향 등 모든 정보가 포함된다.

따라서 합리적 기대를 형성하면 오직 예측하지 못한 새로운 정보나 상황이 나타날 때만 기대오차 즉 기대치와 실적치가 차이가 발생할 뿐이고, 이는 다음 기의 기대 형성 시에 즉각적으로 반영된다. **체계적오차(오류)는 발생하지 않는다.**

2. 기대인플레이션율, 명목이자율과 실질이자율

제3부의 단기의 경제에서는 물가가 고정되어 있다고 가정하고 인플레이션이 없는 경제를 분석하였다. 기대인플레이션율이 0이어서 명목이자율과 실질이자율이 동일하였다. 따라서 두 이자율을 구분하지 않고 혼용하여 사용할 수 있었다.

하지만 현실 세계에서 인플레이션율은 항상 존재한다. 명목이자율과 실질이자율을 구분하는 것이 필수다. **투자와 소비에 영향을 주는 것은 실질이자율**이다. 반면에 **화폐수요에 영향을 주는 것은 화폐보유의 기회비용인 명목이자율**이다. 지금부터는 인플레이션율 기대치 즉 **기대인플레이션율을 도입**하여 두 이자율을 구분하고 둘의 관계를 도출한다.

먼저, **명목이자율(i)**은 이자율을 화폐단위로 표시한 것이다. 명목이자율은 차입자 입장에서 화폐 1단위를 빌린 후 일정 기간 후에 원금 외 추가로 얼마나 더 돈을 지불해야 하는지를 보여준다. 마찬가지로 대여자 입장에서 화폐 1단위를 빌려줄 때 일정 기간 후에 원금 외 얼마나 더 돈을 받을 수 있는지를 보여준다. 현실에서 우리가 신문이나 TV 뉴스 등에서 접하는 이자율은 명목이자율이다.

그러나 차입자나 대여자가 더 중요하게 여기는 것은 화폐금액 그 자체보다도 재화(구매력)로 환산했을 때 얼마나 되는지이다. **실질이자율(r)**은 이자율을 재화(구매력) 단위로 표시한 것이다. 차입자 입장에서 재화 1단위를 빌렸다고 가정할 때 일정 기간 후에 얼마나 더 재화를 지불해야 하는가를 보여준다. 마찬가지로 대여자 입장에서 재화 1단위를 빌려주었다고 가정할 때 일정 기간 후에 재화를 얼마나 더 받을 수 있는지를 보여준다.

실질이자율은 현실 세계에서 관찰되지 않는다(unobservable). 인플레이션율 자료를 통해 간접적으로 추산한다. 이론적으로는 재화를 빌리고 빌려주며 이자도 재화로 받는 가상적인 시장인 **대부자금시장**(a hypothetical loanable funds market)에서 대부자금의 공급인 저축과 대부자금의 수요인 투자에 의해 결정되는 것처럼 간주한다. 이 시장에서 저축과 투자는 모두 재화단위로 측정된다.

그림 14-1 명목이자율과 실질이자율의 관계 도출

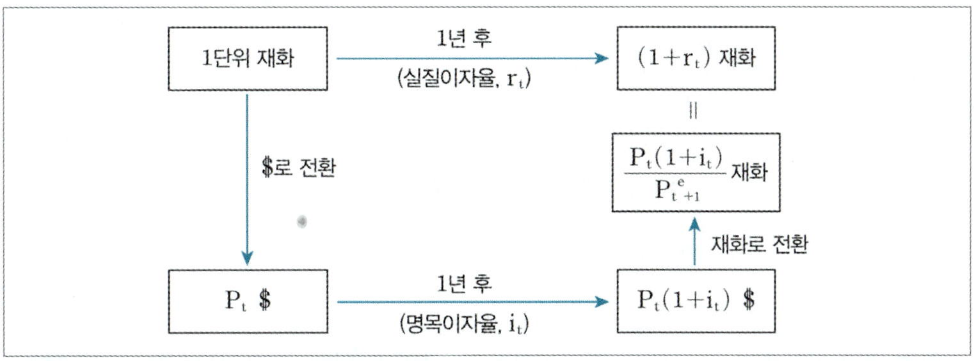

재화 1단위를 가지고 있다. 실질이자율이 r_t이므로 1년 후에는 $(1+r_t)$단위의 재화가 된다. 한편, 1단위 재화를 팔면 $P_t\$$의 자금이 생긴다. 이 돈 $P_t\$$는 명목이자율로 증가하여 $P_t(1+i_t)\$$가 된다. 1년 후 이 돈으로 살 수 있는 재화의 양은 $\frac{P_t(1+i_t)}{P^e_{t+1}}$단위가 된다. 따라서 다음의 관계가 성립한다. $(1+r_t)=\frac{P_t(1+i_t)}{P^e_{t+1}}$

이제 실제 일상생활에서 관찰되는 명목이자율로부터 실질이자율을 도출하여 그 관계를 살펴보자. 그림 14-1은 명목이자율과 실질이자율 관계의 도출과정을 보여준다. 현재 연간 명목이자율은 i_t이며 물가는 P_t이다. 어느 예금자가 재화 1단위를 살 수 있는 $P_t\$$라는 자금을 가지고 있다고 가정하자. 이 금액을 은행에 예금하는 경우 1년 후에는 원금과 이자를 합쳐 $P_t(1+i_t)\$$가 된다.

$$\text{화폐 단위: } P_t\$ \rightarrow (\text{명목이자율, } i_t, \text{ 1년 후}) \rightarrow P_t(1+i_t)\$$$

그렇다면 이 예금자의 자금은 재화 단위로 얼마나 불어났을까? 즉 실질이자율은 얼마나 될까? 초기에 가지고 있는 자금(P_t\$)으로 살 수 있는 재화의 양은 1단위였다. 1년 후에 불어난 돈은 $P_t(1+i_t)$\$이다. 이 돈으로 살 수 있는 재화의 양을 계산해야 한다. 1년 후 화폐금액을 1년 후 재화가격으로 나누면 알 수 있다. 1년 후 재화가격은 현시점에서 알 수 없으므로 기대치(P^e_{t+1})를 활용하면 된다. 1년 후 이 예금자의 불어난 돈으로 살 수 있는 재화의 양은 다음과 같다.

$$\text{1년 후 불어난 돈으로 살 수 있는 재화의 양: } \frac{P_t(1+i_t)}{P^e_{t+1}}\text{단위}$$

즉 재화를 1단위를 살 수 있는 자금(P_t\$)은 1년 $P_t(1+i_t)\$$가 되며 이 돈으로 살 수 있는 재화의 양은 $\frac{P_t(1+i_t)}{P^e_{t+1}}$단위이다.

$$\text{화폐금액: } P_t\$ \rightarrow P_t(1+i_t)\$$$

$$\text{재화의 양: 1단위} \rightarrow \frac{P_t(1+i_t)}{P^e_{t+1}}\text{단위}$$

한편 실질이자율이 r_t이므로 실질이자율의 정의에 의해 재화 1단위는 1년 후에는 $(1+r_t)$단위가 된다.

$$\text{재화의 양: 1단위} \rightarrow (1+r_t)\text{단위}$$

이상에서 다음의 관계가 성립한다.

$$\frac{P_t(1+i_t)}{P^e_{t+1}} = (1+r_t)$$

이 식의 좌변 $\frac{P_t}{P^e_{t+1}}$를 우변으로 이동하면 다음과 같다.

$$(1+i_t) = (1+r_t)\frac{P^e_{t+1}}{P_t}$$

여기서 우변의 $\frac{P_{t+1}^e}{P_t}$는 다음처럼 다시 쓸 수 있다.

$$\frac{P_{t+1}^e}{P_t} = \frac{P_{t+1}^e - P_t + P_t}{P_t} = \frac{P_{t+1}^e - P_t}{P_t} + \frac{P_t}{P_t} = (\pi_{t+1}^e + 1)$$

이를 이용하여 위 $(1+i_t) = (1+r_t)\frac{P_{t+1}^e}{P_t}$의 관계를 다시 쓰면 다음과 같다.

$$(1+i_t) = (1+r_t)(1+\pi_{t+1}^e) = 1 + r_t + \pi_{t+1}^e + r_t\pi_{t+1}^e$$

여기서 $r_t\pi_{t+1}^e$는 작은 숫자(r_t)와 또 다른 작은 숫자(π_{t+1}^e)의 곱으로 매우 작은 숫자이므로 무시하면 다음의 근사식이 도출된다.

$$r_t = i_t - \pi_{t+1}^e$$

사전적 의미의 실질이자율은 개략적으로 **명목이자율에서 기대인플레이션을 차감**한 값과 같다. 따라서 단기에 실질이자율은 기대인플레이션율에 따라 달라진다. 주어진 명목이자율 하에서 기대인플레이션율(π_{t+1}^e)이 상승하면 실질이자율이 하락하고, 기대인플레이션율이 하락하면 실질이자율이 증가하게 된다.

주의할 점은 명목이자율과 실질이자율의 관계는 **시간대에 따라 달라진다**는 것이다. **단기**에는 실제인플레이션율과 기대인플레이션율이 같다는 보장이 없다. 제3부 단기의 경제 제6장에서 살펴본 것처럼 명목이자율은 화폐시장에서 유동성선호이론 즉 화폐의 수요와 공급에 의해 결정된다. 그리고 사전적 의미의 실질이자율은 이 명목이자율에서 기대인플레이션율을 차감하여 추산하게 된다. 마치 명목이자율이 먼저 움직이고 실질이자율이 따라가는 것과 같은 형국이다.

- **단기**: 화폐시장에서 **유동성 선호이론**에 의해 명목이자율(i)이 결정
  → 실질이자율(r)은 **기대인플레이션율**을 이용하여 추산. $r_t = i_t - \pi_{t+1}^e$

장기에는 기대인플레이션율과 실제 인플레이션율이 일치($\pi^e = \pi$)한다. 실질이자율은 제2부 장기의 경제 제4장에서 살펴보았듯이 대부자금시장에서 저축과 투자에 의해

결정된다. 명목이자율은 피셔효과에 의해 대부자금시장에서 결정된 실질이자율에 인플레이션율을 더하여 결정된다. 단기와는 반대로 실질이자율이 먼저 움직이고 통화적 요인이 가미되어 명목이자율이 따라가는 것과 같은 형국이다.

- **장기**: 대부자금시장에서 **저축과 투자에 의해 실질이자율(r)이 결정**
  → 명목이자율(i)은 **피셔효과**(Fisher effect)에 의해 결정. $i = r + \pi$

3. 기대인플레이션율을 도입한 IS-LM모형

제3부 단기의 경제 제7장에서 살펴본 기본 $IS-LM$ 모형(A basic IS-LM model)에 기대인플레이션을 도입하는 경우 어떻게 변화하는지 살펴보자. 기업의 투자는 실질이자율에 의존한다. 기존 $IS-LM$ 모형에서 투자함수는 명목이자율의 함수로 표시했다. 왜냐하면 기대인플레이션이 0이라고 가정하여 실질이자율이 명목이자율과 일치하였기 때문이다. 이제는 **기대인플레이션율**을 명시적으로 고려하므로 **투자함수를 실질이자율로 표현**한다.

$$I = I(i) \rightarrow I = I(r)$$

$$\text{단, } r = i - \pi^e$$

이 경우 IS **관계식**은 다음과 같이 수정된다.

$$IS\text{식: } Y = C(Y-T) + I(r) + G = C(Y-T) + I(i - \pi^e) + G$$

한편 화폐수요는 명목이자율의 함수이므로 LM관계식은 변화가 없다. 따라서 기대인플레이션율을 반영한 $IS-LM$ 모형은 다음과 같이 된다.

$$IS\text{식: } Y = C(Y-T) + I(i - \pi^e) + G \rightarrow Y = Y(i; G, T, \pi^e, z_g)$$

$$LM\text{식: } M/P = L(i, Y) \rightarrow i = i\left(Y; \frac{M}{P}, z_m\right)$$

여기서 z_g와 z_m은 각각 재화시장과 화폐시장의 충격 등을 포괄하는 변수이다.

이제 IS식에 기대인플레이션율 변수가 포함되어 있다. 기대인플레이션율이 변하는 경우 IS곡선이 이동하게 된다.

4. 기대인플레이션율과 통화정책효과 분석

제2부 제4장의 화폐수량설 식에서 살펴보았듯이 장기에 통화량의 증가는 물가상승으로 이어지고, 통화량증가율의 상승은 인플레이션율 상승으로 이어진다.

- $MV = PY$: 주어진 V와 Y에서, 통화량(M)이 증가 시 물가(P)가 상승.
- $\frac{\Delta M}{M} = \frac{\Delta P}{P} + \frac{\Delta Y}{Y}$: 주어진 $\frac{\Delta Y}{Y}$에서 통화량의 증가율($\frac{\Delta M}{M}$) 증가 시 인플레이션율($\pi = \frac{\Delta P}{P}$)이 상승

따라서 **통화량증가율의 변화**는 사람들의 **기대인플레이션율에 영향**을 미친다. 이제 기대인플레이션율이 어떠한 역할을 하는지 살펴보기 위해 통화정책으로 단순한 통화량(M) 증가가 아닌 통화량증가율($\frac{\Delta M}{M}$)이 상승하는 경우를 상정하여 그 효과를 분석하여 보자.

통화정책 시 *LM*곡선은 물론 *IS*곡선도 이동

그림 14-2 통화량증가율 상승에 따른 기대인플레이션율 변화의 효과

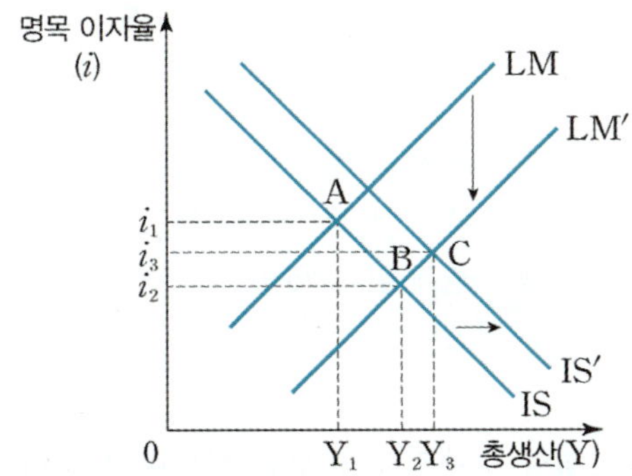

팽창적 통화정책으로 통화량증가율이 상승하면, 주어진 총생산(소득)에서 명목이자율이 하락하여 *LM*곡선이 하방으로 이동한다. 기대인플레이션율이 상승하면서 주어진 명목이자율에서 실질이자율이 감소하고 투자가 증가하여 *IS*곡선이 우측으로 이동한다. 경제는 A에서 C로 이동하고 총생산은 Y_1에서 Y_3로 증가한다.

그림 14-2에서 보는 것처럼 **통화량 증가율이 높아짐**에 따라 화폐시장에서 주어진 총생산(소득)에서 이자율이 하락하여 LM**곡선이** LM**에서** LM'**로 하방으로 이동**한다. 통화량 증가율($\frac{\Delta M}{M}$)의 상승으로 기대인플레이션율(π^e)이 상승하면 주어진 명목이자율(i)하에서 실질이자율($r=i-\pi^e$)이 하락하여 투자가 증가하므로 IS**곡선이** IS**에서** IS'**로 우측으로 이동**한다. 통화정책을 실시하는데 LM곡선은 물론 IS곡선도 이동하게 된다. 이에 따라 경제의 균형은 A에서 C로 이동하고 생산량은 크게 증가하게 된다. 결국 통화정책의 효과는 기대인플레이션율이 어떻게 형성되고 그에 따라 실질이자율이 어떻게 변하는가에 따라 달라진다.

유동성함정 상황에서도 통화정책이 유효

그림 14-3 유동성 함정과 기대인플레이션율의 효과

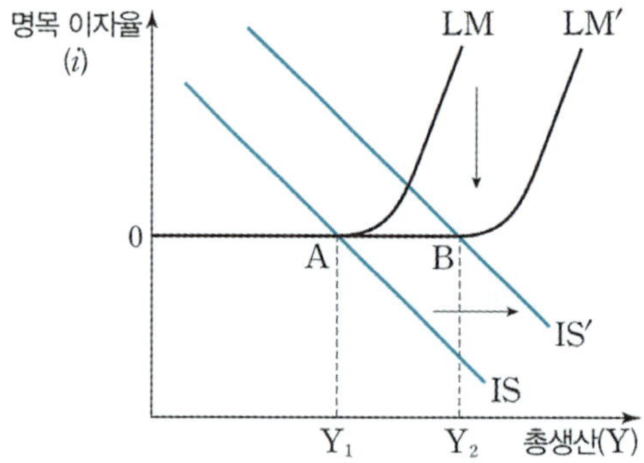

명목이자율이 0이 되어 경제가 유동성 함정에 빠져 있다. 팽창적 통화정책으로 명목이자율을 더 이상 하락시킬 수 없다. 하지만 팽창적 통화정책으로 기대인플레이션이 상승하여 실질이자율이 하락하고 투자가 증가함에 따라 IS곡선이 우측으로 이동한다. 총생산이 증가하고 통화정책이 여전히 유효하게 된다.

그림 14-3에서 보는 것처럼 경제가 **유동성함정**에 빠져 있다. 중앙은행이 팽창적 통화정책을 실시하여 LM곡선이 LM에서 LM'로 하방이동 하여도 명목이자율은 0 밑으로 더 이상 하락하지 않는다. 이 경우에도 중앙은행이 통화량증가율을 증가시켜 **기대인플레이션율을 상승**시킴으로써 실질이자율을 낮추어 투자를 진작할 수 있게 된다. IS**곡선은** IS**에서** IS'**로 오른쪽으로 이동**하고 생산량은 증가($Y_1 \rightarrow Y_2$)하여 통화정책은 여전히 유효하게 된다.

요약

1 경제주체들이 미래를 내다보며 행동하기 때문에 미래에 대한 기대(전망)가 현재의 경제적 의사결정에 중요한 역할을 한다.

2 적응적 기대는 과거에서 현재까지의 실적 자료에 기초하여 미래에 대한 기대를 형성한다. 기대를 점진적으로 수정하게 되며 체계적인 오류를 범하게 된다.

3 합리적 기대는 과거의 실적 자료는 물론 이용할 수 있는 모든 정보를 최적으로 활용하여 기대를 형성한다. 새로운 정보가 나타나면 즉각적으로 이를 기대에 반영하며 체계적인 오류를 범하지 않는다.

4 단기에 사전적 의미의 실질이자율은 명목이자율에서 기대인플레이션율을 차감한 값으로 추산된다.

5 확장적 통화정책의 실시로 기대인플레이션율이 상승하는 경우 LM곡선이 하방으로 이동함은 물론 실질이자율이 하락하여 투자가 촉진되고 IS곡선이 우측으로 이동하여 그 효과가 커진다.

6 경제가 유동성함정에 빠져 있는 경우에도 팽창적 통화정책이 유효할 수 있다. 명목이자율을 0 밑으로 낮출 수 없지만, 기대인플레이션율 상승으로 실질이자율이 감소하여 투자가 촉진되고 총생산이 증가하는 효과가 발생할 수 있다.

연습문제

1 다음 문장의 진위를 판단하고 그 이유를 설명하라.

(1) 단기에 명목이자율은 피셔효과에 의해 결정된다.

(2) 인플레이션율이 기대했던 것보다 높은 경우 채권자가 이득을 본다.

(3) 경제가 유동성함정에 빠지면 통화정책으로 더 이상 경제에 영향을 줄 수 없다.

(4) 실질이자율과 명목이자율은 0 밑으로 하락할 수 없다.

(5) 장기에 실질이자율은 명목이자율에서 기대인플레이션율을 차감하여 산출한다.

2 실질이자율과 명목이자율 중 어느 이자율이 국가별로 차이가 클까? 그 이유는?

3 통화량이 증가가 단기와 장기의 명목이자율과 실질이자율에 미치는 영향을 분석하라.

4 통화량증가율이 상승하는 경우 단기와 장기에 명목이자율과 실질이자율에 미치는 영향을 분석하라.

5 통화량증가율이 상승하여 기대인플레이션율이 상승하는 경우를 가정하자. $IS-LM$모형을 활용하여 단기와 장기에 총생산에 미치는 효과를 분석하라.

제15장 기대를 반영한 *IS*–*LM*모형(New *IS*–*LM* Model)

제15장에서는 기대가 채권과 주식 등 자산 가격, 소비와 투자 등 민간 지출에 미치는 영향을 살펴보고, 기본 *IS*–*LM*모형에 기대를 반영하여 확장한 **신(new) *IS*–*LM*모형**(The expectation extended IS–LM model)을 구성한다. 그리고 이 모형을 이용하여 정책효과가 기대에 따라 어떻게 달라지는지를 살펴본다.

기대를 반영하는 경우 정책의 효과는 기본 *IS*–*LM*모형이 제시하는 직접효과(direct or standard effect) 외에 추가로 **기대효과**(expectation effect)가 발생한다. 따라서 경제주체들이 정책에 대한 기대를 어떻게 형성하는가에 따라 정책의 효과가 크게 달라진다.

---

1. 기대와 금융자산의 가격

기대와 채권가격

금융자산을 매입하는 경우 비용은 당장 발생하지만, 수입은 미래에 발생한다. 비용의 현재 돈과 수입의 미래 돈을 동일 선상에서 비교하기 위해서는 미래 돈의 현재가치를 구하는 것이 필요하다. 미래 돈의 **현재가치**를 구하는 방법을 살펴보자.

그림 15-1 미래 돈 또는 재화의 현재가치 구하기

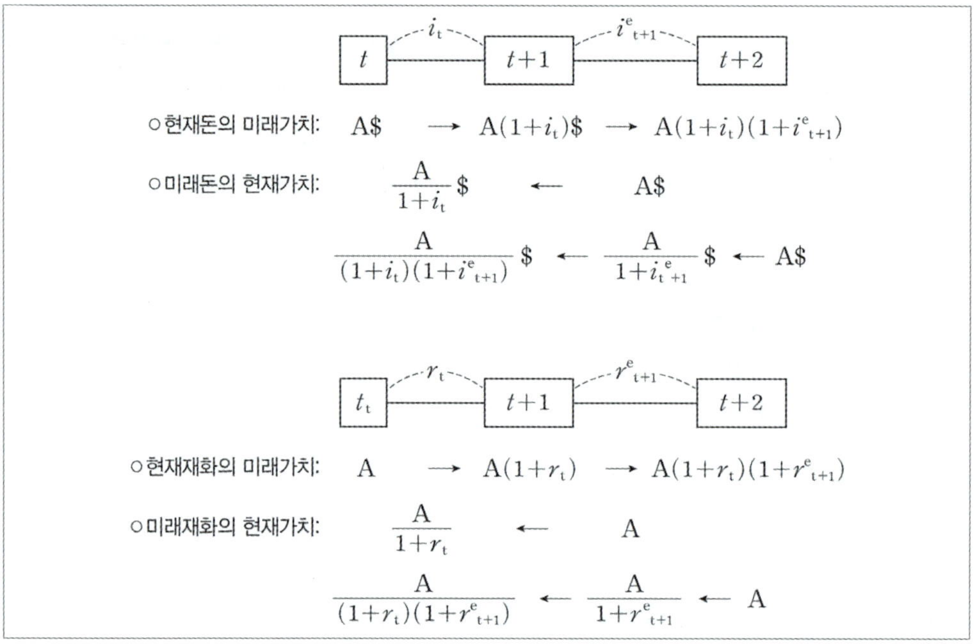

그림 15-1(a)에서 보는 것처럼 현재의 돈은 시간이 흐르면서 명목이자율에 따라 증가한다. 즉 $A\$$는 1년 후 $A(1+i_{1t})\$$, 2년 후는 $A(1+i_{1t})(1+i^e_{1t+1})\$$가 된다. 따라서 **미래의 돈**은 명목이자율**(현재의 명목이자율과 미래에 기대되는 명목이자율)로 할인**하여 현재가치를 구한다. 즉 1년 후 $A\$$의 현재가치는 $\frac{A}{(1+i_t)}\$$ 이고, 2년 후 $A\$$의 현재가치는 $\frac{A}{(1+i_t)(1+i^e_{t+1})}\$$ 이다.

한편, **미래의 재화**는 그림 15-1(b)에서 보는 것처럼 실질이자율**(현재의 실질이자율과 미래에 기대되는 실질이자율)로 할인**하여 현재가치를 구한다.

• 미래의 화폐금액은 명목이자율로 할인하여 현재가치를 구하고, 재화단위로 측정되는 미래 실질금액은 실질이자율로 할인하여 현재가치를 구한다.

이제 기대가 채권가격에 미치는 영향을 살펴보자. 채권은 채권발행자가 채권소지자에게 미래에 약정한 금액을 지급하겠다는 채무증서(certificate of indebtedness)이다. 발행주체, 만기(maturity), 위험(risk) 등에 따라 다양한 채권이 존재한다. 만기가 1년 이하인 채권을 단기채권 그리고 1년을 초과하는 채권을 장기채권이라 부른다.

여기서는 분석의 편의를 위해 만기가 n년이며, 액면가(F, face value)가 $\$F$인 리스크 없는 할인채권(예: 정부발행 채권)을 고려하자. 이 채권을 사서 만기까지 n년 동안 보유하면 액면가 $\$F$라는 금액을 받는다.

만기 도래 시 받게 될 금액 $\$F$는 미래의 돈이다. 현재가치로 환산해야 한다. 그 **현재가치를** VF_t라 하자. 그리고 **현재(t) 채권의 가격**(Bond Price)을 BP_t라 하자.

만약 현시점에서 채권 가격(BP_t)이 채권보유 시 미래에 받게 될 금액의 현재가치(VF_t)에 비해 낮아 저평가(underpriced) 된 경우는 채권을 사고, 반대로 채권의 가격이 현재가치에 비해 높아 고평가(overpriced) 된 경우는 팔게 된다. 따라서 균형에서는 채권의 가격과 채권이 미래에 지급을 약속한 금액의 현재가치가 동일하게 된다.

$$BP_t = VF_t$$

이제 이 **채권의 현재가치(VF_t)**를 구해보자. 현재와 미래를 연결해 주는 것은 이자율이다. 화폐단위로는 명목이자율이 되고 재화(구매력) 단위로는 실질이자율이 된다. 그림 15-1(a)에서 보는 것처럼 현재의 돈은 시간이 흐르면서 명목이자율에 따라 증가한다. 따라서 미래 돈의 현재가치는 **명목이자율(현재 명목이자율과 미래 기대되는 명목이자율)로 할인**하여 구하게 된다.

명목이자율(이하 이자율이라 한다)은 기간에 따라 단기이자율(1년 연 이자율)과 장기이자율(1년 초과 연 이자율)로 나뉘며, 미래이자율은 알 수 없으므로 기댓값을 활용한다. 이자율 i_{nt}는 t기의 n년 이자율(n년 동안 일정하게 지급되는 연간 수익률, constant annual return rate for n years)을 나타낸다. 즉 i_{1t}는 t기의 1년 이자율, i_{2t}는 t기의 2년 이자율이다. 미래 이자율 i^e_{1t+1}는 $(t+1)$기의 1년 기대이자율, i^e_{2t+1}는 $(t+1)$기의 2년 기대이자율이다.

n년 후에 지급되는 액면가($\$F$)의 현재가치를 현재이자율과 미래의 기대이자율로 할인하여 구하면 다음과 같다.

$$VF_t = \frac{\$F}{(1+i_{1t})(1+i^e_{1t+1})(1+i^e_{1t+2})\cdots\cdots(1+i^e_{1t+n-1})}$$

- 현재 명목이자율과 미래에 기대되는 명목이자율이 높을수록 미래 돈의 현재가치는 감소한다.

아울러 이 채권에서 n년 동안 매년 일정하게 창출되는 **수익률**이 n년 이자율(i_{nt})이므로 다음의 관계가 성립한다.

$$BP_t = \frac{\$F}{(1+i_{nt})^n}$$

채권시장의 균형에서 **채권가격**과 미래에 지급될 금액의 **현재가치**가 동일하므로 위 두 식에서 다음의 관계가 도출된다.

$$(1+i_{nt})^n = (1+i_{1t})(1+i^e_{1t+1})(1+i^e_{1t+2})\cdots\cdots(1+i^e_{1t+n-1})$$

위 식의 양변에 자연로그(natural log)를 취하면 다음과 같다.

$$ln(1+i_{nt})^n = ln(1+i_{1t})(1+i^e_{1t+1})(1+i^e_{1t+2})\cdots\cdots(1+i^e_{1t+n-1})$$

이는 로그의 속성을 이용하여 다음과 같이 다시 쓸 수 있다.

$$nln(1+i_{nt}) = ln(1+i_{1t}) + ln(1+i^e_{1t+1}) + ln(1+i^e_{1t+2}) + \cdots\cdots + ln(1+i^e_{1t+n-1})$$

$$ni_{nt} = i_{1t} + i^e_{1t+1} + \cdots\cdots + i^e_{1t+n-1}$$

$$\begin{aligned} i_{nt} &\simeq \frac{i_{1t} + i^e_{1t+1} + \cdots\cdots + i^e_{1t+n-1}}{n} \\ &= i(i_{1t}, i^e_{1f}) \end{aligned}$$

단, i^e_{1f}*는 미래의 기대 1년 이자율*

> **참고** *위 식은 다음의 로그함수의 성격을 활용하면 쉽게 도출된다.*
>
> $$ln(1+x) \cong x \text{ (}x\text{는 작은 숫자다)}$$
>
> $$lnx^n = nlnx$$
>
> $$lnxyz = lnx + lny + lnz$$

위 식은 n**년 장기이자율**은 개략적으로 **현재의 단기이자율과 미래 기대단기이자율의 평균**이라는 것을 알 수 있다. 즉 2년 이자율은 현재의 1년 단기이자율과 다음 해 기대되는 1년 단기이자율의 평균과 근사적으로 같다.

$$i_{2t} \simeq \frac{i_{1t} + i^e_{1t+1}}{2}$$

그림 15-2 이자율의 기간별 구조(수익률곡선, yield curve)

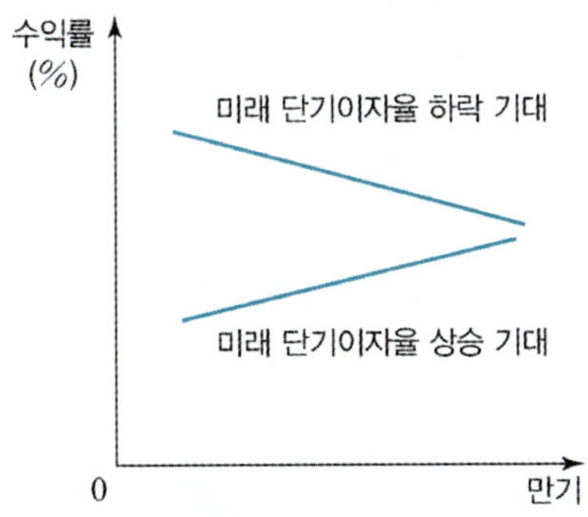

이자율의 기간별 구조(term structure of interest rates)는 채권의 만기와 이자율(만기 동안 일정한 연간수익률)의 관계를 보여주는 수익률곡선(yield curve)이다. 장기이자율은 현재 단기이자율과 미래 기대되는 단기이자율의 평균이다. 경제주체들이 미래에 단기이자율이 상승하리라 기대하면 장기이자율이 단기이자율보다 높아 수익률곡선이 우상향하는 모습을 띤다, 반대로, 미래에 단기이자율이 하락할 것으로 기대하면 장기이자율이 단기이자율보다 낮아 수익률곡선은 우하향하는 모습을 띤다.

그림 15-2는 이자율의 기간별 구조(term structure of interest rates)로 채권의 만기와 이자율(만기동안 일정한 연간수익률, yield, the constant annual return rate)의 관계를 보여주는 **수익률곡선**(yield curve)이다. 우리는 이 수익률곡선을 통해서 경제주체들이 미래의 단기이자율에 대해 어떠한 기대(expectations)를 하고 있는지 알 수 있다.

수익률곡선이 상승하여 기간이 증가함에 따라 이자율(수익률)이 증가하는 모습을 보인다면, 이는 경제주체들이 **미래에 단기이자율이 상승하리라 기대**하고 있다는 것을 의미한다. 왜냐하면 장기이자율은 현재 단기이자율과 미래 기대되는 단기이자율의 평균이기 때문이다. 미래에 단기이자율이 상승하리라 기대하면 장기이자율이 단기이자율보다 높게 된다.

반대로 **수익률곡선이 하향**한다면, 이는 경제주체들이 **미래에 단기이자율이 하락할 것으로 기대**하고 있다는 것을 의미한다.

따라서 현재 경제의 총생산이 자연생산량보다 많고 많은 경제주체가 미래에 경제가 연착륙(soft landing)하여 이자율이 약간 감소할 것으로 예상한다면 채권의 수익률곡선(yield curve)은 우하향하는 형태를 띤다. 반면에 현재 경제가 과열 상태이고 앞으로 중앙은행이 긴축적 통화정책을 실시하여 이자율이 상승할 것으로 예상한다면 채권의 수익률곡선은 우상향하는 형태를 띤다.

기대와 주식가격

기업은 투자재원 조달을 위해 채권을 발행하기도 하지만 주식을 발행하기도 한다. 기업이 채권을 발행하는 것은 빚을 지는 행위지만, 주식을 발행하는 것은 소유권의 일부를 파는 행위다.

1) 주식가격의 결정

주식가격(주가)은 경제환경이나 정책의 변화에 영향을 받는다. 주가가 때로는 버블이나 유행에 따라 출렁이기도 하지만, 기본적으로는 회사의 본질적 가치 즉 수익창출능력을 반영한다고 볼 수 있다. 기업이 높은 수익을 창출하는 경우 높은 배당으로 이어지고 그 기업의 주식 가치가 높아진다.

어느 회사의 주식을 사고, 파는 결정을 내릴 때 현 **주가**(SP_t)와 회사 지분(주식 1단위)의 **가치**(SV_t)를 비교한다. 회사 지분(주식 1단위)의 가치(SV_t)는 미래에 얻게 될 것으로 기대되는 배당($\$D_F^e$)과 최종 매각가격($\$P_{t+n}^e$)의 현재가치($SV_t$)와 같고 다음 식으로 표현된다.

$$SV_t = \frac{\$\,D^e{}_{t+1}}{(1+i_{1t})} + \frac{\$\,D^e{}_{t+2}}{(1+i_{1t})(1+i_{1t+1}^e)} + \cdots + \frac{\$\,P_{t+n}^e}{(1+i_{1t})(1+i_{1t+1}^e)\cdots(1+i_{1t+n-1}^e)}$$

주가가 회사지분의 가치보다 낮아 저평가(underpriced) 되었을 때는 주식을 사고, 반대로 주가가 회사지분의 본질적 가치보다 높아 고평가(overpriced) 되었을 때는 보유 주식을 판다. 따라서 균형에서 회사의 주식가격(SP_t)은 그 회사 지분의 본질적 가치(fundamental value)와 일치하게 된다.

$$\text{주가}(SP_t) \;=\; \text{회사 지분(주식 1단위)의 가치}(SV_t)$$

$$SP_t = \frac{\$\,D^e{}_{t+1}}{(1+i_{1t})} + \frac{\$\,D^e{}_{t+2}}{(1+i_{1t})(1+i_{t+1}^e)} + \cdots + \frac{\$\,P_{t+n}^e}{(1+i_{1t})(1+i_{1t+1}^e)\cdots(1+i_{1t+n-1}^e)}$$

즉 **주식가격은 현재의 이자율, 미래의 기대이자율, 미래의 기대 배당소득** 등에 의존한다.

$$SP_t = f(i, i_F^e, \$\,D_F^e, \$\,P_{t+n}^e)$$
$$(-,\quad -,\quad +,\ +)$$

여기서 분석의 편의를 위해 주식을 영원히 보유하는 것으로 가정하면 주식가격은 다음과 같이 현재의 이자율, 미래의 기대이자율, 미래의 기대 배당소득의 함수로 표시된다.

$$SP_t = f(i, i_F^e, \$\,D_F^e)$$
$$(-,\ -,\ +)$$

- 현재 이자율과 미래 기대이자율이 감소할수록, 미래 기대배당소득이 증가할수록 주가는 상승한다.

따라서 주식가격은 미래에 받게 될 배당의 흐름과 현재 단기이자율과 미래 기대단기이자율에 의해 의존한다. 주어진 배당의 흐름 하에서 현재 단기이자율과 미래에 기대되는 단기이자율이 상승하면 배당의 현재가치가 작아지고 주식가격은 하락한다.

지금까지 주식가격은 **효율적시장이론**(efficient market hypothesis)에 기초하여 설명하였다. 케인즈의 **미인대회이론**(beauty contest theory)은 주가가 회사의 본질적 가치에서 벗어날 수 있음을 지적한다. 미인대회 우승자를 맞추기 위해서는 진짜로 예쁜 미인을 고르기 보다는 심사위원들이 가장 예쁜 미인으로 판단할 것으로 추정되는 여인을 선택해야 한다.

주식도 마찬가지다. 주식의 본질적 가치보다는 다른 사람들이 매수하여 주가가 상승할 것으로 예상되는 주식을 사는 것이 돈을 벌 수 있는 현명한 전략이 될 수 있다. 주가가 이미 본질적 가치보다 더 높은 경우에도 더 오를 수 있고 따라서 높은 가격에 매각한 후 빠져나올 수 있다고 판단하면 주식을 사는 것이 합리적인 행위가 될 수 있다.

따라서 주식시장에서 합리적인 투기동기에 의해 거품(rational speculative bubbles)이 형성되기도 한다. 또 막연한 낙관이나 비관 등 비합리적인 유행(irrational waves)으로 주가가 본질적 가치에서 벗어나기도 한다. 기업의 주가가 장기적으로 기업의 본질적 가치에 수렴할지라도, 단기적으로는 본질적 가치에서 이탈하여 출렁일 수 있음을 강조하고 있다.

2) 정책 및 경제여건의 변화와 주가

경제정책이나 경제여건이 변화하면 기업의 수익성이 달라지고 주가가 변하게 된다. 아울러 미래정책이나 경제상황에 대한 기대가 주식 가격에 영향을 미친다.

그림 15-3 예견되지 않은 팽창적 통화정책과 주가

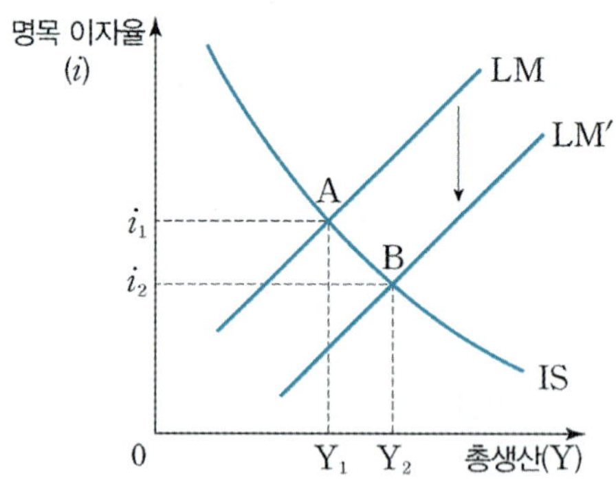

예견되지 않은 팽창적 통화정책으로 LM곡선이 하방으로 이동하여 경제의 균형은 A에서 B로 이동한다. 명목이자율이 하락($i_1 \to i_2$)하고, 총생산이 증가($Y_1 \to Y_2$)하여 배당이 증가할 것이 예상되어 주가가 상승한다.

먼저, **통화정책**이 주가에 미치는 영향을 살펴보자. 통화정책이 미리 예견되었느냐 여부에 따라 그 효과가 달라진다. 사전에 예견된 정책은 이미 주가에 반영되었으므로 추가적인 영향은 없다. 최소한 **예견되지 않은 부분**이 있다면 팽창적 통화정책은 그림 15-3에서 보는 것처럼 향후 일정 기간 이자율의 하락, 총생산 증가 및 배당의 증가를 기대할 수 있다. 따라서 주가가 상승할 것이다.

그림 15-4 예견되지 않은 독립적 지출의 증가와 주가

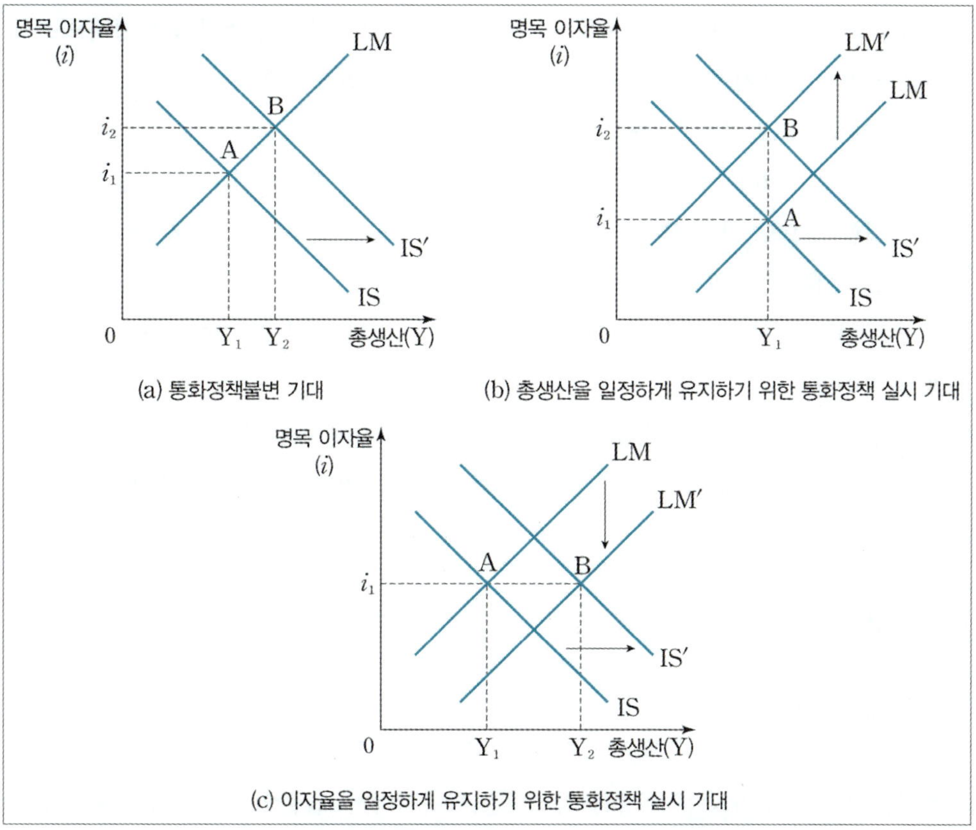

(a) 통화정책불변 기대

(b) 총생산을 일정하게 유지하기 위한 통화정책 실시 기대

(c) 이자율을 일정하게 유지하기 위한 통화정책 실시 기대

예기치 않은 소비심리의 호전으로 독립적 지출이 증가하여 *IS*곡선이 우측으로 이동한다. 향후 일정 기간 총생산 증가와 이자율 상승이 기대된다. (a)처럼 중앙은행이 통화정책을 변경하지 않을 것이라고 기대하면, 총생산은 상승하고 이자율이 상승할 것이므로 두 변수가 서로 반대방향으로 주가에 영향을 미쳐 주가의 움직임이 모호하다.
(b)처럼 중앙은행이 인플레이션을 우려하여 총생산을 일정하게 유지하는 통화정책을 실시할 것이라고 기대하면, 총생산은 변화 없이 이자율만 크게 상승할 것이 예상되므로 주가가 하락한다.
(c)처럼 중앙은행이 이자율을 일정하게 유지하는 통화정책을 실시할 것이라고 기대하면, 총생산은 증가하고 이자율은 변하지 않을 것이 예상되므로 주가가 상승한다.
경제주체들의 중앙은행의 정책에 대한 기대가 어떻게 형성되는가에 따라 주가 움직임이 달라진다.

다음은 **예기치 않은 소비심리의 호전**으로 독립적 지출이 증가하여 *IS*곡선**이 우측으로 이동**하는 경우를 살펴보자. 독립적 소비지출 증가는 향후 일정 기간 생산량 증가와 이자율 상승의 요인으로 작용할 것이다. 주가는 어떻게 움직일까? 사람들의 통화정책에 대한 기대에 달려있다. 그림 15-4(a)처럼 중앙은행이 **통화정책을 변경하지 않을 것이라고 기대**하면 총생산은 상승하고 이자율도 상승할 것이 예상된다. 총생산과 이자율이 서로 반대방향으로 주가에 영향을 미쳐 그 움직임이 모호하다. 주가는 총생산 효과와 이자율효과의 상대적 크기에 의해 결정될 것이다.

만약 그림 15-4(b)처럼 중앙은행이 인플레이션을 우려하여 **긴축적 통화정책으로 총생산을 일정하게 유지할 것이라고 기대**하면, 총생산은 변화가 없고 이자율만 크게 상승할 것이 예상되므로 주가는 하락할 것이다.

만약 그림 15-4(c)처럼 중앙은행이 **이자율을 일정하게 유지하기 위해 팽창적 통화정책을 실시할 것으로 기대**하면, 총생산은 크게 증가하고 이자율은 변화가 없을 것이 예상되므로 주가는 상승할 것이다.

경제주체들이 중앙은행의 정책에 대한 기대를 **어떻게 형성되는가에 따라 주가가** 다르게 움직인다.

주가의 움직임은 경제 환경 또는 정책의 변화가 **사전에 예견되었는지**, 그 **원천**은 무엇인지, 그리고 정부의 향후 정책에 대한 경제주체의 **기대** 등에 따라 크게 달라진다.

2. 기대와 민간지출

기대와 소비

소비는 총수요의 가장 큰 비중을 차지하는 항목이다. 사람들의 소비결정은 어떻게 이루어질까? 케인즈는 현재소비는 주로 현재가처분소득에 의존하는 것으로 보았다. 부(wealth)가 없고 돈을 빌릴 수도 없어 유동성제약에 직면하여 있다면, 현재 소비는 현재 소득 범위 내에서 이루어질 수밖에 없을 것이다.

케인즈 이후의 많은 소비이론은 현재 소비가 현재 가처분소득뿐만 아니라 미래에 기대되는 가처분소득 등 다른 요인에도 영향을 받는다는 점에 기초하여 소비이론을 발전시켜 나갔다(자세한 소비이론은 제9부 24장에서 논의한다). 기본적으로 사람들은 전 생애에 걸쳐 최대한 행복을 누리려고 미래를 **내다보고**(forward looking) 결정한다. 사람들은 평생 이용할 수 있는 재원(추정치로 현재 가치를 이용하여 계산)에 기초하여 전 생애에 걸쳐서 “골고루 소비함(consumption smoothing)”으로써 생애 총효용의 극대화를 추진한다.

따라서 현재 소비결정은 **현재의 이용 가능한 재원**뿐만 아니라 **미래에 기대되는 재원의 현재가치** 등에도 의존하게 된다. 소비는 현재 가처분소득은 물론 미래 기대가처분소득의 현재가치, 부, 유동성 제약, 그리고 심리적 요인까지 **다양한 요인**에 의존한다. 이를 함수로 표시하면 다음과 같다.

$$C = C(Y - T,\ V(Y_F^e - T_F^e),\ z_c)$$
$$(+,\qquad +,\qquad +)$$

여기서 $(Y - T)$는 현재 가처분소득, $V(Y_F^e - T_F^e)$는 미래 기대가처분소득의 현재가치, z_c는 기타 소비에 영향을 미치는 모든 요인을 포괄하는 변수다. 미래 기대가처분소득의 현재 가치는 현재의 실질이자율과 미래의 기대 실질이자율로 할인하여 계산한다. 따라서 위 소비함수는 다음과 같이 다시 쓸 수 있다.

$$C = C(Y, T, r, Y_F^e, T_F^e, r_F^e, z_c)$$
$$(+,\ -,\ -,\ +,\ -,\ -,\ +)$$

이제 현재 소비가 **현재변수**는 물론 **미래변수의 기댓값** 등에도 의존하게 된다. 이는 매우 중요한 시사점을 갖는다.

첫째, 현재 가처분소득이 불변인 경우에도 현재 소비가 변할 수 있다는 것이다. 미래 가처분소득에 대한 비관적인 **전망**이 소비감소로 이어져 경기침체가 현실화될 수 있다. 아울러 미래에 대한 낙관적인 전망은 소비증가로 이어져 경기가 활성화될 수 있다.

둘째, 현재 가처분소득이 변화해도 미래 기대가처분소득의 변화로 이어지지 않는 일시적인 변화라면 현재 소비에 미치는 영향은 매우 적을 수 있다. 사람들이 경기호황이 일시적이라고 생각하면 현재 소비는 매우 적게 증가한다. 반면에 소득 증가가 **항구적**이라 생각하면 현재 **소비의 증가는 크게** 된다.

기대와 투자

투자는 기계의 구입과 공장의 건축 등 자본재에 대한 지출 행위이다. 투자가 총수요에 차지하는 비중은 소비에 비해 매우 적은 편이지만, 경기상황에 따라 민감하게 움직이기 때문에 경기변동에 있어서 소비만큼이나 중요한 역할을 한다. 아울러 투자는 자본축적으로 이어져 최장기 경제성장의 원천이 된다. 이처럼 중요한 투자는 어떻게 결정되는 것일까?

지금까지 투자는 다음과 같이 현재 실질이자율의 단순한 함수로 표시하였다.

$$I = \underset{(-)}{I(r)}$$

이제 투자에 대해 좀 더 자세히 살펴보자. 투자는 미래를 내다보는 행위로 미래에 대한 기대가 투자 결정에 중요한 역할을 한다. 투자는 주로 기업에 의해 결정되며(가계의 주택구입은 투자에 포함), 그 기본원리는 간단하다. 기업은 이윤을 추구하여, 투자에 따른 비용과 수입을 비교하여 결정한다(투자에 대한 상세 이론은 제9부의 제25장에서 논의한다). 투자의 비용은 바로 현실화되어 많은 재원이 소요되지만, 이윤은 미래에 발생한다. 따라서 투자 결정 시 투자의 **재원조달문제**(financing constraints)와 **미래 기대이윤**(profitability)의 현재가치가 중요하게 된다.

먼저, 재원조달문제를 살펴보자. 기업은 자금조달의 한계로 이윤이 발생하는 프로젝트가 있어도 투자를 하지 못하는 경우가 있다. 따라서 현금흐름의 제약이 투자의 걸림돌이 될 수 있다. 현재 실질이윤(π)은 현금흐름에 직결되기 때문에 투자를 결정하는 데 중요한 변수가 된다.

다음으로 투자로 얻게 되는 미래 기대실질이윤의 현재가치이다. 미래 기대실질이윤은 현재 이자율과 미래의 기대이자율로 할인하여 현재가치[$V(\pi_F^e)$]를 계산한다.

$$V(\pi_F^e) = \underset{(+,-,-)}{V(\pi_F^e, r, r_F^e)}$$

여기서 π_F^e는 미래 기대실질이윤, r는 현재 실질이자율, r_F^e는 미래 기대실질이자율이다.

이상의 논의를 종합하면 투자는 결국 **현재 실질이윤과 미래 기대실질이윤의 현재가치** 의존하며, 미래의 기대실질이윤은 현재의 실질이자율과 미래의 기대 실질이자율로 할인하여 현재가치를 구하게 되므로, 다음과 같이 함수로 표시할 수 있다.

$$I = I(\pi,\ V(\pi_F^e)) = I(\pi, r, \pi_F^e, r_F^e)$$
$$(+,\ -,\ +,\ -)$$

이윤은 생산량(소득, 기업측면에서는 매출액)과 같이 움직인다. 따라서 현재 실질이윤과 미래 기대실질이윤을 현재 생산량과 미래 기대생산량으로 대체하면 위 투자함수식은 다음과 같다.

$$I = I(Y, r,\ Y_F^e, r_F^e)$$
$$(+,\ -,\ +,\ -)$$

결국 투자는 **현재 총생산(소득)과 미래 기대총생산(소득)과 양(+)의 관계**를 보이며, **현재 실질이자율 및 미래 기대실질이자율과 음(−)의 관계**로 보인다. 그리고 기타 요인을 포함하여 일반화하면 다음과 같다.

$$I = I(Y, r,\ Y_F^e, r_F^e, z_I)$$
$$(+,\ -,\ +,\ -,\ +)$$

여기서 z_I는 상기 변수$(Y, r,\ Y_F^e, r_F^e)$ 외 투자에 영향을 미치는 모든 요인 즉 투자 관련 세제, 감가상각률 등을 포괄하는 변수이다.

이제 투자는 **현재변수**는 물론 **미래변수의 기댓값**에 의존한다. 실질이자율 등 현재 변수가 불변인 경우에도 미래 변수에 대한 기대치가 변하는 경우는 투자가 변하게 된다. 미래 경기에 대한 낙관적인 전망이 투자 증가로 이어져 경기호황이 현실화될 수 있고, 비관적 전망이 확산되는 경우 경기침체가 초래될 수 있다.

3. 기대를 반영한 *IS−LM*모형

지금까지 미래에 대한 기대가 주식 및 채권 등 금융자산에 미치는 영향과 재화시장에서 소비 및 투자에 미치는 영향을 살펴보았다. 이를 토대로 기본 *IS−LM*모형에 기대를 반영하여 확장하자.

기대와 신*IS*식(New IS Relation)

제3부의 제7장에서 살펴보았듯 재화시장의 균형을 의미하는 기본 *IS*식(basic IS relation)은 다음과 같다.

$$Y = C(Y - T) + I(r) + G \rightarrow \ Y = Y(r, G, T, z_g)$$

이제 미래에 대한 기대변수를 도입하여 기본 *IS*−*LM*식을 확장해 보자. 먼저, 소비는 위에서 살펴본 것처럼 현재의 이자율 및 가처분소득과 미래의 기대이자율 및 기대가처분소득에 의존하며 다음과 같다.

$$C = C(Y, T, r, Y_F^e, T_F^e, r_F{}^e, z_c)$$
$$(+, -, -, +, \ -, \ -, \ +)$$

다음으로 투자는 현재의 이자율 및 소득과 미래의 기대이자율 및 기대소득 등에 의존하며 다음과 같다.

$$I = I(r, Y, r_F^e, Y_F^e, z_I)$$
$$(-, \ +, \ -, \ +, \ +)$$

이처럼 기대를 반영한 소비함수와 투자함수를 이용하여 *IS*식을 확장하면 **신(new) *IS*식**은 다음과 같다.

$$\text{신 } IS\text{식}: \ Y = Y(r; G, T, Y_F^e, r_F^e, G_F^e, T_F^e, Z_g)$$
$$(-, +, -, +, -, \ +, \ -, \ +)$$

여기서 z_g는 재화시장의 충격으로 z_I, z_c 등을 포괄한다.

이제 총생산은 **현재변수**(r, G, T, z_g) 뿐만 아니라 **미래변수의 기대치**($Y_F^e, r_F^e, G_F^e, T_F^e$)에도 의존한다. 신 *IS*식은 기본 *IS*식처럼 다른 조건($G, T, Y_F^e, r_F^e, G_F^e, T_F^e, z_g$의 값)이 일정할 때 실질이자율이 감소하면 총수요(총생산)의 규모가 증가하므로 이자율−총생산의 평면에서 **우하향**하는 곡선의 모양을 띤다.

그림 15-5 신*IS*곡선의 이동

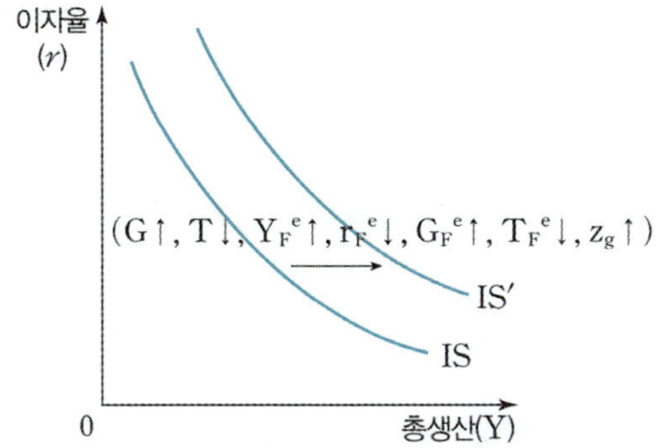

신*IS*곡선은 다른 조건($G, T, Y_F^e, r_F^e, G_F^e, T_F^e, z_g$의 값)이 일정할 때 현재 실질이자율이 감소하면 민간의 독립적 지출이 증가하여 생산량이 증가하므로 우하향한다.
현재 실질이자율 외에 외생적 요인(G, T, Z_g)이나 기대($Y_F^e, r_F^e, G_F^e, T_F^e$)의 변화로 총수요가 증가한 경우 *IS*곡선이 우측으로 이동한다.

그림 15-5에서 보는 것처럼 현재 실질이자율 외에 총수요에 영향을 주는 **정책변수와 외생적 충격 및 미래변수의 기대치가 변화**하는 경우 주어진 실질이자율에서 총수요가 변하므로 *IS*곡선 자체가 **이동**한다. 예를 들어 정부지출 증가, 조세감면 그리고 총수요를 증가시키는 방향으로 기대가 형성되면 *IS*곡선이 우측으로 이동한다.

- 주어진 실질이자율에서, $G\uparrow$, $T\downarrow$, $Y_F^e\uparrow$, $r_F^e\downarrow$, $G_F^e\uparrow$, $T_F^e\downarrow$, $z_g\uparrow$ → *IS*곡선이 우측으로 이동한다.

*LM*관계식(변화 없음)

얼마만큼 화폐를 보유할 것인가. 즉 화폐수요는 근시안적(myopic)인 결정 사항이다. 현재 화폐 보유의 기회비용은 현재 명목이자율이고, 현재 필요한 화폐의 양은 현재 거래규모(current level of transactions)에 의존한다. 따라서 현재 화폐수요는 현재의 명목이자율과 현재의 거래규모에 의존한다.

미래에 거래규모가 증가할 것으로 기대할 때는 미래에 화폐보유량을 늘리면 되며, 현재부터 화폐보유량을 늘려 보유할 필요가 없다.

따라서 미래에 대한 기대를 반영할 때도 ***LM*관계식은 변하지 않는다.**

$$LM\text{식: } \frac{M}{P} = L(i, Y) \rightarrow i = i(Y; \frac{M}{P}, Z_m)$$

기대를 반영한 새로운 *IS*–*LM*모형

이상에서 기대를 반영한 신*IS*–*LM*모형은 다음과 같이 요약된다.

$$\text{신}IS\text{식: } Y = Y(r; T, G, Y_F^e, r_F^e, T_F^e, G_F^e, z_g)$$

$$LM\text{식: } i = i(Y; \frac{M}{P}, Z_m)$$

$$\text{단, } r = i - \pi^e, \; r_F^e = i_F^e - \pi_F^e$$

여기서는 미래에 대한 기대가 민간의 소비 및 투자지출에 미치는 영향에 초점을 둔다. 따라서 논의를 단순화하기 위해 기대인플레이션율은 0이라 가정한다.

단순 통화량(M)의 증가는 미래에 물가를 상승시킬 뿐이며 인플레이션율에는 영향을 미치지 않고 따라서 기대인플레이션율에는 영향을 주지 않는다. 하지만 **통화량증가율 ($\frac{\triangle M}{M}$)의 변화**는 미래에 인플레이션율 변화율로 이어지므로 **기대인플레이션율**에 **영향**을 미치게 된다.

따라서 여기서 통화정책은 통화량증가율의 변화보다는 통화량의 변화를 가정하는 것이다. 이 경우 기대인플레이션율을 무시할 수 있고, 따라서 실질이자율과 명목이자율을 구분할 필요가 없게 된다. 위 신*IS*와 *LM*식은 다음과 같이 명목이자율의 함수로 단순하게 표현된다.

$$\text{신}IS\text{식: } Y = Y(i; T, G, Y_F^e, i_F^e, T_F^e, G_F^e, z_g)$$

$$LM\text{식: } i = i(Y; \frac{M}{P}, z_m)$$

4. 기대의 역할과 정책효과

기대가 정책효과에 미치는 효과를 살펴보자. 이제 기본 *IS*–*LM*모형의 전형적인 직접효과(direct or standard effect)에 **기대효과**(expectation effect)가 추가된다. 기대효과의 크기에 따라 기존 *IS*−*LM*모형이 제시하는 효과와는 다른 결과가 초래될 수도 있다. 정책 추진 시 사람들의 기대가 어떻게 형성되는가에 따라 정책의 효과가 달라진다.

따라서 경제의 충격이나 정책의 변화가 일시적인지 아니면 항구적인지에 따라서 효과가 달라진다. 미래에도 지속될 것으로 예상되는 항구적인 충격이나 정책 변화는 기대에 영향을 미치게 되어 기대효과가 추가로 발생한다.

기대와 통화정책

먼저, 통화정책의 효과에 대해 살펴보자. 중앙은행의 통화정책은 현재 명목이자율에 영향을 준다. 그러나 소비 및 투자지출은 현재 실질이자율 및 미래 기대실질이자율에 의존한다. 따라서 현재 명목이자율의 변화가 현재 실질이자율과 미래 기대실질이자율에 어떻게 영향을 미치는지가 중요하다. 기대인플레이션율이 0이라고 가정했으므로 명목이자율과 실질이자율은 같이 움직인다. 따라서 통화정책의 기대인플레이션율 경로의 효과는 없고 현재의 이자율과 미래의 이자율에 대한 기대효과를 통해 경제에 영향을 미치게 된다.

그림 15-6 기대와 통화정책의 효과

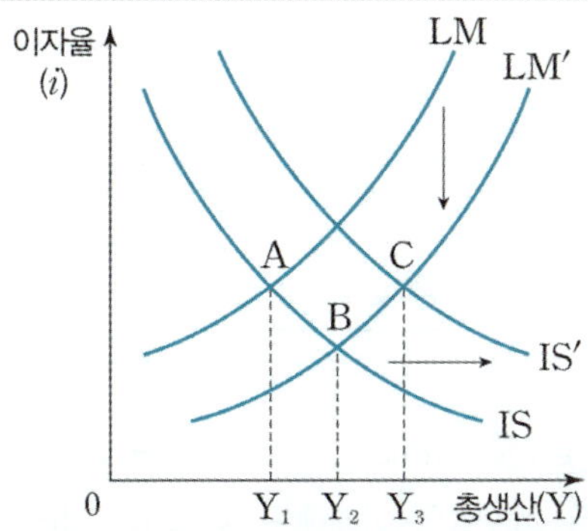

통화량 증가 시 *LM*곡선이 하방으로 이동하여 경제가 A에서 B로 이동한다. 경제주체들이 미래에도 이자율 하락이 지속되어 투자가 증가하고 미래 총생산이 증가할 것으로 기대하면, *IS*곡선이 우측으로 이동하여 경제는 B에서 C로 이동한다. 생산량은 크게 증가한다.

중앙은행의 팽창적 통화정책의 효과를 기대에 따른 시나리오별로 살펴보자.

(case 1) 확장적 통화정책에도 불구하고 경제주체들의 **기대가 변하지 않는 경우**이다. 그림 15-6에서 통화량이 증가하면 ***LM*** **곡선은** ***LM*****에서** ***LM′*****로 하향 이동**하고 경제는 A에서 B로 이동하여 현재 이자율은 하락하고 총생산은 증가한다. 통화정책의 전형

적인 직접효과만 발생한다. 경제주체들의 기대가 변하지 않기 때문에 통화정책의 효과는 제한적이다.

(case 2) 경제주체들의 **기대가 변화하는 경우**이다. 경제주체들이 통화량증가가 영구적이어서 미래에도 이자율이 하락하고 총생산이 증가할 것으로 예상한다. 이 경우 기대효과에 의해 민간의 소비 및 투자지출이 증가하여 추가로 ***IS*곡선이 *IS*에서 *IS'*로 우측으로 이동**하게 된다. 경제는 기대효과에 의해 다시 B에서 C로 이동하여 총생산은 크게 늘어난다. 통화정책의 효과가 더욱 크게 된다.

기대와 재정정책

이제는 주어진 세금에서 정부지출이 감소하는 긴축적 재정정책의 효과를 분석하여 보자.

그림 15-7 기대와 정부지출 감소의 효과

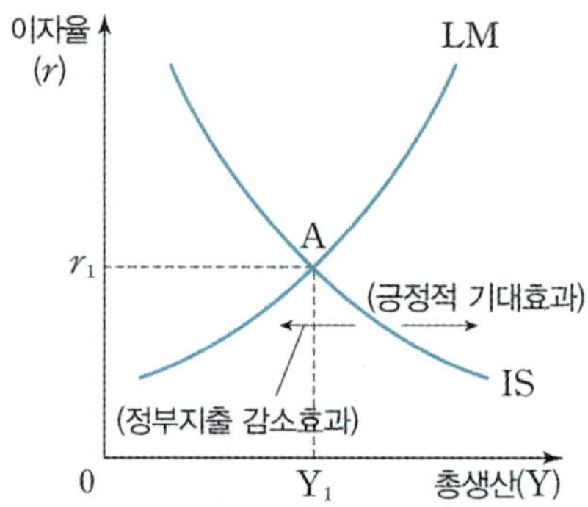

정부지출 감소의 직접효과로 *IS*곡선이 좌측으로 이동하여 이자율이 하락하고 총생산이 하락한다. 경제주체들이 낮은 이자율이 미래에도 지속되어 미래 총생산이 증가할 것으로 기대하는 경우 기대효과에 의해 *IS*곡선이 우측으로 이동한다. 만약 기대효과가 직접효과보다 크면 정부지출 감소에도 불구하고 총생산이 증가한다.

그림 15-7은 **정부지출 감소**의 효과를 보여준다. **(직접효과)** 정부지출의 감소로 ***IS* 곡선이 좌측으로 이동**하여 이자율이 하락하고 총생산이 감소한다. **(기대효과)** 경제주체들이 낮은 이자율이 미래에도 지속되고 투자가 증가하여 미래총생산(소득)이 증가할 것으로 기대하면, 기대효과에 의해 ***IS*곡선이 다시 우측으로 이동**한다.

직접효과와 기대효과가 서로 다른 방향으로 작용하여 **순효과는 불확실**하다. 만약에 기대효과가 직접효과보다 크면, 정부지출의 감소에도 불구하고 단기에 총생산이 증가한다. 따라서 기대효과를 고려하면 기본 *IS*−*LM*모형이 제시하는 결과와는 완전히 상반된 결과가 나타날 수 있다.

정책의 효과는 경제주체들이 정책에 대해 어떻게 기대를 형성하는가에 따라 그 효과가 크게 달라진다.

요약

1 미래 금액은 현재 이자율과 미래 기대이자율로 할인하여 현재가치를 계산한다. 따라서 현재 이자율과 미래 기대이자율이 상승하면 미래 배당소득이나 이윤의 현재가치는 하락한다. 화폐금액은 명목이자율(현재 명목이자율과 미래 기대 명목이자율)로, 재화단위로 측정된 실질금액은 실질이자율(현재 실질이자율과 미래 기대 실질이자율)로 할인한다.

2 기본적으로 자산의 가격은 자산의 본질적 가치와 일치한다. 자산의 본질적 가치는 자산보유에 따른 미래 기대수익의 현재가치이다. 그러나 단기에는 투기나 비이성적인 행위 등으로 자산 가격이 그 본질적 가치에서 벗어날 수 있다.

3 소비와 투자는 현재의 실질이자율과 총생산(소득)은 물론 미래에 기대되는 실질이자율과 총생산(소득)에도 의존한다.

4 정책의 효과는 정책에 대한 기대(전망)가 어떻게 형성되는가에 따라 달라진다. 정책의 효과를 결정하는 데 있어서 정책에 대한 신뢰와 우호적인 기대형성이 중요한 역할을 한다.

5 팽창적 통화정책의 경우 LM곡선이 아래쪽으로 이동하여 이자율이 감소하고 총생산이 증가한다(직접효과). 사람들이 미래에도 낮은 이자율이 유지되어 투자가 증가할 것으로 기대하면 IS곡선이 우측으로 이동하여(기대효과) 통화정책의 효과는 더욱 커진다.

6 긴축 재정정책을 실시하는 경우 직접적인 효과(direct effect)로 총생산이 감소한다. 사람들이 미래 이자율이 감소하고 총생산이 증가할 것으로 기대한다면 IS곡선이 다시 우측으로 이동하여 총생산을 증가시키는 효과가 발생한다. 순 효과는 두 효과의 상대적 크기에 의해 결정되며, 만약 기대효과가 직접효과가 크다면 재정긴축에도 불구하고 단기에 총생산이 증가할 수 있다.

연습문제

1 다음 문장의 진위를 판단하고 그 이유를 설명하라.

(1) 현재의 화폐수요는 현재의 명목이자율과 미래에 기대되는 명목이자율에 반비례한다.

(2) 투자는 현재의 명목이자율뿐만 아니라 미래에 기대되는 명목이자율에도 의존한다.

(3) 통화량증가율의 변화는 *IS*곡선에 영향을 미치지 않는다.

(4) 주어진 조세에서 정부지출이 증가하는 확장적 재정정책은 항상 총수요 및 총생산을 증가시킨다.

2 현재 경제의 총생산이 자연생산량보다 높은 수준이다. 많은 경제주체가 경제가 미래에 연착륙(soft landing)하여 이자율이 감소할 것으로 예상한다. 채권의 수익률곡선(yield curve)는 어떤 모습일까?

3 오늘 새로운 중앙은행장을 발표하였다. 경제주체들은 새 중앙은행장의 임명절차가 순조롭게 진행되어 3개월 후에는 임기를 시작하고 긴축적인 통화정책을 실시할 것으로 기대한다고 가정하자. 이 뉴스와 기대는 단기적으로 총생산에 어떠한 영향을 미칠 것인지를 *IS*-*LM*모형을 이용하여 분석하라.

4 단기에 주어진 정부지출에서 조세 감세가 총생산에 영향을 미치지 않을 수 있는가? 그 이유를 설명하라. 총생산이 증가할 수도 있는가? 그 이유를 설명하라.

제 7 부

개방경제

제 7 부

개방경제

지금까지는 폐쇄경제를 가정하였다. 지금부터는 개방경제의 움직임을 분석한다. 이를 위해 **해외부문**을 도입하고, 국내 재화 및 화폐시장 외에 **외환시장**을 추가한다.

기존의 $IS-LM$분석을 개방형으로 확장하여 이자율, **환율** 및 총생산 등 주요 거시변수의 상호작용을 분석한다.

개방경제에서 국내변수와 해외변수를 구별하기 위해 **해외변수**에는 **별표(*)**를 추가한다. 즉 Y, i, P는 국내의 소득, 이자율, 물가를 의미하고, Y^*, i^*, P^*는 해외 국가의 소득, 이자율, 물가를 의미한다.

제16장 개방경제의 국가경제순환모형 및 국제수지

지금까지는 한 나라의 경제가 외국과 단절된 폐쇄경제(a closed economy)를 가정하였다. 이제 국가 간 활발한 경제교류의 현실을 반영하여 개방경제(an open economy)의 움직임을 살펴보자. 개방은 **재화시장, 금융시장 및 노동시장 등의 개방**을 의미한다. 재화시장에서 국산재화와 외국산재화 간 선택할 수 있고, 금융시장에서 국내 금융자산과 외국 금융자산 간 선택할 수 있다. 아울러 노동시장에서 국내 일자리와 해외 일자리 간 선택할 수 있다.

여기서는 노동시장의 개방은 논외로 하고 재화시장과 금융시장의 개방에 초점을 둔다.

1. 개방경제의 국가경제순환모형
2. 국제수지

1. 개방경제의 국가경제순환모형

먼저 개방경제의 큰 그림, 국가경제순환모형을 살펴보자.

그림 16-1 개방경제의 국가경제순환모형

화살표의 방향은 자금의 흐름을 보여준다.

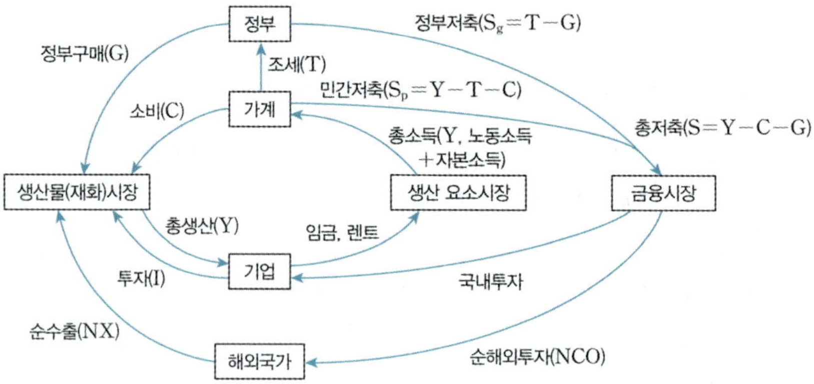

총생산(Y)은 기업의 수입이 된다. 이는 노동소득과 자본소득의 형태로 가계에 분배된다. 가계는 소득에서 먼저 세금(T)을 내고, 소비(C)에 사용하며, 남은 금액은 저축(민간저축, $S_p = Y - T - C$)한다. 정부는 조세수입으로 재화를 구매하며 남은 금액은 저축(정부저축, $S_g = T - G > 0$)하고, 부족할 때는 차입한다($S_g < 0$). 총저축($S = S_p + S_g = Y - C - G$)은 국내투자($I$)와 순해외투자(자본의 순해외유출, $NCO > 0$)에 사용된다. 국내 총저축이 국내 투자에 못 미칠 때는 순해외차입(해외로부터 자본의 순유입, $NCO < 0$)이 발생한다.

그림 16-1에서 보는 것처럼 개방경제는 폐쇄경제와 달리 다음과 같은 특징이 있다. 첫째, 경제주체로 **해외부문(외국)이** 추가된다.

둘째, 재화시장의 개방으로 국내 재화에 대한 총수요의 구성 항목에 **순수출**(NX) 즉 해외수요가 추가된다. 순수출은 수출액(X)에서 수입액(M)을 차감한 것이다.

$$Y = C + I + G + \boldsymbol{NX}$$

셋째, 금융시장의 개방으로 국내 저축과 국내 투자가 더 이상 일치하지 않는다. 해외로부터 자본유입과 해외로 자본유출이 진행된다.

대부자금의 공급 = 대부자금의 수요

국내 저축+해외로부터 자본유입 = 국내 투자+해외로 자본유출

$$S + CI = I + CO$$
$$S = I + NCO$$
$$S + NCI = I$$

국내저축이 국내투자보다 더 많은 경우는 **순해외투자**(순해외자산취득, 해외로 순자본유출, $NCO > 0$)가 이루어지고, 국내저축이 국내투자보다 적은 경우는 **순해외차입**(순국내자산매각, 해외로부터 순자본유입, $NCI > 0$ 또는 $NCO < 0$)이 이루어진다.

2. 국제수지

개방경제에서는 국가 간 재화와 금융자산 등이 활발히 거래된다. 이러한 거래관계를 체계적으로 정리한 것이 국제수지표이다. 국제수지표는 거래유형에 따라 경상계정, 금융계정, 자본계정으로 나누어 기록한다.

경상계정은 재화의 수출과 수입 등에 따른 수지를 기록한다. **금융계정**은 실물자산의 매매, 주식과 채권 등 금융자산 매매, 외화준비자산의 증감 등에 따른 수지를 기록한다. **자본계정**은 해외 거주비, 특허권 등에 따른 수지를 기록하며 그 숫자가 크지 않다. 편의상 금융계정과 자본계정을 합하여 **금융계정(또는 자본계정)으로 통합**한다.

그림 16-2 국제수지: 국내와 해외 국가 간 자금의 흐름도

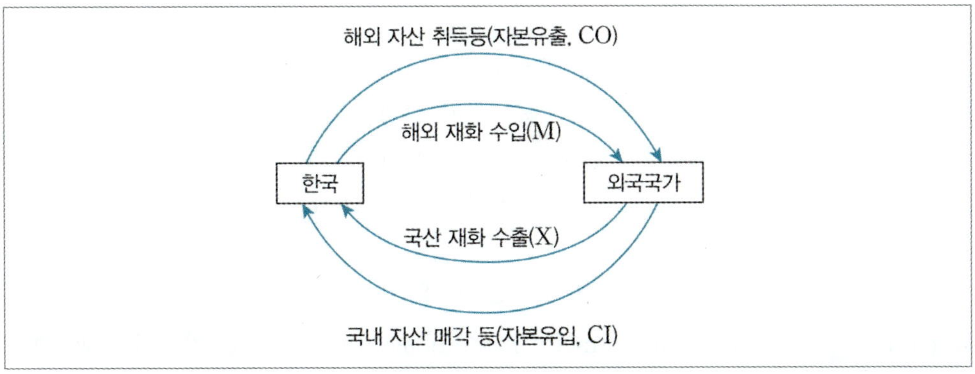

국산 재화나 국내 자산을 외국에 판매하는 경우 자금이 들어오고, 해외 재화나 자산을 매입하는 경우 자금이 흘러 나간다.

1) 경상계정(CA, Current Account)

국산재화를 수출하면 수입(receipts)을 얻게 되므로 회계상 대변(credit)에 기록하고 외국산재화를 수입하는 경우 지출(payments)이 발생하므로 차변(debit)에 기록한다. 수출액(X, value of exports)이 수입액(M, value of imports)보다 많으면 경상수지는 흑자가 되고, 수출액이 수입액보다 적으면 경상수지는 적자가 된다. 경상수지는 순수출(무역수지) 외 일부 다른 항목을 포함하고 있지만 큰 차이가 없으므로 경상수지와 순수출을 서로 혼용하여 사용한다.

$$CA(NX,\ \text{순수출액}) = \text{수출액}(X) - \text{수입액}(M)$$
$$\text{만약 } X = M\text{: 경상수지 균형 } (CA = 0)$$
$$\text{만약 } X > M\text{: 경상수지 흑자 } (CA > 0)$$
$$\text{만약 } X < M\text{: 경상수지 적자 } (CA < 0)$$

2) 금융계정(FA, Financial Account)

자산을 매각하는 경우 수입을 얻게 되므로 회계상 대변에 기록하고 자산을 매입하는 경우 지출이 발생하므로 차변에 기록한다. 내국인이 해외 자산을 취득하는 경우 자본이 해외로 유출(CO, Capital Outflow) 되므로 지출계정에 기록되며, 국내 자산을 해외에 매각하는 경우 해외 자본이 국내로 유입(CI, Capital Inflow) 되므로 수입계정(receipts)에 기록된다.

$$FA(NCI,\ \text{순자본유입}) = \text{자본유입}(CI) - \text{자본유출}(CO)$$
$$\text{만약 } CI = CO\text{: 금융수지 균형 } (NCI = 0)$$
$$\text{만약 } CI > CO\text{: 금융수지 흑자 } (NCI > 0)$$
$$\text{만약 } CI < CO\text{: 금융수지 적자 } (NCI < 0 \text{ 즉 } NCO > 0)$$

순해외자본유입(NIO, Net Capital Inflow)은 순해외차입(net borrowings from foreigners or net foreign investment in the home country) 또는 자산의 순해외매각(net sale of domestic assets to foreign countries)을 의미한다. 반대로 순자본해외유출(NCO, Net Capital Outflow)은 순해외대여(투자, net lending to foreigners or net investment in foreign countries) 또는 자산의 순해외취득(net purchases of foreign assets)을 의미한다.

3) 종합수지(BOP, Balance of Payments)

모든 재화거래와 금융거래는 상호 연계되어 있고 복식 부기(double entry)로 기록되므로 경상계정(CA)과 금융계정(외화준비자산 증감을 포함, FA)의 합인 종합수지(Balance of Payments, BOP)는 항상 균형을 이룬다.

$$\begin{aligned} BOP &= CA + FA \\ &= (X - M) + (CI - CO) \\ NX + NCI &= 0 \\ NX = -NCI \quad &\text{또는} \quad NX = NCO \end{aligned}$$

경상계상이 흑자면 **자본의 순해외유출**이 이루어지고, 경상계정이 적자이면 자본의 순해외유입이 이루어진다.

경상수지 흑자는 재화의 생산(Y)이 사용($C+I+G$)보다 많다는 것을 의미한다. 저축과 투자의 관점에서 보면 **국내 저축이 국내 투자보다 많다**는 것을 의미한다. 따라서 저축의 여유분을 해외에 투자하게 된다. 자본의 순해외유출이 이루어진다.

$$NX = Y - (C + I + G) = (Y - C - G) - I = S - I = NCO > 0$$

반대로 경상수지 적자는 재화의 생산(Y)보다 더 많이 사용($C+I+G$) 한다는 것을 의미한다. 저축과 투자의 관점에서 보면 국내 저축이 국내 투자보다 적다는 것을 의미하며 국내 투자재원을 조달하는데 국내 저축으로는 부족하여 해외차입이 필요하게 되며 자본의 순해외유입이 이루어진다.

$$NX = Y - (C + I + G) = (Y - C - G) - I = S - I = NCO < 0, \text{ 즉 } NCI > 0$$

요약

1 국제수지는 재화의 수출입을 기록한 경상계정과 자산의 매각과 매입을 기록한 금융계정으로 나뉜다.

2 수출액이 수입액보다 많으면 경상수지가 흑자가 된다.

3 내국인의 해외자산 매입액이 외국인의 국내자산 매입액보다 크면 해외자산 순매입이 된다. 해외자산 순매입은 자본의 순해외유출을 의미하며 순해외투자가 된다.

4 경상계정과 금융계정을 합한 종합수지는 0이다. 경상계상이 흑자이면 자본의 순해외유출이 이루어지고, 경상계정이 적자이면 자본의 순해외유입이 이루어진다.

5 저축이 투자보다 크면 경상수지가 흑자가 되고 자본의 순해외유출이 이루어진다. 반대로 저축이 투자보다 적으면 경상수지가 적자가 되고 자본의 순해외유입이 이루어진다.

연습문제

1 다음 문장의 진위를 판단하고 그 이유를 설명하라.

(1) 다른 조건이 일정할 때 국내소득이 증가하면 순수출은 증가한다.

(2) 무역수지가 흑자이면 해외로부터 자본이 유입된다.

(3) 국내저축이 국내투자보다 많으면 무역수지가 적자가 되고, 해외로부터 자본이 유입된다.

2 종합수지는 이론적으로 왜 항상 균형을 이루는가? 그런데 현실에서 종합수지가 균형이 아닌 이유는 무엇인가?

3 순수출과 순자본유출은 무엇이며 어떻게 서로 연계되는지 설명하라.

4 무역수지적자와 재정적자가 동시에 발생하기도 하는데 그 이유는 무엇인가? 무역수지적자는 항상 안 좋은 것인가?

5 개방경제의 이점은 무엇인가? 개방경제의 효과는 경제규모와 발전정도에 따라 어떻게 달라지는가?

제17장 환율의 개념 및 결정원리

대부분 국가가 고유의 화폐를 사용한다. 따라서 국가 간 재화나 자산의 가격을 비교하기 위해서는 화폐간 교환비율을 알아야 한다. 환율은 개방경제에서 중요한 변수 중 하나다.

제17장에서는 환율이 무엇이고 어떻게 결정되는지 그리고 환율이 국제수지와 총수요 및 총생산에 어떻게 영향을 미치는지 등을 살펴본다.

1. 명목환율과 실질환율

환율은 각국의 통화 간 교환비율인 명목환율(ε)과 재화 간 교환비율인 실질환율(q)이 있다.

명목환율(ε)

먼저 명목환율부터 살펴보자. 명목 또는 실질이라고 특정하지 않고 단순히 환율이라고 하면 통상적으로 명목환율을 지칭한다. 명목환율은 각국의 **화폐 간 교환비율**로 다음과 같이 두 방식으로 정의할 수 있다.

- $\varepsilon = \dfrac{\text{국내화폐의 양}}{\text{외국화폐 1단위}} =$ 외국화폐의 가치를 국내화폐로 표시. $\varepsilon = 1{,}000₩/\$$
- $\varepsilon = \dfrac{\text{외국화폐의 양}}{\text{국내화폐 1단위}} =$ 국내화폐의 가치를 외국화폐로 표시. $\varepsilon = 0.0001\$/₩$

어느 방식이든 상관없으며 일관되게 사용하는 것이 중요하다. 우리나라에서 첫 번째 방식에 따라 환율을 정의하여 사용하고 있다. 외국화폐 1단위를 사기 위해 지불하는 국내화폐의 양 또는 외국화폐 1단위를 팔면 얻게 되는 국내화폐의 양이다. 즉 환율은 **외국화폐의 가격을 국내화폐로 표시**한 것이다.

따라서 환율이 올라가는 것은 외국화폐의 가치가 국내화폐에 대하여 상대적으로 상승하는 것이며, 국내화폐는 외국화폐에 대하여 상대적으로 가치가 하락하는 것을 의미한다.

화폐의 가치가 상대적으로 상승하는 것을 절상(appreciation)이라 하고, 하락하는 것을 절하(depreciation)라 한다. 참고로 고정환율제도하에서는 정부가 인위적으로 화폐가치를 조정하는 것이므로 화폐가치의 상승을 평가절상(revaluation), 하락하는 것을 평가절하(devaluation)라 한다.

- **명목환율(ε)의 증가 → 외국화폐 가치의 절상, 국내화폐 가치의 절하**

예를 들어 환율이 $\varepsilon = 1{,}000₩/\$$ 에서 $\varepsilon = 1{,}200₩/\$$ 로 상승했다면 달러의 가치가 원화에 대하여 상승하여 달러의 절상이고 원화의 가치는 달러에 대해 하락하여 원화의 절하이다.

실질환율(q)

실질환율은 국가 간 **재화(재화의 묶음, basket)의 교환비율**이다. 명목환율의 경우처럼 첫 번째 방식의 정의를 사용한다. 외국산재화 1단위와 교환되는 국산재화의 양으로 **외국산재화의 가격을 국산재화로 표시**한 것이다. 단순하게 말하면 국산재화 대비 외국산재화의 상대가격이다.

$$q = \frac{\text{국내재화의 양}}{\text{외국재화 1단위}} = \frac{\text{외국재화의 가격}}{\text{국내재화의 가격}} = \frac{\varepsilon P^*}{P}$$

예를 들어 보자. 명목환율은 1＄당 1,000₩이다. 즉 $\varepsilon = 1{,}000₩/＄$. 외국산재화의 외화가격(P^*)은 4＄이고 국산재화(P)의 가격은 2,000₩이다. 이 경우 실질환율은 어떻게 될까? 외국산재화의 외화가격을 국내화폐로 전환하면 εP^*로 4,000₩이다. 국내통화로 통일하여 비교했을 때 외국산재화가 국산재화보다 2배 비싸다. 따라서 외국산재화 1단위는 국산재화 2개와 교환되고, 실질환율은 2가 된다.

실질환율이 상승하는 것은 외국산재화가 국산재화에 대하여 상대적으로 비싸진 것 즉 외국화폐의 실질절상(real appreciation)을 의미하며, 반대로 국산재화가 저렴해진 것 즉 국내화폐의 실질절하(real depreciation)를 의미한다.

- **실질환율(q)의 상승 → 외국산재화의 상대가격 상승, 국산재화의 상대가격 하락**

단기에 명목환율과 실질환율의 관계는 다음과 같다. 주어진 물가에서 **명목환율의 상승은 실질환율의 상승**으로 이어진다. 외화가치가 원화에 비해 상승하면 외국산재화가 국산재화에 비해 더 비싸지게 된다.

- 단기: $\varepsilon\uparrow \;\rightarrow\; P, P^*$는 일정, $q = \frac{\varepsilon P^*}{P}\uparrow$
- 외국화폐의 가치가 상대적으로 상승하면 외국산재화가 상대적으로 더 비싸진다.

환율과 순수출(NX)

이제 환율이 경상수지 즉 순수출에 미치는 영향을 살펴보자. 순수출은 수출액에서 수입액을 차감한 것이다. 여기서 수출과 수입은 **동일한 단위(예: 국산재화)로 측정**해야 한다. 국산재화의 수출량을 X라 하고, 외국산 재화의 수입량을 X^*라 하자. 수입량은 외국산 재화의 양이므로 국산재화의 양으로 환산하자. 실질환율(q)은 외국산재화 1단위와 교환되는 국산재화의 양이다. 즉 외국산재화 1단위는 국산재화 q단위와 같다. 따라서 **외국산재화의 수입량** X^*는 **국산재화의 양으로 환산하면** qX^*가 된다. 이제 순수출은 다음과 같다.

$$순수출(NX) = 수출 - 수입 = X - qX^*$$

수출은 실질환율과 해외소득의 함수이다.

$$X = X(q,\ Y^*)$$
$$(+,\ +)$$

실질환율(q)이 상승하면 외국산재화가 상대적으로 비싸지고, 국산재화는 저렴하게 되어 수출량은 증가한다. 수출은 해외소득과 관련이 있다. 해외소득이 증가하는 경우 외국산재화와 국산재화 모두에 대한 소비가 증가할 것이므로 수출량은 증가한다.

수입은 실질환율과 국내 소득의 함수다.

$$X^* = X^*(q,\ Y)$$
$$(-,\ +)$$

실질환율(q)이 상승하면 외국산재화가 상대적으로 비싸지게 되어 수입량은 감소한다. 수입은 국내소득과 관련이 있다. 국내소득이 증가하는 경우 국산재화와 외국산재화 모두에 대한 소비가 증가할 것이므로 수입량은 증가한다.

이제 실질환율과 **순수출**의 관계를 살펴보자.

$$NX = X(q,\ Y^*) - qX^*(q,\ Y)$$

실질환율(q)이 상승하는 경우 순수출에 미치는 효과는 **양적효과**(volume effect)와 **가격효과**(value effect)로 구분된다.

첫째, **양적효과**이다. 실질환율 상승으로 외국산재화가 상대적으로 비싸지고 국산재화는 저렴하게 되어 국산재화의 수출량(X)은 증가하고 외국산재화의 수입량(X^*)은 감소한다.

둘째, **가격효과**이다. 실질환율 상승으로 이제 같은 외국산재화를 사는 데 더 높은 가격을 지불해야 한다.

실질환율(q)이 상승하는 경우 양적효과와 가격효과가 **서로 다른 방향으로 작용**한다. 양적효과는 순수출을 늘리는 방향으로 작용하지만, 가격효과는 순수출을 감소시키는 방향으로 작용한다. 두 힘의 상대적 크기에 따라 순효과가 결정된다.

그림 17-1 실질환율 상승과 J곡선

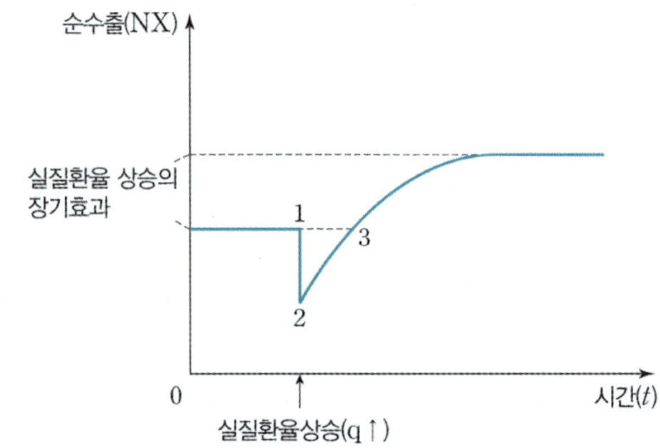

실질환율 상승 직후에는 수출량과 수입량은 거의 변하지 않고 외국산재화 가격만 상승하게 되어 순수출은 감소한다. 시간이 지나면서 수출량이 늘어나고 수입량이 줄어 양적효과가 가격효과를 압도하게 되고 이에 따라 순수출은 증가하게 된다.

실질환율이 상승할 때 수출량과 수입량이 이에 반응하여 조정되는 데는 시간이 걸린다. **실질환율 상승 직후**에는 수출량과 수입량은 거의 변하지 않고 외국산재화 가격만 상승하게 되어 **순수출은 감소**한다. 즉 **가격효과가 양적효과를 압도**한다.

실질환율(q)의 상승으로 외국산 재화가 상대적으로 비싸지고 국산재화가 가격경쟁력이 있게 되어 **시간이 지나면서** 수출량이 늘어나고 수입량이 줄어 **양적효과가 가격효과를 압도**하게 되고, **순수출은 증가**하게 된다. 이러한 움직임이 그림 17-1에서 보는 것과 같이 J자 모양과 비슷하여 **J곡선**(J curve)이라 불린다.

마샬-러너 조건(Marshall-Learner Condition)

마샬-러너 조건은 실질환율 상승이 순수출 증가로 이어지기 위한 조건이다. 이 조건이 성립하려면 실질환율 즉 외국산재화의 상대가격이 증가하는 경우 **수출량과 수입량이 탄력적으로 반응**하여 수출량은 충분히 늘고 수입량은 충분히 감소해서 순수출이 증가해야 한다. 이는 **실질환율에 대한 수출탄력성(η_X)과 수입탄력성(η_{X^*})의 합이 1보다 커야** 함을 의미한다. 수입탄력성(η_{X^*})의 값은 음수이므로 절댓값을 취해 표현할 수도 있다.

$$\eta_X - n_{X^*} > 1 \text{ 또는 } \eta_X + /\eta_{X^*}/ > 1$$

$$\text{단, } \eta_X = \frac{q}{X}\frac{\Delta X}{\Delta q}, \ \eta_{X^*} = \frac{q}{X^*}\frac{\Delta X^*}{\Delta q}$$

위 마샬-러너조건을 도출하여 보자. 초기에 무역수지는 균형으로 수출과 수입은 같다고 가정하자. 즉 $NX = X - qX^* = 0$. 수학적으로 실질환율 증가 시 순수출이 증가한다는 것은 순수출을 실질환율로 미분한 후 초깃값($NX = X - qX^* = 0$)에서 평가하였을 때 그 값이 양이 되는 것을 의미한다.

$$\frac{\Delta NX}{\Delta q}(X = qX^*) > 0$$

이를 수식으로 도출하면 다음과 같다.

$$\frac{\Delta NX}{\Delta q}(X = qX^*) = \frac{\Delta(X - qX^*)}{\Delta q} = \frac{\Delta X}{\Delta q} - \left(X^* + \frac{q\Delta X^*}{\Delta q}\right)$$

$$= \frac{X}{q}\left[\frac{q}{X}\frac{\Delta X}{\Delta q} - \left(\frac{q}{X}X^* + \frac{q}{X}\frac{q\Delta X^*}{\Delta q}\right)\right]$$

$$\text{(미분값을 초기값 } X = qX^* \text{에서 평가)}$$

$$= \frac{X}{q}\left[\frac{q}{X}\frac{\Delta X}{\Delta q} - \left(\frac{q}{qX^*}X^* + \frac{q}{qX^*}\frac{q\Delta X^*}{\Delta q}\right)\right]$$

$$= \frac{X}{q}\left[\frac{q}{X}\frac{\Delta X}{\Delta q} - \left(1 + \frac{q}{X^*}\frac{\Delta X^*}{\Delta q}\right)\right]$$

$$= \frac{X}{q}(\eta_X - \eta_{X^*} - 1) > 0$$

$$\eta_X - \eta_{X^*} > 1 \text{ 또는 } \eta_X + /\eta_X^* \mid \ > 1$$

단기에는 국내외 물가가 일정하다고 가정할 수 있다. 따라서 명목환율의 상승은 실질환율의 상승으로 이어진다. 명목환율 상승으로 실질환율이 상승할 때 **마샬-러너조건이 성립하면 순수출은 개선**된다.

$$\varepsilon \uparrow \ \rightarrow q(=\frac{\varepsilon P^*}{P})\uparrow \ \rightarrow \text{(마샬-러너조건 성립)} \rightarrow \text{순수출}(NX)\uparrow$$

2. 환율의 결정

단기: 이자율평형설(IPR, Interest Parity Relation)

단기에 환율은 외환시장에서 외국화폐와 국내화폐의 상대적인 수요와 공급으로 결정된다. 외환시장에서 화폐 간 상대적 수요와 공급의 변화는 재화의 무역에서 수반되기도 하지만 대부분이 국내외 금융자산을 매매하여 이익을 얻으려는 차익거래(arbitrage transactions)과정에서 발생한다. 따라서 국내 금융자산과 해외 금융자산의 차익거래 과정에 초점을 둔 **자산접근방식**(asset approach)을 취하여 환율결정을 설명한다.

투자자들은 개방경제에서 국내 금융자산과 해외 금융자산간 수익률을 비교하여 높은 수익률이 기대되는 금융자산을 선택하여 보유한다(국내외 금융자산간 위험도와 유동성은 동일하다고 가정한다). 국내외 금융자산 간 기대수익률이 일치할 때 외환시장은 균형에 도달하게 된다. 이자율평형설은 국내외 금융자산의 기대수익률이 같은 점에서 환율이 결정된다는 이론이다. **이자율평형식**(IPR, interest parity relation)은 다음과 같다.

- 국내 금융자산(채권, 예금 등)의 기대수익률 = 해외 금융자산(채권, 예금 등)의 기대수익률
  단, 두 기대수익률은 모두 국내화폐로 측정한다.

이제 국내화폐 1단위를 가지고 국내 금융자산과 해외 금융자산에 투자했을 때의 기대수익을 계산하여 비교해 보자. 일정 기간(예:1년) 국내 금융자산의 수익률(국내이자율로 측정)은 i이고 해외 금융자산의 수익률(해외이자율로 측정)은 i^*이다.

그림 17-2 국내 금융자산과 해외 금융자산의 기대수익률 및 환율

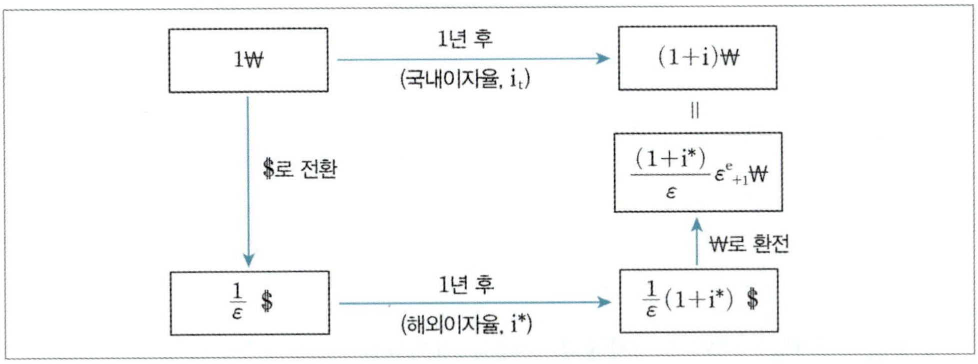

국내화폐 1단위를 국내 금융자산에 투자하면 1년 후에는 $(1+i)$₩가 된다. 국내화폐 1단위를 외화로 환전하면 $\frac{1}{\varepsilon}$\$가 된다. 이 돈을 해외 금융자산에 투자하면 1년 후에는 $\frac{1}{\varepsilon}(1+i^*)$\$가 된다. 이 외화금액을 국내화폐로 환전하면 $\frac{\varepsilon^e_{+1}}{\varepsilon}(1+i^*)$₩다. 이자율평형설에 따라 $1+i=(1+i^*)\frac{\varepsilon^e_{+1}}{\varepsilon}$의 관계가 성립한다.

먼저, 그림 17-2에서 보는 것처럼 국내 금융자산에 투자하면 국내화폐 1단위는 일정 기간(예: 1년) 후에 원금과 이자율을 합한 $(1+i)$₩이 된다.

$$\textbf{국내 금융자산 기대수익률}(ER) = (1+i)₩$$

이제 해외 금융자산에 투자하는 경우를 살펴보자. 먼저 국내화폐 1단위를 해외화폐로 환전하면 $\frac{1}{\varepsilon}$\$가 된다. 이 해외화폐금액을 해외 금융자산에 투자하여 보유하면 일정 기간(예: 1년) 후 원금과 이자를 합하여 $\frac{1}{\varepsilon}(1+i^*)$\$이 된다. 이 외화금액을 국내화폐로 환전해야 한다. 그러나 미래의 환율은 알 수 없으므로 기대환율(ε^e_{+1})을 이용하여 국내화폐로 환전하면 $\frac{\varepsilon^e_{+1}}{\varepsilon}(1+i^*)$₩이다.

$$\textbf{해외 금융자산의 기대수익률}(ER^*, \textbf{국내화폐기준}) = \frac{\varepsilon^e_{+1}}{\varepsilon}(1+i^*)₩$$

이자율평형설에 따라 균형에서 두 금융자산간 기대수익률은 같다.

$$ER = ER^*$$

$$1 + i = (1 + i^*)\frac{\varepsilon^e_{+1}}{\varepsilon}$$

위 식을 환율에 대해서 풀면 다음과 같다.

$$\varepsilon = \frac{1 + i^*}{1 + i}\varepsilon^e_{+1}$$

즉 **환율**은 **국내와 해외의 이자율과 미래의 기대환율**에 의해 결정된다.

$$\varepsilon = \varepsilon(i, i^*, \varepsilon^e_{+1}, z_a)$$
$$(-, +, +, +)$$

여기서 z_a는 $i, i^*, \varepsilon^e_{+1}$ 외 환율에 영향을 미치는 기타 요인을 포괄하는 변수이다.

첫째, **국내이자율이 상승**하는 경우 국내 금융자산의 기대수익률이 올라가고 외국 자본의 유입으로 외환시장에서 외화공급이 늘어나 외국화폐 가치가 하락하고 **국내화폐 가치가 상승**한다. 따라서 **환율이 하락**한다.

둘째, **해외이자율이 상승**하는 경우 해외 금융자산의 수익률이 올라가고 자본이 유출되어 외환시장에서 외화수요가 늘어나 **외국화폐가 강세**가 되고 국내화폐가 약세가 되어 **환율이 상승**한다.

셋째, 미래 **기대환율이 상승**하는 경우 해외 금융자산의 수익률이 올라가고 외국화폐에 대한 수요가 늘어나 외국화폐가 강세가 되어 **환율이 상승**한다. 미래 환율에 대한 기대가 현재 환율에 반영되어 **자기실현**(self-fulfilling) 되는 현상이다.

- $i\uparrow$ → 국내 금융자산의 기대수익률 증가 → 국내화폐의 절상 → $\varepsilon\downarrow$
- $i^*\uparrow$ → 해외 금융자산의 기대수익률 증가 → 외국화폐의 절상 → $\varepsilon\uparrow$
- $\varepsilon^e_{+1}\uparrow$ → 해외 금융자산의 기대수익률 증가 → 외국화폐의 절상 → $\varepsilon\uparrow$

국내외 통화정책의 변화는 **단기에는 이자율을 통해 환율에 영향**을 미치게 된다. 즉 국내 통화량이 증가하는 경우 국내이자율이 하락하여 국내화폐 가치는 상대적으로 하락하고 환율이 상승한다. 반대로 해외 통화량이 증가하는 경우 해외 이자율이 하락하여 외국화폐 가치는 상대적으로 하락하고 환율이 하락한다.

- $M\uparrow$ $i\downarrow$ 국내화폐의 절하 $\varepsilon\uparrow$
- $M^*\uparrow$ $i^*\downarrow$ 외국화폐의 절하 $\varepsilon\downarrow$

장기: 구매력평가설(PPP, Purchasing Power Parity Theory)

통화량의 변화는 단기에 이자율을 통해 환율에 영향을 주는 것을 살펴보았다. **장기**에 통화량의 변화는 **물가를 통해 환율에 영향**을 준다.

- **단기**(IPR): 통화량 증가는 **이자율**을 통해 명목환율에 영향을 미친다.
- **장기**(PPP): 통화량 증가는 **물가**를 통해 명목환율에 영향을 미친다.

장기에는 **물가**가 신축적이다. 제2부 장기의 경제 제4장의 화폐수량설에서 살펴보았듯이 통화량의 증가는 장기에 물가상승으로 이어진다.

- $MV=PY$. 주어진 총생산(Y)과 통화의 유통속도(V)하에서 통화량(M)이 증가하면 물가(P)가 비례해서 증가한다.

국내 통화량이 증가하면 국내에서 물가가 상승하여 국내화폐의 구매력이 떨어진다. 일물일가의 원칙이 성립하는 경우 해외에서도 국내화폐의 구매력이 떨어져야 하고 이는 환율이 상승해야 함을 의미한다. 이 장기의 환율이론이 구매력평가이론이다. 이를 구체적으로 살펴보자.

국가 간 무역장벽이 없고 수송비가 없다면 1개 재화의 국내외 가격을 동일 화폐(국내화폐)로 측정했을 때 같아야 한다. 이를 **일물일가의 법칙**(law of one price)이라 한다. 일물일가의 원칙을 여러 재화의 묶음(basket)에 적용한 것이 **구매력평가이론**이다.

구매력평가이론이 성립하는 경우 화폐의 구매력(purchasing power)은 국내와 해외에서 동일해야 한다. 국내화폐 1단위의 국내시장에서 구매력은 $1/P$이다. 국내화폐 1단위를 외화로 환전하면 $1/\varepsilon$가 되고 이 외화금액의 해외시장에서 구매력은 $1/\varepsilon P^*$가 된다. 국내화폐 1단위의 구매력은 양 시장에서 동일해야 하므로 환율은 다음과 같다.

$$\frac{1}{P}=\frac{1}{\varepsilon P^*}$$

$$\rightarrow \varepsilon=\frac{P}{P^*}$$

즉 환율은 국내와 해외의 물가수준에 의해 결정된다. 첫째 **국내물가수준이 상승**하는 경우 **국내**화폐**가 약세**가 되어 **환율이 상승**한다. 국내화폐의 구매력이 국내물가 상승으로 국내에서 하락하였으면 환율 상승으로 해외에서도 구매력이 감소해야 한다. 둘째, **해외물가수준이 상승**하는 경우 **외국화폐가 약세**가 되어 **환율이 하락**한다. 외국화폐의 구매력이 해외물가 상승으로 해외에서 하락하였으므로 환율하락으로 국내에서도 구매력이 감소해야 한다.

- $P\uparrow$ → 국내화폐의 구매력 감소 → 국내화폐가치의 상대적 하락, $\varepsilon\uparrow$
- $P^*\uparrow$ → 외국화폐의 구매력 감소 → 외국화폐가치의 상대적 하락, $\varepsilon\downarrow$

위 구매력평가식을 변화율로 표시하면 **상대적 구매력평가설**이 되며 다음과 같다.

$$\frac{\Delta\varepsilon}{\varepsilon}=\frac{\Delta P}{P}-\frac{\Delta P^*}{P^*}=\pi-\pi^*$$

환율의 변화율은 인플레이션율 차이에 의해 결정된다. 장기에 인플레이션율은 통화량 증가율에 의해 결정된다.

- $\frac{\Delta M}{M}=\frac{\Delta P}{P}+\frac{\Delta Y}{Y}$, 주어진 생산량 증가율($\frac{\Delta Y}{Y}$)하에서, 통화량 증가율($\frac{\Delta M}{M}$)이 상승하면 인플레이션율($\pi=\frac{\Delta P}{P}$)은 비례하여 상승한다.

국내외 통화량증가율의 차이로 국내 인플레이션율이 해외 인플레이션율보다 1%P 높은(국내 인플레이션율 5%, 해외 인플레이션율 4%) 경우 국내화폐의 가치는 외국화폐 대비 1% 절하(외국화폐의 가치는 국내화폐 대비 1% 절상)된다.

이 구매력평가설은 장기의 명목환율을 설명하는 데 **완전하지는 못하다.** 현실에서 무역장벽과 수송비의 존재, 국내외 소비하는 재화의 묶음(basket)의 차이 등으로 구매력평가설의 기초가 되는 **일물일가의 법칙이 성립하지 않기 때문**이다. 그리고 장기의 명목환율은 **통화적 요인뿐만** 아니라 **실질변수에도 영향**을 받는다. 구매력평가설은 장기의 명목환율을 통화적 요인으로만 설명하는 한계가 있다.

이에 따라 통화적 요인과 실물적 요인을 모두 고려한 **일반이론**(general approach)이 등장하게 된다.

장기: 일반이론(A General Approach)

우리는 제4장에서 장기에 명목이자율이 피셔효과에 의해 실질이자율과 인플레이션율의 합으로 결정되는 것을 살펴보았다.

$$i = r + \pi$$

즉 명목이자율은 실물부문에서 결정된 실질이자율에 통화적 요인에 의해 결정되는 인플레이션율이 가미되어 결정되었다.

장기 **명목환율**의 결정도 비슷한 논리가 적용된다. 실물부문에서 국내외 재화의 상대적 수요와 공급에 의해 **실질환율(q)이** 결정되고 여기에 통화적 요인에 의해 결정되는 **국내외 물가비율($\frac{P}{P^*}$)**이 가미되어 명목환율이 결정된다.

$$\varepsilon = q\frac{P}{P^*}$$

실물부문에 변화가 없어 실질환율(q)이 일정(일정한 숫자이므로 q=1로 단순화)하면, 통화적 요인에 의해 결정되는 국내외 물가비율이 명목환율을 좌우하여 구매력평가설이 성립한다.

그러나 실물부문에 변화가 있으면, 구매력평가설만으로 명목환율의 움직임을 모두 다 설명할 수 없게 된다. 실질환율의 변화를 반영해야 한다.

그림 17-3 실질환율의 결정

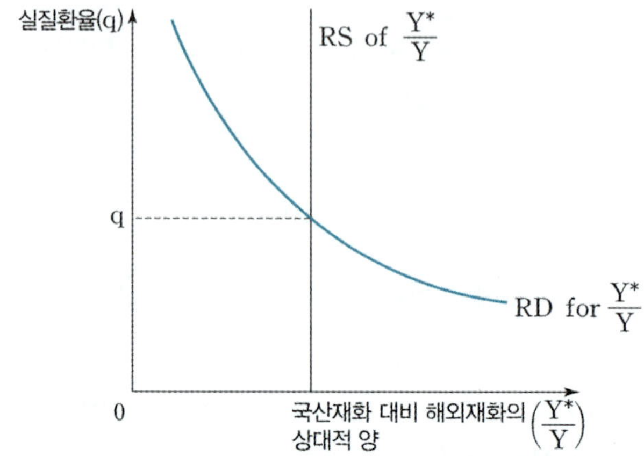

실질환율은 국산재화 대비 외국산재화의 상대가격이다. 실질환율은 국산재화(Y) 대비 해외재화(Y^*)의 상대적 수요(RD, relative demand)와 상대적 공급(RS, relative supply)에 의해 결정된다.

그림 17-3은 실질환율이 어떻게 결정되는지를 보여준다. 실질환율은 국산재화(Y) 대비 외국산재화(Y^*)의 상대적 공급($RS\, of\, \frac{Y^*}{Y}$)과 수요(RD for $\frac{Y^*}{Y}$)로 결정된다.

1) 통화량 변화와 명목환율

장기에는 실질변수는 명목변수로부터 분리된다. 통화량의 변화 등은 실질환율에 영향을 주지 못한다. 명목환율에만 영향을 준다. 따라서 주어진 실질환율(q)에서 **구매력 평가설이 유효**하게 된다. 통화량의 변화는 국내외물가비율($\frac{P}{P^*}$)을 통해 명목환율에 영향을 미친다. 국내 통화량이 증가하면, 국내물가가 상승하여 주어진 실질환율(q)에서 명목환율이 상승하게 된다.

- 국내화폐 공급 증가 → P상승, P/P^*, 상승 → 주어진 q, 명목환율($\epsilon = q\frac{p}{p^x}$) 상승
- 외국화폐 공급 증가 → P^*상승, P/P^*, 하락 → 주어진 q, 명목환율($\epsilon = q\frac{p}{p^*}$) 하락

2) 상대적수요 변화와 명목환율

그림 17-4 국산재화 대비 외국산재화의 상대적 수요 감소와 실질환율

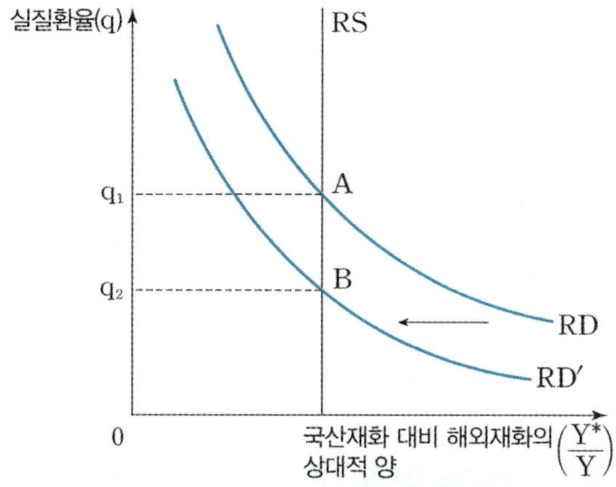

국산재화 대비 외국산재화의 상대적 수요 감소로 실질환율이 하락한다.

그림 17-4에서 보는 것처럼 **외국산재화에 대한 상대적 수요가 감소(예: 한류의 영향으로** 국산재화의 상대적 수요의 증가)하면, **실질환율(q)이 하락**한다. 이에 따라 주어진 국내외물가비율($\frac{P}{P^*}$)에서 실질환율(q)이 하락하여 **명목환율($\varepsilon = q\frac{P}{P^*}$)이 하락**하게 된다.

반대로 해외 재화에 대한 상대적 수요가 증가하면, 실질환율이 상승하여 주어진 국내외물가비율($\frac{P}{P^*}$)에서 명목환율이 상승하게 된다. 즉 실물부문의 수요변화는 실질환율의 변화를 통해 명목환율에 영향을 미치게 된다.

- 외국산재화 상대적 수요↓ →실질환율(q)↓ →주어진 $\frac{P}{P^*}$, 명목환율($\varepsilon = q\frac{P}{P^*}$)↓
- 외국산재화 상대적 수요↑ →실질환율(q)↑ →주어진 $\frac{P}{P^*}$, 명목환율($\varepsilon = q\frac{P}{P^*}$)↑

3) 상대적 공급변화와 명목환율

재화의 상대적 공급변화는 실질환율(q)과 국내외물가비율($\frac{P}{P^*}$)에 모두 영향을 미치게 되어 조금 복잡하다. 예를 들어 국산재화의 공급(생산)이 증가하여 외국산재화의 상대적 공급이 감소하였다고 하자.

그림 17-5 국산재화의 상대적 공급 증가와 실질환율

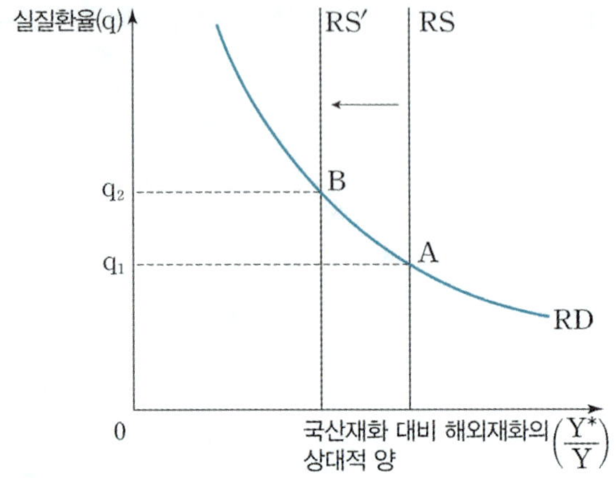

국산재화 공급 증가로 외국산재화의 상대적 공급이 하락하여 실질환율이 상승한다.

그림 17-5에서 보는 것처럼 **국산재화 공급 증가로 국산재화 대비 외국산재화의 상대적 공급**이 감소하여 **실질환율(q)이 상승**한다. 이는 주어진 국내외물가비율($\frac{P}{P^*}$)에서 명목환율을 상승시키는 요인으로 작용한다.

- $Y\uparrow \rightarrow RS\,of\,\frac{Y^*}{Y}\downarrow \rightarrow q\uparrow \rightarrow$ 주어진 $\frac{P}{P*}$, $\varepsilon = q\frac{P}{P^*}\uparrow$

한편, 국산 재화의 공급(총생산, 총소득) 증가는 국내화폐수요 증가로 이어져 국내물가가 하락하여 **국내외물가비율($\frac{P}{P^*}$)이 하락**한다.

$$P = \frac{M}{L(i,\,Y)},\quad P^* = \frac{M^*}{L(i,\,Y)^*}$$

이는 주어진 실질환율에서 명목환율을 하락시키는 요인으로 작용한다.

- $Y\uparrow \rightarrow L(i,Y)\uparrow \rightarrow P\downarrow,\ \frac{P}{P^*}\downarrow \rightarrow$ 주어진 q, $\varepsilon = q\frac{P}{P^*}\downarrow$

종합하면 국산재화의 공급(생산) 증가로 실질환율(q)은 상승하고, 국내외물가비율($\frac{P}{P^*}$)은 하락하여 **서로 반대방향으로 명목환율에 영향**을 미치게 되어 **순효과가 불분명**하게 된다. 두 효과의 상대적 크기에 의해 환율 움직임의 방향이 결정된다.

- $Y\uparrow \rightarrow RS\, of\, \frac{Y^*}{Y}\downarrow \rightarrow q\uparrow$

$$\searrow$$

$$\varepsilon = q\frac{P}{P^*}\,(?)$$

$$\nearrow$$

- $Y\uparrow \rightarrow L(i, Y)\uparrow \rightarrow P\downarrow,\ \frac{P}{P^*}\downarrow$

3. 명목환율과 실질환율의 관계

지금까지 단기와 장기의 환율결정에 대해 살펴보았다. 단기와 장기의 명목환율과 실질환율의 관계는 명목이자율과 실질이자율의 경우와 유사하다. **단기**에는 명목변수가 먼저 결정되면 실질변수가 따라가는 형국이며, **장기**에는 실질변수가 실질적 요인에 의해 결정되고 여기에 통화적 요인 등이 가미되어 명목변수가 결정되는 형국이다.

단기에는 이자율평형설에 의해 명목환율이 결정되면, 주어진 물가에서 자동적으로 실질환율이 산출된다.

- **단기:** ε(이자율평형설에 의해 결정) → 주어진 P, P^*하에서, $q = \frac{\varepsilon P^*}{P}$

장기에는 실질환율이 실물부문에서 결정되면 여기에 통화적 요인 등에 따른 국가 간 상대적물가수준이 반영되어 명목환율이 결정된다.

- **장기:** q(국내외 재화의 상대적 수급에 의해 결정), $\frac{P}{P^*}$(통화적 요인에 의해 결정, PPP)→ $\varepsilon = q\frac{P}{P^*}$

4. 환율제도

변동환율제도는 환율이 외환시장에서 외국화폐와 국내화폐의 상대적인 수요와 공급 즉 시장의 힘으로 자유롭게 결정되는 제도이다. 반면에 **고정환율제도**는 정부가 환율의 일정한 수준을 발표하고 이를 유지하는 환율제도이다.

고정환율제도는 환율 변화에 따른 불확실성 비용을 감소시켜 국가간 재화나 자본의 이동을 촉진하고 국내통화의 과다 발행을 예방할 수 있어 높은 인플레이션을 피할 수 있는 장점이 있다.

그러나 환율안정 외에 국내 경제 목표를 위해 통화정책을 사용할 수 없게 되어 통화정책의 자율성을 상실하게 된다. 특히, 외환시장의 사정과 동떨어진 환율 수준을 무리하게 유지하려고 하는 과정에서 외환보유고의 고갈 및 무역수지 불균형 등이 심화되는 부작용이 발생하기도 한다.

대부분 국가가 기본적으로 변동환율제도를 기본으로 하면서도 정부가 어느 정도 외환시장에 개입하여 환율의 안정을 도모하는 **관리형 변동환율제도**를 채택하고 있다.

요약

1 명목환율은 화폐간 교환비율이다. 우리의 경우 외국화폐의 가격을 국내화폐로 표시한 것이다. 명목환율이 상승하는 것은 외국화폐의 가치가 국내화폐에 대해서 상승한 것이다. 국내화폐의 가치는 외국화폐에 대해서 하락한 것이다.

2 실질환율은 재화간 교환비율이다. 우리의 경우 외국산재화의 가격을 국산재화로 표시한 것이다. 실질환율이 상승하는 것은 외국산재화의 가격이 국산재화에 대해서 상승한 것이다. 국산재화의 가격은 외국산재화에 대해서 하락한 것이다. 실질환율이 증가하면 외국산재화의 국내가격이 올라가서 수입량은 감소하고, 국내재화의 해외가격은 하락하여 수출량이 증가한다. 마샬-러너 조건이 성립하면 실질환율의 증가는 순수출의 증가로 이어진다.

3 단기에 명목환율은 이자율평형이론에 의해 결정된다. 국내이자율이 상승하면 국내화폐가치가 상승하여 환율이 하락한다. 해외이자율이 상승하면 외국화폐 가치가 상승하여 환율이 상승한다. 미래 기대환율이 상승하면 현재 환율에 반영되어 현재 환율이 상승한다.

4 물가가 고정된 단기에 명목환율이 상승하면 실질환율이 상승한다. $\varepsilon \uparrow \ \rightarrow \ q = \frac{\varepsilon P^*}{P} \uparrow$

5 장기에 명목환율의 결정은 구매력평가설에 의해 설명하나 완전하지 못하다. 구매력평가설은 통화적 요인만을 고려하기 때문이다. 이 점을 보완한 일반이론은 실물적 요인(q)과 통화적 요인($\frac{P^*}{P}$)을 모두 고려하여 설명한다.

6 장기에는 실질환율(q)은 국산재화 대비 외국산재화의 상대적 수요와 공급으로 결정된다. 명목환율은 이 실질환율에 통화적 요인 즉 국가간 상대적 물가수준이 반영되어 결정된다.
$q \ \rightarrow \ \varepsilon = q\frac{P}{P^*}$

요약

7 통화량의 변화는 단기에는 이자율을 통해서 명목환율에 영향을 미치고, 장기에는 물가를 통해 명목환율에 영향을 미친다. 국내 통화량이 증가하면 단기에는 이자율이 하락하여 환율이 상승한다. 장기에는 물가가 상승하여 환율이 상승한다.

8 변동환율제도는 환율이 외환시장에서 외국화폐와 국내화폐의 상대적인 수요와 공급으로 자유롭게 결정되는 제도이다. 반면에 고정환율제도는 정부가 환율의 일정한 수준을 발표하고 이를 유지하는 환율제도이다.

연습문제

1 다음 문장의 진위를 판단하고 그 이유를 설명하라.

(1) 우리나라의 환율 정의에 따르는 경우 환율이 상승하면 우리 화폐의 가치가 외국화폐의 가치에 비해 상승한다.

(2) 변동환율제도하에서 국내화폐의 가치가 외국화폐에 비해 상승했을 때 국내화폐가 평가 절상되었다고 한다.

(3) 단기의 환율 결정 이론으로 이자율평형이론과 구매력평가이론이 있다.

(4) 통화량의 증가는 이자율을 통해서 단기와 장기의 환율에 영향을 미친다.

(5) 한류 영향으로 국내 제품에 대한 해외수요가 증가하면 장기에 구매력평가이론에 따라 국내화폐 가치가 상승한다.

(6) 실질환율이 상승하면 바로 무역수지가 개선된다.

2 마샬-러너조건을 도출하라. 마샬-러너조건이 의미하는 것은 무엇인가?

3 명목환율과 실질환율의 관계를 단기와 장기로 구분하여 설명하라.

4 국내 통화량이 증가하였다. 단기와 장기의 명목환율과 실질환율에 미치는 영향을 분석하라.

5 국내 통화량증가율이 상승하였다. 단기와 장기의 명목환율과 실질환율에 미치는 영향을 분석하라.

6 장기의 경제를 가정하자. 국내총생산이 증가하였다고 가정하자. 명목환율과 실질환율에 어떻게 영향을 미치는지를 분석하라.

제18장 개방경제의 $IS-LM$모형

이 장에서는 폐쇄경제형 $IS-LM$모형에 해외부문을 추가하여 **개방형 $IS-LM$모형**(An open economy version of the IS-LM model)으로 확장한다. 총수요의 구성 항목에 **순수출이 추가**되고, 재화시장과 금융시장 외에 **외환시장이 추가**된다. 거시정책이 경제에 미치는 경로로 이자율경로 외에 **환율경로**가 추가된다.

개방경제에서 재정정책과 통화정책의 효과가 폐쇄경제에 비해 어떻게 달라지고 또 환율제도와 경제규모에 따라 어떻게 달라지는지를 분석한다.

기본적으로 일정규모 이상인 일반적인 경제(not a small country)를 가정하여 분석한 후 소규모경제를 가정한 특수한 사례의 먼델-플레밍(Mundell-Flemming) 모형과 비교 분석한다.

1. 재화시장의 균형 및 IS곡선
2. 금융시장(화폐시장과 외환시장)의 균형 및 $LM-IPR$곡선
3. 재화시장과 금융시장의 동시균형 및 개방형 $IS-LM$모형
4. 개방형 $IS-LM$모형과 정책효과 분석
   변동환율제도하의 정책효과(소규모경제 아닌 일반적인 경우)
   변동환율제도하의 정책효과(소규모경제): 먼델-플레밍모형
   고정환율제도하의 정책효과

1. 재화시장의 균형 및 IS곡선

개방경제에서 기업은 제품을 국내시장뿐만 아니라 해외시장에서도 팔 수 있다. 소비자는 국산재화뿐만 아니라 외국산재화도 구매할 수 있다.

국산재화에 대한 총수요는 국내 총수요에서 내국인의 외국산재화에 대한 수요(수입)를 차감하고 외국인의 국산재화에 대한 수요(수출)를 합한 것과 같다.

국산재화와 외국산재화는 서로 다르다. **동일한 재화로 단위를 통일**하는 것이 필요하다. 실질환율을 외국산재화와 국산재화의 교환비율을 보여준다. 외국산재화의 1단위는 국산재화 q단위에 해당한다. 따라서 **외국산재화의 수입량(X^*)**을 **국산재화의 양으로 환산하면** qX^*가 된다.

이상에서 국산재화에 대한 **총수요**는 다음과 같이 표현된다.

$$\begin{aligned} AD &= C+I+G+(X-qX^*) \\ &= C+I+G+NX \\ &\text{단, } NX = X-qX^* \end{aligned}$$

총수요의 각 항목이 어떻게 결정되는지 살펴보자. 소비는 가처분소득의 함수이고, 투자는 실질이자율의 함수이며, 정부지출은 외생적으로 결정되고, 순수출은 실질환율과 국내외 소득의 함수이다.

$$AD = \underset{(+)}{C(Y-T)} + \underset{(-)}{I(r)} + G + \underset{(+,\ -,\ +)}{NX(q,\ Y,\ Y^*)}$$

재화시장의 균형조건은 총수요와 총생산이 일치하는 것이며 다음과 같다.

$$Y = C(Y-T) + I(r) + G + NX(q,\ Y,\ Y^*)$$

균형 총생산은 실질이자율, 재정정책변수, 실질환율, 해외소득 등에 의해 결정된다.

$$Y = \underset{(-,\ +,\ -,\ +,\ +,\ +)}{Y(r,\ G,\ T,\ q,\ Y^*,\ z_g)}$$

여기서 z_g는 $r,\ G,\ T,\ q,\ Y^*$ 외에 총수요에 영향을 미치는 기타 요인을 모두 포괄하는 변수다.

개방경제에서는 폐쇄경제와 달리 **총생산**이 **환율 및 해외소득 등 해외 요인에 영향**을 받게 된다는 것을 알 수 있다.

2. 금융시장(화폐시장 및 외환시장)의 균형 및 $LM-IPR$곡선

투자자는 자산의 포트폴리오(portfolio) 구성 시 기대수익률, 위험, 유동성 등을 비교하여 결정한다. 폐쇄경제에서는 국내 금융시장에서 화폐와 채권간 선택을 중심으로 살펴봤다.

개방경제에서 투자자는 국내 금융자산(채권, 예금 등)과 해외 금융자산(채권, 예금 등) 중에서 더 매력적인 자산을 선택하여 보유할 수 있게 된다. 해외 금융자산(채권, 예금)이 추가된 만큼 금융시장의 분석 시 국내 화폐시장 외에 **외환시장**을 추가하여 함께 살펴보는 것이 필요하다.

1) 화폐시장

먼저 국내 화폐시장을 살펴보자. 개방경제에서도 국내화폐에 대한 수요는 국내 거주자의 화폐수요가 대부분을 차지한다. 따라서 국내 화폐시장의 균형조건은 폐쇄경제의 경우와 차이가 없다.

$$M/P = L(i,\ Y) \rightarrow i = i\left(Y, \frac{M}{P}, z_m\right)$$

$$(+,\ -,\ +)$$

2) 외환시장

투자자가 국내 금융자산과 해외 금융자산 중 어느 자산을 보유할 것인가를 선택하게 된다. 국내외 자산간 유동성 및 위험이 동일하다고 가정하면 기대수익률이 높은 금융자산을 선택한다. 그리고 균형에 이르면 국내 금융자산과 해외 금융자산의 기대수익률이 동일하게 된다.

제17장의 환율결정이론에서 이미 살펴보았듯이 외한시장이 균형을 이루는 **이자율평형식**(IPR, Interest Parity Relation)은 다음과 같다.

$$IPR: 1 + i = (1 + i^*)\frac{\varepsilon^e_{+1}}{\varepsilon}$$

위 식을 환율에 대해 풀면 다음과 같다.

$$\varepsilon = \frac{1+i^*}{1+i} e^e_{+1}$$

즉 **환율**은 **국내이자율, 해외이자율, 기대환율** 등에 의존한다.

$$\varepsilon = \varepsilon(i, i^*, \varepsilon^e_{+1}, z_a)$$
$$(-,\ +,\ +,\ +)$$

여기서 z_a는 $i, i^*, \varepsilon^e_{+1}$ 외 환율에 영향을 미치는 모든 요인을 포괄하는 변수이다.

그림 18-1 국내 이자율과 환율의 관계(IPR)

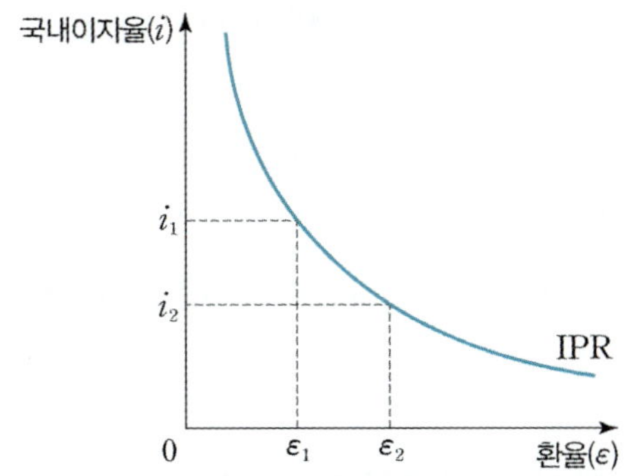

환율에 영향을 미치는 다른 변수($i^*, \varepsilon^e_{+1}, z_a$)의 주어진 값에서 국내 이자율이 하락하면 국내 통화가치가 하락하여 환율이 상승하므로 음(-)의 관계를 보인다.

그림 18-1에서 보는 것처럼 다른 조건이 일정할 때 **환율**은 **국내이자율과 음(−)의 관계**를 보인다. 국내이자율(채권 등 국내자산의 수익률, i)이 하락하면 국내자산의 기대수익률이 외국자산에 비해 떨어진다. 이는 자본의 해외유출로 이어지고 외환시장에서 외국화폐에 대한 수요가 증가하게 된다. 따라서 외국화폐의 가치가 국내화폐에 비해 상승하게 되고 환율이 상승한다. 국내이자율(i)과 환율(ε) 두 변수가 서로 반대방향으로 움직이며 음(−)의 관계를 보인다.

그림 18-2 화폐시장과 외환시장

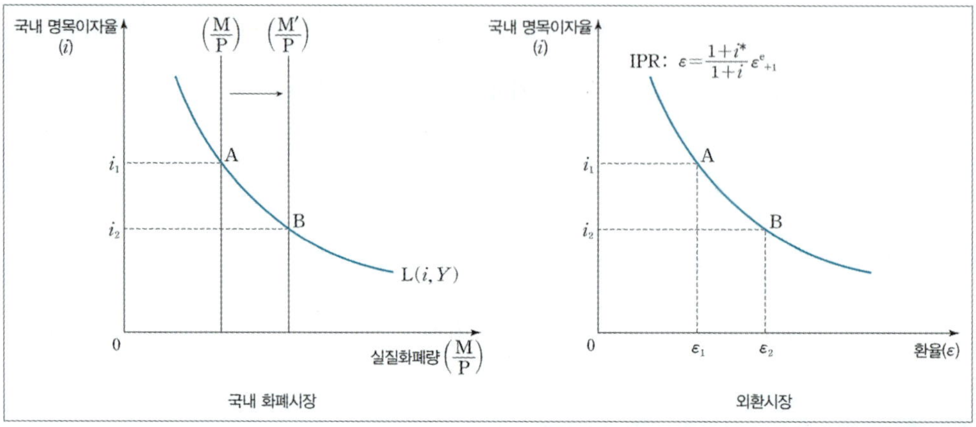

국내 통화량의 증가로 이자율이 하락하여 국내자산의 기대수익률이 하락하면 국내화폐의 가치가 외국화폐에 비해 상대적으로 하락하여 환율이 상승한다.

그림 18-2는 **국내 통화량의 증가**가 환율에 미치는 영향을 보여준다. 국내 화폐시장에서 통화량 증가로 국내이자율이 i_1에서 i_2로 하락한다. 이에 따라 **국내화폐의 가치**는 외국화폐의 가치에 비해 상대적으로 **하락**하고 **환율은** ε_1**에서** ε_2**로 상승**한다.

3. 재화시장과 금융시장의 동시균형 및 개방형 *IS–LM*모형

지금까지 살펴본 재화시장, 화폐시장 및 외환시장의 균형조건을 종합하면 다음과 같다.

- 재화시장의 균형, *IS*식: $Y = C(Y-T) + I(r) + G + NX\left(Y,\ Y^*,\ q = \frac{\varepsilon P^*}{P}\right)$
- 화폐시장의 균형, *LM*식: $\frac{M}{P} = L(i,\ Y)$
- 외환시장의 균형, *IPR*식: $\varepsilon = \frac{(1+i^*)}{(1+i)}\varepsilon^e_{+1}$

이제 재화시장과 금융시장(화폐시장, 외환시장)을 결합하여 **개방형** *IS–LM***모형**(An open economy version of the IS–LM model)을 도출하여 보자.

먼저 분석을 단순화하기 **국내물가와 해외물가가 일정하다고 가정**하자. 이 경우 명목환율(ε)과 실질환율(q)이 같이 움직이게 되어, 실질환율 변수를 명목환율 변수로 대체할 수 있다. 특히, 분석의 편의를 위해 $P = P^* = 1$로 단순화하면 다음과 같게 된다.

$$q = \frac{\varepsilon P^*}{P} = \varepsilon$$

그리고 물가가 일정한 경우 인플레이션이 없으므로 기대인플레이션율은 0이 된다.

$$\pi^e = 0$$

이 경우 실질이자율(r)을 명목이자율(i)로 대체할 수 있게 된다.

$$r = i - \pi^e = i$$

이를 반영하여 위 IS식을 다시 쓰면 다음과 같다.

개방형 IS식: $Y = C(Y-T) + I(i) + G + NX(\varepsilon,\ Y,\ Y^*)$

위 식의 명목환율변수 ε를 IPR식을 이용하여 $\dfrac{(1+i^*)}{(1+i)}\varepsilon^e_{+1}$로 대체하면 다음과 같다.

$$\text{개방형 } IS\text{식: } Y = C(Y-T) + I(i) + G + NX\left(Y,\ Y^*, \varepsilon = \frac{1+i^*}{1+i}\varepsilon^e_{+1}\right)$$

이상에서 개방형 $IS-LM$모형은 다음과 같다.

- 재화시장의 균형, **IS식:** $Y = C(Y-T) + I(i,\ Y) + G + NX\left(Y,\ Y^*, \varepsilon = \dfrac{1+i^*}{1+i}\varepsilon^e_{+1}\right)$
- 화폐시장의 균형, LM식: $\dfrac{M}{P} = L(i,\ Y)$

이 개방형 IS식은 폐쇄경제의 경우와 차이가 있다. **이자율 변화는 두 효과**가 있게 된다. 첫째, **이자율은 투자에 영향**을 준다(**이자율 효과**). 이 효과는 폐쇄경제와 같다. 둘째, 이자율은 **환율에 영향을 미쳐 순수출에 영향**을 주는 새로운 효과가 추가로 발생한다(**환율 효과**). 이자율의 변화가 투자는 물론 환율을 통해 순수출에도 영향을 주게 된다.

개방경제에서 이자율 변화는 총수요 및 총생산에 더 크게 영향을 미치며 이에 따라 **개방형 IS곡선**은 폐쇄경제보다 더 **완만**하게 된다. LM식은 변화가 없다.

4. 개방형 *IS*–*LM*모형과 정책효과 분석

이제 개방형 *IS*–*LM*모형을 활용하여 정책의 효과를 분석하여 보자. 재정정책과 통화정책의 효과는 폐쇄경제의 경우와 다르다. 정책효과의 전달경로로 이자율경로 외에 **환율경로**가 추가된다. 그리고 정책효과는 **환율제도와 경제규모**에 따라서도 달라진다.

먼저 일정 규모 이상의 일반적인 경제(not a small country)를 가정하여 변동환율제도하에서 정책효과를 분석한 후 소규모경제를 가정한 먼델–플레밍모형(Mundell–Flemming Model, a small economy)에서의 정책효과와 비교 분석한다. 그리고 고정환율제도하에서 효과를 추가로 살펴본다.

변동환율제도하의 정책효과(소규모경제 아닌 일반적인 경우)

1) 통화정책

그림 18-3 변동환율제도하에서 통화정책 효과(소규모 경제가 아닌 일반적인 경우)

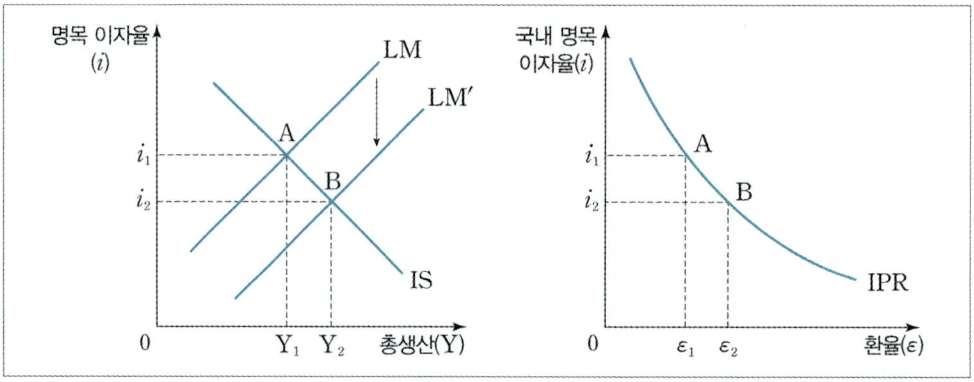

국내 통화량의 증가로 *LM*곡선이 하방으로 이동하며 국내 이자율이 하락하고 자본의 해외유출로 외환시장에서 외화에 대한 수요가 증가하여 외화가치가 상대적으로 상승하고 환율이 상승한다. 이자율 하락으로 인한 투자 증가와 환율 상승으로 인한 순수출 증가로 총생산은 폐쇄경제에 비해 더 크게 증가한다.

그림 18-3은 개방경제하의 **통화량 증가**의 효과를 보여준다. 통화량의 증가로 ***LM*곡선이 *LM*에서 *LM′*로 아래쪽으로 이동**한다. 이에 따라 경제의 균형점이 A에서 B로 이동하여 총생산이 증가하고 이자율이 하락한다. 이자율 하락으로 국내 통화가치가 하락하여 환율상승으로 이어져 순수출이 증가하고 총생산은 더욱 크게 증가한다.

> **참고** *개방형IS식의 환율은 이자율에 의해 결정되는 식으로 대체 되었고, 그 결과 IS곡선의 기울기가 완만하게 되었다. 따라서 이자율 변화로 인한 환율 및 순수출 변화 시 IS곡선 자체가 이동하는 것이 아니라 IS곡선상에서 이동한다. 만약, 환율을 별도의 외생변수로 취급하여 모형을 수립하였다면 IS곡선 자체가 이동한다.*

통화정책의 효과를 전달경로를 통해 구체적으로 살펴보면 다음과 같다. 먼저, 통화량의 증가로 화폐시장에서 이자율이 감소한다. 이에 따라 국내자산의 기대수익률이 해외자산에 비해 떨어져 자본이 해외로 유출된다. 외환시장에서 외화에 대한 수요가 증가하여 외화가치가 증가하고 국내화폐 가치가 하락하여 환율이 상승한다.

이자율 하락은 재화시장에서 **투자를 촉진**하여 총수요 및 총생산을 증가시키고, **환율 상승은 순수출을 촉진**하여 총수요 및 총생산을 더욱 증가시킨다. 따라서 통화량 증가는 이자율경로와 환율경로를 통해 총수요를 증가시키고 총생산에 영향을 미친다. 따라서 **개방경제에서 통화정책**은 폐쇄경제의 경우보다 효과가 **더 강력**하게 된다.

$$M\uparrow \quad i\downarrow \quad \rightarrow Y\uparrow \text{ (이자율 경로)}$$
$$\searrow \epsilon\uparrow (q\uparrow)\ NX\uparrow \quad Y\uparrow \text{ (환율 경로)}$$

2) 재정정책

그림 18-4 변동환율제도하에서 재정정책 효과(소규모경제 아닌 일반적인 경우)

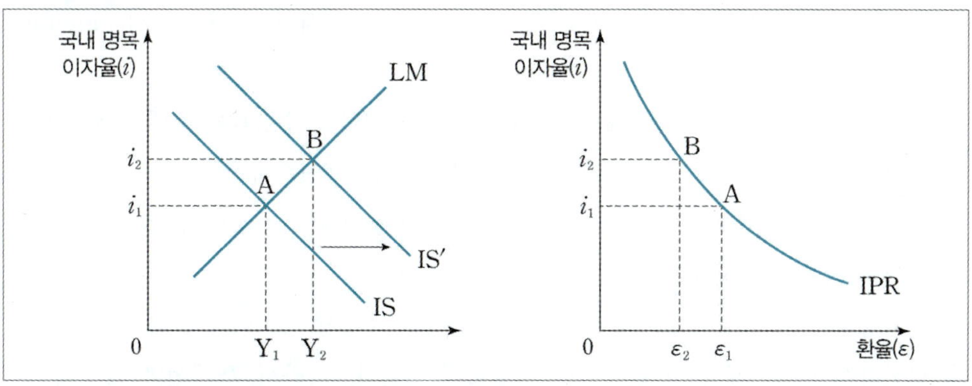

정부지출의 증가로 이자율이 상승하고 해외자본의 유입으로 환율이 하락한다. 이자율 상승에 따른 투자감소의 구축효과 및 환율 하락에 따른 순수출감소의 구축효과로 정부지출 증가의 직접적 효과가 상당 부분 상쇄된다. 총생산의 증가는 폐쇄경제에 비해 작게 된다.

그림 18-4는 **정부지출 증가**의 효과를 보여준다. 정부가 세금은 일정하게 유지한 채 정부지출을 증가시키면, ***IS*선이 *IS*에서 *IS'*로 오른쪽으로 이동**하고 경제의 균형점은 A에서 B로 이동한다. 이에 따라 총생산이 증가하고 이자율이 상승한다. 이자율의 상승으로 환율이 하락한다. 이자율 상승에 따른 **투자 감소의 구축효과**와 **환율하락에 따른 순수출 감소의 구축효과**로 정부지출 증가의 직접적 효과는 상당 부분이 상쇄된다.

이를 재정정책의 전달경로를 통해 구체적으로 살펴보자. 먼저, 정부지출의 증가로 재화시장에서 총수요가 증가하여 총생산이 증가한다. 총생산의 증가는 화폐시장에서 화폐수요 증가로 이어져 이자율의 상승을 초래한다. 이자율의 상승으로 해외로부터 자본이 유입되어 외환시장에서 외화의 공급이 증가함에 따라 외화가치가 하락하고 국내화폐가치가 상승하여 환율하락으로 이어진다.

이자율 상승은 재화시장에서 투자를 감소시키는 구축효과를 야기하고, 환율하락은 순수출을 감소시키는 또 다른 구축효과를 야기한다. 정부지출 증가의 직접적 효과는 이 두 구축효과로 상당 부분 상쇄된다. **개방경제에서 재정정책**의 효과는 폐쇄경제의 경우보다 **약하게** 된다.

$$G\uparrow \quad Y\uparrow\ \uparrow \quad L(i,Y)\uparrow \quad i\uparrow \quad \rightarrow I\downarrow \quad Y\downarrow \text{ (이자율상승의 투자 구축효과)}$$
$$\searrow \varepsilon\downarrow\ (q\downarrow)\ \ NX\downarrow \quad Y\downarrow \text{ (환율하락의 순수출 구축효과)}$$

변동환율제도하의 정책효과(소규모경제): 먼델-플레밍모형

지금까지는 소규모경제가 아닌 일반적인 규모의 경제를 살펴보았다. 이제 완전한 자본이동의 소규모경제(small economy)를 가정한 먼델-플레밍모형(Mundell-Fleming Model)을 살펴보자.

소규모경제는 **국내이자율이 해외이자율 수준에서 이탈할 수 없다**. 국내 이자율이 해외 이자율과 조금이라도 차이가 나는 경우 자본 이동이 신속하게 그리고 무한탄력적(capital flow is infinitely elastic at the world interest rate)으로 강력하게 진행되어 이자율은 바로 해외이자율 수준으로 복귀한다.

세계 경제에 비해 경제규모가 작은 소규모경제의 속성상 자본이동에 따라 환율은 매우 극심하게 출렁이게 되고 순수출이 극심하게 변한다. 따라서 ***IS*곡선과 *IPR*곡선이 거의 수평**에 가까워진다.

거시경제정책 효과의 이자율경로는 사라지고 환율경로만 작동하게 되며 **환율경로의**

효과는 매우 강력하게 된다. 환율경로에 초점을 둔 모형인 $DD-AA$모형은 제19장에서 자세히 논의한다.

1) 통화정책

통화정책 실시 이전에 국내 이자율과 해외 이자율은 일치하였다고 가정하자. **국내 통화량이 증가**하면 국내이자율이 하락하기 시작하면서 자본이 신속하게 해외로 유출(국내 채권의 매각 및 해외 채권의 매입 등)되고 이자율은 바로 해외수준으로 복귀한다. 자본유출과정에서 외환시장에서 외화에 대한 수요가 증가하고 경제규모가 세계경제에 비해 아주 작아서 **환율이 크게 상승**하여 **순수출, 총수요, 총생산이 크게 증가**한다. 소규모 개방경제에서 통화정책의 효과는 매우 강력하게 된다.

그림 18-5 변동환율제도하에서 통화정책(소규모경제)

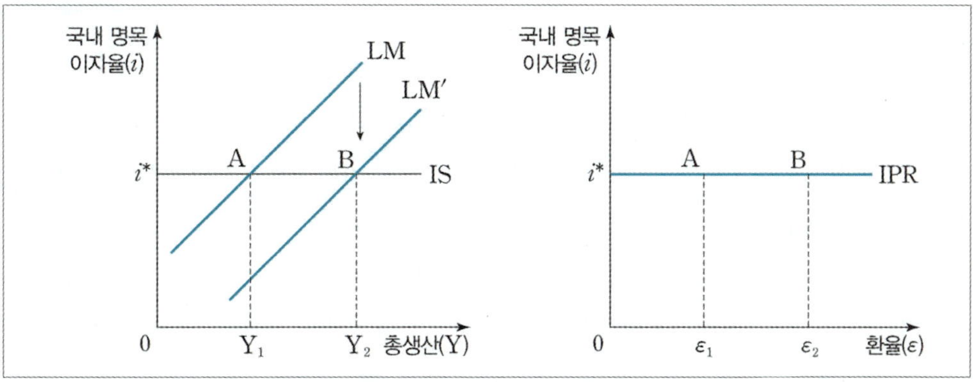

통화량의 증가로 이자율 하락요인이 발생함에 따라 해외로 자본유출이 이루어지고 소규모 경제의 특성상 환율이 큰 폭으로 상승하여 순수출, 총수요, 총생산이 크게 증가한다.

그림 18-5는 소규모경제에서 통화량 증가의 효과를 보여준다. 통화량 증가로 LM곡선이 LM에서 LM'로 아래쪽으로 이동하여 경제는 A에서 B로 이동한다. IS곡선이 수평이므로 이자율은 변화가 없고, 환율과 총생산은 크게 증가한다. 폐쇄경제에서 통화량 증가의 효과는 이자율 하락을 통한 투자의 증가 즉 이자율효과를 통해서 나타났다. **소규모 개방경제**에서는 환율상승을 통한 순수출 증가 즉 환율효과를 통해서 나타나며 이 **환율효과는 매우 강력**하다.

2) 재정정책

정부지출 증가의 효과를 살펴보자. 정부지출이 증가하면 총수요가 증가하여 총생산이 증가한다. 총생산 증가로 화폐수요가 증가하여 국내 이자율이 상승하기 시작하면서 외국자본이 신속하게 국내로 유입(외국인의 국내 채권 매입 등) 되어 이자율은 바로 해외이자율 수준으로 복귀한다.

이 과정에서 자본유입으로 외환시장에서 외화공급이 증가하고 경제규모가 작아서 환율이 크게 하락하여 순수출이 크게 감소한다. 이 환율효과는 정부지출 증가의 직접효과를 완전히 상쇄할 정도로 강력하다. 자본 이동에 따른 **환율효과가 정부지출 증가의 직접효과를 완전히 구축**(crowding-out)한다. 따라서 총생산의 변화는 없고 재정정책은 **무력화**(powerless)된다.

고정환율제도하의 정책효과

지금까지는 변동환율제도하에서 거시경제정책의 효과를 살펴보았다. 현실에서 완전한 변동환율제도를 실시하는 나라는 드물다. 대부분 국가가 변동환율제도를 채택하면서도 일정한 환율목표치를 유지하기 위해 묵시적으로 또는 명시적으로 시장에 개입하는 관리형 변동환율제도를 운영하고 있다.

고정환율제도는 정부가 외환시장에 개입하여 환율을 일정한 수준으로 유지하는 것이다. 지금부터는 고정환율제도하에서 통화정책과 재정정책의 효과를 살펴보자.

1) 통화정책

이자율평형식(IPR)이 보여주듯 환율은 이자율에 의존한다. 따라서 환율을 일정하게 유지하기 위해서는 **이자율을 일정하게 유지하는 것이 필요**하다.

이는 중앙은행이 환율을 일정하게 유지해야 하므로 국내 경제상황에 대처하기 위해 이자율을 조정하는 **통화정책을 사용할 수 없다**(not available)는 것을 의미한다.

고정환율제도하에서 "환율의 안정 – 통화정책의 자율성 – 완전한 자본이동"이라는 세 가지 목표를 동시에 달성할 수 없는 것을 "불가능한 삼위일체(impossible trinity)"라 한다.

그림 18-6 고정환율제도하에서 통화정책

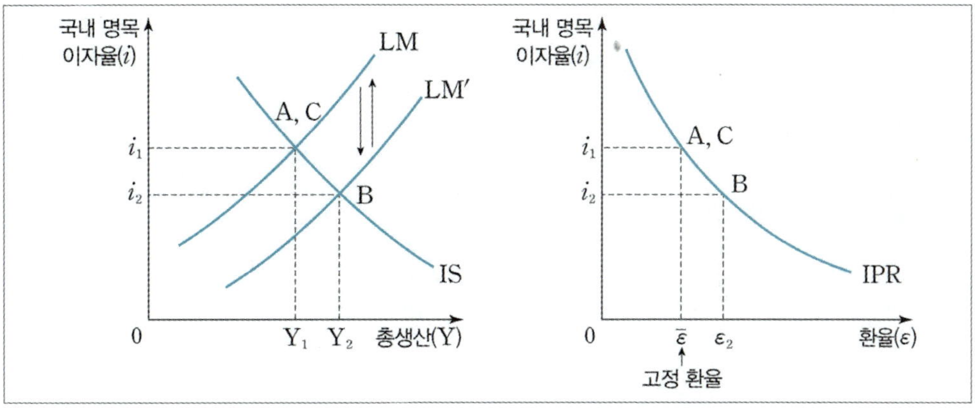

통화량의 증가로 *LM*곡선이 하방으로 이동하여 경제의 균형은 A에서 B로 이동한다. 생산량이 증가하고 이자율하락 및 환율상승을 압박하게 된다. 중앙은행이 환율을 일정하게 유지하기 위해서 외환을 매각하고 국내통화를 회수하면 *LM*곡선은 다시 상방으로 이동하여 원래의 위치로 복귀한다.

그림 18-6는 고정환율제도하에서 통화정책의 효과를 보여준다. 통화량이 증가하면 *LM*곡선이 *LM*에서 *LM′*로 하방으로 이동한다. 경제는 A에서 B로 이동한다. 이자율이 하락하면서 해외로 자본유출이 일어나고 외환시장에서 외화에 대한 수요가 증가하여 환율상승의 압력이 발생한다.

중앙은행이 환율을 일정하게 유지하기 위해서 외화를 매각하고 국내화폐를 회수하면 통화량이 감소하여 *LM*곡선은 상방으로 이동하여 경제는 B에서 C, 즉 원래의 위치로 복귀하게 된다.

고정환율제도를 채택하는 경우 통화정책은 더 이상 환율 고정 외에 다른 국내 정책목표를 위해 활용될 수 없게 된다.

2) 재정정책

정부지출 증가의 효과를 분석해 보자. 당초 국내이자율과 해외이자율은 일치하였다고 가정한다. 정부지출이 증가하면 총수요가 증가하여 총생산이 증가한다. 총생산 증가로 화폐수요가 증가하면서 국내이자율이 해외이자율 이상으로 상승한다. 이에 따라 해외로부터 자본유입이 진행되고 외환시장에서 외화의 공급이 증가하여 환율이 하락 압력을 받는다.

환율을 유지하기 위해서는 중앙은행이 외화를 매입해야 하고 이 과정에서 통화량이 증가하여 이자율이 하락한다. 고정환율 유지를 위해 국내 이자율이 해외 이자율 수준으로 복귀할 때까지 외화매입은 지속된다. 따라서 이자율은 해외이자율 수준으로 복귀하고 총생산은 크게 증가한다.

고정환율제도하에서 **확장적 재정정책은 팽창적 통화정책을 촉발**하여 그 효과가 강력하게 된다.

그림 18-7 고정환율제도하에서 정부지출의 증가

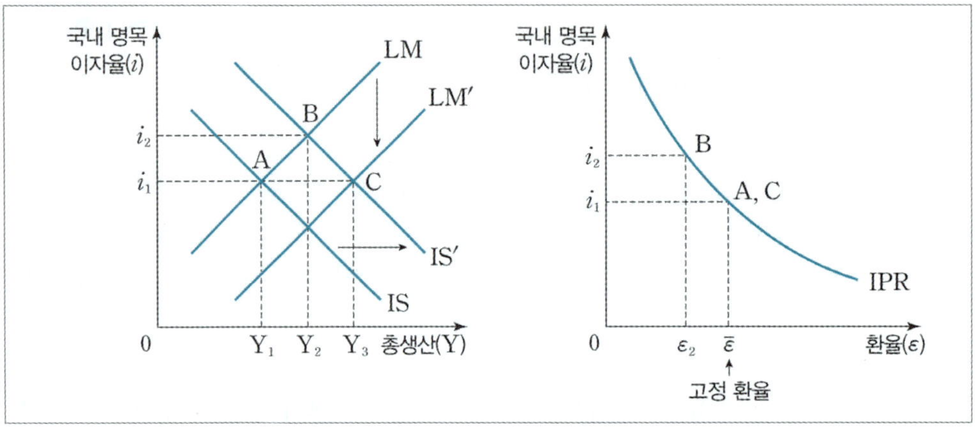

정부지출의 증가로 *IS*곡선이 우측으로 이동하고 생산량이 증가하며 이자율이 상승한다. 이자율 상승으로 인한 환율 하락을 억제하기 위해 통화량의 공급을 확대하면 *LM*곡선이 하방으로 이동하여 생산량은 크게 증가하고 이자율과 환율은 당초 수준에서 유지된다.

그림 18-7은 정부지출 증가의 효과를 보여준다. 정부지출이 증가하면 *IS*곡선이 *IS*에서 *IS′*로 우측으로 이동한다. 경제는 A에서 B로 이동하여 생산량이 증가하면서 이자율상승 및 환율하락을 압박한다.

중앙은행이 환율을 일정하게 유지하기 위해서 외화를 매입하면 통화량이 증가하여 *LM*곡선은 *LM*에서 *LM′*로 하방으로 이동한다. 경제는 B에서 C로 이동하여 이자율과 환율은 최초 수준에서 유지되고 총생산은 Y_1에서 Y_3로 크게 증가한다.

고정환율제도하에서 확장적 재정정책은 확장적 통화정책을 수반하여 그 효과가 증폭된다.

〈 경제규모 및 환율제도에 따른 정책효과 비교표 〉

	변동환율제도		고정환율제도
	소규모경제(먼델-플레밍모형)	소규모 아닌 경제	
통화정책	매우 효과적	폐쇄경제보다 더 효과적	사용 불가
재정정책	효과 없음	폐쇄경제보다 덜 효과적	매우 효과적

요약

1 개방경제에서 이자율이 하락하는 경우 투자가 증가함은 물론 환율 상승을 통해 순수출도 증가하여 총생산이 크게 증가한다. 이자율효과 외에 환율효과가 추가로 발생한다. 따라서 개방형 IS곡선은 폐쇄경제의 IS곡선보다 완만하게 된다.

2 변동환율제도하에서 통화정책은 이자율효과뿐만 아니라 환율효과도 있어 폐쇄경제에 비해 그 효과가 더 커진다.

(1) 소규모경제가 아닌 일반적인 경우: 통화량 증가로 이자율이 하락하여 투자가 증가하고, 국내화폐 가치하락 및 환율상승으로 순수출이 증가하여 총생산이 증가한다.

(2) 소규모경제, 먼델-플레밍모형의 경우: 통화량 증가 시 국내이자율이 해외이자율 밑으로 하락하면 자본유출이 신속하게 진행되어 바로 해외이자율 수준으로 복귀한다. 경제규모가 아주 작아서 자본유출에 따라 환율이 크게 상승하여 순수출이 크게 증가한다. 통화정책의 환율효과가 매우 크게 나타나서 총생산이 크게 증가한다.

3 변동환율제도하에서 확장적 재정정책은 이자율의 상승에 따른 투자의 구축효과뿐만 아니라 국내화폐가치 상승, 환율 하락에 따른 순수출 감소의 구축효과까지 이중으로 발생한다. 따라서 재정정책의 효과는 폐쇄경제에 비해 약해진다.

(1) 소규모경제가 아닌 일반적인 경우: 정부지출 증가로 총생산이 증가한다. 이자율 상승으로 투자가 감소하고, 국내화폐가치 상승 및 환율하락으로 순수출이 감소하는 구축효과로 정부지출증가로 인한 총생산 증가분의 상당부분이 상쇄된다.

(2) 소규모경제를 가정한 먼델-플레밍모형의 경우: 정부지출 증가로 인한 이자율 상승 시 해외 자본의 유입으로 이자율은 바로 해외이자율수준으로 복귀한다. 자본유입의 과정에서 소규모경제의 특성상 환율이 크게 하락하여 순수출의 구축효과가 크게 발생한다. 정부지출 증가의 직접효과가 환율하락에 따른 순수출 감소의 구축효과로 완전히 상쇄되어 재정정책은 무력화된다.

요약

4 고정환율제도하에서 통화정책은 경기부양 등 다른 정책목표를 위해서는 사용할 수 없다. 통화량이 변하면 이자율이 변하고 환율이 변하기 때문이다.

5 고정환율제도하에서 팽창적 재정정책은 팽창적 통화정책을 수반하여 그 효과가 증폭된다. 정부지출 증가로 총생산이 증가하고 이자율이 상승하면 환율안정을 위해 이자율을 원래 수준으로 낮추어야 한다. 이를 위해서 통화량을 늘리게 되면 총생산은 더욱 크게 증가한다.

연습문제

1 다음 문장의 진위 여부를 판단하고 그 이유를 설명하라.

(1) 개방경제에서 IS곡선의 기울기는 폐쇄경제의 경우보다 더 가파르게 된다.

(2) 고정환율제도하에서 통화정책은 단기에 총생산에 큰 영향을 준다.

(3) 변동환율제도를 채택하는 소규모경제에서 확대 재정정책은 투자를 감소시키는 구축효과를 야기한다.

(4) 변동환율제도하에서 통화정책이 단기에 총생산에 미치는 효과는 경제규모가 증가할수록 커진다.

(5) 변동환율제도하에서 재정정책이 단기에 총생산에 미치는 효과는 고정환율제도하에서보다 더 강력하다.

2 자본이동이 자유로운 변동환율제도의 소규모경제를 가정하자. 물가가 경직적인 단기에 통화량증가의 팽창적 통화정책이 총생산, 이자율 및 환율에 미치는 효과를 분석하라.

3 소규모경제가 아닌 일반적인 규모의 경제를 가정하자. 이 경제는 변동환율제도를 채택하고 있다. 물가가 경직적인 단기에 조세 감소가 총생산, 이자율 및 환율에 미치는 효과를 분석하라.

4 소규모경제가 아닌 일반적인 규모의 경제를 가정하자. 이 경제는 고정환율제도를 채택하고 있다. 물가가 경직적인 단기에 정부지출 증가가 총생산, 이자율 및 환율에 미치는 효과를 분석하라.

5 소규모경제가 아닌 일반적인 규모의 경제를 가정하자. 이 경제는 변동환율제도를 채택하고 있다. 총생산이 자연생산량수준에 있으나 무역수지가 적자인 상황이다. 적절한 거시경제정책은 무엇인가? 그 이유를 설명하라.

제19장 환율과 총생산 모형(The DD–AA Model)

지금까지 살펴본 $IS-LM$모형은 이자율과 총생산의 상호작용에 초점을 두었다. 개방경제에서 중요한 변수는 환율이다. 따라서 환율에 초점을 두어 **환율과 총생산**의 상호작용을 분석하는 것은 매우 유용하며, 이와 관련된 모형이 $DD-AA$모형이다.

제19장에서는 $DD-AA$모형을 이용하여 (1) 환율이 순수출을 통해 총수요에 어떻게 영향을 미치는지? (2) 총생산은 화폐수요와 이자율을 통해 환율에 어떻게 영향을 미치는지? 그 상호작용을 살펴본다. 그리고 이 모형을 활용하여 **환율경로**에 초점을 두어 거시정책의 효과를 분석한다.

1. 총생산과 환율의 상호작용
2. 재화시장의 균형 및 DD곡선
3. 금융시장의 균형 및 AA곡선
4. $DD-AA$모형의 균형분석
   변동환율제도에서 정책효과(소규모가 아닌 일반적인 경제)
   변동환율제도에서 정책효과(소규모 경제)
   고정환율제도에서 정책효과

1. 총생산과 환율의 상호작용

그림 19-1 *DD-AA*의 구성: 총생산과 환율의 상호작용

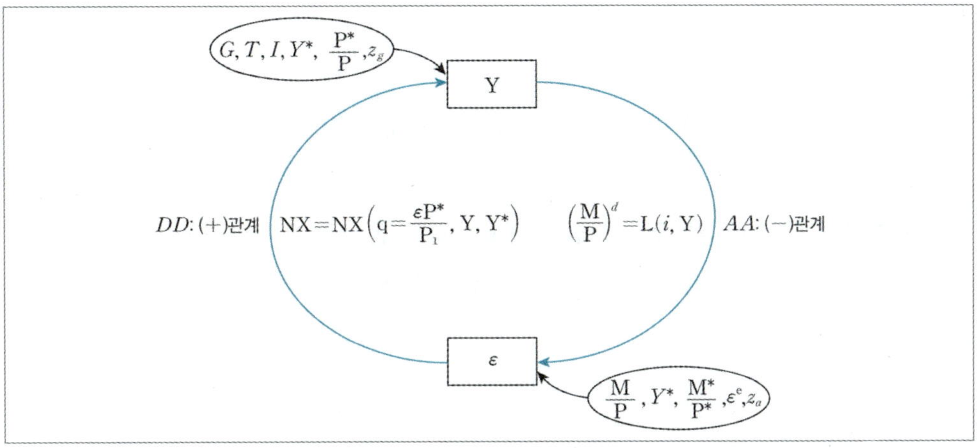

좌측면은 재화시장의 균형을 의미하는 *DD*관계로 환율(ε)이 순수출을 통해 총수요(Y)에 미치는 영향을 보여준다. 우측면은 화폐시장과 외환시장의 균형을 의미하는 AA관계로 총생산(Y)이 화폐수요와 이자율을 통해 환율(ε)에 미치는 영향을 보여준다. 이 *DD-AA*모형에서 총생산과 환율이 내생변수이며, 재정정책, 통화정책, 기타 경제의 충격 등이 외생변수이다.

그림 19-1은 *DD-AA*모형을 보여준다. *DD-AA*모형은 총생산(Y)과 환율(ε)의 상호작용에 초점을 둔다. 먼저, 좌측면은 재화시장의 균형을 의미하는 ***DD*관계**이며 **환율이 총수요에 미치는 영향**을 보여준다. 다른 조건이 일정할 때, 환율이 상승하는 경우 순수출이 증가하여 총수요가 증가하게 된다. 따라서 환율(ε)과 총수요(Y) 사이에 양(+) 관계가 존재한다.

그림의 우측면은 화폐시장과 외환시장의 균형을 의미하는 ***AA*관계**이며 **총생산이 환율에 미치는 영향**을 보여준다. 총생산이 증가하면 화폐수요가 증가하여 이자율이 상승한다. 이자율 상승으로 국내자산의 기대수익률이 증가하여 해외자본이 국내로 유입된다. 외환시장에서 외국화폐의 공급이 증가하여 외국화폐의 가치가 국내화폐에 비해 하락하고 환율이 하락한다. 따라서 총생산(Y)과 환율(ε) 사이에 음(−) 관계가 존재한다.

환율은 재화시장에서 순수출을 통해 총수요(총생산)에 영향을 미치며, 총생산은 화폐시장과 외환시장에서 화폐수요와 이자율을 통해 환율에 영향을 미친다. 따라서 균형 총생산과 환율은 재화시장, 화폐시장 및 외환시장의 상호작용으로 동시에 결정된다. 그리고 경제의 충격이나 정책의 변화 등 외생변수가 변화할 때는 이 두 내생변수가 반응하여 경제가 새로운 균형을 찾아간다.

2. 재화시장의 균형 및 *DD*곡선

재화시장의 균형조건은 앞에서 살펴본 것과 같이 총공급과 총수요의 일치로 다음과 같다.

$$Y = C(Y - T) + I(r) + G + NX(q = \frac{\varepsilon P^*}{P}, Y, Y^*)$$

이제 환율효과에 초점을 두는 만큼 이자율효과는 논외로 한다. 이를 위해 투자는 이자율과 무관하게 외생적으로 결정된다고 가정한다. 이 경우 위 식은 다음과 같다.

$$Y = C(Y - T) + \boldsymbol{I} + G + NX(q = \frac{\varepsilon P^*}{P}, Y, Y^*)$$

총수요는 환율, 재정정책 변수인 정부지출과 조세, 독립적 투자지출, 해외소득 등에 의존한다.

$$Y = Y(\varepsilon; G, T, I, Y^*, \frac{P^*}{P}, z_g)$$
$$(+,\ +,\ -,\ +,\ +,\ +,\ +)$$

여기서 z_g는 상기에 언급된 변수($\varepsilon, G, T, I, Y^*, \frac{P^*}{P}$) 외 총수요에 영향을 미치는 모든 요인을 포괄하는 변수이다.

1) *DD*곡선의 도출

이제 *DD*곡선을 도출하여 보자. *DD*곡선은 총수요에 영향을 미치는 외생변수 ($G, T, I, Y^*, \frac{P^*}{P}, z_g$)의 값이 일정하다는 전제하에 **환율($\varepsilon$)이 총수요($Y$)의 규모에 어떠한 영향을 미치는지** 그 관계를 보여준다. DD곡선은 **재화시장의 균형**을 보장하는 환율과 총생산의 다양한 조합점(ε, Y)을 보여주는 곡선이다.

외생변수의 값이 일정할 때 명목환율이 상승하면 주어진 물가에서 실질환율이 상승하여 순수출이 증가하고 총수요의 규모가 증가한다. 물론 여기서 마샬-러너조건이 성립한다고 가정한다. 따라서 *DD*곡선은 그림 19-2(a)에서 보는 것과 같이 **우상향**한다.

$$\varepsilon\uparrow \quad q\uparrow \quad NX\uparrow \quad AD\uparrow \quad Y\uparrow$$

- 총수요에 영향을 미치는 외생변수($G, T, I, Y^*, \frac{P^*}{P}, z_g$)의 값이 일정할 때, 환율상승 시 순수출이 증가하여 총수요의 규모가 증가한다.
  - 환율(ε)과 총수요(Y)의 규모는 **양(+)의 관계**로 DD곡선은 우상향한다.

그림 19-2 DD곡선과 그 이동

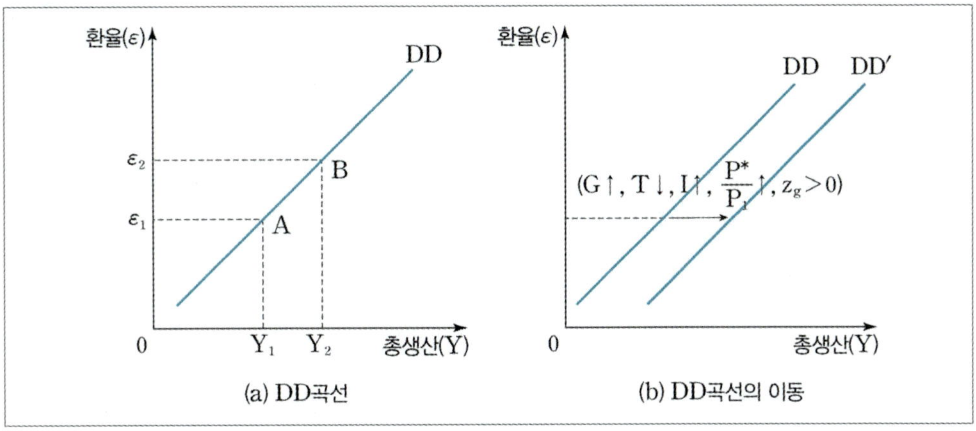

(a) 총수요에 영향을 미치는 외생변수($G, T, I, Y^*, \frac{P^*}{P}, z_g$)의 값이 일정할 때, 환율상승 시 순수출이 증가하여 총수요가 증가하므로 DD곡선은 우상향한다.
(b) 수요측 외생변수의 값이 변하여 주어진 환율에서 총수요가 증가하면, DD곡선 자체가 우측으로 이동한다.

2) DD곡선의 이동

총수요에 영향을 미치는 **외생변수**($G, T, I, Y^*, \frac{P^*}{P}, z_g$)의 값이 변하면 주어진 환율에서 총수요가 변하므로 **DD곡선 자체가 이동**한다. 그림 19-2(b)에서 보는 것처럼 정부지출 증가, 조세 감소 또는 민간의 독립적 투자지출이 증가하거나 해외 소득이 증가하면, 같은 환율에서 총수요가 증가하므로 DD곡선은 우측으로 이동한다.

- 환율 외 총수요에 영향을 미치는 외생변수($G, T, I, Y^*, \frac{P^*}{P}, z_g$)의 값이 변하면, 주어진 환율에서 총수요가 변하므로 DD곡선이 좌우로 이동한다.

• 정부지출 증가, 조세 감소, 독립적 투자지출 증가, 해외 소득 증가 등 주어진 환율에서 총수요 증가요인이 발생하면 DD곡선이 우측으로 이동하고, 반대로 주어진 환율에서 총수요 감소요인이 발생하면 DD곡선이 좌측으로 이동한다.

3. 금융시장의 균형 및 AA곡선

화폐시장과 외환시장의 균형조건은 앞에서 살펴본 것처럼 다음과 같다.

$$\text{화폐시장의 균형과 } LM\text{식: } M/P = L(i,\, Y)$$
$$\text{외환시장의 균형과 } IPR\text{식: } \varepsilon = \frac{(1+i^*)}{(1+i)}\varepsilon^e_{+1}$$

외환시장에서 환율은 국내이자율, 해외이자율, 기대환율 등에 의해 결정된다.

$$\varepsilon = \varepsilon(i, i^*, \varepsilon^e_{+1}, z_a)$$
$$(-,\ +,\ +,\ +)$$

여기서 z_a는 국내외 이자율, 미래 기대환율 외 환율에 영향을 미치는 모든 요인을 포괄하는 변수이다.

한편, 이자율은 화폐시장에서 화폐수요와 공급으로 결정된다. 따라서 위 식의 이자율 대신에 화폐의 수요와 공급을 결정하는 변수로 대체하여 다음과 같이 쓸 수 있다.

$$\varepsilon = \varepsilon(Y; M/P,\, Y^*, M^*/P^*, \varepsilon^e_{+1}, z_a)$$
$$(-,\ \ +,\ \ +,\ \ -,\ \ +,\ \ +)$$

이제 AA곡선을 도출하여 보자. **AA곡선**은 **화폐시장과 외환시장의 동시 균형**을 보장하는 총생산과 명목환율의 다양한 조합점(Y, ε)들을 보여주는 곡선이다. **총생산이 환율에 어떻게 영향을 미치는지**를 보여준다.

환율에 영향을 미치는 다른 외생변수$(M/P,\, Y^*, M^*/P^*, \varepsilon^e_{+1}, z_a)$의 값이 일정할 때 국내총생산(총소득, Y)이 증가하면 화폐수요가 증가하여 국내 이자율이 상승한다. 이자율 상승으로 국내자산의 기대수익률이 상승하여 자본이 유입되고 외환시장에서 해외화폐의 가치는 하락하고 국내화폐가치는 상승하여 환율하락으로 이어진다. 주어진 외생변수의 값에서 국내총생산(Y)이 증가하면 환율(ε)이 하락하므로 총생산과 환율 두 변수는 서로 음(−)의 관계를 보인다. 그림 19−3(a)의 **우하향하는** AA곡선은 이 관계를 보여준다.

$$Y\uparrow \quad M_d\uparrow \quad i\uparrow \quad \varepsilon\downarrow$$

- 환율에 영향을 미치는 외생변수(M/P, Y^*, M^*/P^*, ε^e_{+1}, z_a)의 값이 일정할 때, 총생산 증가는 환율하락으로 이어진다.
  → 총생산(Y)과 환율(ε)의 관계는 **음(−)의 관계**로 AA곡선은 우하향한다.

그림 19-3 AA곡선과 그 이동

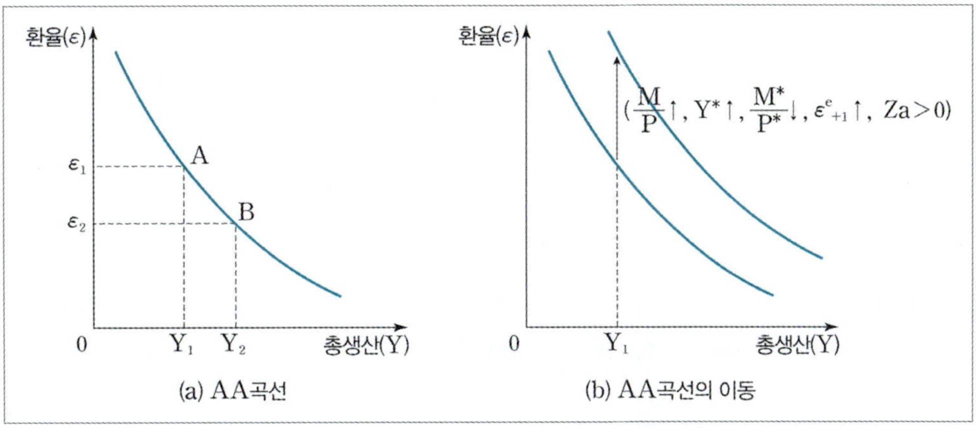

(a) 환율에 영향을 미치는 외생변수의 값이 일정할 때, 총생산이 증가 시 화폐수요가 증가하고 이자율이 상승하여 환율이 하락하므로 AA곡선은 우하향한다.
(b) 외생변수의 값이 변하여, 주어진 총생산에서 환율이 상승하는 경우 AA곡선이 위쪽으로 상방 이동한다.

AA곡선은 외생변수와 기대환율이 일정하다는 가정하에 도출되었다. 명목환율에 영향을 미치는 **외생변수와 기대환율**(M/P, Y^*, M^*/P^*, ε^e_{+1}, z_a)의 값이 변하면 주어진 총생산에서 환율이 변하므로 ***AA*곡선 자체가 이동**한다. 즉, 19−3(b)에서 보는 것처럼 국내 통화량의 증가, 해외 통화량의 감소, 미래 기대환율이 증가하면 주어진 총생산에서 명목환율이 증가하므로 AA곡선은 위쪽으로 이동한다.

- 환율에 영향을 미치는 외생변수와 기대환율($M/P, Y^*, M^*/P^*, \varepsilon^e_{+1}, z_a$)의 값이 변하는 경우 주어진 총생산에서 환율이 변하므로 AA곡선이 상하로 이동한다.
- 국내 통화량 증가, 해외통화량 감소, 기대환율 상승 등 주어진 총생산에서 환율 상승 요인 발생시 AA곡선은 상방으로 이동하고, 반대로 주어진 총생산에서 환율 하락 요인이 발생하면 AA곡선은 하방으로 이동한다.

4. $DD-AA$모형의 균형분석

그림 19-4 $DD-AA$모형의 균형

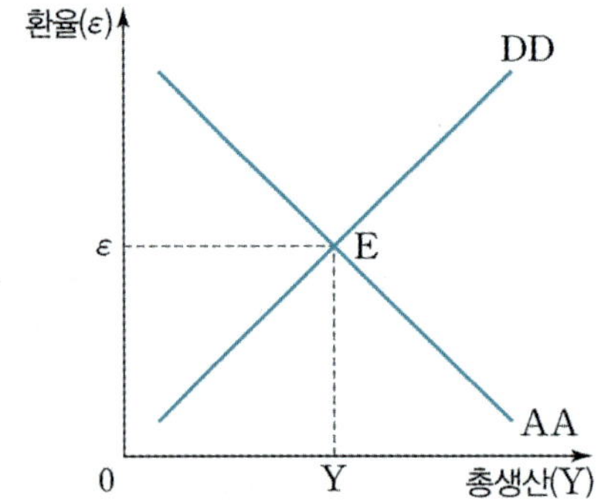

DD곡선을 따라서 재화시장이 균형이고, AA곡선을 따라서 화폐 및 외환시장이 균형이다. DD곡선과 AA곡선이 교차하는 점(E)에서 재화시장, 화폐시장 및 외환시장이 동시균형이다.

그림 19-4에서 보는 것처럼 경제의 단기균형은 DD와 AA곡선의 교차로 이루어진다.

$$\textbf{재화시장의 균형}(DD):\ Y = Y(\varepsilon; G, T, I, Y^*, \frac{P^*}{P}, z_g)$$

$$\textbf{화폐시장과 외환시장의 균형}(AA):\ \varepsilon = \frac{1+i^*}{1+i}\varepsilon^e = \varepsilon(Y; M/P, Y^*, M^*/P^*, \varepsilon^e_{+1}, z_a)$$

DD곡선을 따라서 재화시장이 균형이고, AA곡선을 따라서 화폐 및 외환시장이 균형이다. 따라서 DD곡선과 AA곡선이 교차하는 점에서 재화시장, 화폐시장 및 외환시장의 동시균형이 달성되며 균형 명목환율과 총생산이 결정된다.

변동환율제도에서 정책효과(소규모가 아닌 일반적인 경제)

1) 재정정책

그림 19-5 변동환율제도하에서 재정정책의 효과(소규모가 아닌 일반적인 경제)

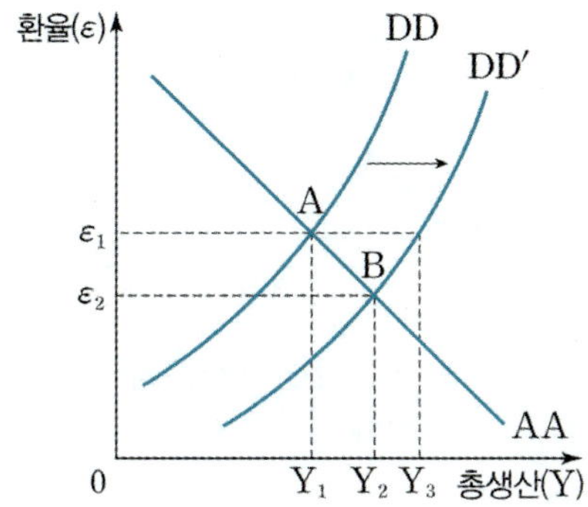

정부지출의 일회성 증가로 *DD*곡선이 우측으로 이동하고 경제의 균형은 A에서 B로 이동한다. 총생산이 증가하고 환율이 하락한다.

그림 19-5는 일회성 정부지출 증가의 단기 효과를 보여준다. **일회성 정부지출 증가**이므로 미래 환율의 기대치에 영향을 주지 않는다. 그림에서 정부지출의 증가로 주어진 환율에서 총수요가 증가하여 **DD곡선이 DD에서 DD'로 우측으로 이동**한다. 균형점은 A에서 B로 이동하여 **총생산이 증가**$(Y_1 \rightarrow Y_2)$**하고 환율은 하락**$(\varepsilon_1 \rightarrow \varepsilon_2)$한다.

재정정책의 전달경로를 통해 구체적으로 살펴보자. 정부지출 증가로 주어진 환율에서 총생산이 Y_1에서 Y_3로 증가한다(**승수효과**). 총생산(소득) 증가로 화폐수요가 증가하여 이자율이 상승하고 국내화폐의 상대적 가치가 상승하여 환율이 하락한다. 이는 주어진 물가에서 실질환율의 하락으로 이어져 순수출이 감소하고 총생산은 Y_3에서 Y_2로 **감소**한다(**구축효과**). 이에 따라 정부지출 증가로 인한 총생산 증가의 승수효과가 구축효과로 일부 상쇄되어 총생산은 Y_1에서 Y_2로 이동한다.

- $G\uparrow$, 주어진 환율에서 $Y\uparrow\uparrow(Y_1 \rightarrow Y_3)$(승수효과),

$\Rightarrow$ 화폐수요 증가, $i\uparrow$ $\varepsilon\downarrow$ $NX\downarrow$ $Y\downarrow(Y_3 \rightarrow Y_2)$(구축효과)

2) 통화정책

그림 19-6 변동환율제도에서 일회성 통화정책의 효과(소규모가 아닌 일반적인 경제)

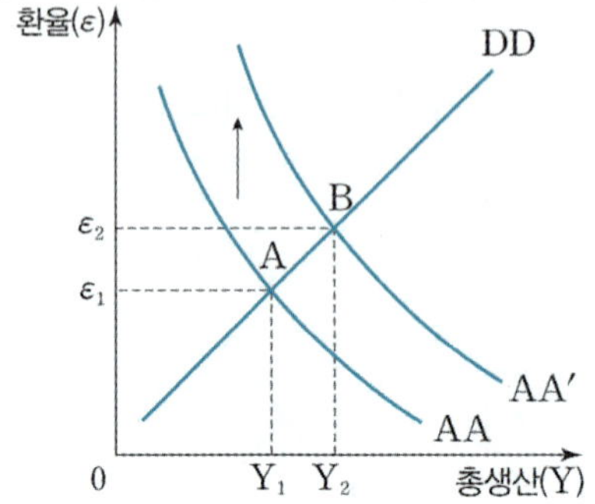

통화량의 일회성 증가로 AA곡선이 상방으로 이동하여 경제의 균형이 A에서 B로 이동한다. 생산량이 증가하고 환율이 상승한다.

그림 19-6은 **통화량의 일회성 증가** 시 단기효과를 보여준다. 일회성 증가이므로 미래 환율의 기대치에 영향을 주지 않는다. 그림에서 통화량 증가로 주어진 총생산에서 국내통화가치가 하락하고 환율이 상승하여 **AA곡선이 AA에서 AA'로 위쪽으로 이동**한다. 이에 따라 균형점은 A에서 B로 이동하여 **총생산이 오르고 환율은 상승**한다.

이를 통화정책의 전달경로를 통해 구체적으로 살펴보면 다음과 같다. 통화량 증가로 주어진 이자율이 하락하고 국내통화가치가 하락하여 환율이 상승한다. 주어진 가격에서 명목환율의 상승은 실질환율의 상승으로 이어져 순수출이 증가하여 총생산이 증가한다.

$$M\uparrow \quad i\downarrow \quad \varepsilon\uparrow \quad NX\uparrow \quad Y\uparrow$$

그림 19-7 변동환율제도에서 항구적 통화정책의 효과(소규모가 아닌 일반적인 경제)

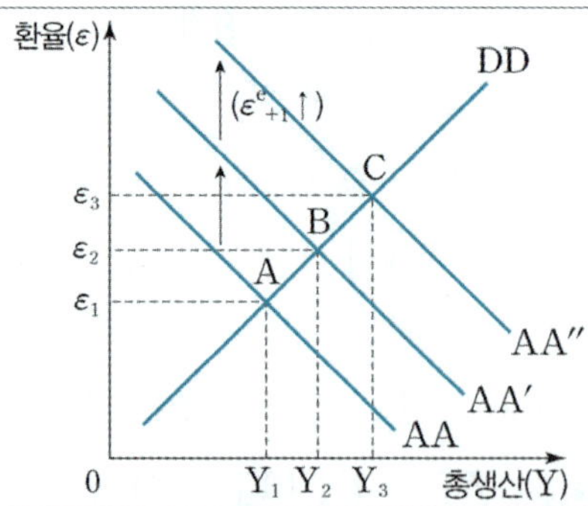

통화량의 증가로 AA곡선이 상방으로 이동한다($AA \rightarrow AA'$). 그리고 항구적 통화량 증가이므로 미래 환율의 기대치(ε^e_{+1})가 상승하면서 AA곡선이 추가로 상방으로 이동한다($AA' \rightarrow AA''$). 경제의 균형은 A에서 C로 이동하여 총생산이 크게 증가하고 환율이 크게 상승한다.

그림 19-7은 **항구적인 통화량 증가**의 결과를 보여준다. 통화량 증가로 주어진 총생산에서 환율이 상승하므로 AA곡선이 AA'로 상방 이동한다. 항구적인 통화량 증가는 **미래 환율의 기대치**(ε^e_{+1})**를 상승**시키므로 AA곡선은 **추가로 AA''로 상방 이동**한다. 즉 AA곡선이 기대환율이 변하지 않는 경우보다도 더 많이 위쪽으로 이동하게 된다. 경제의 균형은 A에서 C로 이동한다. 일회성 통화량 증가보다도 **환율은 더 많이 오르고**($\varepsilon_1 \rightarrow \varepsilon_3$) **총생산은 더 크게 증가**($Y_1 \rightarrow Y_3$)한다.

경제주체들은 국내 통화량의 항구적 증가로 미래에도 국내통화가치 하락이 지속될 것으로 기대하므로 기대환율이 상승한다. 따라서 통화량 증가로 인한 환율상승에, 기대환율 상승으로 환율이 추가로 상승하여 단기적으로 환율이 **오버슈팅**(overshooting)한다.

변동환율제도에서 정책효과(소규모 경제)

먼델-플레밍모형은 자본의 완전한 이동과 소규모 경제를 가정한다. 경제규모가 세계경제에 비해 아주 작기 때문에 자본의 유출입에 따라 **환율이 크게 요동**치게 된다.

총생산이 증가하는 경우 화폐수요가 증가하여 이자율이 해외이자율 수준 이상으로 잠시 상승하게 된다. 이는 신속하고 강력한 자본유입(외국인의 국내 예금 및 채권 등 국내자산 매입)으로 이어지고 이에 따라 이자율은 바로 해외이자율 수준으로 복귀한다. 그리고 자본유입의 과정에서 소규모 경제의 특성상 환율이 큰 폭으로 하락한다. 이에 따라 **AA곡선이 거의 수직**에 가깝게 된다.

1) 재정정책

그림 19-8 변동환율제도하에서 재정정책의 효과(소규모경제)

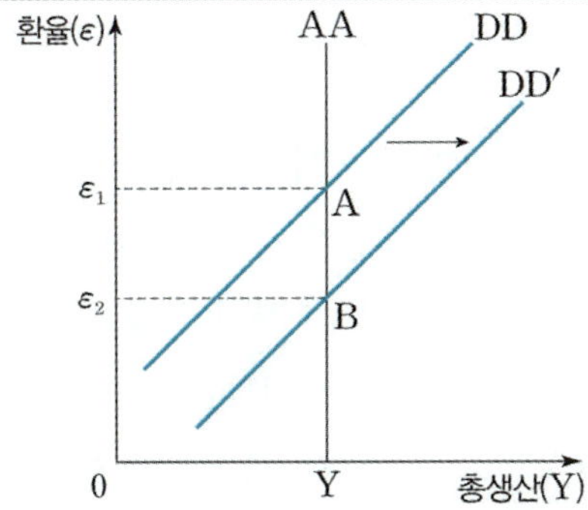

정부지출 증가로 DD곡선이 우측으로 이동한다. 경제의 균형은 A에서 B로 이동한다. 총생산은 변화가 없고 환율만 하락한다.

그림 19-8은 **정부지출 증가**의 결과를 보여준다. 정부지출 증가로 주어진 환율에서 DD곡선이 DD에서 DD'로 우측으로 이동한다. 경제의 균형은 A에서 B로 이동한다. AA곡선이 수직이어서 총생산은 변화가 없고 환율만 하락한다. 이는 정부지출 증가로 인한 총수요 증가분이 환율 하락(국내화폐가치 상승)으로 인한 **순수출 감소로 완전 구축**(crowding-out)되기 때문이다. 따라서 재정정책은 완전히 **무력화**(powerless)된다.

구체적으로 설명하면 정부지출 증가로 총생산이 증가하고 이자율이 상승하기 시작한다. 이자율 상승으로 자본유입이 이루어지고 이자율은 바로 원래 수준인 해외 이자율 수준으로 복귀한다. 자본유입 과정에서 환율이 하락하는데 소규모경제의 특성상 크게 하락하고 순수출이 크게 감소한다. 환율하락에 따른 순수출 감소의 효과는 매우 커서 정부지출 증가의 직접적 효과를 완전히 상쇄한다.

2) 통화정책

그림 19-9 먼델-플레밍모형의 통화정책의 효과

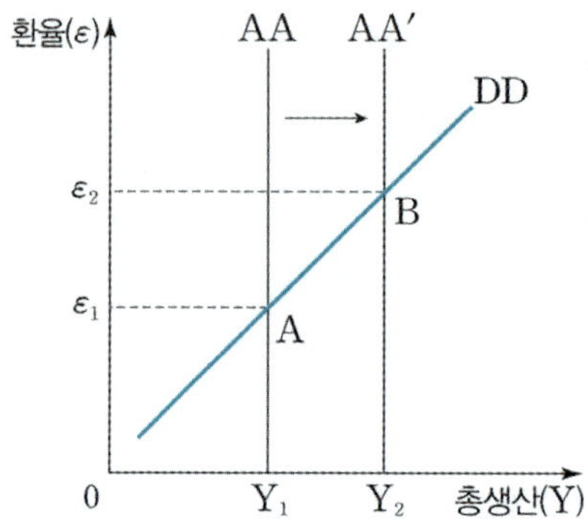

통화량 증가로 AA곡선이 상방(우측)으로 이동하여 경제의 균형은 A에서 B로 이동한다. 환율은 상승하고 총생산이 증가한다.

그림 19-9는 **통화량 증가**의 결과를 보여준다. 통화량 증가 시 AA곡선이 AA에서 AA'로 상방(우측)으로 이동하여 **총생산이 증가하고 환율이 상승**한다.

통화정책의 전달 경로를 살펴보면 먼저, 통화량 증가는 이자율 하락으로 이어진다. 이자율이 하락하면서 자본이 해외로 유출되어 이자율은 바로 해외 이자율 수준으로 복귀한다. 자본유출 과정에서 환율이 상승하는데 소규모경제의 특성상 크게 상승하여 순수출이 크게 증가한다. 팽창적 통화정책으로 단기에 총생산은 크게 증가한다.

그림 19-10 AA곡선의 기울기와 통화정책의 효과

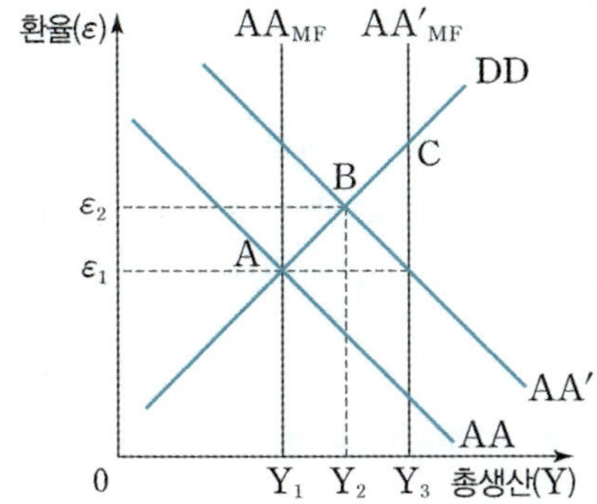

그림 19-10에서 보는 것처럼 동일한 규모로 AA곡선이 우측이동 시, AA곡선이 우하향하는 경우(소규모경제가 아닌 일반적인 경제의 경우)는 균형이 A에서 B로 이동하는 반면, AA곡선이 수직인 경우(소규모의 경제의 경우)는 균형이 A에서 C로 이동하여 통화정책의 효과가 더 강력하게 된다. 통화정책이 총생산에 미치는 효과가 소규모 개방경제에서 더 강력하다는 것을 알 수 있다.

고정환율제도에서 정책효과

1) 재정정책

그림 19-11 고정환율제도하에서 재정정책의 효과

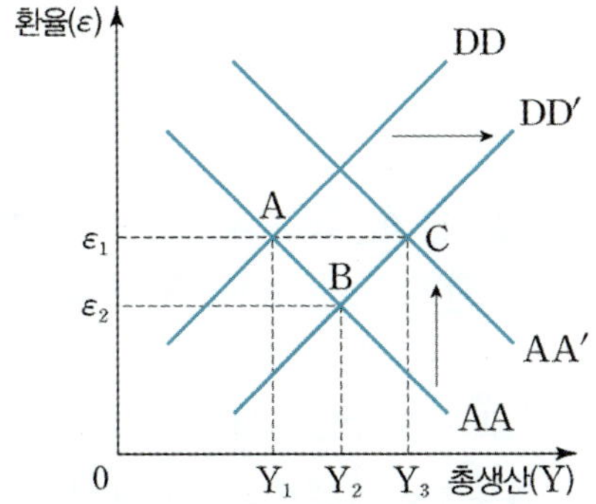

정부지출 증가로 DD곡선이 우측으로 이동하면 경제는 A에서 B로 이동하여 생산량이 증가하고 환율이 하락한다. 환율 유지를 위해 중앙은행이 외화를 매입하게 되면 통화량이 증가하여 AA곡선이 상방으로 이동하여 경제는 B에서 C로 이동한다. 이에 따라 총생산은 크게 증가한다.

그림 19-11은 **정부지출 증가**의 효과를 보여준다. 정부지출이 증가하는 경우 주어진 환율에서 총수요가 증가하여 ***DD*곡선이** *DD*에서 *DD*′로 **우측으로 이동**한다. 경제의 균형점은 A에서 B로 이동한다. 총생산이 증가하고 이자율이 상승하며 국내 통화가치가 상승하여 환율이 하락하게 된다. 환율 유지를 위해 중앙은행이 외화를 매입하는 경우 **통화량이 증가**하게 된다. 따라서 ***AA*곡선이** *AA*에서 *AA*′로 **위쪽으로 이동**하게 된다. 이에 따라 경제의 균형은 B에서 C로 이동한다. 결국 환율은 원래 수준에서 유지되고 총생산은 Y_3로 크게 증가한다.

고정환율제도하에서 **팽창적 재정정책은 팽창적 통화정책을 촉발**하여 매우 강력하게 된다.

2) 통화정책

고정환율제도에서는 통화정책을 **사용할 수 없다**. 통화량이 변화하면 환율이 변하기 때문이다.

그림 19-12 고정환율제도하에서 통화정책은 사용 불가함

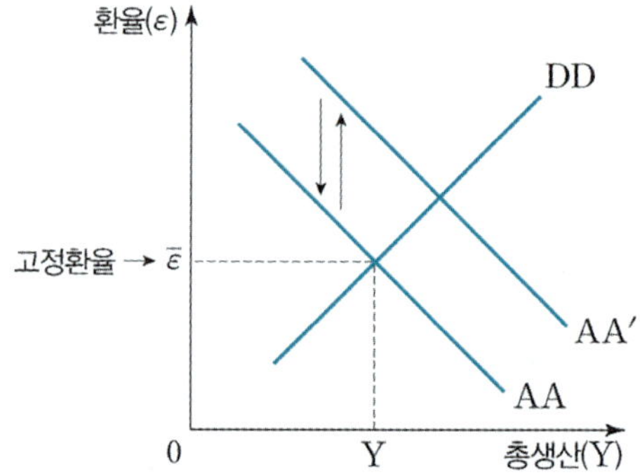

통화량 증가시 *AA*곡선이 상방으로 이동하여 환율이 상승하고 당초 환율 유지를 위해서 외화를 매각하면 통화량이 감소하여 *AA*곡선이 원래 위치로 복귀한다.

예를 들어 그림 19-12에서 보는 것처럼 통화량을 늘리면 *AA*곡선이 위쪽으로 이동하여 환율이 상승하고, 당초 환율을 유지하기 위하여 외화를 매각하면 통화량이 감소하여 *AA*곡선이 다시 아래로 이동하여 원래 위치로 돌아온다. 고정환율제도 하에서 국내 정책을 위해 통화정책을 사용할 수 없다.

〈 환율제도 및 경제규모에 따른 정책효과 비교표 〉

	변동환율제도		고정환율제도
	소규모 경제(먼델-플레밍모형)	소규모 아닌 경제	
통화정책	매우 효과적	폐쇄경제보다 더 효과적	사용 불가
재정정책	효과 없음	폐쇄경제보다 덜 효과적	매우 효과적

요약

1 변동환율제도하에서 통화량이 증가하는 경우 환율이 상승하여 순수출이 증가하고 총생산이 증가한다. 먼델-플레밍모형의 경우는 소규모 경제의 특성상 환율이 크게 상승하여 순수출이 크게 증가하고 총생산도 크게 증가한다.

2 변동환율제도하에서 정부지출이 증가하는 경우 환율이 하락하여 순수출 감소하는 구축효과가 발생한다. 소규모경제를 가정한 먼델-플레밍모형의 경우 순수출의 구축효과가 정부지출 증가의 직접효과를 완전히 상쇄할 정도로 크게 된다. 재정정책은 완전히 무력화된다.

3 고정환율제도하에서 통화정책은 경기 부양 등을 위해서 사용할 수 없다. 통화정책을 사용하면 이자율이 변하고 환율이 변하기 때문이다.

4 고정환율제도하에서 팽창적 재정정책은 팽창적 통화정책을 수반하여 총생산에 미치는 효과가 증폭된다.

연습문제

1 다음 문장의 진위를 판단하고 그 이유를 설명하라.

(1) 재화시장의 균형을 나타내는 DD곡선은 환율-총생산 평면에서 우하향한다.

(2) 정부지출이 영구히 증가하는 경우 DD곡선만 우측으로 이동한다.

(3) 해외 국가의 통화량이 증가하는 경우 AA곡선이 상방으로 이동한다.

(4) 기대환율이 상승하는 경우 AA곡선이 하방으로 이동한다.

2 자본이동이 자유로운 소규모경제를 가정하자. 변동환율제도를 채택하고 있다. 일회성 재정지출의 증가가 총생산 및 환율에 미치는 단기적 효과를 분석하라.

3 자본이동이 자유로운 소규모경제를 가정하자. 변동환율제도를 채택하고 있다. 일회성 통화량의 증가가 총생산 및 환율에 미치는 단기적 효과를 분석하라.

4 소규모 경제가 아닌 일반적 규모의 경제를 가정하자. 변동환율제도를 채택하고 있다. 통화량의 항구적 증가가 총생산 및 환율에 미치는 단기적 효과를 분석하라.

5 소규모경제가 아닌 일반적 규모의 경제를 가정하자. 고정환율제도를 채택하고 있다. 일회성 재정지출 증가가 총생산 및 환율에 미치는 단기적 효과를 분석하라.

제 8 부

거시경제정책 논의

제 8 부

거시경제정책 논의

거시경제학은 실용학문으로 현실 경제에 대한 진단과 함께 정책적 처방을 중시한다. 지금까지 *IS*−*LM*모형, *AD*−*AS*모형, AAD−AAS모형, DD−AA모형 등 경제안정화를 위한 다양한 이론들을 살펴보았다. 기본 메시지는 분명하다. 정부는 **재정정책과 통화정책을 통해 단기 경기변동을 완화할 수 있다**는 것이다.

제8부에서는 경제안정화와 관련하여 **정부의 역할에 관한 이슈**를 논의하고 경기변동과 관련된 **거시경제이론의 큰 흐름**을 살펴본다.

제20장 경제안정화를 위한 정책에 대한 논의
제21장 재정적자와 정부부채
제22장 유동성 함정 등 금융위기와 통화정책
제23장 거시경제이론의 큰 흐름

제20장 경제안정화를 위한 정책에 대한 논의

지금까지 다양한 경기변동이론을 살펴보았다. 경기가 과열되면 긴축정책을 통해 총수요를 진정시키고 경기가 냉각되면 확장정책을 통해 총수요를 진작시킴으로써 경제를 안정화시킬 수 있었다. **마치 정부가 경제를 기계 다루듯 통제**할 수 있는 것처럼 보인다. 하지만 현실에서 경제정책의 성공 여부는 **많은 요인에 의해 좌우**되며 그 결과는 항상 불확실하다.

제20장에서는 정부가 경제정책을 추진할 때 취해야 할 자세나 역할에 대해 살펴본다. (1) 정부가 **적극적 역할**을 해야 하는지 아니면 **수동적인 역할**에 그쳐야 하는지, (2) 정책을 사전에 정해 놓은 **준칙(rule)**에 따라 일관되게 추진해야 하는지(consistency) 아니면 상황에 따라 유연하게 **자유재량적**으로 대응해야 하는지(flexibility) 등을 중점적으로 살펴본다.

---

1. 정부의 적극적 역할 vs. 소극적 역할

정부의 적극적인 역할 옹호론

먼저, 정부가 경제안정화를 위해 적극적인 역할을 해야 한다는 주장의 논리를 살펴보자. 첫째, 경제는 기본적으로 총수요와 총공급의 **충격(shocks)에 끊임없이 노출**되어 있어 불안정(unstable)하다. 적극적인 거시정책으로 **불필요한 경기변동을 최소화**해야 한다.

둘째, 경제가 스스로 문제를 해결해 나가는 힘(self-correction forces)이 있어 장기적으로는 총생산이 자연생산량 수준으로 복귀할지라도, **가격과 기대(expectations)가 천천히 조정**되기 때문에 그 과정이 길고 더디다. 수많은 사람들이 고통을 겪게 된다. 특히, 경제에 대한 충격이 매우 큰 경우 조정메커니즘(adjustment mechanism) 자체가 붕괴될 수도 있다. 적극적인 정책을 통해 **조정의 속도를 높이고 그 기간을 단축하는 것이 필요**하다.

셋째, 현대 거시경제학의 발전으로 경기변동의 **원인과 해법을 잘 알고** 있는데 적극적으로 나서지 못할 이유가 없다.

정부의 적극적인 역할 반대론

이제는 정부의 적극적 역할에 반대하는 논리를 살펴보자. 하나의 정책이 성공하여 의도된 효과를 창출하기 위해서는 많은 것들이 맞아떨어져야 한다. 문제에 대한 **정확한 진단**이 이루어지고, **정확한 처방책**이 마련되어야 하며, **정확한 시기**에 시행되고, **적기에 효과**가 나타나야 한다. 경제정책이 **경제논리에 충실**하여 정치적 왜곡 없이 설계되고 추진되어야 한다. 현실에서 이러한 **모든 조건을 충족하기는 매우 어렵다.**

첫째, 기본적으로 **정책입안자가 유능하고 모든 것을 알고 있다는 보장이 없다.** 경제현상에 대한 정확한 진단은 매우 어려운 일이다. 예를 들어, 실업률이 높은 경우에 자연실업률 자체가 높은 것인지 아니면 경기적실업률이 높아서 자연실업률을 초과하는 것인지 종종 판단하기가 쉽지 않다. 자연실업률은 고정되어 있지 않고 나라와 시기에 따라서 변하기 때문이다.

역사적 사건인 1930년대 대공황의 원인에 대한 진단도 학자들 간 의견이 갈린다. 투자 및 소비심리의 악화로 인한 수요측면의 큰 충격으로 보는 학자가 있지만, 은행의 파산 등에 따라 통화승수가 감소한 상황에서 본원통화가 충분히 공급되지 못했기 때문이라고 보는 학자들도 있다. 경제의 증상을 정확히 읽고 실상을 제대로 파악하는 것은 생각처럼 쉽지가 않다.

둘째, **정확한 처방** 역시 **만만치 않은 과제**다. 경기침체 시 재정정책과 통화정책 중 어느 정책이 더 효과적인지, 그리고 그 정책의 효과는 얼마나 크며 얼마 동안 지속되는 것인지 모든 것이 불확실하다. 계량경제모형을 이용하여 정책의 효과를 예측해 볼 수 있지만 모형마다 다른 결과치를 제시한다. 특히, 정책의 효과는 경제주체의 기대형성에 따라 달라진다. 기대는 고정된 것이 아니고 정책 시행과 함께 변한다. **정책 효과의 불확실성**(uncertainty)은 더욱 더 커지게 된다.

셋째, **정책의 타이밍 문제**이다. 정책은 시차를 두고 경제에 영향을 미친다. 경제학자들은 정책의 시차를 내부시차(inside time lag)와 외부시차(outside time lag)로 나눈다. 내부시차는 경제에 대한 충격 발생과 정책 시행 사이의 시간을 의미하며, 외부시차는 정책 시행과 경제효과의 발생 사이의 시간을 의미한다.

- 경제의 충격발생 – (내부시차) – 정책시행 – (외부시차) – 정책효과 발생

재정정책은 정부지출 및 조세 변경 시 국회의 동의를 얻어야 하는 등 내부시차가 길다. 정책이 실시되면 바로 총수요에 영향을 줄 수 있어 외부시차는 짧은 편이다.

반면에, 통화정책은 중앙은행이 신속하게 실시할 수 있어 내부시차가 짧지만, 이자율을 통해 투자 등에 영향을 미치는 데는 상당한 시간이 소요되어 외부시차가 긴 편이다.

이러한 시차 문제로 경기 부진을 극복하기 위한 경기부양책이 이미 경기가 상당히 호전된 후에나 그 효과가 나타나 오히려 경기 과열을 부추기는 결과를 초래하기도 한다. 경제안정화를 위한 좋은 의도와는 달리 경제를 더 불안정하게 할(destabilize) 수도 있다.

물론 재정의 **자동안전장치**(built in stabilizer)로 정책의 시차를 줄일 방안이 존재한다. 경기가 호황이면 자동적으로 세수는 늘어나고 실업보험과 같은 복지지출은 감소하여 경기를 진정시키고, 불황이 되면 세수는 줄고 실업보험과 같은 복지지출은 증가하여 경기를 부양하는 것이다. 하지만 이러한 재정의 자동안정장치는 대규모 경기변동을 안정시키기엔 역부족이다.

정책이 시차를 두고 경제에 영향을 미치기 때문에 정책입안자는 미래의 경제상황을 미리 예견해야 한다. 경기선행지표와 계량경제모델을 활용하여 미래의 경제상황을 예측하지만 매우 어려운 일이며 종종 잘못되기도 한다.

넷째, **기대로 인한 불확실성**이다. 루카스는 과거부터 현재까지의 자료에 기초하여 경

제모형을 설계해서는 안 된다고 주장한다. 정책이 달라지면 경제주체의 기대가 달라지고 경제행위가 달라지기 때문이다.

예를 들어 총수요의 가장 큰 구성요소인 소비함수의 한계소비성향을 고정된 값으로 간주하고 승수효과를 예단해서는 안 된다는 것이다. 기대가 고정된 것이 아니라 정책이 변하면 기대도 변하며, 정부지출 증가나 조세감면이 일시적인지 아니면 항구적인지에 따라서 기대가 다르게 형성되어 한계소비성향 등이 달라질 수 있기 때문이다.

또 다른 예로 필립스곡선을 이용하여 인플레이션율 증가를 감수하면서 실업률을 낮추려고 팽창적 통화정책을 추진하는 경우, 두 변수 사이의 상관관계가 그대로 있지 않고 변할 수 있다는 것이다. 사람들이 인플레이션율 기대치를 신속히 조정하는 경우 통화량증가율의 상승은 실업률을 감소시키지 못하고 인플레이션율만 상승시키는 결과를 초래할 수 있다.

정책이 기대에 영향을 미침에 따라 정책 효과의 불확실성은 더욱 증가한다. 정책의 효과는 경제주체가 기대를 어떻게 형성하는지에 따라 달라진다.

경제는 정부가 마음대로 통제할 수 있는 기계가 아니고 **살아 움직이는 생물**(An economy is not a machine but a living thing)과 같다. 정책의 설계도 주어진 여건에서 최선의 정책을 선택하는 최적 이론(optimal theory)보다는 경제주체 사이의 상호작용을 중시하는 게임이론(game theory) 차원에서 접근해야 할 필요성이 증가한다.

이처럼 시차와 기대 등으로 정책효과의 불확실성이 높은 상황에서 정책입안자는 스스로 능력의 한계를 인정하고 정책을 매우 주의 깊게 추진해야 하며 **적극적인 정책은 자제**해야 한다.

정책이 득보다는 해를 초래할 위험을 경계하며 겸손한 자세로 경제정책에 임해야 한다. 특히 소소한 경제문제까지 미세조정(fine tuning) 하려고 해서는 안 된다. 정책의 효과를 장담할 수 없는 상황(uncertainty)에서 정부가 적극적으로 개입하는 것은 **의도와 달리 바람직하지 않은 결과를 초래할 위험성**이 크다. 서투른 정책이 오히려 경제안정을 해치고 경기변동을 심화시킬 수 있다.

2. 자유재량적 정책 vs. 준칙(Rule)에 따른 정책

이제 정부가 경제상황을 반영하여 정책을 추진하는 경우 그 방식에 대해 살펴보자. 준칙에 따른 정책과 자유재량적 정책에 대한 논의다.

준칙에 의한 정책(rule based policy)은 정부가 사전에 경제상황에 따라 추진할 정책을 미리 발표하고 그에 따라 일관되게 시행하는 것이다.

자유재량적 정책(discretionary policy)은 정책입안자가 재량을 갖고 경제상황에 따라 유연하게 필요한 정책을 그때그때 선택하여 추진하는 것이다.

재량정책 옹호론

경제상황은 시간이 흐르면서 변하고 또 사전에 예측하지 못한 상황이 발생할 수 있다. 일반적인 경제상황을 가정하여 정책의 기본 준칙(rules)을 만들 수는 있으나 예기치 않은 상황에 대비해서 상세한 준칙을 만들기는 힘들다. 정부가 변화하는 상황에 따라 **신축적으로 대응**할 수 있어야 한다. 정책담당자가 상황에 따라 맞는 적절한 정책을, 재량을 갖고 선택해서 유연하게 대응하는 것이 필요하다.

준칙에 의한 정책 옹호론

1) 재량정책의 정치적 왜곡

기본적으로 정책 결정은 정치적 과정을 거쳐 이루어진다. 일반 국민은 정책결정자들이 유능하며 나라 경제를 위해서 최선을 다하리라고 믿기 쉽다. 그러나 정치인들은 무능하고 기회주의적일 수 있으며 국가이익보다는 정치적 이익을 위해 최선을 다하기도 한다. 그들은 천사가 아니다(politicians are not angels).

따라서 경제정책을 정치적 목적을 위해 사용하기도 하고 따라서 경제정책이 **정치적으로 왜곡**되기도 한다. 근시안적인 투표자를 이용해 단기적 이익이 있지만 장기적으로 큰 손실을 초래할 정책을 채택하기도 한다.

정치가 경제에 영향을 미치는 경우 정치 일정에 따라 경제의 부침이 발생하는 정치적 경기순환(political business cycles)을 겪기도 한다. 현 정부가 정권을 계속 차지하기 위해서는 선거 직전에 좋은 경제성과가 필요하다. 따라서 선거 일정에 맞추어 대규모 경기부양책을 추진하는 경향이 있다. 이에 따라 경제의 성장률이 선거전에는 높고 선거 후에는 낮아지는 경향을 보인다.

그리고 정치적 선호에 따라 경제성과가 달라진다. 인플레이션을 더 염려하는 보수정부(미국의 경우 공화당) 하에서는 인플레이션율이 낮은 수준에서 안정화되는 대신에 경제성장률이 낮다. 경제성장률에 더 관심이 많은 진보정부(미국의 경우 민주당) 하에서는 경제성장률이 높은 대신에 인플레이션율이 높아지는 경향을 보인다.

경제가 정치적 이해관계에 따라 왜곡(political distortions) 되는 것이다. 정치과정에 대한 불신은 자유재량정책 대신 준칙에 따른 정책을 옹호하는 이유가 된다.

2) 재량정책의 동태적 비일관성(Time Inconsistency)

정책이 경제주체의 기대에 영향을 미치는 경우 정책의 효과는 경제주체의 기대(expectations)에 따라 크게 달라진다. 정책이 효과를 발휘하기 위해서는 경제주체들이 정책을 신뢰하고 우호적인 기대형성으로 호응하는 것이 중요하다.

재량정책은 **최적정책의 동태적 비일관성**으로 정책이 발표된 후 바뀌게 되어 **경제주체의 신뢰를 잃게 된다**. 따라서 애초 의도한 효과를 창출하지 못하게 된다.

최적 정책의 동태적 비일관성 문제를 좀 더 구체적으로 살펴보자. 시간이 흐르면서 정부는 주어진 상황에서 최선의 정책을 선택한다. 정부가 정책을 발표하고 그에 기초하여 사람들의 기대가 형성되면, 정부가 이 기대하에서 다시 최적의 정책을 추진하려는 인센티브가 발생하게 된다. 따라서 애초 발표와 달리 정책이 도중에 바뀌게 된다.

예를 들어 통화증가율을 낮게 유지하여 낮은 인플레이션을 유지하겠다는 정책을 발표한 후 기대인플레이션율이 낮게 형성되었다고 가정하자. 이제 정부는 인플레이션율 상승은 어느 정도 감수하면서 실업률을 낮추어 경제성과를 더욱 높일 수 있는 유인에 직면하게 된다. 따라서 애초 발표와는 달리 정책을 변경하여 추진한다. 즉 정부의 최적정책은 시간이 흐르면서 비일관성을 보이게 된다.

최적정책의 동태적 비일관성은 많은 사례에서 찾아볼 수 있다. 투자를 촉진하기 위해 자본소득에 대해 세금을 부과하지 않겠다고 발표한 후 공장 설립 등 투자가 이루어지고 난 후에는 세수 증대를 위해 세금을 부과하는 것이 좋은 예이다.

이러한 최적정책의 동태적 비일관성은 경제주체들이 **정책당국을 불신**하게끔 만든다. 경제주체들은 정책당국이 시간이 흘러 상황이 바뀌면 정책을 변경할 유인(incentive)이 발생한다는 것을 알고 정책 발표를 그대로 믿지 않는다. 이 경우 **정책의 효과는 크게 떨어지게 된다.**

3. 준칙이 재량정책보다 더 좋은 사례 예시

1) 통화정책

준칙(rule)에 의한 통화정책이 재량적 통화정책보다 더 나은 결과를 가져올 수 있는지 살펴보자. 중앙은행은 실업률과 인플레이션율에 초점을 두어 통화정책을 추진한다고 가상한다. 사회적 비용(L, social loss)은 실업률(u)이 증가할수록 비례해서 증가하고, 인플레이션율(π)이 증가할 때는 그 제곱에 비례하여 증가한다고 가정하자. 이 경우 **사회적 손실함수**는 다음과 같이 표현할 수 있다.

$$L(u, \pi) = u + \beta\pi^2$$

여기서 L은 사회적 손실이고, u는 실업률이며 π는 인플레이션율이다. $\beta(>0)$는 실업률비용과 인플레이션비용의 상대적 가중치이다.

실업률과 인플레이션율 사이의 관계를 보여주는 필립스식은 다음과 같다고 가정하자.

$$\pi = \pi^e - \frac{1}{2}(u - u_n)$$

이 필립스식을 실업률에 대해 풀어 다시 쓰면 다음과 같다.

$$u = u_n - 2(\pi - \pi^e)$$

이 식을 사회적 손실함수에 대입하면 다음과 같다.

$$L = u_n - 2(\pi - \pi^e) + \beta\pi^2$$

이제 중앙은행은 인플레이션 없는 사회를 선언한다. 재량적인 정책과 준칙에 의한 정책의 효과를 비교해 보자.

① 준칙에 의한 통화정책

먼저, **준칙**에 의한 통화정책을 살펴보자. 중앙은행이 **인플레이션 없는 경제를 선언**하고 이를 지킨다고 가정하자. 사람들도 중앙은행을 신뢰하여 인플레이션율 기대치를 0으로 형성한다. 이 경우 위 손실함수에서 기대인플레이션율과 실제 인플레이션율이 0

$(\pi = \pi^e = 0)$이 되어 사회적 손실은 u_n이 된다.

$$L = u_n$$

② 재량적 통화정책

다음은 재량적 통화정책을 실시하는 경우의 효과를 살펴보자. 중앙은행은 인플레이션 없는 경제를 공표한다.

$$\text{공표된 인플레이션율: } \pi^A = 0$$

이에 따라 사람들은 인플레이션율에 대한 기대치를 형성한다.

$$\text{기대인플레이션율: } \pi^e$$

일단 사람들이 인플레이션율 기대치를 형성하면, 중앙은행은 주어진 기대인플레이션율하에서 사회적 손실을 최소화할 수 있는 인플레이션율을 선택한다. 주어진 기대인플레이션율하에서 사회적 손실을 극소화할 수 있는 인플레이션율을 찾아보자.

사회적 손실을 극소화할 수 있는 필요조건을 구하기 위해 위 사회적손실함수를 인플레이션율(π)로 미분(differentiate)한 후 0으로 놓으면 다음과 같다.

$$\frac{\Delta L}{\Delta \pi} = -2 + 2\beta\pi = 0 \rightarrow \pi^* = \frac{1}{\beta}$$

사람들의 기대인플레이션율이 무엇이든, 주어진 기대인플레이션율 하에서 사회적 손실을 최소화하기 위한 **최적 인플레이션율**(π^*)은 $\frac{1}{\beta}$가 된다.

중앙은행이 발표와는 달리 이 최적 인플레이션율을 선택하는 경우 사회적 손실은 다음과 같다.

$$L = u_n - \frac{1}{\beta} + 2\pi^e$$

이제 사회적 손실은 기대인플레이션율에 따라 달라진다.

사람들이 중앙은행의 발표에 속아 **기대인플레이션율을** 0으로 형성하면($\pi^e = 0$) 사회적 손실은 아래와 같이 된다.

$$L = u_n - \frac{1}{\beta}$$

즉 중앙은행이 재량적 통화정책으로 경제주체들을 속일 수 있다면 사회적 손실은 자연실업률 밑으로 낮아져 준칙에 의한 통화정책보다 더 나은 결과를 창출할 수 있다.

$$\text{준칙정책}(\pi^A = \pi^e = 0, \pi = 0):\ L = u_n$$
$$\text{재량정책}(\pi^A = \pi^e = 0, \pi = \frac{1}{\beta}):\ L = u_n - \frac{1}{\beta}$$

그러나 **사람들은 매우 현명**하다. 프리드먼(M. Friedman)은 사람들이 반복적으로 속지는 않는다고 강조한다(Agents could not be fooled on a recurrent basis). 사람들은 중앙은행이 발표와는 달리 사회적 손실을 최소화하기 위해 아래의 최적 인플레이션율을 선택할 것이라고 기대한다.

$$\pi^* = \frac{1}{\beta}$$

따라서 사람들의 **기대인플레이션율**은 아래와 같다.

$$\pi^e = \frac{1}{\beta}$$

이 경우 중앙은행이 선택한 물가와 기대물가는 $\frac{1}{\beta}$이 되어($\pi = \pi^e = \frac{1}{\beta}$) 사회적 손실은 다음과 같다.

$$L = u_n + \frac{1}{\beta}$$

즉 재량적 통화정책으로 인한 **사회적 손실이** 준칙에 의한 통화정책의 경우보다 **더 커지게** 된다.

$$\text{준칙정책}(\pi^A = \pi^e = \pi = 0):\ L = u_n$$
$$\text{재량정책}(\pi^A = 0, \pi^e = \pi = \frac{1}{\beta}):\ L = u_n + \frac{1}{\beta}$$

재량정책으로 주어진 상황에서 최선을 선택하여 비일관적인 태도를 보이는 것보다, 준칙에 따라 일관된 정책을 추진하여 경제주체의 신뢰를 확립하는 것이 더 나은 결과를 가져올 수 있음을 보여준다.

2) 납치범과 협상 문제

준칙에 따른 정책이 자유재량적 정책보다 더 나을 수 있다는 것은 인질범의 납치 행위에 대한 정부의 대응에서도 확인할 수 있다. 인질범의 납치 행위에 정부가 어떻게 대응하는 것이 최선일까? **순차게임**(sequential game) 이론을 적용하여 살펴보자.

정부와 인질범이라는 두 게임 참가자가 있다. 먼저, 정부(G, government)는 납치 행위의 유인(incentive)을 없애기 위해 인질범(H, hostage takers)과는 절대 협상하지 않겠다는 정책을 발표한다. 인질범은 정부의 발표보다는 인질 납치 후 정부가 어떻게 행동할 것인가에 대한 기대에 기초하여 인질의 납치 여부를 결정한다. 정부는 인질이 납치되면 협상 여부를 결정한다. 따라서 게임의 구조는 그림 20-1과 같게 된다.

그림 20-1 인질 납치 및 협상의 순차적 게임 구조

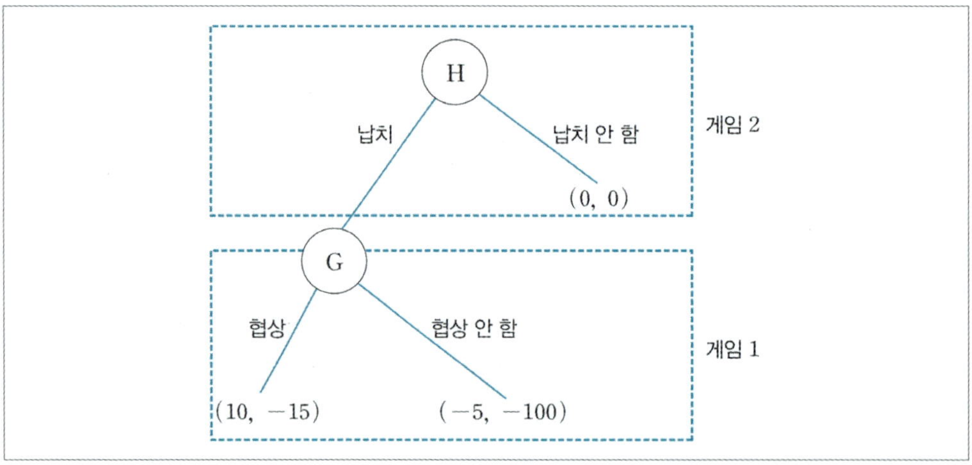

인질범(H)은 인질의 납치 여부를 결정하고, 정부(G)는 협상 여부를 결정한다. 그리고 인질범과 정부의 선택 조합에 따라 보수(payoffs)가 결정된다. 괄호 안 앞의 값은 인질범(H)의 보수이고 뒤의 값은 정부(G)의 보수이다. 즉 인질 납치가 이루어지고 정부가 협상에 응하면 인질범은 10의 이득을 얻고 정부는 15의 손실을 본다. 인질 납치 후 정부가 협상에 응하지 않으면 인질범은 인질 납치의 비용만 발생하여 5의 손실을 보고 정부는 인질이 살해되어 100이라는 큰 손실을 보게 된다.

① 자유재량적 대응

먼저, **재량적 정책**에 따른 경우이다. 정부는 인질에 대해 협상하지 않는다고 발표한다. 그러나 인질범은 일단 인질이 납치되면 정부가 협상에 나설 것을 기대하고 인질을 납치한다. 인질이 납치된 상황에서 정부의 최선책은 인질이 희생되지 않도록 협상을 통해 구출하는 것이다. 협상하지 않을 경우의 인질 희생으로 인한 손실은 100으로 엄청나게 크지만, 협상을 통해 구출하고 지불하는 비용은 15로 적기 때문이다. 따라서 정부는 발표와는 달리 협상을 통해 인질에 대한 몸값을 내고 인질을 구출하게 된다. 따라서 **(인질납치, 협상)**의 조합이 선택되고 인질범은 10을 얻고 정부는 15의 손실을 본다.

이 순차적 게임의 해를 **부분게임완전내쉬균형**(SPNE, subgame perfect Nash equilibrium)의 개념을 활용하여 찾아보자. SPNE는 순차게임의 모든 부분게임에서 내쉬균형의 조건을 충족시키는 형태의 전략조합을 말한다. **역순**(backward induction)으로 올라가면서 부분게임의 균형을 찾아가는 방식으로 해를 찾으면 된다. 먼저 게임을 2개의 부분게임(subgame)으로 나눈다.

하단의 **게임 1**에서 정부는 협상하면 보수가 −5이고 협상을 안 하면 보수가 −100이다. 손실을 최소화하기 위해 **협상**을 선택한다. 상단의 **게임 2**에서 납치범은 인질을 납치하면 보수는 10이고 납치하지 않으면 보수는 0이다. **납치**를 선택한다. 따라서 **최종 균형은 (납치, 협상)**이 된다. 즉 이 게임의 결과는 납치 행위가 발생하고 정부는 협상을 통해 인질을 구출하는 결과로 귀결된다. 인질범은 10을 얻고 정부는 15의 손실을 본다.

② 준칙에 의한 대응

그림 20-2 준칙에 의해 인질 협상이 불가한 경우의 게임 구조

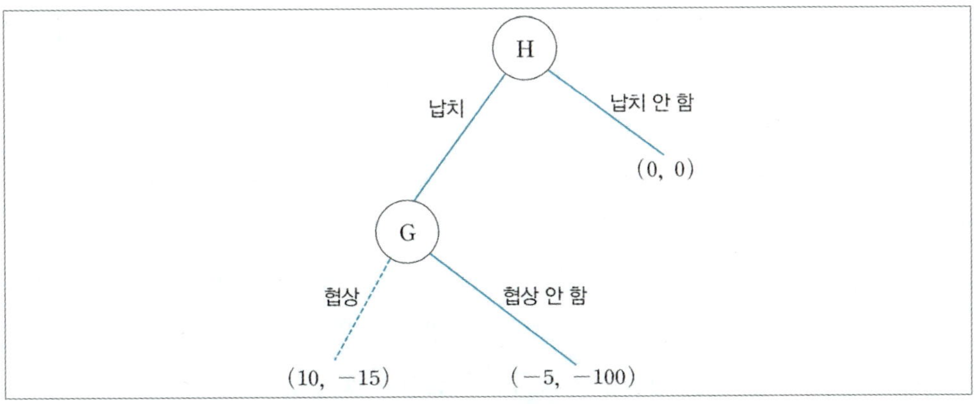

정부가 협상하는 것이 준칙(rule)에 의해 불가능하여 협상의 선택지가 사라진다. 납치범은 인질을 납치하는 경우 오히려 정부가 협상에 응하지 않아 납치비용만 발생하여 손해라는 것을 안다. 따라서 납치가 이루어지지 않는다.

다음은 정부가 **준칙**에 따라 대응하는 것이다. 정부가 협상하지 않는다고 발표하고, 이를 준수하기 위해 법으로 협상 금지를 명시하여 **협상의 선택지(option)를 제거해 버렸다**고 하자. 그림 20-1의 게임구조(game tree)는 그림 20-2와 같이 변한다. 이제 납치범은 인질을 납치하는 경우 납치 비용만 발생하여 보수는 −5이고, 납치를 안 하는 경우 보수는 0으로 납치를 안 하는 것이 유리하다. **납치행위 자체가 발생하지 않게 된다**.

때로는 정책이 바뀔 여지가 없는 고정된 준칙이 상황에 따라 최선을 다하는 재량적 정책보다 더 나은 결과를 가져올 수 있음을 보여준다.

4. 준칙에 의한 정책과 재량정책의 조화

대부분 경제학자가 **재정정책**은 **기본적으로 준칙에 의해 추진**되어야 한다는 데 동의한다. 균형예산을 천명하기도 하고, 과도한 정부부채가 발생하지 않도록 일정한 제한을 가하는 규칙을 정하여 운영하기도 한다. 정부적자가 과도해지면 자동적으로 지출을 삭감하는 메커니즘을 마련하기도 하고, 지출이 수입 범위 내에서 이루어지도록 제한을 가하는 방식을 채택하기도 한다.

통화정책의 경우는 **준칙에 의한 정책과 재량적 정책의 논의가 계속 진행 중**이라고 볼 수 있다. 미국 중앙은행(연방준비은행)의 경우 암묵적으로 인플레이션율 갭(실제 인플레이션율과 인플레이션율 목표치의 차이)과 총생산갭(총생산과 자연생산량의 차이) 자료 등에 기초하여 이자율 목표치를 설정하고 있지만 어떤 준칙에 따르고 있음을 명시적으로 언급하지는 않고 있다.

경제학자들은 통화정책의 준칙을 제시하고 있다. 프리드먼을 중심으로 한 통화론자들은 경기변동의 원인으로 통화적 요인을 지목하고 통화량증가율을 일정하게 유지하는 정책을 제시했다. 그러나 일정한 통화량증가율이 총수요의 안정으로 이어지기 위해서는 통화수요가 안정적이라는 가정이 필요하다. 통화수요가 변하면 통화량증가율이 경제안정을 위한 통화정책의 지표로서 한계를 노출하게 된다.

경제학자들이 제시하는 다른 준칙은 GDP성장률 갭(gap)이다. GDP성장률이 목표치보다 낮을 때는 이를 반영하여 자동적으로 통화량증가율을 높이고, GDP성장률이 목표치보다 높을 때는 통화량증가율을 자동적으로 줄이는 것이다.

경제학자들이 제시하는 또 다른 준칙은 인플레이션율 갭(gap)이다. 인플레이션율이 목표치보다 높을 때는 이를 반영하여 자동적으로 통화량증가율을 낮추는 것이다. 많은 중앙은행이 인플레이션율 목표치를 설정하여 운영하고 있으며 일부 재량을 갖고 있다.

테일러(John Taylor)는 **총생산갭**과 **인플레이션율갭**에 기초하여 명목이자율을 설정하는 통화정책의 규칙을 다음과 같이 제시하였다.

$$i = r_n + \pi + \theta_\pi(\pi - \pi^*) + \theta_Y(lnY - lnY_n)$$
$$= r_n + \pi^* + (1+\theta_\pi)(\pi - \pi^*) + \theta_Y(lnY - lnY_n)$$

여기서 r_n은 자연이자율, π^*인플레이션율 목표치, Y는 총생산, Y_n자연생산량, θ_π와 θ_Y는 매개변수(parameter)이다. $(lnY - lnY_n)$은 총생산이 자연생산량에서 이탈한 정도를 %로 측정한 값이다.

국가 간 중앙은행이 신뢰성을 확보하기 위해서는 정치적으로 휘둘리는 것을 방지하는 것이 필요하다. 이를 위해서는 **중앙은행의 독립성**을 확보하는 것이 중요하다.

국가 간 중앙은행 독립성과 인플레이션율 관련 자료에 대한 분석은 중앙은행이 독립적인 국가일수록 인플레이션율이 낮다는 것을 보여준다. 중앙은행은 독립적인 기관이 된 경우에도 실업률을 자연실업률 이하로 낮추려는 유혹에 직면할 수 있다. 따라서 실업률보다는 인플레이션율을 더 중시하는 보수적 인사를 중앙은행장으로 임명하고, 임기를 길게 하여 인플레이션으로 인한 장기적 비용을 고려하여 정책을 추진하도록 유도하기도 한다.

지금까지 우리는 경기변동에 대해 적극적으로 대처해야 하는지 아니면 수동적 자세로 임해야 하는지 또 준칙에 따라 정책을 시행할 것인지 아니면 자유재량에 의한 정책을 추진할 것인지 등에 대해 살펴보았다. 어느 한 주장을 100% 따르는 것 보다 **경제상황을 고려하여 접근하는 것이 필요하며 조화롭게 접근하는 것이 필요**하다.

한 가지 분명한 것은 높은 실업률과 인플레이션율 등 경제 상황이 심각할수록 정부의 적극적 역할이 더 중요시된다고 볼 수 있다(state dependent policy). **기본적으로 준칙**에 따라 정책을 추진하면서도 급변하는 또 예기치 않은 경제상황에 유연하게 대처할 수 있는 **어느 정도의 재량은 필요**하다고 할 수 있다.

	고전학파	케인지언	통화주의	현재 상황
재량적 통화정책	반대	찬성	반대	논쟁 중
재량적 재정정책	반대	찬성	반대	반대, 매우 예외적인 상황에서만 허용

요약

1 적극적인 정책을 주장: 경제는 기본적으로 총수요와 총공급의 충격에 빈번히 노출되어 불안정하다. 따라서 적극적인 거시정책으로 불필요한 경기변동을 최소화해야 한다.

2 수동적인 정책을 주장: 경제에 대해 아직 모르는 부분이 많다. 정책효과는 시차를 두고 발생하여 타이밍을 맞추기가 쉽지 않다. 그 효과가 나타나는 기간 및 크기도 불확실하다. 서투른 정책이 오히려 경제안정을 해치고 경기변동을 심화시킨다. 경제를 기계 다루듯이 조정할 수 없다. 게임이론의 관점에서 경제주체 간 상호작용을 중시하며 조심스럽게 접근해야 한다.

3 자유재량정책(discretion): 모든 경제상황에 대비해서 사전에 상세하게 정책의 준칙을 마련하는 것은 불가능하다. 정책입안자가 예기치 않은 경제상황에 재량을 갖고 유연하게 대응할 수 있어야 한다.

4 준칙(rule)에 따른 정책: 정책에 재량이 허용되면, 정치인들이 경제정책을 정치적 목적을 위해 이용한다. 정치적 왜곡이 초래된다. 정책입안자들은 최적 정책의 동태적 비일관성(time inconsistency)의 유혹에 직면하여 약속을 지키지 않게 된다. 합리적 경제주체들이 이를 알게 되고 정책은 신뢰성을 잃어 효과가 거의 없게 된다. 정부와 민간 경제주체 간 게임이 바람직하지 않은 결과로 이어진다. 이를 피하고 정책의 신뢰를 유지하기 위해서는 정해진 준칙에 따라 정책을 추진하는 것이 필요하다.

5 불확실성으로 가득 찬 세상에서 경제정책을 마련하고 추진하는 것은 쉽지 않은 일이다. 미세조정까지 하는 정책은 불필요하지만, 경제가 심각한 상황에서 수동적으로 해결될 때까지 기다릴 수는 없다. 아울러 예기치 않은 상황에 유연하게 대처하는 것이 요구된다.

6 정책은 경제상황에 입각해서 추진하고, 기본적으로 준칙에 따르면서 일정 부분 재량을 허용하여 조화롭게 추진되어야 한다고 할 수 있다.

연습문제

1 다음 문장의 진위를 판단하고 그 이유를 설명하라.

(1) 통화정책은 재정정책에 비해 내부시차가 길고 외부시차가 짧다.

(2) 통화정책은 준칙에 따라 시행하고 재정정책은 경제상황에 따라 자유재량적으로 추진하여야 한다.

(3) 최적의 경제정책이 결정되어 발표되면 정부가 그 정책을 수정할 유인은 없다.

(4) 정책 당국자는 경제를 꼼꼼하게 챙겨서 최대한 미세조정해야 한다.

2 준칙에 의한 정책과 자유재량적 경제정책 중 어느 방식의 정책을 지지하는가? 그 이유는?

3 어느 경제의 필립스식과 사회적손실함수가 다음과 같다고 가정하자.

$$\pi = \pi^e - (u - u_n)$$

$$L(u, \pi) = u + \pi^2$$

정책당국이 앞으로 인플레이션율 없는 안정된 사회를 선언한다.

(1) 정책당국이 준칙에 따라 선언한 정책대로 추진하고 국민이 신뢰할 경우, 사회적 손실은 얼마인가?

(2) 정책당국이 상황에 따라 정책을 수정하는 자유재량적 정책을 추진한다. 경제주체들의 기대가 형성되면, 정책당국은 당초 약속한 정책을 수정할 유인에 직면하게 된다. 이 경우 사회적 손실을 최소화할 수 있는 인플레이션율과 사회적 손실을 구하라.

(3) 경제주체들이 정책당국의 정책 변경을 예상할 경우, 사회적 손실은 어떻게 되는가?

제21장 재정적자와 정부부채

정부지출 및 조세를 변화시키는 재정정책은 단기에 직접적으로나 간접적으로 소비, 투자 및 순수출에 영향을 주어 총수요와 총생산에 영향을 미친다.

그리고 재정적자는 총저축 감소 및 실질이자율 상승으로 이어져 민간투자를 구축(crowding-out)하여 최장기적으로는 자본축적 및 경제성장에 악영향을 미친다.

재정적자는 정부가 조세수입보다 지출이 더 클 때 발생하며 누적되어 정부부채가 된다. 이 장에서는 재정적자와 정부부채의 동학(dynamics) 및 경제에 미치는 영향을 살펴본다.

1. 재정적자 측정상의 문제점

재정적자는 정부지출과 조세수입의 차이이다. 정부지출은 재화구매를 위한 지출($\$ G$)과 기존부채($\$ B_{-1}$)에 대한 이자지출($i \$ B_{-1}$)로 구성되며, 수입은 조세수입($\$ T$)이다. 이 경우 금번 기의 재정적자는 다음과 같다.

$$\$ D = \$ G + i \$ B_{-1} - \$ T$$

여기서 D는 재정적자, G는 정부지출, i는 명목이자율, B_{-1}는 전기 말 부채 규모,

T는 조세이며, 각 변수 앞의 달러(＄) 표시는 화폐단위로 측정되었음을 말해준다. 즉 모든 변수는 명목기준으로 측정한다.

이렇게 명목기준으로 측정한 재정적자는 재정의 지출흐름을 파악하는 데는 유용하지만, 진정한 의미의 재정정책 방향이나 경제에 미치는 영향 그리고 미래 세대의 부담 등을 정확히 가늠하는 데는 여러 **문제점**을 드러낸다.

먼저, 인플레이션 발생 시 **재정적자 규모가** 실질기준보다 **과다하게 평가**된다. 실질기준으로 정부재정이 균형이고 인플레이션율이 π인 경우를 가정하자. 명목 이자지출이 $\pi \$ B_{-1}$만큼 증가하게 된다. 실질기준으로 재정이 균형이고 부채도 불변인데 재정적자가 발생하고 부채가 늘어난 것처럼 생각할 수 있다. **실질기준으로 측정**해서 인플레이션율 효과를 제거해야 진정한 재정상황을 알 수 있다.

$$D = G + rB_{-1} - T$$

둘째, **정부 자산의 변동상황이 반영되지 않고 있다.** 자산 취득을 위한 정부지출의 경우 자산에서 부채를 뺀 순자산에 변화가 없어 재정 중립적이라고 할 수 있다. 그러나 재정회계상 지출만 반영되고 자산 증가는 반영되지 않아 정부의 재정 및 부채상황이 악화된 것처럼 보인다.

이의 해결책으로 **자본예산**(capital budgeting)의 도입이 제기된다. 재정적자에서 자본에 대한 지출을 차감하여 재정적자를 측정하는 것이다. 그러나 자본에 대한 지출은 사회적 인프라와 국방 무기 등 물적자본에 대한 투자는 물론 교육과 연구 등 인적자본에 대한 투자에 이르기까지 다양하다. 어느 부분까지 자본에 대한 지출로 인정할 것인지 그 가치를 어느 정도 인정할 것인지 등 쉽지 않은 과제에 직면하게 되며 현실적으로 도입이 쉽지 않다.

셋째, 공무원의 연금지급 및 사회보장지출 등 **미래지출에 대한 정부의 부담(약속) 요인이 반영되지 않아** 정부의 부채규모가 과소평가 된다. 이러한 장래의 부담요인은 고령화시대의 도래와 함께 그 규모가 급증하고 있어 미래의 재정상황에 큰 문제로 부각되고 있다.

넷째, 재정적자의 상당 부분은 **경기변동에 따른 결과를 반영**한다. 경기가 좋으면 자동적으로 세수가 증가하고 사회보장적 이전지출 등은 감소하여 흑자가 발생하는 경향이 있다. 반대로 경기가 나쁘면 자동적으로 세수가 감소하고 사회보장적 이전지출 등은 증가하여 적자가 발생하기 쉽다. 재정적자의 숫자만으로 재정정책의 변화를 판단할 수 없다.

재정적자가 경기변동에서 기인한 것인지 아니면 재정정책의 변화에서 기인한 것인지 구분하는 것이 필요하다. 해결책으로 **경기변동이 조정된 재정적자**(cyclically adjusted budget deficit) 또는 **완전고용 재정적자**(full employment budget deficit)의 회계방식 도입이 제기된다. 경제가 자연생산량 수준에 있다고 가정하고 정부지출 및 조세수입을 측정하여 재정정책의 변화여부를 판단하는 것이다.

이상의 논의에서 살펴본 것처럼 재정적자와 정부부채의 규모를 정확히 측정하기 위한 다양한 논의가 계속 진행되고 있다. 최소한 정기적으로 보고되는 명목기준의 재정적자 및 부채규모를 해석하는 데 있어서 신중해야 하고, 진정한 재정상황과 재정정책의 변화 및 미래세대의 부담을 정확히 파악하기 위해서는 관련 자료를 함께 살펴봐야 함을 시사한다.

2. 재정적자가 경제에 미치는 영향에 대한 논쟁

전통적인 견해

정부가 지출을 그대로 유지한 채 세금만 내리는 감세정책을 추진하는 팽창적 재정정책을 실시하는 경우 경제에 어떠한 영향을 미칠까?

지금까지의 전통적인 견해에 따르면 이 **팽창적 재정정책**은 단기에 직접적으로 총수요를 증가시켜 총생산을 증가시키는 **승수효과**(multiplier effect)를 유발한다. 물론 이 효과는 이자율 상승으로 인한 **투자 감소의 구축효과**(crowding-out effect)로 일부 상쇄된다.

개방경제의 경우 이자율 상승 시 해외자본의 국내 유입으로 국내화폐 대비 외국화폐의 상대적 가치가 하락하여 환율하락으로 이어지고, **순수출이 감소하여 추가적인 구축효과**가 발생한다. 따라서 개방경제에서 확장적 재정정책의 효과는 폐쇄경제의 경우보다 작게 된다. 특히, 먼델-플레밍모형의 경우처럼 자본 이동이 자유로운 소규모 개방경제에서는 환율하락이 매우 커서 정부지출 증가의 확장적 효과가 순수출 감소의 구축효과로 완전히 상쇄되어 재정정책은 효과가 없게 되어 무력화(powerless)된다.

장기적으로 경제는 장기균형으로 복귀하여 총생산은 자연생산량과 일치하게 되며 이자율만 높아진다. 그리고 최장기적으로는 투자가 줄어 **자본축적 및 경제성장에 악영향**을 미치고 미래 세대에 부담을 가중시킨다.

리카디언 대등정리(Ricardian Equivalence)

리카디언 대등정리는 이러한 감세정책은 단기에서조차 **아무런 효과가 없다**고 주장한다. 그 이유를 알아보기 위해 리카디언 대등정리를 살펴보자. 기본 가정은 다음과 같다. 첫째, 현세대의 사람들은 미래 세대의 후손들을 자기 자신과 동일시 한다. 그리고 미래를 내다보며 합리적으로 의사결정을 한다.

현재와 미래의 총소비는 현재와 미래의 총소득에 기초하여 이루어진다. 즉 현재가치로 계산했을 때 **현재소비와 미래소비의 합**은 **현재가처분소득과 미래 가처분소득의 합**과 일치한다.

$$C_1 + \frac{C_2}{1+r} = (Y_1 - T_1) + \frac{(Y_2 - T_2)}{(1+r)}$$

여기서 r은 현재와 미래를 연결하는 이자율이며, C_1은 현재소비, $\frac{C_2}{1+r}$는 미래소비의 현재가치, $(Y_1 - T_1)$현재 가처분소득, $\frac{(Y_2 - T_2)}{(1+r)}$은 미래 가처분소득의 현재가치이다.

둘째, 차입이자율과 대출이자율은 r로 동일하고 **차입과 대여에 제약이 없다**. 이 경우 정부지출에 변화가 없으므로 현재와 미래에 걸쳐 부담해야 할 총 세금은 현재가치 기준으로 변화가 없다.

$$G_1 + \frac{G_2}{1+r} = T_1 + \frac{T_2}{1+r}$$

현재 세금의 감소는 동일한 현재가치 규모의 미래 세금의 증가를 의미한다. 경제주체의 총 가용재원에 변화가 없고 따라서 현재소비와 미래소비에 대한 결정을 변경할 이유가 없다. 따라서 아무런 변화도 발생하지 않는다. 정부의 현재 세수 감소만큼 민간부문의 저축이 증가할 뿐이다.

리카디언 대등정리의 경우 정부의 지출수준에 변화가 없는 한 그 재원을 세금으로 조달하든 채권을 발행하여 차입으로 조달하든 경제에 미치는 효과는 동일(Ricardian equivalence theorem)하게 된다. 세금이 현재의 조세라면 채권발행은 미래의 조세이다. 세금 또는 채권의 재원조달방식 차이는 **현금흐름에만 영향을 줄 뿐 총 세금부담액**

의 현재가치와 총 가용재원의 현재가치에는 영향을 미치지 않기 때문에 그 효과는 동일하다.

현실에서 **리카디언 대등정리는 성립하지 않는다**. 기본적으로 사람들이 근시안적(myopic)이기도 하며, 현실적으로 사람들이 차입에 어려움이 있어 유동성제약에 직면하기도 하고, 대출이자율과 차입이자율에 차이가 있으며, 현재 세대는 미래 세대를 자기와 동일시하지는 않기 때문이다.

3. 재정적자와 정부부채의 동학(Dynamics)

대부분 경제학자는 엄격한 균형재정의 원칙에는 동의하지 않는다. 기본적으로 균형재정을 유지하면서 단기적인 경기변동의 완화, 세대 간 조세부담의 형평성 도모, 조세의 평탄화(tax smoothing) 등을 위해 경제상황에 따라 재정적자가 필요하다는 데 동의한다. 특히, 전쟁이나 경제위기의 극복 등 정부지출이 이례적으로 높아질 때 대규모 적자는 불가피한 것으로 받아들이고 있다.

하지만 중장기적으로 경제 역량에 비해 과도한 정부부채는 경제에 큰 짐이 된다. 재정적자가 발생하면 시간이 흐르면서 정부부채에 어떤 일이 일어나며 그 위험성은 어떻게 되는지를 살펴보자.

먼저 어느 경제가 전기 말 기준 일정한 부채를 갖고 출발하며, 부채는 상환하지 않고 이자만 지급한다고 가정하자. 이 경제의 **금번 기의 재정적자**는 다음과 같다.

$$D = rB_{-1} + (G - T)$$

여기서 D는 금번 기의 재정적자, r은 실질이자율, B_{-1}는 전기 말 부채규모, G는 금번기 정부의 구매지출, T는 금번 기 조세수입이다. 모든 변수는 실질변수이다. rB_{-1}는 기존 정부부채에 대한 이자지출이며, $(G-T)$는 본원적 재정적자이다.

금기 말 부채규모는 **전기 말 부채규모**에 **금기의 재정적자규모**를 더한 것과 같다.

$$\begin{aligned} B &= B_{-1} + D \\ &= B_{-1} + rB_{-1} + (G - T) \\ &= (1+r)B_{-1} + (G - T) \end{aligned}$$

지금까지는 부채의 절대규모 위주로 살펴보았다. 부채규모의 심각성이나 상환역량 등을 판단할 때, 보다 경제적으로 의미가 있는 숫자는 GDP대비부채비율이다. 이제는 GDP대비부채비율에 초점을 두어 살펴보자.

먼저, 부채진화식을 GDP대비부채비율진화식으로 전환하여 보자. 위 부채진화식의 양변을 Y로 나누면 다음과 같다.

$$\frac{B}{Y}=(1+r)\frac{B-1}{Y}+\frac{(G-T)}{Y}$$

위 식을 변화율 관점에서 살펴보기 위해 다음과 같이 다시 쓰자.

$$\frac{B}{Y}=(1+r)\frac{Y_{-1}}{Y}\frac{B_{-1}}{Y_{-1}}+\frac{(G-T)}{Y}$$

위 식에서 $\frac{Y_{-1}}{Y}$의 역수는 다음과 같이 쓸 수 있다.

$$\frac{Y}{Y_{-1}}=\frac{Y-Y_{-1}+Y_{-1}}{Y_{-1}}=\frac{Y-Y_{-1}}{Y_{-1}}+1=g_Y+1$$

$$\frac{Y_{-1}}{Y}=\frac{1}{g_Y+1}$$

이를 위 GDP대비부채비율식에 대입하여 정리하면 다음과 같다.

$$\frac{B}{Y}=\frac{(1+r)}{(1+g_Y)}\frac{B_{-1}}{Y_{-1}}+\frac{(G-T)}{Y}=(1+r-g_Y)\frac{B_{-1}}{Y_{-1}}+\frac{(G-T)}{Y}$$

참고

$\frac{1+r}{1+g_Y}=1+r-g_Y$. *식의 양변에* $(1+g_Y)$*를 곱하면 다음과 같다.*

$$(1+r)=(1+r-g_Y)(1+g_Y)=1+r-g_Y+g_Y+rg_Y-g_Y^2\cong 1+r$$

작은 수와 작은 수의 곱은 매우 작아 무시할 수 있다. 즉 $rg_Y=g_Y^2=0$

위 식의 $\frac{B_{-1}}{Y_{-1}}$를 우측으로 이동하면 GDP**대비부채비율의 동학식**은 다음과 같다.

$$\frac{B}{Y}-\frac{B_{-1}}{Y_{-1}}=(r-g_Y)\frac{B_{-1}}{Y_{-1}}+\frac{(G-T)}{Y}$$

즉 GDP대비부채비율은 (1) 실질이자율(r)이 높을수록, (2) 경제성장률(g_Y)이 낮을수록, (3) 초기 부채비율 ($\frac{B_{-1}}{Y_{-1}}$)이 높을수록, (4) 본원적재정적자비율[$\frac{(G-T)}{Y}$]이 높을수록 빠르게 증가하게 된다.

4. 높은 부채비율과 높은 인플레이션율의 악순환

GDP대비부채비율진화식에서 살펴보았듯이 경제가 실질이자율보다 빠르게 성장하면서 본원적재정적자가 크지 않거나 흑자이면, GDP대비부채비율은 시간이 흐르면서 완화되므로 크게 문제가 되지 않는다.

그러나 경제성장률이 낮고 본원적재정적자가 커서 GDP대비부채비율이 높아지고 부채를 상환하지 못할 위험이 커지면, 위험 프리미엄(risk premium)이 상승하여 이자율이 올라가게 된다. 이 경우 GDP대비부채비율은 더욱 더 빠르게 상승하는 **악순환**으로 이어진다. 결국 채무불이행을 선언하거나 대규모 화폐를 발행하여 상환해야 할 상황에 놓이게 된다.

대규모 화폐발행은 높은 인플레이션율로 이어지고 화폐의 구매력이 하락하여 화폐보유자가 인플레이션율 세금을 부담하는 결과를 초래한다.

$$\text{실질화폐발행차액(real seigniorage)}: \ \frac{\Delta H}{P}=\frac{\Delta H}{H}\left(\frac{H}{P}\right)=\pi\frac{H}{P}$$

위 식에서 알 수 있듯이 정부가 화폐발행으로 얻게 되는 실질 시뇨리지(정부가 화폐발행으로 얻는 구매력)는 실질화폐보유자($\frac{H}{P}$)에게 인플레이션율에 상응하는 세율(π)의 세금, 즉 **인플레이션세**(inflation tax)를 부과하는 것과 같게 된다.

따라서 재정적자-부채누적-과도한 화폐발행-초인플레이션율(hyper inflation rate)의 악순화 고리를 끊고, 근본적으로 초인플레이션 문제를 해결하기 위해서는 통화 발행의 원인을 원천적으로 제거하는 **재정개혁이 필수적**으로 요구된다.

요약

1 명목기준의 재정적자는 인플레이션율의 영향이 포함되어 있고, 정부 자산의 변동상황 및 미래채무부담행위가 반영되지 않고 있으며, 경기변동에 영향을 받게 된다. 따라서 재정적자의 변화만으로 재정정책의 변화나 미래 세대의 부담을 정확하게 판단하기는 힘들다.

2 전통적인 견해에 의하면 재정적자의 증가는 단기에 총수요 및 총생산을 증가시킨다. 이자율 상승으로 투자가 감소하고 환율 하락으로 순수출이 감소하는 구축효과가 발생한다. 최장기적으로는 자본축적 및 경제성장에 악영향을 미친다.

3 리카디언 대등정리에 따르면 정부지출규모가 동일한 경우 조세든 채권발행이든 재원조달방안에 상관없이 경제적 효과는 동일하다.

4 리카디언 대등정리에 따르면 재정적자의 증가는 같은 규모의 민간저축 증가로 이어져 단기에도 총수요와 총생산에 아무런 영향을 주지 못한다. 현실에서 리카디언 대등정리는 유동성제약, 대출이자율과 차입이자율의 차이, 경제주체의 근시안적 행동 등으로 성립하지 않는다.

5 대부분 경제학자가 엄격한 균형재정의 원칙에는 동의하지 않는다. 기본적으로 균형재정을 유지하면서 단기적인 경기변동의 완화, 세대 간 조세부담 형평성의 도모, 조세의 평탄화 등을 위해 재정적자가 정당화될 수 있다는 데 동의한다.

6 정부부채는 높은 인플레이션율을 유발할 수 있고, 미래세대의 세금부담을 증가시키며, 자본의 해외유출 등을 초래할 수 있다.

7 과도한 정부부채로 채권발행이 어렵게 되는 경우 화폐발행을 통해 재원을 조달하게 된다. 화폐의 과다 발행은 높은 인플레이션을 초래한다. 화폐보유자는 화폐의 구매력이 하락하여 인플레이션세(inflation tax)를 납부하게 된다.

8 초인플레이션율 문제를 근본적으로 해결하기 위해서는 화폐발행의 원인을 근본적으로 제거하는 재정개혁이 요구된다.

9 정부의 GDP 대비 부채비율은 실질이자율이 높을수록, 성장률이 낮을수록, 초기 GDP대비 부채비율이 높을수록, GDP 대비 본원적적자비율이 높을수록 빠르게 증가한다.

연습문제

1 다음 문장의 진위를 판단하고 그 이유를 설명하라.

(1) 정부부채와 재정적자는 모두 유량변수(flow variable)다.

(2) 매년 보고되는 재정적자의 규모가 실제 재정정책의 변화를 제대로 반영한다.

(3) 장기적으로 초인플레이션율은 화폐적 현상으로 재정적자와는 무관하다.

(4) 재정적자가 발생하면 GDP대비부채비율은 항상 증가하게 된다.

2 현재가치로 계산했을 때 현재와 미래의 총소비는 현재와 미래의 총가용재원과 일치한다.

$$C_1 + \frac{C_2}{1+r} = (Y_1 - T_1) + \frac{(Y_2 - T_2)}{(1+r)}$$

현재가치로 계산했을 때 현재와 미래 정부지출의 총합은 현재와 미래 조세수입의 총합과 일치한다.

$$G_1 + \frac{G_2}{1+r} = T_1 + \frac{T_2}{1+r}$$

정부가 1기에 세금만 1단위 감소하였다고 하자.

(1) 2기의 세금은 어떻게 변하는가?

(2) 리카디언 대등정리(Ricardian equivalence)가 성립한다면 1기의 소비와 저축은 어떻게 변하는가?

(3) 현실에서 리카디언 대등정리가 성립하지 않는 이유는 무엇인가?

TEST

3 전통적 견해에 근거하여 재정적자의 증가가 경제에 미치는 단기, 장기, 최장기의 효과를 설명하라.

4 전기말 기준 GDP대비부채비율이 100%이다. 금번 기의 경제성장률이 3%이며 GDP 대비 재정적자비율이 2%이다. 실질이자율이 5%라면 금번 기말 GDP대비부채비율은 얼마나 되는가?

제22장 유동성 함정 등 금융위기와 통화정책

가격변수가 신축적인 **장기에 통화정책은 중립적**이다. 통화정책은 총생산, 실업률 등 실질변수에는 영향을 주지 못하고 명목변수에만 영향을 미칠 뿐이다. 통화량이 증가하는 경우 물가가 비례적으로 상승하며, 통화량증가율이 상승하는 경우 인플레이션율과 명목이자율이 비례적으로 상승할 뿐이다.

단기에 통화정책은 총생산 등 **실질변수에 영향**을 미친다. 팽창적 통화정책은 이자율 하락 및 환율상승으로 이어진다. 이에 따라 투자 및 순수출이 증가하여 총수요와 총생산이 증가한다.

그러나 명목이자율이 0에 이르러 경제가 **유동성 함정**에 빠지는 경우 팽창적 통화정책으로 명목이자율을 더 이상 낮출 수 없게 된다. 따라서 통화정책이 단기 **명목이자율 경로**를 통해 경제에 미치는 효과는 **무력화**된다.

제22장에서는 통화정책이 전통적인 단기 명목이자율 경로 외에 **새로운 경로**를 통해 경제에 미치는 효과를 살펴본다.

---

1. 유동성 함정
2. 새로운 통화정책의 경로
3. 금융위기와 통화정책

---

1. 유동성 함정

통화정책은 정부가 단기의 경기변동을 완화하기 위하여 사용할 수 있는 매우 유용한 정책수단이다. 그러나 명목이자율이 0에 이르러 경제가 **유동성 함정**(liquidity trap)에 빠지게 되면 중앙은행은 더 이상 단기 명목이자율 즉 기준금리를 낮출 수 없게 된다.

명목이자율이 0이 되면 경제주체가 화폐와 채권의 포트폴리오(portfolio) 구성 시 채권을 보유할 유인(incentive)이 사라지게 되고 화폐보유의 기회비용이 거의 없게 되어 화폐수요가 무한히 증가하게 된다. 따라서 그림 22-1(a)에서 보는 것처럼 통화량의 증가는 화폐수요 증가로 흡수되고 명목이자율은 0 밑으로 떨어지지 못하게 된다. 명목이자율을 낮추어 총수요에 영향을 주는 통화정책의 **명목이자율 경로**는 **더 이상 작동하지 않게 된다.**

그림 22-1 유동성 함정과 통화량의 증가

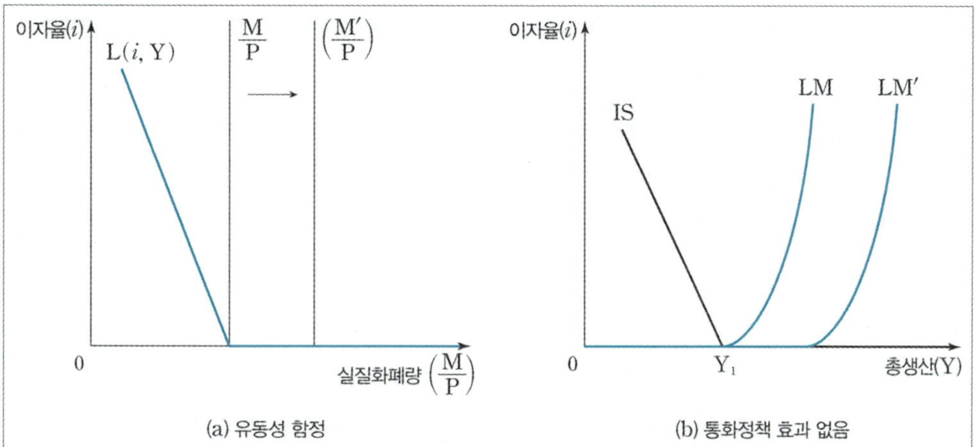

(a) 유동성 함정 (b) 통화정책 효과 없음

명목이자율이 0이 되어 경제가 유동성 함정에 빠지면, 통화량 공급 확대에도 불구하고 명목이자율은 0 밑으로 하락하지 않는다. 총생산은 변화가 없다.

그림 22-1(b)은 유동성 함정에서 팽창적 통화정책의 효과를 보여준다. 기본 *IS*-*LM*모형에서 통화량의 증가로 *LM*곡선이 *LM*에서 *LM'*로 하방이동 하여도 명목이자율과 생산량에는 변화가 없다.

2. 새로운 통화정책의 경로

경제가 유동성 함정에 빠져 있는 경우에 중앙은행이 총수요에 영향을 미칠 수 있는 새로운 경로를 살펴보자. 대부분 기업은 투자재원을 외부차입에 의존한다. 따라서 투자에 필요한 **재원의 조달가능성**과 **조달비용**은 투자의 결정에 큰 영향을 미친다.

현실에서 투자재원의 조달비용 즉 차입이자율은 기업마다 차이가 있다. 기업의 신용도가 다르기 때문이다. 신용도에 따른 리스크 프리미엄(risk premium, σ)을 반영하는 경우 기업의 **실질차입이자율**은 다음과 같이 표현할 수 있다.

$$r = i - \pi^e + \sigma$$

여기서 r은 실질차입이자율, i는 명목이자율, π^e는 기대인플레이션율, σ은 리스크 프리미엄이다.

투자에 필요한 재원의 차입은 장기 차입인 경우가 대부분이다. 따라서 투자와 더욱 직접적으로 관련된 이자율은 단기 실질차입이자율이라기보다는 장기 실질차입이자율이다.

경제가 유동성에 빠질 때 중앙은행이 **단기 명목이자율에 영향을 줄 수 있는 여지는 사라진다.** 그러나 중앙은행이 통화정책을 통해 장기 실질차입이자율에 영향을 줄 수 있는 경로가 여전히 열려 있다.

장기 채권을 매입함으로써 **장기 이자율에 영향**을 줄 수 있고, **기대인플레이션율을 통해 기업의 실질차입이자율에 영향**을 줄 수 있으며, 기업과 은행이 보유한 순자산가치와 현금흐름에 영향을 주어 **리스크 프리미엄과 차입 및 대출 여건**에 변화를 줄 수도 있다.

이처럼 단기 명목이자율 중심의 전통적인 통화정책에서 더 나아가 기업의 실질차입이자율과 차입 여건 등에 영향을 주어 실물경제에 우호적인 환경을 조성하고 금융기관의 안정을 도모하는 비전통적인 통화정책(unconventional monetary policy)을 **양적완화정책**(quantitative easing 또는 credit easing)이라 한다. 2008년 주택 가격 버블(bubbles)의 붕괴로 시작된 글로벌 금융위기의 극복 과정에서 미 연준은 양적완화정책을 추진하였다.

1) 기대인플레이션율 경로

중앙은행은 명목이자율이 0인 유동성 함정 하에서도 확장적 통화정책을 통해 **기대인플레이션율을 상승시켜 실질이자율의 하락을 유도**할 수 있다. 실질이자율 하락은 투자 증가로 이어져 총수요와 총생산을 증가시키게 된다.

2) 장기 실질이자율 경로

전통적 통화정책이 직접 대상으로 하는 이자율은 단기 명목이자율(기준금리)이다. 중앙은행이 단기채권 매입에서 더 나아가 장기 채권의 매입을 통해 **장기 명목이자율을 낮추고** 이를 통해 투자를 촉진할 수 있다. 미 연준은 2007년 부동산 버블 붕괴로 시작된 금융위기를 극복하는 과정에서 장기 채권을 매입하여 장기이자율의 인하를 추진하였다.

3) 신용경로

중앙은행은 유동성 함정 하에서도 팽창적 통화정책으로 기업과 은행이 보유한 **순자산의 가치와 현금흐름**에 영향을 주어 **차입여건을 개선**(credit easing)하고 투자를 증가시켜 실물경제에 영향을 미칠 수 있다. 통화정책의 이러한 경로를 신용경로라 한다.

먼저, 통화량증가로 예금 유입이 증가하는 경우 은행의 지급준비금이 증가하여 **대출 여력**이 커지고, 이는 대출 및 투자 증가로 이어진다.

둘째, 풍부한 유동성으로 자산 가격이 상승하는 경우 **기업과 은행의 재무구조가 개선**되는 효과가 있다. 기업의 신용도 개선으로 차입 여건이 개선되고 차입이자율도 하락하여 투자가 증가하게 된다. 아울러 은행의 재무구조 개선은 대출 여력을 증가시키는 효과가 있어 대출 및 투자 증가로 이어진다.

이처럼 중앙은행은 전통적인 통화정책의 방식에 따라 단기 명목이자율 경로를 통해 실물경제에 영향을 주는 방식 외에도 기대인플레이션율을 통한 실질이자율 하락 및 신용경색 완화 등과 같은 **새로운 방식의 통화정책**을 통해 실물경제에 영향을 미칠 수 있다. 이런 의미에서 중앙은행은 유동성 함정에도 불구하고 여전히 강력한 정책수단을 갖고 있다고 할 수 있다.

3. 금융위기와 통화정책

금융위기는 신용경색을 초래하고 가계와 기업의 차입 여건에 직격탄을 날리게 되어 실물경제에 큰 타격을 준다. 금융위기는 은행의 부실이나 자산 가격의 거품 붕괴 과정에서 보유 자산의 가치하락에 따른 건전성 악화로 초래될 수 있다. 그리고 근본적으로 재무구조상 아무런 문제가 없지만 은행이 위기에 처할 수 있다는 우려에 따른 자기실현적 위기(self-fulfilling banking crisis)로 금융위기가 발생할 수도 있다.

중앙은행은 금융위기에 대처하기 위해 개별 **은행의 건전성을 감독**하고, 예금보험을 통해 예금자의 예금을 보호하며, **최종대부자**(lender of last resort)로서 필요시 은행에 유동성을 공급하여 은행자금의 대량 이탈(bank run)의 가능성을 줄이는 등 금융권의 안정을 도모하고 있다.

2008년 금융위기는 주택 가격의 붕괴에 따라 주택담보에 기초한 유가증권을 보유한 여러 형태의 금융기관들이 대규모 손실을 보면서 발생하였다. 전통적으로 은행이 아니어서 중앙은행의 감독을 거의 받지 않고 사각지대에 있지만 은행과 유사한 금융 중개 기능을 수행하는 투자은행 등 **그림자금융**(shadow banking)에서 시작되었다.

그림자금융에 대해서는 예금보험과 같은 장치가 부재하고 중앙은행이 최종대부자로서 유동성을 공급해야 할 대상이 아니다. 하지만 그림자금융의 위기는 일반 시중은행

(depository banks)으로 확산되어 전 금융권이 위기에 처하게 되고 실물경제 전체의 위기로 번지게 되어 결국 중앙은행과 중앙정부가 개입하게 되는 결과를 초래하였다. 이는 중앙은행이 사전에 **자산 가격의 안정**을 위해 적극적인 역할을 해야 하는지 그리고 금융권 전체의 안정을 위한 **거시적인 건전성 감독을 강화**해야 하는지 등 새로운 통화정책의 방향을 고민하고 금융시스템 전반에 대한 규제에 대해 다양한 논의를 촉발하는 계기가 되었다. 향후 자산 가격의 안정과 금융기관의 건전성 이슈 등은 거시경제이론에서 그 중요성이 증가할 것으로 예상된다.

요약

1 명목이자율이 0이 되어 경제가 유동성 함정에 빠져 있는 경우에도 중앙은행은 기대인플레이션율, 신용경로 등 다양한 경로를 통해 경제에 영향을 미칠 수 있다.

2 2008년에 시작된 금융위기는 자산 가격의 급등과 급락에서 비롯되었다. 중앙은행이 인플레이션율과 총생산의 안정에서 더 나아가 자산 가격 안정을 적극 관리해야 하는지가 쟁점으로 부상한다.

3 금융위기로 개별금융기관에 대한 미시건전성 감독에서 더 나아가 금융기관 전반에 대한 감독 강화의 필요성 등이 제기된다. 또 다른 금융위기를 예방할 수 있는 금융시스템에 대한 규제의 재편 이슈가 부각된다.

연습문제

1 통화량증가의 효과에 관한 다음의 질문에 적절한 모형을 활용하여 답하라.

(1) 물가가 고정된 단기에 통화량증가가 이자율과 총생산에 미치는 효과를 분석하라.

(2) 물가가 천천히 움직이는 단기에 통화량증가가 이자율과 총생산에 미치는 효과를 분석하라.

(3) 통화정책의 단기적 효과가 경제의 규모나 개방 여부에 따라 어떻게 달라지는지 설명하라.

(4) 화폐수요가 불안정한 경우에 통화정책의 목표로 통화량증가율과 인플레이션율 중 어느 것이 바람직한가? 그 이유는 무엇인가?

2 경제가 유동성 함정에 빠져 있다. 중앙은행이 경기부양을 위해 취할 수 있는 정책은 무엇인가?

3 실물자산가격의 폭락으로 금융위기가 초래되어 소비심리와 투자심리가 위축될 분만 아니라 기업의 차입여건이 악화되었다. 실물경제에 미치는 영향을 $IS-LM$모형을 활용하여 분석하라.

제23장 거시경제이론의 큰 흐름

지금까지 대다수 경제학자가 거시경제 이슈들을 분석하고 정책적 처방을 내리는 데 활용하는 다양한 이론들을 살펴봤다. 제23장에서는 이러한 이론들이 어떻게 발전해 왔는지 큰 흐름을 경기변동이론을 중심으로 살펴본다.

1. 고전학파이론(Classical Theory)

고전학파의 이론은 애덤 스미스(Adam Smith)의 『**국부론**(The Wealth of Nations, 1776)』에서 시작된다고 볼 수 있다. 그는 "**보이지 않는 손**(Invisible hand)" 즉 가격시스템으로 자원이 효율적으로 배분된다고 믿었다.

고전학파이론에 따르면 신축적인 가격과 완전경쟁시장을 전제로 완전고용이 이루어지며 총생산은 노동과 자본 등 생산요소의 양과 기술수준 등 공급측(supply side)의 생산역량에 의해서 결정된다. 이렇게 결정된 총생산량은 총수요의 조절을 통해 해소되고(supply creates its own demand) 시장은 항상 균형에 이른다. 이를 **세이의 법칙**(Say's law)이라 한다.

고전학파 학자들은 시장의 힘을 신뢰했으며 정부의 시장개입은 바람직하지 않다고 생각하였고 자유방임(laissez faire doctrine)의 정책을 주장했다.

통화량의 변화는 명목변수에만 영향을 미칠 뿐이며 생산량 등 실질변수에는 영향을 주지 않는다고 봤다(money neutrality). 경제가 스스로 문제를 해결해 나가는 힘(Self-correction forces)이 있다고 믿었으며 경쟁과 자유무역의 중요성을 강조하였다.

고전학파이론은 **가격의 신축성**을 전제로 한 **장기 이론**이라 할 수 있다.

2. 케인즈(J. M. Keynes)의 일반이론

세계 경제는 1930년에 대공황을 겪게 된다. 그러나 당시엔 단기 변동을 설명할 만한 이론은 물론 거시경제변수에 대한 자료도 거의 없는 상황이었다. 사실상 지적 실패(The Great Depression was an intellectual failure)라는 이야기가 거론되는 이유다. 경제학자들은 고전학파이론 대로 조만간 경제상황이 호전될 것으로 생각했지만 더욱 악화되어 갔다.

이러한 상황에서 케인즈는 1936년 『**고용, 이자율, 그리고 화폐에 관한 일반이론**(The General Theory of Employment, Interest, and Money)』을 발간하고 본인의 통찰력에 기반하여 경제불황에 대한 획기적인 분석과 처방을 제시한다. 현대 거시경제학이 이 일반이론의 출간과 더불어 시작되었다고 해도 과언이 아니다.

케인즈는 현대 거시경제학의 기초가 되는 많은 디딤돌을 놓았다. 경제를 개별 주체나 시장 등 미시적인 시각이 아닌 국가 경제 전체 차원에서 **총량**(aggregates)에 기초하여 거시적으로 접근했다.

그는 단기에는 **유효수요**(effective demand, 현대적 용어는 총수요)가 총생산을 결정한다고 보고 유효수요의 중요성을 강조했다. 대규모 비자발적 실업의 원인을 총수요 부족에서 찾았다. 그리고 총수요의 변동을 가져오는 충격에 중점을 두어 경기변동을 설명하였다.

경제가 장기에는 자연생산량 수준으로 돌아간다고 해도, 그 과정은 매우 느리고 고통스러우며 "**장기에는 우리 모두가 죽어 있을 것**(In the long run, we are all dead)"이라고 주장하면서 정부가 적극적으로 개입하여 총수요를 증가시키는 정책을 시행할 것을 강조했다.

케인즈는 유효수요를 도출하는 과정에서 많은 새로운 이론들을 제시했다.

고전학파에서는 재화시장과 화폐시장이 분리되었으나 케인즈는 **재화시장과 화폐시장의 상호작용**에 기초하여 거시경제의 분석 틀을 제시했다.

고전학파는 소비를 실질이자율의 함수로 보았으나, 케인즈는 **소비가 가처분소득에 의존한다는** 새로운 소비함수를 제시했다.

아울러 단기에는 명목이자율이 화폐의 수요와 공급으로 결정된다는 **유동성선호이론**(The Theory of Liquidity Preference)을 제시하고 통화정책이 어떻게 이자율에 영향을 미치는지를 설명했다.

아울러 투자는 소비에 비해 변동이 심하고, **동물적인 감각**(animal spirits) 즉 기대의 변화(shifts in expectation)에 크게 의존하는 것으로 보았다.

이 투자의 변동성을 재정정책으로 상쇄할 수 있음을 강조하고, 재정지출의 증가는 몇 배의 승수효과(multiplier effect)가 있음을 설명하였다. **재정정책**에 비해 통화정책은 효과가 작을 것으로 보았다. 투자는 이자율보다는 "동물적 감각"으로 결정된다고 보았기 때문이다.

케인즈는 자유방임의 정책 기조(laissez faire doctrine)를 버리고 적극적인 거시정책을 추진할 논리를 제공하여 **정부개입을 정당화**시켰다고 볼 수 있다. 경제가 스스로 회복되기만을 기다리는 것은 무책임하다고 보고 적극적인 거시정책 특히, 통화정책보다는 재정정책을 통해 경기변동을 완화할 것을 주문했다.

이러한 케인즈의 주장에도 불구하고 미국 등 주요 국가의 총수요 진작 정책은 충분히 추진되지 못했으며, 2차 세계대전 발발 후에야 국방 관련 정부지출이 폭발적으로 늘어나면서 총수요가 대폭 증가하고 세계 경제공황은 막을 내리게 된다.

3. 케인지언 거시경제이론의 발전

케인즈의 일반이론 출간 이후 1940년대 초부터 1970년대 초까지 케인즈이론을 더욱 발전시키고 기존의 고전학파 아이디어와 종합하려는 노력(신고전학파종합, Neoclassical Synthesis)이 진행되면서 많은 후속 이론이 대두되고 거시경제학의 황금시대(heydays of macroeconomics)가 전개된다.

1) 케인즈이론의 분석틀이 된 IS-LM모형

케인즈는 일반이론에서 많은 통찰력을 제시했지만 정확하게 무엇을 의미하는지 이해하기 어려운 부분도 있었다.

현대 경제학 교재『Economics』를 최초로 쓴 사뮤엘슨(Paul A. Samuelson)은 케인즈의 일반이론이 새로운 통찰력으로 가득하지만 잘 정리되지 않은 점이 있다고 언급했다. 케인즈는 수학을 많이 사용하지 않았다. 따라서 많은 후발 경제학자가 케인즈의 아이디어가 정확히 무엇인지를 파악하고 또 수학적으로 정교하게 다듬는 일을 진행하였다.

그중 가장 영향력 있는 것이 힉스(John Hicks)와 한센(Alvin Hansen)이 개발한 *IS*−*LM*모형이다. 초기 *IS*−*LM***모형**은 물가가 일정하다고 가정하였다. 추후에 물가와 임금의 조정 및 기대 등이 반영되고 노동시장이 추가되면서 동태적인 분석 틀(framework)로 발전하게 된다. *IS*−*LM*모형은 매우 간단하면서도 실용적이어서 케인즈이론을 설명하는 주도적인 틀로 자리매김하게 된다.

2) 소비 및 투자이론의 발전

고전학파의 경우 소비는 실질이자율에 의존하였다. 케인즈는 소비를 결정하는 데 이자율은 중요하지 않다고 보고, 현재 소비가 **현재 가처분소득**에 의존한다는 새로운 소비함수를 제시하였다. 케인즈의 소비함수는 소득이 증가하면서 평균소비성향이 감소하는 특징을 보인다.

케인즈가 통찰력에 기초하여 추론한 소비함수에 대한 다양한 실증분석이 진행되었다. 쿠즈네츠(Simon Kuznets) 등은 경험적 자료를 통한 연구에서 케인즈의 소비함수가 횡단면자료나 단기 시계열자료와는 잘 부합하지만, 장기 시계열자료와는 부합하지 않는다는 새로운 사실을 발견했다. 장기에는 소득증가에도 불구하고 평균소비성향이 일정한 것으로 나타났다.

이러한 "**소비의 수수께끼**(consumption puzzle)"를 해결하려는 많은 연구가 이어졌다. 1950년대에 모딜리아니(Franco Modigliani)와 프리드먼(M. Friedman) 등은 현재소비가 현재소득뿐만 아니라 미래 소득에도 의존한다는 새로운 소비이론을 제시하였다. 기본적으로 소비자가 평생 효용을 극대화하기 위해 생애의 소득 흐름을 기반으로 하여 전 생애에 걸쳐 "골고루 소비하기(consumption smoothing)"를 원한다는 것을 보여준다.

한편, 투자이론도 발전하게 된다. 토빈(James Tobin)은 미래 기대되는 이윤의 현재가치에 기초한 투자이론을 제시하였으며 유동성, 수익성 및 위험에 기초한 자산선택이론을 제시하여 재무이론의 기초를 마련하였다.

3) 필립스곡선(식): Phillips Curve (Relation)

케인즈는 물가이론을 명시적으로 제시하지는 않았다. 초기 케인지언 모형(Keynesian Models)은 물가와 임금이 고정되어 있다는 가정을 채택했으며, 1950년대에는 인플레이션이 안정되어 인플레이션율은 큰 관심사가 아니었다.

그러나 1960년대 들어서면서 인플레이션율이 증가하고 보편화되면서 거시경제모형의 주요 이슈의 하나로 등장하였다. 필립스는 1958년 그의 논문(The Relationship Between Unemployment and the Rate of Changes of Money Wages in the United Kingdom, Econometrica, 1958)에서 실업률과 임금상승률의 상충관계(tradeoff)를 보여주는 필립스곡선(식)을 제시하였다.

이후 필립스곡선(식)은 임금상승률 대신 인플레이션율로 대체되고, 프리드먼과 펠프스 등에 의해 기대인플레이션율이 추가된다. 그리고 1970년대 석유가격 폭등에 따른 스태그플레이션을 계기로 공급충격의 중요성이 부각되면서 공급충격이 반영되어 아래와 같은 일반형태의 필립스식으로 발전한다.

$$\pi = \pi^e - \beta(u - u_n) + \nu$$

여기서 π^e는 기대인플레이션율이며, ν는 공급충격이다.

필립스곡선(식)은 공급측면에서 **실업률과 인플레이션율의 상충관계**를 보여주며 단기적으로 총수요증가를 통해 높은 인플레이션을 감수하면서 실업률을 낮출 수 있음을 시사한다.

4) 통화주의의 등장

케인즈이론은 경기변동 완화를 위한 정부의 적극적 개입을 정당화하며 특히 통화정책보다 재정정책이 효과적이라고 주장하였다.

이 케인즈 이론에 대해 프리드먼(Milton Friedman)을 필두로 한 통화주의자들(monetarists)이 도전하게 된다. 통화주의자들은 경기변동요인으로 재정적 요인보다는 **통화적 요인의 상대적 중요성**을 강조하며, 경기 안정을 위한 정책으로 재정정책보다 통화정책이 더 효과적이라고 주장한다. 그리고 통화정책도 정부가 재량적으로 추진해서는 안 되며 일정한 **준칙(rule)**에 의해 추진할 것을 주장했다. 정부가 경제에 대해 다 알지 못하고 정책의 정치적 왜곡 위험이 상존하는 상황에서 재량적인 정부개입은 경제를 더 불안정하게(destabilize) 할 수 있으며 오히려 득보다는 해가 된다고 생각했다.

케인지언(Keynesian)과 통화주의자(monetarists)의 논쟁은 세 가지 이슈를 중심으로 전개되었다. (1) 통화정책과 재정정책의 상대적 유효성, (2) 실업률과 인플레이션율의 상충관계(trade off) 즉 필립스곡선의 안정성, (3) 정부의 역할이다.

먼저, **재정정책과 통화정책의 상대적 유효성**에 대한 논쟁은 *IS*와 *LM*곡선의 기울기를 중심으로 진행되었다. 두 곡선의 기울기는 투자의 이자율 탄력성과 화폐수요의 이자율 탄력성이 결정한다. 케인지언의 주장처럼 투자가 이자율에 비탄력적이고 화폐수요가 이자율에 탄력적이면 *IS*는 가파르지만 *LM*곡선은 완만하여 재정정책이 효과적으로 된다. 반대로 통화주의자의 주장처럼 투자가 이자율에 탄력적이고 화폐수요가 이자율에 비탄력적이면 *IS*는 완만하지만 *LM*곡선은 가파르게 되어 통화정책이 효과적으로 된다.

프리드먼은 슈왈츠(Anna Schwartz)와 함께 1963년에 『**미국 통화의 역사**(A Monetary History of the United States, 1867~1960)』를 출간하고 통화량의 변화가 생산량 변화 등 경기변동의 주요 요인이라고 주장하였다. 대공황의 원인도 통화정책의 실패에 찾았다. 뱅크런(bank run) 등으로 은행의 신용창출역량이 크게 줄어 통화승수가 급감한 상황에서 중앙은행의 본원통화가 충분히 공급되지 못해 공황이 초래되고 심화되었다는 것이다.

다음은 **필립스곡선의 안정성**에 대한 논쟁이다. 대부분 케인지언은 실업률과 인플레이션율 사이의 안정적인 상충관계(trade off)가 단기는 물론 장기에도 유지된다고 믿었다.

통화주의자들은 두 변수 간 상충관계의 존재를 인정하면서도 오직 예견되지 않은 통화정책만이 효과가 있다고 주장했다. 그리고 장기에는 통화정책의 변화가 경제주체들의 기대에 완전히 반영되어 인플레이션과 실업률 사이의 상충관계는 사라진다고 주장했다. 확장적 통화정책을 실시하면 장기에는 인플레이션율만 높아지고 실업률은 변함없이 자연실업률에 있게 되어 장기의 필리스곡선은 수직의 형태를 보이게 된다. 1970년대에 와서는 대부분 경제학자가 장기에는 인플레이션율과 실업률 사이에 상충관계가 존재하지 않는다는 사실에 동의하게 된다.

마지막으로 **거시정책의 역할**에 대한 논쟁이다. 통화주의자들은 자의적인 정부개입의 폐해를 우려하며 재량적인 통화정책이 아닌 일정한 룰(rules)에 기초한 통화정책을 주장했다. 정부가 제대로 된 정책을 적시에 수립하여 적기에 집행하고, 그 효과가 적기(right time)에 나타날 수 있다는 데 회의적이었다. 아직 경제에 대한 지식이 불완전하며 정부의 능력도 제한적이고 많은 불확실성이 존재하며 또 정책이 정치적으로 왜곡될 수 있다는 점을 우려했다.

정부가 소소한 문제에 직면하여 거시경제정책을 통해 경제를 미세조정(fine tuning)하려는 것은 득보다는 실이 더 크다고 믿었으며, 경제성장률에 따라 통화량증가율을 일정하게 유지하는 등 룰에 따른 정책을 주장했다.

1970년대까지 케인즈이론은 통화주의의 도전이 있긴 했지만, 대세를 이루며 발전하였다. 그러나 1970년에 들어서 석유파동 등 공급충격으로 세계 경제가 높은 실업률과 높은 인플레이션이 공존하는 **스태그플레이션(stagflation)**을 경험하고, **합리적 기대이론**이 나타나면서 총수요중심의 케인지언이론은 큰 위기에 직면하게 된다.

4. 합리적 기대이론의 등장과 거시경제학의 재편

루카스는 경제주체들이 이용할 수 있는 모든 정보를 최적으로 활용하여 기대를 형성한다는 합리적기대이론을 제기했다.

케인즈이론은 기대의 영향을 충분히 고려하지 않고 있다고 비판한다. 합리적 기대형성을 가정하는 경우 **케인지언모형들은 더 이상 작동하지 않게 되고**(Keynesian models don't work under rational expectations) **정책을 수립하는 데 활용할 수 없다**고 주장한다(Lucas critique). 정책이 바뀌면 사람들의 기대도 변하고 경제변수 간 관계도 바뀌게 된다. 따라서 과거로부터 현재까지의 경험에 기초하여 수립된 기존의 경제모형은 새로운 정책의 효과를 예측하는 데 활용할 수 없다는 것이다.

예를 들어 기존의 자료를 활용하여 측정한 한계소비성향에 기초하여 정부지출 증가나 조세 감소의 효과를 예단해서는 안 된다는 것이다. 정책실시와 함께 경제주체의 기대가 변하고 이에 따라 한계소비성향 자체가 바뀔 수 있기 때문이다.

인플레이션율과 실업률의 관계도 마찬가지다. 인플레이션율과 실업률에 관한 과거 자료들은 인플레이션율과 실업률 사이의 상충관계(trade off)가 있음을 보여준다. 그러나 정책당국이 이에 기초하여 확장적 통화정책으로 높은 인플레이션율과 낮은 실업률의 조합을 추구하려고 하는 경우 두 변수 사이의 상충관계는 달라질 수 있다는 것이다. 사람들이 인플레이션율에 대한 기대를 변경하면 실업률은 낮추지 못하고 오직 인플레이션율만 상승시키는 결과를 초래할 수 있다고 지적한다.

경제주체들이 합리적 기대를 형성하기 때문에 예견된 정책(predictable policy)은 총생산이나 고용 등 경제성과에 영향을 미치지 못한다는 **정책무력성**(policy ineffective proposition)을 주장하며 오직 예견되지 않은 통화정책만 효과가 있다는 프리드먼의 주장을 확인하고 더 강화한다.

아울러 경제주체들이 중앙은행의 정책을 신뢰하여 기대를 조정하는 경우 케인지언 이론과 달리 단기적인 실업률 증가와 총생산 감소 같은 큰 비용의 대가를 치르지 않고도 인플레이션율을 낮출 수 있다고 주장한다.

케인지언이론에서 총생산이 자연생산량으로 바로 복귀하지 못하는 것은 물가와 임금이 천천히 조정되기 때문이다. 경제주체들이 점진적으로 적응해 나간다고 전제하고 있기 때문이다. 만약 경제주체가 합리적 기대형성을 한다면 그 조정과정은 매우 빠르게 이루어지게 되며, 케인지언이론은 총생산이 자연생산량에서 오랫동안 이탈하는 현상을 설명할 수 없게 된다고 주장한다.

경제주체가 합리적 기대를 형성하는 경우 정책이 일방적으로 경제주체에 영향을 미치는 것이 아니라 상호작용을 하게 된다. 정책의 효과는 얼마나 우호적인 기대가 형성되는가에 따라 달라진다. 따라서 주어진 여건에서 최선의 해결책을 찾는 최적이론(optimal theory)보다는 정책입안자와 경제주체의 상호작용을 중시하는 **게임이론(game theory)**에 기초해서 정책을 설계하고 추진해야 한다고 주장한다. 정책의 신뢰성과 일관성이 중요한 이슈로 부상한다.

합리적 기대이론은 1970년대와 1980년대에 대세를 형성한다. 합리적 기대는 거시경제모형 수립 시 당연히 채택해야 할 가정이 된다. 그리고 합리적 기대를 가정한 다양한 연구가 진행된다.

홀(Robert Hall)은 프리드먼의 항상소득가설에 합리적 기대를 추가하여 소비행위가 확률보행을 한다는 가설(random walk of consumption)을 제시하였다. 현재소비에 이용할 수 있는 모든 정보가 반영되어 있으므로 다음 기의 소비는 새로운 정보에 따라서 움직이고 예측할 수 없다는 것이다.

돈부쉬(Rudiger Dornbusch)는 환율의 단기적인 큰 변화가 비합리적인 투기의 결과가 아니라 합리적인 행위의 결과라는 것을 보여주었다. 한 나라의 통화량이 증가하면 단기에 그 나라 명목이자율이 하락하고 통화가치가 하락하여 환율이 상승하게 된다. 사람들이 통화량증가가 영구적이라 미래에도 낮은 이자율이 지속될 것으로 기대하면 기대환율이 상승하게 되고 통화가치가 추가로 하락하여 환율은 크게 상승(overshooting)한다.

합리적기대이론이 제기한 도전은 **거시경제학의 새로운 재편**을 야기했다. 많은 경제학자가 합리적 기대를 받아들이며 이에 기초하여 이론을 전개하게 되었다.

5. 신고전학파 경제학: 실물경기변동이론(RBC, Real Business Cycle Theory)

케인즈이론에서 경기변동의 주요 원인은 총수요의 변화이다. 가격이 경직적인 상황에서 총수요의 변화는 총생산의 변화로 이어지고 자연생산량으로 복귀하는 데는 시간이 소요된다.

루카스는 거시경제모형이 완전경쟁시장, 신축적인 임금과 가격, 경제주체의 효용극대화 및 이윤극대화, 그리고 합리적 기대를 전제로 구축되어야 한다고 주장한다. 그리고 경기변동의 원인을 **정보의 불완전성**(imperfect information)에서 찾는다. 개별 경제주체가 정보에 완전하게 접근하는 데는 시간이 필요하고 또 이를 의사결정에 정확히 반영하는 데는 한계가 있다는 것이다. 통화량의 증가로 명목적인 충격이 발생하는 경우 사람들이 실물충격으로 혼동하여 경기변동이 발생한다고 주장한다.

프레스콧(Edward Prescott)을 중심으로 한 새로운 고전학파(new classicals) 경제학자들은 고전학파의 기본 가정을 유지하고 고전적 이분성을 받아들인다. 경기변동의 원인을 기술진보에 따른 생산성 변화 등 공급측면의 **실물경제의 충격(real shocks)**에서 찾는다. 루카스와는 달리 정보조차 완전하다고 가정하고 총생산은 언제나 자연생산량에 위치한다고 주장한다.

경기변동을 설명하는 데 있어서 통화적 요인 등 **명목변수를 완전히 배제**한다. 통화량의 변동이 총생산에 영향을 주는 것이 아니라 총생산의 변화에 따라 화폐수요가 변하고 중앙은행이 이에 맞추어 통화량을 조절하기 때문에 통화공급이 내생적이라고 주장한다.

경기변동을 자연생산량으로부터 이탈이 아닌 **자연생산량 그 자체의 변화**로 본다. 노동자는 현재노동과 미래노동의 기간 간 선택(intertemporal substitution)에 직면해 있다. 실질이자율이 상승하는 경우 기간 간 대체효과로 현재의 노동공급이 증가하고 미래의 노동공급은 감소하게 된다. 기술진보로 생산성이 향상되어 현재 실질임금이 상대적으로 상승하면 기간 간 노동 대체로 현재 노동공급이 증가하고 총생산이 증가한다는 것이다.

경기변동은 실물충격에 대하여 경제주체가 합리적으로 **최적 대응**(optimizing adjustments to real shocks)**한 결과** 나타나는 경제의 자연적인, 그리고 효율적인 반응이며 따라서 정부가 이에 개입해서는 안 된다고 주장한다.

실물경기변동이론은 경기변동의 원인을 수요측면의 충격이 아닌 **공급측면의 충격**에서 찾는 새로운 접근으로 많은 관심을 받았지만, 여러 **비판**에도 직면하게 된다.

우선 모든 경기변동을 **기술진보만으로 설명하는 데는 한계**가 있다. 기술진보는 많은 시간이 소요되며 점진적으로 이루어진다고 보는 것이 현실적이다. 단기에 기술의 작은 변화가 대규모 총생산의 변화로 이어지는지도 의문이다. 실물경기변동이론에 따르면 경기침체는 기술진보가 후퇴했다는 것을 의미하게 되는데, 기술이 그 속성상 후퇴할 수 있는지 수긍하기 어려운 점이 있다.

노동공급의 변화를 노동자의 생산성 및 실질이자율 변화 등에 따른 노동자의 자발적 조정의 결과로 보고 있지만 현실에서 **노동공급이 현재화 미래의 기간 간 임금변화 특히 이자율 변화에 민감하지 않고**, 높은 실업의 대부분이 경직적인 고임금에 따른 **비자발적 실업**이라는 지적이 제기된다.

단기에 생산성증가(기술진보)가 경기변동을 초래하기보다는 오히려 **경기변동이 생산성 변화를 불러온다는 실증분석결과**가 제시되기도 한다. 생산성 변화가 경기변동을 야기한다고 보는 것은 인과관계(causality)의 방향을 혼동하고 있다는 것이다. 경기호황 시 신규 채용이 충분히 이루어지지 않아 기존 근로자가 더 일하게 되어 노동강도가 증가하고 이에 따라 생산성 증가로 나타나며, 반대로 경기불황 시는 해고가 충분히 이루어지지 않아 여분의 근로자를 유지(labor hoarding)하고 이에 따라 노동강도가 약해져 생산성 감소로 나타난다는 것이다.

모든 경기변동을 기술진보와 같은 실물부문의 충격으로 설명하고 **명목변수를 완전히 배제하는 것은 무리**가 있다. 많은 경험적 분석결과는 통화량의 변화 특히 **예견된 통화량의 변화조차도 실물경제에 영향**을 주는 것으로 나타난다.

그리고 현실 경제에서 **비합리적인 경제행위나 시장의 불완전성을 완전히** 배제하기는 어렵다. 많은 경제학자가 실물경기변동이론에 동의하지 못하는 이유의 하나다.

실물경기변동모형이 현실경제에 대한 **설명력과 예측력이 낮음**에도 불구하고 단기의 경기변동이 공급측 요인에 의해서 발생할 수 있고, 경기변동이 자연생산량으로부터 이탈이 아닌 자연생산량 자체가 변화일 수 있다는 사실을 발견한 것은 매우 의미 있는 공헌이라 할 수 있다.

6. 신 케인지언 경제학(New Keynesian Economics)

신 케인지언은 경제주체들이 합리적으로 선택을 하고 **합리적 기대를 형성한다는 가정**을 수용하면서도 **임금과 가격이 여전히 신축적으로 움직이지 못하는 이유를 설명**하고 케인즈이론의 미시적 기초를 강화하려는 다양한 학자군을 총칭한다.

기본적으로 수요측면에서 케인지언의 기본 구조를 유지하면서 불완전한 시장의 현실에 기초하여 임금과 가격이 경직적인 이유를 제시하여 공급측면의 이론을 보다 발전시키려고 노력한다.

임금과 가격이 경직적인 이유에 대한 다양한 미시적 기반의 연구가 진행된다. 먼저, 피셔(Stanley Fischer)와 테일러(John Taylor)는 **임금의 비동조성** 모형(Staggered Wage Setting)을 통해 합리적 기대하에서도 장기 임금계약 등으로 명목임금 조정이 동시에 이루어지지 않고 시차를 두고 천천히 이루어짐을 주장한다. 따라서 중앙은행은 주어진 경직적 명목임금(given fixed nominal wages) 하에서 통화정책으로 실질임금을 조정하여 고용에 영향을 미칠 수 있다는 것이다.

명목임금경직이론에 의하면 실질임금이 경기역행적(countercyclical, 경기가 침체되면 실질임금이 상승)으로 되는 데 경험적 자료는 실질임금이 경기와 무관하거나 약간 경기순행적(procyclical)인 경향을 보여준다. 이에 따라 뉴 케인지언 학자는 노동시장의 명목임금 경직성에서 재화시장의 가격 경직성으로 관심을 돌리게 된다.

맨큐(Gregory N. Mankiw)는 경제 상황에 따라 가격이 바로 조정되지 못한 이유로 **메뉴비용**(menu cost)을 제시한다. 기업은 가격변경의 이익이 가격변경에 수반되는 비용 즉 메뉴비용보다 크지 않으면 가격을 변경하지 않는다는 것이다.

이러한 개별기업의 결정은 전반적인 물가수준에 반영되어 총수요 및 다른 기업에 영향을 주게 되고 외부효과(externality)를 낳게 된다. 따라서 개별 기업차원의 사소한 가격조정 지연이 경제 전체에 큰 파장을 초래할 수 있다. 이러한 개별 기업차원의 가격조정 지연은 합리적인 의사결정이지만 경제 전체로는 바람직하지 않은 경기변동을 초래하게 된다.

다음은 임금과 가격이 경직적인 이유를 기업 간 **조정실패**에서 찾는 연구이다. 쿠퍼(Russell Cooper)와 존(Andrew John)은 모든 기업이 가격을 동시에 변경하는 것이 모두에게 유리하지만, 혼자만 변경하는 경우 오히려 손해를 볼 수 있으므로 가격 조정이 지연된다고 주장한다. 즉 기업 간 조정실패(coordination failure)를 통해 가격의 경직성을 설명한다.

예를 들어 경기후퇴 시 개별기업이 가격을 인하하여 총수요가 증가하면 모든 기업이득을 보는 외부효과가 발생한다. 모든 기업이 가격을 인하하면 모든 기업이 득을 보지만, 다른 기업이 가격을 일정하게 유지한 상황에서 특정 개별기업이 가격을 인하하면 그 기업만 손해를 볼 수 있으므로 가격을 인하하지 않게 된다. 이 경우 경제주체들이 가격이 비신축적일 것으로 기대하면 비신축적으로 되는 기대의 자기실현적(self-fulfilling) 현상이 발생하게 된다.

다음은 노동시장에서 임금설정에 초점을 둔 연구이다. **효율임금이론**(efficiency wage

theory)은 기업이 생산성 향상을 유도하기 위해 시장균형임금 이상의 실질임금을 자발적(voluntarily)으로 지급함을 보여준다. 보수를 충분히 지급하여 직원들이 잘 먹고 건강을 챙길 수 있도록 하고(nutrition theory), 도덕적해이(moral hazard) 위험을 낮추며, 역선택(adverse selection) 문제를 해결하면서, 이직률(turnover rate)을 낮추어 생산성을 높이기 위해서다.

시간이 흐르면서 신고전학파와 신케인지언 이론의 **융합 움직임**이 나타나고 있다. 경제학자들은 실물경기변동의 이론적 기초인 **효용극대화와 이윤극대화, 합리적 기대 형성, 기간간 최적 선택, 실물적 충격** 등에 신 케인지언이 주장하는 **임금과 가격의 경직성 및 시장의 불완전성** 등을 가미하여 경기변동이론을 더욱 발전(DSGE, dynamic stochastic general equilibrium models)시켜 나가고 있다.

아울러 경제주체들이 합리적으로 행동한다는 가정에 대한 의문과 함께 행태심리학차원에서 비합리적인 행위를 분석하려는 움직임도 증가하고 있다.

7. 경제학자들 간 컨센서스(Consensus)와 이견

1) 동의하는 사항

먼저, 경제는 **시간대에 따라 다르게 움직인다.**

가격이 신축적인 장기에는 생산요소의 양과 기술수준 등 생산역량이 총생산을 결정한다. 완전고용이 실현되며 총생산은 자연생산량과 일치한다. 총수요의 변화는 총생산에 영향을 주지 못한다.

그러나 가격이 경직적인 단기에는 총수요와 총공급의 충격(주로 총수요의 충격)에 따라 총생산이 자연생산량을 중심으로 출렁인다. 특히, 총공급의 충격이 영구적인 경우 자연생산량이 변화한다. 최장기에는 자본축적 등 생산요소의 변화와 기술진보 등이 경제성장을 결정한다.

둘째, 재정정책과 통화정책이 **총생산에 미치는 효과는 단기적**이며, 장기에는 효과가 모두 사라진다.

정부지출 확대 또는 조세 감소 등 확장적 재정정책은 단기에 총생산에 영향을 미친다. 그러나 장기에는 이자율 상승을 초래하여 민간 투자지출 등의 감소로 이어져 정부지출 증가효과를 완전히 상쇄하게 된다. 장기에 재정정책의 효과는 모두 사라진다. 이자율 상승에 따른 투자지출 감소는 자본축적을 저해하여 최장기적으로 경제에 부정적 영향을 준다.

통화정책의 변화는 단기에는 총생산에 영향을 준다. 그러나 장기에는 총생산, 실업률 등 실질변수에 아무런 영향을 주지 못한다. 통화량증가율이 상승하는 경우, 인플레이션율과 명목이자율 등 명목변수만 상승시키게 된다.

셋째, 경제는 기본적으로 외생적인 충격(shocks)이 있을 때 스스로 문제를 해결해 나가는 자정역량(self-correction forces)이 있다. 그 충격이 정상적이며 소소한 경우에는 **조정메커니즘(adjustment mechanism)이 작동**하여 장기적으로는 자연생산량으로 복귀하며 거시정책으로 이 조정과정을 촉진할 수 있다.

그러나 충격이 매우 예외적이고 너무 큰 경우에는 조정메커니즘 자체가 붕괴될 수 있으며 재정정책이나 통화정책 등을 실시할 수 있는 여지가 매우 제한적일 수 있다. 경제가 정상적으로 회복되는 데 매우 긴 시간이 소요될 수 있다.

넷째, 경제주체의 **기대형성이 정책효과에 영향**을 미친다. 따라서 정책의 성공을 위해서는 경제주체의 신뢰와 우호적인 기대형성이 중요하다.

2) 이견을 보이는 사항

우선, 총수요가 총생산에 영향을 미치는 **단기의 기간**에 대해서는 이견이 있다. 가격변수가 비교적 신축적으로 움직인다고 보는 경제학자들은 단기는 매우 짧다고 본다. 반면에, 가격변수의 조정을 경직적으로 보는 경제학자들은 단기가 매우 긴 시간대가 될 수가 있다고 본다.

다음으로, **경제안정화를 위한 정부의 역할**에 이견이 있다. 경기변동을 완화하기 위하여 정부가 적극적이든 소극적이든 또 준칙에 의한 정책이든 자유재량적 정책이든 일정한 역할을 해야 한다는 데 많은 경제학자가 동의한다. 그러나 실물경기변동이론 학자들은 경기변동은 생산성 충격에 대응하여 경제주체의 효율적인 최적 반응의 결과이므로 정부가 이에 개입해서는 안 된다고 주장한다.

정부의 역할에 대해서는 제20장에서 살펴본 것처럼 (1) 경제성장률에 따라 통화증가율을 일정하게 유지하는 등 수동적 역할에 그칠 것인지 아니면 경제상황에 따라 적극 대응할 것인지 이견을 보인다. (2) 경제상황에 따라 정책을 추진할 때도 사전에 마련하고 선언한 준칙(rule based policy)에 따를 것인지 아니면 정책당국이 재량권을 갖고 상황에 따라 탄력적으로 대응하도록 할 것인지(discretionary policy) 이견이 있다. 그러나 매우 예외적인 경우를 제외하고는 재정정책이 자유재량적으로 추진되어서는 안 되며, 통화정책은 재량성을 허용한다고 할지라도 일정한 제한이 가해져야 한다는 데 어느 정도 의견이 일치하고 있다.

요약

1 고전학파의 경제는 가격의 신축성과 완전경쟁시장을 전제로 완전고용이 이루어지는 경제이다.

2 현대 거시경제학은 케인즈의 일반이론의 출간(1936년)과 더불어 시작된다. 케인즈는 가격이 경직적인 단기에 총수요가 총생산을 결정한다고 보고 경제안정화를 위한 정부의 적극적 역할을 강조한다.

3 1970년대 유가급등에 따른 스태그플레이션의 발생과 합리적 기대이론의 등장으로 케인즈 이론은 위기를 맞게 된다.

4 실물경기변동이론은 경기변동의 원인을 기술변화 등 실물충격에서 찾고 명목변수를 완전히 배제한다. 총생산의 변화를 자연생산량에서 이탈이 아닌 자연생산량 자체의 변화로 본다.

5 신 케인지언이론은 합리적기대하에서도 임금과 가격이 경직적인 이유를 설명하여 총공급곡선의 미시적 기반을 강화하려고 한다. 가격조정의 메뉴비용, 기업 간 임금과 가격조정 시점의 차이, 조정실패 등으로 임금과 가격조정이 지연되어 물가의 조정은 서서히 이루어진다고 주장한다.

6 경제는 시간대에 따라 다른 모습으로 움직인다. 장기에 총생산은 기술수준 및 생산요소의 양 등 생산역량에 의해 결정되고, 단기에는 총수요와 총공급의 충격(주로 총수요의 충격)에 따라 자연생산량을 중심으로 출렁인다. 최장기에는 자연생산량 자체가 변한다.

7 재정정책과 통화정책 등 총수요관리정책이 총생산에 미치는 효과는 시간이 흐르면서 감소하여 장기에는 모두 사라진다.

8 경제안정화를 위한 정부의 역할에는 이견이 있으나 정책 당국자에게 어느 정도 제약이 가해져야 한다는 데는 이견이 없다.

연습문제

1 다음 문장의 진위를 판단하고 그 이유를 설명하라.

(1) 실물경기변동이론에 따르면 기술충격으로 총생산이 자연생산량에서 이탈하여 경기변동이 발생한다.

(2) 통화주의자들은 통화정책이 재정정책보다 더 효과적이기 때문에 재량적인 통화정책으로 경기를 안정화시킬 것을 주장한다.

(3) 신케인지언의 학자들은 합리적 기대형성을 수용하지 않고 임금과 가격의 경직성에 기초하여 경기변동을 설명한다.

(4) 대부분 경제학자는 총수요관리정책이 장기에도 효과가 있는 것으로 본다.

(5) 루카스 등 합리적 기대론자들은 경제주체가 합리적 기대형성을 하는 경우 경제가 자연생산량에서 이탈할 수 없다고 주장한다.

2 실물경제이론과 신케인지언 이론의 주요 차이점은 무엇인가?

3 경제안정화를 위한 정책으로 통화정책과 재정정책 중 어느 것이 제1차 정책수단이 되어야 한다고 생각하는가? 그 이유는 무엇인가?

4 실물경기변동이론에 의하면 노동생산성이 일시적으로 증가한 경우와 영구적으로 증가한 경우 중 어느 경우가 단기의 총생산에 더 큰 영향을 미치는가?

제 9 부

거시경제의 미시적 기초

제 9 부

거시경제의 미시적 기초

기본적으로 거시경제 현상은 미시적 경제행위의 총합이라고 할 수 있다. 그리고 거시분석에 있어서 **미시적 기초를 강화**하는 것이 최근의 추세이다.

제9부에서는 총수요의 가장 중요한 구성요소인 **소비**와 **투자** 그리고 공급측면의 **총공급곡선 및 필립스곡선**에 대해 살펴본다.

제24장 소비이론

소비는 삶의 질을 결정한다. 소비는 **총수요의 가장 큰 비중**(65~75% 수준)을 차지하기 때문에 단기의 경제 분석에서도 매우 중요한 역할을 한다. 얼마나 소비할 것인가의 문제는 얼마나 저축할 것인가의 문제로 투자, 자본축적, 경제성장 등 최장기의 경제에도 영향을 미친다. 이번 장에서는 이러한 소비에 관한 다양한 이론에 대해 살펴본다.

1. 케인즈의 소비이론
2. 피셔의 기간 간 선택이론
3. 모딜리아니의 생애주기가설
4. 프리드먼의 항상소득가설
5. 홀의 확률(임의)보행가설
6. 유동성 제약과 소비이론의 수정
7. 즉각적 만족표출가설
8. 소비이론의 종합

1. 케인즈의 소비이론

1) 케인즈의 소비함수 추론

고전파 경제학자들은 소비를 결정하는 변수로 실질이자율을 중시하였다. 실질이자율이 상승하면 저축이 증가하고 소비는 감소한다. 케인즈는 자신의 통찰력에 기초하여 고전학파 경제학자와 다른 새로운 소비함수를 추론하였다.

첫째, 현재소비(C)는 현재 **가처분소득**($Y_d = Y - T$)에 의존한다.

둘째, 가처분소득이 증가하면 소비가 증가하지만, 가처분소득이 증가한 만큼 소비가 증가하지 않는다. 즉 소득의 **한계소비성향**(MPC)이 **0보다 크고 1보다 작다.**

$$0 < MPC = \frac{\Delta C}{\Delta Y_d} < 1$$

이는 소득 증가분이 다 소비되지 않고 일부가 저축되기 때문이다.

셋째, 소득이 증가하면서 **평균소비성향**($APC = \frac{C}{Y_d}$)은 **감소**한다. 소득이 낮은 경우 소득의 대부분이 소비되지만, 소득이 높은 경우는 소비하고도 상당 부분이 남아 저축으로 이어진다.

이상의 세 가지 추론을 함수로 표시하면 다음과 같다.

$$C = C(Y_d) = c_0 + c_1 Y_d$$
$$\text{단, } 0 < c_1 < 1$$

여기서 C는 소비, Y_d는 가처분소득($Y_d = Y - T$), c_0는 최저소비 등 소득과 관련 없는 소비지출, c_1은 소득의 한계소비성향(MPC)을 나타낸다.

그림 24-1 케인즈의 소비함수

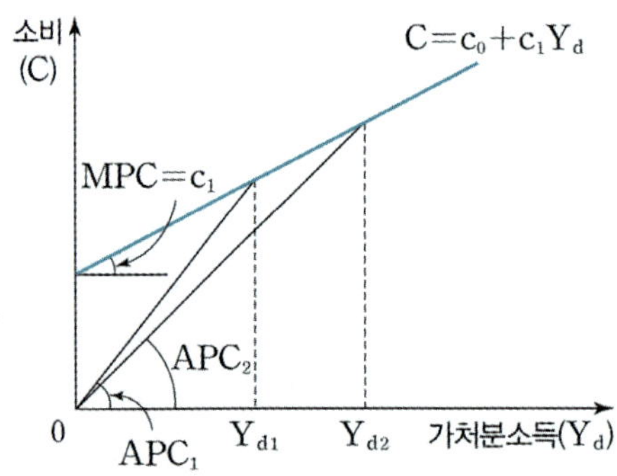

수직축의 절편 c_0는 최저소비 등 소득과 관련 없는 소비지출을 나타내며 기울기인 c_1은 한계소비성향(MPC)을 보여준다. 평균소비성향(APC)은 가처분소득이 증가할수록 감소한다.

그림 24-1은 케인즈의 소비함수를 나타낸다. 이 그림에서 수직축의 절편은 c_0이며, 기울기는 c_1이다. 이 소비함수는 케인즈가 추론했던 소비함수의 속성을 잘 보여준다.

우선, 소비가 가처분소득의 함수로 표현되며, 이자율은 포함되어 있지 않다.

둘째, 최저소비 등 소득과 관련 없는 소비지출을 기초로 하여($c_0 > 0$) 가처분소득이 증가하면서 소비가 증가하지만 소비의 증가분은 가처분소득의 증가분보다 작다. 즉, 한계소비성향은 0보다 크지만 1보다 작다.

$$0 < MPC = c_1 < 1$$

셋째, 그림에서 평균소비성향(APC)은 원점에서 그은 직선의 기울기로 가처분소득이 증가하면서 감소한다.

$$APC = \frac{C}{Y_d} = \frac{c_0}{Y_d} + c_1$$

따라서 한계소비성향은 평균소비성향보다 작게 된다.

$$MPC < APC$$

2) 케인즈 소비함수에 대한 실증분석 결과

케인즈가 통찰력에 기초하여 추론한 소비함수에 대해 추후에 경험적 자료에 기초한 실증분석이 이루어졌다. 먼저 일정 시점에서 여러 가계의 소득과 소비 자료를 분석한 **횡단면 분석**(cross section analysis) 결과는 **케인즈의 추론이 성립함을 확인**하여 주었다. 소득과 소비의 상관관계가 매우 높게 나타났으며 다른 변수의 중요성은 매우 낮은 것처럼 보였다. 소득의 한계소비성향이 1보다 작다는 사실을 확인해 주었고, 소득이 높은 가계일수록 평균소비성향이 감소한다는 사실도 보여주었다.

그러나 소득과 소비가 시간의 흐름에 따라 어떻게 변하는지를 분석하는 **시계열분석**(time series analysis)은 단기와 장기에 따라 다른 결과를 보여주었다. 1차, 2차 세계대전 사이의 소득과 소비에 관한 **단기 시계열자료**는 **케인즈 소비함수의 추론이 성립**함을 보여주었다.

하지만 장기 시계열자료의 분석결과는 케인즈의 추론과는 다르게 나타났다. 쿠즈네츠(Simon Kuznets)는 1860년대 후반까지 소급하여 **장기 시계열자료**를 분석한 결과 소득이 증가하였음에도 불구하고 **평균소비성향은 매우 안정적**이라는 새로운 사실을 발견하였다.

그림 24-2 소비의 수수께끼: 단기와 장기의 소비함수

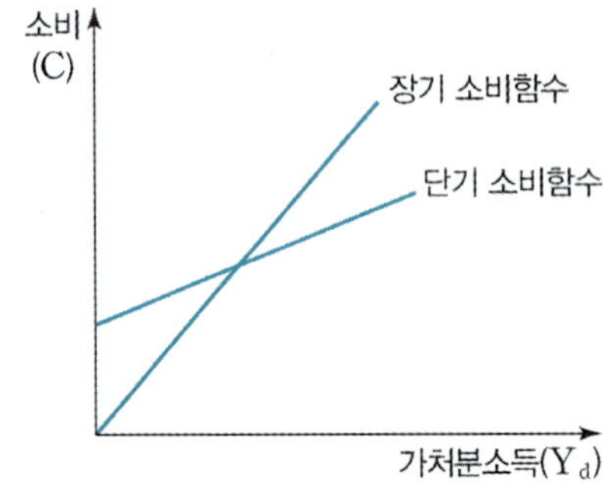

단기 소비함수는 소득이 증가하면서 평균소비성향이 감소하지만($MPC < APC$), 장기 소비함수는 소득이 증가함에도 불구하고 평균소비성향이 일정하다($MPC = APC$).

그림 24-2에서 보는 것처럼 케인즈의 소비함수가 횡단면자료 및 단기 시계열자료와는 잘 부합하지만 장기 시계열자료와는 부합하지 않는다. 이 모순된 것처럼 보이는 실증분석 결과는 소비함수에 관한 다양한 연구를 촉발하는 "**소비의 수수께끼(puzzle of consumption)**"를 던져준다.

그리고 단기와 장기의 소비행태를 조화롭게 설명하기 위한 다양한 이론이 제시된다. 이러한 이론의 기초가 되는 소비이론이 피셔(Irving Fisher)의 기간 간 선택이론이다.

2. 피셔의 기간 간 선택이론

피셔(Irving Fisher)는 **합리적이고 미래를 내다보는 소비자**(forward-looking rational consumers)가 전 생애 소득의 흐름 하에서 어떻게 소비를 선택하여 효용을 극대화하는지를 보여주는 **소비의 기간 간 선택모형**(intertemporal choice model)을 제시하였다. 소비자는 현재소득과 미래소득의 흐름이라는 예산제약(intertemporal budget constraint)하에서 현재소비와 미래소비를 잘 선택(intertemporal choice)하여 전 생애의 효용극대화를 추구한다는 이론이다. 이를 구체적으로 살펴보자.

1) 기간 간 예산제약

소비자의 생애를 현재와 미래로 구분하고, 현재를 1기로 미래를 2기로 표시한다. 소비자는 현재와 미래에 각각 Y_1과 Y_2의 소득을 얻고, C_1과 C_2를 소비한다.

소비자는 현재소득이 현재소비보다 많은 경우 저축을 할 수 있다. 아울러 미래소득을 기초로 차입하여 현재소득보다 더 많은 현재소비를 할 수 있다. 현재와 미래를 연결하는 저축이자율과 차입이자율은 r로 같다고 가정한다.

소비자가 생애의 모든 소득을 소비한다고 가정하면 전 생애에 걸쳐 **소득흐름**의 **현재가치**와 **소비흐름**의 **현재가치**가 일치한다.

$$C_1 + \frac{C_2}{1+r} = Y_1 + \frac{Y_2}{1+r}$$

그림 24-3 소비자의 예산선(budget line)

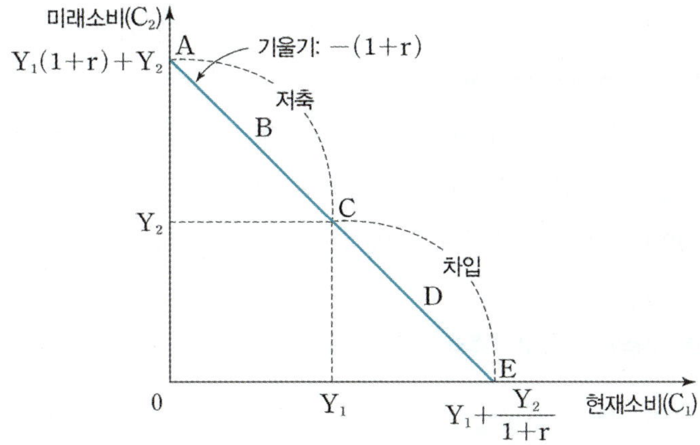

소비자는 전 생애에 걸쳐 모든 소득을 소비한다고 가정한다. 소비자의 예산선은 소비자가 선택할 수 있는 현재소비와 미래소비의 모든 조합을 보여준다. A와 C사이의 소비조합을 선택하는 경우 현재소비가 현재소득보다 적어 저축을 하고, C와 E 사이의 소비조합을 선택하는 경우 현재소비가 현재소득보다 많아 차입하게 된다.

그림 24-3의 예산선은 소비자가 현재와 미래에 걸쳐 어떠한 소비조합을 선택할 수 있는지를 보여준다. 소비자는 예산선 상의 어느 점이나 선택할 수 있다. 점 C는 현재소득과 현재소비가 같고 미래소득과 미래소비도 같은 경우($Y_1 = C_1$, $Y_2 = C_2$)이다.

점 B는 현재소비가 현재소득보다 작아 저축하는 경우이다($Y_1 > C_1$). 소비자는 1기에서 C_1을 소비하고 $(Y_1 - C_1)$만큼의 저축을 한다. 그리고 2기에는 1기 저축에 대한 원금과 이자에 2기 소득을 합한 금액만큼 소비[$C_2 = (1+r)(Y_1 - C_1) + Y_2$]를 한다. 점 D는 현재소비가 현재소득을 초과($Y_1 < C_1$)하고 빌리는 경우로, 현재소비는 $C_1 =$

$Y_1 + \frac{(Y_2 - C_2)}{1+r}$ 이며 미래소비는 미래소득보다 적게($Y_2 > C_2$) 된다.

2) 소비자의 기간간 선호

소비자의 효용(U)은 현재와 미래의 소비로 결정되며 다음과 같이 표시된다.

$$U = U(C_1, C_2) = U(C_1) + \frac{U(C_2)}{1+\rho},$$

$$\text{단, } \frac{\Delta U}{\Delta C_1} = MU_{c_1} > 0, \ \frac{\Delta U}{\Delta C_2} = MU_{c_2} > 0, \ \rho > 0$$

여기서 ρ는 현재소비(C_1)를 통해 얻는 효용과 미래소비(C_2)를 통해 얻는 효용 간 소비자의 시간선호율(time preference rate)이다. ρ는 0보다 크다. 소비자는 미래의 효용보다 즉각적인 만족을 주는 현재효용을 선호한다. 소비자의 **주관적 선호율**이며 미래효용을 현재효용으로 환산할 때 적용하는 소비자의 주관적 할인율(subjective discount rate)이다. 따라서 현재효용 1단위는 미래효용 $(1+\rho)$단위와 같다.

그림 24-4 소비자의 선호(무차별곡선)와 효용수준

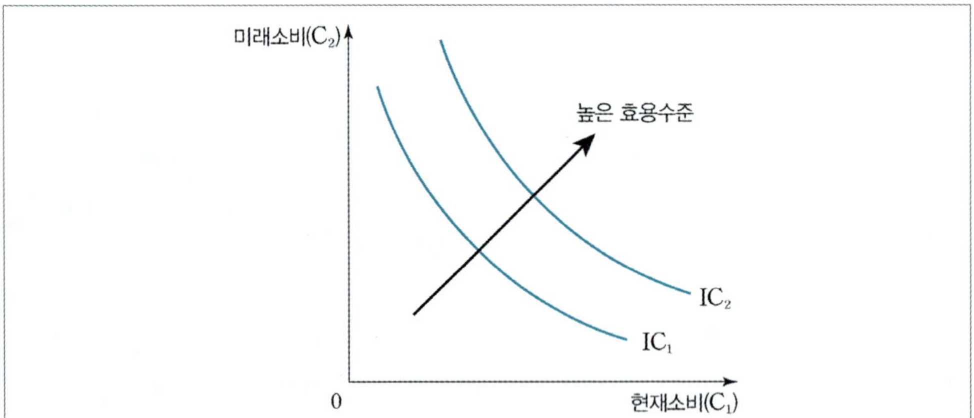

무차별곡선은 동일한 효용수준을 보여주는 현재소비와 미래소비의 조합들을 보여주는 곡선으로 북동쪽 방향으로 이동할수록 더 높은 효용수준을 보여준다.

그림 24-4는 소비자의 효용을 보여주는 **무차별곡선**이다. 소비자의 효용함수는 원점에 대해 볼록한 무차별곡선으로 나타낼 수 있다. 무차별곡선은 동일한 효용수준을 주는

다양한 현재소비와 미래소비의 조합들을 연결한 것이다. 동일한 무차별곡선상에 있으면 동일한 효용을 의미한다. 현재소비가 감소하면 미래소비가 증가해야 (또는 현재소비가 증가하면 미래소비가 감소해야) 동일한 효용수준을 유지할 수 있다.

현재소비와 미래소비 모두 정상재이므로 무차별곡선은 북동쪽 방향으로 높게 위치할수록 높은 효용수준을 의미한다.

무차별곡선의 기울기는 현재소비와 미래소비의 **한계대체율**(marginal rate of substitution)로 현재소비 1단위를 얻기 위해서 미래소비를 얼마나 포기할 용의가 있는지(또는 현재소비 1단위가 감소하는 경우 미래소비가 얼마나 더 늘어야 하는지)를 보여준다.

$$MRS_{c_1c_2} = \frac{\Delta C_2}{\Delta C_1} = -\frac{MU_{c_1}}{MU_{c_2}} = -(1+\rho)$$

소비의 한계효용이 체감하므로 현재소비가 증가할수록 한계대체율은 감소하여 무차별곡선의 기울기는 완만해진다.

3) 소비자의 최적 선택

그림 24-5 소비자의 최적 선택

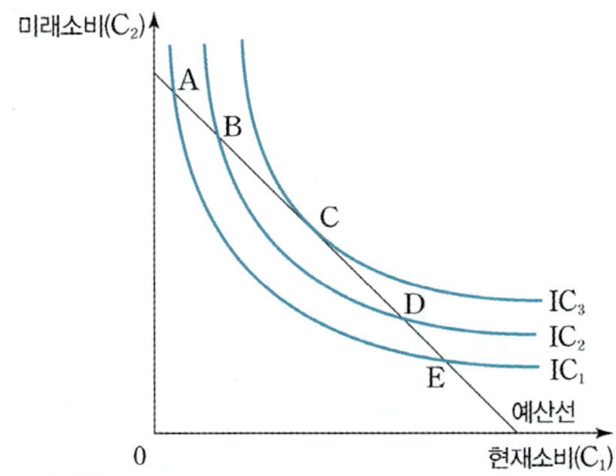

주어진 예산선에서 가장 높은 효용수준을 달성하기 위한 소비자의 최적 선택은 무차별곡선과 예산선이 서로 접하는 점에서 이루어진다. A, B, C, D, E 모두 소비가 가능하고 C점에서 소비를 선택할 때 가장 높은 무차별곡선(IC_3)에 도달한다. 즉 효용수준이 가장 높다.

그림 24-5는 **소비자의 최적 선택**을 보여준다. 예산선은 소비자가 선택할 수 있는 현재소비와 미래소비의 다양한 조합을 보여준다. 예산선 상 또는 예산선 내에서 소비를 결정할 수 있다. 평생소득의 현재가치와 평생소비의 현재가치가 같다고 가정하므로 소비자는 예산선 상에서 소비하게 된다.

가장 높은 효용을 주는 현재소비와 미래소비의 조합은 **예산선과 무차별곡선이 서로 접하는 점**(tangent point) C에서 이루어짐을 알 수 있다. 이 점에서 예산선과 무차별곡선의 기울기는 같다.

$$\frac{MU_{c_1}}{MU_{c_2}}(=1+\rho)=1+r$$

균형에서 소비자의 현재소비에 대한 **주관적 선호율**(ρ)과 **객관적 선호율(이자율, r)**이 일치한다. 만약 현재소비의 주관적 선호율이 객관적 선호율보다 높은 경우는 현재 소비를 더 늘리게 되고, 반대로 현재소비의 주관적 선호율이 객관적 선호율보다 낮은 경우는 현재소비를 줄인다.

소비의 한계효용이 체감하므로 소비자는 극단적인 현재소비 위주 또는 미래소비 위주의 조합보다는 현재소비와 미래소비를 고르게 유지하여 효용의 극대화를 추진하게 되며 이를 **소비의 평준화**(consumption smoothing)라고 부른다.

4) 소득변화와 최적 소비의 변화

그림 24-6 소득변화와 최적 소비의 변화

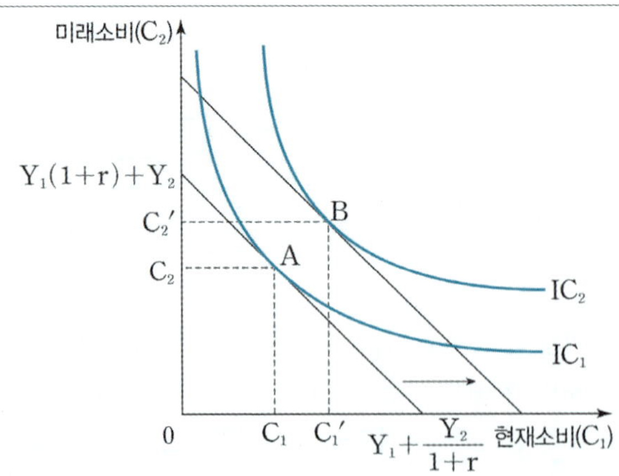

현재소득 또는 미래소득이 증가하는 경우 예산선이 바깥쪽으로 평행이동 한다. 따라서 균형점은 A에서 B로 이동하고 현재소비와 미래소비 모두 증가한다.

현재의 소득(Y_1)이나 미래의 소득(Y_2)이 증가하는 경우 **생애소득의 현재가치는 증가**한다.

$$생애소득의\ 현재가치:\ Y_1 + \frac{Y_2}{1+r}$$

그림 24-6에서 보는 것처럼 현재소득 또는 미래소득 증가로 생애소득의 현재가치가 증가하면 예산선이 밖으로 평행 이동한다. 이에 따라 균형점은 A에서 B로 이동하여 현재소비(C_1)와 미래소비(C_2) 모두 증가한다. **현재소비와 미래소비**는 모두 정상재(normal goods)로 **소득증가에 따라 모두 증가**한다.

이제 현재의 소비는 현재소득이 변하지 않아도 미래소득이 변하면 달라진다. 현재소비가 현재소득에만 의존한다는 케인즈이론과 결정적으로 달라진다.

5) 실질이자율의 변화와 최적 소비의 변화

그림 24-7 실질이자율 변화와 소비자의 최적 선택

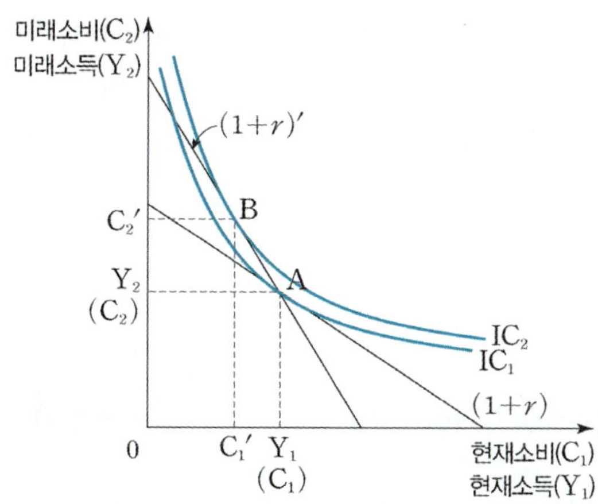

실질이자율이 r에서 r'로 상승하는 경우 예산선이 소득조합점 $A(Y_1, Y_2)$를 기준으로 오른쪽으로 회전하여 더 가파르게 된다. 이자율상승으로 미래소비 대비 현재소비의 상대가격 $(1+r)$이 상승함에 따라 현재소비가 감소하고 미래소비는 증가한다.

그림 24-7에서 당초의 균형점은 A로 현재소비는 현재소득과 일치하고 미래소비는 미래소득과 일치한다고 가정하자. **실질이자율**이 r에서 r′로 **상승**하는 경우 소비가 어떻게 달라지는지를 살펴보자. 이자율은 현재와 미래의 연결고리이다. 그림 24-7에서 보는 것처럼

이자율 상승으로 예산선은 소득 조합점 $A(Y_1, Y_2)$를 기준으로 오른쪽으로 회전하여 더 가파른 기울기를 갖게 된다.

이에 따라 최적 소비점은 A에서 B로 이동한다. 현재소비는 감소하고 미래소비는 증가한다. 이러한 이자율상승의 효과(가격효과)는 대체효과와 소득효과로 구분하여 살펴볼 수 있다.

먼저, **대체효과**이다. 실질이자율 상승 시 미래소비 대비 현재소비의 상대적 가격 $(1+r)$이 상승하므로 **현재소비가 감소하고 미래소비가 증가**한다.

둘째, 소득효과이다. 이자율이 상승하는 경우 저축하는 사람은 저축금액의 미래가치가 증가하여 득을 보고, 차입하는 사람은 미래 소득의 현재가치가 감소하여 손해를 본다. 이 소득효과에 의해 저축자의 현재소비와 미래소비는 증가하고, 반대로 차입자의 현재소비와 미래소비는 감소한다. 경제 전체의 관점에서 저축자와 차입자는 서로 상쇄되기 때문에 이 **소득효과는 무시**할 수 있다.

따라서 이자율 상승 시 대체효과만 남게 되어 **현재소비는 감소**하고 **미래소비는 증가**한다고 할 수 있다.

이상의 논의를 종합해보면 피셔의 기간 간 선택이론은 다음과 같은 시사점을 던져준다. 첫째, 사람들은 평생 소득의 흐름에 기초하여 **현재소비와 미래소비를 적절히 안배**하여 고른 소비(consumption smoothing)를 통해 효용의 극대화를 추구한다. 둘째, **현재소비는** 현재소득뿐만 아니라 **미래소득**에도 영향을 받는다. 셋째, 현재소비는 **실질이자율**에도 영향을 받는다. 실질이자율이 증가하는 경우 미래소비 대비 현재소비의 가격이 상승하므로 현재소비는 감소한다.

3. 모딜리아니의 생애주기가설(Life Cycle Hypothesis)

모딜리아니(Franco Modigliani), 안도(Albert Ando)와 브룸버그(Richard Brumberg)는 사람들의 생애에 걸쳐 발생하는 소득의 패턴과 소비행위를 명시적으로 모형화 하여 생애주기가설을 제기하였다.

1) 기본모형

어느 사람이 초기에 W만큼의 부를 소유하고 있으며 은퇴까지 R년 동안 매년 Y만큼의 소득을 얻는다고 가정하자. 분석의 편의를 위해 이자율은 0이라고 가정하여 이자율효과는 무시한다. 이 경우 이 사람이 평생 이용할 수 있는 **가용재원**은 다음과 같다.

$$\text{평생 가용재원: } W+RY$$

이 사람은 앞으로 T년을 살 것으로 예상하며 매년 균등하게 소비하기를 희망한다고 가정한다. 이 경우 **매년 소비(C)**는 가용재원($W+RY$)을 생애기간(T)으로 나눈 값과 같으며 다음과 같다.

$$\text{매년 소비: } C=\frac{W+RY}{T}=aW+bY$$

$$\text{단, } a=\frac{1}{T}>0,\ b=\frac{R}{T}>0$$

여기서 a는 부의 한계소비성향이며 b는 소득의 한계소비성향이다. 소비는 부와 소득에 의존한다.

그림 24-8 생애에 걸친 소득과 소비의 흐름

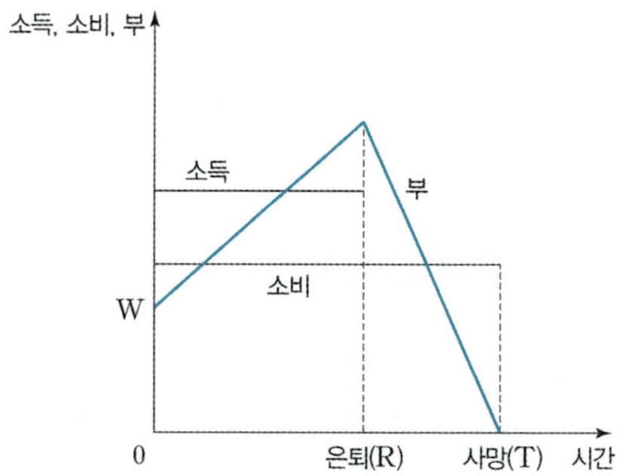

은퇴 전까지는 소득이 소비를 초과하여 저축하고 부가 증가한다. 은퇴 후에는 축적한 부를 활용하여 소비한다.

그림 24-8은 일생동안 안정적인 소비를 희망하는 사람이 은퇴 전까지는 소득 중 일부를 저축하여 부를 축적하고 은퇴 후에는 축적된 부를 사용하는 패턴을 설명해 준다. 은퇴(R) 전까지는 소득이 소비를 초과하여 저축하고 부가 증가한다. 은퇴 후에는 축적한 부를 활용하여 소비하며 사망(T)시까지 모든 부를 소진한다.

- 은퇴 전 : 소득 - 소비 = $Y-C>0$, 부 증가
- 은퇴 후 : 소득 - 소비 = $0-C<0$, 부 감소

2) 소비 수수께끼의 설명

생애주기가설의 소비함수에서 평균소비성향(APC)은 다음과 같다.

$$APC=\frac{C}{Y}=\frac{aW+bY}{Y}=a\frac{W}{Y}+b$$

먼저 **횡단면분석**이다. 위 식에서 소득이 많은 가계가 비례해서 부도 많이 갖게 되면 평균소비성향은 일정하다. 그러나 소득이 높다고 그에 비례해서 부를 많이 갖고 있다는 보장은 없다. 은퇴자처럼 많은 부를 축적했지만 현재소득은 낮을 수가 있고 재직자처럼 소득은 상당하지만 아직 부를 충분히 축적하지 못한 경우가 있을 수 있다. 일반적으로, 가계별로 **소득의 변화가 부의 변화보다 더 크다.** 소득이 높은 가계일수록 소득 대비 부의 비율($\frac{W}{Y}$)은 작아지고 평균소비성향은 감소하게 된다.

단기 시계열분석이다. 단기에는 **소득이 증가하면서 부는 더 느리게 증가**한다. 따라서 소득이 증가할수록 소득 대비 부의 비율($\frac{W}{Y}$)이 감소하여 평균소비성향(APC)는 감소하게 된다.

장기 시계열분석이다. 장기에는 **부와 소득이 같은 비율로 증가**한다고 볼 수 있다. 따라서 위 식에서 소득 대비 부의 비율 ($\frac{W}{Y}$)이 일정하게 되고 평균소비성향이 일정하게 유지된다.

종합하면 횡단면으로는 가계별로 소득변화가 부의 변화보다 크고, 단기 시계열로는 소득이 증가하면서 부가 더 느리게 증가한다. 소득이 증가하면서 소득 대비 부의 비율 ($\frac{W}{Y}$)이 감소하여 평균소비성향은 감소하게 된다. 반면에 장기 시계열로는 부와 소득이 같은 비율로 증가한다고 볼 수 있다. 따라서 평균소비성향(APC)은 감소하지 않고 일정하다.

4. 프리드먼의 항상소득가설(Permanent Income Hypothesis)

프리드먼(Milton Friedman)의 항상소득가설은 소비자가 전 생애의 소득에 기초하여 소비를 결정하는 점은 생애주기가설과 유사하지만, 소득이 일정하기 보다는 무작위적(randomly)으로 변한다는 점에 초점을 둔다.

프리드먼은 소득을 항상소득(Y_P)과 일시소득(Y_t)으로 구분한다.

$$Y = Y_P + Y_t$$

항상소득은 미래에도 지속될 것으로 기대되는 소득이며 일시소득은 일시적으로 발생한 소득을 의미한다. 예를 들어 직장인의 급여는 항상소득이라 할 수 있으며, 친구들로부터 받은 일회성 축하금 등은 일시소득이라 할 수 있다. 일시소득은 증가하기도 하고 감소하기도 하여 장기적으로 평균값이 0이라 볼 수 있다.

소비자는 평생 안정된 소비를 희망하므로 **항상소득에 기초하여 소비를 결정**한다.

$$C = aY_P,\ \text{단},\ a > 0$$

소비 수수께끼의 설명

항상소득가설의 소비함수에서 평균소비성향(APC)은 다음과 같다.

$$APC = \frac{C}{Y} = \frac{aY_P}{Y_P + Y_t}$$

먼저 **횡단면분석**이다. 횡단면자료에서 **소득이 높은 가구**일수록 소득이 낮은 가구에 비해 **일시소득이 높을 확률이 높다**. 따라서 소득이 높을수록 평균소비성향이 감소한다.

단기 시계열분석이다. 단기의 소득변화는 항상소득의 변화보다는 **일시소득의 변화에서 비롯**될 확률이 높다. 따라서 소득이 증가할수록 평균소비성향은 감소한다.

장기 시계열분석이다. 장기의 소득변화는 **항상소득의 변화**에서 비롯된다. 장기적으로 일시소득의 평균값은 0이다. 따라서 장기에는 소득이 증가하여도 평균소비성향은 일정하게 된다.

5. 홀의 확률(임의)보행가설(Random Walk Hypothesis)

홀(Robert Hall)은 소비자가 **항상소득가설**에 따르면서 **합리적 기대를 형성**한다면 소비의 변화를 예측할 수 없다고 말한다. 소비는 예기치 않은 소득변화에 따라 확률(임의)보행(random walk)을 하게 된다.

$$C_{t+1} - C_t = e_{t+1}$$
$$E(e_{t+1}) = 0$$

여기서 C_t는 t기의 소비, C_{t+1}는 $(t+1)$기의 소비, e_{t+1}는 $t+1$기에 나타나는 오차로 사전에 알 수 없으며 기댓값은 0이다. **항상소득은 현재소득과 이용가능한 모든 정보를 활용하여 예측한 미래소득의 현재가치**에 의해 결정된다. 따라서 예측하지 못한 소득변화가 있을 때만 항상소득이 변하고 소비가 변한다. 이에 따라 소비는 **확률보행**을 한다.

그러나 실증분석결과 **예측된 소득의 변화도 소비에 영향을 미치는 것**으로 나타난다. 확률보행가설이 제시하는 것보다도 현재소득이 현재소비에 더 큰 영향을 미친다고 해석할 수 있다

6. 유동성 제약과 소비이론의 수정

피셔의 기간 간 소비선택이론은 차입에 아무런 제약이 없다고 가정한다. 소비는 전 생애 소득의 현재가치에 제약받을 뿐이며, 소득의 흐름과는 무관하다.

그러나 금융시장의 불완전성으로 미래소득을 담보로 차입하는 것이 불가능할 수 있다. 만약 소비자가 **차입제약(유동성 제약)**에 직면한다면 현재소비는 현재소득의 범위 내에서만 가능하다.

$$C_1 \le Y_1$$

따라서 소비자의 선택문제는 유동성 제약 조건이 추가되어 다음과 같이 수정된다.

$$Max\, U = U(C_1, C_2)$$

$$s.\ t$$

$$C_1 + \frac{C_2}{1+r} = Y_1 + \frac{Y_2}{1+r}$$

$$\text{and } C_1 \leq Y_1$$

그림 24-9 차입제약하의 예산선

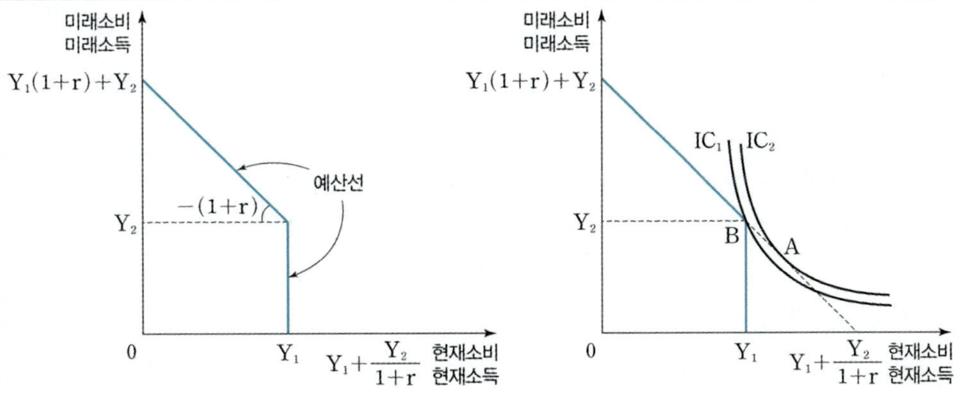

(a) 차입제약하의 예산선 (b) 차입제약하의 최적소비

차입할 수 없는 경우 현재소비는 현재소득을 초과할 수 없다. 예산선은 현재소득에서 수직으로 굴절된 형태를 띤다. 차입제약이 없다면 A에서 선택하지만 차입할 수 없기 때문에 B를 선택할 수밖에 없다.

그림 24-9(a)는 차입제약하의 예산선을 보여준다. 차입할 수 없으면 예산선은 현재소득에서 수직으로 굴절된 형태가 된다. 현재소비는 현재소득을 초과할 수 없다. 그림 24-9(b)는 차입제약하에서 소비선택을 보여준다. 사람들이 차입제약에 직면하지 않는다면 A를 선택하지만, 차입제약에 직면한 경우는 B를 선택할 수밖에 없다. 따라서 사람들이 유동성 제약에 직면하면, 미래를 내다보며 합리적으로 소비를 결정하려고 해도 현재소비는 **현재소득 범위 내에서만 가능하다**. 현재소비가 현재소득에 의해 좌우된다.

그림 24-10 차입제약하의 소득증가 효과

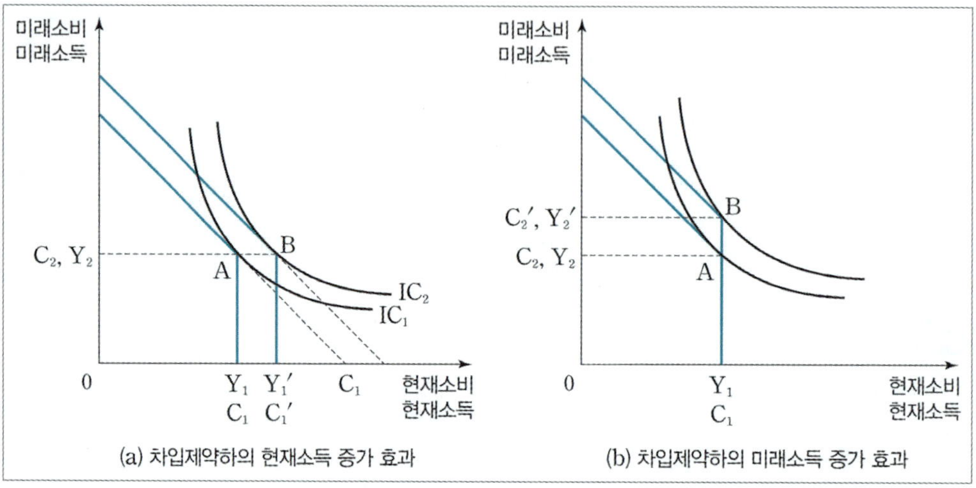

(a)에서 보는 것처럼 차입제약에 직면한 소비자의 현재소득이 증가하면 최적소비점이 A에서 B로 이동하며 현재 소비가 크게 증가하지만, (b)에서 보는 것처럼 미래소득이 증가한 경우는 최적 소비점이 A에서 B로 이동하며 현재 소비에 영향을 주지 못한다.

현재소비에 대한 선호가 크지만, 현재소득이 적어 유동성제약에 심각하게 직면한 소비자의 경우이다. 그림 24-10(a)에서 보는 것처럼 현재소득이 증가하면 현재소비가 크게 증가($C_1 \to C_1'$)한다. 반면에, 그림 24-10(b)에서 보는 것처럼 미래소득의 증가는 현재소비에 영향을 미치지 못한다.

현실에서 많은 소비자가 어느 정도 유동성제약에 직면하고 있는 것으로 나타난다. 이 경우 현재소비는 현재소득에 더욱 의존하게 되어 **케인즈 소비함수가 보다 호소력을 갖게** 된다.

7. 즉각적 만족표출가설(Pull of Instant Gratification)

피셔에서 홀에 이르기까지 소비자는 합리적(rational)이고 미래를 내다보며(forward-looking) 소비결정을 하여 생애의 효용을 극대화한다고 가정하였다.

레입슨(David Laibson)은 소비자의 심리에 초점을 두어 **행태경제학**적인(behavioral economics) 소비가설을 제기하였다. 기본적으로 소비자를 **불완전한 의사결정자**로 본다. 그의 이론에 따르면 소비자는 **현재소비의 유혹에 심리적으로 취약**하여 시간적 선호의 비일관성(time inconsistency of preference)을 보인다. 즉각적인 만족의 충족을 위한 현재소비를 강하게 원하며, 그 결과 미래를 대비한 저축을 충분히 하지 못한다. 현재소비는 현재가처분소득에 매우 민감하게 반응한다.

이 이론은 소비자들이 왜 **과잉 소비성향**(과소 저축성향)을 보이는지를 설명한다. 정부가 의무적인 연금가입 등 강제저축 장치를 통해서 사람들의 취약한 자기통제력을 보완해주는 것이 필요함을 시사한다.

상기 외에도 **소비의 상대성과 외부성** 등 소비의 결정에 영향을 미치는 다양한 사회적 요인이 제시되었다. 타인과의 차별화에 초점을 두어 대중의 소비에 역행하는 **속물효과**(snob effect), 대중의 소비에 편승하는 **동행효과**(bandwagon effect), 부의 과시를 위해 고가일수록 더 소비하는 **과시효과**(veblen effect), 주변 사람들의 일반적인 소비수준에 영향을 받는 **전시효과**(demonstration effect) 그리고 소득이 감소하더라도 소비는 과거 소비수준 이하로 감소하기 힘들다는 **톱니효과**(ratchet effect) 등이다.

8. 소비이론의 종합

이상의 논의에서 소비는 현재의 가처분소득 외 부, 기대미래소득의 현재가치, 유동성 제약은 물론 심리적 요인까지 다양한 요인에 의해 결정됨을 알 수 있다. 소비를 결정하는 데 있어서 이러한 요인들의 상대적 중요성에 대해서는 경제학자들 사이에 이견이 있지만, 미래를 내다보는 합리적 소비자(forward-looking rational consumers)는 **현재의 이용가능한 재원**뿐만 아니라 **미래에 기대되는 이용가능한 재원**에 기초하여 소비를 결정한다는데 이견이 없으며 이를 함수로 표시하면 다음과 같다.

$$C = C(Y-T,\ V(Y_F^e - T_F^e),\ z_c)$$
$$(+, \qquad +, \qquad +)$$

여기서 $(Y-T)$는 현재가처분소득, $V(Y_F^e - T_F^e)$는 미래의 기대가처분소득의 현재가치, z_c는 부, 유동성제약, 심리적 요인 등 기타 소비에 영향을 미치는 모든 요인을 포괄하는 변수이다.

미래의 기대가처분소득의 현재가치는 현재 실질이자율과 미래의 기대실질이자율로 할인하여 계산하게 된다. 따라서 위 소비함수는 다음과 같이 다시 쓸 수 있다.

$$C = C(Y, T, r, Y_F^e, T_F^e, r_F^e, z_c)$$
$$(+, -, -, +, \ -, \ -, \ +)$$

소비가 현재소득 등 **현재변수**는 물론 **미래변수**의 **기댓값** 등에 의존한다. 현재소득이 변하지 않은 경우에도 현재소비가 변할 수 있다. 현재소득이 증가하여도 **일시적**인 경우는 현재소비가 **크게 변하지 않는다**. 미래로 계속 이어지는 **항구적**인 소득 증가일 때에 현재소비는 **크게 변하게** 된다.

요약

1 케인즈(John M. Keynes)의 소비함수는 세 가지 주요 특징은 지닌다. 첫째, 현재 가처분 소득이 현재 소비를 결정하는 가장 중요한 요소이다. 둘째, 소득의 한계소비성향(MPC)이 0보다 크고 1보다 작다. 셋째, 소득이 증가하면서 평균소비성향(APC)이 감소한다.

2 실증분석결과 케인즈 소비함수는 횡단면자료 및 단기 시계열자료와 잘 부합하였으나 장기 시계열자료와는 부합하지 않는 결과가 나타났다. 장기에는 소득증가에도 불구하고 평균소비성향은 일정한 경향을 보였다. 소비가 단기와 장기에 다른 형태를 보인다. 이를 소비의 수수께끼(puzzle of consumption)이라 한다.

3 소비의 수수께끼를 설명하려는 많은 연구가 피셔의 기간 간 소비선택모형(intertemporal choice)에 기초하여 진행되었다. 피셔의 모형은 미래를 내다보는 합리적 소비자를 가정한다. 소비자는 전 생애의 효용을 극대화하기 위해 전 생애의 소득을 기반으로 현재소비와 미래소비를 선택한다. 따라서 현재소비는 현재소득 뿐만 아니라 미래소득 즉 생애소득에 의존하게 된다.

4 모딜리아니(Franco Modigliani)의 생애주기가설(life cycle hypothesis)은 사람들의 소비는 부와 생애소득에 의존하며 전 생애에 걸쳐 소비를 안정적으로 유지하려고 하는 데 초점을 둔다. 재직 중에는 소득 중 일부를 저축하여 부를 축적하고 은퇴 후에는 저축한 부를 인출하여 소비하는 패턴을 보여준다.

5 프리드먼(Milton Friedman)의 항상소득가설(permanent income hypothesis)은 소득을 항상소득과 일시소득으로 구분하고, 소비는 항상소득에 의존한다고 주장한다. 단기의 소득변화는 주로 일시소득의 변화에서 비롯되기 때문에 소득이 증가할수록 평균소비성향은 감소하고, 장기의 소득변화는 주로 항상소득의 변화에서 비롯되기 때문에 소득 증가에도 불구하고 평균소비성향은 일정하다고 주장하여 소비함수의 수수께끼를 설명한다.

요약

6 홀(Robert Hall)의 확률보행가설(random walk hypothesis)은 프리드먼(Milton Friedman)의 항상소득가설(permanent income hypothesis)에 합리적 기대(rational expectations)를 추가한 주장이다. 소비자는 미래에 대한 모든 정보를 활용하여 생애소득의 현재가치 즉 항상소득을 예측하며 소비를 결정한다. 현재의 소비 결정에 예견된 모든 사항이 이미 반영되어 있다. 따라서 예견된 소득변화는 소비변화로 이어지지 않으며, 오직 예견되지 않는 소득변화만 소비변화로 이어지게 된다. 소비변화는 임의보행(확률보행)을 하고 예측이 불가능하다.

7 레입슨(David Laibson)의 즉각적 만족표출가설(pull of instant gratification hypothesis)은 소비자의 행태를 이해하는 데 사람의 심리적 요인을 강조한다. 사람은 불완전하며 즉각적인 만족을 충족하려는 욕구가 강하고 시간상으로 일관된 행태를 보이지 않는다는 것이다. 따라서 현재 소비는 현재 소득에 크게 의존하게 되며, 미래 소비를 위한 저축은 적정수준보다 적게 된다고 주장한다.

8 이상의 논의를 종합하면 현재 소비는 현재의 가처분소득, 미래 기대가처분소득의 현재가치, 부, 유동성 제약과 심리적 요인까지 다양한 요인에 의존한다. 소비자는 미래를 내다보며 소비를 결정하기 때문에 현재의 소득이 변하지 않은 경우에도 현재 소비가 변할 수 있으며, 현재의 소득증가가 일시적이면 현재소비는 크게 증가하지 않고 항구적이면 현재소비가 크게 증가한다. 소비자가 유동성제약에 직면하면, 현재 가처분소득이 현재소비에 미치는 영향이 더욱 중요시된다.

연습문제

1 다음 문장의 진위를 판단하고 그 이유를 설명하라.

(1) 케인즈 소비함수에서 한계소비성향이 평균소비성향보다 크다.

(2) 피셔의 기간 간 소비선택이론에서 실질이자율이 증가하는 경우 미래 소비가 감소한다.

(3) 항상소득가설에 의한 경우 항구적 소득의 증가보다 일시적 소득이 증가할 때 현재 소비는 더 크게 증가한다.

(4) 항상소득가설과 합리적 기대에 기초하여 소비를 결정할 경우 예견된 항상소득의 증가만이 현재 소비를 증가시킨다.

2 소비의 수수께끼(puzzle of consumption)에 관한 질문이다. 케인즈가 추론한 소비함수와 경험적 자료 간 일치하는 사항과 일치하지 않는 사항은 무엇인가?

3 차입이 가능한 경우와 차입이 불가능한 경우의 예산제약선을 비교하여 설명하라.

4 소비결정을 하면서 시간상으로 일관되지 않은 행태를 보여주는 예를 들어 설명하라.

연습문제

5 피셔의 기간간 소비선택모형이다.

$$Max\ U = U(C_1,\ C_2)$$

$$s.\ t$$

$$C_1 + \frac{C_2}{1+r} = Y_1 + \frac{Y_2}{1+r}$$

(1) 효용극대화 조건을 설명하라.

(2) 소비자가 효용을 극대화하기 위해 1기에 차입을 하고 있는 상황을 그래프를 활용하여 설명하라.

(3) 이자율이 상승하였다고 가정하자. 예산선과 최적 소비선택은 어떻게 변하는가? 그래프를 활용하여 설명하라.

(4) 이제 소비자가 차입이 불가능한 유동성 제약에 직면하고 있다고 가정하자. 예산선과 최적 소비선택은 어떻게 변하는가? 그래프를 활용하여 설명하라.

6 당신의 현재 소비를 결정하는 가장 중요한 요인 중 하나를 고르고, 그 이유를 설명하라.

제25장 투자이론

투자는 미래에 재화와 서비스를 생산하기 위해 필요한 자본재를 확보하는 행위이다. 비록 투자가 총수요에서 차지하는 비중은 20% 내외로 크지 않지만 **변동성(volatility)**이 큰 항목으로 단기의 경기변동을 설명하는 데 있어서 소비 못지않게 중요한 역할을 한다. 아울러 투자는 자본축적으로 이어져 최장기의 경제성장에도 영향을 미치게 된다.

투자는 세 가지 형태 즉, 설비(고정)투자(business fixed investment), 주택투자(residential investment), 그리고 재고투자(inventory investment)로 구분된다. **설비투자**는 기업이 생산 활동을 위해 기계와 장비 등을 구입하는 것이다. **주택투자**는 사람들이 거주하기 위해 신축주택을 구입하는 것이고, **재고투자**는 기업이 원자재나 최종재화 등을 창고에 보관하는 것을 의미한다.

이 세 종류의 투자가 어떻게 결정되는지를 살펴보자.

---

1. 설비(고정)투자
   자본에 대한 (임차)수요
   자본의 (임대)공급
   자본의 (임차)수요와 (임대)공급의 균형
   토빈의 q이론
2. 주택투자 및 재고투자
   주택투자
   재고투자
3. 재원조달의 제약
4. 투자이론의 종합

---

1. 설비(고정)투자

기업의 설비투자는 전체 **투자의 대부분을 차지**한다. 신고전학파의 투자모형(neoclassical model of investment)에 기초하여 설비투자의 결정원리를 살펴보자.

자본의 공급기업과 수요기업 두 종류의 기업을 고려하자. 자본의 공급 기업은 자본재를 확보하여 대여해주는 기업이고, 자본의 수요기업은 자본재를 임차하여 제품을 생산하는 생산기업이다.

자본에 대한 (임차)수요

먼저, **생산기업**의 자본에 대한 임차수요에 대해 살펴보자. 생산기업은 이윤을 극대화하기 위하여 자본 임차의 실질한계비용과 실질한계수입이 일치하는 점까지 자본을 수요한다.

1기간 동안 자본재 1단위 임차 시 실질한계비용은 임대료(R)를 물가수준(P)으로 나눈 실질임대료(R/P)이다. 자본재 1단위를 임차하여 사용하는 경우 생산량이 자본의 한계생산(MPK) 만큼 증가한다. 따라서 자본 1단위 임차 시 실질한계수입은 자본의 한계생산(MPK)이 된다.

생산기업은 자본의 **한계생산(MPK)**과 **실질임대료(R/P)**가 같아지는 점까지 자본재를 임차하여 사용한다.

자본 1단위 임차의 실질한계비용 = 자본 1단위 임차 시 실질한계수입

$$\text{실질임대료}(R/P) = \text{한계생산}(MPK)$$

그림 25-1 자본의 한계생산과 자본 임차의 수요곡선

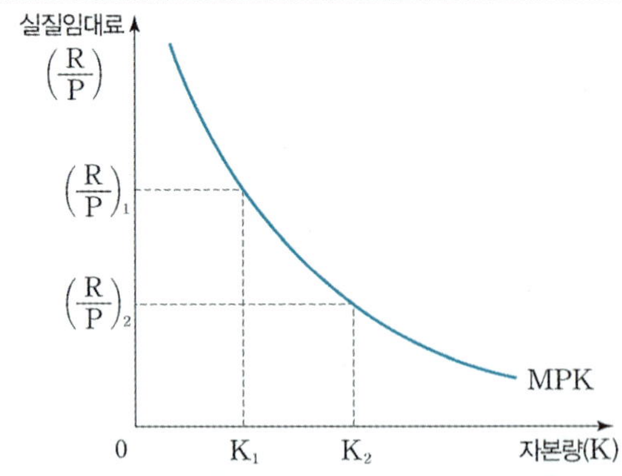

생산기업은 자본의 한계생산이 실질임대료와 같아지는 점까지 자본재를 임차한다. 따라서 자본의 한계생산곡선이 자본에 대한 수요곡선이 된다. 자본의 한계생산은 체감하므로 자본의 수요곡선은 우하향한다.

그림 25-1에서 보는 것처럼 생산기업의 자본 임차에 대한 수요곡선은 **자본의 한계생산곡선**(MPK)이 된다. 자본이 증가하면서 자본의 한계생산(MPK)은 감소하므로 자본 임차의 수요곡선은 우하향한다.

자본의 (임대)공급

이제, **임대기업**의 자본대여 즉 자본의 공급에 대한 결정에 대해 살펴보자. 임대기업은 이윤을 극대화하기 위하여 자본대여의 실질한계비용과 실질한계수입이 일치하는 점까지 자본을 확보하여 대여한다.

1기간 동안 자본 1단위의 대여비용을 살펴보자. 자본 1단위를 확보하여 대여하는 비용은 첫째, 자본재의 확보비용이다. 자본재 1단위 가격이 P_K이고, 명목이자율이 i인 경우 자본재 1단위를 확보하여 대여하는 기회비용은 iP_K이 된다. 둘째, 자본재 가격의 변화(ΔP_K)이다. 자본재 가격이 상승하여 ΔP_K가 양수인 경우, 이익이 발생하고 하락하여 ΔP_K가 음수인 경우, 손실이 발생한다. 따라서 비용은 $-\Delta P_K$가 된다. 셋째, 자본재의 마모로 인한 감가상각비용이다. 감가상각률을 δ라 하면 감가상각비용은 δP_K이다. 따라서 1기간 동안 자본 1단위를 확보하여 대여하는 비용은 위 세 종류 비용의 합과 같다.

$$\text{자본 1단위 대여의 실질한계비용: } iP_K - \Delta P_K + \delta P_K = P_K(i - \frac{\Delta P_K}{P_K} + \delta)$$

여기서 자본재 가격상승률($\frac{\Delta P_K}{P_K}$)은 인플레이션율(π)과 비슷하므로 인플레이션율로 대체하면 자본 1단위를 확보하여 대여하는 비용은 $P_K(i - \pi + \delta)$가 된다. 이 비용을 물가수준으로 나누면 자본 1단위 대여의 실질한계비용이 된다.

$$\text{자본1단위 대여의 실질한계비용: } \frac{P_K}{P}(r + \delta)$$

한편, 1기간 동안 자본 1단위 대여의 실질한계수입은 실질임대료(R/P)이다. 임대기업은 자본 1단위 임대의 **실질한계비용**[$\frac{P_K}{P}(r+\delta)$]과 **실질임대료**(R/P)가 일치하는 점까지 자본을 확보하여 대여하게 된다.

$$\text{자본 1단위 대여의 실질한계비용 } [\frac{P_K}{P}(r+\delta)] = \text{실질한계수입}(\frac{R}{P})$$

따라서 자본대여의 실질한계비용곡선$[\frac{P_K}{P}(r+\delta)]$이 자본대여의 공급곡선이 된다.

자본의 (임차)수요와 (임대)공급의 균형

자본임대차시장의 균형은 생산기업의 자본에 대한 임차수요와 임대기업의 자본의 임대공급이 일치하는 점 즉 1기 동안 자본 1단위 임차 시의 한계생산과 자본대여의 실질한계비용이 같은 점에서 결정된다.

$$\text{자본 1단위 임차 시 한계생산}(MPK) = \text{자본 1단위 대여의 실질한계비용 } [\frac{P_K}{P}(r+\delta)]$$

1기 동안 자본 1단위 대여의 실질한계비용은 자본 1단위의 **사용자비용**으로 불린다.

이제 문제를 단순화하기 위해 자본을 임차하는 생산기업과 자본을 대여하는 임대기업이 동일한 기업이라고 생각해 보자. 위 균형조건은 다음과 같이 다시 쓸 수 있다.

$$\text{자본 1단위의 } \textbf{한계생산}(MPK) = \text{자본 1단위의 } \textbf{사용자 비용 } [\frac{P_K}{P}(r+\delta)]$$

그림 25-2 최적자본량의 결정

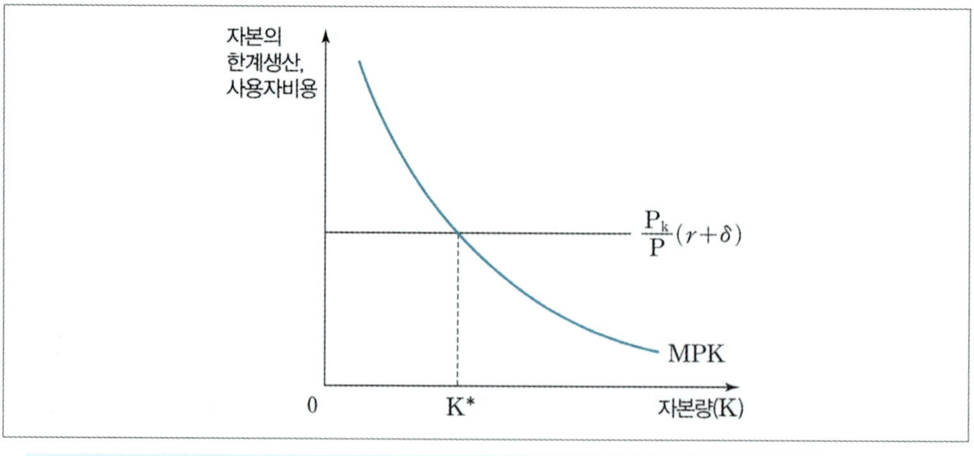

자본의 한계생산과 사용자비용이 일치하는 점에서 최적자본량(K^*)이 결정된다.

그림 25-2에서 보는 것처럼 최적 자본량(K^*)은 자본의 한계생산과 사용자비용이 일치하는 점에서 결정된다.

만약 실제 자본이 최적 자본량보다 적으면($K < K^*$), 자본의 한계생산성이 체감하는 속성상 자본의 한계생산(MPK)이 자본의 사용자비용 $[\frac{P_K}{P}(r+\delta)]$ 보다 크게 된다. 기업은 이 갭을 메꾸기 위해 감각상각분 이상으로 투자한다.

반대로 실제 자본이 최적 자본량보다 많으면($K > K^*$), 자본의 한계생산(MPK)이 자본의 사용자비용 $[\frac{P_K}{P}(r+\delta)]$ 보다 작게 된다. 기업은 자본이 마모되어 감각상각 되어도 투자하지 않는다.

$$\text{자본축적식: } \Delta K = K - K_{-1} = I - \delta K$$
$$\text{순투자}(I_n) = I(\text{총투자}) - \delta K(\text{대체투자})$$

이제 적정자본 유지를 위한 투자는 [감가상각분을 초과하는 투자로 자본증가를 가져오는 **순투자(net investment)**를 의미함] 자본의 한계생산과 사용자비용의 차이에 의해 결정됨을 알 수 있다.

$$I = I\left(MPK - \left[\frac{P_K}{P}(r+\delta)\right]\right)$$

자본의 한계생산이 증가하면 투자가 증가하고, 자본의 사용자비용이 증가하면 투자는 감소하게 된다. 즉, 기업의 **고정(설비)투자**는 **실질이자율, 자본의 한계생산, 자본재의 실질가격, 감가상각률 등에 의존**한다.

$$I = I(r; MPK, \frac{P_K}{P}, \delta, z_I)$$
$$(-,\ +\ ,\ -,\quad -,\ +)$$

여기서 z_I는 상기 변수$(r, MPK, \frac{P_K}{P}, \delta)$ 외 세금 등 투자에 영향을 주는 모든 요인을 포착하는 포괄변수이다.

그림 25-3 설비투자함수 및 이동

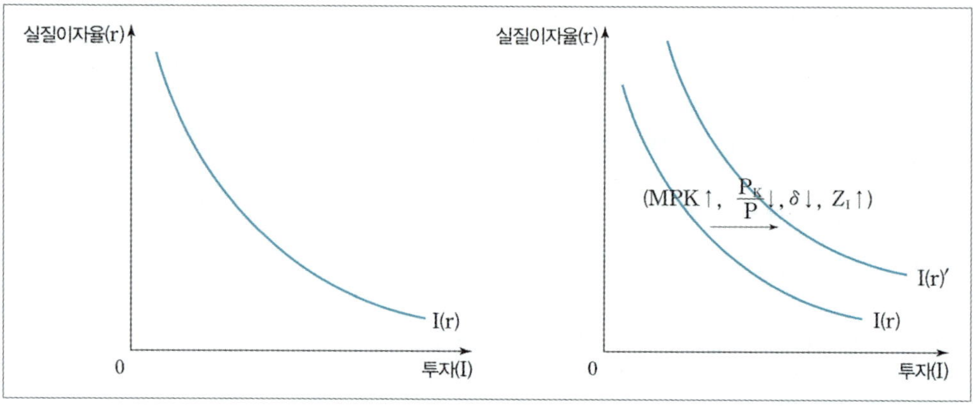

다른 조건이 일정할 때 실질이자율이 감소하면 투자가 증가한다. 따라서 투자함수는 우하향한다. 주어진 실질이자율에서 자본의 한계생산 증가, 자본재의 상대가격 하락, 투자 관련 세제혜택 증가 시 투자함수곡선은 우측으로 이동한다.

그림 25-3(a)는 설비투자함수를 보여준다. 다른 변수의 값이 일정할 때 실질이자율이 증가하면 설비투자는 감소한다. 투자함수의 그래프는 실질이자율–투자의 평면에서 우하향한다.

그림 25-3(b)는 투자함수의 이동을 보여준다. 자본의 한계생산 증가 또는 투자세액공제 등 자본의 실질수입 증가요인이 발생하면 주어진 실질이자율 값에서 투자가 증가하는 것이므로 투자함수곡선이 오른쪽으로 이동한다. 반대로 자본의 실질가격 상승, 감가상각률 상승 등 자본의 사용자비용이 증가하면 주어진 실질이자율 값에서 투자가 감소하는 것이므로 투자함수곡선이 왼쪽으로 이동한다.

토빈의 q이론

토빈(James Tobin)은 주식시장과 실물투자가 서로 밀접한 관계가 있다고 보고 주식시장과 실물시장을 연결하여 투자의 결정원리를 설명하였다.

그가 제안한 q이론은 기업이 **자본의 시장가치(주식가격)**와 **대체비용**을 비교하여 투자를 결정한다는 것이다.

$$q = \frac{\text{설치된 자본 1단위의 시장가치(주식 가치)}}{\text{자본 1단위의 대체비용(구입 가격)}}$$

즉 $q > 1$이면 자본의 시장가치가 대체비용보다 큰 상황이므로 기업은 순투자를 늘려 자본이 증가한다. $q < 1$이면 자본이 마모되어도 대체하지 않아 자본은 감소하게 된다.

- $q = 1$인 경우: 최적자본량. 순투자$= 0$ (감가상각만 대체함)
- $q > 1$인 경우: 자본의 증가가 바람직. 순투자> 0
- $q < 1$인 경우: 자본의 감소가 바람직. 순투자< 0 (감가상각을 대체하지 않음)

q이론의 장점은 기업이 투자를 결정할 때 실제 관측되지 않는 자본의 한계생산과 사용자비용 등에 대한 복잡한 계산을 하지 않고도 **바로 관측할 수 있는 주식가치와 대체비용을 비교하여 투자 여부를 결정**할 수 있다는 것이다. 주식가치는 이용가능한 모든 정보를 반영한다는 점에서 현재이윤뿐만 아니라 미래의 기대이윤도 반영하는 장점이 있다.

그러나 투자는 장기적인 의사결정 사안인 데 반해서 주가는 단기적으로 투기적 동기나 비이성적인 행위 등에 따라 출렁이고 기업의 본질적 가치에서 벗어날 수 있다는 비판이 제기된다. 주식발행은 기업의 투자자금 조달방식의 하나에 불과하며 제한적인 역할만을 수행하고 있다는 점도 지적된다.

기본적으로 신고전파 투자이론과 토빈의 q이론은 관점에 차이가 있을 뿐 투자를 결정하는 기본원리에 있어서 크게 다르지 않다. 자본의 한계생산이 증가하면 기업의 시장가치가 상승하여 q가 상승하고, 실질이자율 및 자본재의 실질가격 등 자본의 사용자비용이 상승하면 자본의 대체비용이 증가하여 q가 하락하기 때문이다.

2. 주택투자 및 재고투자

주택투자

주택시장은 기존 주택과 신규 주택으로 구성된다. 기존 주택의 균형가격은 기존 주택의 공급(저량, stock variable)과 수요에 의해서 결정된다. 기존 주택의 균형가격이 결정되면 신규주택 건설자는 이 가격과 신규주택 공급비용을 비교하여 신규주택의 공급 여부를 결정한다. 따라서 기존주택의 가격이 상승할수록 신규주택의 공급규모 즉 주택투자(유량, flow variable)는 증가한다.

그림 25-4 주택시장 및 신규주택의 공급

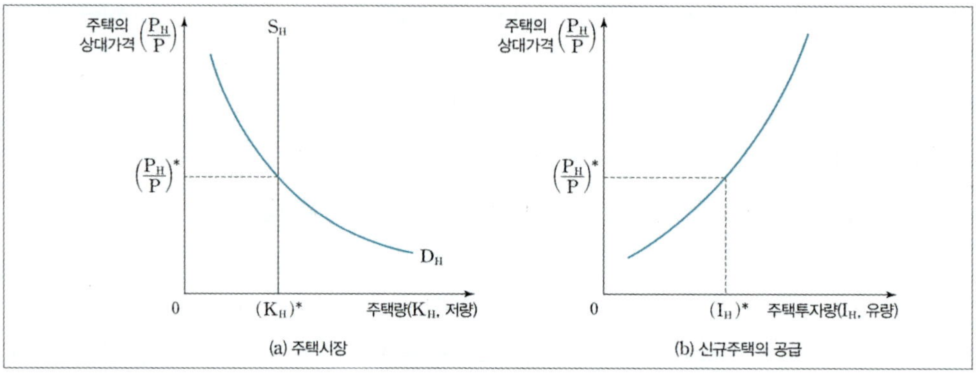

기존주택의 상대가격($\frac{P_H}{P}$)은 주어진 공급에서 수요에 의해 결정된다. 기존주택의 상대가격이 상승하면 신규주택의 공급 규모가 증가한다.

그림 25-4는 기존주택의 균형 상대가격의 결정 및 신규주택의 공급을 보여준다. 먼저 기존주택의 공급은 고정되어 있으므로 주택의 상대가격($\frac{P_H}{P}$)에 관계없이 수직이다. 기존주택의 수요는 주택의 상대가격, 주택구입 **재원의 조달용이도**(availability) **및 조달비용**(cost) 등에 의존한다. 다른 조건이 일정할 때 기존주택의 상대가격과 수요의 규모는 음(−)의 관계를 보여 수요곡선은 우하향하는 형태를 띤다. 기존주택의 균형 상대가격은 주어진 공급에서 수요에 의해 결정된다. 그리고 기존주택의 상대가격이 상승하는 경우 신규주택의 공급 규모가 증가하여 정(+)의 관계를 보인다.

그림 25-5 주택수요의 증가와 신규주택의 공급

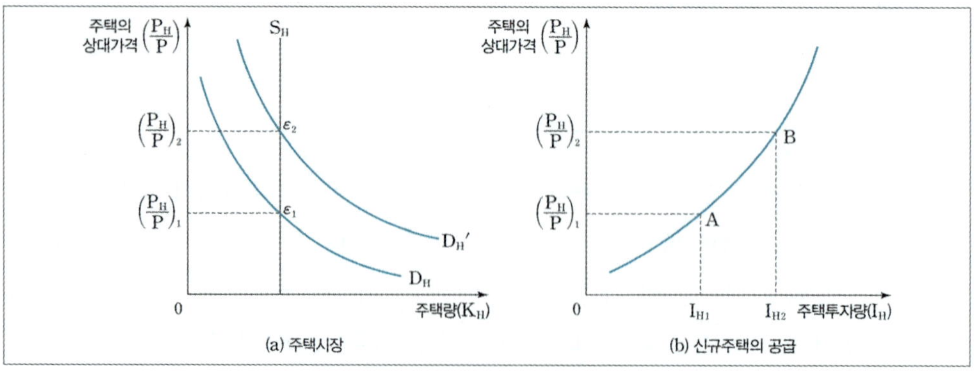

이자율 하락 등으로 주택수요가 증가한 경우 기존 주택의 상대가격이 상승하고 신규주택의 공급이 증가한다.

주어진 기존주택의 상대가격 하에서 주택구입 재원 조달이 용이해지거나, 실질이자율이 하락하여 조달비용이 감소할 때는 수요곡선 자체가 D_H에서 D_H'로 우측으로 이동하게 된다. 그림 25-5에서 보는 것처럼 주택수요 증가로 주택의 상대가격이 $(\frac{P_H}{P})_1$에서 $(\frac{P_H}{P})_2$로증가한다. 많은 경제학자들이 주택가격 상승의 핵심 원인으로 통화당국의 저금리 정책기조 등 수요 증가를 지적하는 이유이다.

주택의 상대적 가격의 상승은 시차를 두고 신축 주택공급의 증가($I_H \rightarrow I_H'$)로 이어진다.

재고투자

재고투자는 원자재나 생산한 최종 재화 중 판매되지 않은 것을 보관하는 것으로 생산을 일정하게 유지하고 또 재고 소진을 피하기 위해 필요한 행위이다. 판매량이 생산량을 초과하면 재고를 이용하여 대처하고 판매량이 생산량에 못 미치는 경우는 재고를 비축한다. 재고는 현재 판매하지 않고 미래에 판매하게 되므로 실질이자율을 포기하는 것과 같은 셈이다. 따라서 **재고의 기회비용은 실질이자율**이 되고, **실질이자율이 증가할수록 재고투자는 감소**한다.

이상에서 설비투자, 재고투자, 주택투자 등 모든 종류의 **투자가 실질이자율과 음(−)의 관계**에 있음을 알 수 있다. 따라서 투자는 다른 조건이 일정한 경우 실질이자율과 반대방향으로 움직인다.

$$I = I(r) \atop \qquad\; (-)$$

3. 재원조달의 제약(Financing constraints)

기업은 주식발행, 채권발행, 또는 은행 차입 등 다양한 경로를 통해 투자재원을 조달한다. 자본시장이 완전한 경우 수익성이 있는 투자프로젝트는 이론적으로 시장에서 투자재원이 뒷받침된다. 하지만 현실에서 투자재원을 조달할 수 없는 경우가 종종 발생한다. 따라서 기업의 투자가 기업의 **현금흐름**에 의존하게 된다. 금융기관이 대출을 줄이거나 신용경색(credit crunch)이 발생하면 기업의 투자는 감소하게 된다.

4. 투자이론의 종합

이상의 논의를 종합하면 투자는 결국 두 요인에 의해 결정됨을 알 수 있다. 투자로 얻게 되는 **이윤가능성**(profitability)과 **재원조달의 제약**(financing constraints)이다.

먼저, 지금까지는 투자로 얻게 되는 이윤이 마치 현재이윤인 것처럼 취급하였다. 하지만 투자로 얻는 이윤은 미래에 발생하는 기대이윤이다. 정확히 말하면 투자는 미래 기대이윤의 현재가치에 의존하는 것이다. 미래의 기대이윤은 현재와 미래를 연결하는 이자율 즉 현재이자율과 미래 기대이자율로 할인해서 현재가치를 계산한다. 따라서 투자함수는 다음과 같이 수정된다.

$$
\begin{aligned}
I &= I(V(\pi_F^e)) \\
&= I(\pi_F^e, r, r_F^e) \\
&\quad\ (+,\ -,\ -)
\end{aligned}
$$

여기서 π_F^e는 미래 기대실질이윤, r는 현재실질이자율, r_F^e는 미래 기대실질이자율이고, $V(\pi_F^e)$는 미래 기대실질이윤의 현재가치이다,

다음으로 재원조달의 제약을 살펴보자. 기업은 자금조달의 한계로 이윤이 발생하는 투자를 하지 못하는 경우가 종종 있다. 현금흐름의 부족이 투자의 발목을 잡는 장애물이 될 수 있다. 따라서 현금흐름을 좌우하는 현재이윤이 투자를 결정하는 중요한 변수의 하나가 된다.

$$
\begin{aligned}
I &= I(\pi) \\
&\quad\ \ (-)
\end{aligned}
$$

이상에서 투자는 투자로부터 기대되는 미래 기대이윤의 현재가치와 현금흐름을 결정하는 현재이윤 등에 의해 결정되며 다음과 같이 함수로 표시된다.

$$
\begin{aligned}
I &= I(\pi,\ V(\pi_F^e)) \\
&= I(\pi, r, \pi_F^e, r_F^e) \\
&\quad\ (+,\ -,\ +, -)
\end{aligned}
$$

한편, 1기 동안 자본 1단위당 실질이윤은(π)은 신고전학파 투자이론에 이미 살펴본 것처럼 다음과 같다.

$$\pi = MPK - \frac{P_K}{P}(r+\delta)$$

여기서 분석을 단순화하기 위해 자본재 가격과 물가수준이 동일하다고 가정하자.

$$\frac{P_K}{P} = 1$$

이 경우 자본 1단위당 실질이윤은(π)은 다음과 같다.

$$\pi = MPK - (r+\delta)$$
$$\pi = \pi(MPK, r, \delta)$$
$$(+,\quad -,\quad -)$$

주어진 자본량에서 자본의 한계생산은 생산량에 비례한다. 이는 다음과 같이 콥-더글라스 생산함수를 이용하여 쉽게 확인할 수 있다.

$$Y = AK^{\alpha}L^{1-\alpha}$$
$$MPK = \alpha AK^{a-1}L^{1-a} = \alpha A\left(\frac{L}{K}\right)^{1-\alpha} = \alpha\frac{Y}{K}$$

따라서 자본의 한계생산을 생산량으로 대체하면 자본 1인당 실질이윤은 다음과 같이 다시 쓸 수 있다.

$$\pi = \pi(Y, r, \delta)$$
$$(+,\ -,\ -)$$

즉 이윤은 주어진 실질이자율과 감가상각률에서 생산량(소득, 기업측면에서 보면 매출액)과 같이 움직인다.

위 식을 이용하여 위 투자함수식을 다시 쓰면 다음과 같다.

$$
\begin{aligned}
I &= I(\pi,\ V(\pi_F^e)) \\
&= I(\pi, r, \pi_F^e, r_F^e) \\
&= I(Y, r,\ Y_F^e,\ r_F^e, \delta) \\
&\quad\ (+,\ -,\ +,\ -,\ -)
\end{aligned}
$$

결국 투자는 주어진 감가상각률에서, 현재 **생산량(소득)과 미래 기대생산량(소득)에 양(+)의 관계**로 의존하고 **현재 이자율 및 미래 기대이자율에 음(−)의 관계**로 의존한다.

$$
\begin{aligned}
&= I(Y, r,\ Y_F^e,\ r_F^e, \delta, z_I) \\
&\quad\ (+,\ -,\ +,\ -,\ -,\ +)
\end{aligned}
$$

여기서 z_I는 투자관련 세제, 신용경색(credit crunch) 등 상기 변수($Y, r,\ Y_F^e,\ r_F^e, \delta$) 외 투자에 영향을 미치는 모든 요인을 포괄하는 변수다.

투자의 변동성은 생산량에 비하여 매우 크다. 기업들이 생산량 대비 자본량의 비율($\frac{K}{Y}$)을 일정하게 유지하기를 원한다고 가정하자. 생산량 대비 자본량의 비율($\frac{K}{Y}$)이 4인 경우, 항구적인 생산량 증가가 예상되면 투자는 4배가량 더 크게 증가한다.

요약

1 신고전학파(neoclassical)모형에서 투자는 자본의 한계생산과 자본의 실질한계비용(자본의 사용자비용)이 일치하는 점에서 결정된다.

2 토빈의 q이론에서 투자는 설치된 자본 1단위의 시장가치와 대체비용의 비율에 따라 투자가 결정된다. 자본의 시장가치가 대체비용보다 큰 경우 감가상각분을 초과하는 투자가 이루어져 자본이 증가하고, 시장가치가 대체비용보다 작은 경우는 자본이 마모되어 감가상각되어도 대체투자를 하지 않아 자본이 많이 감소하게 된다.

3 기업의 주식가격은 근본적으로 기업의 가치를 반영하지만, 단기적으로 낙관주의나 비관주의의 팽배 또는 버블 등에 의해 기업의 본질적 가치에서 벗어나서 출렁일 수 있다.

4 투자는 이윤가능성(profitability)인 미래이윤의 현재가치와 현금흐름을 결정하는 현재이윤에 의존한다. 이윤의 흐름은 생산량(매출규모)의 흐름과 밀접한 관련이 있다. 따라서 투자는 현재생산량, 미래 기대생산량, 현재실질이자율, 미래 기대실질이자율, 감가상각률 등에 의존한다.

5 투자와 소비는 같이 움직이는 경향이 있다. 그러나 투자는 소비보다 변동성이 크다. 투자가 총수요에서 차지하는 비중이 소비에 비해 작지만 변동성이 커서 총수요의 변동을 설명하는 데 소비만큼 중요한 역할을 한다.

연습문제

1 다음 문장의 진위를 판단하고 그 이유를 설명하라.

(1) 투자는 소비에 비해 총수요에서 차지하는 비중이 작고 안정적이다.

(2) 외국 노동자가 유입되어 노동력이 증가하면 투자가 감소한다.

(3) 투자는 실질이자율에 의존하며 신용경색(credit crunch) 등과는 무관하다.

(4) 경제가 유동성함정에 빠지게 되면 중앙은행은 투자에 영향을 미칠 수 없다.

(5) 자본재의 실질가격($\frac{P_K}{P}$)이 상승하면 투자가 증가한다.

(6) 토빈의 q가 증가하면 주가가 고평가된 것을 의미하므로 투자가 감소한다.

2 은행이 주택대출을 줄이고 대출이자율이 상승하면 택가격 및 신규 주택공급은 어떻게 되는가?

3 토빈의 q이론과 신고전학파 투자이론의 차이점을 비교하여 설명하라.

4 정부지출 증가가 투자에 미치는 영향을 분석하라.

5 자산가격의 하락이 기업의 투자에 미치는 영향을 분석하라.

6 투자는 현재이윤과 미래 기대이윤 중 어느 이윤에 더 의존하는가? 그 이유는 무엇인가?

제26장 총공급곡선과 필립스곡선(Phillips Curve)

총공급곡선(AS curve, Aggregate Supply Curve)은 총생산과 물가와의 관계이다. 총공급곡선의 형태는 가격변수의 움직임에 따라 다양한 모습으로 나타난다.

가격이 신축적인 **장기**에 총생산은 기술수준과 생산요소의 양 등 실질변수에 의해 결정되고, 물가는 통화량 등에 의해 결정된다. 총생산과 물가가 서로 분리되고 아무런 관계가 없다. 총공급곡선은 물가–생산량 평면의 **자연생산량에서 수직**이 된다.

모든 **가격이 고정된 단기**에는 총공급곡선이 **수평선**이 된다. 단기에는 고정된 가격에서 총수요에 따라 총생산이 결정된다.

가격이 천천히 움직이는 일반적인 단기의 경우에는 총공급곡선이 **우상향**하게 된다.

이 장에서는 단기에 총공급곡선이 우상향하게 되는 이유를 설명하는 다양한 이론들을 살펴본다.

총공급곡선과 필립스 곡선은 같은 동전의 양면과 같다. 두 곡선 모두 공급측면 변수의 관계를 보여주고 있다. 총공급곡선(식)을 활용하여 필립스곡선(식)을 도출하고 정책적 시사점을 살펴본다.

---

1. 단기 총공급곡선이 우상향하는 이유
   - 경직적 가격 모형
   - 불완전정보에 기초한 가격설정모형
   - 임금설정 및 가격설정에 관한 모형
2. 필립스곡선
   - 필립스곡선의 변천
   - 필립스곡선의 도출
   - 필립스곡선의 이동
3. 필립스곡선의 안정성과 경제정책
   - 필립스곡선과 통화정책 및 수요충격
   - 필립스곡선의 안정성에 대한 경고
   - 합리적 기대와 고통 없는 인플레이션 감축

---

1. 단기 총공급곡선이 우상향하는 이유

단기 총공급곡선이 우상향하는 이유에 대한 다양한 이론이 존재한다. 먼저 그 이유를 **명목임금의 경직성**에 찾는 이론부터 살펴보자. 기업은 이윤을 극대화하기 위해 노동의 한계생산(MPL)과 실질임금(W/P)이 일치하는 수준까지 노동을 고용한다.

$$\frac{W}{P} = MPL$$

그림 26-1 경직적인 명목임금하에서 물가상승의 효과

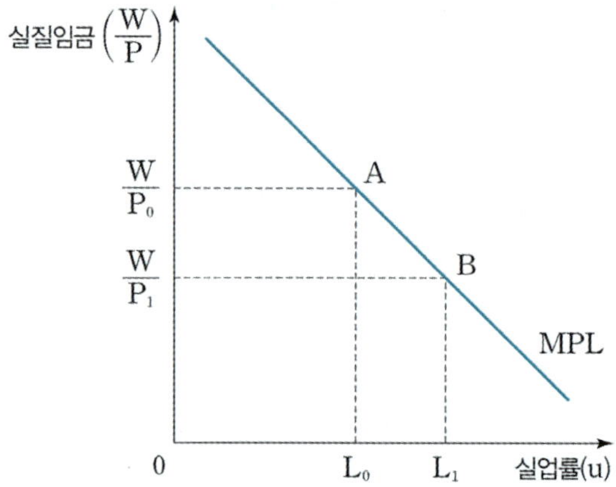

경직적인 명목임금 하에서 물가상승($P_0 \rightarrow P_1$)으로 실질임금이 하락($\frac{W}{P_0} \rightarrow \frac{W}{P_1}$)하여 고용이 L_0에서 L_1로 증가하고 총생산이 증가한다.

그림 26-1에서 명목임금이 경직적이고 물가가 P_0에서 P_1로 상승하면 실질임금은 $\frac{W}{P_0}$에서 $\frac{W}{P_1}$로 하락하게 된다. 따라서 고용은 L_0에서 L_1로 증가하고 총생산이 증가하게 된다.

• 물가상승 → 경직적 명목임금 하에서 실질임금 감소 → 고용 및 생산 증가

하지만 이 이론에 따르면 경기 호황 시에 실질임금이 하락하게 되어 경기역행적(countercyclical)으로 된다. 이는 실질임금이 경기순행적(procyclical) 경향을 보이는 경험적 자료와 잘 부합하지 않는 한계가 있다.

경직적 가격 모형(Sticky price model)

독점적 경쟁시장에서 기업행위를 살펴보자. 독점적 경쟁시장에서는 다수의 기업이 서로 차별화된 제품(differentiated products)을 생산하여 판매하며 경쟁한다. 기업들은 자기 제품이 다른 기업의 제품과 달라서 제한적이나마 시장지배력(market power)을 가지며 **가격을 설정**할 수 있게 된다(price setters).

그렇다고 기업이 수요 변화 등 경제상황에 따라 수시로 가격을 변경할 수 있는 것은 아니다. 잦은 가격 변경으로 고객의 신뢰를 잃을 수 있고 가격변경에 따른 비용을 무시할 수 없기 때문이다. **메뉴비용**(menu cost)은 새로운 가격표 인쇄, 부착 및 배포 등 가격변경에 따라 수반되는 모든 비용을 은유적으로 표현하는 용어이다. 가격변경의 이득이 가격변경에 따른 비용 즉 메뉴비용보다 크지 않은 한 기업은 가격을 변경하지 않고 그대로 유지한다.

독점적 경쟁기업의 가격결정과정을 살펴보자. 개별기업은 가격 결정 시 두 가지 요인을 고려한다. 전반적인 **물가수준과 총생산**이다. 먼저, 전반적인 물가수준이 상승할수록 개별기업의 생산비도 상승하므로 이를 가격에 반영한다. 다음으로 총생산 즉 총소득이 증가하면 개별기업의 제품에 대한 수요도 증가하므로 이를 가격 설정 시 반영한다. 따라서 전반적인 물가수준이 상승할수록 그리고 총생산이 증가할수록 개별기업은 높은 가격을 설정한다. 이를 수식으로 표현하면 다음과 같다.

$$p = P + a(Y - Y_n)$$
$$\text{단, } a > 0$$

여기서 p는 개별기업의 제품가격, P는 물가수준, Y는 총생산, Y_n은 자연생산량, a는 매개변수로 0보다 크다.

이제 가격 설정의 행태가 다른 두 그룹의 기업을 가정하자. 첫 번째 그룹은 메뉴비용이 거의 없어 경제상황에 따라 **신축적으로 가격을 조정하는 기업**들의 군집이다. 따라서 이 그룹의 기업들은 위 식에 기초하여 가격을 설정한다.

$$p = P + a(Y - Y_n)$$

두 번째 그룹은 메뉴비용이 커서 **가격을 신축적으로 조정하지 못하는 기업**들의 군집이다. 이 기업들은 총생산과 물가를 예측하여 가격을 설정하고 상당 기간 그대로 유지한다.

$$p = P^e + \alpha(Y^e - Y_n)$$

총생산은 자연생산량을 중심으로 출렁이므로 총생산에 대한 기댓값은 자연생산량과 일치한다.

$$Y^e = Y_n$$

따라서 이 그룹의 기업들은 다음과 같이 기대물가에 기초하여 가격을 설정한다.

$$p = P^e$$

가격을 신축적으로 조정하는 기업 즉 첫 번째 그룹의 기업이 전체에서 차지하는 비중을 s라고 하자. 가격을 신축적으로 조정하지 못하는 두 번째 그룹 기업의 비중은 자연스럽게 $(1-s)$가 된다. 여기서 s는 0보다 크고 1보다 적다. 전체 물가수준은 두 그룹의 가격을 가중 평균한 것과 같고 다음과 같이 표현된다.

$$P = s[P + a(Y - Y_n)] + (1-s)P^e$$

이 식을 물가(P)에 대해서 풀면 다음과 같이 총공급식이 도출된다.

$$P = P^e + \frac{as}{1-s}(Y - Y_n)$$

$$\text{단, } \alpha = \frac{as}{1-s} > 0$$

$$P = P^e + \alpha(Y - Y_n)$$

주어진 P^e(기대물가)와 s(신축적인 가격설정 기업의 비중)의 값 하에서 총생산과 물가는 서로 같은 방향으로 움직인다. 즉 **총공급곡선은 우상향**한다.

가격을 신축적으로 조정하는 기업의 비중(s)이 커질수록 총공급곡선의 기울기는 더욱 가파르게 된다. 극단적으로 모든 기업이 가격을 신축적으로 조정하면 s=1이 되어 총공급곡선은 수직이 된다.

불완전정보에 기초한 가격설정모형(Imperfect information model)

루카스(Robert Lucas)는 불완전정보이론에 기초하여 총공급곡선이 우상향하는 이유를 설명하였다. 루카스는 가격이 경직적이라는 가정은 잘못된 것이라고 지적하였다. 그는 가격이 신축적이라는 전제하에서 경제가 즉각적으로 장기균형에 도달하지 못하는 이유를 **정보의 불완전성**에서 찾았다. 개별 경제주체가 정보에 완전하게 접근하는 데는 시간이 필요하고 또 이를 의사결정에 정확히 반영하는 데는 한계가 있다는 것이다.

개별기업은 자신의 제품 가격이 왜 상승하는지 그 이유를 정확히 알지 못한다. 전반적인 물가수준의 상승과 상대가격의 상승을 혼동하기도 한다. 개별기업들이 통화량의 증가로 인한 전반적인 물가수준의 상승 즉 **명목충격**(nominal shock)을 자기 제품의 상대가격 상승 즉 **실물충격**(real shock)으로 조금이라도 **오인**하게 된다면 생산량을 늘려서 대응하게 된다.

즉 기대물가수준이 실제물가수준을 따라가지 못하게 되어($P > P^e$) 물가수준의 상승을 상대가격 상승으로 오인($\frac{P_i}{P^e} > \frac{P_i}{P}$)하면 생산량을 늘리게 되고, 이에 따라 총생산이 자연생산량 이상으로 증가하게 된다.

이 경우 총공급식은 다음과 같이 표현할 수 있으며 총공급곡선은 우상향하는 형태를 띠게 된다.

$$Y = Y_n + \gamma(P - P^e)$$
$$\text{단, } \gamma > 0$$

임금설정 및 가격설정에 관한 모형

이 모형은 제8장에서 이미 살펴보았으며 경제활동 수준이 임금설정과 가격설정의 과정을 통해서 물가에 영향을 주는 점에 초점을 두고 있다.

$$P = P^e + \alpha(Y - Y_n)$$
$$\text{단, } a > 0$$

물가수준은 기본적으로 기대물가와 경제활동의 수준에 따라 결정된다.

물가수준이 **기대물가에 의존**하는 것은 임금과 가격이 기대물가에 기초하여 설정되는 **자기실현적**(self-fulfilling) 속성 때문이다. 기대물가수준이 높을수록 명목임금 및 가격이 높게 되고 높은 물가로 이어진다.

그리고 **경제활동 수준이 높을수록 임금 및 가격상승을 압박**하게 된다. 따라서 총생산이 자연생산량을 초과하게 되면 실제물가는 기대했던 물가보다 높게 되며, 총생산이 자연생산량에 못 미치면 실제물가는 기대했던 물가보다 낮게 나타난다.

지금까지 단기 총공급곡선이 우상향하는 이유에 대한 여러 이론을 살펴보았다. 모형마다 조금씩 차이가 있지만, 모두 총생산과 물가가 같은 방향으로 움직임을 보여준다. 사실 총공급곡선은 거시경제학에서 가장 **이견이 많은 사항 중 하나**로 계속 이론이 발전하고 있는 분야이다.

2. 필립스곡선(Phillips Curve)

필립스곡선의 변천

이제 총공급곡선의 연장선상에서 필립스곡선을 살펴보자. 필립스식은 총공급곡선식에서 도출되며, 두 식은 같은 동전의 양면과 같다. 두 식 모두 공급측면 경제 변수들 사이의 관계를 보여준다.

총공급곡선이 총생산과 물가의 절대적인 수준 사이의 관계라면 필립스식은 두 변수의 변화율 즉 **총생산의 변화율**(총생산의 자연생산량으로부터 이탈률 또는 실업률과 자연실업률의 갭)과 **인플레이션율**의 관계를 보여준다.

경제성과를 보여주는 중요 지표인 실업률과 인플레이션율은 정책입안자들이 가장 관심을 갖는 변수들이다. 사회적후생손실(L)은 이 두 변수에 의존한다.

$$L = L(u, \pi)$$
$$(+,\ +)$$

이제 실업률과 인플레이션율의 관계를 살펴보자. **필립스**(Alban William Phillips)는 경험적 자료에 기초하여 **실업률과 인플레이션율 사이의 음(−)의 관계**를 처음으로 도출하였다. 그 관계를 수식으로 표현하면 다음과 같다.

$$\pi = a - \beta u$$
$$\text{단, } a > 0, \ \beta > 0$$

여기서 π는 인플레이션율, u는 실업률을 나타내며, a와 β는 0보다 큰 상수이고, β는 실업률에 대한 인플레이션율의 반응을 보여준다.

낮은 실업률은 높은 인플레이션율로 연계되고, 높은 실업률은 낮은 인플레이션율로 연계된다. 이는 경제활동수준이 높아져 실업률이 매우 낮으면 명목임금 및 가격 상승을 압박하여 물가가 상승하고, 물가상승은 다시 임금상승으로 이어져 추가적인 물가 상승으로 이어지며, 임금-물가의 상승작용(wage-price spiral) 속에서 인플레이션율이 발생하기 때문이다.

이 **초기의 필립스곡선**은 인플레이션율이 거의 없고 물가가 안정된 경제 상황에서 매우 유효했다. 기대인플레이션율이 0이나 다름없어 당해 기의 인플레이션율은 과거의 인플레이션율에 의존하지 않았기 때문이다.

그러나 **인플레이션율이 보편화되고 지속**되면서 당해 기의 인플레이션율이 과거 인플레이션율에 의존하게 되었다. 경제주체들이 과거의 인플레이션율이 앞으로도 지속될 것으로 기대하게 되었기 때문이다. 전기의 인플레이션율이 금번 기에도 지속될 것으로 기대하는 경우, 금번 기의 인플레이션율은 전기의 인플레이션율에다 금번 기의 경제상황 즉 실업률갭(경기적실업, $u_c = u - u_n$) 등이 추가로 반영되어 결정된다. 위 필립스식은 다음과 같이 수정 된다.

$$\pi = \pi_{-1} - \beta(u - u_n)$$
$$\text{단, } \beta > 0$$

여기서 π_{-1}은 전기의 인플레이션율, u_n는 자연실업률이다. β는 경기적실업$(u - u_n = u_c)$에 대한 인플레이션율의 반응을 보여준다. 실업률이 자연실업률에 있어 경기적 실업률이 없는 경우 인플레이션율은 안정된다. 자연실업율은 인플레이션율을 가속하지 않고 일정하게 유지하는 실업률 즉 NAIRU(Non Accelerating Inflation Rate of Unemployment)로 불린다.

이제 실업률이 자연실업률보다 낮은 경우 단순히 인플레이션율이 높게 나타나는 것이 아니라 인플레이션율이 전기 인플레이션율보다 더 증가하게 된다. 인플레이션 가속화현상이 나타난다.

- $u < u_n \rightarrow \Delta\pi > 0$, 즉 인플레이션율이 증가한다.

인플레이션율을 결정하는 데 기대인플레이션율이 중요하다. 위 식에서는 전기의 인플레이션율이 금번 기에 계속된다는 단순한 기대에 입각하고 있다. 기대를 보다 일반화하여 필립스식에 **기대인플레이션율을 도입**하여 다시 쓰면 다음과 같다.

$$\pi = \pi^e - \beta(u - u_n)$$

세계 경제는 1970년대 유가파동을 겪으면서 실업률이 증가하고 동시에 인플레이션이 상승하는 **스태그플레이션**을 겪는다. 수요충격이 아닌 **공급충격**이 발생하여 필립스곡선 자체가 위쪽으로 이동한 결과이다. 공급충격까지 포함하여 필립스식을 확장하는 것이 필요하다. 공급충격을 반영하여 위 필립스식을 다시 쓰면 아래와 같이 된다.

$$\pi = \pi^e - \beta(u - u_n) + \nu$$

여기서 ν는 공급충격이다. π^e와 u 외에 생산비 또는 가격을 상승시켜 인플레이션율을 증가시키는 모든 요인을 포착하는 변수이다.

필립스곡선의 도출

필립스식은 총공급식에서 도출할 수 있다. 임금과 가격설정식을 통해 도출한 총공급식은 임금설정 및 가격 설정에 관한 모형에서 살펴본 것처럼 다음과 같다.

$$P = P^e + \alpha(Y - Y_n)$$

이 총공급식은 총생산과 물가의 관계를 보여준다.

이제 총생산과 물가의 절대적 수준 대신 두 변수의 **변화율** 사이의 관계를 살펴보자. 이를 위해 위 식의 각 변수의 값을 자연로그값으로 대체하자. 왜냐하면 로그값의 차이는 변화율을 보여주기 때문이다. 위 식은 다음과 같다.

$$lnP = lnP^e + \alpha(lnY - lnY_n)$$

위 식에서 양변에 전 기의 물가수준의 자연로그 값(lnP_{-1})을 차감하면 다음과 같다.

$$lnP - lnP_{-1} = lnP^e - lnP_{-1} + \alpha(lnY - lnY_n)$$

로그값의 차이는 변화율을 보여주므로 위 식을 다음과 같이 쓸 수 있다.

$$\pi = \pi^e + \alpha(lnY - lnY_n)$$

이제 인플레이션율과 총생산변화율(총생산의 자연생산량으로부터 이탈률, 총생산갭)의 관계식을 갖게 되었다. 우리의 관심사는 인플레이션율과 실업률의 관계이다. 이 식을 변형해야 한다.

다행스럽게 **오쿤의 법칙**(Okun's Law)은 총생산변화율(총생산갭)과 실업률갭이 안정적인 음(−)의 관계가 있음을 보여준다. 이 오쿤 법칙의 관계를 이용하여 $(lnY - lnY_n)$를 $-(u - u_n)$로 대체하고 공급충격(ν)을 추가하면 다음과 같이 일반적 형태의 **필립스 식**이 도출된다.

$$\pi = \pi^e - \beta(u - u_n) + \nu$$

$$\text{단, } \beta > 0$$

이제 **인플레이션율**은 주어진 자연실업률(u_n)에서 다음의 세 요인에 의해 결정된다.

$$\pi = \pi(u; \pi^e, \nu)$$

$$(-;, \ +, \ +)$$

첫째, **실업률**에 의존한다. 총수요의 증가로 총생산이 자연생산량보다 높은 경우 실업률은 자연실업률 보다 낮아져 인플레이션율이 상승한다. 둘째, **기대인플레이션율**에 의존한다. 기대인플레이션율이 높을수록 임금 및 가격 설정 시 반영되어 인플레이션율이 높게 된다. 자기실현적(self-fulfilling) 현상이다. 셋째, **공급측면의 충격**이다. 공급측면에서 비용 및 가격을 상승시키는 요인이 발생하면 인플레이션율이 상승한다.

그림 26-2 우하향하는 필립스곡선

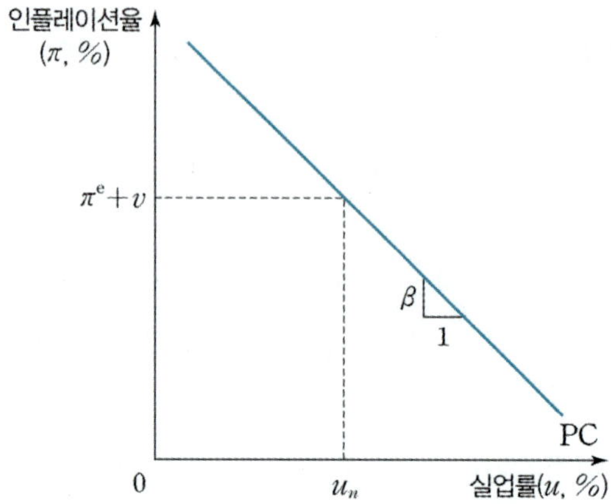

주어진 기대인플레이션율(π^e)과 공급충격 변수(ν)의 값에서 실업률이 증가하는 경우 인플레이션율이 하락한다. 따라서 필립스곡선은 우하향한다.

그림 26-2는 실업률과 인플레이션율의 관계를 보여주는 **필립스곡선**이다. 주어진 기대인플레이션율(π^e)과 공급충격 변수(ν)의 값에서 실업률이 증가하는 경우 인플레이션율이 하락한다. 즉 단기적으로 실업률과 인플레이션율은 음(−)의 관계를 지닌다. 따라서 단기 필립스곡선은 **우하향**하는 형태를 띤다.

- 주어진 기대인플레이션율(π^e)과 공급충격 변수(ν)의 값에서 실업률이 증가하는 경우 인플레이션율이 감소한다. → 필립스곡선이 우하향한다.

필립스곡선의 이동

그림 26-3 필립스곡선의 이동

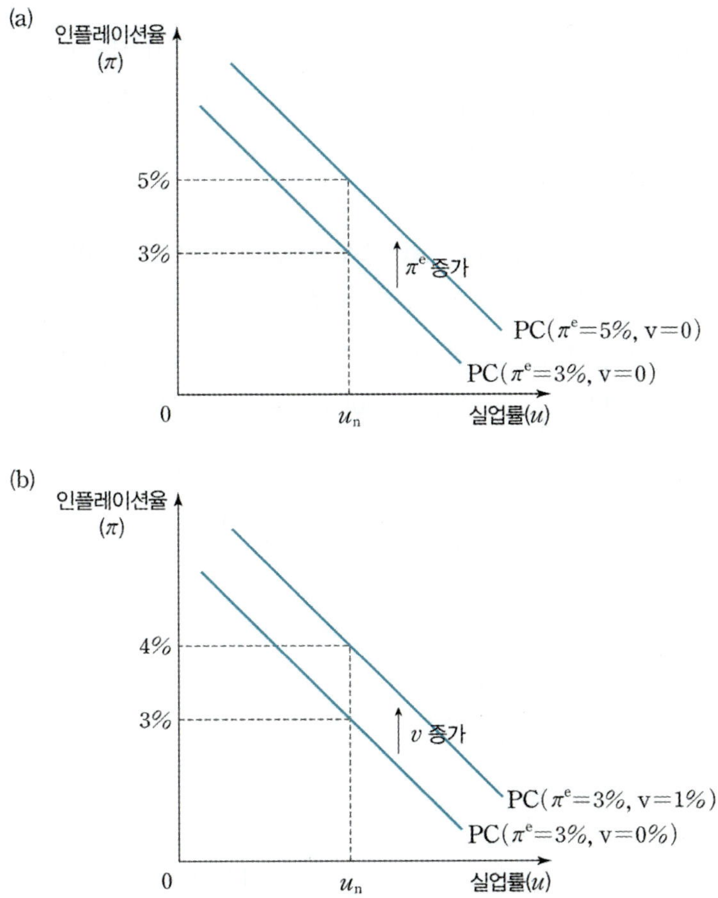

(a) 기대인플레이션율(π^e)의 상승: 3% → 5%, 공급충격은 없음. $v=0$. 주어진 실업률에서 기대인플레이션율이 상승하는 경우 필립스곡선이 위쪽으로 이동한다.

(b) 인플레이션율을 1%P 상승시키는 공급충격 발생: $v=1\%$, 기대인플레이션율(π^e)은 3%로 변화 없음. 주어진 실업률에서 인플레이션율을 상승시키는 공급충격이 발생하면, 필립스곡선이 위쪽으로 이동한다.

기대인플레이션율(π^e)이나 공급충격 변수(ν)가 변하는 경우 주어진 실업률에서 인플레이션율이 달라지므로 필립스곡선 자체가 위 또는 아래로 **이동**한다.

예를 들어 그림 26-3(a)에서 보는 것처럼 기대인플레이션율이 3%에서 5%로 2%P 상승하는 경우 필립스곡선은 위쪽으로 이동한다.

그림 26-3(b)에서 보는 것처럼 인플레이션율을 1%P 상승시키는 공급충격이 발생한 경우($v = 0 \rightarrow v = 1\%$) 주어진 실업률에서 인플레이션율이 상승하여 필립스곡선은 위쪽으로 이동한다.

- 주어진 실업률에서, **기대인플레이션율(π^e)과 공급충격 변수(ν)의 값이 상승**하는 경우 인플레이션율이 상승한다. → 필립스곡선이 **상방으로 이동**한다.
- 주어진 실업률에서, **기대인플레이션율(π^e)과 공급충격 변수(v)의 값이 하락**하는 경우 인플레이션율이 하락한다. → 필립스곡선이 **하방으로 이동**한다.

그림 26-4 단기와 장기의 필립스곡선

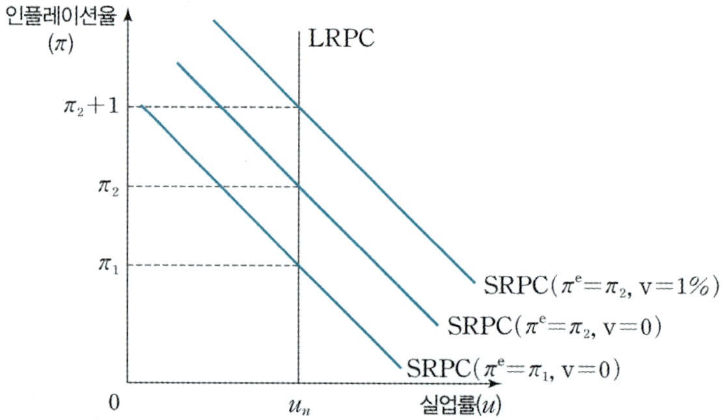

단기의 필립스곡선(*SRPC*)은 우하향의 형태를 띠는 반면에서 장기의 필립스곡선(*LRPC*)은 자연실업률에서 수직이다.

장기에 실질변수인 총생산은 자연생산량과 일치하고 실업률은 자연실업률과 일치한다. 명목변수에 영향을 받지 않는다. 그리고 인플레이션율은 통화적 요인에 의해 결정된다. 실업률과 인플레이션율 사이의 상충(–)관계는 사라진다. **장기 필립스곡선**은 그림 26-4에서 보는 것처럼 **자연실업률에서 수직**이 된다. 이를 **자연실업률가설**이라고 한다.

그림 26-5 자연실업률의 상승과 장기필립스곡선($LRPC$)의 이동

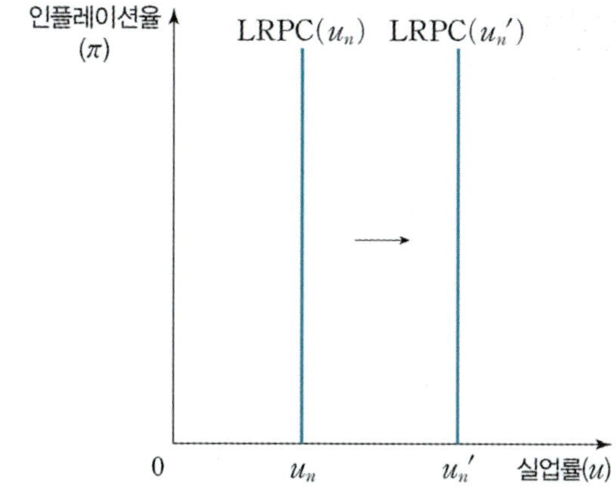

자연실업률이 u_n에서 u_n'로 상승하는 경우 장기필립스곡선이 우측으로 이동한다.

장기에 항구적으로 자연생산량을 감소시키는 공급충격이 발생하는 그림 26-5에서 보는 것처럼 자연실업률이 증가($u_n \rightarrow u_n'$)하여 장기 필립스곡선이 우측으로 이동한다.

3. 필립스곡선의 안정성과 경제정책

필립스곡선과 통화정책 및 수요충격

1) 통화정책

경제주체들이 인플레이션율에 대해 적응적 기대를 형성하고 실업률과 인플레이션율의 관계가 안정적인 경우, **단기**에 확장적 통화정책으로 높은 인플레이션율을 감수하면서 실업률을 낮출 수 있다.

그림 26-6 확장적 통화정책

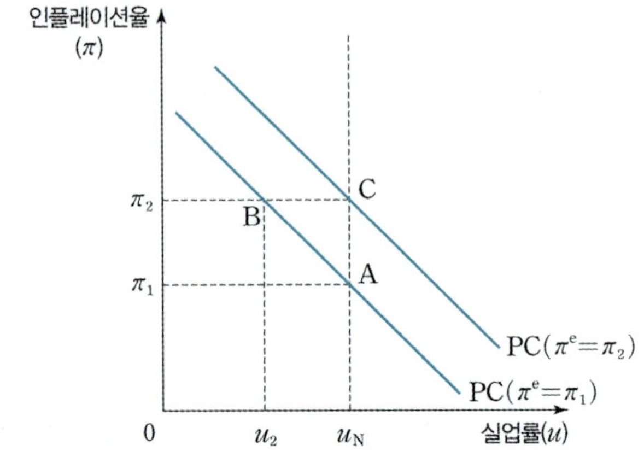

당초 경제는 A에 있었다. 확장적 통화정책을 실시하는 경우 기대인플레이션율($\pi^e = \pi_1$)이 변하지 않으면 경제는 A에서 B로 이동한다. 시간이 흐르면서 기대인플레이션율의 상향조정(π^e : $\pi_1 \to \pi_2$)으로 필립스곡선이 상방으로 이동하여 장기에는 C로 이동한다.

그림 26-6은 확장적 통화정책의 결과를 보여준다. 당초에 경제가 장기균형인 A에 있다고 가상하자. 정부가 실업률은 낮추기 위해 확장적 통화정책을 실시하는 경우 **단기**에 경제주체의 기대인플레이션율($\pi^e = \pi_1$)이 변하지 않으면 경제는 A에서 B로 이동하여 **인플레이션율 상승을 감수**하면서 **실업률을 자연실업률 이하로 낮출($u_n \to u_2$) 수 있다**..

인플레이션율의 상승은 시간이 흐르면서 적응적 기대에 따라 기대인플레이션율의 상승(π^e : $\pi_1 \to \pi_2$)으로 이어져 필립스곡선이 상방으로 이동하고, 장기에는 경제가 C로 이동한다. 실업률은 자연실업률로 복귀하고 인플레이션율만 상승하게 된다. **장기**에 통화정책은 실업률과 같은 실질변수에 영향을 주지 못하는 **화폐의 중립성**이 성립하고, 인플레이션율과 명목이자율 등 명목변수에만 영향을 미친다.

2) 수요충격 및 이력현상

그림 26-7 투자심리 악화 등 수요충격

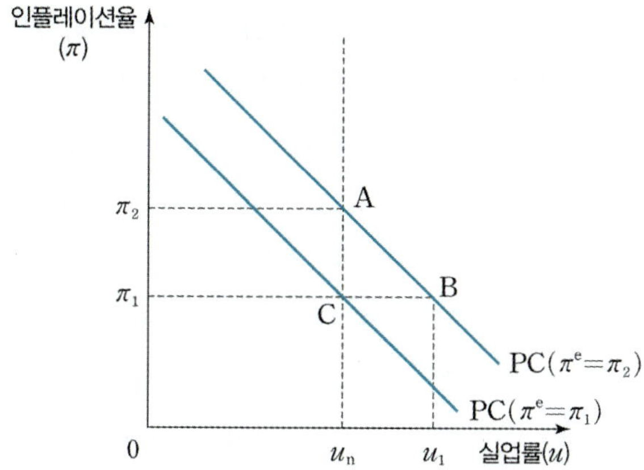

부정적 수요충격으로 단기에 경제가 A에서 B로 이동하여 실업률이 증가하고 인플레이션율이 감소한다. 시간이 흐르면서 기대인플레이션율이 하락(π^e : $\pi_2 \rightarrow \pi_1$)하여 필립스곡선이 하방으로 이동하여 장기에는 C로 이동한다.

그림 26-7은 투자심리 악화 등 **수요충격의 결과**를 보여준다. 당초에 경제는 A에 있었다. 총수요의 감소로 경제가 **단기**에 A에서 B로 이동하여 **실업률이 증가**($u_n \rightarrow u_1$)**하고 인플레이션율이 감소**($\pi_2 \rightarrow \pi_1$)한다. 인플레이션율 하락은 시간이 흐르면서 적응적 기대에 따라 기대인플레이션율 하락(π^e : $\pi_2 \rightarrow \pi_1$)으로 이어져 필립스곡선이 하방으로 이동하여 **장기**에는 경제가 C로 이동한다. 실업률은 **자연실업률로 복귀**하고 인플레이션율도 낮은 수준에서 안정된다.

일부 학자들은 수요충격으로 인한 경기불황 시 경기적실업이 구조적실업으로 전환되어 자연실업률이 증가할 수 있음을 지적하면서 적극적 안정정책의 필요성을 강조하기도 한다. **이력가설(hysteresis)은** 경기불황으로 높은 실업률이 지속되는 경우 근로자의 기술 등 능력이 떨어지고 근로에 대한 태도가 변하여 일을 기피하며, 내부자-외부자모형(insider-outsider model)이 시사하는 것처럼 고용된 사람(내부자, insiders)과 달리 실업자(외부자, outsiders)는 임금협상과정에 참여하지 못하여 임금이 계속 높게 책정되면서 높은 실업률이 고착화되고 자연실업률이 상승하여 경제에 영원한 상처(permanent scar)를 남길 수 있다고 주장한다.

필립스곡선의 안정성에 대한 경고

지금까지는 실업률과 인플레이션율 사이의 안정적인 상충(−)관계를 전제로 하여 정책의 효과를 살펴보았다. 하지만 **필립스 관계의 안정성은 경제학자들 사이에 많은 논란**이 되는 이슈이며, 이에 기초하여 정책을 추진하는 것은 위험하다는 주장이 제기된다.

정책이 변하면 기대가 변하며, 실업률과 인플레이션율의 상충관계는 나라마다 또 시기마다 다르고, 자연실업률도 나라마다 차이가 있고 시간이 흐르면서 변하기 때문에, 통화정책 등을 통해 실업률과 인플레이션율의 조합을 선택할 수 있는 것이 아니라는 것이다.

특히, 인플레이션율이 매우 높거나 디플레이션이 발생하는 경우 필립스 관계는 약화되거나 붕괴될 수도 있다. 예를 들어 인플레이션율이 매우 높은 상황이 지속되어 인플레이션율에 따른 임금 및 가격 등의 자동조정(indexation)이 광범위하게 이루어지고 기대인플레이션율이 빠르게 조정되면 필립스곡선은 수직에 가깝게 되며 인플레이션율과 실업률의 상충관계는 거의 사라지게 된다.

또한 불황으로 실업률이 매우 높은데도 불구하고 근로자들이 명목임금의 하락 등을 받아들이지 않으면 필립스 관계는 약해진다.

합리적 기대와 고통 없는 인플레이션 감축

적응적 기대하에 긴축적 통화정책으로 인플레이션율을 낮추기 위해서는 단기에 실업률의 증가와 총생산의 감소를 감수해야 한다. 인플레이션율을 1%P 낮추기(예 : 6%→5%) 위해 희생해야 하는 총생산(실질GDP)의 감소율을 **희생률**(sacrifice ratio)이라고 한다.

$$\text{희생률(sacrifice ratio)} = \frac{\text{실질 GDP감소율}}{\text{인플레이션율 총감소분}}$$

희생률이 3이면 인플레이션율을 1%P 낮추기 위해 총생산의 3%를 희생해야 한다는 것을 의미한다. 인플레이션율을 속전속결로 1년 동안에 낮추는 경우 1년 동안 총생산의 3%를 희생해야 하고, 3년 동안에 걸쳐 낮추는 경우 3년 동안 매년 총생산의 1%씩을 희생해야 한다.

이에 대해 합리적 기대론자는 경제주체가 **합리적 기대를 형성**하여 기대인플레이션율을 조정한다면 실업률 증가와 총생산 감소라는 **단기비용을 치르지 않고도 인플레이션을 감축**할 수 있다고 주장한다.

그림 26-8 합리적 기대와 인플레이션율 감축

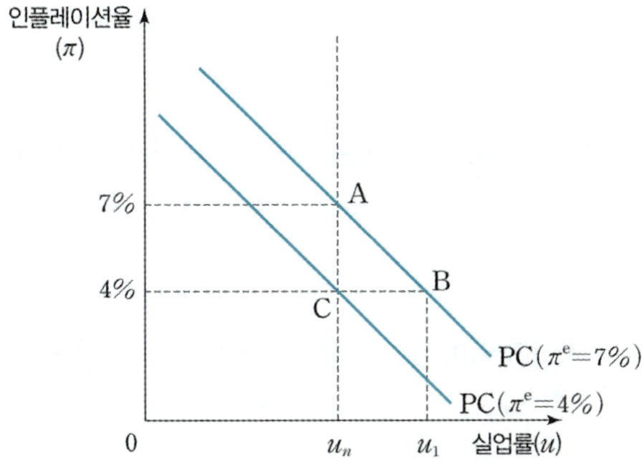

신뢰성 있는 인플레이션율 감축 정책의 추진으로 경제주체의 기대인플레이션이 하락하는 경우 경제가 A에서 C로 바로 이동하게 된다.

그림 26-8은 경제주체가 정책 변화에 따라 기대를 조정하는 경우의 효과를 보여준다. 정부가 인플레이션율을 7%에서 4%로 3%P 감축하기 위한 긴축적 통화정책을 실시한다고 가정하자. 경제주체들이 인플레이션율 기대치를 수정하지 않으면, 경제는 단기에 A에서 B로 이동하여 단기적으로 실업률 증가라는 대가를 치러야 한다. 그리고 시간이 흐르면서 인플레이션율 하락이 적응적 기대에 따라 기대인플레이션율 하락으로 이어져 필립스곡선이 하방으로 이동하여 장기에는 C로 이동한다.

그러나 경제주체가 정부를 신뢰하고 기대인플레이션을 7%에서 4%로 3%P를 바로 낮추는 경우 필립스곡선이 하방으로 이동하여 경제는 A에서 C로 즉각 이동한다. 따라서 단기적인 실업률 증가 및 총생산 감소의 고통을 겪지 않고 인플레이션율을 감축할 수 있게 된다.

정책의 효과는 경제주체가 기대를 어떻게 형성하는가에 따라 달라진다. 정부 정책에 대한 경제주체의 신뢰와 우호적인 기대형성이 정책의 효과를 높이는 데 얼마나 중요한지를 시사하고 있다.

요약

1 물가가 완전 신축적인 경우, 총공급곡선은 물가-생산량 평면의 자연생산량에서 수직이다. 물가가 고정된 경우, 총공급곡선은 수평이다. 그리고 물가가 천천히 변하는 경우 총공급곡선은 우상향의 형태를 띤다.

2 단기 총공급곡선이 우상향하는 이유를 설명하는 이론으로 명목임금의 경직성, 불완전한 정보, 가격의 경직성, 가격 및 임금의 설정이론 등 다양하다.

3 공급측면에서 물가는 기대물가와 경제의 활동수준에 의존한다. 기대물가수준이 높을수록 임금 및 가격이 높게 설정되기 때문에 물가가 자기실현적(self-fulfilling)으로 상승하고, 경제활동수준이 높을수록 임금 및 가격의 상승압력이 증가하여 물가가 높아지게 된다.

4 필립스식은 총공급식에서 도출된다. 두 식은 공급측면 경제변수들 사이의 관계를 나타내며 동일한 동전의 양면과 같다.

5 인플레이션율은 실업률, 기대인플레이션율, 공급충격 등에 의존한다.

6 필립스곡선은 주어진 기대인플레이션율 및 공급충격의 값에서 인플레이션과 실업률 사이의 단기적 상충관계(trade-off)를 보여준다. 기대인플레이션율이 변하거나 공급충격이 발생하는 경우는 필립스곡선 자체가 이동한다.

7 장기에는 인플레이션과 실업률 사이의 상충관계는 존재하지 않는다. 따라서 인플레이션율-실업률 평면의 자연실업률에서 수직이다.

8 중앙은행은 적응적 기대하에서 확장적 통화정책을 통해 단기에 높은 인플레이션율을 감수하면서 실업률을 낮출 수 있다. 장기에는 기대인플레이션율의 상승으로 필립스곡선이 상방으로 이동하여 실업률은 자연실업률로 복귀하고 인플레이션율만 상승한다.

9 합리적기대론자는 인플레이션율 감축에 대한 신뢰성 있는 정책을 추진하고 경제주체가 기대를 신속하게 조정하면 단기적인 실업률 증가의 큰 비용을 치르지 않고도 인플레이션율을 낮출 수 있다고 주장한다.

10 인플레이션율에 따른 명목임금 및 가격 등의 자동조정(indexation)이 광범위하게 이루어지는 경우 필립스곡선은 가파르다. 인플레이션율이 매우 높거나 디플레이션이 발생하면 실업률과 인플레이션율 간 상충관계가 약화되거나 사라질 수 있다.

연습문제

1 다음 문장의 진위를 판단하고 그 이유를 설명하라.

(1) 물가가 완전 신축적이면 총공급곡선은 물가-생산량 평면에서 수평이 된다.

(2) 장기에는 인플레이션과 실업률 사이의 안정적인 상충관계가 존재한다.

(3) 인플레이션율에 따른 명목임금 및 가격 등의 자동조정(indexation)이 광범위하게 이루어지는 경우 필립스곡선은 완만하다.

(4) 인플레이션율 감축을 위한 희생률(sacrifice rate)은 일정하다.

(5) 실업률이 자연실업률에 있을 때 인플레이션율은 0이다. 따라서 자연실업률을 NAIRU라 부른다.

(6) 자연실업률은 나라와 시기에 관계없이 일정하다.

2 합리적 기대 하에서 단기 총공급곡선이 우상향할 수 있는 이유를 설명하라.

3 필립스곡선을 상방으로 이동시키는 요인을 열거하라.

4 단기에 실업률 상승을 초래하지 않고 인플레이션율을 감축하는 것이 가능한가? 가능하다면 그 방안을 제시하라.

5 총공급식에서 필립스식을 도출하라.

6 어느 경제의 필립스식이 다음과 같고 초기에 장기균형에 있다.

$$\pi = \pi^e - \beta(u - u_n)$$

(1) 기대는 단순한 적응적 기대에 따라 형성되고($\pi^e = \pi_{-1}$) β값은 0.5로 일정하다고 가정하자. 정부가 인플레이션율을 1%P 낮추는(예: 3% → 2%) 정책을 실시할 경우 실업률은 단기에 자연실업률보다 최대 얼마까지 높아지는가? 그림을 활용하여 설명하라.

(2) β값이 0.5에서 1로 상승하였다고 가정하자. 정부가 인플레이션율을 1%P 낮추는(예: 3% → 2%) 정책을 실시할 경우 단기에 실업률은 자연실업률보다 최대 얼마까지 높아지는가? 그림을 활용하여 설명하라.

(3) 이제 합리적 기대를 가정하자. 정부가 인플레이션율을 1%P 낮추는(예: 3% → 2%) 정책을 실시할 경우 기대인플레이션율도 바로 같은 규모로 하향조정 된다. 이 경우 단기에 실업률은 자연실업률에 비해 어떻게 되는가? 그림을 활용하여 설명하라.

찾아보기

찾아보기

찾아보기

찾아보기

거시경제학

저　　자　정석균
발 행 인　김지영
발 행 처　자유아카데미
주　　소　경기도 파주시 회동길 37-42
　　　　　파주출판도시
전　　화　031-955-1321
팩　　스　031-955-1322
홈페이지　www.freeaca.com
전자우편　main@freeaca.com (대표)
　　　　　editor@freeaca.com (편집)
　　　　　crm@freeaca.com (영업)
등　　록　제406-2003-017호, 1980. 7. 12
제1판1쇄　2025년 3월 8일 발행

저자와의
협의하에
인지생략

ISBN 979-11-5808-677-0 93320